PADRE VÍTOR COELHO DE ALMEIDA

GILBERTO PAIVA

PADRE VÍTOR COELHO DE ALMEIDA

O Missionário da Senhora Aparecida

2ª edição

EDITORA
SANTUÁRIO

DIREÇÃO EDITORIAL:

Pe. Marcelo C. Araújo, C.Ss.R.

COORDENAÇÃO EDITORIAL:

Ana Lúcia de Castro Leite

REVISÃO:

Célia Marília Dias

Cristina Nunes

Leila Cristina Dinis Fernandes

Luana Galvão

DIAGRAMAÇÃO E CAPA:

Mauricio Pereira

Dados Internacionais de Catalogação na Publicação (CIP)
(Câmara Brasileira do Livro, SP, Brasil)

Paiva, Gilberto
   Padre Vítor Coelho de Almeida: o missionário da Senhora Aparecida / Gilberto Paiva. – Aparecida, SP: Editora Santuário, 2014.

   ISBN 978-85-369-0346-0

   1. Almeida, Vítor Coelho de, 1899-1987 2. Redentoristas – Missões 3. Sacerdotes – Brasil – Biografia I. Título.

14-06311   CDD-282.092

Índices para catálogo sistemático:

1. Padres católicos: Biografia e obra 282.092

Créditos/fotografias: Arquivo Redentorista em São Paulo, Centro de Documentação e Memória Padre Antão Jorge – CDM – Santuário Nacional, Memorial Redentorista, Comissão para o Patrimônio Histórico CSSR, Museu Histórico de Sacramento, Arquivo Padre Vítor, Rádio Aparecida, Seminário Redentorista Santo Afonso, Pe. Geraldo Rodrigues, Amir Salomão, Mauricio Pereira e algumas fotos particulares cedidas para a obra.

Rua Pe. Claro Monteiro, 342 – 12570-000 – Aparecida-SP
Tel.: 12 3104-2000 – Televendas: 0800 - 16 00 04
www.editorasantuario.com.br
vendas@editorasantuario.com.br

SUMÁRIO

Homenagem

A Jaime van Woensel, confrade holandês, com sua história no Brasil, em seu nome... a todos os que nos reconhecem e nos incentivam a escrever!

Dedicatória

A Hélcio Testa, agraciado por intercessão de Vítor Coelho e se fez companheiro em um pedaço da estrada, em seu nome, a todos os leitores!

Agradecimento

Aos que nos apoiaram e ajudaram na confecção deste livro, Elias Guimarães e Rafael Fontes, em seus nomes, a minha gratidão!

APRESENTAÇÃO

A presente obra nos traz grande satisfação, um misto de agradecimento e encantamento, ao conduzir-nos pelas veredas de uma instigante epopeia: a vida e a obra evangelizadoras de Vítor Coelho de Almeida, redentorista, sacerdote da Igreja, missionário d'Aparecida.

A presente biografia – incrustada na história do Brasil, da Igreja e da própria Congregação do Santíssimo Redentor em terras brasileiras, a partir do final do séc. XIX – envolve o leitor na saga de um homem singular, que se autodefiniu "filho da misericórdia!".

Beber do carisma que inspirou padre Vítor Coelho e que continua sendo o ideal de todo redentorista! Revisitar o "edifício espiritual" desse homem de Deus – religioso consagrado e sacerdote – que, pela sua impressionante atualidade, continua sendo motivação vocacional para os jovens de hoje! Saber dos usos e costumes da vida conventual de um tempo, dos detalhes da história da Igreja, da história civil e de personagens construtores do tecido eclesial e social, de grande significação para a vida e personalidade do ilustre biografado! Conhecer a história da Província Redentorista de São Paulo, o contexto político e eclesial onde nasceu e se desenvolveu, a motivação e a espiritualidade que a mantiveram! Acercar-se dos fatos, dos homens e das mulheres que cimentaram seus alicerces nesses 120 anos de existência... Eis a trabalhosa trama de que trata o conjunto dessa obra e na qual o leitor se verá enredado!

Ah! Que privilégio participar – como "quinto evangelista!" – do "evangelho da vida" desse genuíno missionário, do misterioso processo de "construção" de um santo! Fazer-se "voyeur" das intimidades espirituais e humanas do padre Vítor Coelho, sentir-se por ele arrebatado e com ele ser cúmplice, na mesma causa! Pois, quem "bebe dessa água" vê-se contagiado pela Graça de Deus e, de leitor passivo, passa a devoto, admirador e parceiro na missão; torna-se com o Servo de Deus um missionário também, anunciador do amor abundante de Deus, da "copiosa redenção".

A ressonância da ação apostólica de padre Vítor Coelho permanece, ainda hoje, iluminante e iluminadora. A força carismática de suas palavras e o exemplo de sua vida missionária ultrapassam os limites do tempo. Após 25 anos do passamento para a casa do Pai, seus ensinamentos permanecem quais tesouros espirituais, valorizados e assumidos por milhares de devotos. Nessa herança espiritual, retransmitida de pais para filhos, vislumbramos os traços de uma espiritualidade construída, vivida e evangelizada pelo Servo de Deus. Não à toa o povo "canonizou-o" em vida e o reconhece como "mestre e educador da Fé"!

Ser santo: proposta e desafio para todo cristão batizado! Santo não é o que nunca peca, mas aquele em quem a Graça de Deus é abundante, e uma vez agraciado, encontra eco, fidelidade e perseverança. As desventuras ou as oportunidades, por si só, não nos fazem perdedores ou vencedores; nem os erros ou acertos determinam nossa salvação ou condenação – seria fazer a menos da redenção! – mas sim a confiança em deixar-se conduzir por Deus. O santo não se autoconstrói, mas deixa-se construir pela Graça que se manifesta nas circunstâncias da vida. O fim último de quem crê é "buscar a própria santidade e trabalhar para a santificação dos outros", diz-nos padre Vítor Coelho.

O leitor tem, diante de si, a vida de um homem santo diferente do casual, uma pessoa "sui generis", de quem a Igreja já reconheceu a "heroicidade das virtudes". Um "santo" do nosso tempo e para o nosso tempo: teimoso, carinhoso, vaidoso... inteligente, bonito, perspicaz... órfão de mãe, menino de rua, filho de família desestruturada... o pai foi ateu, e o tio, padre apóstata... tuberculoso e de saúde frágil... escritor, radialista, sanitarista... carismático, apologeta, polemista... humilde, obediente e misericordioso... apaixonado pelo povo, por Cristo, pelo carisma de Santo Afonso de Ligório... devoto e propagador da Virgem Maria, especialmente sob o titulo de Senhora Aparecida. O autor, ao descrever habilmente a trama de vida desse homem de Deus, ajuda-nos a descobrir que ele foi agraciado com virtudes especiais, que não viveu nas nuvens nem caiu do céu, mas encarnou-se na história; enfrentou dissabores e, por vezes, causou-os... Enfim, viveu os seus limites e abandonou-se nas mãos do Eterno. Eis o "Big Bang" – a energia propulsora – que dá origem à santidade!

Não existe acaso ou destino para o homem de fé: seria negar a Providência divina! A verdadeira liberdade está em não fazer a própria vontade e aceitar o protagonismo de Deus em nossa vida. Somos todos filhos e filhas da misericórdia! É o que concluímos ao conhecer a vida e obra do Servo de Deus, padre Vítor Coelho de Almeida.

Convido o leitor a embrenhar-se nessa aventura e agradeço ao autor pelo grande presente que nos oferece.

Dom Darci José Nicioli, C.Ss.R.
Bispo-auxiliar de Aparecida, SP
Vice-Postulador da Causa de Beatificação

INTRODUÇÃO

Na historiografia cristã, o primeiro trabalho dedicado à trajetória de vida de uma pessoa surgiu no Egito. Foi a vida de Santo Antão, escrita por Santo Atanásio, no século IV. Foi uma biografia? Uma apologia? Uma hagiografia? Um pouco de cada uma. Nesses quase dois mil anos de História do Cristianismo, de modo especial depois do aparecimento e aperfeiçoamento da imprensa, muitas biografias foram escritas. Em determinados períodos estabeleceu-se quase um modelo, um molde a ser preenchido, de modo a que se trocasse apenas o nome e o local das vivências do biografado, situando-se assim a narrativa, esta sempre heroica. Biografias heroicas, destacando ação individual e quase isolada, marcaram época como gênero literário na produção católica.

Na Congregação do Santíssimo Redentor há exemplos de como, desde o início, manifestou-se a preocupação em preservar a documentação referente a algum confrade. Documentação esta que é o fundamento para a narração de uma biografia, sobretudo póstuma. Em 1755, quando o Irmão Geraldo Magela faleceu em Materdomini, na Itália, o fundador dos redentoristas, Padre Afonso de Ligório, enviou um pedido a Padre Gaspar Caione, superior em Materdomini: "Envio-lhe estas notícias do Padre Giovanele sobre o Irmão Geraldo. Conserve-as e registre-as como melhor puder fazê-lo, como lhe pedi e segundo o tempo do qual dispõe... Envio também seus escritos. Podem servir-lhe para lembrá-lo das coisas".[1] Com igual atenção sobre os confrades falecidos, Padre Afonso de Ligório escreveu a vida de Padre Cáfaro e Padre Antonio Tannoia escreveu a vida do Padre Afonso de Ligório. Padre Caione escreveu a biografia de Geraldo Magela.

Os fundadores redentoristas bávaros em terras brasileiras – Goiás e São Paulo – trouxeram essa preocupação e o cuidado de documentar e até mesmo de biografar aqueles companheiros que se destacaram no apostolado. Ainda

---

[1] Cf. Santo Afonso de Ligório. *Lettere*, vol. I, Roma, 1887, página 409.

assim, é muito pouco o que se tem de registros documentais. Em mais de cem anos de presença no Brasil, apenas algumas poucas biografias, como as de Padre Valentim von Riedl, de Padre Martinho Forner e de Padre Gebardo Wiggermann foram escritas.[2]

Atualmente, no Brasil, há uma retomada das biografias como produção literária. Biografias encomendadas em vida pelo biografado, biografias jornalísticas e de cunho histórico alcançam altos índices de vendagem. Biografias relatando vidas entregues a ações realizadas em prol do bem comum e que se tornaram públicas fazem nomes entrarem para a História. Paralelamente, polêmicas e debates calorosos sobre o assunto colocam em jogo esse segmento da produção cultural que é de interesse coletivo, público e precisa vir à luz sem censura.

Grande diferença pode ser sentida entre uma biografia escrita por um jornalista e outra escrita por um historiador. O jornalista quase sempre está muito perto de seu objeto de pesquisa ou mesmo a serviço de quem quer ser biografado. O historiador propõe-se a elaboração de uma biografia histórico-científica. A partir daí, deve seguir métodos e exigências próprios da ciência que o fazem apto a seu propósito.

Por que escrever a biografia de um padre que viveu no século passado, já transcorridos quase trinta anos de sua morte? Escrever a biografia de alguém que tenha se entregado com denodo à causa do Reino de Deus não é novidade na literatura cristã. A ação de Padre Vítor Coelho de Almeida não foi uma ação individual, isolada e em seu próprio nome, mas uma vida vivida em função da evangelização como membro de uma Congregação Missionária e sacerdote na Igreja Católica. Inserido em um contexto que compreende quase todo o século XX, ele se destacou em diversos serviços apostólicos e, sobretudo, por sua fama de santidade. Daí não estarmos escrevendo uma hagiografia ou uma apologia que sirva a interesses outros que não os de preservar a memória de um zeloso padre.

A quem interessa ou quem seria o destinatário desta biografia? O leitor interessado em cultura religiosa, o leitor interessado em conhecer um homem cuja ação apostólica compreendeu quase sessenta anos de sua vida. O leitor que queira conhecer uma biografia que retrate um pouco da História da Igreja no Brasil, um pouco da Congregação Redentorista, sua história e sua espiritualidade. Além disso, o livro enfocará a trajetória da Província Redentorista de São Paulo e, de modo especial, a devoção a Nossa Senhora Aparecida e seu santuário, à qual Padre Vítor dedicou a maior parte de sua vida, pregando-a e divulgando-a por todo o Brasil.

O método a ser seguido será o de uma narrativa que privilegie a linearidade, perfazendo um caminho cronológico de sua longa vida – de 1899 a 1987.

[2] Cf. "Educador e Apóstolo – a vida de Padre Valentin", de Padre Oscar Chagas, Aparecida, 1938; "O Apóstolo Mártyr do leprosário de Santo Angelo", de Padre Oscar Chagas, Aparecida, 1937; "O missionário do povo – a vida de Padre Gebardo Wiggermann", de Padre Júlio Brustoloni, Aparecida, 1982.

Não haverá espaço para a ficção ou transposição de ações vividas por outros e "coladas" a sua trajetória de vida. Escritos do próprio biografado e escritos sobre ele constituem o farto material a ser explorado. Com isso, método e fontes se encontram objetivando nossa intenção e redação. Tivemos a fortuna de encontrar em bom estado de conservação vasto material deixado por ele e, ainda, muitos documentos inéditos e originais.

Os missionários redentoristas têm consciência de que um de seus confrades ultrapassou o limite do ordinário, da cotidianidade e que, por isso, deve ser apresentado como modelo a ser seguido. Seguido por seus pares, seguido por quem aspire palmilhar a mesma estrada da vida consagrada na Igreja Católica. Está aí o objetivo primeiro do livro: recuperar e retratar a vida de um trabalhador especial na seara do Senhor. Fazer viva memória de alguém que se formou para a doação e definitivamente se doou por inteiro como missionário redentorista. Falar de sua ação e, paralelamente, da devoção a Nossa Senhora Aparecida, que ele se esmerou em divulgar. Um homem filho de seu tempo. Um homem inserido em seu contexto e tomado pelo desejo de levá-lo às decisões do Reino, o que hoje é pretexto para sua beatificação. Mas por que beatificar Padre Vítor Coelho?

A biografia, como foi dito, tem a intenção de recuperar sua ação apostólica na Igreja como membro da Congregação do Santíssimo Redentor. Passados tantos anos de sua morte, o povo continua a ver nele um santo. Santo do povo... Povo que já o amava enquanto ele ainda estava em seu meio. Praticamente, no primeiro milênio do cristianismo, a canonização de uma pessoa era feita pelo povo. O povo aclamava e a hierarquia confirmava o reconhecimento de santidade. A santidade está sintonizada com a eclesiologia de cada época.[3]

A biografia de Padre Vítor é uma resposta ao interesse do povo, propondo-lhe um conhecimento mais profundo sobre sua vida. Quer também o livro servir ao requisito para a causa de sua beatificação: uma obra histórico-científica que retrate o homem do povo, o devoto de Maria, o apóstolo da comunicação, o Missionário d'Aparecida.

Ninguém nasce santo ou fica santo depois que morre. A vida humana vivida é o melhor testemunho de santidade. Padre Vítor, como qualquer outro santo, teve seus defeitos e suas imperfeições. Mas ele sabia reconhecer seus pecados, limites, e tomar o caminho do perdão e da penitência em busca da reconciliação. Não pretendemos fazer um tratado sobre santidade nem sobre a importância de uma biografia para a beatificação de alguém. O propósito é o de que a leitura clareie, esclareça, informe e forme uma opinião que leve ao entendimento de que alguém que se doou e se engajou com ardor e fidelidade em um projeto de vida cristã pode estar apto a ser reconhecido como Beato pela Igreja.

---

[3] Vários autores escreveram na *Revista Internacional de Teologia* sobre este tema: "Santos e santidade hoje?", in *Concilium*/351 (2013/3), Vozes, Petrópolis.

Há opiniões que dizem não ser oportuno buscar o reconhecimento de Roma em prol de sua beatificação. Opiniões embasadas em seus defeitos: intransigente, antiecumênico e até mesmo vaidoso diante da fama alcançada. No fundo ele era um pouco temperamental, ou melhor, sentimental no sentido mais positivo da expressão. A seu sucesso e a sua popularidade, somaram-se a defesa ferrenha e apologética da Igreja, o que nos levou, ao longo da obra, a denominá-lo um controversista. Ele sabia o que falava, com quem falava e para quem falava.

Os missionários redentoristas da Província de São Paulo, com a apresentação da postulação em Roma, juntamente com a aprovação e o apoio dos Bispos do Regional Sul I da CNBB, iniciaram o processo para beatificar Padre Vítor Coelho de Almeida. Mas a motivação principal é a voz do povo. *Vox populi vox Dei*, reza o antigo adágio latino. Durante sua vida, o povo foi a razão de seu apostolado missionário. Depois de sua morte, o povo continua a ver nele um modelo de padre, de comunicador, de homem de Deus que soube tocar seus corações. Seus restos mortais, que descansam em local apropriado e propício à visitação, à sombra e sob a proteção de Nossa Senhora, na cidade de Aparecida, são visitados anualmente por milhares de pessoas. Assim, o livro acentuará o homem missionário, sua longa trajetória e seu zelo e amor pelo povo.

Quanto às fontes que embasaram a biografia, lançamos mão de recursos de primeira grandeza, que são suas próprias palavras escritas ou faladas na Rádio Aparecida. Seus escritos e suas mensagens poéticas, carregadas de teologia, revelam um pouco do que ele sentia, pensava e vivia, com quem vivia e em que tempo estava situado. Primeiro como cronista das Missões Populares, depois como articulista do Jornal "Santuário de Aparecida", além de artigos esparsos e de dois livros publicados sobre teologia-poesia e idolatria. Temos ainda seus *memoranduns*, nos quais ele anotava compromissos e recordações, especialmente dos tempos em que dirigia a Rádio Aparecida. E o diário escrito durante um período de sua vida, além de suas tantas cartas. Cartas para os confrades, para seu pai e para Mariazinha, sua irmã. Cartas para autoridades e cartas para o povo, respondendo a pedidos e esclarecendo dúvidas sobre os temas abordados por ele no rádio.

Outra fonte imprescindível para entender nosso biografado são seus programas radiofônicos. Durante trinta e seis anos ele falou pela Rádio Aparecida. Uma série de programas foi recuperada, datilografada, digitalizada e organizada em pastas temáticas. O vasto material, salvo por um trabalho pacientoso, levou à recuperação deste canal vital para entender e compreender a teologia, a eclesiologia, a espiritualidade e o senso humanitário de Padre Vítor Coelho.

Quanto aos testemunhos de quem conviveu com ele, sejam funcionários da Rádio Aparecida, confrades ou ouvintes, em suas Missões ou na rádio, decidimos não priorizar essa fonte. Ainda que seja de fundamental importância, sabemos que muitos depoimentos foram dados em vista do processo de beatificação iniciado em 1998. Não citamos os depoimentos do processo, nem ouvimos àquelas pessoas que já haviam dado tais depoimentos. Apenas dois ou três confrades foram chamados a se pronunciar sobre o tempo em que conviveram com Padre Vítor em Aparecida.

As mensagens, telegramas e artigos de jornais enviados ou publicados quando da morte do grande missionário são uma mina que jorra abundantemente, testemunhando sobre sua vida, personalidade e a certeza de sua santidade. Também não priorizamos esse material póstumo por julgar que sirva mais à causa de sua beatificação que à biografia em si.

Antes de falar do Arquivo Padre Vítor guardado em Aparecida, uma palavra sobre Padre Júlio Brustoloni. Padre Júlio conviveu com Padre Vítor por longos anos no convento de Aparecida. Imediatamente após sua morte, Padre Júlio passou a recolher material sobre ele, a organizar artigos, cartas, depoimentos, tudo aquilo que se referisse à vida de Padre Vítor. Publicou um livro popular sobre sua vida e, quando o processo foi instaurado, Padre Júlio foi nomeado Vice-Postulador da Causa de Beatificação de Padre Vítor e responsável pelo Memorial Redentorista. Esta biografia e seu autor muito devem a Padre Júlio.[4]

A documentação referente a Padre Vítor foi recolhida e organizada em forma de arquivo: Arquivo Padre Vítor, que se encontra atualmente no velho convento redentorista de Aparecida. No desenvolvimento do texto aparecerão referências ao arquivo e às pastas em que o material está disponibilizado. Também na cidade de São Paulo, o Arquivo Provincial dos Redentoristas guarda material referente a ele. Em Sacramento (MG), sua terra natal, documentos relativos ao filho ilustre encontram-se no Memorial que lhe é dedicado e que, de tempos em tempos, realiza uma exposição rememorando o insígne missionário nascido naquelas terras.

O profeta Amós é enfático quando responde a seu interlocutor: "Eu não sou profeta, nem filho de profeta" (Am 7,14). Parafraseando o profeta, o autor expõe o primeiro limite desta obra: não sou escritor, nem filho de escritor. A formação em História, enquanto disciplina investigativa, não nos capacita para os vários requisitos necessários a uma redação plausível e merecedora da atenção requerida por uma boa leitura. Ainda assim, nós nos aventuramos por esta senda que nos fez adentrar a vida de um homem que, a cada dia, nos surpreendia por sua sensibilidade e por seu zelo missionário. Nesta busca de embasamento e fontes, em vários momentos, precisamos parar e deixar o velho Vítor falar. Sua ação incansável e sua busca por um Deus no meio do povo nos edificaram a ponto de sua sensibilidade nos emocionar. O autor teve o privilégio de ouvi-lo em praça pública, de vê-lo no convívio dos confrades e de contar com sua presença na missa em que nós, noviços, fazíamos nossa profissão religiosa em Aparecida. Agora, escrever sobre ele é uma bênção e um privilégio.

---

[4] Atualmente, o Vice-Postulador da Causa de Beatificação é o Bispo Auxiliar de Aparecida, Dom Darci Nicioli, C.Ss.R.

Nomes de pessoas e cidades por certo nos escaparam. A perfeição é uma realidade escatológica e isso corrobora nossa justificação. Fontes, ainda que variadas, podem não retratar *in totum* a realidade do biografado. Mas temos consciência desses e de outros limites com os quais o leitor vai se deparar. Inesgotável é o mistério humano... Não existem recursos capazes de abarcar essa realidade... Uma vida vivida... Apresentamos esboços, retalhos e momentos recolhidos de cartas, mensagens, falas e documentos de uma vida, uma longa vida... São João, ao terminar seu Evangelho, conforta-nos dizendo que se fosse escrever tudo o que havia para ser escrito não "caberiam no mundo tantos livros" (Jo 21,25). Mesmo sem pretender um paralelo, podemos afirmar que a vida de Padre Vítor daria muitos livros. Esta biografia é um passo dentro de um vasto campo que poderá ser explorado, sobretudo, a partir de seus escritos e programas radiofônicos.

Uma palavra de gratidão a quem confiou nesse projeto: Padre Luís Rodrigues e Dom Darci Nicioli. A quem nos ajudou com indicações, fontes, arquivos, consultas, em Aparecida, Potim e Sacramento. A César e Célia, em Goiânia, pela revisão do texto, vivida com paixão. Aos que estiveram e estão perto, e àqueles que, mesmo de longe, são presença. À Província de São Paulo, ímpar e audaciosa, que poderá ter um Beato entre seus membros, sinalizando e apontando para seus tantos santos anônimos...

O livro busca retratar o contexto de toda a vida de Padre Vítor. Sua família, a infância conturbada. Sua estada no Seminário Redentorista Santo Afonso, onde recebeu esmerada formação cristã e germânica, sob a lente da mais fina flor da Congregação Redentorista, no melhor feitio dos missionários bávaros. Só para exemplificar: um ano de noviciado que mais parecia preparação para uma batalha física que para ser missionário, envolvendo ascese e pobreza tão extremadas que os próprios padres alemães cogitavam entre si se os brasileiros as suportariam.

O estudo de teologia e o complemento de filosofia na Baviera. Falar alemão, ter aulas em latim, estudar grego e hebraico, além das línguas francesa e italiana para melhor conhecer literatura e música... E tudo isso bem longe da pátria. A doença que quase o abateu antes que se ordenasse padre. Afinal a ordenação, a primeira missa e a volta ao Brasil. O confiante investimento na formação de jovens brasileiros para o sacerdócio era a prova carregada de frutos de que a semeadura bávara rendia "cem por um" naqueles impolutos jovens padres anunciadores da Palavra de Deus.

Padre jovem, Vítor mostrou-se exímio catequista em Araraquara (SP). Preparando-se para ser missionário da ativa, recebeu o manto de um dos maiores pregadores da Província: Padre Estevão Heiggenhauser. Período fecundo de Missões Populares em Goiás, São Paulo, Minas Gerais... O zelo, o cansaço, o esgotamento e, novamente, a tuberculose. Em pleno viço, vigor e ardor, o Getsêmani impõe-se em sua vida, como terrível doença. Longos anos em Campos do Jordão para curar-se e recuperar-se... Na montanha da cruz, contemplou o Cristo na solidão da oração.

Nossa Senhora Aparecida tornara-se sua madrinha quando sua mãe lhe deu uma medalhinha com sua imagem; Nossa Senhora Aparecida, a quem seu pai o confiara no momento em que o menino Vitinho, no quase abandono e desnorteado, não tinha para onde ir. E o afilhado agradecido tornou-se missionário de Nossa Senhora Aparecida, em tempo integral, morando à sombra de seu santuário. Vítor não mais arredou o pé da cidade de Aparecida e, quando saía, quase sempre levava consigo a imagem de Nossa Senhora. Anos e anos vividos sob os olhos amorosos da Mãe Aparecida...

A Rádio Aparecida começava. Ele começou junto com ela e foi sua alma durante toda a sua vida. Seus programas e o tempo em que foi seu diretor apontaram para o povo uma Igreja viva que celebra sua extraordinariedade. Os romeiros multiplicaram-se e ele multiplicou as formas de atendê-los, sempre a bendizer o imenso amor dedicado pelas multidões de devotos à mãe de Deus.

"Cariiiiissimossss, são três horas, pelas ondas da Rádio Aparecida é hora da consagração... Os ponteiros apontam para o infinito... É hora de rezar... Vamos rezar..." As palavras mais vezes repetidas por Padre Vítor. E as últimas de sua vida.

1
A FORMAÇÃO DE UMA FAMÍLIA
E O NASCIMENTO DE UM MENINO

Faltando alguns meses para expirar o século XIX, o senhor Leão e Dona Mariquinha escutaram o vagido do novo rebento em seu lar. Era o mês de setembro de 1899, na cidade de Sacramento (MG). Em pouco tempo foi levado à pia batismal da matriz da Paróquia do Santíssimo Sacramento, apresentado pelo Patrocínio de Maria, para receber o batismo.[1] O nome dado ao menino não era novidade, pois havia outros homens na família com o mesmo nome: Vítor Coelho de Almeida. Segundo filho do casal, que unia as famílias Coelho de Almeida e Moreira Alves, ele teria uma longa vida, vivida não apenas no espaço do Triângulo Mineiro onde nasceu, mas por todo o Brasil e fora dele. O menino Vítor chegava quando o final do século assistia ao coroamento de muitas transformações, tanto na Europa como no Brasil.

Vítor Coelho descendia, pelo lado paterno, de avó francesa e avô fluminense e, pelo lado materno, dos Moreira Alves, mineiros da região de Ouro Preto. "O meu pai era paulista, meu avô, pernambucano, o meu bisavô, mineiro, meu tataravô, baiano. Meu maestro soberano foi Antônio Brasileiro."[2] Assim como o poeta musicou seus ancestrais como uma forma de contar sua história, aqui a contextualização histórica terá por objetivo retratar as origens do biografado entremeadas de acontecimentos relevantes daquele período. Procurará empreender uma viagem no tempo e reencontrar acontecimentos relevantes na Europa e na América, e as consequentes mudanças que marcaram e mudaram o contexto de alguns países.

Desde o movimento de 1848, com o marco teórico do Manifesto do Partido Comunista e as ondas revolucionárias das classes operárias, tinha-se a certeza de que uma nova consciência social emergia dessas lutas. Até mesmo a Igreja, há tempos vivenciando a tranquilidade de um poder não contestado,

---

[1] Segundo informações históricas, desde a criação da Paróquia em 1857, este é o nome oficial. No batistério de Padre Vítor Coelho, retirado recentemente, o nome da Paróquia está como Paróquia de Nossa Senhora do Patrocínio do Santíssimo Sacramento.

[2] Música "Paratodos", de Chico Buarque de Holanda.

viu, graças a desencontros políticos, seu líder máximo, o Papa Pio IX, fugindo na calada da noite para o Reino de Nápoles, disfarçado como um simples padre. Anos mais tarde, o mesmo Papa veria a consolidação dessas insurgências ao acontecer a unificação italiana e Roma passar a ser a capital da Itália.

A Guerra franco-prussiana marcou o fim da hegemonia francesa na Europa. Reagindo à intenção de Napoleão III de conquistar a Prússia, o chanceler prussiano Otto von Bismarck († 1898) derrotou o exército francês em 1871 e anexou a Alsácia e Lorena, facilitando a unificação da Alemanha.

Em 1884, na Conferência de Berlim, foi acertado e retomado o colonialismo sobre os continentes africano e asiático. O mapa da África foi redesenhado e países foram distribuídos sem serem respeitados fronteiras anteriores, línguas, raças e povos diferentes, agrupados de forma arbitrária.

Na América Latina, vários países já ensaiavam seu centenário de emancipação da Península Ibérica e algumas ex-colônias espanholas já eram repúblicas também quase centenárias. Ainda assim, havia forte dependência da Europa em quase todos os setores da economia, da cultura e mesmo no trabalho pastoral e na condução Igreja Católica.

No final do século XIX ainda havia conflitos como a Guerra do Pacífico, em 1884, quando o Chile venceu o Peru e a Bolívia, fazendo com que esta se tornasse um país sem saída para o mar e perdesse ainda a região do deserto de Antofagasta, rica em salitre.

Nos últimos anos do século, em 1898, os Estados Unidos não conseguiram controlar suas pretensões de domínio no mar do Caribe e em partes do Pacífico, então sob o poder da Espanha. Iniciou-se assim a Guerra Hispano-Americana. Ao final os Estados Unidos, com sua ideologia imperialista, assumem o controle de Cuba, Porto Rico, Filipinas e Ilha de Guam. As Filipinas passam por uma revolução entre nacionalistas e forças estrangeiras. Houve expulsão de missionários católicos, de modo especial de missionários espanhóis, tendo o bispo de Goiás, na ocasião, aproveitado para requisitar, dentre eles, muitos agostinianos para sua diocese. Cuba conseguiu a independência em 1902, ainda que os americanos mantenham uma base militar em Guantánamo até os dias de hoje. Na campanha para a presidência dos Estados Unidos, em 2008, o democrata Barack Obama prometeu fechar a base que serve de prisão para detentos considerados inimigos da nação americana, ou melhor, do imperialismo dos Estados Unidos ao redor do mundo.

No Vaticano, o Papa Pio IX, que havia passado por situações inusitadas em Roma fazendo lembrar fatos medievais, proclamou o dogma da Imaculada Conceição da Virgem Maria, em 1854. Diante das turbulências e transformações socioculturais em voga, formulou também uma série de teses condenando o Modernismo. Mas o momento crucial de seu longo pontificado, o mais longevo da história do papado, foi não conseguir a clausura do vigésimo Concílio Ecumênico da Igreja, o Concílio Vaticano I, devido ao cerco e à tomada de Roma como capital da República italiana, em 1870.

Pio IX pontificou até 1878, quando foi eleito o italiano Joaquim Pecci, que adotou o nome de Leão XIII. O novo Papa tinha 68 anos de idade e sua saúde delicada deixava prever um pontificado breve. Não obstante, dirigiu a Igreja durante um quarto de século e de um modo muito pessoal: temperamento de chefe, clareza de visão, domínio de si e senso do possível, indispensáveis aos realizadores. Mas também certa secura de coração, infelizmente quase sempre inevitável para quem queira levar adiante decisões consideradas necessárias ao bem geral, sem se deixar abalar pelas repercussões que, por ventura, possam provocar. Pode-se dizer que, certamente, o Papa Pecci, como qualquer autoridade que queira cumprir com seriedade e destemor a missão de governar, sentiu a solidão do poder.

Os 25 anos de pontificado de Leão XIII foram de suma importância para a Igreja naquela virada de século e milênio. Ainda mais se se fizer uma análise comparativa com o pontificado anterior. Leão XIII deu grande destaque à devoção ao Sagrado Coração de Jesus e à Virgem Maria. Nos setores em que atuava a Igreja, quer culturais, quer diplomáticos, o Papa deu grande incentivo para que progressos fossem feitos. Vale recordar o título de cardeal dado ao padre inglês John Newman, proveniente do anglicanismo, um dos líderes do Movimento de Oxford, surgido em Londres, que propunha o avivamento espiritual da Igreja Anglicana e sua aproximação do catolicismo. Por fim, Leão XIII lançou, em 1891, a encíclica *Rerum Novarum*, que marcaria todo o século XX como a retomada das questões sociais pela Igreja, a chamada Doutrina Social da Igreja.

A Igreja da América Latina deve a Leão XIII a convocação e realização do primeiro e único Concílio Plenário Latino-Americano, realizado em Roma, no verão de 1899. Dos bispos brasileiros que dele participaram, destaque para o catarinense Eduardo Duarte da Silva, bispo de Goiás, que ordenou o Padre Victor Coelho de Almeida e, mais tarde, crismaria seu primo, também Vítor Coelho de Almeida – Vítor sem o "c". São os caminhos da História que permitem encontros e acertos ao longo da vida. Os três homens citados voltarão à narração, com Vítor Coelho como seu ator principal.

Após o Concílio Plenário, os bispos latino-americanos voltaram a suas dioceses, muito gratos ao Papa pela oportunidade do encontro de representantes religiosos desse imenso continente, encontro fortalecedor da união e da identidade da Igreja da América Latina. Da semente do Concílio Plenário Latino-Americano nasceria, anos mais tarde, o CELAM (Conselho Episcopal Latino-Americano).

Após uma longa visita pastoral empreendida à parte norte de sua diocese, passando pela Ilha do Bananal, Dom Eduardo da Silva fora à Europa para tratamento de saúde. Em sua volta ao Brasil, no início de julho do ano de 1900, desembarcando no Rio de Janeiro e cortando o Estado de São Paulo em direção a Ribeirão Preto até chegar a Uberaba, certamente terá ele passado de trem de ferro na velha ponte da estação Jaguara sobre o Rio Grande, na cidade de Sacramento, onde o menino Vítor Coelho vivia seus primeiros meses de vida. Os dois se encontrariam em dias futuros...

A diocese de Goiás abrangia o Triângulo Mineiro e o que hoje são os Estados de Goiás e Tocantins. A partir de 1896, Dom Eduardo passou a residir em Uberaba, para facilitar sua comunicação com o Rio de Janeiro. Somavam-se a isso insatisfações e incompreensões recebidas na cidade de Goiás. Em uma de suas visitas à parte sul da diocese, ele ministra o sacramento da crisma na cidade de Sacramento. Entre os crismandos estava Vítor Coelho. E como os antepassados de Vítor Coelho chegaram a terras sacramentanas, à beira do ribeirão Borá?

O ramo ancestral paterno de Vítor Coelho é proveniente de Portugal. Naqueles idos do início do século XIX, Napoleão Bonaparte fazia estragos em países até então assentados na mentalidade do direito divino da realeza. O maior entrave a suas conquistas era a Inglaterra. Portugal estava nas mãos dos ingleses, que faziam tudo para manter a sujeição. Não sem razão, Charles Box comentou: "O ouro do Brasil nasce em Minas Gerais, morre em Portugal, mas é enterrado na Inglaterra". E como, naquele momento, a Inglaterra se ressentisse do bloqueio continental imposto por Napoleão, Portugal viu-se forçado a fechar seus portos e declarar guerra à Grã-Bretanha. O que fazer? Diante do impasse, o governo britânico propôs a transferência da corte do príncipe regente Dom João VI para o Rio de Janeiro, capital da colônia portuguesa na América. Segundo consta, Napoleão teria dito que Dom João VI fora o único a enganá-lo na empreitada de querer dominar a Europa e o mundo.

No final de 1807 as tropas francesas entraram em Portugal. A família real, acompanhada de nobres, militares, eclesiásticos e altos funcionários, num total de dez mil pessoas, com seus bens, documentos, bibliotecas e obras de arte e tudo o mais que pudessem carregar, chegou ao Rio de Janeiro em março de 1808. Entre as várias famílias portuguesas, estava o casal Custódio José Coelho de Almeida e sua esposa Maria Tereza do Rosário da Silveira. Ele, proveniente da cidade do Porto, e ela, de Lisboa. Passados o susto da fuga e a festança da chegada ao Rio de Janeiro, o casal adquiriu uma grande fazenda na região de Campos dos Goytacazes, no norte da então Província do Rio de Janeiro. Foram dez os filhos dessa família portuguesa que se radicou na região açucareira do norte-fluminense, na fazenda cujo nome era Bom Jardim, que depois passou a pertencer ao município de São João da Barra. O oitavo filho do casal, Manoel Coelho de Almeida, nascido em 1842, casou-se com a francesa Victorine Cousin. Seriam os avós paternos de Vítor, o futuro redentorista.

O distrito de Campos, no delta do Paraíba do Sul, raso e quente, era a melhor várzea latitudinal para o cultivo da cana-de-açúcar. Dados informam que por volta de 1801, no início do século, a região possuía 280 engenhos. Quando Leão Coelho foi levado com a mãe para o Rio de Janeiro, ele se recordava das imagens da região. Seu filho José recuperou suas lembranças.

Antes da viagem de vaporzinho para o Rio, recordava-se de uma fazenda com engenho, do outro lado do Paraíba. Chegara com a mãe e as irmãs, na popa de uma canoa grande, que os negros remavam. Da praia subiram um barranco alto. Lembrava-se dos canaviais, que eles cortavam à foice, desbastando as canas e enchendo com elas os carros de bois, que seguiam, chiando, devagar. O negrinho candeeiro ia à frente e os negros carreiros, de ferrão na ponta das grandes varas, espetando os pobres animais. Tinha pena dos boizinhos.[3]

A região mudou muito ao longo do século XX. Desde a chegada da linha férrea, em 1890, iniciou-se uma nova dinâmica na economia. Depois da crise mundial de 1929, a exportação de açúcar diminuiu. Somente em 1960, graças ao Instituto do Açúcar e do Álcool, a tecnologia avançada de exploração da cana-de-açúcar faz de Campos dos Goytacazes a pérola do interior fluminense. Com isso, as pequenas cidades litorâneas, que viviam da agricultura e da pesca, passaram a gravitar em torno da indústria do álcool. A partir de 1979, a região começou a receber instalações da Petrobras para a exploração de petróleo na bacia de Campos. Atualmente, começo do século XXI, Rio das Ostras, Macaé, Campos dos Goytacazes e São João da Barra são cidades com altíssimo índice de desenvolvimento e crescimento, sobretudo depois da descoberta da camada pré-sal de petróleo, fazendo da região o "eldorado do petróleo". São João da Barra, terra natal do Sr. Leão, que nos traz à lembrança o conhaque destilado na cidade, ambos com o mesmo nome, receberá instalações portuárias para responder à demanda da exploração do petróleo. A cidade, que tem 30 mil habitantes em 2012, terá 150 mil em 2025, segundo estudos feitos sobre o efeito na economia gerada a partir do petróleo.

Distante no tempo das promessas do ouro negro, os Coelho de Almeida também entraram no ramo de negócios açucareiros, o mais viável na época. Manoel Coelho mantinha a fazenda e atuava como advogado. Sobre sua esposa Victorine, sabe-se apenas que recebera esmerada formação intelectual e que a formação religiosa recebera em uma igreja presbiteriana em Paris. Seu neto, José Almeida Cousin, em seu belo livro "Cem Anos de Memórias", sugere que a avó Victorine teria esse nome por causa de Victor Cousin, pois seria sobrinha desse filósofo. Diz ainda que ela nasceu em Charleville, na Champagne, onde teve nobre educação, pois tocava piano e cantava trechos de óperas. Veio para o Brasil, segundo informação de um parente seu, trazida pelo pai que havia contraído segundas núpcias. De início, talvez como forma de demonstrar seu descontentamento, recusara-se a aprender a língua portuguesa.

O lar de Manoel e Victorine foi abençoado com o nascimento de três filhos: Leonia, que depois de casada radicou-se na região de Ibiá, em Minas Gerais; Noelina, mãe do futuro Cônego Victor Coelho de Almeida, que continuou no

---

[3] As informações são tiradas do livro "Cem anos de Memórias", de José Almeida Cousin, Rio de Janeiro, 1979. Almeida Cousin era o filho primogênito do Sr. Leão de Almeida.

Estado do Rio de Janeiro; e Leão Coelho de Almeida, nascido em 1867, pai de Vítor Coelho de Almeida. Victorine ficou viúva aos 27 anos. Enérgica e temperamental, não fugia nem mesmo de confusões, e, numa época em que a mulher não tinha espaço fora do lar, ela se revelou à frente de seu tempo. Foi, ela mesma, ao próprio Imperador para reclamar os vintes contos de herança que cabiam a cada filho.

Já o ramo materno de Vítor Coelho, os Alves Moreira, está ligado à Província de Minas Gerais. Minas, com uma história ímpar na conjuntura de formação e passagem do sistema colonial para o regime monárquico brasileiro, chama atenção em diversos setores, destacando-se o histórico. No finalzinho do século XVII, surgiu a notícia de descobrimento de ouro, no que viria a ser as minas gerais. Cerca de vinte anos antes, Fernão Dias havia atravessado a região em busca de esmeraldas. Isso bastou para que, no início do século XVIII, acontecesse o *rush* de portugueses em direção à região, o que resultou no conflito entre mascates e emboabas, em 1708. Os emboabas (portugueses) chacinaram os mascates (paulistas) no Rio das Mortes, no local denominado Capão da Traição, levando a coroa portuguesa a criar, no ano seguinte, a Capitania de São Paulo e Minas.

Em uma das viagens ao interior da Capitania, o fidalgo Almeida e Portugal, conde de Assumar, então Governador da Capitania de São Paulo e Minas, entrou para a história do Brasil quando, em 1717, ao hospedar-se na Vila de Santo Antônio de Guaratinguetá, foram-lhe servidos peixes do Rio Paraíba. Pois, junto desses peixes, as redes dos pescadores haviam trazido também a imagem de Nossa Senhora da Conceição Aparecida. A história e a fé se encontraram na curva do rio! A imagem fez do local centro de devoção e romarias há quase trezentos anos! A história de Vítor Coelho será intimamente ligada a esses fatos passados às margens do Paraíba e à sombra amorosa da pequena imagem negra colhida em suas águas: a Senhora d'Aparecida.

A abundância do ouro fez mais gente correr para a região. Com isso, novas leis e novos impostos. Em 1720, houve uma conspiração, sobretudo de negros e daqueles que estavam envolvidos na exploração do ouro, contra a cobrança do imposto denominado "quinto". A repressão por parte dos governantes foi violenta, e o líder do movimento, Filipe dos Santos, executado. Para um maior controle por parte da Coroa portuguesa, nesse mesmo ano foi criada a Capitania de Minas Gerais, independente de São Paulo. Em 1789, Minas voltou ao cenário com a conjuração, equivocadamente chamada de Inconfidência Mineira. E a Capitania, depois Província e, por fim, Estado de Minas Gerais, foi desenhando-se na História do Brasil. Na Vila Rica, que passou a ser Ouro Preto, um dia o ouro escasseou. Novas entradas e novas fronteiras para os lados de Goiás e Mato Grosso, fazendo nascer Vila Boa de Goiás e Vila Bela de Mato Grosso. Ainda dentro da Província mineira, fora da região mais tarde denominada quadrilátero ferrífero, surgiu, no extremo oeste do Estado, o Julgado do Desemboque.

Os relatos de viagens do botânico francês Saint-Hilaire pelo Brasil, primeiro às nascentes do Rio São Francisco e depois a Goiás e outros Estados, desvelaram muito da realidade das regiões visitadas por ele. São informações referentes não somente à flora e à fauna, mas ao povo, a sua religiosidade, seu acolhimento caloroso. Em suas lembranças do período em que esteve no Brasil, de 1816 a 1822, ele escreveu no prefácio de um de seus livros:

> Eu havia não somente percorrido o litoral do Brasil como também passara quinze meses na região mais civilizada da Província de Minas Gerais, onde tamanha foi a benevolência com que me acolheram que acabei por me identificar com os interesses de seus habitantes. Achava-me quase na posição de um mineiro que, após ter terminado os estudos em sua terra, tivesse desejado conhecer também outras partes do Brasil. A Província de Minas é uma espécie de padrão, por assim dizer, do qual me sirvo para julgar todas as outras que percorri mais tarde.[4]

Era esse também o mesmo sentimento do Sr. Leão à receptividade do povo mineiro.

O êxodo dos Alves Moreira em direção ao oeste mineiro estava apenas começando. Do coração da Província de Minas, saindo de Ouro Preto, pararam em Nossa Senhora das Dores do Aterrado, fazendo do lugar uma vila, hoje a cidade de Luz. Da região do antigo Aterrado, não longe das nascentes do São Francisco, indo pela Serra da Canastra, viajando por aquelas campinas, chegaram ao Desemboque, Araxá e Sacramento os avós maternos de Vítor Coelho. No sertão da Farinha Podre, campo fértil para a atuação missionária dos Padres Lazaristas, no Julgado de Paracatu e na região das bateias esquecidas do Desemboque, ali, naquele Triângulo Mineiro, está a origem de Vítor Coelho.

Os Padres da Missão – os lazaristas – instalaram-se por volta de 1820, na Ermida do Irmão Lourenço, na Serra do Caraça, região de Catas Altas. Ali fundaram um colégio que foi referência na qualidade de ensino no século XIX e XX. Em 1842, com os rumores da Revolução Liberal, os alunos do Caraça foram transferidos para uma propriedade que os Padres da Missão receberam de um casal sem filhos, denominada Fazenda Campo Belo. Campo Belo do Sertão da Farinha Podre, encravado no Triângulo Mineiro, teve colégio e início de cidade, hoje a cidade de Campina Verde (MG). Um dos fundadores foi o Padre Antônio Ferreira Viçoso, futuro bispo da diocese de Mariana, responsável pela reforma católica ou romanização da Igreja no Brasil no século XIX. Dos ex-alunos, alguns chegaram à presidência da República e outros se dedicaram à literatura, como Bernardo Guimarães, que se inspirou no colégio para escrever "O Seminarista".

O avô materno de Vítor Coelho era o senhor José Alves Moreira, casado com Mariana Alves Moreira. Segundo Almeida Cousin, em um tempo em que

---

[4] A. de Saint-Hilaire. *Viagem à Província de Goiás*. Editora da USP, 1975.

estava em voga adotar nomes nacionalistas ou qualquer outro que se quisesse, Mariana chamou-se, durante um tempo, Mariana Rosa de Lima em devoção à santa do Peru. Depois, Mariana Flora do Brasil, embora, para a família, fosse apenas avó Dindinha. Em suas muitas andanças, o casal saiu de Ouro Preto e passou pelo Aterrado, Desemboque e Sacramento. Em Sacramento nasceu Maria Sebastiana, a Mariquinha. Depois foram para Frutal (MG), onde Mariana e Zeca educavam os filhos, agora a Mariquinha e o Melchíades. Em Frutal o avô tinha uma botica ou farmácia, daí seu apelido de Zeca Boticário.

Dona Mariana, descendente de índios e de pele morena, ficou viúva com apenas vinte e dois anos. Foi criar os filhos em Sacramento, onde ainda havia parentes. Fez-se costureira, tornando-se a melhor modista da cidade. Se não bastasse a avó paterna de Vítor Coelho ser de trato difícil, Almeida Cousin conta que Dona Mariana, a avó materna, era nervosa, reparadeira e desconfiada. Talvez a austeridade que a vida lhe impôs com a viuvez na flor da idade colocasse nela essas características. Em pouco tempo ela se viu apenas com a Mariquinha, pois Melchíades andou as duas léguas de Sacramento até a estação de trem da Jaguara e partiu para o Estado de São Paulo. Moço forte, conseguiu profissão de policial sem ter ao menos idade mínima. Ao final, estabeleceu-se em Monte Santo de Minas, onde constituiu família.

O século XIX está para terminar, no entanto voltar ao Rio de Janeiro e percorrer a trajetória de Leão Coelho ajudará a entender sua chegada às terras mineiras. Ele mesmo contou que anotava suas memórias em cadernetas, que ele denominou de Torneiras 1, 2... Seu primogênito José relatou o que Leão escreveu.

> Nasci em São João da Barra. Meu pai morreu quando eu tinha poucos meses. Depois do falecimento de meu pai, minha mãe mudou de habitação umas cinco vezes em quatro anos. Aos dois anos, passaram-se para Campos, voltando, muito depois, para São João da Barra, o cenário não me despertou nenhuma recordação, mas indo a Campos, reconheci perfeitamente o terreno em que pisava. Datam daí as minhas recordações mais antigas, talvez dos meus três anos. Aos seis anos (1873) estava no Rio de Janeiro.[5]

A infância do menino não foi nada fácil. O Rio de Janeiro vivia a década de setenta do século XIX, com sinais claros do desgaste da monarquia, com revoltas internas e a guerra com os países da bacia do Prata. A questão religiosa e o aprisionamento dos bispos de Olinda e do Pará, no embate entre uma Igreja que impunha normas emanadas de Roma e uma mentalidade popular que não participava desses processos eclesiais, foram acontecimentos marcantes.

Na década de 1890, o jovem Leão Coelho havia recebido mais de vinte contos de herança paterna. Um dia chegou a sua casa com um punhado de

---

[5] A. Cousin. *Op. cit.*

libras esterlinas embrulhadas em uma folha de jornal. Alegremente, convidou o sobrinho Victor Coelho, filho de sua irmã Noelina, para, juntos, irem para Paris. Tivera boa formação nos colégios do Rio de Janeiro, agora desejava aperfeiçoar-se estudando em Paris. Lá frequentou um Curso de Artes Decorativas, que, posteriormente, muito o ajudou como professor. A certo momento, chega a Paris sua mãe, Victorine, que havia se desentendido com Noelina no Rio de Janeiro.

Em 1894, Leão voltou para o Brasil e, acompanhando sua mãe, foi morar em Araxá, no Triângulo Mineiro. Ali perto, a menos de cem quilômetros, estava a cidade de Sacramento, onde nascera Maria Sebastiana Alves Moreira – a Mariquinha – no dia vinte de janeiro de 1880 e que, nessa época, tinha então apenas quatorze anos. A vida preparava o encontro dos jovens Leão e Mariquinha...

Dona Victorine seguia sempre na tentativa de abrir escolas, o que a levou a peregrinar pelas cidades paulistas de Rio Claro, Araras, Araraquara, São Carlos do Pinhal e São Paulo, até voltar ao Rio de Janeiro. Mas o jovem Leão ficara em Araxá. Conseguira uma vaga para subdelegado em São Pedro da Alcântara, nas vizinhanças de Araxá. Mas não tardou a deixar o trabalho, decepcionado com o mandonismo dos coronéis e fazendeiros, que faziam da justiça instrumento de suas vontades e caprichos.

Em suas andanças por terras mineiras, indo visitar sua irmã Leonia pelos lados de Ibiá, passou em Sacramento e encantou-se com Maria Sebastiana, a Mariquinha, esplendorosa em seus dezessete anos, "entreaberto botão, entrefechada rosa", nas palavras de seu contemporâneo Machado de Assis, que Leão, apaixonado, por certo faria suas...

Mariquinha, segundo seu filho José, descrevendo um retrato de sua mãe pouco antes de casar-se.

> A fisionomia é serenamente decidida, suave e radiosa. Radiosa. Essa é a impressão que ressalta da testa clara, dos olhos grandes sob as sobrancelhas bem arqueadas, o rosto suave, ovalado. A boca era um botão, um beijo: pequena, arredondada, de lábios carnudos. Boca tão marcada que uma parenta alegre chamava-lhe "boquinha de botija", e um dia, brincando com Dona Mariana, que visitava, depois de fazê-la esperar muito tempo "para mostrar uma coisa", foi lá dentro e trouxe uma moringuinha de barro: – Olha aqui a boca de sua filha... Os olhos eram de Santa Luzia. Depois que ela morreu, papai tapava o queixo de uma imagem desenhada que tínhamos em casa e ficava longamente contemplando. Aquela decisão suave e serena, porém inabalável, foi que a casou com o Leão, trazendo as tempestades que a mesma serena decisão enfrentou, suavemente até o fim. Começara o namoro, como todos os outros, à distância, na rua e da rua para a igreja – que era o único lugar para namorar longe, furtivamente, com medo do padre.[6]

---

[6] *Ibidem.*

Dona Mariana não era favorável às pretensões do jovem Leão para com sua filha. Qual era a profissão do recém-parado, chegado às terras de Sacramento? Leão fez-se professor, prestando um concurso em Uberaba, conseguindo um diploma. A sacrificada vida de professor e a prática pedagógica falaram mais alto, pois o diploma, que ficava exposto perto de uma janela, fora comido por uma vaca. Dona Mariana queria que Mariquinha se casasse com um tal Teófilo Barbosa, filho de fazendeiro, gente, por certo, abastada. Pediu à filha que escrevesse dispensando o professor Leão. Mas a intenção dos dois jovens, ele com trinta anos e ela com dezessete, falou mais alto. No dia do aniversário de Mariquinha, vinte de janeiro de 1897, contraíram matrimônio na matriz de Sacramento.

A cidade de Sacramento tem uma história particular em seu processo de fundação e formação constitucional. A localização facilita contato com o Estado de São Paulo, pelo Rio Grande. Está na divisa com a região do Oeste Mineiro e dentro do Triângulo Mineiro, estendendo-se pela Serra da Canastra, divisando-se com o Alto Paranaíba. Seu surgimento está relacionado com a decadência da mineração na região do vizinho distrito de Desemboque.

Em 1812, o vigário de Desemboque, Cônego Hermógenes Casimiro de Araújo Brunswick, em companhia do batedor de estradas, Major Antônio Eustáquio da Silva, haviam deixado o Desemboque rumando sempre para o oeste, dentro do inóspito Sertão do Novo Sul. Depois de um dia e meio de viagem, chegaram às margens do Ribeirão das Abelhas Borá e, aí, encontraram um grupo de garimpeiros. Naquele dia, auxiliado pelos garimpeiros, Cônego Hermógenes levantou um cruzeiro num descampado, à margem esquerda do ribeirão, e lá rezou a primeira missa e administrou os sacramentos. Foi em torno desse cruzeiro que começou a se formar o pequeno arraial que, futuramente, seria a cidade de Sacramento.

Segundo o historiador Amir Salomão, sacramentano e estudioso da origem do município, logo depois da elevação do cruzeiro, foi providenciada a construção de uma capela. A capela do "Santíssimo Sacramento apresentado pelo Patrocínio de Maria" foi fundada por autorização específica do Rei Dom João VI, atendendo pedido do bispo de Goiás, Dom Francisco de Azevedo, que, por sua vez, atendera pedido do vigário do Desemboque, Cônego Hermógenes. O oratório foi edificado, após as devidas autorizações, em julho de 1819.

Lançando definitivas luzes sobre a origem da cidade, o professor Amir Salomão conta que, no ano de 2001, a família do ex-prefeito da cidade de Sacramento, Dr. Clemente Vieira, entregou um envelope a Amir Salomão contendo 53 páginas de documentos. Eram nada mais nada menos que a certidão de nascimento da cidade de Sacramento. Consta no documento que as terras do oratório edificado em 1819 pertenciam a uma tal Maria Auzente, filha de Thereza Maria de Jesus, que foi a primeira proprietária das terras da chamada "Fazenda Borá". Thereza, ao falecer, deixou nove filhos, tocando à filha chamada Maria, que se encontrava desaparecida (ausente), o quinhão de terras onde hoje se localiza a cidade.

As terras da órfã Maria Auzente foram levadas a leilão no Juízo dos Ausentes e Defuntos do Desemboque. O Capitão Manoel Ferreira de Araújo e Souza, pai do Cônego Hermógenes, arrematou-as e, mais tarde, juntamente com sua mulher, Dona Joaquina Rosa de Sant'Anna, doou-as para a formação do Patrimônio da Capela do Santíssimo Sacramento.

Com a doação das terras e a autorização do rei Dom João VI, o ato tornou-se público, solene, tanto que o documento se refere a isso como sendo a "pedra fundamental" da cidade. Tornando público o patrimônio, necessariamente o oratório deixou de ser propriedade particular, isto é, capela de fazenda. O ato solene e público acontecido na manhã do dia 24 de agosto de 1820 deve ser considerado então como o da fundação da cidade, que poderia crescer e desenvolver-se dentro do Patrimônio constituído, e não em terras particulares como vinha acontecendo.

Em 1857 foi criada a Freguesia/Paróquia do Santíssimo Sacramento. Em 1870, a Vila do Santíssimo Sacramento e, em 1876, a Cidade do Santíssimo Sacramento. Na reforma federativa de 1911, já se encontra o nome da cidade como apenas Sacramento.[7]

Até 1907, toda a região do Triângulo Mineiro pertencia à Diocese de Goiás. Nesta data, o bispo da Diocese de Goiás, ainda Dom Eduardo, conseguiu que fosse criada a Diocese de Uberaba, onde ele já residia. Já a freguesia do Desemboque havia entrado em decadência e a Paróquia era assistida por padres da Diocese de Luz, o antigo Aterrado. Em 1982, autoridades eclesiásticas das dioceses de Uberaba e de Luz acertaram o atendimento pastoral ao Desemboque pelos padres de Sacramento. Desemboque que, há mais de dois séculos fora centro de mineração e ponto de partida de bandeiras em direção ao Centro Oeste, hoje nada mais é que uma paisagem esquecida do passado. Suas duas belas igrejas de Nossa Senhora, uma do Rosário e outra do Desterro, estão ainda lá, plantadas num cenário encantador, junto com apenas alguns moradores. O lugar, esquecido do progresso e longe das memórias, só é lembrado quando o ator Lima Duarte, seu filho famoso, diz que nasceu no velho Desemboque.

Desemboque, Bananal, Quenta Sol são vilarejos que passaram a ser atendidos pelos redentoristas de Sacramento, depois de 1982. Naquele ano de 1982, houve grande festa na cidade, pois o Prefeito Dr. José Alberto Bernardes Borges, juntamente com o Pároco Padre Luiz Carrilho, promoveram uma bela festa – a Paróquia já contava com esta nova denominação –, em honra de Nossa Senhora do Patrocínio do Santíssimo Sacramento, e os restos mortais do fundador da cidade, Cônego Hermógenes, foram depositados em um mausoléu ao lado da igreja matriz. Dom Alexandre Gonçalves do Amaral, arcebispo emérito de Uberaba, proferiu um belo sermão no mais apurado estilo da oratória barroca de Minas Gerais. O autor dessas linhas era seminarista e a tudo assistiu maravilhado!

---

[7] A. S. Jacób. *As terras de Maria Auzente, documentário comentado – fundação da cidade de Sacramento.* Edição do autor, 2003.

E a Sacramento na época do nascimento de Vítor Coelho? Seu irmão José conta da pequenez e do esquecimento em que a cidade vivia no fim do século XIX. Pouco mais era que o largo da Matriz e o largo do Rosário, a cerca de um quilômetro. Estruturalmente, eram duas ruas paralelas, que se tornavam uma só para atravessar a ponte do Borá, mais umas poucas ruazinhas transversais. Acima da matriz, ficava o bairro mal-afamado do Zagaia e, perto do Rosário, ficava o do Areião, ambos pequenos. A estrada que ia para o Cipó ou estação de Sacramento, da parte da matriz, passava junto ao cemitério. Do lado do Rosário, saíam as estradas para Conquista e Araxá.

Os pais de Vítor viviam na cidade, apesar do Sr. Leão desgostar da politica-gem exercida por duas famílias influentes do lugar. Ele e Mariquinha tiveram cinco filhos: José Almeida Cousin, em 1897; Vítor Coelho de Almeida, em 22 de setembro de 1899; Leão, em 1902, falecido aos três meses de idade; Maria Cândida, em 1903 e Veriana, em 1905.

Curiosamente, por razões ignoradas, Vítor Coelho só foi registrado em 1942. Até esta data, ele usou seu documento de batismo, o chamado batistério. Em 1942, decidiu ir a Pindamonhangaba, para acertar sua documentação. Foi emitida então uma certidão de nascimento, sob o número 5034, folha 166, no livro de número 72: "Victor Coelho de Almeida, nascido aos 22 de setembro de 1897, às 10 horas, em Sacramento, Estado de Minas Gerais...". Além da grafia errada no nome Vítor, houve erro também na data, pois nascera em 1899. O próprio Vítor Coelho escreveu no verso do documento:

> NOTA HISTÓRICA: minha certidão de nascimento nunca se encontrou em Sacramento, minha comarca natal. Todas as datações minhas baseavam-se na CERTIDÃO DE BATISMO, da paróquia de Sacramento, que aponta como data oficial de nascimento o ano de 1899. Meu REGISTRO OFICIAL de nascimento foi feito, depois de 1940, em Pindamonhangaba (SP). Neste registro, por lamentável erro de informação, figuro como nascido em 1897 (mil oitocentos e noventa e sete). Dois anos antes do verdadeiro. Desde então, adotei oficialmente a data assim, embora oficializada errada.[8]

Pode-se presumir que esse erro de dois anos tenha causado algum tipo de aborrecimento a Vítor Coelho. Em 1966, ele voltou à cidade de Pindamo-nhangaba para a retificação da data. Pedido aceito, foi emitido pelo cartório de registro civil novo documento, com duas testemunhas, e a correção da data para 1899. O documento contém os selos de reconhecimento de firma, tanto em São Paulo, Tab. Falleiros, Rua São Bento, 62, como no Rio de Janeiro, Tab. Roquete, Rua do Rosário, 115.[9]

---

[8] Arquivo Padre Vítor Coelho. *Pasta Documentos Pessoais.*

[9] Arquivo Padre Vítor Coelho. *Pasta Documentos Pessoais.*

Os sentimentos religiosos da família influenciaram o menino Vítor – na verdade, a religiosidade da mãe Mariquinha. Nem mesmo uma boa catequese foi-lhe permitida, devido às dificuldades da família no período de sua infância. A mãe havia recebido boa formação religiosa nos moldes do catolicismo mineiro vivenciado por seus antepassados em Ouro Preto. Um catolicismo devocional, de muitas procissões, coroação de Nossa Senhora, anjinhos e festas em louvor aos diversos santos padroeiros em suas belas imagens barrocas. O pai era indiferente à prática da religião. A mãe do Sr. Leão tinha formação protestante e sua família recebera ainda alguma influência do liberalismo, que, nessa época, estava em voga na Europa.

Não obstante a indiferença do pai, os filhos recebiam os sacramentos da iniciação cristã tão logo nasciam. Vítor Coelho foi batizado no dia primeiro de novembro do mesmo ano de nascimento, em 1899. Foi levado à pia batismal na matriz da paróquia de Sacramento, sendo seus padrinhos Augusto Marques Pereira e Luzia Gonçalves Baptista. O padre oficiante foi o Padre Manoel Rodrigues da Paixão, popularmente chamado de Vigário Paixão.[10]

Quanto ao sacramento da crisma, a data precisa é ignorada, mas há um atestado comprovando que o menino Vítor recebeu esse sacramento. Quando Vítor se encontrava na Alemanha, para estudos em vista de sua ordenação sacerdotal, os Padres de Aparecida enviaram-lhe um atestado do bispado de Uberaba assinado pelo próprio bispo:

> Attesto que chrismei Victor Coelho de Almeida, filho legítimo de Leão Coelho de Almeida e de D. Maria Sebastiana de Almeida, em Janeiro de 1902. Foi seo padrinho: José Saturnino Júlio da Silva. Por ser verdade mandei passar este attestado, que vae com o Sello de Nossas Armas e por mim assignado.
> Uberaba, 25 de Abril de 1921.
> † Eduardo, Bispo de Uberaba.[11]

A vida do Sr. Leão e Dona Mariquinha não foi nada fácil naquele começo de século na cidadezinha de Sacramento. Leão tinha um espírito aventureiro, muito provavelmente, herdado de sua mãe, que o levou a exercitar o gosto – quem sabe aliado à necessidade – de peregrinar por muitos lugares e cidades. O sobrinho do Sr. Leão, Victor – aquele mesmo que o acompanhara a Paris – era figura presente na vida familiar dos Coelho de Almeida. Homônimo do primo aqui biografado tinha o engraçado apelido de Bibi.

Esse sobrinho – por certo muito querido – influenciou e financiou a primeira mudança da família do Sr. Leão de Sacramento para o sudeste de Minas

---

[10] Paróquia de Nossa Senhora do Patrocínio do Santíssimo Sacramento, Livro 1899, folha 73v. Livro no Arquivo da Paróquia. Batistério pedido em 2012, assinado pelo pároco Monsenhor Walmir Ribeiro. No Arquivo Padre Vítor, *Pasta Documentos Pessoais*.

[11] Arquivo Padre Vítor. *Pasta Documentos Pessoais*. Documento original. O bispo escreveu Victor, sendo Vítor o correto.

Gerais, para os lados de Leopoldina e Laranjal, na Zona da Mata, quase na divisa com o Estado do Espírito Santo.

Victor Coelho de Almeida nasceu no Rio de Janeiro em 1879. Frequentou os melhores colégios da cidade e concluiu seus estudos em Paris, quando viajou para lá com o tio Leão. Quando ainda estava em Paris, sua avó Victorine esteve um tempo por lá e, com ela, frequentou uma igreja presbiteriana. Em 1892, ele estava em Araxá, acompanhando a avó em suas andanças. Aconteceu de passar por lá o bispo de Goiás, numa visita pastoral. José Almeida Cousin, filho mais velho do Sr. Leão, comenta essa passagem de Dom Eduardo pela região e pela vida de Bibi:

> Dom Eduardo, bispo de um mundo inteiro – desde Uberaba e do Triângulo Mineiro até o Estado de Goiás todo inteirinho –, encontrou o Bibi, na visita pastoral, e conseguiu levá-lo para o seminário, na sua capital longínqua, a velha Goiás, depois de uma daquelas grandes viagens, que se realizavam em tropa, a cavalo, de liteira, ou nos carros de boi dos velhos tempos, passando por Morrinhos, Pouso Alto do Piracanjuba e outros lugares civilizados, sendo frequentes os encontros, em boas relações, com os índios.[12]

Depois dos estudos feitos em Goiás, Victor Coelho foi para o Colégio Pio Latino-Americano, em Roma, estudou na Pontifícia Universidade Gregoriana, dos Jesuítas, voltando para o Brasil em 1903, já ordenado padre.

Além de não gostar e de não se envolver com a politicagem na cidade de Sacramento, havia ainda outra dificuldade enfrentada pelo Sr. Leão, pois ser professor, já naquela ocasião, não era profissão rendosa. As crianças, seus filhos, precisavam de amparo financeiro e garantia de boa alimentação. O terceiro filho, nascido em 1902, teve morte prematura, vindo a falecer com apenas alguns meses de vida, o Leãozinho. No ano seguinte nasceu Maria Cândida. A vida pacata da cidadezinha de Sacramento não agradava ao Sr. Leão. Disputas políticas entre duas ou três famílias convenciam-no cada vez mais da necessidade de partir para algo novo. Segundo seu filho primogênito, parecia que a família cumpria uma sina genética: "Todos professorizaram, mais tarde ou mais cedo, e todos ciganizaram". Só faltava uma palavra de incentivo, uma proposta que viesse de encontro àquela situação madorrenta da vida sacramentana.

E essa palavra, ou melhor, essa pessoa apareceu. Em 1903, voltou da Europa o sobrinho, agora Padre Victor Coelho. Foi nomeado reitor do Seminário de Rio Comprido, na Arquidiocese do Rio de Janeiro e elevado à posição de cônego. Cônego Victor juntara de cinco a seis contos de réis. Era dinheiro para ser empregado em algum benefício que pudesse dar estabilidade financeira ao jovem padre. Estabilidade sem riscos, em se tratando de economia, é quase impossível, ao menos para o começo de qualquer negócio ou investimento. Será

---

[12] A. Cousin. *Op. cit.*

que no Brasil do começo do século XX, no que tange à política, à economia e à sociedade em geral, investir no setor agropecuário oferecia mais riscos ou mais possibilidades de sucesso ao investidor?

Pode-se dizer que, no Brasil, a passagem do regime monárquico para a República foi uma passagem tranquila. Os anos seguintes é que caracterizaram e deram rosto ao Brasil republicano. Havia uma série de interesses, mesmo entre os militares, com o Exército se destacando, sobretudo, nas figuras ilustres dos dois primeiros presidentes da República, já que a Marinha era vista como ligada à Monarquia. Os Estados influentes nesta primeira década do novo regime foram São Paulo, Minas Gerais e Rio Grande do Sul. A doutrina inspiradora, tanto para militares como para civis, era o positivismo, de modo especial divulgado no Rio Grande do Sul.

A primeira Constituição da República inspirou-se no modelo norte-americano, consagrando a República federativa liberal. As antigas Províncias, agora com a nova designação de Estados, passaram a ter maior liberdade e influência para decisões, como empréstimos no exterior, forças públicas estaduais e justiça próprias. A União ficou com os impostos de importação, com direito de criar bancos emissores de moeda, de organizar as forças armadas nacionais. Ficou ainda com a prerrogativa de intervir nos Estados, para restabelecer a ordem, para manter a forma republicana federativa, e em outras situações.

Uma das regiões politicamente mais instáveis do país no início da República foi o Rio Grande do Sul. A rivalidade entre republicanos históricos e liberais levou a região a entrar em guerra civil, na denominada Revolução Federalista, iniciada em 1893. O ponto culminante foi a entrada dos federalistas, apelidados de maragatos, em Santa Catarina. Aí se encontraram com os integrantes da Revolta da Armada, que fora desencadeada no Rio de Janeiro. A causa desse movimento revoltoso foi a rivalidade entre o Exército e a Marinha e ressentimentos do almirante Custódio José de Melo, que não conseguira suceder Floriano Peixoto na presidência da República. A presidência estava, desde 1894, nas mãos de Prudente de Morais, que mediou a crise e o fim das revoltas. No Ministério da Fazenda estava Rodrigues Alves, político de Guaratinguetá, antigo conselheiro do Império convertido em República. Era e continuou sendo amigo dos redentoristas em Aparecida, mesmo quando assumiu a Presidência da República.

O Presidente da República, Prudente de Morais, sofreu atentados, como a tentativa de assassinato. Alguns movimentos contestatórios foram reprimidos, mesmo aqueles de cunho religioso, como o de Canudos, na Bahia. Tais movimentos religiosos, interpretados ao longo do século a partir da ótica do lado vitorioso, entraram para a História como movimentos fanáticos.

Nesse contexto caminhava Minas Gerais, no finalzinho do século XIX, sem um produto ou uma produção que marcasse fortemente sua economia. A produção estava fragmentada entre café, gado e leite. Minas não tinha o potencial econômico de São Paulo e dependia de recursos da União. É na primeira década do século XX que o Estado se firmará na produção de leite, competindo economicamente com São Paulo, grande produtor de café. O poder econômico instalou a alternância de políticos mineiros e paulistas no cargo da Presidência através da "política do café com leite". Foi nesse contexto que Cônego Victor Coelho financiou a compra de uma fazenda em Laranjal, em Minas, e entregou-a ao Sr. Leão para administrá-la.

Foi para a Fazenda Santa Maria das Pedras Negras, às margens do Rio Pomba, que a família se mudou. Foi comprada por doze contos de réis, dando sete na compra e hipotecando o resto. Havia casas, cafezal, pastos, lagoa e muita mata virgem. Outras pessoas da família foram morar lá. O Cônego enviava santinhos de São Bento e manuais da Corte explicando como lidar com a roça. No início estava tudo bem. Camaradas bem pagos e muita plantação. Mas houve seca e pegou fogo no cafezal. O Sr. Leão se desentendeu com um empregado e, para piorar, as remessas de dinheiro do Rio de Janeiro secaram. Foi um desastre a administração da fazenda pela família, que empobreceu e, por pouco, não passava dificuldades, contando apenas com o mínimo para a sobrevivência. Vítor era menino e, praticamente, não conservou muita lembrança desse tempo. Apenas comentou, em determinado ponto de sua vida, em entrevista para a Rádio Aparecida, que "papai não tinha tino administrativo e a fazenda da Pedra Negra foi à ruína".

Foi dado um jeito para se verem livres da fazenda e das dívidas. O Sr. Leão partiu com a família para o Rio de Janeiro. Era o ano de 1905. Foi novamente ajudado pelo primo cônego. Empregou-se como graxeiro de bondes da Companhia Jardim Botânico. De fazendeiro a assalariado, a diferença era grande demais, não só a geográfica, mas a profissional e a econômica. Além disso, a nova ocupação não tinha nada a ver com seus dotes de professor, de mestre de teatro com aprendizado em cursos em Paris. E a esposa, os filhos pequenos? Nesse ano da chegada ao Rio de Janeiro, nasce a filha caçula, Veriana Coelho de Almeida.

Viver no Rio de Janeiro pesava ainda mais, pois o custo de vida era mais alto. Devido à distância entre a residência e o local de trabalho, o Sr. Leão foi morar perto do seminário. Mas não ficava bem para o reitor ter seu primo vindo todo sujo de graxa quando voltava do trabalho. Dona Mariana, a sogra, mais um parente que havia sofrido paralisia na infância vieram juntar-se à família. Era preciso uma casa maior. O sobrinho Cônego Victor providenciou uma casa maior em Santa Teresa. E ainda levou para a casa Dona Victorine. O Sr. Leão precisou administrar a convivência familiar e os opostos das duas sogras, a dele e a de Mariquinha: as Donas Mariana e Victorine. No dizer de José, que na época tinha dez anos, seu pai comentava que as duas mulheres na mesma casa era como o choque de trens com duas locomotivas em disparada.

> E... as sogras brigaram! Ambas nervosas e obstinadas, eram caracteres, educações e temperamentos opostos. Dindinha, a avó cabocla, era ignorante, sensível, desconfiada, melindrando-se facilmente e exaltando-se até à fúria nessas ocasiões. Vovó, a francesa, era culta, agressiva, de um orgulho de aparência inflexível: na maior pobreza não saía à rua sem chapéu e, no fim, doente (era câncer uterino), nunca o disse, embora gemendo, para não se submeter aos exames.[13]

As coisas iam de mal a pior. Dona Victorine veio a falecer e o Sr. Leão estava desempregado. Tentaram alugar cômodos da casa e servir refeições na tentativa de montar uma pensão. Mas durou pouco. O Sr. Leão arranjou um emprego na empresa funerária. Mas era tudo paliativo. O cotidiano familiar era marcado pelos parcos recursos econômicos. A prima Rachel, irmã do Cônego Victor, passava férias com a família, até que resolveu entrar para a Congregação das Irmãs do Bom Pastor. José Cousin, o filho mais velho, foi colocado num internato de freiras para o cuidado de sua educação, o que lhe trouxe aborrecimentos. Em 1906, a família assistia à movimentação do carnaval no Rio de Janeiro. Dona Mariquinha e Dona Mariana faziam algum trabalho de costura para ajudar nas despesas da casa. Depois de muitos anos, Vítor escreveria a seu irmão José, recordando os fatos do distante tempo da infância, sobretudo o tempo vivido no Rio de Janeiro.

Os irmãos tomaram rumos diferentes na vida. Em uma carta plena de emoção e afeto, Vítor faz sua alma transparente, desvela seu coração quando, de irmão para irmão, põe-se a relembrar o que havia ficado na memória dos anos vividos juntos. Recordações afloradas já com o peso da idade, pois o que a carta rememora, do fato vivido à lembrança escrita, são sessenta anos de distância. Ainda assim é um retrato pleno de saudade quando evoca sua mamãe, a doçura da presença e do convívio, o anúncio doloroso da doença que despontava em seus pulmões. Emociona-se ao sentir a dura realidade de uma família pobre na capital da República. Nesse tempo, os dois irmãos estavam mais próximos, depois de tanto tempo passado, cada um seguindo seu caminho. Um na cidade do Rio de Janeiro e o outro na cidade de Aparecida. Vítor escreve a José, em setembro de 1970.

> José,
> Deus o salve!
> Já faz tempinho... hein? Lembro-me muito de você, cada dia e com muita complacência e benevolência. Isso não dispensa de mandar cartinhas, mesmo que sejam monótonas: "Te amo, te amo...". É a nossa velha cantiga, tão bonita como as que a mamãe cantava com sua vozinha de contralto. Lembro-me das melodias de todas elas. Você não gozou das noitinhas em que mamãe e eu ficávamos (em Jurujuba) esperando que o vulto de papai se delineasse nas areias da praia, caminhando rápido, depois de percorrer Ica-

---

[13] A. Cousin. *Op. cit.*

raí, Morro do Cavalão, Praia de São Francisco e Morrinho da capela de Padre Anchieta. Veriana ainda mamava, Mariazinha dormia, você estava no Matoso e eu, com sete ou oito anos, aprendia muita coisa boa com mamãe e muita coisa má com o pobrezinho do Amando que foi morar conosco, antes de entrar para a Marinha.

Domingo passado, esteve aqui D. Oroslinda, viúva do Teófilo Vieira. Mamãe teria a mesma idade dela, noventa anos. Isso me causou lembrança muito terna de mamãe. Ela me disse que você foi aos funerais ou sétimo dia dele.

Lembro-me da visita que o Dr. Melo nos fez em Jurujuba, indo de lancha particular com D. Prosolina, filhos e o Tioga. Amando já era marinheiro. Creio que você não estava em casa, mas no colégio. Foi quando se descobriu que mamãe estava tuberculosa. Naqueles dias, papai, muito triste, tinha-nos chamado em particular para nos dizer: "Vocês estão sem mamãe!". Lembro-me que tomei aquilo como um exagero de papai, mas era a dura verdade.

Lembro-me dos curativos bárbaros sobre o tórax, não sei para queimar o que... o que faltava era recursos para a alimentação adequada. Quando, na Rua Visconde de Sapucaí, eu disse aos vizinhos (Pitaluga) que nós quase não comíamos carne, mas mamãe recebia todos os dias um pouquinho, por ser doente, eles acharam que isso não era justo... Antes tínhamos morado na favela de Piedade. No acervo de recordações, vejo papai carregando mamãe, desde o Chafariz do Lagarto até a casa na Visconde de Sapucaí, e me lembro da maravilhosa dedicação dele à esposa. Num quadro cômico eu apareço como herói e você como figura inferior, porque eu tive a benemerência de buscar na venda um balaio de palhas de embrulhar queijos (você não quis) para papai e Dindinha fazerem cigarros.

Por hoje chega de caleidoscópio.

Um grande abraço.

Viva o povo do seu Leão!

Vitinho.[14]

Para completar o quadro de vicissitudes da família, além das dificuldades financeiras, do desemprego a pesar sobre o chefe da casa, da preocupação com a educação das crianças, a família foi abalada com a descoberta da doença de Dona Mariquinha. Fins de 1907, o médico sugeriu o clima de Minas para amenizar o avanço da tuberculose. A festa do Natal foi marcada pela arrumação para fazer a mudança, a despedida do Rio de Janeiro e a longa viagem de volta para Minas. São Paulo, Ribeirão Preto em direção ao Triângulo, passando por Sacramento, Conquista e Uberaba. Foram para a casa de parentes em Araguari, depois optaram por São Pedro de Uberabinha, a futura Uberlândia dos dias de hoje. Ali o Sr. Leão pode realizar o que sabia fazer e tirava de letra: ensinar.

O Sr. Leão abriu uma escola, a "Escola do Seo Leão". Além do ensino das letras e da matemática, o professor incentivava as festas cívicas e teatrinhos, nos quais os pequenos aprendiam muito sobre arte. Faziam preparação para a primeira comunhão e apresentações teatrais em épocas fortes do calendário religioso ou mesmo quando passavam missionários pela cidade. Quando a família

---

[14] Arquivo Padre Vítor. *Pasta Correspondência Familiar.*

estava já assentada e com o cotidiano regularizado, Dona Mariquinha não resiste à doença e morre em dezessete de junho de 1908. Estava o Sr. Leão viúvo, os filhos órfãos de mãe, enfim, a família desfeita. Dona Maria Sebastiana, que no recordar do filho mais velho era uma mulher moderna e tinha até decisões avançadas – tomava banho de mar no período em que viveu no Rio de Janeiro – com apenas vinte e oito anos, mãe de cinco filhos, deixava este mundo e partia para a glória do Pai. José tinha onze anos, Vítor ainda não completara os nove e as meninas menos idade ainda. O futuro era pura incerteza...

O Sr. Leão deixou as meninas, Mariazinha e Veriana, com a avó Dona Mariana, que foram morar em Conquista (MG). José, o mais velho, o primo Cônego o levou para o Rio de Janeiro e o colocou no colégio dos Jesuítas. José chegou a ir para a Itália como seminarista, mas, devido a uma queda na qual fraturou a cabeça, foi dispensado e mandado de volta ao Brasil. Ele mesmo afirmou que não tinha vocação para a vida sacerdotal. Vítor ficou com o pai, em Uberlândia. Circunstâncias nada fáceis para um professor, que, além das atribuições do trabalho, precisava cuidar de um menino e, com certeza, dos afazeres da casa.

Além de a remuneração de professor não ser lá grande coisa, ainda aconteceu um fato que marcou profundamente o Sr. Leão. Certo dia, um inspetor escolar, em visita à escola, reparando a modéstia da roupa do professor, fez-lhe uma observação vexatória: "o nobre cargo que o senhor exerce exige um traje mais decente". Segundo a filha caçula Mariazinha, seu pai, naquela ocasião deu uma resposta à altura e abandonou a escola da cidade. Daí em diante seria professor da roça a percorrer fazendas e vilas no mister de alfabetizar as crianças. O elegante professor, formado em Artes Decorativas em Paris, passa a ser educador de meninos e meninas de roça.

> Por fazendas e aldeias, o incansável professor, por mais de quarenta anos, percorrerá os sertões intermináveis do Triângulo Mineiro e do Alto Paranaíba alfabetizando, instruindo, educando para ganhar o pão dos filhos que estudam e que terão o diploma em Ouro Preto. Diplomados os filhos, ele continuará a caminhar, deixando o rasto luminoso da sua passagem na inteligência das crianças que agora leem, escrevem, resolvem problemas; nos cadernos infantis artisticamente decorados e coloridos; nos livros, mapas, objetos escolares que vão ficando muitas vezes para trás...[15]

Mas o professor dedicado não conseguiu conciliar a labuta de lecionar de fazenda em fazenda com os cuidados necessários ao filho de nove anos. A decisão foi levar o menino Vítor Coelho para a casa da avó em Conquista, onde estavam radicados os Moreira Alves. As meninas levadas para Ouro Preto (MG), para uma melhor formação humana e religiosa. Com isso, vieram as

---

[15] Arquivo Padre Vítor. Entrevista de Maria Cândida, em 1997. *Pasta sobre seus familiares.*

despesas extras e o trabalho pelas fazendas precisava ser intensificado. Não havia alternativas à vista... As meninas seguiram, cada qual, os caminhos de suas escolhas... Maria Cândida, a Mariazinha, não se casou e dedicou-se a cuidar do pai na velhice. Foi catequista e residiu na cidade de Araxá (MG), vivendo por longos anos. Já Veriana entrou para a Congregação Religiosa das Irmãs do Bom Pastor, fundada em Angel, na França. O trabalho da congregação no Brasil, de modo especial o trabalho nos presídios femininos, buscava resgatar a dignidade da mulher que se "perdia" nos meandros morais e sociais. Veriana morreu muito jovem, com apenas vinte e dois anos, também de tuberculose, deixando marcas de santidade nos conventos onde viveu. Ofereceu sua vida consagrada pela conversão do primo Cônego Victor, que, durante um tempo, havia se afastado da Igreja.

Quando estava prestes a fazer seus votos religiosos na Congregação do Bom Pastor, ela enviou uma carta a seu irmão Vítor Coelho, que havia voltado da Alemanha e já completava dois anos de ordenação sacerdotal.

> Rio de Janeiro, 3 de novembro de 1925.
> Viva Jesus e Maria.
> Meu caríssimo irmão,
> Peço-lhe com amor que me abençoe no Sagrado Coração de Jesus e no Coração Imaculado de Maria, nossa Mãe querida.
> Só hoje, querido Vitinho, me foi dada a felicidade de comunicar-lhe o que me pediu: o dia marcado para realizar-se a minha união com Nosso Senhor pela pronúncia dos santos votos de religião. Será, se Ele não quiser para o nosso maior bem o contrário, no dia dez. Uma prova evidente que Deus cuida dos que suspiram como podem por esquecerem-se em sua mãos paternas para amá-lo e cuidarem dele... Foi o que me apliquei com todas as minhas forças durante todo o meu postulado e noviciado, procurei como pude imitar a Jesus e aos santos todos que conheci neste ponto principalmente: abandono a sua divina providência, conformidade com a Sua SS. Vontade. Estou longe da perfeição dessas virtudes, mas Nosso Senhor assim mesmo, deixando-me conhecer na sua presença que preciso continuar a trabalhar, com ardor, ou antes, orar, mortificar-me, renunciar-me sem descanso, vai me mostrando pelos acontecimentos que cuida dos meus interesses todos que eu deixo à sua providência; nada corre mal, e se acontece isto, basta que eu me cale, que eu engula a amargura com sofrimento, sem dúvida nenhuma (porque tenho corpo e coração humanos e cheios de misérias) para quando menos espero brilhar a luz interior e me fazer ver a alegria que teriam os santos em meu lugar e o proveito de vida eterna que dali tirariam... segue-se, assim, o pensamento... e com franqueza: nada neste mundo é mal para mim sempre que fecho os olhos ao exterior e procuro saber amar a Deus em tudo. [...]
> Lembra-se? Todos diziam quando eu era pequena que nós dois combinávamos e amávamos muito. Agora que temos a dita de sermos religiosos, separados, talvez para sempre aqui na terra, devemos redobrar o nosso amor recíproco em oração. O senhor, sendo ministro das graças de Deus pelo caráter sacerdotal que o reveste e por ser todo sagrado pelas orações e cerimônias da sua santa ordenação, deve interessar-se sempre pela santificação da sua irmãzinha que, por seu lado, esforçando-se por agradar aos olhos de

> Nosso Senhor em cumprir como meu amado pai São João Eudes quer, os meus deveres de religiosa do Bom Pastor há de pedir sempre ao Sagrado Coração de Jesus e a nossa Mãe querida que o guardem sempre do mal e o façam um santo redentorista. [...]
>
> Adeus, abençoe-me e perdoe-me, nem parece carta de religiosa... Que tristeza.
>
> Soror Maria do Divino Menino.[16]

Seu irmão mais velho, o José, conta que quando esteve em Ouro Preto para uma visita à avó, não encontrou Veriana, pois ela havia entrado em uma congregação religiosa e estava residindo na cidade de Mariana (MG). Segundo o irmão, ela entrou para a do Bom Pastor, no Rio de Janeiro, onde já estava a Rachel.

> Ali, presa de misticismo e sentimentalidade exaltada, queria sacrificar-se pelos pecadores (pondo os da família em primeiro lugar). Fazia penitências absurdas. Rachel me contou. Descobria-se, no frio; abrigava-se, no calor; martirizava-se de vários modos. Hipersensível, comovia-se intensamente com os reflexos do próprio estado de alma. Em uma das visitas, ouvi-a, conversando, exclamar de repente; – Jesus é bom! E o pranto rebentou-lhe dos olhos. Esteve no Ceará. Depois na Bahia. Parece-me que morreu na casa do convento célebre, que madre Joana Angélica defendeu com a vida, das injúrias dos soldados portugueses, na Guerra da Independência. Tuberculose, como mamãe...[17]

Quando Vítor Coelho faleceu, em 1987, Irmã Maria da Ressurreição V. Macedo, religiosa do Bom Pastor, residente em Juiz de Fora (MG), escreveu uma carta ao Diretor do Seminário Redentorista Santo Afonso em Aparecida, Padre Carlos Artur, na qual, dentre outras coisas, comentava:

> Quero contar-lhe que a irmãzinha de Padre Vítor foi minha companheira de noviciado. Recebera o nome de Irmã Maria do Divino Menino. Foi uma noviça exemplar. Ofereceu-se como vítima pela conversão de seu tio. Deus aceitou a vitimazinha e, logo após a sua profissão, apanhou tuberculose pulmonar e veio a falecer, na Bahia, aos 21 anos. Teve a felicidade de obter a conversão do tio.[18]

A referência feita ao tio foi um engano, Veriana se ofereceu pela conversão do primo, Cônego Victor Coelho, que havia se afastado da Igreja.

O pequeno e irrequieto Vítor Coelho viveu por um tempo sob os cuidados de sua avó, Dona Mariana, na também pequena cidade de Conquista. O Sr. Leão não conseguia trabalhar e cuidar do Vitinho, como ele chamava o

39

---

[16] Arquivo Padre Vítor. *Pasta Correspondência Familiar.*

[17] A. Cousin. *Op. cit.*

[18] Arquivo Padre Vítor. *Pasta Homenagens Póstumas.*

filho. Além disso, o menino não era nada fácil no comportamento. Vitinho, o menino levado, fora privado da orientação e do carinho maternos cedo demais. Tempos passados, tão diferentes dos tempos de hoje... Mas, em qualquer tempo, carinho de mãe é fundamental. O menino ressentiu-se da ausência afetiva da mãe. A mãe era piedosa e, ainda que lhe faltasse uma formação religiosa mais consistente, tentou passar a fé católica aos filhos. O cuidado na infância, as primeiras noções recebidas, desde o falar até ao modo de proceder, tudo vem da experiência afetuosa com a mãe. Nesse período, o menino Vítor contraiu uma gripe forte e persistente que por pouco não lhe rouba a vida. Mais tarde, quando noviço na Congregação Redentorista, escreveu em seu *curriculum vitae* "adoeceu gravemente com febre violenta por quase quatro dias, que lhe pôs a vida em risco. Dois meses mais ou menos bastaram para o restabelecimento".[19] Ele escreve na terceira pessoa, embora referindo-se a si próprio. Sofrendo a ausência da mãe, ainda que contasse com o carinho da avó, a doença fragilizava ainda mais a criança necessitada de cuidados e de afeto. O caminho do sofrimento e a ausência dos entes queridos tornam-se quase uma escola, onde cedo e de forma dolorosa foram-lhe ensinados a resignação e o desprendimento necessários à missão que mais tarde abraçaria.

A infância é o período da vida que marca profundamente a psique, o comportamento da pessoa. É o começo de tudo, é começo da vida e, quando bem vivida, constitui base sustentável e sadia para a vida toda. Quando privada de elementos essenciais, poderá dificultar relações posteriores. Mas infância sempre remete ao princípio... Princípio que, volta e meia, vem à tona do pensamento, faz transbordar o coração. E o coração se faz pleno de saudades... Com Vítor Coelho não foi diferente e a lembrança de sua infância o acompanhou sempre. Em 1936, residindo em Araraquara, pregador de Missões já bem conceituado no grupo de missionários redentoristas, ele recorda o tempo de infância e o período vivido em Conquista (MG). Preocupado com sua irmã Mariazinha e sua avó Dona Mariana, carinhosamente chamada de Dindinha pelos netos, ele tenta uma ajuda financeira de seus superiores, a título de empréstimo. Outros tempos e mentalidade, e práticas da Vida Religiosa diferentes, os superiores foram sensíveis ao pedido do confrade, facilitando uma ajuda a sua irmã. Nas recordações, nas lembranças mais longínquas e doces, misturam-se o coração do menino Vitinho e o coração do missionário, pleno de gratidão às duas mulheres queridas que lhe fizeram tanto bem – a avó e a irmã. Em carta à irmã, palavras de ternura também para a avó, que convalescia em repouso.

Agora uma prosa com a Dindinha...
Pensando que a senhora está aí deitadinha na cama, com esse saco de gelo e sofrendo... eu me lembro do ano de 1910, quando eu tive aquela febre

---

[19] Arquivo Padre Vítor. *Pasta Documentos Pessoais. Curriculum Vitae*, escrito em 1917.

perigosa e a senhora me tratou com tanto carinho. Não podendo ir até aí a consolar a senhora, eu peço a doce Virgem Maria que fique a seu lado e lhe inspire muito mais do que eu saberia dizer; que ela lhe faça compreender cada vez mais quanto Deus é bom e merece ser amado... quanto vale o sofrimento em união com o Coração de Jesus; que (a boa Mãe) lhe tire do coração frequentes orações jaculatórias que agradem a Jesus; que lhe dê a saúde se isso for para a glória de Deus. Peço a Dindinha que abençoe e ofereça suas cruzes por mim, por meus confrades e pelas Missões... sem prejuízo das outras intenções.[20]

No testemunho dos filhos em depoimentos escritos ou em entrevistas, tanto José como Mariazinha e o próprio Vítor são unânimes em tecer elogios ao pai, o Sr. Leão. Elogios esses, sobretudo ao modo, ou melhor, à pedagogia por meio da qual esse professor conseguiu passar os valores humanos a seus filhos e a seus alunos. Homem provado pelas dificuldades que a vida lhe impôs. Órfão de pai em sua meninice e sonhador em sua juventude. Filho de pais que vinham da cultura europeia, de Portugal e França. Viajador, seja pelo gosto de descobrir e conhecer culturas diversas, seja como quando foi para Paris em busca de aprendizado, ou quando corria estradas brasileiras, de um lugar para o outro, em busca do sustento para a família que ficara em casa, à espera de guarida e pão.

Homem bom e trabalhador, de profundas convicções morais, excelente educador, o Sr. Leão era indiferente à vivência religiosa. Batizara todos os filhos e havia contraído matrimônio católico, em tempos em que apenas o civil poderia ser considerado documento, pois, havia pouco, uma lei separara a Igreja do Estado. Não atacava, mas também não frequentava a igreja nem participava dos sacramentos, embora tivesse se casado na igreja matriz de Sacramento. Meras formalidades, porém...

Por ocasião do Natal de 1947, Vítor estava em Campos do Jordão e, de lá, escreveu ao pai. Apesar da distância e da separação, passados quase quarenta anos, Vítor fala da mãe, do tempo junto da família no Rio de Janeiro, revive momentos e doces experiências tornados inesquecíveis, porque experimentados em um contexto terno e amoroso. Memórias queridas dos tempos de menino, de antes de deixar a casa, de deixar o ninho para outros voos...

> Papai,
> Boas festas!
> Embora muito carregado de correspondência, mando ao senhor a primeira cartinha que não é cartão. O que mais desejo ao papai é a suma felicidade da união com o nosso Redentor, no perdão, na graça, no progresso espiritual e na paz.
> Eu desejara muito que estas férias nos reunissem para desafogo dos nossos afetos e santas alegrias. Deus não quer ainda. O José diz que o senhor é um "São Francisco de bigodes". O característico de São Francisco é amar

41

---

[20] Arquivo Padre Vítor. *Pasta Correspondência Familiar.*

tanto a Deus que já não sobre lugar para as coisas que valem dinheiro, nem mesmo as viagens de Minas a Campos do Jordão.

Estejamos, pois, contentes rogando a Jesus que seja ele a nossa riqueza. Se o senhor tivesse vindo, as suas "torneiras" teriam servido de base para muita prosa. Eu também me lembro de muita coisa a partir de 1904. O Natal passado nas "Pedras Negras" ficou-me na memória pelo detalhe de ter a Mamãe posto nos meus sapatos os seus próprios brincos. Fiquei satisfeito e embora eles voltassem para o seu legítimo lugar, eu sempre os apontava como "os meus brincos da mamãe" e assim passei a festa sem outro presente. O seguinte Natal foi no Canto do Rio, naquela casa de jardim, frutas-de-conde e carambolas, onde rebentei o meu dedo e José e eu tivemos sarampo e Veriana foi batizada. Lembro-me do presépio na casa dos nossos vizinhos militares (oficiais de marinha) e que tivemos muito presente e petisco. Morava em casa a mãe de um seminarista (D. Sinhazinha ou Senhorinha ou coisa semelhante) que nos deu muito presente. A Rachel e o Tioga estavam meio noivos.

O último Natal, no Rio, encontrou-nos na Rua Visconde de Sapucaí, poucos dias antes da nossa partida para Uberabinha. Estivemos, José e eu, naquela noite, em casa do vizinho Pitaluga, pagão moderno. Como carecíamos de espírito sobrenatural?!

Mamãe era reta e boa mãe, mas sem muita instrução religiosa. O senhor ainda não era o papai religioso de hoje. O José e eu éramos dois ratinhos para quem o mundo parecia um grande e gostoso queijo mais dos outros do que nosso, mas em que ferrávamos os dentes à medida do possível.

No ano seguinte, mamãe já partira para a eternidade; o José seguira para o colégio e a lua de minha molecagem entrava pela fase crescente. Lembro-me que foi noite de muito luar; fui à missa da meia-noite, depois de ter estado naquele barracão de pano na rua que ficava aos fundos do Lamartine, onde assisti a um cinema vagabundo de cujo enredo me recordo. Isso foi em 1908. Em 1909 estávamos na roça. Em 1910 eu já estava em Bangu com o Cônego Victor.

Agora, papai, um grande abraço. Deus o abrace com o carinho infinito e poderoso de sua graça! Abençoe o seu,

Vitinho, C.Ss.R.[21]

Em comentário feito pelo próprio Vítor Coelho, ele lembrou que seu pai tinha um senso humanitário em alta escala. Era professor por vocação. Por seu zelo de educador, ganhou nome em escolas dos municípios de Araxá, Sacramento e Pedrinópolis, em Minas Gerais. Quando José e Vítor se referiam às "torneiras" do Sr. Leão, falavam das cadernetas nas quais o professor anotava os momentos vividos como professor pelas fazendas do Triângulo Mineiro, além das lembranças de infância e da família. Em suas inumeráveis andanças pelas fazendas, houve encontros com pessoas que sofriam do mal de Hansen, e, respeitoso, cumprimentava-as tocando suas mãos já mutiladas pela lepra. Não havia em sua atitude motivação religiosa, mas sentimento de solidariedade e compaixão. Na angústia de ver os filhos separados, um longe do outro, e preocupado sobretudo com seu Vitinho, que ainda não tinha um rumo certo – José estava com os Jesuítas e as meninas em Ouro Preto –, precisava encontrar

---

[21] Arquivo Padre Vítor. *Pasta Correspondência Familiar.*

um caminho novo para a família dispersa. Um dia, alguns amigos deram-lhe um conselho: ele devia apegar-se a Deus, fazer uma promessa e colocar o filho Vítor nas mãos de Nossa Senhora Aparecida. Os céus teriam ouvidos para uma prece feita com fervor e brotada do fundo do coração. Em favor de um menino órfão, nada melhor que recorrer à intercessão da mãe de Jesus.

Uma notícia chegara por aqueles lados de Minas, em 1904, contando que o clero do Brasil havia coroado a imagem de Nossa Senhora Aparecida como Rainha do Brasil, numa festa nunca antes acontecida na cidade sob a proteção da santa. O descrente Sr. Leão certamente tomara conhecimento da novidade justamente quando estava sofrendo diante da incapacidade de ver um futuro para o filho, carente de uma proteção que lhe garantisse boa formação e estudos na adolescência e juventude. Mas Nossa Senhora não deixa um filho seu em situação difícil. Deus tem seus instrumentos para agir e a graça dele está sempre no coração humano. Basta que se tenha o coração aberto para que a vida seja tocada por este agir de Deus. Não sem razão disse o doutor angélico, Santo Tomás de Aquino: "A graça supõe a natureza". O homem pede e Deus atende!

"A lua da minha molecagem entrava pela fase crescente", disse uma vez Vítor Coelho recordando os idos de sua infância. Olhando para trás, percebia que a educação até então recebida não poderia dar cumprimento a uma realização profissional, ainda mais que a família vivia longe dos centros urbanos, do progresso e das oportunidades. Mesmo quando vivera no Rio de Janeiro, a penúria rondava de perto as portas da família.

Tenha sido sua prece movida pela fé ou pela dolorosa necessidade, Deus ouviu a oração do Sr. Leão, sob a intercessão de Nossa Senhora Aparecida. Um belo dia, chega a sua casa seu primo Cônego Victor Coelho, vindo do Rio de Janeiro, para dar notícias do José que estava encaminhado e residia com os Jesuítas na Ilha Comprida. A proposta do Cônego era levar consigo o Vitinho, para que ele também pudesse receber uma formação mais acurada e liberar o aflito professor Leão para suas tarefas de ensino e suas andanças pelas fazendas. E assim aconteceu.

Era evidente que, com a avó idosa, não haveria possibilidade de o menino receber boa educação. O pai, professor andante, também não teria meios para acompanhar sua formação e dar a devida educação ao filho. Era visível que faltava ao menino até mesmo noções básicas de urbanidade. Talvez o que mais pesasse na cabeça e em seu coraçãozinho de menino fosse a ausência dos cuidados maternos a darem-lhe ensinamento cristão e rumos para a vida. O menino passara a ser a cruz do pai e da avó. O próprio Vítor, mais tarde, recordar-se-á desse tempo em que ficou largado à sorte de outras companhias de sua idade que também não tinham condições materiais e humanas para alcançarem uma boa formação. O menino, na verdade, não era nada fácil. Apesar disso, e quem sabe por isso mesmo, Cônego Victor levou-o consigo para Bangu (RJ), em meados de 1910. Desse período só se sabe que foi tarefa árdua demais para o Cônego levar a bom termo sua missão de educar o Vitinho. O certo é que, no começo de 1911, ele já estava disposto a devolvê-lo ao pai e à avó, caso não encontrasse um colégio ou internato que o aceitasse.

A intervenção da boa mãe Aparecida, porém, tinha apenas iniciado. Quando, em abril de 1911, Cônego Victor empreendia viagem de volta para o Triângulo Mineiro levando o Vitinho, fez uma parada na cidade de Aparecida (SP). Aí, às margens do Rio Paraíba, na casa da doce Mãe recolhida das águas, a graça de Nossa Senhora manifestou-se na vida da família do Sr. Leão Coelho...

Somos todos, homens e mulheres, parte de um imenso mistério... Em 1960, o missionário Vítor Coelho, em seu livro "Os ponteiros apontam para o infinito", escreveu, emocionado, sobre a misteriosa e significativa beleza da celebração do batismo, enquanto, por certo, tentava imaginar-se a si mesmo recebendo as águas batismais na matriz de Nossa Senhora do Santíssimo Sacramento. Naquele dia, já tão distante, o recém-nascido Vítor não poderia saber quão profunda e radical seria, no futuro, sua adesão ao Deus a quem prometia, através de seus padrinhos, amar de todo o coração e para sempre... Encantado e agradecido, o antigo menino "custoso" – agora escritor, radialista, jornalista, evangelizador – detalha uma cerimônia batismal nos começos do século XX.

> O lar, a paróquia e a escola são os três primeiros reveladores e fixadores da mais inefável realidade cristã: a graça santificante, Deus em nós, a vida e amor divinos derramados em nosso íntimo pelo Espírito Santo.
>
> Quando, pequeninos, fomos apresentados para o sacramento do batismo, o sacerdote perguntou a cada um de nós: "Que pedes a Igreja de Deus?"
>
> Os padrinhos responderam (em nosso nome): "Pedimos a fé católica; tudo o que o cristianismo contém..."
>
> – A Fé, que vantagem traz?
>
> – Traz-me a vida eterna.
>
> – Bem, se queres entrar para a vida sobrenatural, guarda os (dois grandes) mandamentos: "Amarás ao Senhor teu Deus de todo o coração, de toda a tua alma e com toda a tua mente; e ao próximo como a ti mesmo".
>
> O padre deu-nos a saborear o "sal da sabedoria", para jamais sermos atormentados pela fome de falsa felicidade; mas, sempre saciados da comida celeste, permanecermos fervorosos de espírito, jubilosos na esperança e amorosos no serviço de Deus. E, depois de renascidos pelas águas do batismo para a vida divina, caminharmos para os prêmios eternos: Dois exorcismos pronunciou, então, o sacerdote sobre nós: um expulsando Satanás, o rei das trevas; o outro expelindo todo e qualquer demônio. Orou por nós; marcou-nos com o sinal da cruz; introduziu-nos no templo "para termos parte com o Cristo na vida eterna"; recebeu, por duas vezes, a nossa profissão de fé (que os padrinhos realizaram em nosso nome); tocou com o polegar, em dois dos nossos sentidos, dizendo aquela palavra de Jesus: Éfata (que quer dizer: Abri-vos); exigiu que renunciássemos a Satanás, a suas obras e a suas pompas; ungiu-nos com óleo simbolizador da graça e salvação de Cristo; e derramou sobre nossa fronte água, dizendo: "Eu te batizo em nome do Pai e do Filho e do Espírito Santo".
>
> Foi o momento mais importante de nossa vida. Nós que, nascendo de nossa mãe, recebêramos a vida humana; nascendo de novo, "pela água e pelo Espírito Santo", recebemos a vida divina. Uniu-se, naquele instante, a

44

nossa alma com Jesus, qual galhozinho que se prende ao tronco para dele viver e haurir seiva, crescer e produzir frutos. O sagrado crisma com que o sacerdote, imediatamente, nos umedeceu a sumidade da cabeça significava justamente essa seiva de energia divina com que o Cristo nos havia de alimentar e sustentar. Linho alvíssimo foi estendido, cobrindo o recém-batizado. Isso para denotar que a alma se revestia do Sol divino e tomava por indumentária a santidade e justiça do próprio Deus. Finalmente, a linda cerimônia da vela que se põe na mãozinha do pequerrucho com a exortação: "Recebe a lâmpada ardente (do amor divino). Guarda os mandamentos (do amor de Deus e do próximo) para que, quando o Senhor Jesus voltar para as núpcias (celestes), possas tu, em companhia dos Santos, ir-lhe ao encontro e viver pelos séculos dos séculos. Vai em paz, o Senhor esteja contigo!"

Sim. "Tudo passa. Na noite da vida só resta o amor de Deus." Sejam as nossas últimas palavras semelhantes às derradeiras pronunciadas por Isabel da Trindade: "Eu vou para Deus; eu vou para a pátria; eu vou para a luz".

A vela do batismo e a vela mortuária devem simbolizar a chama que valoriza a vida e nunca mais se apagará: o amor.[22]

Fotocópia do Livro de Batismo da Paróquia onde Padre Vítor foi batizado. "Ao primeiro de novembro de 1899 nesta igreja baptizei a Victor [ilegível] nascido a vinte e dois de setembro, filho de Leão Coelho de Almeida e Maria Sebastiana de Almeida; foram padrinhos Augusto Marques Pereira e Luzia Gonçalves Baptista; e para constar [...] Vigário Manoel Rodrigues da Paixão." Arquivo da Paróquia de Nossa Senhora do Patrocínio do Santíssimo Sacramento, em Sacramento (MG)

[22] V. C. de Almeida. *Os ponteiros apontam para o infinito*. Edições Paulinas, 1960, 65. Alguns de seus artigos escritos neste livro são textos usados em seus programas na Rádio Aparecida, que tinha este mesmo nome: *Os ponteiros apontam para o infinito*.

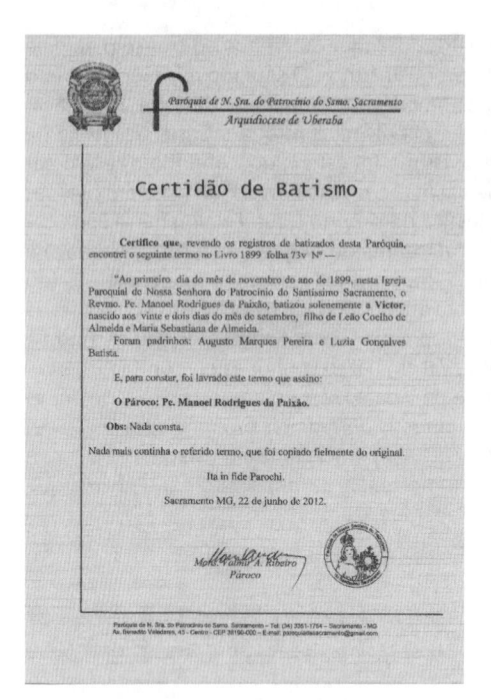

Documento emitido em 2012 que atesta o batismo de Padre Vítor em novembro de 1899

Pia batismal em pedra sabão onde Padre Vítor foi batizado. Museu histórico da cidade de Sacramento (MG)

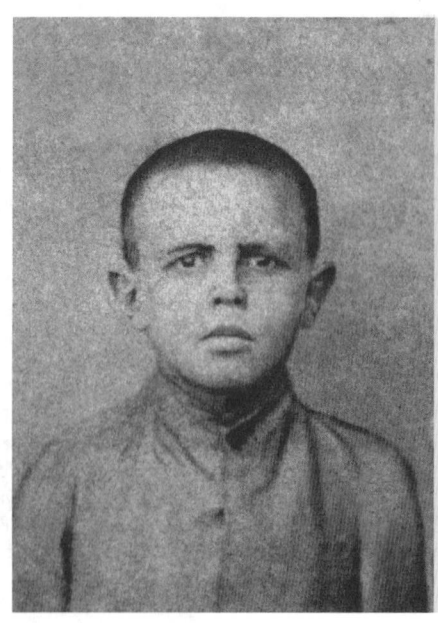

Foto em que Padre Vítor consta com mais ou menos 10 anos de idade. Com sua mãe e irmãs

Close da foto anterior

Fotografia de sua mãe, Maria Sebastiana de Almeida

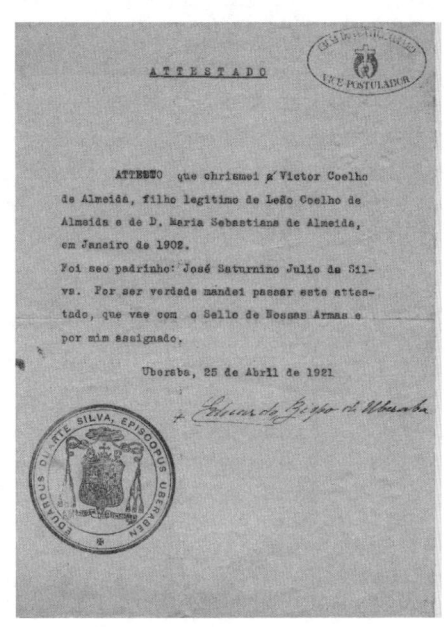

Atestado de crisma emitido por Dom Eduardo Duarte, em 1921. Na época era Bispo de Uberaba (MG)

Senhor Leão Coelho, ladeado pelo filho Padre Vítor e a filha Mariazinha. Em Araxá (MG), data ignorada

Padre Vítor em frente à Basílica Velha, em Aparecida (SP), com alguns familiares, ladeado de sua irmã Mariazinha e seu irmão Dedé. Data ignorada

2
A ENTRADA PARA O SEMINÁRIO: UMA GRAÇA DE NOSSA SENHORA APARECIDA

O processo de implantação da instituição eclesiástica no Brasil sofreu um golpe quando se deu a expulsão dos Jesuítas, em 1759. O conjunto de expressões religiosas e a rede de ensino entraram em decadência. Durante o período imperial, a instituição Igreja pouco se desenvolveu. Na metade do século XIX, alguns bispos iniciaram um processo de ligação mais efetiva com Roma, visto que a Igreja se tornara um departamento do governo imperial. Em 1890, já estabelecida a República, as duas instituições se separaram, cessando o direito de Padroado e, consequentemente, a ingerência do Estado em assuntos da Igreja.

Quando nasceu Vítor Coelho, no finalzinho do século XIX, a Igreja no Brasil – com sua diversidade de características – vivia um tempo novo. O sistema republicano fora implantado sem consulta, sem participação e sem estruturação da nação para a mudança. O novo sistema de governo fora surpresa até mesmo para os políticos e militares. E constituiu-se, além de surpresa, em desconforto para a parcela da Igreja que estava em seu comando. Se antes os bispos se sentiam sufocados pelo controle do Estado, quando veio a separação, quando chegou a liberdade, houve quase que um sentimento generalizado de orfandade, pois acabavam ali aproximadamente trezentos anos de submissa parceria, além da ideia longamente sustentada e difundida de que ser brasileiro era ser católico.

O decreto 119-A, de janeiro de 1890, pôs fim ao regime de Padroado, que, no Brasil, viera com a colonização portuguesa e, aqui, fora negociado com a Santa Sé em 1827, quando o país já se tornara independente de Portugal. Como organização estrutural, em 1890, a Igreja contava com apenas doze dioceses e setecentos padres para um rebanho de quatorze milhões de pessoas, quase todas se declarando católicas. Consumada a separação, os bispos redigiram um documento analisando a situação decorrente do novo momento. A Carta Pastoral, denominada Pastoral Coletiva de 1890, escrita por Dom Antônio Macedo Costa, bispo do Pará, queixava-se de que a Igreja fora ferida com a separação do Estado. "Não tratemos mais da ferida que foi feita à Igreja em nosso país. Tinha ela duplo direito, à proteção e à liberdade. Tiraram-lhe a primeira. Não cooperamos para isso. Infelizmente, porém, é um fato: o Brasil não é mais uma potência católica."[1]

A reação ao documento episcopal foi negativa nos meios sociais, de modo especial naqueles que, influenciados pela mentalidade positivista, endeusavam o laicismo da República. Mas não demorou que os bispos percebessem que era chegado o momento do recomeço, de organizar a vida eclesiástica e renovar os organismos da Igreja. A Igreja começava a caminhar com suas próprias pernas, embora o momento novo, cheio de possibilidades, também lhe trouxesse receios e preocupações, tanto quanto a sua manutenção como quanto ao gerenciamento de sua estrutura administrativa.

No documento de separação das duas instituições, ficou decidido que o ensino e o culto religioso fossem livres e opcionais. Secularizaram-se os cemitérios e foi introduzido o casamento civil. O Estado não mais subvencionaria as dioceses e os locais de culto – nem mesmo os santuários – que passavam para a administração da Igreja. Mas faltava gente capacitada para gerir tais locais de culto, particularmente os santuários, que precisavam acolher e atender a incessantes levas de romeiros. O próprio Papa Leão XIII incentivava os bispos a reagirem positivamente a esses recém-chegados desafios, criando novas dioceses e incentivando a vinda de Congregações Religiosas da Europa para o Brasil. Se na metade do século XIX a tentativa de reforma – ou romanização – havia sido iniciada, agora era o momento de coroar esse processo que já durava cerca de cinquenta anos, processo denominado Restauração da Igreja, e que objetivava uma reaproximação mais estreita e efetiva entre a Igreja do Brasil e a Sé Romana.

Naqueles dias, a Diocese de São Paulo abrangia todo o Estado e ainda o sul de Minas Gerais, com cidades que hoje pertencem à Arquidiocese de Pouso Alegre e às Dioceses de Guaxupé e da Campanha. Entre os vários locais de culto onde havia peregrinações e romarias, estava o santuário episcopal de Nossa Senhora Aparecida, em Aparecida, uma vila pertencente a Guaratinguetá. Na Diocese de Goiás, com sua imensidão territorial, encontrava-se o santuário do Divino Pai Eterno, numa vila chamada Barro Preto, perdida naquelas campinas sertanejas do Estado de Goiás. Como ficara estabelecido após a separação entre a Igreja e o Estado, a Igreja é que se encarregaria da manutenção de suas igrejas e santuários.

Em 1894, estavam em Roma os bispos de Goiás, Dom Eduardo Silva, e o coadjutor de São Paulo, Dom Joaquim Arcoverde, para uma visita *ad limina*. Esta prática era e é uma norma da Igreja que determina que, de tempos em tempos, os bispos se apresentem em Roma para visitar o Papa e prestar conta do andamento de suas dioceses e, ainda, fazerem uma visita aos túmulos dos

---

[1] A. M. Moog. *A Igreja na República*. Editora Universidade de Brasília, 1981.

apóstolos Pedro e Paulo. A visita *ad limina* tem também o sentido simbólico de expressar a continuidade e a comunhão da Igreja espalhada por todo o mundo. Mas, além do cumprimento do preceito canônico, os bispos brasileiros estavam decididos a conseguir, em Roma, o auxílio de congregações e ordens religiosas dispostas a assumir os Santuários de suas dioceses. Antes da separação, a ingerência do Estado nos assuntos da Igreja colocava entraves à vinda de religiosos e missionários para o Brasil. Livres e munidos, por certo, de muita esperança e zelo evangelizador, D. Eduardo e D. Joaquim puseram--se em campo, dispostos a bater de porta em porta...

Os dois haviam morado em Roma, no mesmo Colégio Pio Latino-Americano e tinham sido colegas de estudos na Universidade Gregoriana. Dom Eduardo fora, ainda moço, da Ilha do Desterro, atual Florianópolis, para a corte do Rio de Janeiro, no final do Império. Dom Joaquim era pernambucano, da cidade de Cimbres, e fez carreira eclesiástica após voltar de Roma, terminados os estudos.

Antecipando a estação quente do verão, em um dia de calor intenso do mês de junho de 1894, Dom Eduardo foi até a Via Merulana, 31, onde o convento dos missionários redentoristas ocupa um quarteirão nas vizinhanças de Santa Maria Maior. O Superior-Geral dos missionários redentoristas, Padre Matias Raus, mal acabara de tomar posse, pois o Capítulo Geral da Congregação que o elegera havia acontecido alguns dias antes. Se Almeida Cousin havia comentado que Dom Eduardo era bispo "de um mundo inteiro", para mostrar a grandeza de Goiás, Padre Matias era o superior dos redentoristas no mundo inteiro − literalmente falando.

No encontro com o Superior-Geral, o bispo de Goiás expôs todas as suas dificuldades diante do vasto território de sua diocese e do número insuficiente de padres para atendê-la, padres, na maioria, malformados e, como se não bastasse, amancebados. Sobre aquele dia, Dom Eduardo deixou escrito em seu diário:

> A última porta a que bati foi a do Reverendíssimo Padre-Geral dos Redentoristas e como nas outras a resposta foi negativa. Desanimado completamente ao despedir-me do venerando padre, eu disse: "Meu Reverendíssimo Padre-Geral, minha consciência fica tranquila, fiz quanto pude. Santo Afonso fundou sua apostólica congregação para salvar as almas mais abandonadas; saio daqui também como saí das outras casas generalícias; a Nosso Senhor entrego este negócio de tanto alcance". De tarde veio visitar-me o Reverendíssimo Padre-Geral e dar-me a auspiciosa notícia de poder dar-me alguns religiosos de sua congregação, mas da Baviera e não da Itália, sendo necessário eu lá ir para entender-me com o Reverendíssimo Padre Provincial.[2]

Diante do objetivo quase alcançado, a alegria e a esperança do cansado bispo se renovaram, pois entregar o santuário do Barro Preto, após tantas recusas, para uma congregação com tanto prestígio na Europa era algo para além de

51

---

[2] Autobiografia de Dom Eduardo Duarte da Silva, Bispo de Goyaz, UCG, 2007, 125.

suas expectativas. Fazia pouco mais de vinte anos que o fundador dos redentoristas, Santo Afonso, havia sido declarado Doutor da Igreja. Durante o Concílio Vaticano I foram colhidas assinaturas de bispos e superiores-gerais para que o pedido fosse feito a Pio IX. Em 1871, o Papa o declarou Doutor da Igreja. Uma honra para a Congregação, pois em dezoito séculos de História, até então, a Igreja só concedera a dezessete santos tal título. Antes disso, em 1865, o mesmo Papa Pio IX havia entregue o ícone de Nossa Senhora do Perpétuo Socorro aos cuidados dos redentoristas com um pedido: "Façais conhecida no mundo inteiro a devoção a Nossa Senhora do Perpétuo Socorro". Naquele dia quente e distante do quase verão romano, Dom Eduardo acabara de encontrar os filhos de Afonso, os anunciadores incansáveis da copiosa redenção...

Mais tarde, naquele mesmo dia, fazendo juntos a refeição na casa de hospedagem dos bispos, Dom Eduardo deu a feliz notícia a seu colega Dom Joaquim Arcoverde. Pode-se imaginar a alegria do bispo ao contar ao amigo a surpresa de receber, ali mesmo, no Pio Latino, a visita do recém-eleito Padre Matias Raus. Terminados os assuntos, terminado o jantar, o descanso da noite chegou para Dom Eduardo, mas não para Dom Joaquim. Seguindo os conselhos de seu travesseiro, Dom Joaquim saiu de casa pela manhã logo cedo e partiu, também ele, para a Via Merulana, 31, para a casa dos redentoristas.

Mesmo sem ter agendado uma visita, mas confiante e esperançoso, na certa repassando repetidamente as palavras do amigo D. Eduardo enquanto percorria as belas ruas de Roma, Dom Joaquim conseguiu ser recebido por Padre Matias. Foi expor a situação de apertura de sua diocese de São Paulo — um território muito extenso – e a dificuldade bem específica de encontrar padres para cuidar de um santuário que se situava entre a capital do Estado e a capital da República, na vila com o nome de Aparecida. Padre Matias respondeu-lhe que a Congregação havia decidido por missões no exterior e que os capitulares haviam votado positivamente essa proposta. Mas que, naquele momento, não poderia atender seu pedido, pois ainda no dia anterior havia prometido alguns missionários ao Bispo de Goiás e estava aguardando uma resposta da Província de Munique sobre a aceitação de tal pedido.

Terá sido o tão propalado jeitinho brasileiro a encontrar uma saída em favor da causa de São Paulo? Dom Joaquim, engenhosamente, fez ver a Padre Matias que a Congregação, tendo uma fundação no distante interior de Goiás, teria grande dificuldade de comunicação com a Europa. Devido à grande distância, a viagem do Rio de Janeiro até terras goianas poderia levar dias no lombo de burros ou cavalgando por sertões inóspitos. Certamente o aflito bispo soube pintar, com fortes pinceladas e cores, o quadro que lhe interessava. E sugeriu, decerto com bem pensada sutileza, que seria oportuno os alemães terem uma fundação em um local que servisse de posto intermediário, de modo a facilitar a comunicação. Apenas lá no longínquo Goiás, seria simplesmente impensável naqueles tempos. Dom Joaquim deixou o pedido e voltou às pressas para São Paulo devido à morte de Dom Lino Deodato, a quem sucederia na diocese de São Paulo.

No final de junho, Dom Eduardo foi ao convento dos redentoristas em Gars am Inn, na Baviera, para tratar da viagem para o Brasil, visto que a fundação fora aceita. Ele acompanharia o grupo de missionários alemães durante a viagem. Foram designados quatorze missionários, sendo que um adoeceu na véspera e não pôde viajar. Mas, durante a viagem, Dom Eduardo percebeu, para sua surpresa, que o grupo de treze fora dividido: sete missionários iriam para o santuário do Barro Preto e seis para Aparecida, atendendo a pedido de Dom Joaquim. Dom Eduardo desabafou em seu diário: *Quos ego feci, tulit alter honores*, citando Virgílio: "Do que eu fiz, outro levou as honras". Ele se referia à esperteza de Dom Joaquim...

A chegada dos missionários redentoristas em Aparecida aconteceu em outubro de 1894. Depois de quatro anos, eles abriram um seminário para a formação de novos padres. Praticamente estavam nadando contra a maré, pois a mentalidade reinante entre os europeus era a de que o brasileiro não servia para o ministério presbiteral ou para a consagração religiosa. De modo muito acanhado, foi iniciada uma casa de formação para meninos, de modo especial para aqueles que eram coroinhas na Basílica de Aparecida. Devagar foram melhorando o espaço, tornando-o mais funcional.

Em 1911, deixando o Rio de Janeiro em direção ao Triângulo Mineiro, o Cônego Victor Coelho e seu primo, o menino Vítor Coelho – o Vitinho –, fizeram uma parada em Aparecida. O Cônego não conseguira acompanhar a educação do menino e resolvera devolvê-lo ao pai. Mas, tempos atrás, o Sr. Leão, aconselhado pelos amigos, havia pedido a Nossa Senhora que intercedesse pelo menino. E antes mesmo do pai, a própria mãe já o havia presenteado com uma medalhinha de Nossa Senhora que ele trazia pendurada ao pescoço. Uma mãe carinhosa e plena de cuidados pedia à outra Mãe auxílio e proteção para o filho querido... Um dia, um de seus professores, de modos desrespeitosos, tirou-lhe a medalhinha e atirou-a no mato. Vítor nunca mais a encontrou. Mas, como dizia sua irmã Mariazinha, se Vítor nunca mais achou sua medalha de Nossa Senhora, Nossa Senhora achou Vítor para a vida inteira. Na medalhinha perdida o símbolo do encontro de algo imperdível: o carinho e as bênçãos de duas mães. Da doce mãe da terra e da doce mãe do céu...

Ainda sem saber da decisão do Cônego Victor e sem muitas notícias de seus filhos, o Sr. Leão foi aconselhado por uma senhora amiga a ir até Aparecida a fim de pagar a promessa feita ao pedir a Nossa Senhora que cuidasse do menino. Sem muito acreditar, uma tarde o professor foi estremecido com a chegada de uma carta de seu sobrinho, Cônego Victor. Nela o Cônego dava notícias de que, embora sem a permissão do pai, ele havia deixado o Vitinho em Aparecida, no internato, no Seminário dos Redentoristas. Deus fala através dos acontecimentos. A fé, forte e agradecida, instalou-se no coração do Sr. Leão, marcando não somente sua vida, mas a de todos os que conviviam com ele. A graça alcançada era quase que um milagre. O menino órfão, rebelde e malcomportado, avesso às normas e regras dos que pretendiam educá-lo, entrar para uma escola rigorosa onde se formavam os padres era mesmo um milagre. Quando alguém próximo ao aliviado pai veio lembrá-lo de enviar a oferta para as obras missionárias conforme a promessa feita a Nossa Senhora Aparecida, ele respondeu que não seria preciso ele mesmo ir até lá. Seu próprio filho Vitinho se encarregaria de fazê-lo, pois ele estava morando justamente no Seminário de Aparecida.

São justamente das recordações da infância pobre e das peraltices do menino Vítor que Mariazinha deixou o coração falar ao relembrar aqueles tempos de criança. No poema "Poeira e luz", sua irmã dedica-lhe um poema evocando os poucos anos vividos juntos nas andanças da família. Na poesia, escrita quando o menino travesso já celebrava o jubileu áureo sacerdotal, a menina e irmã, olhando o passado, rememora com delicadeza e saudade aquele tempo que foi o pouco tempo da convivência familiar. Os espinhos da paineira da meninice parecem prenunciar tanto os espinhos dos sofrimentos físicos quanto os espinhos do intenso labor missionário de anos vindouros.

Era um menino peralta,
um novo "Tertuliano"
p´ra correr e andar à malta...
– Quer ver se eu não subo naquela paineira?
– E os espinhos?... Não é capaz!
– Não tenho medo. Vamos ver quem ganha?
E guinda-se às ramadas agressivas
tão só para ostentar uma façanha!
Dindinha está entretida na costura,
aproveitamos para mais uma bravura:
– Querem ver, meninas, como se faz espingardinha?...
Um estouro na cozinha!...
Maria e Veriana foram assustadas.
Mas... a vovó tem ouvidos,
vem chegando, de mansinho, com açoites na mão:
– Onde está o valentão?... [...]
"Já tinha passado um ano
que estavam a navegar,
em vão procuravam terra,
só viam céu e mar."
– Que bonito, Titinho,
recita mais um pouquinho!
– Vitinho, toma a vassoura e varre a sala lá fora!
– Já vou varrer, sim, senhora...
Sacudidas e pausadas,
vão saindo as vassouradas,
falhando daqui e dali,
deixando "rabos de galo"...
Pó, retalhos de costura,
emaranhados de linha,

tudo voa pelo ar,
na oficina da Dindinha!
E é então que o varredor
vai lembrar-se de ser cantor:
"Salve, lindo pendão da esperança...
Alons enfants de la patrie...
Treze de maio, dia glorioso..."
E a voz, vibrante, argentina,
timbrada, forte, divina,
vai subindo, num crescendo,
bater à porta de Deus,
e Deus escuta,
e Deus se encanta,
e Deus se apraz,
e Deus escolhe a voz para o eterno louvor:
Inclina-se e diz baixinho:
– Vem e segue-me!
– Para onde, Senhor, onde moras?
– Vem e vê – ali... o Seminário...
Junto ao eme de Maria!
Vem. Serás religioso,
serás missionário,
comigo, serás redentor...
Os espinhos da paineira são pungentes,
mas conduzem as flores cor-de-rosa...
Mostrar-te-ei quanto deves sofrer por meu nome...
Mostrar-te-ei quanto deves morrer para dar vida...[3]

55

Não se sabe detalhes da aceitação, nem mesmo o porquê de os padres aceitarem um menino que não queria ser padre e que, com certeza, não apresentava quaisquer sinais exteriores de uma vocação missionária. Não era coroinha, não via atrativos no serviço paroquial, não fizera acompanhamento vocacional e nem mesmo o primo cônego que o levara para lá teria, decerto, dito algo a esse favor. Aliás, causa admiração que o Cônego, com sólida formação e diretor de Seminário no Rio de Janeiro, tenha deixado o menino em uma instituição com a qual o garoto de comportamento difícil parecia não ter qualquer afinidade. Mas os desígnios de Deus são insondáveis... Ninguém, muito menos o Vitinho, poderia imaginar que, ao atravessar a porta de entrada da casa dos anunciadores do Santíssimo Redentor, o menino levado da breca, de um modo misterioso e belo, pronunciava para sempre o *Ecce ego, mitte me!* (Aqui estou, envia-me!).

São passados mais de cem anos daquele fato que marcaria a trajetória de vida de Vítor Coelho e da Congregação Redentorista. Os registros históricos nos ajudam a agradecer a ação de Deus, por meio de Nossa Senhora, em favor dos pequenos e abandonados.

---

[3] Arquivo Padre Vítor. *Pasta Homenagens pelo jubileu áureo sacerdotal*, em 1973.

O menino foi deixado no Seminário Santo Afonso, no dia seis de abril de 1911, dia comemorativo do nascimento do santo redentorista São Geraldo Magela, como Vítor frisou uma vez. Ao completar sessenta anos de sacerdócio, ele concedeu uma entrevista ao boletim informativo do Seminário Santo Afonso, "Cartinha", na qual ele recordou o tempo em que começou a viver em Aparecida.

Minha infância foi uma coisa muito esquisita. Perdi minha mãe quando tinha oito anos. Muitas vezes fiquei sozinho no meio da molecada. Fui moleque danado. Não pensava em ser padre, até os onze anos de idade. Infelizmente tive uma infância muito carente da verdadeira retidão. Meu primo me pôs no seminário porque ele era padre. Colocou-me no Seminário Santo Afonso, acho que pensando assim: se der, fica; se não der, vai embora! Mas eu não queria ser padre nada.

Eu estava no Seminário quando comecei a pensar em ser padre, porque eu sempre dizia: não quero ser padre não! Eu quero casar. Eu não tinha formação religiosa, nem conhecia as coisas lindas da religião. Como é que ia então querer ser padre? Eu não sabia a beleza de ser padre; pensava que padre era um homem que andava sempre vestido de preto. Naquele tempo, ele raspava a cabeça e usava uma coroinha na cabeça. Eu não sabia o que era ser padre, mas aprendi com os moleques tudo o que não prestava. Mamãe morreu cedo e eu fiquei na rua, porque papai não podia me vigiar direito. Fui um menino muito ruim e até os onze anos eu não estava no caminho bom. Eu só gostava de me divertir e fazer tudo o que era pecado.

Quando o diretor me perguntou se eu queria ser padre, eu disse não. Então ele disse: você fica aqui uns dois meses para não ofender seu primo e depois você volta para a sua casa, porque aqui só estuda para ser padre. Mas eu achei tão bonito, que fiquei encantado com tudo do Seminário. Fui pedir para o diretor para eu ficar mais. Eu quis experimentar, fui criando gosto, Um dia o diretor fez uma pregação e disse que para ser padre tem de ser santo e não se pode casar. Então eu pensei: eu não posso ser padre, pois eu fui um moleque de rua; fiz muita coisa errada em minha vida. Como é que, agora, eu vou poder ser padre? Aí não estudei mais e o meu estudo afundou.

Um dia eu fui ao quarto do diretor e falei: eu quero aprender a tocar harmônio. O diretor disse: "Não senhor! Eu vou mandar você para casa, porque você não estuda". Então eu escrevi uma carta, falando assim: "Eu nunca quis ser padre, por isso é que me vou embora, antes que me mandem embora". Escrevi a carta e pedi para o diretor colocar no correio e aí me veio a ideia. Eu já tinha pego no trinco para sair, quando voltei e falei: "Olha, padre, sabe por que eu não posso ser padre? Porque o senhor falou que quem pintou o sete, como eu quando era moleque à toa, da rua, que não pode ser padre". E ele deu risada e respondeu: "Não, você pode ser padre, se você for bom de agora em diante; pode rasgar a carta".

Ele viu que eu estava enganado e assim resolvi ficar uns dois meses. O padre responsável pelos estudos ficou admirado como eu aprendi ligeiro as regularidades da terceira declinação do latim. Eram coisas difíceis para uma criança aprender. Ele ficou entusiasmado comigo e me deixou ficar. Resolvi ficar e nunca mais quis sair.[4]

Por pouco, o menino órfão deixado em um internato para formação de padres e sem sinais de vocação não foi embora, simplesmente porque não havia

---

[4] *Cartinha*. Aparecida, ano XXX, n. 185, outubro de 1983.

entendido bem as palavras do padre diretor! O livro das crônicas conventuais fala do garoto recém-chegado ao relatar que, no dia quatro de abril, "entra no Colégio um menino natural de Minas, chamado Vítor Coelho de Almeida". Vítor tinha então onze anos. Naquele tempo não havia data fixa para a admissão dos meninos no seminário. No mês de maio seu nome aparece novamente na lista de pesagem dos alunos: "Dia 25/05/1911, Vítor com 41 kg". No mês de outubro ele emagrecera dois quilos, recuperando-os no ano seguinte.[5] Os horários e a disciplina eram rígidos, ainda mais para um menino acostumado a levar a vida com mais frouxidão nos tempos em que era criado pela avó, em Conquista.

O assumir a vida no seminário mudou completamente o modo de ser e de agir do menino levado. Por toda a sua vida ele fez questão de lembrar do tempo da mudança e, praticamente, da conversão no início de sua vivência de estudante em Aparecida. Era uma criança com necessidades humanas e espirituais que poderiam ter comprometido sua formação posterior. Em sua vida de missionário, radialista e evangelizador, jamais deixou de inculcar naqueles que o ouviam o valor da formação cristã para a criança e o papel primordial da família em bem exercer a missão de educá-la e formá-la. Era o que lhe faltara: base sólida em casa para sua formação humana e religiosa.

Quando completou dezoito anos, Vítor estava iniciando o ano de tirocínio, conforme prescrevem as normas da Congregação. Este ano é chamado de noviciado. Logo no início, é pedido ao candidato que escreva um resumo de sua vida, um currículo de vida. Vítor escreveu, em dois de outubro de 1917:

> No Juvenato Santo Afonso, eu iniciei no dia quatro de abril. Sob a vigilância dos superiores, cercado de bons companheiros, instruindo-se na religião, é claro que foi se transformando. Igualmente o desejo de ser redentorista brotou aos poucos em seu coração. Nos começos quase que o desânimo o fez deixar o redil. Mas passada esta primeira tempestade foi-se firmando sua aspiração e resolução de ser religioso. Atravessou por vezes fortes tentações contra a vocação. Nestas ocasiões, para não dar passo em falso, recorria a Nossa Senhora, punha em suas mãos a vocação, e tudo passava. No mais passaram-se os seis anos de uma vida ordinária de um juvenista, deixando alguma coisa a desejar no comportamento e aplicação. A 14 de julho chegou ao noviciado de Perdões. Que Nossa Senhora, que tão misericordiosamente se dignou (talvez em desproporcional recompensa da devoção que Vítor sempre lhe dedicou) de o levar do mau ao bom caminho, que Ela o ajude a despojar-se completamente do "homem velho" e vestido do novo e perseverar até o fim. *Deo gratias*. Fr. Coelho.[6]

---

[5] Documenta 57, "Crônica do Seminário Redentorista Santo Afonso 1898-1930". No *Arquivo Redentorista de São Paulo*. Daqui em diante: ARSP. No livro de Crônicas consta a entrada de Vítor Coelho no dia quatro de abril, mas na entrevista citada, Vítor diz ter sido no dia seis de abril. Já era o peso da idade se mostrando e, além disso, ele queria associar sua data de entrada no seminário à data de nascimento do santo que ele venerava, São Geraldo. Porém, a data correta é a do dia 4 de abril. Ele mesmo a escreveu em seu currículo, em 1917.

[6] Arquivo Padre Vítor. *Pasta Documentos Pessoais, Curriculum vitae*, 1917. Ele escreveu na terceira pessoa gramatical, referindo-se a si mesmo como se fosse a outrem.

Ao longo dos anos passados ao lado dos companheiros e colegas de Congregação, entre alegres caçoadas e galhofas, espalhou-se uma história de que, um belo dia, o menino Vítor fora encontrado sentado em suas malas na portaria do seminário, na iminência de ir embora. Salvara-o a bondade do diretor que o chamou de volta. Mas esta história, Vítor a desmentia dizendo que isso acontecera de fato, mas não com ele, e sim com outro colega que se tornou padre e jogou a história sobre seus ombros. Essas pequenas coisas ajudavam a passar o tempo e a criar um ambiente descontraído, uma alegre contraposição ao rigor e à disciplina de um seminário dirigido por austeros alemães.

Já neste começo de história da caminhada vocacional do menino, a presença maternal e amorosa de Nossa Senhora se faz sentir. Seja pela promessa e a graça alcançada pelo pai ao conseguir um lugar seguro para a formação do filho, quer por ter ele mesmo escolhido seguir em frente na vida religiosa, fica evidente essa relação de proximidade do menino com Nossa Senhora. E ao começar o noviciado, vai atribuir a caminhada até ali como uma graça especial da Mãe de Jesus. Humilde, tem consciência de que muito recebeu, e quase que imerecidamente, da misericórdia divina por meio da Senhora Aparecida.

O coração e a centralidade do ideal evangelizador redentorista é o anúncio do Cristo Redentor. E Maria, sua mãe, sempre esteve e estará inarredavelmente ligada a este coração e a este ideal. Quando os missionários redentoristas alemães vieram para o Brasil, em 1894, tinham já uma experiência bonita de trabalho com os romeiros no santuário de Nossa Senhora de Altötting, a Virgem Negra padroeira da Baviera. O trabalho missionário nas Missões Populares, este havia já algum tempo não mais era praticado devido às restrições impostas por Bismark, no período do *Kulturkampf*. Apesar das dificuldades, as vocações floresciam, e, desde que a Província fora fundada em 1853, a Congregação não se propunha a formação de meninos, porque, na prática, apareciam muitos rapazes já formados ou mesmo padres desejosos de se tornarem redentoristas. Diante das perseguições e dos muitos obstáculos à evangelização, os responsáveis consagraram a Província Redentorista a Nossa Senhora, à Imaculada Conceição. Na certeza de que um dia as coisas melhorariam, adotaram o lema: *Jesus et Maria vincet*. Jesus e Maria vencerão apesar de todas as adversidades.

Em 1895, veio para o Brasil Padre Valentin von Riedel, que dirigira um seminário em Heldenstein, na Alemanha. Homem de esmerada formação, latinista, falava a língua francesa como se fora sua língua materna. Munido de sua experiência, aqui chegando, em conversas com os confrades, ele e os outros logo perceberam a necessidade de se formar coroinhas para ajudarem na celebração das missas.

Nesse mesmo ano começaram uma escola para coroinhas. A iniciativa provou ser de grande valia, pois preparou bons auxiliares para o altar, tornando possível o diálogo litúrgico nas missas. Por sua vez, os alunos ajudavam os professores a se familiarizarem com a língua portuguesa. Mas houve uma dificuldade a superar: na missa rezada em latim as respostas eram dadas pelos coroinhas, que, para isso, deviam decorá-las. O que se mostrou não ser tão fácil por serem os meninos analfabetos. Os padres então decidiram também ensiná-los a ler, a escrever e a fazer as quatro operações matemáticas. As aulas eram ministradas em um chalé, situado atrás do convento. Os padres logo perceberam os bons resultados da iniciativa e, animados, investiram no projeto.

Em 1897, os Capuchinhos de Taubaté levaram seus juvenistas em romaria a Aparecida. A visita causou ótima impressão aos redentoristas. Começava a cair por terra o velho preconceito de que brasileiro não servia para ser padre. Um novo conceito ia brotando e, com ele, um novo sonho. Aos olhos atentos de Padre Gebardo Wiggermann, superior da casa de Aparecida, por certo não passara despercebida a presteza com que os meninos haviam aprendido e respondiam aos *dominus vobiscum* e *sursum corda* das missas em latim. Tampouco seu empenhado aprendizado da leitura, da escrita, das contas matemáticas nas aulas dos padres. E como, por sua vez, os padres, no convívio com a garotada, iam familiarizando-se com a pronúncia e o vocabulário da nova língua.

Padre Wiggermann e seus companheiros começaram a sonhar com um seminário. Padre Wiggermann era homem decidido. Do sonho à realização foi um salto. Entusiasmado, escolheu o culto e experiente Padre Valentim para dirigir o seminário.[7]

Na tarde do dia três de outubro de 1898, Padre Gebardo benzeu as instalações da escola de coroinhas no chalé, que agora passava a ser o Seminário Santo Afonso, com apenas quatro cômodos: refeitório, dormitório, sala de aula e quarto do diretor. A capela funcionava na sala de aula. Foram matriculados cinco meninos que passaram ao regime de internato – havia ainda mais doze que frequentavam as aulas dadas pelos padres. O chalé atualmente abriga os restos mortais dos redentoristas, no conjunto do velho convento da Praça Nossa Senhora Aparecida.

Quando o menino Vítor Coelho chegou a Aparecida, o seminário já funcionava em outro local. Desde 1902, com o aumento das vocações, os padres haviam comprado um prédio do outro lado da praça, onde era o Hotel Arlindo, oferecendo mais espaço aos cerca de vinte e cinco estudantes. Atualmente é o prédio do Hotel Recreio, que naquela época era chamado de Coleginho. Atrás existia um pequeno espaço para recreação, com uma gruta de Nossa Senhora de Lourdes, sendo o restante do terreno ocupado com um pomar de árvores frutíferas.

Padre Valentin foi diretor até 1904, sendo sucedido por Padre João Batista Kiermaier, que fora aluno de Padre Valentin na Alemanha. Foi Padre João Batista, no cargo de diretor há alguns anos, quem recebeu Vítor Coelho, em 1911.

---

[7] O. C. Azeredo. *Educador e Apóstolo – notas biographicas do R. P. Valentim von Riedl*, Aparecida, 1939.

Padre Vítor Coelho de Almeida

Não deve ter sido fácil para o menino, até então tido como irrequieto e peralta, dobrar-se ao horário e à disciplina germânica do diretor e dos professores. Mas foi como ele mesmo disse posteriormente: "Foram a vigilância dos superiores e o bom exemplo dos companheiros" que fizeram dele um jovem capaz de levar avante tanto os estudos como o trabalho missionário como padre.

Mas não foram somente a vigilância e o bom exemplo que contribuíram para sua educação e formação religiosa como redentorista. Foram também a fé e os exercícios de piedade, de modo especial a frequência aos sacramentos, que inculcaram em sua vida o ideal de santidade a ser vivido como padre. Havia uma série de fatores e atividades que orientavam aqueles meninos e adolescentes, burilando suas personalidades rumo ao ideal maior de serviço ao próximo. Eles tinham bons exemplos nos padres e irmãos, além do legado espiritual da Congregação na qual haviam entrado. As conversas, colóquios, confissões, as missas na capela do seminário e na basílica de Nossa Senhora reafirmaram o sentido da escolha feita e a perseverança daqueles que se ordenaram e seguiram os passos de Jesus Cristo, como consagrados para o ministério sacerdotal.

Para participar das aulas e dos atos da comunidade, os alunos deviam apresentar-se educadamente: cabelos cortados e aparados, unhas limpas e cortadas, sapatos limpos e engraxados. A disciplina exterior deveria apoiar a interior, que tinha nas conferências do diretor, nas leituras e exercícios espirituais o alimento próprio. A disciplina era rígida, pois a fama do rigor germânico era plenamente justificada. Mas, segundo informações deixadas em escritos da época, Padre João Batista era de uma bondade extremada, atenuando o peso da disciplina aplicada. Conta-se que Padre João sempre tinha doces ou mesmo alguma fruta no bolso da batina para agradar seus seminaristas em horas de recreação.

No Seminário Santo Afonso o cotidiano era o de uma instituição que, embora estivesse apenas começando, já trazia a tradição dos seminários da Europa, obedientes às normas da Igreja estabelecidas no Concílio de Trento (1545-1563). O dia era entrecortado por estudos e orações. Às cinco horas da manhã o sino tocava insistentemente para que todos saltassem da cama. O seminarista mais velho fazia a saudação: *Tu, autem, Domine, miserere nobis!* (Tu, porém, Senhor, tende piedade de nós) e todos respondiam: *Deo gratias et Mariae!* (Graças a Deus e a Maria). Apenas quinze minutos para arrumar a cama e cuidar da higiene pessoal. Capela para a meditação e missa. Das seis às sete horas, havia repetição das aulas do dia anterior feita por um dos padres. Depois, o café da manhã com pão e recreação, que consistia em correr nos campos em volta da vila de Aparecida. Ao apito do zelador, todos corriam para lavar os pés. Segundo um dos padres que viveu naquele tempo, a água do tanque onde se lavavam os pés era suja e só trocada uma vez por semana. Aliás, banho e troca de roupa só aos sábados. Não é difícil imaginar o resultado de correr todos os dias, lavar mal os pés e continuar a semana toda com a mesma roupa e sem banhos. E tudo isso em um país tropical... Das oito às onze, aulas com intervalos entre uma e outra. Às onze horas limpeza da casa ou terço rezado em comum, exame de consciência, ladainha de Nossa Senhora e almoço às 11h30. Recreação até às 13h. Visita ao Santíssimo Sacramento, terço em particular e mais duas horas de estudos. Depois, outra vez correr nos campos e lavar os pés na água suja do tanque, meditação, reza, jantar e oração da noite para depois ser decretado silêncio total.

Quais as matérias estudadas no seminário naquela época? Causa admiração, de modo especial para nossos dias, a capacidade dos padres de lecionar tantas disciplinas. Seguiam manuais, mas mesmo assim os estudos sistemáticos, tanto na área de exatas como de humanas, eram muito amplos. Desde o preparatório até o final da sexta série, estudavam-se a língua portuguesa e a língua latina. Da segunda até a sexta série, alemão. Da quarta série até a sexta, a língua francesa e a grega. Em língua portuguesa, além da gramática, os alunos estudavam literatura nacional e estrangeira. Em língua latina, toda a gramática e traduziam, na terceira série, o clássico Cornélio Nepos, na quarta o poeta Ovídio, depois Virgílio e Horácio; Cícero, Tácito e César acompanhavam os poetas. Na língua grega, estudavam Homero. Ainda matemática geral e, depois, geometria, álgebra, trigonometria, estereometria; física e química, com seus problemas e cálculos; mineralogia; cosmografia; botânica; zoologia; música; caligrafia; desenho; geografia nacional e universal; história pátria; história antiga e história universal; catecismo; história sagrada e apologética.

Para crianças vindas de fazenda, da roça ou de cidades pequenas – o mais comum para a época –, enfrentar uma rotina com tantos afazeres intelectuais significava uma mudança de trezentos e sessenta graus! E os padres tentavam incutir um espírito vigoroso em seus alunos. Era famosa a expressão latina de um dos diretores no auge do Seminário Santo Afonso: *Esto vir!* Sê homem! Não era uma febrezinha que levava um aluno para a cama. Não havia moleza!

Em setembro de 1912, apenas um ano e meio após a chegada do menino Vítor ao seminário, houve troca de diretor. O bondoso Padre João Batista deixou o cargo sendo substituído por Padre Conrado Kohlmann, que esteve na direção até o final do ano de 1915. Mudava-se o padre diretor, mas os rumos, os objetivos e a pedagogia continuavam os mesmos, seguindo sempre um currículo bem estruturado e bem observado, nos estudos e na oração.

Como os meninos não passavam as férias com a família, os padres resolveram comprar uma chácara fora da cidade. Aliás, Aparecida nem era cidade ainda. Mas como era local de romarias e muitos dos padres professores estivessem a serviço do santuário, um local para férias seria ideal para congregar ainda mais aquele grupo de meninos com o mesmo ideal: serem missionários evangelizadores. Era uma prática em quase todas as Congregações Religiosas ter uma chácara, uma casa para repouso ou retiro um pouco afastada dos afazeres cotidianos. A prática valia tanto para o período de formação dos estudantes como para os religiosos em atividades missionárias.

No finalzinho do ano de 1912, o Padre Vice-Provincial comprou uma gleba de terras ao pé da Serra da Mantiqueira, situada a 23 km de Aparecida e pertencente ao município de Guaratinguetá. Nos contornos da Mantiqueira, atrás da casa adquirida, dois lugares propícios ao alpinismo mais arrojado: a pedrona e a pedrinha. Havia perto da propriedade um amontoado de casas em torno de uma capela dedicada a Nossa Senhora da Piedade. A bucólica vila tinha a denominação de Pedrinha, referência a uma das pedras que dava beleza à serra. Antes mesmo da aquisição da propriedade, era costume que, em tempos de férias, os seminaristas passassem alguns dias na serra, em fazendas de amigos dos redentoristas. Subir os morros, nadar nos riachos, procurar frutas silvestres eram as atividades empreendidas pelos seminaristas.

Marchas a pé e alpinismo – exercícios que demandavam grandes esforços físicos – faziam parte da pedagogia dos educadores alemães como método e meio para disciplinar a mente, aprender a prática da renúncia e o sacrifício mortificante, a fim de se conseguir o domínio do eu interior. Julgavam acertadamente que escalar a Mantiqueira, com altitude de cerca de 1.700 metros, fazia bem à saúde dos jovens, principalmente a seus pulmões, criava energias físicas e fortificava o caráter. Escalar o alto da Mantiqueira, que na região do bairro da Pedrinha também tem o nome de Campos do Jordão, era um esporte para todas as férias. Aqueles campos de capim ralo e baixo, com os declives cobertos com pinheiros e arbustos nativos atravessados por córregos de águas límpidas, eram apropriados para renovar a vitalidade dos pulmões. A escalada era difícil e se prolongava por cerca de três horas, mas ainda assim o passeio não era dispensado em tempo algum.

Praticamente em todos os anos do início do século XX, o cronista do seminário descreveu nos livros de registros os belos passeios feitos pelos meninos nas escaladas das montanhas até a pedrona. A turma que fez a escalada em 1914 conseguiu deixar um cruzeiro plantado no alto da serra. A casa serviu a inúmeras outras atividades, mas nunca dispensou ser o abrigo para os passeios em tempos de férias.

De 1916 até 1917, por mais de um ano, a casa da serra abrigou os seminaristas e professores quando das reformas e ampliação do Seminário Santo Afonso, em Aparecida. A partir de 1928 a casa serviu como pré-seminário nos moldes já existentes em Pindamonhangaba e Cachoeira do Sul (Rio Grande do Sul). Nos anos subsequentes, como crescesse consideravelmente o número de seminaristas, o prédio novo em Aparecida, planejado para 250 jovens, não tinha como acomodar os 277 em 1954. A solução foi acolhê-los na casa da Pedrinha. Mas então como um pré-seminário na acepção da palavra, no feitio de um curso preparatório para os candidatos ao sacerdócio ingressarem nos cursos regulares exigidos pelo Seminário Santo Afonso. A lembrança da casa de férias, da Pedrinha incrustada na Mantiqueira, testemunha dos sonhos, das esperanças e das saudades de tantos jovens, ficou na memória de quem por lá passou, como, por certo, também na memória do menino Vítor Coelho. Um dos padres assim se expressou:

> A Pedrinha ocupa um lugar privilegiado na memória e nos corações dos confrades da Província de São Paulo. Aquela paisagem bucólica e tranquila abrigou acontecimentos únicos de nossas vidas. Aquelas montanhas, matas e riachos emolduraram momentos históricos pessoais e comunitários que não podem ser esquecidos. O murmúrio do vento nos ramos das árvores e o cantarolar das águas batendo no leito de pedra do ribeirão, ajudaram os passarinhos a embalar os sonhos e as esperanças ali vividos. Ajudaram também os soluços e os suspiros que marcaram os momentos doloridos ou saudosos. Entre as montanhas da Mantiqueira Deus se fez presente em momentos de intensa experiência para os privilegiados que respiram o ar puro que desce aquelas encostas benditas.[8]

O período final do então chamado "seminário menor" de Vítor Coelho também está recheado de muitas e saborosas lembranças dos bons tempos na casa da Pedrinha. No ano em que o local funcionou como seminário, Vítor já tinha dezessete anos e não era mais o menino levado e arteiro que fora entregue ao convento pelo primo porque não sabia o que fazer dele. Agora, depois de seis anos de ótima formação intelectual, espiritual e retidão na vivência da escolha feita, o rapaz, alegre e bem-visto, destacava-se entre os colegas. Quando alunos e professores voltaram para o Seminário Santo Afonso em Aparecida, em agosto de 1917, Vítor Coelho não os acompanhou. Um passo novo foi dado. Ingressou no noviciado da Congregação Redentorista.

Mas antes desse momento novo, vale recordar ainda as férias passadas nos campos da Serra da Mantiqueira, para Vítor Coelho suas últimas férias como seminarista menor. Vítor conservou sempre um humor todo especial e sabia fazer rir seus colegas. Não é difícil imaginar um rapaz de dezessete anos, extravasando suas energias em campo aberto no alto da Mantiqueira, com pândegas e causos. O cronista captou um pouco daqueles dias alegres e despreocupados, em anotações de três de maio de 1917.

> Foi feriado. Fizemos um dos mais grandiosos passeios: saímos pelas três horas da madrugada. O céu estava limpo e bordado de estrelas. Infelizmente a lua que era crescente já tinha desaparecido, mas por causa da grande multidão de estrelas, podíamos bem enxergar o caminho. Quando o sol começou a apontar no horizonte já estávamos na mata. Tivemos de abrir uma nova picada, porque a velha estava muito fechada; ao passar pela última aguada paramos um pouco para beber; depois de tomarmos o café, continuamos a marcha até o pé da pedra, onde o padre diretor perguntou se alguns queriam ficar, olhamos uns para os outros como para interrogar-se que queriam ficar, ninguém quis ficar; então começamos o caminho mais perigoso, passa-

---

[8] V. H. Lapenta. "Pré-Seminário Santo Afonso Pedrinha", *Cadernos Redentoristas 12* – Ceresp, Aparecida, 1999.

mos por um grande precipício, que ficava a nossa direita e daí por diante não houve mais nada de notável; afinal pelas onze horas chegamos ao cimo da pedra. Éramos dezenove meninos, o padre diretor e o Irmão André.

Lá em cima a alegria era geral, uns riam-se dos outros, o Vítor já estava com as calças em um estado miserável, ele parecia um palhaço, levou a espingarda, mas não acertou nem um tiro, ora que ninguém o ajudava a procurar ou que estava muito ruim, a verdade é que chegou a atirar até em uma folha.

Lá em cima foi acendida uma grande fogueira ao pé do cruzeiro que estava partido devido a queda de um raio. Às duas horas e meia da tarde começamos a descida que foi feita sem novidades, a não ser que erramos o caminho por algum tempo. Ao escurecer já estávamos passando pela casa do senhor Oria e chegamos em casa de noite.[9]

O cronista anota que, uma semana depois, parte do grupo voltou aos campos, agora acompanhando o reitor da Basílica, Padre João Batista Kiermaier, que era o diretor quando Vítor entrou para o seminário. Dessa feita o cronista comentou que fazia muito frio e havia uma neblina densa dificultando encontrar os caminhos. Em seis anos de seminário, Vítor convivera com três diretores alemães: Padre Kiermaier, Padre Kohlmann e Padre Klinger. Este, apesar do nome – Klinger quer dizer cantor – era conhecido no estudantado como tendo péssimo ouvido para música. Com esforço, porém, chegou a ser muito bom cantor, organista e regente de coro. Isso fez com que animasse a vida no seminário com festas e cantos. Sempre pontual e rigoroso, gostava dos recreios com os seminaristas e por motivo nenhum perdia os passeios ou excursões à Mantiqueira em tempos de férias.

Os rapazes recebiam boa formação nas diversas áreas do conhecimento humano e iam despertando capacidades adormecidas. Vítor, que possuía uma memória invejável, tinha facilidade para declamar longas e belas poesias e fazer discursos inflamados. Ao final dos estudos, com ótimo preparo e excelente memória, declamava poemas em latim, alemão, grego e francês, especialmente em ocasiões festivas da Congregação, aniversários dos padres e irmãos e em festas cívicas. Tudo isso era fruto do exemplo dos formadores e do aperfeiçoamento dos dons que havia desenvolvido no período de formação.

O currículo de estudos para o ministério sacerdotal naquela época interessava-se pela formação artística, incluindo a recreação comunitária e a oratória. Era uma oportunidade para os futuros padres desenvolverem seus possíveis dotes artísticos como valiosos meios de expressão e comunicação. Serviam a esse intuito as festas e os shows missionários que os estudantes apresentavam, com peças teatrais, poesias e músicas. Já neste tempo do seminário menor, Vítor Coelho se sobressaía com seus dotes de ator, de modo especial para papéis cômicos que ele desempenhava com desenvoltura. Quando missionário, soube desenvolver uma pedagogia própria para o trabalho com a criançada. Seu

---

[9] Documenta 57, "Crônica do Seminário Santo Afonso 1898-1930", 169-170. No ARSP.

irmão, José de Almeida Cousin, escrevendo sobre a família, recordou um fato que desde criança os marcara: o jeito palhaço de Vítor.

> Eu não acompanhei palhaço. Vitinho acompanhou, quando Dindinha veio para Conquista com as meninas e esteve largado, sozinho sem papai. Parece que tenho inveja desse complemento de educação, que permitiu a ele (Padre Vítor), mais tarde, identificar-se com o povo, quando missionário, saindo para as ruas, gritando e cantando como um palhaço da fé, no meio das crianças, e sabendo usar a linguagem simples e direta, que todos compreendiam. Eu fui educado demais.[10]

Não é por que o irmão José fora educado pelos jesuítas que se dizia "educado demais", mas pelo fato de que tinham personalidades bem diferentes, pelo jeito próprio de ser de cada um, ainda que fossem irmãos com apenas dois anos de diferença na idade. Todos somos singulares. "Palhaço da fé", foi essa a expressão docemente galhofeira usada pelo irmão para falar do missionário de Nossa Senhora Aparecida, de seu jeito fácil para lidar com crianças e para agradar o povo. Desde menino fora assim. Mas, em meados do ano de 1917, terminando o período do seminário menor, chegava uma etapa muito importante na vida dos futuros padres e irmãos: o noviciado. E o noviciado é, por excelência, um ano de recolhimento, silêncio e devotamento à oração. Mas os dotes de comunicador nato serão retomados e exercitados posteriormente, de modo intenso e fecundo, em seu longo tempo de ministério sacerdotal.

Depois de seis anos de acurada formação, Vítor era um rapaz com quase dezoito anos, e a identificação e a entrega ao projeto existencial escolhido eram cada vez mais profundas. Experienciava um processo que o fez gradativamente amadurecer para a consagração religiosa e para a vida missionária redentorista. O aproveitamento acadêmico fora mediano, como ele mesmo anotou no começo de seu noviciado: "no mais, passaram-se os seis anos em vida ordinária de juvenista, deixando alguma coisa a desejar no comportamento e aplicação". Vítor era um estudante comum, sem algo que o destacasse dos demais, a não ser o pendor para a arte da comunicação, que já se manifestava. Ele tinha consciência de não haver atingido o ideal proposto pelo seminário, mas estava disposto a continuar, e continuou. Se como aluno Vítor não fora particularmente brilhante, sobressaía-se, por outro lado, de forma admirável, sua própria história, a de um menino vindo de uma infância difícil, rebelde, refratário a limites, que sofrera a ausência da mãe tão cedo perdida, estar, naquele momento, pronto para ingressar no noviciado da Congregação Redentorista.

Logo no começo do século XX, os católicos choravam a morte do Papa Leão XIII, em 1903. Com a eleição de Pio X, a Congregação Redentorista viu dois de seus membros serem elevados à honra dos altares: São Geraldo Magela, em 1904, e São Clemente Maria Hofbauer, em 1910.

---

[10] A. Cousin. *Op. cit.*

São Geraldo Magela, de quem Vítor Coelho tanto falou e a quem tanto pediu a intercessão, viveu apenas vinte e nove anos. Italiano do sul, conheceu a recém-fundada Congregação Redentorista durante pregação de Missões em sua cidade pelos então chamados "liguorinos", em razão do fundador, Afonso Maria de Ligório. Geraldo encantou-se com a maneira de os redentoristas falarem de Deus, da misericórdia divina. Tendo saúde frágil, arrimo de família, já havia sido rejeitado pelos frades capuchinhos. Pediu então para ser irmão coadjutor nos redentoristas. Dois bilhetes entram na história da vida de Geraldo. Um que ele próprio levou ao superior em Dileceto, escrito por outro padre, e que dizia: "estou enviando este jovem que quer ser Irmão, mas pelo jeito não serve para nada". O outro, escrito após ser admitido na Congregação Redentorista depois de muita insistência. Não conseguindo despedir-se de sua mãe, deixou o bilhete e fugiu pela janela: "vou-me embora para me fazer santo".

Geraldo teve uma vida curtíssima, ceifada pela tuberculose, mas, ainda em vida, ficou famoso pela maneira como irradiava a presença de Deus, até mesmo com milagres. Muitos relatos foram feitos por testemunhas que viram as intervenções de Deus tendo Geraldo como mediador de graças e milagres. Suas histórias entraram para o imaginário popular, de modo especial no sul da Itália. Na região da Basilicata, em Materdomini, onde seus restos mortais repousam, há um santuário dedicado ao santo taumaturgo italiano, ali falecido em 1755.[11] O próprio Vítor Coelho confessou-se grande devoto do santo.

Clemente Maria Hofbauer é padroeiro de Viena. Nasceu na região da Boêmia e, quando moço, fez uma experiência de eremita nos arredores de Roma. Deixou a vida de afastamento e solidão e foi admitido na Congregação Redentorista em 1785. Depois de fazer o noviciado e ser ordenado padre, partiu para além dos Alpes e coordenou a expansão da Congregação pelo norte da Europa. Suas atividades apostólicas tiveram lugar na Polônia e Áustria, de modo especial nos primeiros vinte anos do século XIX. Soube conviver com pobres e nobres, inclusive com certa participação indireta no famoso Congresso de Viena, em 1815. Clemente pode ser chamado de segundo fundador da Congregação, tanto pelas dificuldades pelas quais passou, como também pelos rumos novos que soube apontar dentro do ideal missionário.[12]

Esses dois santos, com certeza, Vítor Coelho terá lido muitos livros sobre suas vidas durante o noviciado. Se São Geraldo teve destaque na devoção cultivada por Vítor em âmbito pessoal, São Clemente teve influência no âmbito institucional, como membro de uma congregação religiosa. São Clemente é o grande santo que marcou de modo especial a Província Redentorista de Munique, com seu jeito prático de promover a ação missionária.

---

[11] G. M. Mourão. *O Bêbado de Deus*, São Paulo, 2002.

[12] O. Weiss. *Encontros com São Clemente*, Aparecida, 2011.

A Igreja no Brasil vivia um momento único em 1905. Pela primeira vez um latino-americano recebia o chapéu cardinalício. E o escolhido foi justamente o amigo dos redentoristas, Dom Joaquim Arcoverde, aquele mesmo que anos antes havia conseguido, com sutil esperteza, fazer com que o grupo de missionários bávaros arregimentado por Dom Eduardo fosse distribuído entre Barro Preto e Aparecida. Na ocasião, ele era arcebispo do Rio de Janeiro e mantinha boas relações de amizade, tanto com os redentoristas de Aparecida quanto com os redentoristas holandeses que haviam fundado uma casa na capital da República.

Justamente naquele mesmo ano de 1905, era admitido na Congregação Redentorista do Rio de Janeiro o advogado e padre Júlio Maria de Moraes Carneiro. Homem culto e grande orador, cursara Direito em São Paulo e, depois da segunda viuvez, decidira tornar-se padre. Famoso pela eloquência, visitou o Brasil inteiro atraindo multidões de ouvintes para suas pregações. Em certo momento de sua vida, sentiu necessidade de entrar em uma Congregação Religiosa ou Ordem que lhe pudesse dar suporte adequado para melhor desenvolver sua atividade apostólica. Escolheu a Congregação do Santíssimo Redentor – os redentoristas –, foi aceito e fez o noviciado com os missionários holandeses, em Juiz de Fora. A grande causa que defendia era a de que a Igreja precisava estar junto do povo. Que a Igreja devia agir sem saudosismo e sem as peias impositivas do governo. Sua aproximação com o novo cardeal Dom Joaquim Arcoverde e o exercício de um método pastoral diferente daquele praticado pelos redentoristas holandeses causaram transtornos a ele e aos redentoristas. Por pouco não morreu fora da Congregação, o que só não aconteceu porque, doente, teve adiada a assinatura do decreto de sua expulsão.[13] História instigante, desconcertante e reveladora de dons e méritos e desacertos da natureza humana, ainda que em homens consagrados.

Na Vice-Província de São Paulo, em 1912, acontecia um momento de glória para aqueles alemães que haviam confiado na formação de brasileiros para engrossarem as fileiras da Congregação. Foram ordenados, na Alemanha, os

67

---

[13] Em carta enviada ao autor do livro, pelo Padre José Raimundo Vidigal, em 10 de setembro de 2014, devemos fazer uma reparação. Reparação para a segunda edição e edições posteriores devem contemplar sua observação e a nossa reparação. Citamos a observação do Padre Vidigal: <<Júlio Maria quis sair da Congregação para ingressar nos Franciscanos. Quando chegou a **dispensa** dada pelo Superior Geral Patrício, ele a recusou, pediu ao Geral que considerasse sem efeito a dispensa, dizendo que (cito) *só sahiria do Instituto para uma ordem religiosa, e que de forma alguma queria me secularizar*. O Geral responde a Júlio Maria: *Quanto à **dispensa** que enviei, ela é sem efeito e deve ser considerada como não acontecida*. Um ano mais tarde, 11 dias antes de morrer, Júlio Maria renovou, em 22 de março de 1916, os votos na presença de toda a comunidade redentorista do Rio de Janeiro>>. Nessa mesma carta enviada ao autor, Padre Vidigal afirma que, o autor usou um termo equivocado, ofensivo e sumamente injusto. Em carta enviada ao Padre Vidigal, em 16 de setembro de 2014, nós justificamos nossa tomada de posição e, prometemos que, em uma segunda edição sairia uma nota reparadora, o que estamos fazendo agora. Padre Júlio Maria foi um grande homem e grande sacerdote na Igreja do Brasil. Sua vida e seu pensamento merecem aprofundamentos, de modo especial no fim de sua vida, onde mostrou insegurança e vacilação em sua consagração religiosa na Congregação Redentorista. As duas cartas, a recebida e a emitida, estão no arquivo pessoal do autor.

três primeiros brasileiros: Oscar Chagas de Azeredo, Orlando Lino de Moraes e José Benedito da Silva. No ano seguinte, mais um: José Lopes Ferreira. Todos eles eram o compensador resultado do investimento de confiança e esperança dos bávaros nas vocações brasileiras.

Neste mesmo ano de 1912, dois fatos marcantes ainda merecem destaque para os redentoristas em Aparecida. A morte de Irmão Bento (José Hiebl). Ele foi responsável pelo que há de mais artístico em matéria de pintura e escultura em obras sacras da Província de São Paulo. Suas imagens e quadros estão nas igrejas de Aparecida e nos conventos e museus em Aparecida e Goiás, além de algumas cidades onde as igrejas eram capelas da paróquia da Penha, na capital paulista. Ele havia sido professor de desenho no início do Seminário Santo Afonso, onde partilhava seus dotes artísticos. E no final daquele ano, a inauguração do novo convento redentorista na praça da basílica, em Aparecida. A comunidade era composta de onze padres, onze irmãos e quatro clérigos, num total de vinte e seis pessoas. O prédio centenário continua firme e imponente na praça... ainda que os redentoristas se refiram a ele como convento velho.

Os bávaros foram sempre muito apegados à autoridade do Provincial em Gars, na Alemanha. Tudo escrito, pedido, comunicado, até mesmo nas menores coisas. Era essa, todavia, a mentalidade da própria Congregação, cuja Regra exigia esta exagerada centralização. Porém, com o início da Primeira Guerra Mundial e com as consequentes dificuldades e entraves impostos à comunicação, eles se viram forçados a tomar iniciativas e decisões sem consultas prévias. Houve censura sobre a correspondência alemã de 1915 até 1919. Além da censura, havia críticas e ataques aos alemães em jornais da época. Apesar dos cuidados que as circunstâncias requeriam, ainda que não pudessem expor-se tão ostensivamente, alguns dos padres alemães apoiavam o movimento de emancipação político-administrativa de Aparecida, então pertencente a Guaratinguetá. Tal atitude trouxe consequências funestas.

Os redentoristas alemães ainda traziam a dor e o trauma da morte do Padre João Batista Schaumberger que fora assassinado, em 1909, no bairro da Penha, em São Paulo, por um maçom. O pobre e piedoso padre voltava para o convento, depois de ter ido ao centro da cidade buscar seus óculos, e, à altura do bairro do Tatuapé, desceu do bonde para caminhar um pouco. Só e indefeso foi brutalmente assassinado. Até pouco tempo, na rua Celso Garcia havia uma pequena cruz lembrando a morte do padre no dia 31 de março de 1909. A partir daí seus confrades tomaram consciência de que todo cuidado seria pouco, mas o amor pelo povoado de Aparecida falara mais alto e alguns se envolveram nas questões políticas em vista da emancipação.

O dia quatro de novembro de 1917 foi chamado de "dia triste e memorável". Um dos alemães reportou aos confrades os dramáticos acontecimentos daquele dia.

No dia quatro de novembro, uma turba de uns 250 homens veio à noite da cidade vizinha de Guaratinguetá a Aparecida, quebrando a pedradas as janelas da nossa casa, do Juvenato e invadindo a tipografia, na qual fez algum dano. Graças à Admirável proteção, não encontraram a máquina impressora, ficando frustrada assim a sua intenção. No dia seguinte, o governo civil providenciou todo o necessário para nossa segurança. A repulsa geral a esse crime cometido contra o principal Santuário da terra e também a justiça divina manifestada em alguns autores do vandalismo constituíram-se em maior salvaguardas da nossa tranquilidade. Nosso jornal não saiu só por uma semana. Nada de mal aconteceu nas outras casas da Vice-Província. Ficaram, porém, reduzidos os trabalhos de fora e os retiros espirituais e religiosos e irmandades; continuamos os trabalhos nas nossas igrejas, não havendo diminuição de frequência no santuário de Aparecida, exceto alguns dias de novembro.[14]

Os noviços souberam dos tristes fatos ocorridos em Aparecida quando realizavam seus estudos e trabalhos naquele ano especial em Bom Jesus dos Perdões. Passado o susto, o arcebispo de São Paulo, Dom Duarte, aconselhou que os conventos tivessem superiores brasileiros. Uma tentativa de amenizar a situação diante da animosidade de alguns advinda de um patriotismo exacerbado e cego.

O ano de noviciado, obrigatório para todo candidato à vida consagrada, tem uma programação específica que visa inculcar o entendimento e a vivência mais profundos do carisma da Ordem ou Congregação na qual ele está inserido. Naqueles tempos, a Congregação Redentorista seguia normas e tradições muito próximas do tempo de sua fundação, no século XVIII. E assim também todas as Congregações e Ordens religiosas seguiam as normas e o estilo de vida de suas fundações na Europa. Ainda que os redentoristas se constituíssem como uma congregação missionária, o estilo de vida estava dividido entre vida ativa (missionários) e contemplativa (monges). O noviciado tinha suas peculiaridades e exigências e levá-lo a bom termo era quase como ter superado uma prova de fogo.

Quando, na Vice-Província de São Paulo, os candidatos à vida consagrada aumentaram, estabeleceram-se datas e celebrações mais precisas sobre a admissão e a profissão religiosa do noviço. Geralmente, fazia-se, numa celebração própria, a tomada de hábito para quem iniciava o noviciado e a profissão religiosa para quem encerrava o noviciado, no dia seguinte. Quando Vítor Coelho foi para o noviciado, a entrada era no dia primeiro de agosto e a profissão para aqueles que completavam o noviciado, por conseguinte, no dia dois de agosto, dia de Santo Afonso. No ano anterior, em 1916, não houve noviços. Mas em julho de 1917, chegavam ao término do seminário menor dois jovens: Antônio Penteado de Oliveira e Vítor Coelho de Almeida. Os seminaristas estavam na Pedrinha, devido às reformas no prédio da praça, em Aparecida. Para os dois pré-noviços, começava um tempo novo e diferenciado na etapa formativa.

69

No finalzinho de junho daquele ano, os seminaristas foram a Aparecida para os exames finais. O superior designava os padres que iriam avaliar cada aluno, oralmente, por quarenta e cinco minutos, e decidir quem estava apto a continuar. O ano letivo seguia o cronograma da Alemanha, tendo julho e agosto como meses de férias e reinício das aulas em setembro. Para Vítor e Antônio, o tempo de seminário menor já era apenas saudade. Saudade até mesmo dos horários rígidos e do transcorrer dos dias em companhia dos colegas, sob a tutela do diretor. Os passeios nos campos no alto da Mantiqueira, as festas cívicas e as datas onomásticas dos santos padroeiros dos padres, tudo agora era parte das etapas já vencidas, tudo era já motivo de recordação e saudade.

No dia treze de julho de 1917, os dois jovens partiram para Perdões, pequena cidade colocada ao pé dos montes graníticos da Serra de Bragança. A cidade abriga um santuário onde se cultua a devoção ao Senhor Bom Jesus, com o título de Senhor dos Perdões.

O Santuário de Perdões fora assumido pelos Redentoristas em 1913, atendendo a convite de Dom Duarte Leopoldo e Silva, Arcebispo de São Paulo, que se mostrava muito contente com o trabalho dos filhos de Santo Afonso no Santuário de Aparecida e no bairro da Penha, na capital paulista. Contente estava ainda com as prestigiosas Missões que pregavam por toda a Arquidiocese.

Algum tempo antes, em 1910, em visita pastoral às paróquias de sua Arquidiocese, Dom Duarte fizera uma parada em Perdões. E não gostou do que viu. Seu secretário comparou a situação da casa paroquial e da igreja com a banheira do palácio episcopal em São Paulo. Observou que a igreja era bonita, mas malcuidada.

> Dizem que só nas festas do dia 6 de agosto gasta a Irmandade 4.000$000 e, entretanto, procurei um amito e um sanguíneo para a missa do Arcebispo e não encontrei. A capelinha do Santíssimo Sacramento é um quartinho pior e mais sujo que a banheira dos empregados do Palácio São Luís. Na sacristia os paramentos [estão] mal conservados e em desordem.[15]

A par da admiração pelo trabalho dos redentoristas, talvez tenha surgido desse episódio uma motivação a mais para o convite de Dom Duarte à Congregação do Santíssimo Redentor, para que assumisse o Santuário. Para os redentoristas, contudo, a decisão de aceitarem administrar o Santuário de Perdões foi antecedida de muitas dúvidas e indagações. O arcebispo encontrava resistências no meio de seu clero diocesano, pois passariam a ser três os santuários sob o pastoreio dos redentoristas. A proposta desagradava também ao superior-geral da Congregação, Padre Patrício Murray, porque, além do santuário, deveriam assumir também uma paróquia. E Padre Murray era avesso a paróquias, porque, como sempre afirmava, "missionários somos e missionários devemos ser", ao

---

[15] Citação do Diário de Dom Duarte, publicação da Cúria Metropolitana de São Paulo. Folhetim de divulgação do Arquivo Metropolitano.

recusar pedidos para o serviço paroquial. Além disso, a Vice-Província de São Paulo tinha receio de administrar três fundações sob um mesmo báculo. A experiência já havia ensinado, com sofrimentos, em outras situações, que seriam preferíveis fundações em diferentes dioceses. Enfim, depois de muitas ponderações e orações, Perdões foi assumida, no começo de 1913.

O cronista assim anotou na ocasião:

> E Perdões correspondia otimamente para esta finalidade, o noviciado, pois o lugar é bem retirado e a região é muito bonita e ótima para a saúde. Também foi providenciado, por um contrato mais ou menos bom, o sustento da casa. Não tivemos dificuldades especiais no começo, porque todo o necessário já estava instalado, e no que diz respeito à alimentação, também já estava tudo providenciado, como também havia de sobra e bem à mão ótima água potável.
>
> Mas, apesar de tudo isso, Perdões teria que lutar com algumas dificuldades, porque o lugar fica longe da estrada de ferro e não tem recursos, faltando mantimentos, principalmente a carne e o pão, sendo que tudo o mais precisa vir de carro de boi. Também o lugar é muito pequeno e pouco povoado e as paróquias vizinhas estão bem providas de padres. O que também é uma dificuldade, e não é pequena, é o caso do patrimônio da igreja. Está muito mal administrado e o povo pouco se interessa pelo mesmo, não fazendo quase nada, o que também tem sua influência no que diz respeito à vida religiosa. Mas, no mais, o povo é, na sua grande maioria, muito bom, instruído e tem bons costumes. Oxalá sejam afastadas todas as dificuldades e que os caminhos se tornem planos, que a romaria tome incremento e aumente cada vez mais e que o Bom Jesus dos Perdões abençoe nossa casa, nossa fundação, e faça com que a pequena semente que foi lançada com pequenas dificuldades se torne, em breve, uma árvore frondosa e que faça com que esta fundação se torne importante para sua glória e para o bem das almas![16]

No período de 1913 até 1920, poucos foram os noviços que estiveram em Perdões. Depois da profissão religiosa de Vítor e Antônio, já se pensava em fechar a casa, devido a uma série de dificuldades. Ainda que o cronista tenha sonhado e rezado para que a fundação progredisse, tal intento não aconteceu. Em 1920, a fundação foi supressa e os missionários alçaram voos mais altos para o oeste Paulista e para o sul do Brasil.

A tomada de hábito era precedida de um retiro espiritual de quinze dias. Era o começo de uma vivência totalmente nova, na qual os momentos de oração iriam predominar ao longo de todo o ano e, com pequenas diferenciações, para toda a vida. E no dia primeiro de agosto, Vítor Coelho recebeu o hábito redentorista. O jovem, no verdor de seus dezoito anos, moreno, com seus quase dois metros de altura, magro, ostentando uma batina totalmente preta – apenas o colarinho branco quebrava a sisudez negra da vestimenta –, causava uma boa impressão. A batina, que um dos Irmãos alfaiates em Aparecida havia confeccionado, caiu-lhe muito bem. Completava o traje o cíngulo na cintura de onde pendia o rosário colocado

---

[16] Documenta 102, "Crônica da Comunidade Redentorista de Perdões", vol. único. No *ARSP*.

em forma de M para recordar a devoção a Nossa Senhora. Ainda hoje a batina é completamente aberta, podendo ser presa à altura do pescoço e da cintura, deixando, contudo, aberta e livre a parte de baixo, para facilitar as cavalgadas dos padres pelos caminhos das Missões. Foi idealizada pelo próprio fundador, Santo Afonso, sabedor das longas estradas que seus filhos deveriam percorrer para anunciar a copiosa redenção... O noviço Vítor teria um ano para rezar, recordar os dias que pertenciam ao passado e contemplar o futuro auspicioso que o aguardava.

Na linguagem da vida conventual, o noviciado é como um tempo de deserto teológico, um distanciamento do burburinho do mundo para, no silêncio e na oração, descobrir e discernir a vontade de Deus. Essa era uma prática dos essênios na época de Jesus e largamente difundida pelos monges dos desertos do Egito e da Capadócia no início do cristianismo. Mesmo sendo esse um período de recolhimento e reflexão, havia ainda um longo retiro de quinze dias, quando o silêncio era quebrado apenas para que os noviços pudessem aprender a rezar o Ofício Divino em latim, explicado pelo padre mestre – padre mestre é aquele que dirige o ano de noviciado. É o orientador, aquele que ensina a adentrar o mistério, um mistagogo.

O noviciado era mesmo um período peculiar. A começar pelos horários e ocupações rigidamente cumpridos. Às 4h30 da manhã o sino tocava. Os noviços deviam levantar-se e aprontar-se em meia hora. Sempre com a saudação latina: *Tu, autem Domini, miserere nobis.* Às 5h, meditação da manhã feita de joelhos na capela. E, disciplinadamente, o noviço devia ficar ajoelhado todo o tempo, apenas as mãos postas levemente apoiadas no banco a sua frente, jamais encostar o corpo. Logo em seguida, a santa missa, meia hora de ação de graças e, uma vez por mês, em dia de retiro, uma hora de ação de graças após a comunhão. Como disse um padre certa vez, "no fim não sabíamos mais o que agradecer"... Na cela, meia hora de leitura. No primeiro semestre, leitura da regra do noviciado e, no segundo, das Regras e Constituições da Congregação. Finalmente, às 7h, o café da manhã. Depois de estarem em pé e em jejum por duas horas e meia, os esforçados rapazes, com o apetite dos dezoito anos, podiam, finalmente, sentar-se à mesa.

Depois do café, até às 8h, a remissão. Nome complicado, mas era o tempo mais ou menos livre dedicado a trabalhos, exercícios ou qualquer outra ocupação, mas tudo em silêncio. Iniciava-se então a oração do Ofício Divino das horas menores: Prima, Tercia e Sexta. Mais ou menos de dez minutos cada parte, tudo em latim. Depois a reza da Via-Sacra, com meia hora de duração. Às 9h30, em uma sala comum, leitura ascética em preparação para a usual conferência que o padre mestre fazia às 10h. A leitura era feita em reto tono, uma leitura sem modulação de voz, sempre no mesmo tom, mesmo ao final das frases ainda que interrogativas. Depois da conferência, o mestre ia para seu quarto e o noviço o acompanhava. Ajoelhava-se em um genuflexório para fazer a acusação das faltas cometidas desde a acusação do dia anterior. Coisas simples – apagar a luz antes do sinal, por exemplo – mas que se não fossem feitas como determinado, tornavam-se um pecado. Por volta das 11h, rezar a última hora menor do Ofício, a Noa, para em seguida fazer o exame de consciência individual, com Ladainha de Nossa Senhora, saudação angélica. E, finalmente, o almoço.

No almoço eram servidas cerveja e frutas, e durante as refeições o silêncio era quebrado apenas para a leitura à mesa. Após o almoço, os dois noviços, Vítor e Antônio, iam para a capela com o mestre rezando o *Te Deum* ou o salmo 50, *Miserere*. Ao sair da capela o mestre dizia: *Laudeter Jesus et Maria semper Virgo,* a que os noviços respondiam *nunc et semper.* Começava então uma hora de recreio, em que se podia conversar com o mestre e com os outros padres. Como em Perdões a comunidade era pequena, a conversa sempre acontecia entre três ou quatro pessoas. Depois da recreação, uma pequena sesta e, às 13h, começava o silêncio menor de três horas, em memória das três horas em que Jesus esteve na cruz. Meia hora depois voltavam para a capela para a visita ao Santíssimo Sacramento e a Nossa Senhora, e a recitação das Vésperas e Completas do Ofício Divino. Leitura espiritual individual na cela para, às 15h, voltarem à capela para a meditação da tarde. Mais meia hora e a recitação das Matinas e Laudes. Matinas e Laudes eram as horas maiores do Ofício e tinham uma duração de aproximadamente três quartos de hora. Novamente, momento para remissão, cada um procurando um serviço fora de casa. Havia algumas plantas e flores das quais Vítor cuidava com jeito especial, decerto encantado com sua beleza. Mais tarde ele se tornará um grande cultivador de orquídeas.

Mesmo sendo apenas dois os noviços na casa de Perdões – Vítor e Antônio –, ainda assim era seguido à risca o ritual diário, intercalando-se alguns afazeres e muitas orações, tudo de acordo com o prescrito pela Regra da Congregação. Às 18h nova reunião com o mestre quando eram discutidos, por meia hora, assuntos de liturgia e boas maneiras. Logo em seguida voltava-se à capela até às 19h, quando era servido o jantar seguido de uma pequena recreação. Novamente, às 20h, com o mestre, que aproveitava para dar avisos e escolher algumas penitências para o dia seguinte. Nos dias de quarta e sexta-feira, por volta das 21h30, era aplicada a autoflagelação com um chicote que tinha o sugestivo nome de disciplina – o chicote era feito de cinco cordéis com nós nas pontas. Do lado de fora da cela, descia-se a batina e cada um se penitenciava. Usava-se também o cilício amarrado ao corpo. O cilício era uma redinha de arame com muitas pontas agudas em contato direto com a pele. No andar, essas pontas penetravam no corpo, fazendo-o sangrar e causando dor. Além dessas, outras penitências eram comuns, como substituir os serventes e ablutores, isto é, os encarregados de lavar os utensílios das refeições. O repertório de penitências incluía ainda tomar as refeições ajoelhados, comer assentados no chão, beijar os pés dos confrades, recusar a cerveja, as frutas... Ao final do dia, o silêncio maior. A rotina era pesada e cansativa, além de monótona.

O que sustentava então nos jovens noviços a vontade férrea de seguir avante? A resposta é simples e ao mesmo tempo profunda: amor a Deus, desejo profundo de evangelizar, de fazer-se missionário da Palavra. Vistas de fora, a disciplina e as exigências diárias poderiam assustar, tamanhas eram as dificuldades e os limites extremos impostos por uma proposta de vida absolutamente rigorosa. Mas havia uma razão especial, uma mística, algo que os motivava e inspirava a seguir em frente. A firme convicção do chamado divino, de ter sido escolhido pelo Redentor, e o desejo do noviço de dar uma resposta firme e decidida a esse chamado. Vocação! Como o profeta Jeremias, o noviço poderia dizer: "Tu me seduziste, Senhor, e eu me deixei seduzir" (Jr 20,7). Resposta ao chamado de Deus! O noviciado é esse tempo de discernir, de perguntas feitas e respostas encontradas no mais íntimo do coração e da vontade. Tempo de promessas e de consagração. Com este ideal apontando o caminho, desaparece a monotonia e o fôlego se faz resistente e corajoso.

Às quintas-feiras havia um pouco mais de flexibilidade no horário e podia acontecer um passeio em algum lugar próximo do convento. Em compensação, as sextas-feiras eram dedicadas ao recolhimento e à confissão individual. Sempre retiro e silêncio durante todo o dia. Havia confissão duas vezes por semana, sendo que a segunda poderia ser apenas uma bênção que o noviço devia pedir. Na cela, apenas a cama, uma mesinha com a cadeira, uma bacia com um jarro de água para lavar o rosto na madrugada, quando começavam as atividades. Uma vez recebida a batina no dia da vestição, jamais andar sem ela.

A Regra da Congregação foi aprovada pelo Papa Bento XIV, em 1749. No ano do noviciado de Vítor Coelho, outro Bento, o XV, promulgou o primeiro Código de Direito Canônico da Igreja. Antes havia as decretais, mas não um código elaborado e promulgado. Com a edição do código, as Regras das Ordens e Congregações sofreram algumas alterações. Na Congregação Redentorista, além das Regras de 1749, passaram a vigorar as Constituições aprovadas pelo Capítulo Geral de 1764. Só após o Concílio Vaticano II (1962-1965) ficou estabelecido que Regra, apenas as Beneditina, Agostiniana, Franciscana e Dominicana. Para os redentoristas, as Constituições e os Estatutos.

Os noviços pré-Concílio deviam familiarizar-se com a Regra, pois ela seria citada e aplicada para o resto de suas vidas. Tudo era regido escrupulosamente pela Regra. A Regra era farta em detalhes e minúcias com vista à normatização da vida dos padres e irmãos. A segunda parte do texto das Regras preceituava os deveres da vida religiosa. Ao fim do ano de noviciado os religiosos – como acontece até os dias de hoje – professavam os três votos comuns a todas as Ordens e Congregações: pobreza, castidade e obediência. Para os redentoristas havia e há ainda um quarto voto, ao qual se dava grande ênfase: o de perseverança na Congregação.

Descendo aos pormenores do dia a dia, havia normas para os afazeres e o procedimento durante todo o dia, dentro e fora do convento. Orações individuais, em comum, antes e depois do almoço, a leitura durante as refeições. Orientações sobre a recepção e administração dos sacramentos, horários para levantar-se e para dormir. A Regra era, enfim, uma onipresença no cotidiano do religioso. O superior provincial ou local era o retrato de Deus e obedecê-lo era fazer a vontade de Deus. A Regra explicitava, pormenorizadamente, princípios e normas: "a gravidade das culpas contra as Regras; respeito e obediência aos superiores locais, obediência e veneração aos superiores provinciais; obediência aos médicos e aos prefeitos dos doentes; cartas, proibição de comer fora da mesa e de entrar nos quartos dos outros e demais lugares proibidos, proibição de introduzir estranhos na casa..."[17]

Se havia uma Regra geral, havia também um detalhamento das particularidades específicas do noviciado. A regra do noviciado repetia, e não apenas para os noviços, mas para todos os congregados: "O fim do nosso Instituto é duplo, consistindo o primeiro na santificação própria, e o segundo na salvação dos outros". Aí está a tese, o centro e a razão de ser da Congregação do Santíssimo Redentor até antes do Concílio Vaticano II. O noviço primeiro tomava consciência de que seu estado de vida o levaria à santidade. Para, em seguida, apreender que a santidade diuturnamente buscada não era um bem só para si mesmo. Ao contrário, deveria ser compartilhada com outros, levando-os também à santidade e à salvação através do anúncio da Palavra.[18]

Para os meninos que haviam entrado para o seminário por volta dos dez anos de idade – pouco mais, pouco menos –, depois de seis ou oito anos, já moços, seria o momento de se descobrirem mais maduros, mais seguros. Todavia, não obstante todos os bons propósitos e as intenções mais puras, as regras específicas para o noviciado alimentavam um modo de ser que mantinha os jovens em estado quase infantil. E esta não é uma avaliação feita com os olhos de hoje, que pretenda comparar e depreciar as práticas e métodos daquela época. É apenas uma constatação, como comprovam comentários e citações de vários padres que vivenciaram aquele momento. Ao observarem comparativamente as Regras da Congregação, as regras próprias do noviciado e ainda os regulamentos do Seminário Menor, ficou evidenciado que as normas que regiam o noviciado levavam o jovem a certa infantilização. O noviço permanecia confinado em um mundo à parte, resguardado da realidade, protegido do cotidiano da vida. As Regras, após um farto conjunto de normas, orientações e preceitos, encerravam-se com o Apêndice de Civilidade, que, de improviso, jogava o noviço em outra realidade: a do dia a dia real, a do cotidiano da vida com seus desafios e exigências.

Santo Afonso, o fundador da Congregação Redentorista, desenvolveu uma prática de espiritualidade que priorizava o presépio, a cruz e o sacrário: Encarnação, Redenção e Eucaristia. No noviciado, aproveitando este caminho aberto no campo da espiritualidade, o dia vinte e cinco de cada mês era dedicado ao menino Jesus, como a primeira proposta do tripé da espiritualidade alfonsiana. Os noviços daquele ano de 1917-1918 não deixaram por menos, pois celebrar o dia vinte e cinco de cada mês com ares natalinos era reportar ao tempo e ao gosto de Santo Afonso. Neste dia, em lugar da Via-Sacra, rezava-se a "Via Belemítica".

---

[17] *Constituições e Regras da C.Ss.R.*, edição em português, 1927.
[18] *Regra dos Noviços da C.Ss.R.*, edição datilografada, 1925.

São meditações para os doze meses do ano a partir das virtudes que deviam ser enfatizadas e rezadas: fé, caridade, esperança, pobreza, amor ao próximo...[19]

Havia uma imagem do menino Jesus que era colocada em destaque na capela. Cada noviço escrevia uma cartinha para ele. O mestre, mais tarde, lia essa cartinha, pois ali o noviço fizera um ou mais pedidos e ele estaria pronto a atender no lugar do menino Jesus. Havia um coquetel depois das orações e, à noite, imediatamente antes de dormir, os noviços despediam-se com um beijo na imagem do menino.

Em Perdões, a comunidade redentorista tinha o Padre Carlos Hildenbrand como mestre. Padre Carlos viera para o Brasil antes de terminar seus estudos de teologia, em Gars. Era Irmão – consagrado mas não ordenado – e, como manifestasse o desejo de ser padre, começou os estudos de teologia na Áustria e terminou-os em Aparecida, em 1903, quando foi ordenado sacerdote. Vocação tardia, que ajudou – ou prejudicou – seu modo meio independente de trabalhar e de conduzir a comunidade religiosa. No período em que foi mestre, foram poucos seus noviços, mas soube muito bem transmitir-lhes o jeito, a mentalidade e, sobretudo, a espiritualidade do fundador e o carisma da Congregação. Como praticamente todos os bávaros, fiéis discípulos do horário, da disciplina e da Regra, ele soube inculcar em seus dois noviços daquele ano, além dessas qualidades, grande amor à Eucaristia, a Nossa Senhora e ardente zelo missionário. O Redentorista devia consumir-se em prol da Redenção. Antes de se tornar mestre de noviços, Padre Carlos trabalhou em Goiás, em Aparecida e no santuário de Nossa Senhora da Penha, na capital de São Paulo. Missionário experiente e genuíno filho de Santo Afonso, soube deixar em seus noviços todas essas qualidades para a lida missionária.

Além das orações, Ofício Divino, devoções marianas, afazeres na casa e na igreja, os noviços dedicavam-se também à leitura. Toda ela voltada para a edificação do espírito. Todavia, indubitavelmente, a Regra fazia-se mais visível que a própria Bíblia na vida do noviço. E isso era tão normal para aqueles homens imbuídos da reta intenção de realizar o plano de Deus em suas próprias vidas como o era para seus formandos. Havia ainda as obras de Santo Afonso, de modo especial o que ele escreveu sobre ascese e mística. Uma de suas frases, sempre lembrada e repetida, ecoava fundo no coração daqueles homens que se embrenhavam pelo ideal de santidade: "Quem deseja entrar em nossa Congregação, prepare-se para sofrer!"

A ascese e a disciplina rigorosas moldaram profundamente os corações e as mentes dos missionários bávaros que vieram para o Brasil e que, consequentemente, tudo fizeram para manter a tradição recebida. A conceituação da obediência na vida religiosa ilustra bem essa mentalidade:

---

[19] *A gruta de Belém – escola e virtudes*. Meditações para o dia 25 de cada mês. Tradução para a língua portuguesa feita em 1934.

O princípio da autoridade era a coluna mestra da vida religiosa redentorista. Toda a observância era calcada na obediência e humilde submissão do súdito. "A vontade de Deus é simplesmente idêntica à vontade do superior. Toda a transgressão da Regra é transgressão da obediência religiosa." Esta interpretação exagerada era considerada como fazendo parte da tradição da Congregação.[20]

Outros livros marcaram o tempo de noviciado de Vítor Coelho. A "Escola da Perfeição Cristã", do redentorista Padre Saint-Omer, traduzido para nossa língua somente em 1930. Do mesmo autor, "As mais belas orações de Santo Afonso", impresso em Tournai, na Bélgica. Os escritos do jesuíta Afonso Rodriguez, além do famoso livreto que perpassou séculos: "Imitação de Cristo". Mais as obras escritas por Santo Afonso, sobre espiritualidade e mariologia, e o devocionário "Visitas ao Santíssimo Sacramento".

Depois de praticamente um ano dedicado ao estudo e à oração, bebendo em fonte límpida a boa formação para o exercício da missão que os aguardava, os noviços chegaram ao final de julho de 1918 preparados para a profissão religiosa. Certamente com carinho e admiração paternais pelos jovens companheiros, os formadores os alertavam e os encorajavam: "Tempestades e lutas não vos foram poupadas. Lembrai-vos de que sois filhos de um grande pai que nos precedeu nos sofrimentos. Olhai para ele e animai-vos". E sempre relembrando: "A verdadeira virtude e perfeição não consistem na prática desta ou daquela virtude, mas no cumprimento da vontade de Deus". No retiro final do noviciado, após quinze dias em silêncio preparando-se para a festa de consagração, o pregador enfatizou-lhes: "A imitação de Cristo é o caminho do céu. Ele é o modelo dado pelo Pai".[21] O zeloso pregador ecoava as palavras do apóstolo Paulo: "Tende em vós os mesmos sentimentos de Jesus Cristo" (Fl 2,5).

Desde o primeiro dia de agosto de 1917 até o dia dois de agosto de 1918, foram todos os dias vividos à sombra do Santuário do Bom Jesus dos Perdões. Um ano se passara desde o dia da vestição até a profissão religiosa, quando os dois noviços se consagraram a Deus pelos votos de obediência, castidade, pobreza e ainda o voto de perseverança na Congregação do Santíssimo Redentor. Num ambiente de oração e de recolhimento, os dois noviços, Vítor Coelho e Antônio Oliveira, souberam ouvir, além da voz do mestre, a voz de Deus que falava através dos fatos e das palavras na vida comunitária. Aí se buscava lançar os alicerces firmes e consistentes indispensáveis à construção da vida futura do religioso.

O dia escolhido para a profissão foi o dois de agosto, data em que naquela época se celebrava a festa de Santo Afonso. Nove horas da manhã, a hora marcada. Naqueles dias já começara os festejos da novena do Bom Jesus, padroeiro do santuário e da cidade, celebrado no dia seis de agosto. Entre tantos romeiros e peregrinos encontravam-se, felizes e emocionados, o Sr. Leão de Almeida e a filha

---

[20] Cf. A. de Ligório. *Os Exercícios da Missão*. Vozes, 1944. Tradução de Padre Nestor de Souza. O texto usado na época era em língua italiana.

[21] Documenta 93. "Relatório das Visitas Canônicas". No *ARSP*. Edição interna C.Ss.R.

Mariazinha, que vieram do Triângulo Mineiro para a cerimônia festiva em que Vítor se consagraria a Deus. Quantos anos passados desde a despedida em 1910, quando o menino partira para o Rio de Janeiro para não mais voltar, pois, nas idas e vindas da vida, acontecera o inesperado encontro com o Seminário Santo Afonso, em Aparecida! A profissão religiosa era o início do coroamento de uma caminhada vocacional que, aparentemente, tivera todos os ingredientes para não se realizar. A consagração religiosa era o coroamento da resposta a Deus que o chamara, ainda que de um modo não muito habitual. Os surpreendentes e misteriosos caminhos da vida... Vítor tinha consciência da graça divina e, mais ainda, da bondade de Deus. Fora resgatado e chamado para algo especial na Igreja. Ele tinha plena consciência dessa escolha e dizia e repetia que a misericórdia de Deus o resgatara para uma nobre missão. Nobre e árdua missão, acolhida com zelo e amor...

Naqueles dias da profissão de Vítor, os missionários redentoristas alemães estavam prestes a completar vinte e cinco anos de presença no Brasil. Além de Aparecida, tinham fundado uma casa em Campininhas das Flores, a cerca de 20 km de distância de Barro Preto, onde acontecia a romaria do Divino Pai Eterno, lá no distante Goiás. No ano de 1905, iniciaram a casa na capital de São Paulo, no santuário da Penha. A quarta casa era justamente a casa em Bom Jesus dos Perdões, onde Vítor Coelho vivera seu noviciado e fizera sua profissão religiosa. Havia, portanto, até aquela data, apenas quatro comunidades e os padres e irmãos eram, em sua quase totalidade, alemães. O seminário que haviam fundado em 1898 começava a dar frutos e alguns brasileiros já haviam sido ordenados em 1912. Com o advento da Primeira Guerra e o crescimento de atitudes hostis aos alemães, a Província de Munique aconselhou a Vice-Província Bávaro-Brasileira a eleger padres brasileiros para seus cargos mais relevantes. Mas como o número de redentoristas brasileiros era insuficiente, o cargo de Vice-Provincial estava ainda com um alemão. Por uma feliz coincidência, quem presidiu a missa e recebeu os votos religiosos de Vítor Coelho e Antônio Oliveira naquele dia dois de agosto foi o Padre João Batista Kiermaier, que se tornara Vice-Provincial. O mesmo bondoso Padre João que, como diretor do seminário em 1911, acolhera Vítor, abrindo-lhe a possibilidade de um caminho novo.

Com certeza a gratidão para com esse missionário zeloso e solidário marcou a vida dos dois noviços. Padre João Batista, que embarcara ainda moço para o Brasil, ocupou aqui vários cargos. Dedicou-se anos a fio a escrever e a dirigir o jornal "Santuário de Aparecida" e fundou o jornal "Santuário de Trindade", em 1922. Foi diretor do Seminário Santo Afonso, superior na Penha e em Aparecida. Sobre ele se escreveu no livro necrológico da Província:

> Ao lado de toda essa atividade, Pe. João Batista foi, por excelência, o homem do confessionário, principalmente em Aparecida, onde viveu muitos anos. Era de uma pontualidade matemática que ele iniciava, todos os dias, o trabalho das confissões, sendo sempre o último a deixar o confessionário. Em seus trabalhos era metódico ao extremo, com hora marcada para tudo. Parecia

ter feito voto de obediência ao relógio, tal a pontualidade e exatidão com que organizava suas ocupações. Primava seu zelo na observância regular e sentia-se preocupado, ao notar que algum confrade estava ausente de algum exercício comum. Como religioso, avaro de seu tempo, procurava estar sempre ocupado, na igreja, ou em seu quarto. Um confrade muito simples, afável, de uma calma imperturbável. Era caridoso e pronto para atender a todos. Gozava de uma ótima saúde; e se nunca fumou, nunca também dispensou a sua cerveja, no almoço e no jantar. Gostava de lembrar que nunca tivera qualquer doença, nem mesmo uma dor de dentes. Faleceu com 84 anos, em Aparecida.[22]

Se a vida no período de formação era dura e a disciplina exigente, bons exemplos também não faltavam àqueles jovens que se punham na estrada do seguimento do Redentor. A Regra era tão exigente que se dizia que, em casa, o redentorista era como um monge, ainda que fosse missionário consoante o carisma da Congregação. O ano de noviciado era como "colocar aço no sangue", na expressão de um ou outro padre alemão que defendia o exato cumprimento da tradição e das normas da Congregação. Tamanhas eram as prescrições e exigências que, em uma de suas visitas, o Provincial alemão pediu que se as abrandasse um pouco, pois os jovens poderiam não aguentar o peso e o cumprimento daquele ano de noviciado.

Passado o ano, feita a profissão religiosa, abria-se à frente o caminho dos estudos de filosofia e teologia para os fratres (da palavra latina frater que significa irmão), designação dos jovens que fizeram a profissão religiosa, mas ainda não foram ordenados. Logo que professavam, os fratres eram enviados à Alemanha, para o Seminário Maior da Província de Munique. Mas em 1918 a Primeira Guerra Mundial ainda não havia terminado. Os jovens fratres Vítor Coelho e Antônio Oliveira não puderam viajar, por isso iniciaram seus estudos de filosofia em Aparecida.

A história da Congregação Redentorista no Brasil está profundamente ligada à história da vila, depois cidade de Aparecida, e particularmente à profunda devoção a Nossa Senhora, a Senhora Aparecida. Devoção dos redentoristas e de toda a nação brasileira, colocada sob sua especial proteção. O próprio Vítor fala da cidade e dos inícios da presença redentorista sob a liderança do fundador e superior da Vice-Província Bávaro-Brasileira, Padre Gebardo Wiggermann.

> Há quase 234 anos, pescadores encontraram, nas águas do Paraíba, a imagem de Nossa Senhora Aparecida.
> E a mãe de Deus tinha grandes pensamentos a respeito daquela imagem.
> Hoje Aparecida é o Santuário Nacional. Todo o Brasil recebe os influxos da Padroeira. Principalmente o norte de São Paulo e o Sul de Minas tornaram-se como que uma vasta paróquia de que Aparecida é a segunda matriz.

---

[22] *Aqueles que nos precederam*. 2ª edição, 2000, Aparecida.

Parece gracejo, mas sobe a quase 100.000 o rol das pessoas que aqui fazem a "Comunhão de Páscoa" e... não está nada errado dizer-se que em duas terças partes são gente da região sul-mineira.

Há 54 anos, as coisas não andavam assim. Um número limitado de romeiros afluía em tropas de muares ou pela estrada de ferro. Grande concurso de povo só se dava por ocasião das três festas de 11 de maio, 8 de setembro e 8 de dezembro.

Muita gente, muito barulho, muita jogatina e... quase nenhuma comunhão. Foi quando chegaram os padres redentoristas da Baviera, chefiados pelo inteligente e firme Padre Gebardo, de inapagável memória.

O zelo supriu as deficiências da linguagem. E eles conseguiram plantar, junto às fontes do Santuário da Mãe de Deus, a árvore robusta e abençoada da mais legítima e frutuosa religiosidade.

Aparecida assemelhou-se a um grande coração a impulsionar e atrair multidões para se purificarem.

Os missionários saíam, incansáveis, levando o fac-símile da Padroeira, para mais e mais espalharem por toda a parte a devoção a Nossa Senhora Aparecida.

Cinquenta anos são passados. E o templo de Nossa Senhora tornou-se pequenino demais para conter todas as multidões e todos os arroubos que a alma brasileira aqui concentra.[23]

---

[23] V. C. de Almeida. *Os ponteiros apontam para o infinito*. Edições Paulinas, 1960, 239.

Convento Redentorista, na praça central da cidade de Aparecida. Construção de 1912. Onde Padre Vítor morou como estudante de filosofia em 1919 e por longos anos de sua vida sacerdotal

Antigo convento dos Redentoristas em Gars am Inn, na Baviera. Onde Padre Vítor estudou filosofia e teologia e, na igreja conventual, foi ordenado sacerdote em 1923

Casa da Pedrinha (ao fundo o bairro)

Comunidade Religiosa e juvenistas - 1913

Padre Vítor e Padre Afonso Zartmann, quando Padre Vítor celebrou sua primeira missa em For-chheim. Padre Afonso foi o pregador

Imagem de Nossa Senhora, a Virgem Negra venerada em Altötting, padroeira da Baviera

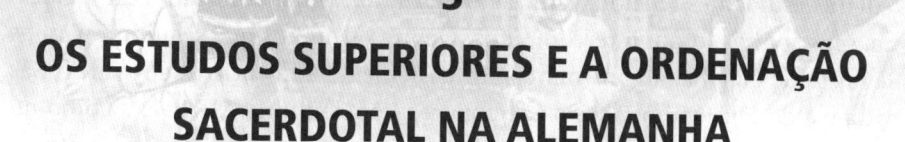

3
OS ESTUDOS SUPERIORES E A ORDENAÇÃO
SACERDOTAL NA ALEMANHA

No segundo semestre de 1918, quando os Fratres Vítor e Antônio voltaram para Aparecida, fatos novos estavam acontecendo, tanto perto como distante deles. Jubileus, romarias, notícias auspiciosas da Europa sobre o término do conflito mundial, a política no Brasil... Uma série de eventos dos quais os dois desejavam se inteirar.

Sendo alemães os redentoristas de Aparecida, o ambiente não poderia ser de maior apreensão entre eles, e, ao mesmo tempo, de expectativa pelo ansiado fim da Guerra. As notícias eram esparsas, visto que a comunicação entre os países beligerantes estava suspensa. Em meados de 1918, a Alemanha ainda causava temor, de modo especial à França. Após a Revolução Russa, em 1917, os russos haviam feito um acordo de paz com a Alemanha. Com receio do avanço alemão no Ocidente, os EUA entraram na Guerra, em abril daquele ano. Em julho, as forças inglesas, francesas e norte-americanas lançaram um ataque final. A fome e a saúde precária da população alemã deixavam o país à beira de uma revolução social. Em novembro a rendição da Alemanha foi assinada. A guerra tinha acabado.

Desde o ano 1909 era uma prática dos redentoristas enviarem seus alunos para a Alemanha a fim de completarem os estudos. Com o início da Guerra, porém, não houve meios de continuar recebendo esta ajuda da Província Mãe. Os brasileiros que já se encontravam em Gars antes do início da Guerra, lá continuaram e narraram as vicissitudes experimentadas por eles naquele período. Eles viram o convento esvaziar-se devido à convocação dos padres para o exército alemão. Os Irmãos e os estudantes, quase todos tiveram que servir nos fronts, de modo especial em território francês. Os alemães acreditavam na vitória. Um estudante, o cronista dos brasileiros, anotou em janeiro de 1915.

> Até agora temos acompanhado a guerra com toda a diligência e atenção que requer um acontecimento tão importante. Não nos apegamos, porém, cegamente aos jornais alemães, pois que cada um puxa a brasa tanto

quanto pode para seu lado. O entusiasmo ainda não esmoreceu, e a vitória, como dizem, deverá infalivelmente cair sobre os alemães.[1]

Os estudantes alemães foram, praticamente todos, convocados para os campos de batalha. Já os Irmãos eram convocados para os trabalhos nas casernas como cozinheiros e para outros afazeres que a situação de guerra exigia. Alguns estudantes tencionavam missionar no Brasil, mas ao começar a Guerra, seus sonhos foram interrompidos. Dentre os muitos que seguiram para os campos de batalha, alguns marcaram tristemente a história da Província Bávara e a de seus companheiros de congregação, tanto na Alemanha como no Brasil. No começo de outubro de 1914, partiram três jovens do convento de Gars: Guilherme Linsmaier, José Sepp e Paulo Forster. Os dois primeiros caíram em batalha, um em 1916 e o outro em 1917. Paulo, que intencionava vir para o Brasil e que se colocara sob a proteção de Maria, escreveu em 1915: "Eu sabia que a querida Mãe Aparecida não me abandonaria". Em junho de 1916, Paulo escreveu para os colegas brasileiros em Gars dizendo que passaria uns dias entre eles. O cronista anotou o fato.

Recebemos uma carta do Fr. Forster, pela qual nos noticiava que tinha recebido licença para passar alguns dias entre nós. Viria em companhia do Fr. Guilherme, o qual a tempos tinha já obtido a mesma licença, somente esperava uma ocasião próxima para gozar de tão bem-vindo "Urlaube". Alegres tínhamos já preparado e enfeitado dois quartos, quando uma notícia veio por em sobressalto o Estudantado: Fr. Guilherme tinha sido dilacerado por uma granada no dia 26 de maio diante de Verdun. A dor que a todos trouxe esta notícia, veio juntar-se o imprevisto da mesma; a princípio a dúvida pairou no espírito de todos, desfeita logo pelas cartas retornadas com a inscrição "gefallen", as quais foram escritas ao saudoso finado. No mesmo dia rezou-se o "officium defunctorum", e para o dia cinco foi marcado o solene Réquiem. No dia e na hora marcada estava a igreja quase cheia. No coro, tomaram parte no canto, todos os padres e clérigos cantores. Findo o Réquiem fez o Revmo. Padre Provincial o panegírico do morto, expondo em resumo a sua vida e os horríveis detalhes que precederam e causaram a sua deplorável morte. O dia 26 de maio tinha sido para os expugnadores e defensores de Verdun, um dos dias mais terríveis que tinham passado. Parecia que todos os condenados e demônios do inferno, livres de sua prisão, pululavam com uma alegria e crueldade satânica entre os míseros combatentes.

A natureza era horrores e a humanidade temores e súplicas ao céu. Por toda a parte onde se lançasse vista, via-se a morte, desolação, destruição... horror indescritível. Era o fim do mundo ou alegria do inferno. Nas trincheiras alemãs, deu-se o sinal de assalto. Milhares saltaram de seus esconderijos; alguns rodaram imediatamente para seus lugares anteriores, varados pelas balas inimigas; a outros, o destino os levou mais adiante para os entregar nos braços da morte, outros enfim chegaram até a fronteira francesa, caindo então transpassados sobre os corpos inanimados de alguns de seus inimigos, como se ainda então procurassem num terno abraço fazer a tão desejada paz.

---

[1] Documenta 47, "Crônica dos estudantes brasileiros em Gars, 1907-1916". Vol. I. No *ARSP*.

Em sua trincheira, esperando o sinal de alarme para seu regimento, estava o Fr. Guilherme contemplando com a impassibilidade de soldado tão extraordinário espetáculo. Eis, porém, que vê diante de si, a poucos metros distante, um oficial cair gravemente ferido. Depressa não pensando no próprio perigo em que cairia, cônscio do seu dever, salta o Frater Guilherme de sua trincheira e corre ao oficial para oferecer-lhe os seus serviços e procurar mitigar-lhe a dor. Eis que, porém, uma granada fatal vem explodir com uma detonação indescritível aos pés de Guilherme. Um fulgor fascinante como se uma das portas do inferno se abrisse, acompanhado de um estampido de arrebentar com os ouvidos, milhares de estilhaços voando pelos ares, densas colunas de fumaça envolvendo tudo como em um manto escuro, saudavam a morte do nosso confrade e preparavam-lhe uma sepultura no campo da honra e do dever. Assim foi o Fr. Guilherme, vítima do seu dever e de sua caridade.

Numa pedra comemorativa pregada junto à porta da sacristia da igreja no convento de Gars, está a lembrança deste redentorista que morreu nos campos de Verdun.[2]

Com os horrores da Guerra, as notícias de morte aterrorizavam todos os lugares e mentes. O velho convento de Gars estava sendo ferido de morte com a queda de seus congregados. Está anotado na crônica dos estudantes brasileiros que uma tarde, antes de partir para a Guerra, Fr. Guilherme, ao saber da convocação teria dito: "de certo a bala que vai me matar já está sendo fundida". Não uma bala, mas uma granada, levou para sempre aquele jovem que sonhava ser missionário do Evangelho. Aquele que desejava anunciar a Paz, morreu como vítima de uma guerra insana. O ambiente de guerra e de morte mudou o ritmo da Europa, desde as cidades até os campos, passando pelas igrejas e conventos.

Naquele mesmo ano, Fr. Paulo foi ferido na mão com estilhaços de granada. Depois de receber algumas condecorações, voltou para Gars, terminou seus estudos e veio para o Brasil, em 1920. Ele havia prometido que, se escapasse em boas condições físicas, seria missionário em nosso país. Pôde assim cumprir sua promessa e, quando veio finalmente para o Brasil, trouxe consigo suas condecorações de guerra e as depositou na sala de milagres da Basílica, em Aparecida. No seminário Padre Paulo lecionou química, física, mineralogia, astronomia, álgebra, trigonometria e logaritmos, além de grego e latim. Deixou suas memórias escritas em um estilo agradabilíssimo, ainda que o sofrimento e os horrores da Guerra sejam os temas de sua obra.[3]

Apesar de toda a dor causada pela Guerra, na comunidade redentorista de Aparecida a vida prosseguia. Em agosto de 1918, os neoprofessos, Fr. Coelho e Fr. Oliveira, prontos para iniciarem os estudos de filosofia, juntaram-se a

[2] Documenta 47, "Crônica do Estudantado em Gars", vol. I. No *ARSP*. A palavra *urlaube* significa férias, licença (para descanso) e *gefallen*, neste contexto, significa, morto, falecido.

[3] Documenta 120, "Diário de Guerra – Minha participação na Guerra Mundial. Memórias de Arras, 1914, de Somme, 1915, de Verdun, 1916". No *ARSP*.

outros dois estudantes, Fr. Miguel Poce e Fr. Antonio Pinto de Andrade, que já cursavam o primeiro ano de teologia. Era comum que, logo após a profissão religiosa, o neoprofesso passasse a ser designado Frater seguido de seu sobrenome. Assim, após sua profissão, Vítor passou a ser chamado Fr. Coelho.

Antes que as aulas começassem, houve um momento muito importante na vida dos redentoristas. O fundador da Vice-Província, Padre Gebardo Wiggermann, estava celebrando seu jubileu áureo sacerdotal. Era o dia 10 de agosto e os confrades e o povo de Aparecida celebraram com alegria os cinquenta anos de sacerdócio do fundador da Missão Redentorista em Aparecida e Trindade. Houve diversas manifestações do povo, dos bispos amigos e das autoridades. Seu amigo, Dr. Rodrigues Alves, de Guaratinguetá, voltava à presidência da República e, não podendo comparecer, enviou mensagem. Chegaram também mensagens do Papa Bento XV, do Superior-Geral da Congregação Redentorista, Padre Patrício Murray. Padre Gebardo foi a alma da fundação redentorista alemã no Brasil. Não só a alma, mas a liderança, o incentivador, aquele que captou e entendeu o espírito e a religiosidade do brasileiro. Em suas visitas e nos seus escritos aos padres dizia: "Não devemos ser rigorosos com o povo. O povo não teve catequese suficiente. Somente depois de cem anos de apostolado, poderemos exigir como se exige na Alemanha, na prática religiosa". Por dez anos exerceu o cargo de Vice-Provincial e, por toda a sua vida no Brasil, foi amigo dos pobres, doentes e romeiros de Nossa Senhora Aparecida e do Divino Pai Eterno. Homem sábio, culto, soube lidar com as autoridades da Igreja e do Governo para o bem da nova fundação. Todos conheciam o já então velho Gebardo, que nunca recusava um olhar ou uma palavra de incentivo aos seminaristas. Fr. Coelho participou com alegria daquela festa que exaltava aquele homem que se dedicara de corpo e alma à evangelização dos pobres. Quanto entusiasmo os clérigos não colheram daquela festa! Padre Gebardo era para eles um ideal, um caminho, um chamado, um testemunho vivo do missionário do povo.

Em setembro as aulas foram iniciadas e Fr. Coelho tinha uma nova experiência de vida à frente: o mergulho no mundo dos estudos filosóficos. Este período dos estudos superiores recebia a denominação de Estudantado. Costumeiramente feito na Alemanha, desde 1909 esta prática fora interrompida devido à Guerra. Foram, por isso, retomados em Aparecida, os estudos de filosofia e teologia. Para o período de 1918/1919, havia apenas quatro estudantes: dois no curso de filosofia e dois no de teologia. O responsável direto pelo encaminhamento acadêmico era Padre Roberto Hansmair, que exercera o cargo de Vice-Provincial anteriormente. Eram escolhidos para acompanharem os estudantes, os padres mais bem preparados intelectualmente.

Os estudantes estavam adscritos à comunidade religiosa da Basílica e pouco se sabe sobre esse período e o cotidiano vivido naqueles anos. Mesmo o

Seminário Santo Afonso não tinha uma comunidade, canonicamente falando, e todos os professores pertenciam à mesma e única Comunidade Redentorista de Aparecida. Os Fratres acompanhavam as orações do Ofício Divino e tinham horários especiais, visto que moravam ao lado da praça, a poucos passos do santuário, e isso, de certo modo, interferia no silêncio e na concentração necessários aos estudos. Ainda assim, precisavam dar conta do recado e já sentiam que precisavam levar a sério suas tarefas estudantis, pois, mais cedo ou mais tarde, iriam para a Alemanha completar o currículo acadêmico. Mesmo cientes do final da I Guerra, em 1918, os padres não se sentiram seguros em enviar logo os estudantes para a Alemanha, até porque a Europa estava, literalmente, em tempo de reconstrução pós-guerra.

Até o finalzinho de 1919, os professores de Vítor foram os padres Lourenço Hubbauer, Oto M. Böhm e Roberto Hansmair, que ensinaram Filosofia especulativa e ética; História da Filosofia e História da Igreja, além das línguas grega e hebraica. Segundo o boletim de Fr. Vítor Coelho, suas notas não foram lá muito boas, chegando ao conceito medíocre em algumas disciplinas. Ainda que no Seminário Santo Afonso a formação tenha sido muito exigente e os estudos fatigantes, o certo é que o jovem não começou de modo brilhante os estudos superiores. Já no original de seu *curriculum vitae*, escrito no noviciado, veem-se algumas correções feitas pelo próprio Vítor, correções que revelam certa insegurança em relação à língua mater. Esta deficiência, como era de se esperar, revelou-se mais acentuadamente no curso de Filosofia. Em Aparecida foram três semestres de estudos, de setembro de 1918 a janeiro de 1920.

O ano de 1918 marcou o Brasil de forma dramática. No Estado de São Paulo, no final do ano, a epidemia de gripe espanhola assolou a capital. Os redentoristas do Santuário da Penha dispuseram-se prontamente a socorrer a população. Mas outros desastres juntaram-se a esse. Uma grande geada destruiu e comprometeu parte dos cafezais e da safra do Estado de São Paulo. Uma praga de gafanhotos destruiu as pastagens e a febre aftosa matou o gado. Tornando o quadro ainda mais trágico, em meados de outubro, a gripe espanhola chegou, devastadora, ao Rio de Janeiro vitimando pobres e ricos, dentre eles o amigo da Congregação, Dr. Rodrigo Alves que havia sido reeleito presidente da República. Assim ficou anotado na crônica da comunidade, o trabalho realizado pelos padres na Penha, em São Paulo.

No mês de novembro rebentou em São Paulo a epidemia mundial da gripe espanhola. Graças aos sentimentos cristãos do Presidente do Estado, Dr. Altino Arantes, foram colocados à disposição do Sr. Arcebispo todos os meios pecuniários, para ele poder, através dos vigários, tomar todas as medidas necessárias para o atendimento da população pobre, atacada pela gripe. Dentro de poucos dias, a maioria dos moradores de nossas paróquias caiu doente. Muitos deles corriam risco de morrerem privados de qualquer socorro. Diante disso, abrimos às pressas dois hospitais provisórios: para os homens, no grande prédio onde funcionavam as escolas públicas; para as mulheres e crianças, nas escolas particulares da Irmãs Vicentinas. Cada dia eram levados para lá os que estavam em piores condições. O governo cedeu-nos automóveis e assim pudemos socorrer os que precisavam de auxílio corporal e espiritual. Por ocasião da visita aos doentes, deixávamos vales, com os quais eles podiam conseguir mantimentos e remédios por conta do governo. O tempo da gripe foram dias e semanas sem descanso para os padres. O senhor Arcebispo pediu ainda que ajudássemos em São Caetano e em São José do Belém. Graças a Deus nenhum de nós adoeceu seriamente, apesar de, junto com os médicos, estarmos em contato com os doentes o dia inteiro e, muitas vezes, também de noite. No final de novembro a gripe tinha mais ou menos desaparecido de nossas paróquias. Havíamos feito 3.438 visitas aos doentes e sacramentado 185 moribundos. Não há dúvida de que para muitos foi uma bênção, porque não teriam tido a mesma facilidade em chamar o padre que tiveram quando souberam que ele tinha condições de ajudar também materialmente.[4]

A Igreja – solidária e fraterna como ensina o Evangelho – uniu-se ao Estado para atender o irmão necessitado. Como poderia a Igreja se abster, em ocasião de tamanha calamidade pública? Dispondo de boa estrutura e capacidade de organização, colocou-se, com desprendimento, a serviço da vida. Essa a lição e esse o testemunho que os estudantes aprendiam, vendo seus velhos mestres se desdobrando em favor dos pobres e necessitados. Como bons pastores, cuidavam de seu rebanho segundo a prática evangélica do serviço ao outro. Tal como ensinada e vivida por Jesus de Nazaré. Atitudes como esta – e houve muitas mais – marcaram profundamente a personalidade de Vítor Coelho. Por isso durante sua vida de evangelizador, o incentivo à participação de consagrados na vida social sempre mereceu destaque.

No ano seguinte, ainda na normalidade dos estudos, um fato foi marcante para os redentoristas da Vice-Província Bávaro-Brasileira: o jubileu de prata de sua fundação. O primeiro grupo de missionários havia chegado a Aparecida no dia 28 de outubro de 1894 e em Campininhas das Flores – hoje um bairro de Goiânia –, em 12 de dezembro do mesmo ano. Passados vinte e cinco anos, era hora de agradecer a Deus pelo estabelecimento da Congregação em terras brasileiras. A Vice-Província contava então com nove padres e quatro estudantes brasileiros já cursando filosofia e teologia, além dos meninos iniciantes – os juvenistas – no Seminário Santo Afonso.

Os principais atores da longínqua cena de 1894, das conversas, das dificuldades e decisões sobre a fundação, muitos estavam vivos e foram presença agradecida em Aparecida, no final de outubro, para a festa do jubileu de prata. No pátio interno do convento, em Aparecida, foi erguida uma gruta dedicada a Nossa Senhora de Lourdes e, sobre ela, uma cripta onde permaneceriam os ossos dos confrades falecidos. Foi o primeiro projeto do que se chamou pos-

---

[4] Documenta 107, "Ânuas da Província de São Paulo 1896-1918". No *ARSP*.

teriormente de Memorial Redentorista, e que, até hoje, continua nas mesmas dependências no antigo convento da praça.

> Na tarde do dia 25 de outubro, chegou o Arcebispo e São Paulo, Dom Duarte Leopoldo e Silva e o Monsenhor Francisco Inácio de Souza, um dos primeiros amigos e benfeitor dos redentoristas em Goiás. À noite chegou o Provincial dos Verbitas. Houve solene Te Deum na Basílica, em que o senhor Arcebispo foi o oficiante. No dia 26, o senhor Arcebispo celebrou às sete horas e distribuiu a santa comunhão a todas as irmandades religiosas e a muitos amigos da Congregação que receberam e ofereceram a comunhão em nossa intenção. Houve um banquete no qual compareceram as principais personalidades de Aparecida e amigos da Congregação de outros lugares, quando foi erguido um brinde aos redentoristas com alocução verdadeiramente cordial ao sentido da festa.
>
> À noite, após a reza solene, deu-se a grandiosa manifestação por parte do povo de Aparecida. Ainda na Basílica, houve "Réquiem" solene em sufrágio dos falecidos da Vice-província com comunhão geral. Depois reuniu-se uma grande multidão diante do convento. Um professor da Escola Normal de Guaratinguetá, Sr. André Rodrigues Alkmim, católico piedoso e zeloso em entusiasmado discurso, extravasava verdadeiro amor e veneração para com a Congregação, tanto mais que o orador com as mais altissonantes e felizes expressões queria apresentar desculpas e satisfação aos redentoristas pelo que eles tiveram de suportar por ocasião da entrada do Brasil na Guerra e a depredação do convento. O Arcebispo e o Vice-Provincial fizeram questão de descer da sacada do convento para cumprimentar o orador.
>
> No dia 28 chegou do Rio o Cardeal Arcebispo Dom Joaquim Arcoverde. O mesmo que há 25 anos tratou com o Padre Geral a fundação da casa de Aparecida. Ele era bispo coadjutor de São Paulo na época. Sempre apoiou e sempre foi amigo da Congregação. Seu confessor é o Padre Gebardo. Ele ficou conosco até o dia 31.[5]

Os jovens Fratres assistiam entusiasmados as festivas solenidades de ação de graças que celebravam a fundação da Vice-Província, seu trabalho e seus frutos. Grande devia ser a emoção de Fr. Coelho que fora recebido no Seminário por Padre João Batista Kiermeier, que agora estava ali, lado a lado com ele, um admirando o outro, ambos vestindo, felizes, o hábito redentorista. Vítor, estudante e Padre João, Vice-Provincial. Unidos no mesmo belo sonho do Reino. Quantos motivos para ação de graças! Inclusive a bela amizade que perdurou, por toda a vida, entre os dois missionários.

Já no finalzinho de outubro, conseguiram instalar no convento um telefone que possibilitava a comunicação entre o Seminário, a chácara e a redação do jornal Santuário de Aparecida. A novidade é que este foi o primeiro telefone da vila. O progresso ia chegando, mas Aparecida ainda era uma pacata vila

---

[5] Documenta 108, "Ânuas da Província de São Paulo 1919-1931". No *ARSP*. Foi publicado um almanaque recordando a história e a fundação bávara no Brasil. A edição em português foi distribuída ao povo e a edição latina enviada às casas da Congregação. "Quinque lustra Vice-provinciae Bavarae in Brasilia 1894-1919".

pertencente a Guaratinguetá. Mas por pouco tempo. O movimento pró-emancipação logo ganharia força e a participação ativa dos redentoristas.

As comunicações com a Europa já estavam normalizadas. Os animados comentários entre os redentoristas naquele final de ano eram sobre a partida dos estudantes de filosofia e teologia para a Alemanha. A data certa para a viagem fixada no mês de setembro. Quando tudo estava quase pronto, veio de Roma um telegrama com pedido de adiamento, pois havia ainda insegurança em alguns meios sociais dos países que estiveram envolvidos no conflito mundial. Os exames finais foram marcados para antes do Natal. Padre João Batista, como Vice-Provincial, deveria levar os estudantes para Gars. Houve porém um contratempo, e a documentação não saiu no prazo programado. Já naqueles dias a burocracia mostrava sua vocação para os entraves. Padre João Batista viajou no final do ano e os estudantes se programaram para o mês de janeiro de 1920.

No livro de crônicas da comunidade de Aparecida está registrado que no dia 19 de janeiro de 1920, partiram para a Europa os clérigos Fr. Poce e Fr. Andrade para darem sequência ao curso de teologia e Fr. Coelho e Fr. Oliveira, para continuarem o curso de filosofia. Como o Vice-Provincial já estava na Europa, quem os acompanhou foi o Padre Antônio de Lisboa Fischhaber. Um tempo novo se descortinava para os estudantes. Os anos de estudos da língua germânica agora seriam colocados à prova, pois os confrades bávaros aguardavam os jovens e deles queriam ouvir suas histórias pessoais e fatos e narrativas sobre o país e a Vice-Província distantes. Era chegado o momento de vivenciar, cotidianamente, os sentimentos de outra língua.

A despedida foi muito simples. Dois anciãos contemplavam a alegria dos jovens na azáfama de suas arrumações e expectativas. Eram os Padres Valentin e Gebardo. Dois esteios, duas colunas da Congregação no Brasil. Do alto de seus longos anos entregues ao trabalho em prol da Vice-Província, tinham o coração em festa ao assistirem aquela cena. Decerto o sentimento da árvore ao contemplar seus frutos... Eles, os jovens professos brasileiros, partiam para a Província Bávara, para o velho e amado convento de Gars, o berço que eles, os mestres, haviam deixado em setembro de 1894. Na noite anterior, houve um momento de recreio e discursos de felicitações aos jovens.

Alguns padres acompanharam os viajantes até a estação em Aparecida. Um deles anotou depois aqueles momentos significativos e cheios de emoção. Os juvenistas também foram à estação para a despedida. Os velhos e valentes Gebardo e Valentin não puderam acompanhá-los, devido à idade e ao estado de saúde.

Depois do recreio seguimos para a Basílica a fim de saudarmos e nos despedirmos de nossa saudosa Mãe e Virgem Aparecida. Lá a seus pés com um afetuoso "Ave Maris Stella" imploramos seu patrocínio na grande viagem a empreender e seu auxílio em nossos estudos. Beijamo-la reverentemente, e tocando em sua imagem nossos rosários e medalhas, afastamo-nos sentidos e pesarosos por deixar seu Santuário augusto. Um apertado abraço e algumas poucas palavras recortadas, talvez de soluços e dores do coração, foram nossos últimos intérpretes dos afetos e amor carinhoso que sempre dedicaremos aos nossos pais espirituais em Jesus Cristo, Padre Gebardo e Padre Valentin.

Nós caminhamos a pé pela rua nova até à estação. O que sentimos naquele momento não sabemos exprimir; parecia-nos um sonho, mas era realidade: encetávamos uma viagem à Europa, viagem magnífica, instrutiva e de imensa vantagem ao nosso futuro. Chega afinal o expresso; por um amplexo fraterno nos separamos por mais anos. Adeus Revmos. Padres, adeus caros Irmãos, adeus juvenistas. Parte o trem e minutos depois já nos achávamos distantes dos corações amados de nosso convento. Olhamos ainda pela janela e ainda por último avistamos os lençóis ou tralhas brancas osciladas pelo saudoso Irmão André, da varanda do Seminário Santo Afonso. Este foi o derradeiro aceno de despedida, último sinal olvidável. Adeus Aparecida![6]

Partiram os estudantes, fazendo o caminho inverso daquele que muitos missionários bávaros fizeram ao longo dos anos, enquanto a Província Redentorista de Munique enviava seus filhos para o Brasil. Passaram pelo convento no bairro da Penha. Desceram a serra de Santos para embarcar. Juntamente com os passageiros, viajaram oito mil sacas de café para a Europa. Foram margeando o litoral, admirando as belas praias de Ubatuba, Caraguatatuba até chegarem ao Rio de Janeiro. Outros passageiros, novos companheiros de viagem, e o navio deixou o porto... Em Salvador, puderam dar uma volta pela cidade. Também em Recife tiveram algumas horas para passear. Depois só na Ilha da Madeira, outra parada para repor água e mantimentos. Lisboa à vista e o navio segue para o Canal da Mancha.

> Nossa gôndola, em proporção ao Atlântico sem horizontes, singrava agora mansamente o Passo de Calais, permitindo ao observador contemplar à direita as planícies sem fim no norte da Bélgica e à esquerda as montanhas calcárias e escarpadas da Inglaterra. A tardezinha foi impagável!

Finalmente, no dia vinte e três de fevereiro, Padre Antônio Fischhaber e os quatro estudantes, curiosos e emocionados, chegaram ao velho convento de Gars, considerado a casa mãe da Província Bávara. Não encontraram Padre João Batista, que já iniciara sua viagem de volta. O estudantado começava o ano de 1920, com apenas quinze estudantes, somados os quatro que acabavam de chegar. O ano escolástico começava em setembro. Fratres Oliveira e Coelho, portanto, reiniciaram o segundo ano de filosofia no segundo semestre do ano acadêmico.

---

[6] Documenta 48. "Crônica dos Estudantes brasileiros em Gars am Inn", vol. II. No *ARSP*.

O convento de Gars está situado entre as cidades de Muehldorf e Wasser-burgo, num terraço elevado, à margem esquerda do rio Eno (Inn). O lugar, chamado primitivamente Garoz, que na língua celta significa estaca, aparece na história daquela região pela primeira vez em 764, quando o Duque Tassilo III permitiu a um clérigo de Salzburgo, de nome Boso, construir no lugar um convento dedicado a São Pedro. Posteriormente, convento e igreja paroquial foram dedicados a Nossa Senhora da Assunção e a Santa Radegunda, e o lugar passou a ser conhecido com o nome de Gars.

Em 1147, a propriedade passou para a Ordem dos Cônegos de Santo Agos-tinho, que fundou outros conventos na região. Depois de muitas vicissitudes, o convento atual foi reconstruído em 1659 e a igreja em 1662. Sob a direção dos agostinianos, a vila e o convento ganharam fama e méritos. Em 1803, após a guerra de Napoleão, a comunidade foi supressa e os bens do convento con-fiscados e leiloados. Em 1858, a parte maior, à esquerda da igreja, foi adquiri-da pela Congregação Redentorista e utilizada como moradia de missionários, sede do governo provincial e casa de estudos. O prédio é formado por três quadriláteros justapostos, ligados por três alas. O conjunto é enorme e algu-mas partes, à direita da igreja, são ocupadas por famílias da vila.[7]

A vila que o cerca passou pelas mesmas contingências e hoje é uma cidade-zinha bela e acolhedora. Seus habitantes são legítimos agricultores bávaros, mui-to apegados às suas tradições religiosas. A região é belíssima, de ótimo clima e águas cristalinas, essencialmente agrícola, onde se produz de tudo. Seus campos e colinas se parecem com um jardim primorosamente cuidado, entremeado de bosques de pinheiros, que dão uma requintada beleza agreste à paisagem. É um cenário repousante. O horizonte radiante e amplo, vendo-se lá no fundo os altos picos dos Alpes, que deixavam os estudantes brasileiros encantados e saudosos do nosso Brasil. Foi contemplando essa paisagem que Fr. Coelho passou horas e horas a meditar e a recordar a importância dos religiosos para a educação rural da Europa. E, indubitavelmente, não apenas para a educação rural, mas para a educação em todos os lugares e feitios, tendo-se como indiscutível a importância dos religiosos – particularmente dos monges – na preservação da cultura oci-dental. Pela pena, pelas mãos e pelo conhecimento desses membros consagrados da Igreja sobreviveu um tesouro cultural de inestimável valor para toda a huma-nidade. O pai dos monges do Ocidente é o padroeiro da Europa: São Bento de Núrcia. No velho convento de Gars, pleno de história e de memória, Fr. Coelho viveu em profundidade a vida religiosa redentorista na vivência comunitária da meditação, da oração, das conferências e da eucaristia diária.

---

[7] www.klostergars.de O convento está totalmente reformado e é usado para encontros de formação e retiros. A comunidade ainda conserva um grande número de membros, sendo cerca de 15 irmãos e 15 padres. Eles cuidam de uma escola e da igreja paroquial. Os irmãos se empenham particularmente no trabalho agrícola como uma forma de manutenção da comunidade.

No velho e belo convento bávaro, em um ambiente sereno e inspirador, nosso jovem professo passou praticamente cinco anos de sua vida, completando seus estudos superiores. Na convivência com os Padres e Irmãos em Gars, a perseguição por eles sofrida durante o *Kulturkampf* era assunto recorrente. As atrocidades e perdas dos jovens consagrados na I Guerra estavam vivas na memória dos confrades. Também sempre presente, a lembrança de Padre Gaspar Stanggassinger, que tanto havia desejado vir para o Brasil. Padre Gaspar nascera naquela região e ingressado na Congregação Redentorista, ordenando-se padre em 1895, com apenas vinte e quatro anos de idade. Envolvido, porém, em suas atribuições de formador de seminaristas na Alemanha, não pôde sair de seu país natal para servir na longínqua missão brasileira. Faleceu com fama de santidade em setembro de 1899, aos vinte e oito anos de idade, vitimado por uma peritonite. Padre Gaspar foi beatificado por João Paulo II em 1998 e seus restos mortais estão na igreja do convento em Gars. É admirável o testemunho de vida e de ideal de santidade vividos por esses homens naquele período difícil, de perseguição religiosa e de Guerras na Europa. Beato Gaspar é o retrato de uma plêiade de homens que viveram e morreram fiéis ao ideal motivador de suas existências: a santidade.

A Baviera e seus lindos campos que margeiam o rio Inn nos remetem ao Papa Bento XVI. Ele nasceu às margens do Inn e no início de seu pontificado, em seu primeiro pronunciamento, referiu-se a si mesmo como um agricultor da vinha do Senhor. Ainda que seja um teólogo refinado, deixou falar mais alto sua bagagem de infância e suas doces lembranças de camponês da região bávara.

Pelo final de junho, Fr. Coelho prestou exames para finalizar o curso de filosofia. Naquele primeiro semestre, a vida em Gars não fora nada fácil: gente nova, novos costumes, nova língua, além do currículo mais exigente acompanhado por professores mais bem preparados. Se seus boletins do curso de filosofia revelavam que, em algumas disciplinas, o resultado deixara a desejar, no de teologia ele alcançou bons resultados, terminando o primeiro ano com bom rendimento.

Os destaques para esse período de estudos de Fr. Coelho foram sua facilidade com as línguas grega e hebraica e a paixão pela exegese bíblica. O estímulo veio de professores capacitados como o famoso Padre Franz Schaumberger que era um insigne biblista, especialista em questões orientais, e que soube incutir nos alunos a mesma paixão pela Bíblia. Vítor Coelho bebeu desta fonte fecunda, e foi a Palavra de Deus, estudada, rezada, profunda e amorosamente vivida, que fez dele o excepcional anunciador da boa nova em sua missão de sacerdote. Na Palavra de Deus, orientadora do dia a dia cristão, ele encontrava a fundamentação e o alimento de toda a sua ação missionária e evangelizadora. E isso muito antes dos pré-anúncios de reforma de Pio XII, na década de 1950 e, mais tarde, do Concílio Vaticano II.

Notícias tristes chegaram do Brasil até a distante Gars, em 1920. As mortes de Padre Valentin Von Riedl em junho, e de Padre Gebardo Wiggermann, em outubro. Eles eram como pilares da Vice-Província e todos os redentoristas tinham grande admiração e carinho pelos dois anciãos. No mesmo ano, impressionou Fr. Coelho a celebração do centenário da morte de São Clemente M. Hoffabauer. O ramo transalpino da Congregação muito deve a este santo, tido como o segundo fundador dos redentoristas.

Fr. Coelho era o cronista dos estudantes brasileiros em Gars, por isso, além de relatar os acontecimentos na comunidade, falava um pouco de sua vida pessoal. No final do segundo ano de teologia, no mês de setembro de 1921, dois clérigos fizeram sua profissão perpétua na Congregação do Santíssimo Redentor: Fr. Poce e Fr. Andrade. E, Fr. Coelho e Fr. Oliveira renovaram os votos de pobreza, obediência e castidade. No finalzinho do ano escolástico, talvez devido ao esforço físico e mental despendido para acompanhar o ritmo dos estudos, surge algo inesperado que o faz reviver aqueles tristes dias de menino em Conquista: uma gripe muito forte.

No mês de setembro já se faz sentir o vento frio que desce do Norte para a região da Alemanha. Ainda em período de férias e descrevendo os acontecimentos de um passeio da turma de estudantes, Fr. Coelho interrompeu seus escritos. Sendo ele o cronista , em diversos momentos, usa a terceira pessoa para falar de si mesmo, marcando a narrativa com um recurso de estilo muito próprio, já usado por ele em outras ocasiões. Assim anotou, entre parêntesis, referindo-se a si mesmo:

> ... o cronista adoeceu gravemente durante esta narração, eis o motivo da interrupção e da concisão subsequentes. Igualmente se procura explicar a superficialidade e péssima caligrafia com que foram registrados os fatos subsequentes à Páscoa, porque o cronista se tinha, culpável e inculpavelmente, deixado atrasar, e só chegou a tomar a pena quando a enfermidade mais o inclinava para a cama do que para a mesinha de escrever. Fr. Coelho voltou aos estudos depois de um mês de doença; aparentemente está reestabelecido, mas se vê coagido a perder muito tempo com o sono.[8]

A preocupação foi muito grande, tanto para Fr. Coelho como para seus superiores e colegas. Infelizmente gripe forte era apenas uma primeira impressão. Era, na verdade, a tuberculose que aparecia pela primeira vez. Alguns padres e irmãos haviam sido também acometidos pelo mal e enviados ao Brasil na esperança de recuperação. Enfrentar o gélido inverno na Europa era uma prova de fogo, ainda mais em tal situação. O caso inspirava cuidados. A solidão de uma enfermaria, a luta quase impotente dos médicos, a febre que ardia e consumia o corpo do doente, tudo figurava um doloroso calvário, ainda mais

---

[8] Documenta 47, op. cit. No *ARSP*.

doloroso porque experimentado e sofrido em terras estranhas, num país distante. Fr. Miguel Poce, um dos que viajara com Vítor para a Europa, escreveu ao Padre João Batista, em novembro, dando notícias.

> Certamente já terá V. Revma. ouvido, pelo Padre Superior de Goiás, que o estado de saúde do Fr. Coelho não se achava muito risonho; nós então, lhe pedimos esperar novas notícias nossas antes de dar uma ordem qualquer a respeito do confrade. Hoje, R. Padre, venho dar-lhe e, felizmente são boas. A pneumonia em que Fr. Coelho caiu, degenerou-se, como era de esperar, em tísica pulmonar no lado esquerdo; nos primeiros dias progrediu a doença a passos rápidos, de modo a desesperarmos todos com o pensamento em uma "galopante"; aos poucos, todavia, a doença cedeu de violência, cessando o progresso do lado esquerdo e começando, em compensação, do lado direito. As injeções fortificantes do sangue poderiam ser só mais tarde aplicadas, por não ter o médico de Gars todos os ingredientes para fazer a série ininterrupta; por isso, Fr. Coelho submeteu-se a um tratamento de leite, mel e pequenezas, umas seis ou sete vezes ao dia, debaixo da direção do Frei Dr. Metzner, um médico de renome e experimentado. Com esta "Mast Kur" conseguiu Fr. Coelho aos poucos restabelecer-se nas forças e, hoje, tomando as injeções, acha-se completamente restabelecido no pulmão direito, e o esquerdo pouco falta também para ficar são, a tosse já é mínima. Dr. Metzner pensa que os bacilos se encasularam. Fr. Coelho já vai novamente à aula, que fora obrigado a deixar! Acho, por isso, que não precisamos mais nos ocupar com Haustein, como se começou a pensar aqui no começo da história.[9]

Antes que a carta de Fr. Poce chegasse ao Brasil, o Vice-Provincial Padre João Batista, já sabedor da situação, acompanhava com cuidado seu formando predileto com suas orações. Zeloso, naqueles mesmos dias de novembro, Padre João Batista escreveu ao responsável pelos estudantes em Gars, Padre Jorge Brandhuber, agradecendo por todos os seus cuidados e dando algumas indicações e modos de proceder quanto à doença de Fr. Coelho. Padre Jorge, além de professor, era o prefeito do estudantado, nome que se dá ao encarregado dos estudantes e responsável pelo programa e currículo de estudos.

> Estando no fim do triênio, eu não deveria mais tomar esta iniciativa e enviar-lhe esta carta. Mas a doença do Fr. Coelho exige que eu dirija a V. Revma., e a ele também, umas palavras como expressão da nossa admiração por tudo o que V. Revma. está fazendo em favor dele. Mesmo que eu venha deixar o cargo, nada modificará esta nossa opinião.
> A respeito do tratamento do Fr. Coelho, desejamos que nada venha faltar e, quanto às despesas, o Padre Schmutzer anote tudo e nos comunique. Naturalmente, deixamos a seu critério decidir se esse tratamento deve ser feito em Gars ou em Haustein ou em outro lugar. Aqui em São Paulo temos um bom conselheiro na pessoa do Dr. Seng, e ele sempre nos diz que na Floresta Negra (Schwarzwald), aí na Alemanha, há um ótimo sanatório para doentes do pulmão. Ele não conhece essa localidade, Haustein. Em todo o

---

[9] Copresp B, vol. III, carta 590, de 13-11-1921. No *ARSP*. A expressão alemã Mast Kur, quer dizer: tratamento de engorda, em tom jocoso.

caso, se constar que um dos sanatórios é considerado como o melhor, não tenha receio das despesas e escolha-o. Quanto aos estudos, veja se só sejam interrompidos se realmente a recuperação de sua saúde e de suas forças assim o exigir. Para mim não foi surpresa que o Fr. Coelho tivesse essa crise em sua saúde, sendo que teve um crescimento muito rápido e irregular. Seja feita a vontade de Deus!

Também a sua mãe teve uma morte prematura. Entre os seus parentes do lado paterno, infelizmente, não faltam maus elementos, entre os quais encontra-se um cônego que o trouxe para a vida religiosa, mas depois apostatou-se, ficou pastor protestante e continua nessa situação. No jornal "União" que os estudantes recebem, muitas vezes foi comentando esse caso.

Aproveito a oportunidade para lembrar a V. Revma. uma outra coisa, a saber: nos anos de 1896 e 1897, morreram diversos clérigos em nosso estudantado por causa da tuberculose. O que contribuiu para isso foi a imprudência dos Irmãos que simplesmente passavam as roupas de um desses falecidos para um outro confrade sem pensar no perigo do contágio. Por conseguinte, se a doença do Fr. Coelho tiver desfecho fatal, tome cuidado que isto não aconteça, mas cuide que suas roupas sejam todas queimadas, o que nós aqui no Brasil faríamos sem hesitar. Mas, no caso que as roupas desses doentes fossem perfeitamente desinfetadas, poder-se-ia admitir que elas fossem usadas por pessoas idosas, que estão protegidas contra o contágio; nunca, porém, por pessoas jovens. Lembro também que a tuberculose é mais perigosa em regiões de clima quente do que em regiões de clima frio, sendo que o calor favorece o contágio. Não seria, portanto, indicado providenciar a volta do Fr. Coelho para o Brasil antes que ele seja completamente curado.

Mais uma coisa: temos aqui no Brasil um remédio muito bom e de grande utilidade, principalmente nas primeiras fases da doença, e que se chama: "Emulsão de Scott", feito de fígado de bacalhau. É um ótimo fortificante, mas é necessário tomar ao menos uns seis vidros. Quando eu era diretor do Juvenato pude verificar pessoalmente o seu excelente resultado.[10]

Ainda que Padre João Batista diga que o clima frio dificulta o contágio e que o calor, pelo contrário, facilita-o, muitos clérigos e padres jovens vieram para o Brasil buscando curar-se, aqui, da tuberculose. Foi o caso do Padre Eugênio Mahlbacher, que se ordenou em 1895 e, nesse mesmo ano, veio para o Brasil, na segunda turma de missionários bávaros. Já apresentando os sinais da doença, tudo foi tentado em Aparecida para vencê-la. Como se sentisse bem, pôs-se a estudar a língua guarani, pois sonhava ser missionário entre os índios. Mas a doença prevaleceu. Com apenas vinte e oito anos de idade, faleceu o primeiro padre redentorista alemão em Aparecida, vítima de tuberculose, em 1898.

Por ocasião do Natal, os estudantes tiveram alguns dias de folga. Mas com o rigor do inverno, a gripe não dava tréguas. Em janeiro do ano seguinte, quando os estudos seriam retomados depois da festa da Epifania, as preocupantes notícias de Gars diziam que as aulas haviam sido suspensas, pois a gripe levara

---

[10] Copresp B, vol. III, carta 596, de 1921. No *ARSP*.

mais de vinte estudantes para o leito. Mesmo o colega de curso de Fr. Coelho, Fr. Neudorfer, que ajudava no cuidado aos doentes, contraiu tuberculose. Mas, apesar das preocupações, Fr. Coelho que, pouco tempo antes ficara acamado por quase um mês, superou relativamente bem o momento. As notícias dadas pelo prefeito dos estudos, Padre Brandhuber eram, de certo modo, tranquilizadoras.

> Temos agora entre os clérigos um médico muito bom para doenças internas. Para combater os bacilos do Fr. Coelho foram feitas injeções conforme o método mais recente, Dyke-Muche (Verfahren). O médico acaba de me dizer que examinou o Fr. Coelho e pode constatar que os bacilos estão envolvidos e que a gripe não os espalhou. Pode-se constatar isso pelo exame microscópico do catarro e também e porque cessou o suor noturno. Deus seja louvado, já chegamos a esse ponto. Boa alimentação e ar fresco hão de eliminar também o catarro pulmonar.[11]

Com o tratamento médico, Fr. Coelho conseguiu levar a cabo seus estudos e o dia a dia da vida comunitária junto dos demais colegas.

Os esperados momentos festivos, quando os estudantes, alegres e imaginativos, preparavam peças teatrais, propiciavam também ocasião para cada um revelar seus dotes artísticos. E nesse quesito Fr. Coelho não ficava a dever a nenhum outro estudante. Certa vez, no carnaval de 1923, Vítor Coelho entrou em cena vestido de índio. Outro colega brasileiro representava um negro. É de se imaginar a estranheza da cena com os dois estudantes no palco diante de austeros professores, na Alemanha, a encenar personagens jamais vistos por seus colegas: um índio e um negro. O cronista dos brasileiros – já não mais Fr. Coelho – registra que Vítor roubou a cena na despretensiosa brincadeira. Manifestava-se assim uma faceta de sua personalidade que depois se tornaria instrumento valioso e eficaz a serviço do Evangelho. Um jeito jocoso, brincalhão e criativo na pregação da palavra e no contato com os fiéis, de modo especial no trato com as crianças e com o povo simples, manifestando-se alegre e cativante desde aquela época.

Mas a austeridade pontuava a vida comunitária experienciada por Vítor. Muitos e longos horários comuns de oração, disciplina rígida, dias sucessivos de retiro e recolhimento, somados a estudos exigentes e cansativos que reclamavam seriedade e comprometimento. E mais, a experiência dolorosa trazida pela tuberculose que ameaçara sua vida. Por certo Vítor suportou questionamentos e sofrimentos no mais íntimo de seu ser. O ideal vocacional e o chamado divino para o serviço do altar falavam alto, mas onde buscar forças para continuar dando este testemunho? Uma resposta não esgota a dimensão desta pergunta e o que ela abarca. A mística e a espiritualidade centradas na maneira de ser e de agir de Jesus Cristo, a força haurida da mensagem do Evangelho

---

[11] Copresp B, vol. III, carta 603, de 1922. Padre Brandhuber escrevia ao novo Vice-Provincial, Padre Tiago Klinger, que sucedera Padre João Batista Kiermaier.

foram, sem dúvida o suporte primeiro e mais profundo desta vocação. A identificação com o ideal do fundador, Santo Afonso, o Carisma da Congregação e o testemunho de todos os que acreditaram no mesmo ideal e seguiram o mesmo caminho reafirmaram a escolha de Vítor. Foram meios eficazes e seguros de apoio para o andamento de seu projeto de vida.Tudo vivenciado dentro do binômio ação-contemplação, tão caro aos consagrados.

E a Província de Munique, cuja casa provincial estava em Gars, onde também havia igreja paroquial e o estudantado, tinha raízes no modo de viver de dois homens, dois missionários redentoristas que deixaram aos congregados um legado de trabalho e vivência profunda da espiritualidade cristã. Todo redentorista recebeu um pouco desta herança, mas de modo especial esses bávaros que tão próximos estavam de Padre Clemente Hofbauer e de seu companheiro de apostolado, e depois seu sucessor, Padre José Armando Passerat. Também Fr. Vítor Coelho bebeu dessa fonte e dela recebeu sustento para sua jornada vocacional, tanto como estudante como depois, na sua longa vida de missionário.

A espiritualidade vivida por Padre Clemente e Padre Passerat – e por todos os cristãos – é a expressão da crença de que Deus falou à humanidade através de seu Filho Jesus Cristo que morreu e foi ressuscitado e de que continua inspirando a Igreja pelo Espírito Santo.

A raiz da experiência cristã – e o centro de sua teologia – consiste na comunhão de vida que Deus realiza com o ser humano, por meio de Cristo no Espírito.

A vida cristã é essencialmente uma vida de intimidade com Deus, uma vida teologal, fundada no ensinamento e na prática de Jesus Cristo. Provido de fé, de esperança e de amor, o cristão vivencia sua adesão à mensagem de Jesus Cristo como uma proposta amorosa e fraterna de ver e organizar a vida e as relações no mundo, atento às interpelações de Deus na realidade cotidiana.

A vida da graça – este modo de ser e de viver como filhos e filhas de Deus – assume assim as condições pessoais e sociais da pessoa e da comunidade eclesial, cresce e se desenvolve dentro delas, possibilitando o agir de Deus, o reinar de Deus em meio à humanidade – amai-vos uns aos outros do jeito que eu amei vocês (Jo 15,12). Esta foi a grande pregação de Jesus: o anúncio da vontade e do sonho do Pai, a construção da unidade alicerçada no amor "para que todos tenham vida, e a tenham plenamente" (Jo 10,10).

Assim, Encarnação, Eucaristia e Redenção, realizada na vida, morte e ressurreição de Jesus, mais que conceitos, são mistérios de puro amor e entrega de um Deus que se fez homem, fez-se comunhão e tornou-se salvação para toda a humanidade.

Contudo, antes de falar de Clemente e de Passerat, há de se falar de Afonso. Pois foi ele o fundador da Congregação da qual tanto Clemente quanto Passerat faziam parte como missionários redentoristas. No século XVIII, o papel de Afonso Maria de Ligório foi de fundamental importância no entendimento e compreensão da espiritualidade cristã como se pode apreender das palavras do jesuíta Danilo Mondoni.

O Iluminismo afirmou um novo absoluto, a razão autônoma, com pretensões de substituir o absoluto religioso. A pessoa culta podia admitir um Deus como princípio, mas não como pessoa reveladora. A classe culta e a burguesia em geral apostataram da religião e, teve início um lento e intermitente processo de secularização. Fé, humildade e caridade foram substituídas por razão, autonomia pessoal e filantropia.

A Revolução Francesa foi, ao mesmo tempo, uma guerra civil no âmbito europeu e o surgimento de uma nova mentalidade, a subversão da ordem estabelecida e a transformação do pensamento, das estruturas e dos valores.

O século XVIII assinalou-se por uma situação desfavorável em relação à mística e pela luta contra tudo o que pudesse representar o sagrado em geral, sobretudo se este denotasse uma conexão com o transcendente revelado.

Se por um lado o jansenismo exaltava a importância de Deus, por outro situava-o numa transcendência inacessível, fazendo com que as relações familiares com Ele se tornassem problemáticas. Sublinhava o valor de uma ética rígida e severa, e desprezava as devoções, considerando-as como supersticiosas e como fruto da fantasia dos frades.

Coube a Afonso Maria de Ligório (1696-1787) combater o rigorismo dos jansenistas: com ele firmou-se o princípio da vocação universal à santidade. Para Afonso, a perfeição atinge o cume quando o ser humano não somente conforma a própria vontade à de Deus, mas a unifica à de Deus. Como mestre e pregador sugere meios práticos para se chegar à perfeição: a mortificação, a frequência aos sacramentos e à oração.

Do conjunto de suas obras deduz-se uma espiritualidade eclética (pensamento prático e místico); afetiva (cheia de sentimento religioso); popular e ascética. Afonso foi o apóstolo da devoção cristológica (especialmente o nascimento, a eucaristia e a paixão) e mariana, e da prática da meditação como base da piedade popular. A razão iluminista conquistou boa parte da Europa culta. Afonso, ao invés, voltou-se particularmente para o povo cristão, compreendeu suas exigências religiosas e transmitiu-lhe um estilo de piedade cálida e simples.[12]

Considerando a ação missionária de Clemente e Passerat, pode-se dizer que estes dois homens são a síntese da espiritualidade do cristão centrada no binômio ação-contemplação. Clemente foi um intrépido viageiro, incansável andador e mais de uma vez atravessou os Alpes a caminho de Roma. Foi presença ativa em Varsóvia, em Viena, na Baviera, na Suíça... A situação na época exigia estes constantes êxodos, seja na tentativa de implantar a Congregação em outras regiões, seja devido às perseguições de governos regalistas, ora na Polônia, ora na Áustria. Ia aonde os assuntos do Reino de Deus o levasse. Clemente acentuava o apostolado missionário e sempre foi um inovador. Em Viena, conseguia unir intelectuais para a formação de grupos de estudos em diversas áreas das ciências. Tinha contato com políticos e, quando as cabeças coroadas da Europa se reuniram para o Congresso em Viena em 1815, Clemente estava por perto dando seus conselhos. Foi homem prático, missionário

---

[12] D. Mondoni. *Teologia da Espiritualidade Cristã*. Loyola, 2000.

em todas as horas. Conseguiu ser anunciador ardoroso da Palavra e servidor humilde de pobres e nobres.

Quando Clemente faleceu, em 1820, já havia declarado que seu sucessor no cargo de Vigário Transalpino da Congregação seria Armando Passerat. Assim, Padre Passerat assumiu o difícil encargo. Homem que priorizava a vida interior, era metódico e inclinado ao legalismo, ao cumprimento exato das ordens com todas as suas determinações. "Passerat estava mais na linha tradicional, cultivando com seriedade o jejum, a mortificação e o recolhimento interior. Era um homem de oração e contemplação." Uma linha de pensamento e de ação totalmente diferente da de Clemente, de quem Passerat foi noviço. Há quem afirme que os dois se contrapunham e divergiam, e há quem defenda a tese de que eles se completavam.[13] De qualquer modo, contemplando a herança de ambos, permanece a certeza de que, quer na divergência quer na complementaridade, Clemente e Passerat serviram a uma única e mesma paixão comunicada pelo Espírito: o anúncio do Redentor.

O interesse por estes dois personagens deriva da influência exercida por eles na espiritualidade e na formação da Província de Munique. E, à luz desses dois ícones, entender o ser e o agir dos bávaros que vieram para o Brasil e como eles conduziam a orientação espiritual de seus formandos. E, ainda, entender seus formandos, particularmente aqueles que estudaram e viveram em Gars onde experienciaram o contato próximo com as fontes do modo de ser e viver redentorista. A comunidade de Gars era a continuidade da fundação supressa em Altötting, quando os redentoristas tiveram que deixar o famoso santuário mariano, fundado quando Padre A. Passerat era o superior do ramo transalpino.

Os fundadores da missão brasileira, assim como os demais religiosos redentoristas que vieram da Alemanha, tinham este espírito de ascese, de renúncia, de separação do mundo, de oração e penitência, de obediência cega à regra e, portanto, não atuando em atividades fora do convento, eram como verdadeiros monges. Era a herança de Passerat. Não obstante, souberam inovar, foram capazes de entender o jeito de ser brasileiro e de lidar com trabalhos e situações em que a pastoral extraordinária exige muito do agente especializado: missões populares e santuários, junto e no meio do povo. Era a herança de Clemente. Nesses missionários bávaros e em seus seguidores formados por eles, realizava-se admiravelmente a síntese dos ideais da contemplação e da ativa pregação cristã manifestadas por uma espiritualidade encarnada, sem perder o ideal alfonsiano.

Foram capazes de entender a mensagem da pequena imagem da Santíssima Trindade coroando Nossa Senhora, feita a partir do modelo de um medalhão de barro encontrado em meados do século XIX em um roçado, no

---

[13] M. Bonotti. "Espiritualidade e mentalidade redentorista", in *Informativo SP/125*, 1990. Padre Mario cita dois autores que divergem no modo de entender a questão: "História e Espiritualidade Alfonsiana", de J. Opptz (traduzido em 1982), e "Die Redemptoristen in Bayern", de Otto Weiss (não traduzido para o português).

distante arraial do Barro Preto, no sertão de Goiás. Entenderam a mensagem divina que os três pescadores encontraram no Rio Paraíba, a pequena imagem da Senhora Aparecida nas águas e a divulgaram por todo o Brasil. Herdeiros legítimos de Clemente e Passerat, foi no berço da Província Mãe – como dizia Padre Pires *Mütterprovinz* –, no convento de Gars, que a geração primeira de redentoristas brasileiros aprendeu a anunciar Nosso Senhor Jesus Cristo.

Santo Afonso e a vocação redentorista foram tema da fala de Bento XVI, em março de 2011, em Roma, em uma das audiências gerais das quartas-feiras, quando, usualmente, o papa bávaro procurava dar uma catequese enfocando temas específicos ou a vida de alguns dos santos. O que ele disse então sobre Afonso aplica-se igualmente a seus filhos: missionários redentoristas! Nesta escola de oração e trabalho Fr. Vítor Coelho nutriu seus projetos e sonhos de ser missionário no Brasil, após o término dos estudos na Alemanha. Missionário da oração, do catolicismo popular, da devoção mariana.

> Entre as formas de oração recomendadas por Santo Afonso, destaca-se a visita ao Santíssimo Sacramento ou, como dizemos hoje, a adoração, curta ou longa, pessoal ou comunitária, diante da Eucaristia. "Certamente – escreve Afonso –, entre todas as devoções, esta de adorar Jesus sacramentado é precisamente, depois dos sacramentos, a mais querida por Deus e a mais útil para nós. [...] Oh! Que belo é estar na frente de um altar com fé, apresentando nossas necessidades, como faz um amigo a outro, em quem confia totalmente!" (Visitas ao Santíssimo Sacramento, a Nossa Senhora e a São José para cada dia do mês. Introdução). A espiritualidade de Afonso é, de fato, eminentemente cristológica, centrada em Cristo e em seu Evangelho. A meditação sobre o mistério da Encarnação e da Paixão do Senhor muitas vezes é o tema de sua pregação. Nestes eventos, a Redenção é oferecida a todos os homens "copiosamente". E justamente porque é cristológica, a piedade alfonsiana é também eminentemente mariana. Muito devoto a Maria, Afonso ilustra o seu papel na história da salvação: sócia da Redenção e mediadora da graça, mãe, advogada e rainha. Além disso, Santo Afonso diz que a devoção a Maria nos confortará no momento da nossa morte. Ele acreditava que meditar sobre o nosso destino eterno, sobre o nosso chamado a participar para sempre da bem-aventurança de Deus, assim como a possibilidade trágica da condenação, ajuda a viver com serenidade e compromisso, e a enfrentar a realidade da morte mantendo sempre a confiança na bondade de Deus.[14]

Em Gars, os estudantes tinham uma programação própria, que além dos momentos de recreação em casa, incluía também passeios aos arredores. Em 1923, o grupo de estudantes havia crescido para trinta jovens. Isso os tornava ainda mais animados e facilitava os eventos nos quais a criatividade andava à solta, como na apresentação de peças teatrais e outros divertimentos. O cronista relata um dos passeios fora do convento. Era verão e esse tempo era aproveitado para longas caminhadas e para tomar um pouco de sol, pois durante

---

[14] Catequese de Bento XVI, de 30 de março de 2011. Cf.: www.vatican.va.

o inverno muito rigoroso, o sol aparece timidamente. Durante o ano escolar, às quintas-feiras eram sempre dedicadas a algum passeio mais perto de casa. Mochila às costas, água e os comes e bebes para o piquenique, e os jovens tomavam rumos diversos buscando descontração e descanso para mitigar as exigências dos estudos.

No verão de 1923, os estudantes foram para Reit im Winkl. Realmente uma verdadeira maratona, uma aventura para eles. O cronista deixou para a posteridade alguns detalhes sobre esse passeio que vale a pena relembrar. Na beleza do sul da Alemanha, deixar a imaginação ouvir os casos, as conversas, os sonhos por entre colinas ensolaradas e riachos límpidos e cantantes. Jovens alemães, austríacos e brasileiros, cheios de ideais, aproveitando os momentos de lazer para recuperar as forças físicas e descansar a cabeça de tantos livros, autores, ideias. O local, atualmente repleto de hotéis e pousadas, tornou-se uma das regiões mais procuradas para o descanso junto à magnífica natureza da região bávara.

Partimos às 9h30 de Gars para Rosenheim, de trem. Lá trocamos de trem e fomos para Fischbach, chegando por volta do meio dia. Imediatamente nos dirigimos para Petersberg, distante três horas. O calor era sufocante e o mais incômodo era a bagagem que levávamos, pois nestes tempos onde a carestia fala alto, precisamos levar quase tudo conosco. Às 15h mais ou menos lá chegamos. A pequena igreja situada no cimo era bem bonita. Na frente dela havia um restaurante. A vista era magnífica. Logo que chegamos, tratamos de cuidar de nossos estômagos em extremo debilitados. No tal restaurante comemos pão com linguiça e bebemos bastante cerveja. Depois do almoço marchamos para Asten, que é um lugarejo distante uma hora. Logo que descemos de Petersberg e queríamos pôr-nos em marcha, notou-se a falta do Fr. Miné. Subiram vários para procurá-lo. Depois de uns quinze minutos de ansiedade vimo-lo aparecer. Estando a dormir debaixo de uma árvore, não tinha notado nossa partida e depois tinha tomado outro caminho. Que caiporismo!

Depois de uma hora e meia de caminhada chegamos a Asten, que era o lugar onde deveríamos dormir. Depois de beber um pouco de água subimos em seguida, um alto morro, do qual se descortinava um panorama magnífico. Após umas duas horas descansando, descemos para o jantar, que tomamos ao pé do morro e consistiu em pão, linguiça e um pouco de leite, que nos foi servido na hospedaria onde devíamos passar a noite. Depois do jantar, o Padre Prefeito voltou para Petersberg, por não haver quarto disponível na tal hospedaria. Nós fomos logo nos deitar no feno. Como sempre, foi uma pândega e algazarra!

No dia seguinte, levantamo-nos às 6h e nos dirigimos para Petersberg e lá chegamos pelas 7h30. Tomamos café e o Padre Prefeito celebrou uma missa cantada acolitado por um cerimoniário. Cantou-se a célebre missa Sexta de Haller, por nós brasileiros já tão conhecida, como último expediente em nossas festas na Serra da Mantiqueira. Muitas pessoas estiveram presentes à missa. Ao meio dia almoçamos, consistindo em sopa, carne de vaca, legumes e cerveja. Finda tão importante função, partimos novamente para Asten. Ali paramos uma hora e tomamos café com leite. Pelas 15h partimos para Reisach e uma leve chuva nos incomodou um pouco. No caminho encontramos o lago Pichler-See, onde tomamos um salutar e fresco banho. Pelas 19h batemos à porta do convento dos Carmelitas em Reisach. Fomos logo levados para o refeitório e lá jantamos, consistindo em um bom prato de sopa que nos foi dado e pão e carne que nós levávamos. O Padre Prefeito comprou vinte e dois litros de cerveja, que desaparecem não sem muita dificuldade, o que provava a sede que nos atormentava. Durante o jantar, estiveram conosco o padre superior e o mestre dos noviços. Pelas 23h tratamos de ir dormir. Dormimos numa grande cela sobre mantas. Às 2h45 da madrugada já estávamos de pé. Depois de termos assistido à missa na igreja e termos comungado, tomamos em seguida, café com leite e pão no refeitório grande. Seriam já umas 4h quando saímos. Dois estudantes tomaram o trem, pois não aguentaram a marcha que nos esperava.

Depois de dez minutos atravessando a aldeia, apareceu diante de nossos olhos a ponte sobre o Inn, divisa da Baviera com a Áustria. No meio da ponte estava a divisa indicada pelas armas austríacas e alemãs. Foi com prazer que marchamos em território austríaco. Os nossos três austríacos marchavam com todo o garbo e ufania por sua terra. Nota-se logo a diferença. Enquanto as margens bávaras são todas cuidadosamente cultivadas, as austríacas, se bem que não largadas, denotam logo um outro povo menos ativo e trabalhador.

Sempre acompanhando o Inn, marchamos para Kufstein durante duas horas. Um quilometro antes de chegarmos a Kufstein encontramos o célebre Kaiser-Tal, pelo qual devíamos seguir. A estrada até o fim foi sempre esplêndida, o que denota quão transitado é este caminho. A princípio tivemos que subir. Depois de uma hora o caminho era sempre plano. Andamos até às 10h. De espaço em espaço encontrávamos os tais Gasthof, cada um parecia procurar rivalizar com o outro. Encontramos muitas pessoas que subiam e desciam. Seriam umas dez horas quando foi dado o sinal de parada. Já era tempo. Não podíamos mais. Desde às 4h da madrugada andávamos só com o café no estômago. Quão debilitados estavam os estômagos mostrou-se quando abriram-se as caixas que continham os célebres pão e linguiça, que, neste tempo de carestia e crise, são nossos únicos companheiros consoladores! Depois de comermos tivemos licença de tomar banho, mas a água estava fria que pouquíssimos se molharam, e estes saíram esconjurando a tal água que vem do alto do Vilder Kaiser.

Nosso descanso só durou uma hora. Foi logo dado o sinal de partida. É de notar que já tínhamos atravessado o grande vale entre os célebres Zahner e Vilder Kaiser. Agora íamos subir uma montanha enorme que tinha seguramente mil e seiscentos metros. Aí é que são elas! Duas boas horas gastamos para subi-la. Chegamos ao cimo ao meio-dia. Diante de nós estava o Vilder Kaiser com seus rochedos formando caprichosas pontas. Estávamos no Stribs eng'och, isto é, no ponto em que os dois Kaiser se unem. Os rochedos se elevavam a uns seiscentos metros acima de nós. Para quem nunca viu alguém subir tais rochedos parece impossível o acesso ao cimo. No entanto todos os dias há façanhados que lá sobem e muitos são os que sobem e não voltam mais. Durante as duas horas que paramos estivemos admirando estas soberbas rochas e a neve congelada que em grandes flocos se encontrava em suas concavidades. [...]

Às duas horas partimos para Reit im Wilkl, que diziam estar distante umas cinco horas. Descemos toda a montanha que tanto trabalho nos oferecera para subi-la. O caminho era bom, mas cheio de pedras, o que não nos era muito agradável. No caminho encontramos enormes flocos de neve, e assim, nós os brasileiros que só uma vez nos Campos do Jordão tivéramos o gosto de apanhar neve, satisfizemos nossa curiosidade. Lá pelas 17h encontramos um ribeirão e nele tomamos banho e, em seguida comemos pão com linguiça. O caso era que já estávamos muito cansados, mas o lanche tão conhecido por nós, nos ajudou. Pusemo-nos outra vez a caminho. Encontramos o lago Walchsee que estava distante de nós uns mil e seiscentos metros. Pelas 19h chegamos a Kössen, que é um povoado. Ainda nos faltava uma hora. Sempre com esperanças de chegarmos logo caminhamos esta hora, que nos parecia tão comprida.

Afinal chegamos pelas 20h à casa do irmão do Padre Estevão Heigenhauser. Os dois que foram de trem já haviam chegado, os Frs. Scherr e Schurr. A família toda veio ao nosso encontro. Em seguida, foi-nos servido o jantar, digna recompensa depois de andar continuamente neste dia doze horas seguramente e durante o qual cantamos muito. Passado algum tempo veio a sobremesa, isto é, a gostosa cerveja com que sempre nos alegrou o Padre Prefeito depois das refeições. Lá pelas 22h fomos deitar. O feno proporciona leitos macios. Já o temos experimentado muitas vezes.

No dia seguinte, às 6h30, nos levantamos e nos dirigimos para Reit in Winkl propriamente dita. Lá assistimos à missa, comungamos e, pelas 8h30, voltamos para a casa dos Heigenhauser. De manhã, nesse dia, nada fizemos do que descansar, uns deitados no feno, outros sobre a "mansa relva". Depois do jantar, que foi às 17h, e durante o qual cantamos, como sempre, saímos para visitar o pai do Padre Estevão, em Blindau, uns três quartos de hora. Justamente nesse tempo chegou o pároco de Gars. Foi-nos servido pão, queijo e cerveja em quantidade, e durante isto cantamos até rachar. Cantos e causos muitos nos divertiram. [...]

No dia seguinte, ao meio-dia foi o almoço. Depois deste, aprestamo-nos para o regresso ao ninho. Até uma capela a um bom pedaço acompanhou-nos também a irmã de Padre Estevão. Nesta capela cantamos um cântico e nos despedimos dela. Cumpre aqui dizer que fomos tratados por ela e filhos do melhor modo possível. Em tudo procuraram nos agradar e não pouparam trabalhos e esforços. O cunhado nos acompanhou até Marquastein, onde chegamos às 17h. Jantamos, em seguida, num Gasthof, no qual só se comprou a cerveja, pois as outras coisas já tinham sido compradas. Depois da cerveja cantaram-se dois cantos. Muito estranhamos nós, os brasileiros, isto, ainda mais os cânticos durante a volta de trem para Gars; mas, que fazer, "cada terra com seu uso". É necessário registrar que numa estação os cantores foram aplaudidos freneticamente por algumas pessoas!

Em Rosenheim fizemos baldeação e chegamos a Gars, isto é, aqui. Seriam umas 23h. Jantamos uma segunda vez no refeitório e depois fomos para a cama sonhar com tantas aventuras e façanhas.[15]

Diria alguém que achasse estranho – ou encantador – este lindo passeio: nem só de pão vive o homem! São acontecimentos e lembranças que povoaram as mentes e os corações dos missionários brasileiros depois que voltaram da Alemanha. Os próprios alemães, tinham em alta conta esses passeios, tanto que os colocaram no programa de formação dos estudantes também no Brasil. Basta lembrar os passeios pelos campos e as escaladas da Pedrinha e da Pedrona, na Serra da Mantiqueira, em Guaratinguetá, realizados pelos meninos e jovens do Seminário Santo Afonso.

---

[15] Documenta 48, "Crônicas dos Estudantes em Gars am Inn", vol. II. No *ARSP*.

Mas a vida no estudantado tinha também dissabores. Fr. Coelho já tinha alguns degraus da formação escalados. No terceiro ano de teologia, porém, quando devia se ordenar padre, seu reitor levantou dúvidas quanto ao seu modo extrovertido de ser e agir e chegou a pensar em adiar a data de sua ordenação. Toda a facilidade e pendor para a expressão artística de Vítor, o tom jocoso com que muitas vezes suas brincadeiras e pilhérias animaram seus confrades, de algum modo soaram estranhos à rigorosa e austera concepção germânica de Padre Jorge Brandhuber. Sua crítica se estendia aos brasileiros em geral, que, segundo ele, aprendiam rapidamente, "muito mais o que é feio do que o que é belo". Também os modos e atitudes daqueles jovens estudantes que haviam voltado da Guerra provocaram a censura do diretor. Ainda assim, as ordenações e o seguimento na carreira não foram interrompidos.

> Fr. Coelho tem que lutar muito com o seu temperamento e é o mais difícil de todos; entretanto, tem boa vontade, e recebe com modéstia também uma censura dura; a melhora, porém, não demora muito. Quando lhe pedi explicações por causa de algumas faltas, declarou que não fizera certamente por mal e pede desculpas.[16]

Assim era Vítor Coelho, que tantas vezes sentia, ele mesmo, que alguma palavra pesara. Palavra apenas – quase nunca atitudes –, mas que pesara sobre algum companheiro de trabalho ou confrade dentro de casa. Percebendo que havia exagerado, dito algo que machucara, sabia voltar atrás e se desculpar. São inúmeros os testemunhos deste seu gesto de humildade e arrependimento. Fr. Coelho, com a admoestação dos superiores, soube entender o sentido da reta formação e do perdão para uma boa convivência na vida religiosa. Interessante é perceber a distância entre o modo de proceder de um estudante em formação e a visão do reitor que cogitou adiar a ordenação de um jovem religioso quando faltava apenas um passo para se cumprir o projeto longamente acalentado e diligentemente buscado.

O ano de 1923 foi o ano da graça de Deus na vida de Fr. Coelho. O Vitinho que fora deixado no Seminário Santo Afonso em 1911, tornara-se um moço de vinte e quatro anos, bem formado e com reta intenção para o serviço do altar do Senhor. Estava às portas do momento sublime em que soaria para o resto de sua vida o mandato de Jesus: "...ide e pregai o Evangelho a toda criatura...". E mais, poder absolver, poder ungir os doentes e, elevando sobre o altar o pão e o vinho, ao final dizer: "fazei isto em minha memória". Em todos os anos de formação para a vida presbiteral, não há registros, escritos ou orais, nem mesmo comentários de que Vítor tenha vacilado ou se arrependido de ter entrado para o seminário. O ano de 1923 era o ano de coroar seus esforços e sofrimen-

---

[16] Copresp A, vol. VIII, carta 2088. No *ARSP*. A carta era endereçada ao Vice-Provincial, Padre Tiago Klinger.

tos, sobretudo no período em que a tuberculose colocou em risco seu ideal de vida. Depois dos primeiros votos religiosos, proferidos em agosto de 1918, nunca mais se deixou abater diante das dificuldades ou tentações próprias da juventude. Tornou-se, com a graça de Deus e a intercessão de Nossa Senhora Aparecida, como ele tanto fazia questão de dizer, o grande missionário de Aparecida, da cidade e da santa Mãe de Jesus.

No final de junho de 1923, Fr. Vítor, Fr. Oliveira mais um confrade bávaro terminavam os estudos teológicos. Era o fim do terceiro ano de teologia. Naquela época a ordenação acontecia depois de três anos de estudos e, depois de ordenado, o padre continuava os estudos cursando um quarto ano, mais voltado para o trabalho pastoral. Se as notas de Fr. Vítor em filosofia deixaram a desejar, o mesmo não se pode dizer da teologia. Em seu boletim, destaque para os resultados em exegese bíblica. Todas as matérias alcançaram o conceito "ótimo". O tempo aplicadamente dedicado aos livros e aos estudos seguindo uma disciplina germânica, fez com que alcançasse tão notável resultado e tomasse gosto pela Sagrada Escritura. Por toda a sua vida presbiteral a Bíblia foi o instrumento de primeira mão na sua missão evangelizadora. Na certa seu empenhado esforço nos estudos teológicos trouxe-lhe o encantamento com a Palavra de Deus e a intimidade com o texto sagrado.

Segundo as normas da Igreja daquela época, havia três fases até se chegar à ordenação presbiteral. A tonsura foi-lhe conferida a vinte e nove de abril de 1921 e, nos dias subsequentes, trinta e primeiro de maio, as quatro ordens menores: ostiariato, leitorado, exorcistado e acolitato. O subdiaconato e o diaconato foram-lhe conferidos nos dias dezessete e dezoito de março de 1923. Coincidentemente, o dia dezoito de março daquele ano foi um domingo da Paixão de Senhor. Vitor, que teve sua vida marcada pelo intenso sofrimento físico, foi na Paixão de Cristo que encontrou forças para superar suas próprias cruzes e tornar-se um anunciador ardoroso da Paixão Redentora do Cristo. Tornou-se um missionário zeloso, animado por uma fé profunda. Filho dedicado de Maria Santíssima, pregaria com entusiasmo e amorosa devoção suas glórias. Fr. Vítor conservou, por toda a vida, seus diplomas das ordens que lhe foram conferidas na igreja paroquial de Gars pelo Cardeal de Munique, Michael Faulhaber.

Chegou enfim o grande dia. O cronista dos brasileiros em Gars anotou no dia 26 de julho de 1923:

> Chegou o Padre Reitor de Forchheim, Padre Schuster, que vem pregar o retiro de seis dias para os três ordinandos: Fr. Coelho, Oliveira e Neff. Eles serão ordenados no dia cinco de agosto. Preparam-se também para a recepção de sua Emª. o Cardeal Faulhaber.

Preparado espiritual e intelectualmente, com o coração agradecido, Vítor alegra-se ao aproximar o desejado momento solene de sua vida. Quando o

Cardeal lhe impõe as mãos, ele sente a força do Espírito Santo que unge seu coração e solta a sua língua, à semelhança do profeta Isaías. Vítor está pronto para anunciar Jesus Cristo a todas as gentes. Vítor Coelho, que sempre respeitou e admirou os sacerdotes como partícipes do sacerdócio de Cristo, agora é um deles. Com plena consciência da beleza de seu chamado. Toda vocação está inserida no mistério do humano. Ser chamado ao sacerdócio é ser convocado às decisões do Reino e consagrado para suas tarefas. Vocação radical para servir no seguimento de Jesus: "eu vim para servir"(Mt 20,28).

Tudo aconteceu na bela e multicentenária igreja barroca de Gars, no dia cinco de agosto de 1923. Às oito horas entra solenemente o Sr. Cardeal-Arcebispo de Munique, revestido com os paramentos sacros. Os superiores, paraninfos e ordinandos seguem Sua Eminência. No presbitério prostram-se os três diáconos: Coelho, Oliveira e Neff. Os fiéis que lotam a igreja cantam as ladainhas. Seus companheiros de seminário cercam o altar, alguns deles trazendo as marcas cruéis da Guerra Mundial.

A palavra de Deus é proclamada. Os ordinandos são interrogados. Respondem decididamente que desejam ser ordenados e o povo os aprova e aplaude para que se dediquem ao serviço do altar para benefício de todos. Ninguém objeta, ninguém duvida. O Cardeal levanta-se e impõe suas mãos aos três ordinandos e unge com óleo santo suas mãos. Eles são sacerdotes para sempre.

Quando Vítor Coelho celebrou um de seus jubileus, depois de sessenta anos de sacerdócio, ele expressou o que viveu antes e durante seu ministério sacerdotal: a misericórdia de Deus. Louvava e exaltava a misericórdia do Senhor que tinha sido tão bom para com ele. "Penso que sou filho da misericórdia de Deus. Deus me escolheu para me tirar, como diz a Bíblia, do lodo, lá embaixo, e me colocar lá em cima. Como Davi que foi tirado do pastoreio do gado para se tornar rei". Este pensamento e a consciência de gratidão, ele os viveu pelos longos anos de sua vida no ministério sacerdotal: filho da misericórdia!

A missa de ordenação terminou às dez e meia. Às onze foi encenado no auditório do estudantado o auto sacramental, peça do escritor e dramaturgo espanhol Pedro Calderón de la Barca. Aplausos de todos os participantes. Ao final, no refeitório do convento, um lauto almoço em homenagem aos três ordenados e aos convidados. Entre as músicas cantadas no refeitório, já no final, foi entoada a "Virgem Mãe Aparecida" da qual o Cardeal gostou. Entre aplausos dizia: "muy bien". Durante uma semana, os neopresbíteros acompanharam as rezas no convento, pois a primeira missa seria no final de semana seguinte.

Padre Antônio de Oliveira celebrou sua primeira missa no dia 12 de agosto na mesma igreja onde fora ordenado, em Gars. Foi o pregador de sua primeira missa o Vice-Provincial, Padre Tiago Klinger. Compareceu à celebração o cônsul do Brasil na Baviera, Sr. Mario Navarro da Costa. Padre Vítor Coelho celebrou, no mesmo dia 12 de agosto, em uma cidadezinha próxima, Forchheim, onde os redentoristas têm um convento e uma igreja paroquial.[17] Foi o pregador de sua primeira missa o Padre Afonso Zartmann, que viera para o Brasil em 1902 e, estava de férias, na Alemanha.

Segundo um dito popular na Baviera, para uma missa nova justifica-se andar uma jornada, isto é, até mesmo um dia inteiro. Missa nova é a primeira missa de um neossacerdote. Para os bávaros é um momento de graça muito grande. Algumas recordações dos momentos vividos por um brasileiro e deixadas no livro de crônicas dos estudantes brasileiros fazem imaginar a beleza e a emoção do momento celebrativo de uma primeira missa.

> Domingo. Dia este inolvidável para nós todos pelo que vimos e ouvimos: "uma primeira missa cantada" como se festeja na Baviera. Às sete e meia da manhã um majestoso bronze fazia ecoar sua voz estrondosa por todo o vale do Inn em todas as direções: convidava, devoto, os bons camponeses e fiéis que, pressurosos, corressem a assistir sua predileta festa, uma primeira missa. O anjo da infância percorre o arrabalde, ajunta os inocentinhos todos, as irmandades e corporações com seus estandartes e divisas, põem-se em marcha pela rua, os bombeiros com seu maço à cintura e o capacete metálico na cabeça ouvem o comando do chefe e seguem firmes na direção da bandeira.
>
> No refeitório do convento, os padres, estudantes e Irmãos leigos. Chega o neossacerdote com seus ministros que logo se paramentam. Bate oito horas e ouve-se o "Procedamus in pace", e o cortejo se inicia em direção à igreja. Irmandades, associações, juvenistas, bombeiros, anjinhos e fechava o cortejo o neocelebrante. Começa o ofício da missa precedido pelo sermão. O orador ocupa o púlpito. A igreja estava literalmente repleta. Depois do sermão, a pedido do orador, sobe o jovem sacerdote ao púlpito, estende as mãos consagradas sobre a multidão, e por três vezes abençoa o povo presente pelo poder que recebeu e pela intercessão dos santos. Começa, afinal, o santo sacrifício solene, diante o qual um homem recolhe as ofertas em dinheiro de todo o povo que oferece ao novo sacerdote. Tudo é comoventíssimo. À comunhão entoa o diácono ao lado da Epístola o "Confiteor Deo", que é respondido pela absolvição sacramental do sacerdote. Apresenta então a Santíssima Eucaristia ao povo: "Ecce agnus Dei", eis o Cordeiro imaculado de Deus consagrado por ele hoje. Logo que termina a santa missa, levanta-se o celebrante entoa o "Te Deum laudamus" em ação de graças, acabado o qual há bênção solene com o Santíssimo, que já estava exposto durante a missa.[18]

Na primeira missa de Padre Vítor, em Forchheim, o cronista não esteve presente. Apenas relatou o que ouviu do próprio Padre Vítor. As cerimônias, foram tais como as acontecidas em Gars, na primeira missa de Padre Oliveira. Até mesmo a data e o horário foram os mesmos: um domingo de manhã, do dia doze de agosto. Na celebração da primeira missa de Padre Vítor, o Padre Provincial da Baviera foi o presbítero assistente, e os dois padres na função de diáconos foram Schump e Linsmaier. O pregador foi Padre Afonso Zartmann

---

[17] Cf. www.redemptoristen-forchheim.de.

[18] Documenta 48, "Crônica dos Estudantes..." *Op. cit.*, no *ARSP*.

que, com seu entusiasmo, arrancou lágrimas de muitos dos presentes, até mesmo dos padres.

Após a missa, o primiciante, depois de dar três vezes sua bênção, voltou em procissão novamente para o convento, onde, durante todo o dia, recebeu as inúmeras visitas que lhe traziam presentes. O convento e a igreja estavam enfeitados, especialmente o altar-mor, todo decorado com flores brancas. Estava especialmente bonito. Muitas crianças participavam do cortejo, todas vestidas de branco, uma delas levando a patena sobre uma almofadinha. Era encantador! Ao almoço foram proferidos vários discursos, sendo o do Padre Afonso o mais eloquente e admirado. Padre Afonso soube unir os sentimentos daquele brasileiro que, em terras estrangeiras, celebrava sua primeira missa ao sentimento do povo católico da Baviera. Ele, que era bávaro e se fizera missionário no Brasil, conhecia muito bem as duas realidades. Era, de certa maneira, o representante da Vice-Província Redentorista brasileira naquele evento tão significativo e solene para Padre Vítor e seus confrades. Falou bonito, de maneira tocante, emocionando os corações dos ouvintes.

Padre Vítor, ainda em Forchheim, enviou um cartão postal para sua família falando de sua ordenação. Enviou-o para o endereço de sua avó, que na época estava em Ouro Preto (MG). Com data de 17 de agosto de 1923, ele diz:

> Queridos,
> no dia 12 celebrei minha primeira missa. Graças a Deus. Pensei muito em todos e rezei por cada um. A festa esteve belíssima, hei de escrever uma carta em que conte pormenores, vou ver se lhes mando algumas fotografias... Não sei ainda se as chapas saíram boas. Dê notícias a Rachel também.
> Abraços,
> Pe. Vítor Coelho de Almeida, C.Ss.R.[19]

Voltando a Gars, para um tempo de férias e preparação para cursar o quarto ano de teologia, Padre Vítor escreveu uma carta para sua irmã Veriana, religiosa do Bom Pastor. A carta foi depois enviada para Mariazinha, a outra irmã que morava em Araxá, que a conservou consigo como uma lembrança preciosa para a família. Em uma linguagem bem familiar, Padre Vítor participa a sua família o momento abençoado que vivera ao ser ordenado e ao celebrar sua primeira missa.

> Querida irmã,
> Não tome a mal que deixe passar tanto tempo antes de escrever-lhe... Nas férias se está livre dos estudos, mas se tem tanto passeio obrigatório a fazer e cartas a escrever etc... que o tempo por fim é bem escasso. Comecei a carta por esta desculpa porque era necessário, mas agora vou falar do grande acontecimento de que ainda temos a alma cheia.

---

[19] Original no Arquivo Padre Vítor. *Pasta Correspondência Familiar*. Enviou também uma linda fotografia ao seu pai, onde ele escreveu que seria muito bom se o Sr. Leão estivesse assistindo aquele momento sublime em sua vida.

Como escrevi-lhe no cartão postal, fui ordenado no dia cinco de agosto e celebrei a minha primeira missa no dia doze do mesmo mês. Senti muito que meus queridos lá da América não me pudessem acompanhar em espírito naqueles grandes dias, mas a data só pode ser fixada quando já era tarde para participar.

Sua Em^a. o Cardeal Faulhaber devia chegar no dia quatro pela tarde, e este foi um dia de movimento em toda a casa porque os confrades estavam enfeitando tudo com bandeiras e grinaldas. Pelas 18h saiu toda a comunidade a receber Sua Em^a. que chegava da estação e conduzi-lo em procissão à igreja.

Para o jantar não comparecemos, os ordinandos, à mesa, porque estávamos de silêncio, mas passamos o resto da tarde entregues a nossos pensamentos até que veio sobre nós a última noite antes de sermos sacerdotes para toda a eternidade.

Pode imaginar a mistura de sentimentos que me assaltaram a alma ao despertar na manhã inolvidável: a alegria, porém, era o sol que aclarava tudo e tornava róseos mesmo os rochedos mais escabrosos de alguns em movimento de temor ou algo semelhante. Pelas sete e meia nos paramentamos como é de estilo, vestindo todos os ornatos, menos a casula, e fomos nos unir à comunidade, que já formada em procissão estava à espera de Sua Em^a. Logo que o Cardeal apareceu, o cortejo se pôs em movimento para a igreja, que estava repleta. O que se seguiu é mais fácil sentir do que descrever. De certo, já assistiu a uma ordenação? Por isso vou omitir o que se passou na igreja. Seria dar o morto pelo vivo, pois as cerimônias a ordenação escritas em papel são como um pálido cadáver destituído daquela plenitude de vida, sem os sentimentos e os afetos que empolgam tanto os ordinandos como os assistentes.

O momento para mim, vamos dizer, o mais terrível, é aquele em que um por um se aproximam os diáconos, para ajoelhados aos pés do bispo receber aquela imposição das mãos que lhes imprime na alma o caráter e lhes confere o poder sacerdotal, pois, como de certo sabe, esta imposição das mãos é o essencial na ordenação, sendo tudo mais somente preparação, explicação ou consequência desse único ato. Pode imaginar o que senti naquele momento. O dia da ordenação é também o dia da primeira missa, já que todos os ordinandos rezam com o bispo toda a missa desde o ofertório e consagram todos juntamente, o pão, pois, tantas missas quantos são os consagrantes. Os neossacerdotes, porém, só recebem espécie de pão pelas mãos do bispo.

O resto do dia se passou alegremente entre parabéns e festejos dos confrades, mesmo a natureza parecia em festa, expandindo raios de luz sobre a verdura exuberante do verão. Não me esqueci de lançar a bênção primicial a cada um de meus queridos d'além mar, no Brasil e a todo mundo, mas uma especial reservei às suas companheiras de hábito, às Irmãs do Bom Pastor, de seu convento na Argentina.

Na Baviera é costume que os neossacerdotes passem alguns dias sem celebrar para então subir ao altar e cantar sua primeira missa. No dia dez de agosto, às 17h eu desembarcava na estação da cidade de Forchheim, na Francônia, para dois dias depois celebrar minha primeira missa.

O povo da Baviera foi sempre profundamente religioso e gosta de dar expansão a seus sentimentos católicos, mas além da festa do Corpo de Cristo, não creio que haja outra ocasião em que os bávaros deem mais brilhantes horas de sua fé do que na primeira missa, isto é, pelas primícias de um consagrado. Para tal solenidade vem gente da maior distância, pois há um provérbio popular que diz: vale a pena gastar a sola de um sapato novo para receber uma bênção primicial. Tais festas sempre me agradaram, principalmente como as celebram, os camponeses. Afigure-se um ameno vale em um esplêndido dia de primavera, lá no meio está a aldeiazinha como um ninho de beija-flores, toda engrinaldada a agitar ao vento centenas de bandeiras azuis e brancas, as ruas já estão repletas de povo, mas pelas estradas ainda chegam carros, bicicletas etc. e por todos os trilhos e veredas descem grupos alegres: homens em casaca domingueira, senhoras vestidas de seda preta e a pequenada, que mais parece um bando de pombinhas brancas, trajando as vestes da comunhão. Da colina vizinha, um morteiro faz a cada momento reboar nas encostas tiros estrondosos, enquanto uma banda de música enche os ares com dobrados alegres. Dos brasileiros se diz que para eles não há festa sem foguetes e música, mas do camponês bávaro quase se pode dizer a mesma coisa.

Mas voltando ao assunto, a igrejinha da aldeia não poderia conter tal multidão, é por isso que armaram lá fora, no fundo de um prado espaçoso, um alto estrado sobre o qual se ergue um verdejante altar em que as flores brincam com as velas crepitantes; ao tronco vetusto de um carvalho se prende o púlpito para o pregador, do outro lado está o coreto para os cantores. É ali, naquele altar improvisado, debaixo desse céu azul e no meio dessa natureza exuberante, que um neossacerdote vai oferecer a Deus o "tremendo sacrifício". É de uma casa pequena, mas hoje toda atapetada de grinaldas que o cortejo deve partir; lá se acha o neopresbítero junto a seus pais que neste dia são os homens mais felizes do mundo porque colhem no outono da vida o fruto mais saboroso, florido em uma primavera de esperanças e amadurecido em um verão ardente de trabalhos e suores, o fruto de muita oração... A procissão já está formada em longa linha, mas todos os olhos se acham voltados para aquela porta, na qual, por fim, aparece o jovem sacerdote revestido de sobrepeliz e estola; pálido de emoção ele ouve as poesias que duas pequenitas, entre outras dez vestidas de branco, recitam-lhe com voz infantil. Depois o préstito se põe em marcha. As pequenas semeiam flores, os sacerdotes entoam o Magnificat, os instrumentos se fazem ouvir, enquanto lá da colina troveja continuamente o morteiro...

Mas na alma do primiciante se passa uma cena análoga. Lá se agitam milhares de sentimentos, lá se ouvem os hinos mais diversos, desde o reboar profundo do "miserere" até nas notas mais vibrantes do Magnificat, também verde de esperança "abobadado" pelo céu imenso de uma paz indizível.

O cortejo chega ao local do sacrifício e o prado que a pouco vimos vazio, se transforma em um lago ondulante de frontes humanas em que nadam como três ilhotas o altar, o púlpito e coreto. Lá do alto o novo sacerdote se volta e estende os braços para dar a bênção primicial à multidão, prostra-se de joelhos, e no silêncio se ouvem as palavras da bênção que são belas que até traduzo aqui: "Por extensão de minhas mãos sacerdotais e pela invocação da B. V. Maria, de São José e dos os santos do paraíso, cubra-vos o Onipotente Deus toda bênção celeste e terrestre, em nome do Pai e do Filho e do Espírito Santo. Amém".

Segue-se o sermão. Depois o sacerdote sobe ao altar e consuma o grande sacrifício. É certo que não há sobre a terra coisa tão sublime com a santa missa, mas poucas vezes a gente sente aí belezas do santo sacrifício como em tais ocasiões.

Quando eu cheguei em Forchheim muitos olhos devem me ter medido da cabeça aos pés, porque já tinham lido nos anúncios que o novo sacerdote era um brasileiro legítimo e o pessoal aqui na Alemanha tem a ideia de que sul-americano e negro são a mesma coisa. É por isso que se divulgara o boato que um "mouro" iria celebrar sua primeira missa na igreja dos redentoristas. Imagine!

Durante os vinte dias que passei por aqui, tive que rir-me ao ouvir observações simplórias como esta: Seu Reverendo, como é isso, o senhor é tão branco quanto nós".[20]

Não se tem notícia de outro depoimento escrito pelo próprio Vítor sobre o dia de sua ordenação sacerdotal. Sempre tomado pela emoção, poetiza o momento que viveu durante as solenidades de ordenação e primeira missa. As famílias que chegavam em roupas de festa, a alegria e o riso das crianças levadas pelas mãos dos pais, decerto fizeram ainda mais presentes sua mãe querida, que há muito estava na eternidade, e o pai que nem mesmo ficara sabendo da data das celebrações. A memória poetizada do momento evoca não apenas o que seus olhos viam, mas o que seu coração sentia: o visível e o invisível entrelaçados. De um lado, a vida tocada pela beleza das festas, das flores, da inocência das crianças, dos ritos e cantos. Por outro lado, a vida tocada pelo mistério que permeava o momento da celebração de uma escolha feita para todo o sempre. O Vitinho arteiro que um dia, de modo inesperado, chegara ao Convento redentorista de Aparecida, era sacerdote do Altíssimo.

Era de uma riqueza muito grande o intercâmbio entre os bávaros e os brasileiros no projeto de evangelização da Vice-Província Redentorista bávaro-brasileira. Os padres e irmãos que vieram em 1894 e, depois, a partir de 1909, os estudantes que iam para Gars para o aperfeiçoamento nos estudos voltando já ordenados padres, prontos para o trabalho missionário. Essa troca favorecia o estreitamento dos laços entre a Província alemã e a distante Vice-Província brasileira, alargando o entendimento entre duas culturas no anseio comum e profundo de anunciar o Reino de Deus. Ainda que em tempos difíceis, sobretudo depois da I Guerra, os resultados sempre foram positivos e apreciados por quem por lá viveu. Costumes, língua, cultura e acesso às fontes através de bons professores fizeram a diferença na formação dos redentoristas brasileiros que lá estudaram. O lado prático e simples da gente bávara influenciou a futura Província de São Paulo no seu jeito de pregar missão e cuidar dos santuários, distinto até mesmo do jeito de seus confrades tão próximos em outras localidades. Pode-se ver, que, no Brasil, bávaros e brasileiros souberam sintetizar as duas correntes de espiritualidade herdadas de Clemente e de Passerat no apostolado desenvolvido em nossas terras.

Os missionários de Afonso, quando celebraram o centenário de fundação no Brasil, providenciaram um historiador para escrever a história da presença redentorista em nosso país. Os redentoristas holandeses chegaram em 1893, para Juiz de Fora (MG). No ano seguinte os bávaros, para Aparecida e Trindade (GO). O escritor da História dos Redentoristas no Brasil, Augustin Wernet, traçando um paralelo en-

---

[20] Arquivo Padre Vítor. *Pasta correspondência familiar.*

tre as fundações holandesa e alemã, enumerou vários fatores que demonstram uma maior inserção no mundo e na pastoral por parte dos redentoristas brasileiros graças à herança recebida dos bávaros. Com toda a certeza, Padre Vítor recebeu, na sua formação, este legado positivo que os bávaros deixaram e soube, ele mesmo, dar continuidade a este projeto de ser missionário no meio do povo, missionário do povo.

Durante o ano escolar de 1923/24, Padre Vítor continuou seus estudos. Naquela época, o jovem terminava os estudos por volta dos vinte e três anos e, depois de ordenado, continuava ainda por mais um ano o estudo de algumas disciplinas ligadas mais diretamente à prática pastoral. Esses padres novos geralmente cuidavam da catequese de crianças, visto que aos leigos ainda não era facultado tais serviços. Portanto, Padre Vítor passou mais um ano no Estudantado de Gars. Além de orientar de forma exigente seus estudantes, praticamente todos os anos o reitor organizava os passeios e uma romaria a um local de peregrinação, a um santuário.

Os redentoristas bávaros haviam cuidado, por aproximadamente trinta anos, de uma igreja em Altötting onde se encontra o santuário regional da Baviera. Isso antes que a perseguição de Bismarck os atingisse, em 1873. Quando puderam retomar o apostolado voltado para as romarias, a oportunidade não mais lhes foi concedida, mas aos Capuchinhos. Contudo, a tradição das romarias, festas populares e a devoção à Virgem Maria, os missionários que vieram para o Brasil as conheciam bem e por esta razão tão bem se adaptaram em Aparecida e Trindade. Altötting – chamada de coração da Baviera, por estarem sepultados em seu santuário membros da nobreza bávara – foi mais tarde chamada pelos brasileiros de Aparecida da Baviera.

Os redentoristas assumiram o santuário em Altötting a pedido do Rei Luiz I, da Baviera que, logo depois da canonização de Santo Afonso, desejou tê-los trabalhando em seus domínios. Foi-lhes oferecido nada menos que o santuário em Altötting. Padre Armando Passerat providenciou quinze religiosos para começar a fundação, em 1841. Recomendou, então, ao superior do grupo, Padre Bruchmann:

> Parti sob o olhar de Deus, entretanto, guardai estas recordações: cuidai para que o peso dos trabalhos apostólicos, do santuário, não faça esquecer e negligenciar a salvação de vossas próprias almas. Em todos os momentos do Ministério, quer no púlpito, que no confessionário, não vos esqueçais, nunca, da misericórdia e da caridade! Nunca comprometais vossa santificação, para que, em pouco tempo, não vos torneis obreiros inúteis![21]

Belas e sábias recomendações, atuais, ainda hoje, para o serviço redentorista em qualquer santuário. Foi dessa recomendação de Passerat que Padre Vítor Coelho retirou o lema inspirador de seu ministério sacerdotal: misericórdia.

A bela Altötting está localizada no sul da Alemanha, a 90 km de Munique. Há referências de que ali sempre foi local de culto, ainda na época pré-cristã.

113

---

[21] Cf. J. M. Ségalen. "Orar 15 dias com Joseph Passerat", Santuário, Aparecida, 2004.

No século IX, descendentes de Carlos Magno teriam construído um castelo de onde governariam o sul da Alemanha e a Itália. Tornou-se neste período local de culto cristão. A imagem de Nossa Senhora de Altötting, pequena imagem de Maria segurando o menino Jesus, é do século XIV. Por ser de cor preta, ela é chamada de Virgem Negra da Baviera. Em 1782, o Papa Pio VI foi peregrino em Altötting, assim como o Papa João Paulo II, em 1980. O terceiro Papa a ir rezar no santuário foi Bento XVI, em 2006. Para ele, que é bávaro e desde criança peregrinou com os pais ao santuário, a emoção deve ter tido um sabor bem especial. Na época de Pentecostes, a cidade de doze mil habitantes recebe mais de duzentos mil peregrinos. Padre Vítor Coelho esteve lá todos os anos, no período em que morou na Alemanha. Nas crônicas dos estudantes brasileiros, uma dessas romarias, em 1924, é contada com alegria, humor e muita fé.[22]

De um modo indelével, por assim dizer, ou inolvidável, ficou impresso em nossos corações o dia de hoje. Dita feliz! Fizemos um esplêndido passeio, ou melhor, uma piedosa romaria a Nossa Senhora de Altötting. Até Fuessling viajamos embarcados. Lá saltamos do trem e começamos a pé o caminho santo para Altötting, trilhado já por eminentes varões da Santa Igreja. O tempo era muito propício. Não demorou muito para entoarmos, quase cantando, o terço em honra da Virgem, cujo célebre Santuário seria o termo da peregrinação. Aos poucos ia se avistando ao longo as cúpulas das igrejas e nossos corações se inflamavam cada vez mais. Lá pelas dez horas, estávamos já nos acotovelando às centenas de peregrinos nos umbrais da pequena capela milagrosa, procurando um vãozinho para nos achegarmos ao altar de Nossa Senhora de Altötting.

Os padres estudantes trataram de celebrar a sua missa e os outros estudantes comungaram, suplicando graças necessárias da Santíssima Virgem. Que hora misteriosa foi aquela! Ali podíamos ficar horas e horas, mas havia outros pretendentes do lugar santo e por isso acabadas as missas e ação de graças nos retiramos a fim de visitarmos nossa antiga igreja de Santa Madalena, bem como a igreja de Santa Ana e uma capela do círculo católico. Entramos também num museu dos Capuchinhos, onde encontramos toda sorte de aves e objetos dos índios das missões peruanas. Apenas tínhamos saído do museu, um homem de trato muito amável nos convidou para vermos seu presépio mecânico. Que beleza! Todas as figuras estavam em movimento. São José cortava madeira, Nossa Senhora fiava, Jesus movia-se nas palhinhas. Aqui um pastor tocava sua buzina, ali dois cabritos jogavam a estocada, mais acima um carneiro furioso experimentava a força do seu crânio contra o tronco duro de uma árvore. Tudo era movido à eletricidade. Mas também nossos estômagos, dos quais alguns em completo jejum desde Gars, precisavam de alguma eletricidade. Já passava de meio-dia, quando fomos em procura do determinado restaurante do Sr. Hueber, onde nos fortificamos à vontade. De lá nos dirigimos de novo à igreja Santa Madalena a fim de olharmos a sala do tesouro de Nossa Senhora de Altötting. Olhávamos ainda a igreja à espera do porteiro e eis se não quando entra também um sacerdote simples e simpáti-

[22] Nas muitas levas de missionários bávaros para o Brasil, eles trouxeram uma réplica de Nossa Senhora de Altötting. A imagem se encontra no refeitório da Comunidade Redentorista do santuário basílica, em Aparecida (SP).

co que irresistivelmente nos atraiu os olhares. Era sua Excia. e Revmo. Sr. Dom Frei Bettinger, Arcebispo eleito de Munique, que acabava de chegar a fim de fazer seu retiro espiritual no convento dos Capuchinhos. [...]

Nos retiramos da igreja e fomos ao Franziskushaus, um pouco fora da povoação, dirigido por freiras que também cuidam de crianças pobres. As boas Irmãs não estavam preparadas para a nossa chegada e por isso nos ofereceram um bom copo de água fresca com açúcar. Já estava ficando tarde. Contudo, ainda pretendemos inspecionar o convento dos Capuchinhos no intento de ganhar algum reforço físico contra a fraqueza. Amigavelmente fomos acolhidos pelos bons padres barbudos, todos muito joviais e alegres. Adivinharam nosso desejo, pois, não percorremos a casa nem quarto algum, mas imediatamente nos foi servido uma cerveja de capuchinho acompanhada de rábano com sal. Depois da afamada cerveja que não deixou de fazer seu efeito, nos despedimos às pressas, agradecendo mil vezes pelo ótimo acolhimento. Não havia tempo a perder: tínhamos de marchar forçadamente até Fuessling para não perdermos o trem da tarde. Felizmente ele também atrasou, assim mortos de canseira e cobertos de pó embarcamos para Gars. Adeus Altötting! Aparecida da Baviera! Lindo passeio que nos confortou espiritual e corporalmente! Chegamos em Gars pelas 19h. Graças a Deus tudo ocorreu do melhor modo possível, de modo que nos fortificamos à vontade.[23]

Vítor Coelho de Almeida é padre, é sacerdote do Senhor. Em carta a sua família, ele fez um aceno sobre a grandeza e a importância de tal mistério em sua vida. Muitos anos depois, refletindo sobre o sacerdócio ministerial e ao sacerdócio comum dos fiéis, Padre Vítor Coelho escreveu alguns tópicos para um programa na Rádio Aparecida. Dos incontáveis programas e artigos escritos, o que se segue é apenas uma amostra de quão variáveis temas e conteúdos ele abordou durante todo o seu ministério sacerdotal, recebido naquele dia de agosto de 1923.

Estamos estudando o "sacerdócio ministerial" ao lado do "sacerdócio comum", isto é, o sacerdócio do padre e o sacerdócio próprio de todas as pessoas do povo de Deus. Tanto o padre como o simples cristão são sacerdotes apenas por participarem do sacerdócio de Cristo.

A participação do padre é essencialmente diversa da participação do povo. A participação do padre chama-se sacerdócio ministerial e a participação do povo chama-se sacerdócio comum. Pela ordenação sacerdotal alguém se torna padre, isto é, recebe para sempre a faculdade sobrenatural de "agir na Pessoa de Cristo" para realizar em Cristo, por Cristo e com Cristo determinados atos próprios do mesmo Cristo. O sacerdote tem a missão de proclamar eficazmente o Evangelho, congregar e governar a Comunidade, perdoar os pecados e sobretudo presidir a celebração da Eucaristia.

Assim o sacerdócio ministerial do padre torna presente o Cristo a exercer a sua função de Redenção humana e de perfeita glorificação do Pai. Deste sacerdócio ministerial do padre fica dependendo o sacerdócio comum, próprio de todo cristão. No batismo todos os cristãos recebem a faculdade e o direito de participarem do sacerdócio de Cristo nos sacramentos, principalmente na missa.

---

[23] Documenta 48, "Crônicas dos estudantes brasileiros em Gars..." *Op. cit.*, No *ARSP*.

O povo unido a Cristo pelo batismo tem a honra de "subir" até ao Pai, por Cristo, com Cristo e em Cristo, para oferecer a Deus o grande sacrifício que Jesus consumou de uma vez para sempre na cruz, mas que ele reapresenta – apresenta de novo – em cada missa, pelo ministério do padre. O sacrifício, a cruz e todas as missas não são sacrifícios (no plural), mas o único Sacrifício. O valor da imolação e oferta que o Cristo realizou, na cruz, é infinito e não pode ser aumentado pelas missas. Mas nossa participação não é infinita e sim gradativa e finita. Nossa participação deve crescer em cada missa.

A missa é sacramentalmente a realidade da morte e ressurreição do Senhor. Sim, a missa é a presença do Sacrifício infinito da cruz, para que cada um de nós e todo o povo de Deus gradativamente participemos, ativa e passivamente, do valor infinito do sacrifício que se consumou na cruz.

Por Cristo, nele e com Ele o cristão é também a oferenda apresentada ao Pai e faz a oblação e o oferecimento em união com o padre e Jesus. Por Ele, nele e com Ele (na missa) "subimos" ao Pai para HONRAR, AGRADECER, PEDIR E REPARAR (as culpas). Tal é o sacerdócio comum de todas as pessoas batizadas, que, como vimos só se concretiza pelo padre revestido do sacerdócio ministerial.[24]

Fotos onde aparecem Padre Vítor e seus confrades, como membro da Equipe das Missões Populares, residindo em Araraquara (SP), São Paulo (Penha) e Goiás (GO)

[24] O texto apresentado aqui é o esquema para um programa na Rádio Aparecida, em 1968. Texto original, datilografado e com correções pelo próprio autor. No Arquivo Padre Vítor, *Pasta Programas Rádio Aparecida*.

Convento da Penha, em São Paulo

Década de 1930, em Goiás

Antigo convento redentorista em Goiânia, no início do século XX

4

O PADRE CATEQUISTA NA IGREJA SANTA CRUZ, EM ARARAQUARA

O ano do centenário da Independência do Brasil, 1922, foi marcado por diversos fatos relevantes na sociedade brasileira. É de interesse recordar o desgaste da chamada política do café com leite, derivada dos acordos entre políticos provenientes dos Estados de Minas Gerais e São Paulo. A crise vivida sinalizava o fim próximo da República Velha, que de fato aconteceu em 1930. Quem governava o país no ano do centenário da Independência era o paraibano Epitácio Pessoa, no cargo de Presidente da República desde 1919.

No final do ano de 1922, houve mudanças na presidência da República. Antes das eleições, porém, Epitácio nomeou um civil para o Ministério da Guerra, causando insatisfação entre os militares. O ex-presidente Nilo Peçanha concorria novamente à Presidência da República apoiado pelos militares e pelas oligarquias do Rio Grande do Sul, Rio de Janeiro, Bahia e Pernambuco. Artur Bernardes era o candidato do governo e foi eleito, o que provocou contestação, sobretudo nas Forças Armadas.

Nesse contexto de rivalidades e brigas políticas, oficiais de baixa patente sublevaram o Forte de Copacabana e do Leme, além da Escola Militar do Realengo. Uma revolta eclodiu depois que outro ex-presidente da República, Hermes da Fonseca, presidente do Clube Militar, foi preso por ordem do governo federal.

Houve sublevação dos militares e intervenção do governo. Mais de trezentos soldados estavam no forte e ameaçavam bombardear a cidade do Rio de Janeiro. Quando lhes foi oferecida a opção de lutar ou abandonar o forte, apenas dezessete ficaram. Quando, finalmente, os dezessete deixaram o forte e alcançaram a praia, um civil juntou-se a eles, formando o que entrou para a história como "os 18 do Forte". Na praia de Copacabana, dezesseis foram mortos. Quando Artur Bernardes assumiu o governo, procurou reprimir as denominadas revoltas tenentistas que pediam a moralização da política e a volta das liberdades públicas.

Outros acontecimentos, em diferentes áreas, marcaram o ano de 1922, ano da fundação do Partido Comunista Brasileiro. No mundo das artes, aconteceu, em São Paulo, a Semana de Arte Moderna, inaugurando o Modernismo que influenciou as décadas seguintes na pintura, na literatura, na música. No dia sete de setembro, do alto do Corcovado, no Rio de Janeiro, foi transmitido o discurso do Presidente Epitácio Pessoa, discurso que entrou para a história como a inauguração da era do rádio no Brasil. Foi ao ar por meio de um transmissor de 500 watts, para oitenta receptores. Receptores caros, importados, plenamente justificados pelo significativo avanço científico e tecnológico que testemunhavam, aliado precioso de expectativas culturais e educacionais, e do ideal altruísta de aproximação das gentes.

Neste mesmo ano, a Igreja via terminar o pontificado de Bento XV (1914-1922). Como quase sempre acontece em tempos de grandes decisões, duas tendências se defrontavam no conclave iniciado em fevereiro. Um grupo desejava retornar à rígida política eclesiástica da época de Pio X e outro grupo, ao contrário, desejava dar continuidade à política mais aberta de Bento XV. A escolha recaiu sobre o Cardeal Achille Ratti, que assumiu a cátedra de Pedro com o nome de Pio XI. Proveniente da Lombardia, fora, por muitos anos, encarregado da Biblioteca Ambrosiana de Milão e, depois, da Biblioteca Vaticana, em Roma. Os anos seguintes do pontificado de Pio XI exerceram grande influência nas primeiras décadas do ministério sacerdotal de Padre Vítor Coelho, ordenado um ano e meio após Pio XI assumir a cátedra de Pedro.

Pio XI canonizou São João Maria Vianey e Santa Teresinha do Menino Jesus, dois santos especialmente venerados por ele. Continuou apoiando zelosamente o culto ao Sagrado Coração de Jesus. Além de incentivar a Ação Católica, ele fez questão de colocá-la como um movimento eclesial sob a custódia da hierarquia. Instituiu a festa de Cristo Rei, em 1929. Procurou desenvolver uma política na área da diplomacia, fazendo concordatas com diversos países, destacando-se quando assinou o Tratado de Latrão, também em 1929. Na década seguinte, posicionou-se contra a ideologia fascista que dava sinais de práticas anticristãs no exercício de governar. Em 1931, em língua italiana, emitiu a encíclica *Non abbiamo bisogno*, uma crítica ao governo italiano. Nas relações com a Alemanha, várias concordatas foram assinadas com a Baviera (1924), Prússia (1929) e Baden (1932). A relação tornou-se difícil quando Hitler assumiu o governo, em 1933. Pio XI morreu em 1939. Antes porém publicou a encíclica *Mit brennender Sorge* – Com profunda preocupação – que opunha, ponto por ponto, a ortodoxia católica ao neopaganismo hitleriano. A encíclica, escrita em língua alemã, foi levada às escondidas para a Alemanha, lá impressa e lida, em um único dia, em todos os horários das missas dominicais de todas as igrejas do país, causando ira ao governo. A década seguinte foi marcada pela triste história que se repetia em tão pouco tempo: outra guerra mundial.

A Igreja no Brasil vivia um momento peculiar com a volta de Dom Sebastião Leme para o Rio de Janeiro. A trajetória desse ilustre eclesiástico é muito interessante, sobretudo nesta sua volta à capital da República. Antes, estivera no Rio de Janeiro como bispo auxiliar e, extremamente competente, ameaçou fazer sombra ao velho Cardeal Arcoverde. Em 1921, voltava como Arcebispo Coadjutor, com direito à sucessão. São os caminhos de Deus na história humana...

Dom Sebastião Leme nasceu no Estado de São Paulo onde fez sua carreira eclesiástica. Foi seminarista sob os cuidados de Dom Joaquim Arcoverde, antes de ir a Roma para os estudos superiores. Em São Paulo, exercendo seu ministério sacerdotal sob a égide de Dom Duarte Leopoldo, foi escolhido pelo próprio Dom Arcoverde, em 1910, para ser seu bispo auxiliar no Rio de Janeiro. Padre Sebastião Leme tinha apenas vinte e oito anos e seis de ministério sacerdotal, quando foi escolhido para bispo. No Rio de Janeiro destacou-se por sua capacidade organizativa aliada a inúmeros outros dons colocados a serviço da Igreja. Logo, Dom Arcoverde passou a cogitar sobre uma diocese para seu auxiliar. Foi pensada a cidade de Santos, mas Recife ficou vacante e o Cardeal apressou-se em colocar seu auxiliar na importante arquidiocese nordestina. Dom Leme inaugurou seu pastoreio com uma carta pastoral que entrou para a História da Igreja no Brasil, por sua objetividade. A Carta Pastoral, de 1916, traçou o perfil da Igreja e os rumos que ela deveria tomar, sobretudo em sua relação com o povo e com o governo civil.

Mas o velho Cardeal Arcoverde, já sentia o peso dos anos e das responsabilidades. Eis que em 1921, seu ex-auxiliar volta de Recife como seu Arcebispo Coadjutor com direito de sucessão. Dom Leme voltou com a cabeça erguida e sem ressentimentos de seu velho bispo e Cardeal do Rio de Janeiro. O que tão argutamente traçara em sua Carta Pastoral para Recife, agora teria oportunidade de colocar em prática também no Rio.

Pensou e organizou um congresso eucarístico no Rio de Janeiro como parte das comemorações do centenário da Independência do Brasil. Seguindo a inspiração de Pio XI, iniciou e incentivou a participação dos leigos na Igreja, nos movimentos sociais e na política através da Ação Católica. Ainda no começo de seu governo na Arquidiocese, fundou a revista "A Ordem" e o "Centro Dom Vital", para estudos especializados em diversas áreas.[1]

Dom Leme soube aproveitar o vácuo de poder em que se encontrava o governo do país. O poder estava constituído, mas havia crise. A oligarquia cafeeira paulista e os fazendeiros mineiros digladiavam entre si. As outras duas forças eram os militares e a Igreja. Os primeiros estavam insatisfeitos com a situação e a Igreja buscava a consolidação na reaproximação com o governo,

---

[1] A. Casali. *Elite intelectual e Restauração da Igreja*. Vozes, 1995.

tanto nos Estados como no âmbito federal. Dom Leme foi a pessoa certa para a hora certa. Sua presença era tão importante e forte que foi "convidado" a desfilar com o Presidente da República, Epitácio Pessoa, no auge da crise com os tenentes no Rio de Janeiro, em abril de 1922. O momento era tão conturbado que Dom Leme, antes de sair, escreveu seu testamento, ante o iminente perigo de ser morto junto com o Presidente, já que o clima de insegurança gerado pela sublevação pairava, funesto, sobre a capital.

Este apanhado do cenário nacional permite-nos visualizar a situação da Igreja no Brasil e o contexto no qual se encontrava. É esta Igreja e este cenário do país que encontrará Padre Vítor Coelho ao desembarcar em terras brasileiras proveniente da Alemanha para iniciar seu ministério sacerdotal na Vice-Província Redentorista de São Paulo.

Consoante as normas da época, os padres recém-ordenados, os chamados padres novos, recebiam nos cinco primeiros anos pós-ordenação presbiteral um tratamento diferenciado por parte dos padres já experientes. Os novatos eram colocados sob a orientação de um mestre ou "anjo da guarda", sacerdote mais maduro e tarimbado, cuja missão era guiar, na pastoral, os padres jovens. Seus sermões deviam, antes de serem proferidos, passar por uma revisão-censura que avaliava se estavam de acordo com as regras de uma boa retórica. Obviamente era avaliado também o conteúdo doutrinal e dogmático. Durante os cincos primeiros anos pós-ordenação, todos, sem exceção, eram obrigados a prestar exame de teologia dogmática, de moral, de direito canônico e de exegese bíblica. A finalidade era recordar o que fora aprendido no seminário maior e estar, assim, mais preparado e seguro para o trabalho pastoral.

Para que ninguém pudesse se eximir, o diretório redentorista publicado anualmente já trazia a matéria pertinente ao exame anual. Um exemplo, em janeiro de 1924, Padre Tiago Klinger publicou, para toda a Vice-Província, os nomes dos padres novos e o do examinador, que naquele ano foi o Padre Oto Böhm.

Os padres novos escalados para trabalharem na Arquidiocese de São Paulo, deviam, além desse exame anual, apresentarem-se à cúria e submeterem-se a outro exame marcado pelo Arcebispo. Só assim recebiam a provisão ou uso de ordens. No confessionário, apenas homens e crianças podiam ser atendidos nestes primeiros cinco anos de ministério. Mulheres só podiam ser atendidas depois de certa vivência e maturidade no exercício do ministério. E só podiam ser enviados às Missões Populares depois de fazerem o Segundo Noviciado e terem mais de trinta anos de idade. Assim eram as normas e obedecê-las era a regra de ouro!

Padre Vítor Coelho celebrou, ainda em Gars, suas primeiras festividades natalinas como padre. Como não era permitido ao padre novo sair para outras paróquias, assim as celebrações foram realizadas na igreja paroquial da vila. No ano seguinte, em 1924, seu último ano como padre-estudante, houve festa de carnaval no convento. Só mesmo fazendo um grande exercício de imaginação para se conseguir visualizar uma tal festa na Alemanha, com os campos ainda cobertos de neve, em um país que não tem como tradição os festejos do Momo, muito menos em um convento e há quase cem anos! Cena talvez um tanto esdrúxula, ainda assim alegre e engraçada... Resta soltar a imaginação e seguir as palavras do cronista.

> Conforme o velho costume, foi nesta quinta-feira, antes do carnaval, festejado este pelos estudantes. A festa começou às 18h. Quem abriu a festa foi uma banda com nove músicos, entre eles quatro brasileiros. Padre Coelho no bumbo; Fr. Marti, no saxofone; Fr. Macedo, no flautim e Fr. Miné, na trombeta. Os músicos foram muito aplaudidos. Cantaram-se vários cânticos espirituosos. O que mais agradou foi o Kastertheater, isto é, duas cenas de fantoches. Além de outras cenas hilariantes, agradou também o Zeitung. Tudo terminou pelas 21h.[2]

No finalzinho do ano acadêmico, mais uma vez a tradicional romaria ao santuário de Altötting. Com a chegada do verão chegava também a hora da partida para o Brasil. Padre Oliveira, que fora ordenado juntamente com Padre Coelho, não pôde voltar como estava programado. Não se sentia bem emocionalmente e permaneceu um tempo mais na Alemanha para tratamento, morando no convento redentorista na cidade de Cham.

O que aguardava Padre Vítor no Brasil? A Igreja tomava novos rumos sob a direção de Dom Leme, a nova liderança no cenário eclesial. A Vice-Província Redentorista buscava novas searas fundando uma comunidade no sul do país. Havia uma nova frente de trabalho no Oeste paulista e uma casa, a de Perdões, fora fechada. A Vice-Província lutava bravamente para se afirmar e consolidar.

Era intenção dos Missionários Bávaros trabalharem no Sul devido à imigração teuta na região. Isso trazia certa esperança de atraírem reforços para a congregação visto que, nas colônias alemãs, as famílias tinham muitos filhos e a sementeira vocacional poderia render bons frutos. Havia também outro dado importante para eles que era o de poderem pregar na língua alemã. Tudo foi facilitado quando um grande amigo da Congregação, Dom Francisco de Campos Barreto, foi nomeado bispo da diocese de Pelotas, no Rio Grande do Sul. Natural da região de Campinas (SP), fora ordenado padre, em 1900, e designado para a então diocese de São Paulo. Criada a diocese de Campinas, em 1908, Padre Barreto ficou adscrito à nova diocese. Três anos depois foi nomeado bispo para a recém-criada diocese de Pelotas. Durante um longo período, seu confessor e orientador espiritual fora o redentorista Padre Valentin von Riedl, que residia na cidade de Aparecida. Apoiados nessa bela amizade – e após muitas cartas escritas – foi estabelecida, em 1920, a primeira casa missionária redentorista no Sul. Nesse mesmo ano, porém, Dom Barreto foi nomea-

---

[2] Documenta 48, "Crônica dos Estudantes Brasileiros em Gars", vol. II.. No *ARSP*.

do bispo de Campinas e Padre Valentin faleceu em Aparecida. Sem o apoio do bispo, os redentoristas tiveram dificuldades em permanecer em Pelotas, sendo a fundação transferida para Cachoeira do Sul, no mesmo Estado.

A Vice-Província dava sinais de vitalidade com as Santas Missões e com novas fundações e isso era uma alegria para o jovem Vítor Coelho, lá na distante Alemanha. Mas, se por um lado ele estava feliz e bem informado sobre a Vice-Província, por outro lado, ele pouco sabia de sua família. As cartas entre ele e seus familiares eram raras. Mas, em uma dessas poucas cartas, quando já se preparava para voltar ao Brasil, garantira a sua irmã que iria até o Triângulo Mineiro para uma visita assim que desembarcasse.

Seu primo Cônego Victor Coelho continuava a residir no Rio de Janeiro, porém não mais exercendo o ministério sacerdotal. No início dos anos 20, o Cônego formado em Roma e diretor do Seminário da Arquidiocese do Rio de Janeiro abandonara tudo, até mesmo a Igreja Católica. Um exemplar do jornal "O Ex-Padre" editado no Rio de Janeiro, com data de 15 de fevereiro de 1922, anuncia, como seu diretor proprietário, nada menos que o Reverendo Doutor Victor Coelho de Almeida. O jornal faz críticas duríssimas ao catolicismo, enumerando pontos que, na opinião do ex-Cônego, seriam erros gravíssimos. Inclusive uma dura crítica ao culto de veneração a Nossa Senhora Aparecida.[3]

Aquele primo intelectual, bondoso e com boas reservas econômicas, que tanto ajudou a família do Sr. Leão, agora se colocava em sentido contrário à Igreja na qual, juntos, professavam sua fé. O primo que ajudou o José a estudar com os Jesuítas e colocou o Vitinho no Seminário de Aparecida, dos redentoristas, tornara-se pastor protestante, diretor de jornal e crítico mordaz da Igreja Católica. Todo o número do jornal, em todas as matérias, são um acinte à Igreja. Padre Vítor não encontraria mais o primo cônego, mas sim o Pastor Victor Coelho. Os dois terão oportunidades de fazer referências um ao outro, anos mais tarde, em Goiás.

Com o verão de 1924 já findando na Alemanha, Vítor Coelho estava de malas prontas para a volta ao Brasil. Teria que partir sozinho, pois o companheiro de viagem, de estudos e de ordenação, Padre Oliveira, adoecera e ficaria um tempo a mais por lá, em tratamento. O dia dez de setembro foi o dia marcado para a despedida de Padre Coelho. Alemães e brasileiros passaram o dia organizando a festa para aquela noite. No dizer do cronista, foi a despedida mais bonita que tinham presenciado. Os estudantes brasileiros compuseram cânticos cômicos e religiosos, fazendo o mais animado dos saraus até então. Fr. Macedo se encarregou da festa como um todo e, particularmente, da parte mais engraçada dos cânticos. Assim escreveu o cronista:

---

[3] *"O Ex-Padre" Orgam do Congresso dos Ex-Padres convertidos ao Evangelho.* Rio de Janeiro, 1922. No Arquivo Padre Vítor. *Pasta Correspondência Familiares.*

O ponto alto da festa foi um belo discurso do então superior provincial, Padre Paulo Gottfried, que falou sobre a união entre a Província bávara e a Vice-Província brasileira; das amistosas relações que devem existir entre ambas. Com palavras amigas procurou incutir nos estudantes quer alemães, quer brasileiros, o espírito de Santo Afonso e a fidelidade à vocação missionária.

No fim da festa, entrou no refeitório um confrade, trazendo encostado ao peito uma bela almofada com uma chupeta presa por uma fita, como soem ser os distintivos militares. Depois de um curto, mas espirituoso discurso, entregou a chupeta ao Padre Coelho como merecida condecoração da eterna juventude. Era uma alusão ao gênio infantil que o Coelho conserva.

Depois de haver colocado cuidadosamente no peito a condecoração, ele levantou-se e, com palavras bem acertadas e espirituosas, agradeceu as manifestações de amizade que lhe tinham sido dirigidas. Sobre a condecoração, afirmou que ele a merecia.[4]

Os anos haviam se passado rapidamente. De fevereiro de 1920 a setembro de 1924, esse foi o tempo que Padre Vítor viveu na Alemanha. Era chegada a hora da partida, a hora de voltar para casa. Na manhã seguinte à bela festa, todos os estudantes o seguiram até a estação. Depois dos apertos de mãos, dos abraços e de emocionados *auf Wiedersehn*, era visível que o jovem confrade estava comovido. "Quando o trem partiu, cantamos um belo hino de despedida", registrou o cronista.

Ficou a lembrança dos anos de estudos, dos passeios pelos tranquilos vilarejos e as aventurescas subidas em direção às belíssimas paisagens dos Alpes. Os estudos tinham sido exaustivos e muitos brasileiros tiveram problemas de saúde devido ao duro regime e à rígida disciplina conventuais. Padre Coelho adoecera ainda na metade do período acadêmico e Padre Oliveira já no final. Os dois jovens padres experimentaram a solidão e a dor de suas enfermidades e angústias longe de casa, longe da terra natal.

Mas, se o tempo da doença minara as forças de Vítor, a fé em Deus e os recursos da medicina deram vida e esperança àquele que, espirituoso e bem-humorado, era a alegria dos confrades. Tudo que aquele tempo na velha Alemanha, no velho convento de Gars lhe oferecera de conhecimento, de companheirismo, de amadurecimento na vocação e na fé, tudo Padre Coelho trazia no coração. Cada momento estava já entesourado em suas lembranças. E como nos últimos acenos, no momento derradeiro da partida a emoção ocupa todos os espaços do coração, terá soado por muito tempo, nos ouvidos e na saudade do jovem padre, a tradicional saudação alemã de despedida: "Er lebe hoch! Er lebe hoch!" Com lágrimas nos olhos, como diz o cronista, foi cantado, comovido, na pequena estação de Gars, o cântico "Viva a Mãe de Deus e nossa", que nos longos anos seguintes tantas e tantas vezes foi cantado, rezado e repetido pelo missionário Vítor Coelho.

Padre Vítor viajou através da Alemanha a caminho do porto, passando por Aachen, a antiga e famosa cidade de Aquisgrana, que foi sede do gover-

---

[4] Documenta 48, "Crônica dos Estudantes brasileiros em Gars am Inn", vol. II. No *ARSP*.

no do imperador Carlos Magno (séc. IX da era cristã). Como estava perto da fronteira com a Holanda, foi até Witten onde estudavam alguns brasileiros provenientes da Vice-Província Redentorista do Rio de Janeiro. Depois de uma semana, ele se deu conta de que parte de sua bagagem se extraviara. Fez logo o comunicado ao Padre Provincial para que tomasse as devidas providências, como uma indenização, caso as malas não fossem encontradas. Depois de um mês e três dias, no dia quatorze de outubro, Padre Vítor chegou a Aparecida. Sua bagagem chegou depois.

O cronista, Padre Andrade, que havia voltado da Alemanha dois anos antes, registrou o fato, anotando que o tão esperado e saudoso Vítor Coelho havia chegado são e salvo a Aparecida.

> Sua Revmª embarcou em Bremen aos vinte dias do mês de setembro, tendo feito feliz viagem, chegou ao Rio de Janeiro no dia treze, seguindo na noite de quatorze para quinze, em Aparecida.
> Para não haver alguma confusão e equívoco com o nome do seu primo, Cônego Victor Coelho de Almeida, resolveu nosso confrade assinar-se de agora em diante Padre Vítor Alves Coelho.
> Padre Coelho, que nos últimos anos se achava doente, parece mais forte e, sem alguma extravagância sua, poderá viver muito e prestar grandes serviços à Congregação. Pelo que consta será nomeado no próximo ano lente no Colégio Santo Afonso. Com o Padre Coelho deveria chegar da Europa nosso confrade R. Padre Antônio Penteado de Oliveira, que também terminou os seus estudos, mas por motivo de doença adquirida pelo enorme esforço nos estudos, deve ficar na Europa alguns meses ainda.[5]

Tempo de rever os amigos confrades, rever os locais onde ele havia iniciado sua caminhada vocacional. Ir ao Seminário Santo Afonso e encontrar-se com os juvenistas. Tudo que o coração deixava vir à tona eram experiências vividas, enquanto a lembrança saudosa dava asas à imaginação. Mas agora ele estava de volta ao mesmo lugar, à mesma casa, tantos rostos conhecidos que deixara ao partir estavam ali, enfim tão perto, ao alcance de um sorriso e de um abraço...

Junho de 1924 iniciava um novo triênio para os redentoristas e a lista de transferências vinda de Roma causava um grande rebuliço na vida de todos os confrades. Para alegria de Vítor, fazia apenas três meses que Padre João Batista Kiermaier voltara de Goiás, onde estivera durante três anos, e era novamente o diretor do Seminário Santo Afonso. Os dois se reencontravam agora como padres missionários, em pé de igualdade, mas o carinho e a admiração faziam prevalecer em Vitor o zelo e o respeito pelo mestre dos primeiros dias, da primeira hora, desde quando – menino desarvorado e arteiro – fora deixado no Seminário, muitos anos atrás.

___
[5] Documenta 3, "Crônica Redentorista de Aparecida", vol. III. No *ARSP*.

Padre João contou-lhe mil maravilhas sobre Goiás e, de modo especial, sobre o jornal que lá fundara, o "Santuário da Trindade". O jornal chegou a ter novecentos assinantes em 1923! Para aquela época, o jornal era um completo sucesso, quer pelo conteúdo como pelo número de assinantes. Já as Missões eram inúmeras, mas os resultados numéricos eram baixos devido à escassez da população. Goiás é muito maior que a Alemanha, e na década de vinte, tinha apenas seiscentos mil habitantes. Povo bom e abandonado pelo poder público, muitas famílias se encontravam a até trinta horas distantes da matriz. Sem contar que a propaganda protestante financiada pelos Estados Unidos fazia eco em todos os lugares. Padre João contou a Padre Vítor que havia conseguido instalar uma pequena usina hidrelétrica fornecendo energia durante algumas horas da noite para o convento e para a igreja em Campininhas. Conseguiu instalar o primeiro telefone em Goiás, podendo falar com Trindade. Ainda na vila de Campininhas das Flores, foi fundado o Colégio Santa Clara, com internato para meninas, sob a direção de Irmãs Franciscanas vindas da Alemanha, em 1922.

Durante uma conversa dos dois amigos, no dia dezessete de outubro, chegou a notícia de que, no dia anterior, falecera na cidade do Rio de Janeiro, o antigo bispo de Uberaba, Dom Eduardo Duarte da Silva, que, antes fora bispo da diocese de Goiás. Graças a seu empenhado esforço quando ainda estava à frente desta diocese, conseguira trazer os redentoristas para o Estado. Ainda como Bispo de Goiás, crismara o menino Vitinho – o futuro Padre Vítor Coelho – quando fazia uma visita pastoral ao Triângulo Mineiro. A morte do velho bispo foi profundamente sentida pelos redentoristas que logo se puseram a celebrar as missas na devida intenção do falecido benfeitor da Congregação.

Certamente saudoso das terras goianas, Padre João emendou as notícias, contando a Padre Vítor que Dom Prudêncio Gomes da Silva, que sucedera D. Eduardo no comando da diocese de Goiás, havia morrido em 1922, nos braços do redentorista Padre Wand, em uma visita pastoral à cidade de Posse, lá na divisa com a Bahia. Contou ainda que o relacionamento entre os redentoristas e o bispo que o substituíra, o salesiano Dom Emanuel, andava estremecido pois o bispo mostrava-se descontente com o contrato entre a Diocese e a Congregação no tocante aos trabalhos no santuário do Divino Pai Eterno e que estava dificultando até mesmo a pregação das Missões. Entristecido, Padre João lembrava que há exatos trinta anos, em 1894, os redentoristas deixavam Gars para virem para Goiás. Que comemoração poderia ser esperada se o próprio bispo não estava contente com os Missionários? O cronista, pela pena de Padre Nestor de Souza, um dos primeiros brasileiros a se ordenar na Vice-Província, deixou à mostra o sentimento de Padre João Batista e de seus confrades.

Trinta anos justos se completaram no fim deste ano que os nossos começaram sua ação de párocos e missionários na vasta diocese de Goiás. Que soma enorme de sacrifícios, de duríssimo e pesados trabalhos, não representam esses seis lustros decorridos. Essas entradas pelo sertão na sua imponência selvageria sim, mas na realidade inóspito, febrento, e ínvio, cheio de perigos sem conta, exigindo sacrifícios inúmeros, o sertão só é poético contemplado de longe, de avenidas ou de poltronas cômodas por sentimentais desconhecedores. Essas entradas de todos os anos que se não contam por dezenas, mas por centenas de léguas, milhares de quilômetros! Podemos dizer afoitamente que não há estrada nesta vastíssima parte sul e sudoeste de Goiás que os nossos não hajam palmilhado mais de uma vez, sim dezenas de vezes nas suas missões, giros de missões e pousos. Não há cidade, um povoado, mesmo pouco pousos se contaram que não tenham mais de uma vez ouvido a voz de um redentorista. E mesmo a região do norte do Estado, não só uma vez viu-lhes a presença e o zelo dos missionários de Campinas.

Sem dúvida a residência de Campinas não poderá apresentar o número elevadíssimo de trabalhos apostólicos de outras residências irmãs da Vice-Província; não lhe será dado, talvez, relatar Missões brilhantes realizadas entre pompas e extraordinário concurso com resultado numérico elevadíssimo, onde as comunhões se contam para mais de dezena de milhar, não, não poderá fazê-lo, mas no terreno dos sacrifícios, das dificuldades de toda espécie não lhe será tirado o primeiro lugar. Que bela soma já não seria, fossem essas dificuldades e sacrifícios tão somente computados pelo número de quilômetros percorridos sob um sol de luz brilhante, mas candente e causticante, ao passo lento da alimária cansada, através desse terrível serrado crestado até a raiz, sem vislumbre de sombra, coisa que Dante não ousou sonhar para seus círculos infernais, ou vadeando rios cheios e correntosos, vendo-se não poucas vezes atirados em perigosíssimos atascadeiros, ou marchar sob chuva impiedosa; o pouso sempre generoso, mas, muitíssimas vezes paupérrimo. Obrigando o missionário a dormir mal acomodado e de estômago vazio; o perigo das febres, os mosquitos... Os terríveis e tão frequentes barbeiros. Isso para o corpo. E as angústias da alma? As apreensões? Veem-nos todos contados o Senhor. Não obstante, merecem e devem de ser ao menos lembrados para as futuras gerações.[6]

O coração missionário de Padre Vítor se estremecia ao ouvir as notícias sobre os imensos encantos e imensas dificuldades de Goiás, como diria mais tarde, quando por lá missionou. Terra boa e fértil para se lavrar e semear a semente da Palavra. O jovem missionário se enchia de generosos sonhos... Mas, bem o sabia Padre Andrade, o Seminário Santo Afonso o aguardava como professor. Para um membro de uma Congregação Missionária, o posto de professor seria o último a ser pensado e o menos desejado. Mas, sem professores o futuro seria incerto para a Vice-Província.

Padre Vítor, após tanto tempo longe, desejava encontrar sua família e se programou para fazer uma visita a seu velho pai, o senhor Leão, a sua irmã Mariazinha e aos demais membros da família. Desde a missa em Bom Jesus dos Perdões, quando fizera, há seis anos, sua profissão religiosa, ele não mais os vira. Antes de empreender a viagem para o Triângulo Mineiro porém, Padre Vítor quis inteirar-se da situação em São Paulo, onde só se falava de um único assunto: a Revolução.

---

[6] Documenta 108, "Ânuas da Vice-Província". *Op. cit.*, no *ARSP*.

O Estado e mais precisamente a cidade de São Paulo ainda vivia o susto da então chamada Revolução de 1924. Era assunto à mesa entre os confrades, era notícia estampada nos jornais. Era tema de conversas entre os padres, com amigos e com pessoas fora do ambiente conventual. Os redentoristas, de modo especial os que estavam no Santuário da Penha, na capital, participaram ativamente desta movimentação revolucionária, tentando apaziguar os ânimos e servindo de mediação entre os revoltosos e a oficialidade.

Os fatos de 1924 foram consequências de problemas não resolvidos, de modo especial da revolta dos tenentes, acontecida dois anos antes. A população simpatizava com as insatisfações militares e houve articulações com rebeliões em várias regiões. O primeiro sinal de insurgência foi na cidade de São Paulo, no dia cinco de julho, sob o comando do General Isidoro Dias Lopes. O conflito saiu dos quartéis e foi para as ruas, obrigando o governador a deixar a capital. O quadro era o de um verdadeiro cenário de guerra e cerca de trezentas mil pessoas deixaram a cidade durante o conflito. O palácio do governo foi ocupado e houve um manifesto defendendo a deposição do Presidente da República, Artur Bernardes. O Presidente era muito católico, mas, ao ouvir o pedido do Arcebispo Dom Duarte Leopoldo para que ele interferisse de modo a evitar a morte de civis e de inocentes, teria respondido que São Paulo era rico e poderia reconstruir sua bela capital. Preferiu ficar rezando o terço nos jardins do Catete.

Em outros Estados, os levantes não tiveram sucesso. Em São Paulo, ao final do conflito, nos últimos dias de julho, os tenentes tiveram que abandonar a cidade, e as forças legalistas, muito superiores, conseguiram acabar com o conflito. Os insurretos – a chamada Coluna Paulista – dirigiram-se então para o Mato Grosso. No ano seguinte juntaram-se aos revoltosos do Sul sob a liderança de Luiz Carlos Prestes, formando a Coluna Prestes que percorreu vinte e cinco mil quilômetros por onze Estados brasileiros. Padre Wand, residente no convento da Penha, em carta escrita aos brasileiros em Gars, contou sobre o doloroso acontecimento.

> O Governador, depois de alguns dias resolveu retirar-se, por isso o Dr. Carlos de Campos veio para Guaiaúna e aqui ficou morando num vagão da E.F.C.B. A polícia retirou-se para o Ipiranga, Vila Prudente. Pelo dia nove de julho começaram a chegar trens e mais trens de soldados em Vila Esperança, durante isso até os últimos dias da revolta. Ali se reuniam as forças legalistas, oficialmente vinte e dois mil soldados, outros falam em trinta mil, de Minas, Rio, Paraná, Rio Grande do Sul, Espírito Santo... Colocaram os legalistas cento e setenta canhões que faziam fogo sobre a cidade. No dia onze, os canhões legalistas abriram fogo sobre a cidade, que parecia um inferno. Não pudemos dormir até altas horas, devido o barulho e nossos corações se cortavam a cada tiro, pois sabíamos que a cruel bala ia tirar a vida a dezenas de nossos irmãos, infelizmente na maior parte de famílias inocentes.
>
> O povo espavorido fugia por todos os lados. Aqui na Penha triplicou o número de pessoas. Gente graúda dormia ao relento e até crianças nasceram neste abandono. Isso gerou uma fome colossal. Não tendo para onde recor-

rer, vinham para o nosso convento chorando e pedindo remédio e pão. Nós fizemos até o impossível para minorar a dor do povo. Os Irmãos trabalhavam o dia todo para assar pães a serem distribuídos. O bombardeio continuou até o dia vinte e oito de julho. Havia dias que eram doze horas ininterruptas de bombardeio. Os generais tinham pena da cidade. Conversavam conosco e os soldados mineiros nos pediam benção e quando começavam a conversar conosco, a prosa não tinha mais fim. Quase todos traziam no peito ou no capacete, medalhas de Nossa Senhora Aparecida. Os mineiros e os gaúchos foram os que mais combateram e que mais perderam gente.

O nosso Padre Antão foi a alma da negociação, atravessando o front de um lado para o outro. Na noite de vinte e oito de julho, Padre Antão esteve com General Isidoro e seus partidários. Houve a capitulação e os revoltosos seguiram de trem para Campinas e depois em direção ao Mato Groso. Às quatro horas da madrugada soam os sinos do mosteiro de São Bento e são seguidos por outras igrejas. Às nove horas pode Padre Antão retornar para ir dar a notícia ao Governador, que os revoltosos haviam partido. Havia paz! Paz era a palavra que saía dos lábios de todos, procurando cada um o rumo de suas casas para ver se achariam as casas de pé ainda.[7]

Padre Vítor encheu-se de admiração ao saber da brava atuação do reitor do Santuário da Penha, Padre Antão Jorge. Ele conseguia atravessar de um lado para o outro durante os combates, visto que o governador se instalara fora da cidade, na região leste, e os revoltosos estavam na região da estação da Luz, no centro da capital. Os Salesianos do Largo Coração de Jesus e Maristas do Colégio Arquidiocesano apareceram no convento da Penha pedindo ajuda. Foram retirados da Igreja o Santíssimo Sacramento e a imagem de Nossa Senhora da Penha. No pátio do convento foi feito um buraco e, dentro dele, colocados os cálices usados na liturgia da Missa, objetos de valor e a própria imagem de Nossa Senhora. A região em torno do Santuário ficou aparentemente despovoada, e quem não pôde fugir tinha no convento dos redentoristas o ponto de apoio. O governo disponibilizou víveres que eram levados para lá, e Padre Antão, organizou voluntários para distribuírem os alimentos à população.

Em meio a tantas novidades – boas e más – e tantas mudanças no país, chegou o momento da desejada viagem. Padre Vítor partiu para o Triângulo Mineiro. Era o mês de novembro. Novamente tomou o trem passando por São Paulo. Em seguida Ribeirão Preto, chegando até a divisa com Minas Gerais e à travessia do Rio Grande.

Seus parentes o aguardavam, com a ansiedade de toda espera, na cidade de Conquista. Ainda que os meios de transporte não fossem fáceis e rápidos como hoje, havia outros impedimentos que dificultavam a proximidade do congregado com a família. Vigorava na vida religiosa a mentalidade da fuga do mundo. E a família estava incluída neste contexto geral da palavra "mundo". O contato era quase nulo, mesmo quando se morava no mesmo país ou a poucos quilômetros de distância.

---

[7] Copresp A, carta de Padre Francisco Wand aos estudantes em Gars, de 1924. No *ARSP*.

Em seus escritos, Santo Afonso tem palavras pesadas no tocante ao relacionamento com a casa paterna. Seguia o princípio de Sêneca, endossado pela mentalidade do decantado livrinho "Imitação de Cristo", segundo o qual a família e os parentes são inimigos para quem quer se consagrar à vida religiosa. Nesta ascética de fuga do mundo, era normal ouvir e repetir nos conventos a assertiva: "toda vez que vou ao mundo, volto mais apegado a ele". Sinal de que o convento era algo isolado, desligado da realidade e apresentado como um oásis em meio ao deserto das imperfeições mundanas.

Depois de dez, doze ou mais anos de formação, havia uma semana para a visita à família após a ordenação. O fundador insistia que "quem vem à Congregação deve desprender-se até dos parentes". Visita fora do previsto pelas normas, somente por ocasião da morte do pai ou da mãe. O cronista do convento de Aparecida, formado nesta mentalidade, tem uma posição que, indireta e sutilmente, questiona tal procedimento. "Em visita ao seu caro pai e sua família, seguiu para Uberaba o Revmo. Padre Coelho; infelizmente pouco tempo terá para estar com os seus, que a tantos anos não via. Ficará lá talvez uns três dias, pois irá gastar uns seis dias só na viagem".[8]

Guiados pelas informações dadas pelo Padre Brustoloni, conhecedor da vida de Padre Vítor, podemos imaginar o encontro do Vitinho com sua família.[9] Estavam em Conquista sua irmã Mariinha e seu pai, Leão. Veriana estava no noviciado das Irmãs do Bom Pastor. José, o irmão mais velho, conservava muita mágoa de seu tempo de seminário, e não há notícias de que estivesse presente para a acolhida do irmão padre no seio da família.

Apesar do tempo exíguo e da rigidez da disciplina daquela época, a alegria do encontro de Vítor com seus familiares foi profunda e comovente. O pai e a irmã, ambos dedicados professores, viviam uma vida de piedade. A presença do filho padre significava para o Sr. Leão um momento de ação de graças. Dissabores, angústias antigas se dissiparam diante do filho agora ungido como ministro do altar. O pai e a irmã beijaram-lhe as mãos. Todas as dificuldades vividas por aquela família, desde o peregrinar em busca de melhores condições de vida até a perda prematura da mãe, as dores e incertezas do dia a dia, tudo agora se unia nos abraços longamente guardados e se transubstanciava em alegria e gratidão por força do afeto e do carinho silenciosamente vividos na distância e na saudade.

Sr. Leão não se esquecera de que o Seminário Santo Afonso foi a resposta dada na época em que ele pediu uma graça especial a Nossa Senhora Aparecida. Não conseguia deixar de chorar o choro da emoção e da gratidão a Deus e a Nossa Senhora. Ainda que os recursos financeiros não fossem

---

[8] Documenta 3, "Crônicas da Comunidade de Aparecida". No *ARSP*. O cronista era Padre Andrade.

[9] J. J. Brustoloni. *Vida de Padre Vítor Coelho – Missionário Redentorista e Apóstolo da Rádio Aparecida*. Aparecida, 1998. Edição popular e resumida da vida do Padre Vítor.

muitos, a família esmerou-se na preparação para a chegada do filho ilustre e querido. Anos mais tarde, Padre Vítor recordou que seu pai vivera aquele momento com profunda emoção. O Sr. Leão tornara-se um homem caridoso, amigo das crianças e dos doentes que sempre visitava, especialmente de um homem que sofria de lepra, de quem cuidava com muito zelo. Um coração sereno e agradecido pelas graças alcançadas por intercessão de Nossa Senhora Aparecida.

Depois dos encontros, abraços, lágrimas de alegria, notícias da família e, depois de Vítor contar sobre a Alemanha, Aparecida, chegou o momento da primeira missa com os familiares e amigos. A paróquia da cidadezinha de Conquista estava em festa. Familiares e membros das associações sabiam do momento de graça que estavam vivendo. Não era mais a primeira missa, como ele celebrara em Forchheim, mas para eles era sim a primeira, pois todos haviam aguardado ansiosamente e por muito tempo aquele momento.

Em meio à festa vislumbrava-se uma Igreja que começava a colher os frutos do movimento de reforma e restauração católica no Brasil. Havia associações de moços, de moças, de senhoras e de homens casados. Cada categoria com seu emblema ou seu estandarte em um verdadeiro espetáculo de fé no qual cada um, a partir de sua associação, sentia-se com uma identidade dentro da Igreja. Todos os fiéis, cada um participando como Congregado Mariano, União dos Moços Católicos, Pia União das Filhas de Maria, Apostolado da Oração, Irmandade do Santíssimo Sacramento, Cruzada Eucarística. Padre Vítor Coelho reconheceu os progressos vividos pela Igreja nesses anos em que vivera fora do país. Com certeza, isso o terá sobremaneira animado a investir de corpo e alma na missão evangelizadora que os missionários redentoristas realizavam. Contagiado, começou ali o despertar de seu carisma de evangelizador. A visita a seus familiares encheu de alegria seu coração de filho, irmão, de conterrâneo dos mineiros da pequenina Conquista. E alimentou com ânimo, sonhos e esperança seu coração missionário.

Final do ano chegando e Padre Vítor foi trabalhar no atendimento aos romeiros na Basílica de Aparecida. Como não podia atender confissões, ficou encarregado de batizar as crianças que eram trazidas de perto e de longe para o primeiro sacramento da Igreja. Vivenciou seu primeiro Natal com a comunidade e com o povo. O primeiro Natal como padre, no Brasil. Na formação dos redentoristas, todo dia vinte e cinco de cada mês havia um momento para homenagear o menino Jesus. Santo Afonso dizia que este culto ao menino Jesus era para criar e alimentar no redentorista aquele espírito de simplicidade que até hoje é como sua marca registrada. Esta marca compreende o presépio, a cruz e a eucaristia. Nas meditações contidas no livreto preparado pelo santo, "A gruta de Belém – escola de virtudes", a cada mês, no dia vinte e cinco, um tema era meditado e rezado. Para o Natal, o presépio e cruz estavam interligados. No exercício preparatório para a meditação havia uma orientação:

> Penetra em espírito na gruta de Belém e afigura-se o Menino Jesus deitado no presépio estendendo seus bracinhos e dizendo: "eis que venho para fazer a tua vontade, meu Pai!" Começa a tua meditação por um desejo ardente de saber o que é o amor à cruz e de abraçá-lo com ardor.[10]

Foi neste espírito de meditação e oração que Padre Vítor celebrou seu primeiro natal com os confrades e os romeiros em Aparecida. Durante o dia celebrou a santa missa no altar-mor. Como também não podia deixar de acontecer, ao final da missa solene, à meia noite, mais uma vez Santo Afonso foi evocado com o canto natalino por ele composto:

> *Tu scendi dalle stelle, O Re del cielo, e vieni in una grotta al freddo e al gelo...*
> Tu que desce das estrelas, ó rei do céu, e vem em uma gruta com frio e gelo...

A música belíssima devia encantar os ouvidos brasileiros embora pudessem estranhar um pouco as palavras, que falavam de frio e neve... Ao segurar a imagem do Menino Jesus, antes que todos os devotos pudessem fazer sua veneração, o harmônio da basílica mais uma vez fez as vozes entoarem *Venite adoremus, Dominum...* Era a celebração do mistério da Encarnação que se renovava, entoando que Jesus Cristo, Deus de Deus e luz da luz, inspirava e impulsionava o jovem missionário nos primeiros passos de seu ministério sacerdotal.

Ano novo. Vida nova. A comunidade redentorista de Aparecida, no início de 1925, contava com quinze padres e onze irmãos coadjutores. Alguns padres eram professores no Seminário Santo Afonso, mas moravam no convento ao lado da Basílica. No ano anterior, os redentoristas receberam a visita canônica do Superior-Geral, Padre Patrício Murray. Ele visitou todas as casas e conversou com todos os confrades no Brasil. Um dos projetos aprovados por ele foi a construção de uma cervejaria. Já fazia tempo que os bávaros ressentiam a falta de uma boa cerveja, tal como era servida nos conventos da Alemanha. Todas as providências foram logo tomadas e a nova cervejaria foi inaugurada nos fundos do convento. Para isso fora emprestado um irmão redentorista de Juiz de Fora, pertencente à Província Redentorista holandesa no Brasil. Ele passou alguns meses em Aparecida para a instalação das máquinas e treinamento dos operadores ao adequado manejo, de modo que a comunidade fosse bem servida com boa cerveja.

Nos conventos da Congregação, o tempo quaresmal exigia redobrados exercícios de piedade e penitências. Leituras à mesa, meditações e liturgia, tudo era voltado para a paixão de Cristo como preparação para as solenidades da Semana Santa, na esperança da celebração do tríduo pascal. Como de costume, alguns padres saíram para ajudar paróquias vizinhas. A primeira Semana Santa de Padre Vítor Coelho foi na cidade de Salesópolis, no Vale do Paraíba. Para o

---

[10] A. de Ligório. *A gruta de Belém, escola de virtudes ou meditações para o dia 25 de cada mês.* São Paulo, 1934. Tradução de Padre F. Wand.

fundador da Congregação Redentorista, se o presépio ocupava um espaço importante na espiritualidade do seguimento a Jesus Cristo, também a cruz tinha este mesmo valor. Os exercícios espirituais para a Semana Santa junto ao povo apresentam um conjunto de celebrações somadas às devoções que criam um espírito de penitência e até mesmo de resignação, propostas pelas leituras que revelam o sofrimento de Nosso Senhor Jesus Cristo.

A teologia da cruz, desde os Evangelhos e passando pelas cartas paulinas, foi se desenvolvendo ao longo dos séculos na Igreja. Santo Afonso destacou este tema em um de seus livros, "A Prática de Amar a Jesus Cristo". Portador da herança de Afonso, somada às aulas de teologia que o estudante recebera ao longo de sua preparação para o sacerdócio, agora era hora de o padre novo exercitar o que havia aprendido. Na vida e na pregação, Santo Afonso buscou no Salmo 129 uma frase que pudesse ser o distintivo dos redentoristas: *Copiosa apud eum redemptio*. Junto dele a redenção é abundante. Pois o anúncio explícito da Palavra de Deus é norma de vida para o redentorista. Anunciar a copiosa redenção, de modo especial em tempo de celebração do tríduo pascal, é tempo propício para se falar da misericórdia, da morte e ressurreição do Senhor. Padre Vítor pregou inspirado nos ensinamentos de Santo Afonso.

Para Santo Afonso a Encarnação não significa uma simples vinda, uma mera visita temporária de alguém que aqui veio apenas para ser sinal do Amor do Pai. Não. A Encarnação trouxe consigo uma Presença Redentora plenamente manifestada na vida, no ensinamento, na morte e ressurreição de Jesus. O sentido da Redenção para Afonso, em oposição a outros teólogos, não é o da expiação de um débito para com a justiça divina, sendo tal débito pago por Cristo na cruz em lugar do homem pecador. Para ele Redenção é verdadeira revelação da doação gratuita de uma nova perspectiva de ser e de viver para o homem. É um gesto amoroso do Pai por meio do qual uma nova criação se realiza, e nesta nova criação, nesta nova ordem das coisas, o ponto central é precisamente que por meio da Redenção em Jesus Cristo o homem tornou-se capaz de participar e de viver realmente, mediante sua abertura ao Espírito Santo, a própria vida de Amor que Deus vive.

É este ideal proposto e legado por Santo Afonso que os missionários redentoristas anunciam, de modo especial através da pregação explícita da Palavra de Deus. Padre Vítor partiu para celebrar junto com o povo sua primeira Semana Santa sabendo o que devia anunciar: "Junto ao Senhor a Redenção é abundante!"

Padre Vítor guardou consigo, por toda a sua vida, os esquemas preparados para aquela sua primeira Semana Santa. Para o sermão do encontro, após as duas procissões que trazem as imagens de Nossa Senhora das Dores e de Nosso Senhor dos Passos, seguindo uma tradição que vem da Península Ibérica, o sermão toma aspectos barrocos e a oratória deve ser caprichada. Suas anotações – quase um *script*– têm ideias básicas, com fundamentação bíblica, ornadas com frases em latim, visto que as disciplinas teológicas eram ensinadas em língua latina. Isso poderia facilitar a inspiração e enriquecer o pensamento diante do público que o escutava. Os esquemas para os sermões do lava pés e descimento da cruz seguiam o mesmo modelo.[11]

Durante o correr do ano, Padre Vítor ficou encarregado da catequese na paróquia, em Aparecida. Havia algumas saídas rápidas pelas paróquias vizinhas para a pregação de uma novena ou semana eucarística. Ele esteve em Bananal (SP) para uma festa do padroeiro, voltou a Salesópolis (SP) para uma semana eucarística e a Tremembé (SP), para uma conferência aos vicentinos. Naquela época, era o próprio padre quem ministrava a catequese para as crianças. Às vezes contava com um auxiliar, homem ou mulher, já casados e experientes, geralmente pertencentes à pastorais ou movimentos da Igreja. E quando se aproximava a primeira comunhão o trabalho se avolumava e o padre precisava se desdobrar. Além das tarefas inerentes ao catequista, devia organizar o atendimento às confissões e a celebração da missa para os neo--comungantes e suas famílias. Dia especial para a comunidade paroquial. Tudo era feito com muito esmero e respeito. Após a missa, havia uma pequena procissão em torno da Basílica de Nossa Senhora, momento em que pais e familiares acompanhavam as crianças que tinham recebido pela primeira vez a sagrada comunhão.

Os missionários redentoristas sempre assumiram com muita seriedade e carinho o trabalho de catequese paroquial, embora paróquia não fosse o objetivo da Congregação, não fizesse parte de seu carisma nem de sua ação evangelizadora. Mas, convictos da importância da boa formação catequética, uma vez responsáveis por uma paróquia, eles se comprometiam inteiramente com ela. Os redentoristas de Aparecida já haviam até recebido homenagens em uma revista da Arquidiocese do Rio de Janeiro – "União" – pela maneira como organizavam a catequese. Ao chegar, Padre Vítor já pegou o bonde andando e, fazendo valer sua facilidade de comunicação com as crianças, investiu ainda mais neste apostolado tão necessário à formação cristã.

No início de 1926, a paróquia de Aparecida organizou retiros separados para homens e mulheres. A crônica da comunidade registrou que Padre Vítor atendeu confissão dos homens durante os três dias de retiro, realizado nas igrejas de Santa Rita e de São Benedito. Mais de setecentos homens receberam a comunhão e fizeram sua páscoa. Tudo feito com muita pompa e muito solenemente, com procissão, cantos piedosos e bênção do Santíssimo Sacramento. Isso foi sendo apreendido e absorvido pelo jovem padre que iniciava seu ministério junto a experientes lidadores no campo da catequese e da evangelização.

135

---

[11] Em seu acervo há uma série de esquemas manuscritos com ideias-chaves para a pregação. Nota-se a preocupação de Vítor em dar fundamentação bíblica a seus sermões. No Arquivo Padre Vítor, *Pasta Sermões.*

No cumprimento rotineiro de suas tarefas – catequese, retiros, celebrações, idas e vindas a outras comunidades como auxiliar de seus confrades – o futuro grande pregador ia, lentamente, sendo gestado. Seu crescente zelo evangelizador era alimentado pela fé profunda no Cristo, pela adesão inabalável à causa do Reino, pela fé profunda no significado de sua consagração sacerdotal, instada pela realidade de necessidades e carências de pastoreio do povo de Deus – a grande messe. Sentia-se, o jovem iniciante, inspirado e apoiado pelo testemunho dedicado e fervoroso de seus confrades.

Por sugestão de Padre Tiago, o Vice-Provincial, os Padres Andrade e Coelho foram passar uns dias em Araraquara para escreverem alguns sermões para a Missão. Padres recém-ordenados só se tornavam missionários, atuante nas Missões, após o curso de um semestre denominado "Segundo Noviciado". Visto que os brasileiros tinham a facilidade da língua materna e davam bons exemplos como padres recém- ordenados, os superiores confiaram a eles a oportunidade de participarem de alguma Missão, mesmo sem o curso prévio. Isso facilitou o trabalho dos missionários atuantes, pois podiam contar com o reforço dos padres jovens e nativos. Entusiasmado Padre Andrade escreveu, em 1926, aos estudantes brasileiros em Gars.

> Preguei Missão na cidade de Franca com os Padres Estevão e Oto, e os dois novatos, Poce e Coelho, que estrearam muito bem. Foi estupenda a Missão; espero que Padre Coelho vos escreva a este respeito. Só na matriz houve vinte mil comunhões; muita gente graúda chegou à mesa de comunhão; o prefeito da cidade fez a primeira comunhão e com ele uma penca de doutores. Muitas conversões, abjurações, etc. Na procissão do cruzeiro havia cerca de oito mil homens; ao todo catorze mil pessoas. Na comunhão dos homens, mais de dois mil. Na procissão dos autos, mais de trezentos autos levando Nossa Senhora Aparecida. Enfim, um triunfo da religião. O povo ficou delirando de entusiasmo e os protestantes murcharam-se. Padres Coelho e Poce distinguiram-se muito bem, são esplêndidos missionários.[12]

A década de 1920 – período em que Vítor foi ordenado e voltou ao Brasil – foi praticamente o coroamento da aproximação da Igreja e Estado, desde a separação ocorrida em 1890. As comemorações pelo centenário da Independência, a aprovação do ensino religioso nas escolas, tudo isso foi aproximando bispos e governadores de Estado, fatos comentados e discutidos no Convento Redentorista. O Estado de Minas Gerais foi o primeiro Estado a oficializar o ensino religioso nas escolas. Dom Antonio dos Santos Cabral, de Belo Horizonte, exerceu sua influência sobre os governantes. O mesmo acontecendo em São Paulo e no Rio de Janeiro, onde Dom Duarte e Dom Leme faziam-se portadores das reivindicações da Igreja ao governo.

O ponto máximo desta reaproximação foi a celebração dos cinquenta anos de sacerdócio de Dom Joaquim Arcoverde, celebrados no Rio de Janeiro, em

136

---

[12] Documenta 3. "Crônica da Comunidade Redentorista de Aparecida". No *ARSP*.

1924. Dom Leme organizou a festa para o Cardeal Arcoverde. O Presidente da República, Artur Bernardes, compareceu ao Palácio São Joaquim com todo o seu ministério e altas personalidades republicanas. O Presidente foi saudado pelo Arcebispo de Diamantina, Dom Joaquim Silvério. Artur Bernardes discursou e frisou a importância da colaboração constante das autoridades eclesiásticas com o Governo do país, auxiliando na manutenção da ordem e promovendo o progresso nacional. Desde a separação, este foi o primeiro reencontro entre altas personalidades da Igreja e o comando do governo brasileiro.

A Igreja reconquistara seu espaço junto às autoridades. Este coroamento da reaproximação das duas instituições é denominado Restauração. Nos últimos anos do século XIX, não havia sido fácil a relação entre as duas instituições. Havia um anticlericalismo, influenciado por ideias maçônicas e pela ideologia positivista, que culpava a Igreja pelo atraso do país. Por outro lado, os bispos sentiam-se inseguros diante do novo cenário descortinado com a separação Igreja-Estado e a consequente liberdade. Efetivamente, após 1930 é que a relação entre as duas instituições passa a ser de correspondência e reconhecimento de poderes diversos que buscam o progresso e o crescimento da nação, cada um de acordo com sua especificidade e seu ministério.

Padre Vítor seguia desenvolvendo muito bem seu trabalho pastoral na Basílica em Aparecida, afável e alegre no contato com o povo da Vila e com os romeiros vindos de todas as partes do país. Demonstrava segurança no que fazia e confiança aos que o procuravam.

Ainda que a Regra da Congregação fosse detalhista e cheia de minúcias, rigidamente observadas, restava o perigo do contato com o mundo externo, visto como ameaçador. Por isso, uma comunidade com homens já experientes e provados ajudava os jovens a se manterem no ideal assumido e a perseverarem na vocação ministerial. O superior estava sempre atento a qualquer pequeno desvio. O cuidado maior, naturalmente, era para com os jovens, tanto brasileiros como alemães que para cá eram enviados. O voto de castidade e a maneira de proceder dos padres eram motivos de especial atenção dos superiores. Padre Tiago, o Vice-Provincial, escreveu a todos os confrades, uma carta em que estes cuidados são muito bem explicitados. Carta dirigida aos Padres, não obstante ser a Vice-Província formada por Padres e Irmãos. Tal atitude deveu-se, por certo, ao fato de ser o trabalho dos Irmãos muito mais reservado, afazeres internos realizados dentro dos muros protetores do convento, o quê fez com que, alguns deles, nem o português aprendessem. Tinham consequentemente, menos envolvimento com pessoas de fora da clausura conventual. Os padres jovens leram, estudaram e rezaram sobre esse comunicado. Padre Vítor Coelho era um deles.

> Que a nossa Vice-Província se fortaleça, em união e amor mútuos e em zelo pela observância regular; convença-se cada um que só uma vida conforme os princípios do nosso santo fundador poderá fazer feliz a Congregação e a Vice-Província; que unicamente a imitação do Santíssimo Redentor em

sua bondade e humildade, na submissão ao jugo, que o Pai Eterno lhe impôs, pode nos assegurar as bênçãos de Deus; que só abrigados no barco invencível da pureza, podemos lançar o cabo salvador nas torrentes deste mundo arrastado pela impureza, sem corrermos perigo de nós mesmos soçobrarmos. Que essa virtude apostólica cujo brilho se empana com facilidade, floresça no nosso Instituto, que cada um se convença do perigo de contágio num mundo tão cheio de tentações, que cada um tome as providências, particularmente nos trabalhos apostólicos, para guardar aquela seriedade, adorno dos verdadeiros discípulos de Cristo, emprestando-lhe autoridade no mundo sem a qual suas palavras são ocas, bronze sonante; que cada um reflita, no dia do recolhimento mensal, que se desligou do mundo, seus princípios e se talvez, ao invés de ser pastor e salvador de almas, não deu motivos para quedas. Caros confrades, procure cada um compreender que só o redentorista, possuído de zelo apostólico, poderá agir apostolicamente; que só ele se torna um digno contra o vício e entusiasmo e arrasta para a virtude.

Esse sentimento e mais sua prática produzirão, no mundo, respeito por nossa Congregação e seus membros, castigando línguas caluniadoras e mentirosas, calando murmurações e farão que nossos trabalhos apostólicos, regados de orações, sacrifícios e de interioridade, tragam mais abençoados resultados.

Apontando alguns pontos, estranhos ao espírito redentorista e que merecem ser trazidos à luz para maior reflexão, indicando certas normas para se evitar tais danos, trago-lhes à consideração os seguintes pontos, recomendo-os a uma séria consideração.

Em primeiro lugar registro (com dor e à contragosto o faço) que não cessaram as queixas sobre um fácil envolvimento com moças. Gente do mundo, mesmo moças, vítimas de tais namoricos, estranham que homens sérios, missionários redentoristas se permitam tais coisas, queixam-se, comentam em casa. Peço a todos e a cada um evitar essa deplorável inclinação para a mocidade do outro sexo. Sejam cautelosos com crianças, não permitam aproximação de meninas agarrando-se nos braços, no cingulum, no rosário. O inimigo espia de todos os lados, o tentador e inimigo de todo o bem, só Deus o sabe, quanto escândalo já causou desse modo e quanto bem conseguiu impedir. Fica proibido a todos e a cada um a se informar no confessionário sobre coisas pessoais, nomes, família e convidar para uma visita. Evite-se a familiaridade e não se manifeste que se conhece a pessoa: atalham-se assim muitas confissões inválidas e até, possivelmente, sacrílegas.

Intimamente unida a isso é a loquacidade de alguns padres, que se sentem infelizes não sendo chamados à sala uma meia dúzia de vezes ao dia, nem sequer esperam que se os chame, mas vão verificar, se alguém não precisa dos seus sábios conselhos. Quanto tempo perdido, quantas vezes maltratado o bom nome do próximo, manifestados aos de fora os assuntos mais íntimos da Congregação, e sobrecarregadas as consciências na sala de visitas.[13]

Mesmo ordenados há muito tempo, depois de longos anos de formação intelectual e de rigorosa observância das antigas Regras, o superior, ao fazer tais admoestações, sinalizava que algo faltava à vida dos congregados. Por isso era preciso ter sempre bem presente e bem alto o sentido mais profundo da

---

[13] Documenta 82, "Livro de Atas da Consulta do Governo da Vice-Província de São Paulo", vol. único. No *ARSP*.

consagração religiosa e de suas exigências. Padre Tiago severo e cuidadoso, ressaltava até mesmo pequenas coisas que pareciam tão banais, como o uso do telefone, só permitido com autorização do superior da casa. "Já causou admiração e foi constatado por diversos, que os padres juniores são vistos muitas vezes na sala, onde evidentemente nada tem a procurar". Recomendava que a leitura à mesa das refeições fosse feita pausadamente, pois sendo a língua portuguesa ainda estranha os Irmãos alemães, que pouco a entendiam, poderiam eles se tornarem dispersivos e tomados por outros pensamentos. O superior, como bom pastor que zela pela segurança de seu rebanho, não poupava esforços para manter a ordem, a observância das regras e a perseverança de suas ovelhas, atento, de modo especial, aos padres jovens.

A Vice-Província de São Paulo contava, em 1926, com as comunidades de Aparecida (SP), de Campininhas, em Goiás, e da Penha, na capital paulistana. No Rio Grande do Sul, depois de um período na cidade de Pelotas, a fundação fora transferida para a cidade de Cachoeira do Sul (RS). Anteriormente, com o fechamento da casa de Perdões (SP) em 1920, fora instalada outra comunidade em Araraquara (SP). Portanto, cinco comunidades em três Estados do Brasil. Embora criado em 1898, o Seminário Redentorista Santo Afonso não fora ainda canonicamente erigido, pois os professores e irmãos pertenciam à comunidade basilical. Todos os padres residentes nestas comunidades se ocupavam do trabalho ordinário, de modo especial em Aparecida e na Penha, além de se dedicarem à pregação de Missões em outras localidades. Todas as casas eram, portanto, comunidades missionárias.

Em maio de 1926, Padre Vítor Coelho foi transferido para a comunidade de Araraquara. No mês anterior, fora celebrada a primeira comunhão dos catequizandos em Aparecida. Tudo preparado com carinho pelos Padres Coelho e Oliveira. Tudo havia saído como eles planejaram, anotou o cronista. A vida conventual e o trabalho seguiam tranquilamente e a rotina fora quebrada apenas pela carta exortativa do Vice-Provincial. Mas transferência era algo dentro da normalidade da vida dos membros da Congregação Redentorista. Se há algum tempo o cronista Padre Andrade, levantara a possibilidade de Padre Vítor vir a ser professor do Seminário, não seria desta vez que o amigo acertaria. Se membros de Ordens com características monásticas fazem o voto de estabilidade, esse não era, por certo, o caso dos redentoristas, pertencentes a uma Congregação Missionária, ainda que, por razões diversas, alguns padres passem longos anos instalados em um mesmo local ou em uma mesma comunidade...

Ao chegar a Araraquara, Padre Vítor Coelho encontrou na comunidade os Padres alemães Estevão, Roberto, Vicente, Oto e o brasileiro Geraldo Pires, e dois Irmãos, João e Rafael. Todos já bem experimentados nas lides missionárias. Portanto, Padre Coelho estava amparado pela experiência e pelos bons exemplos de seus confrades em sua nova missão na igreja de Santa Cruz, em Araraquara.

Como Padre Coelho ainda não ultrapassara os requeridos cinco anos de ordenação, seu trabalho estava restrito à catequese, ao atendimento aos doentes e ao acompanhamento de alguma irmandade como diretor espiritual. Ainda assim, ele atendeu algumas paróquias vizinhas em Américo Brasiliense, Santa Lúcia e Matão. Mas, nesse período, o trabalho a que ele se dedicou de corpo e alma, pondo nele todo o seu carinho e empenho, foi a catequese, ensinando e orientando as crianças, não apenas para a primeira eucaristia mas para a vivência cristã.

Durante todo o ano de 1927, Padre Vítor Coelho permaneceu na comunidade zelosamente dedicando-se à formação catequética das crianças. Organizava turmas, separando as crianças por idade ou por nível de aprendizagem escolar. Cuidava da formação das catequistas tendo em vista uma catequese de qualidade. Assumiu ainda a tarefa de catequizar os alunos do Colégio São Geraldo, que ficava próximo à igreja de Santa Cruz, indo ele mesmo uma vez por semana à escola. As notícias contidas no livro de crônicas da comunidade dão sempre informações de que a catequese se desenvolvia "a olhos vistos", para a alegria dos confrades e do próprio catequista responsável, Padre Coelho.

Além de cuidar da pastoral na igreja de Santa Cruz, os padres atendiam também as Missões, quando solicitados. Quem coordenava as Missões era o Padre Vice-Provincial e, ele mesmo escolhia os padres a serem enviados, requisitando-os nas diversas casas da Vice-Província. Várias vezes Padre Vítor permaneceu em casa apenas com os Irmãos, já que todos os padres se ausentavam para esses trabalhos extraordinários. Isso gerava acúmulo de trabalho e, consequentemente, certo mal estar entre os próprios membros da comunidade.

Mesmo com a sobrecarga de trabalho advinda das frequentes ausências dos padres enviados às Missões, Padre Vítor lançou-se de corpo e alma na tarefa de formação da criançada. Mas, não faltavam dificuldades e ele reclamava dos "pais que não se empenham em enviar os filhos na hora certa, faltas sem justificativas e uma série de problemas que poderiam ser evitados se os pais assumissem um pouco mais seu papel de incentivar e mesmo trazer os filhos para a catequese".[14] Problemas de ontem, problemas de hoje, recorrentes em todos os tempos e comunidades. O grande desafio da catequese na Igreja Católica é o descompromisso dos pais com a educação da fé cristã de seus filhos.

Enquanto Padre Vítor se envolvia com os afazeres da catequese, os demais padres dedicavam-se às Missões. O superior da comunidade, Padre Carlos Hildebrand, que fora seu mestre de noviços em Perdões (SP), passados dez anos, já estava cansado e doente e sua paciência também já se ressentia do alongamento dos anos. Não conseguindo entender a dinâmica e o empenho do trabalho de Vítor, escreveu ao Vice-Provincial, Padre Estevão, reclamando de suas contínuas ausências em atos regulares da comunidade e de suas muitas

---

[14] Documenta 25. "Crônica da Comunidade Redentorista de Araraquara". Vol. I. No *ARSP*.

saídas do convento. Padre Estevão fora nomeado Vice-Provincial e havia sido transferido para Aparecida. É previsível que um padre novo, entregue com toda força e garra ao trabalho envolvente e desafiador da catequese, pudesse, vez ou outra, deixar de comparecer aos ofícios internos, o que conflitava com a rígida disciplina conventual. Padre Estevão, que convivera com Vítor na comunidade de Araraquara, respondeu a Padre Carlos defendendo, paternalmente, Padre Vítor. "Parece que há, às vezes, alguma dificuldade com o Padre Coelho. Seja tudo resolvido em paz. Padre Coelho é um homem de boas qualidades que devem ser aproveitadas, apesar da distração e exageros".[15]

Padre Carlos e Padre Vítor, dois olhares, dois modos de sentir e experienciar o mesmo chamado, o mesmo mandado: "Vão e façam com que todos se tornem meus discípulos." (Mt 28,19). O velho mestre, experiente e precavido, quer manter-se e ao discípulo a uma prudente distância do mundo... Ele conhece e teme suas armadilhas... O jovem recém-consagrado, entusiasmado e inovador, sente-se enviado justamente para o mundo – sua grande Galileia – para cativá-lo, para dividir com ele "a razão de sua esperança", de modo que o mundo se encante e se apaixone por Aquele que o encantou e o fez apaixonar-se. O velho mestre, que já percorreu uma longa estrada, é defensor da manutenção da vida consagrada nos moldes preestabelecidos. O jovem que inicia a caminhada traz um momento novo, um desejo novo de como viver sua consagração. Para isso se tornara missionário, para isto se sente enviado. Para ir e anunciar a Boa Notícia no meio do povo, como fez Jesus de Nazaré. Mas, em meio à caminhada do tempo e dos métodos, no contínuo renascer de desafios e demandas, o velho mestre e o jovem padre, são, ambos, dois olhares, dois momentos de um mesmo amor, de um mesmo apaixonado ideal – o anúncio do Cristo Redentor.

Tamanhos eram o entusiasmo e envolvimento de Padre Vítor com a catequese que, durante o ano de 1927, saiu de Araraquara uma única vez, em setembro, para uma novena na cidade de Itápolis (SP). Para o Natal e fim de ano Padre Vítor preparou uma pequena festinha para as crianças de modo a encerrar de forma alegre e descontraída o ano catequético. Esta atividade não era, porém, novidade entre os redentoristas bávaros. Desde a chegada a Aparecida, a catequese merecera destaque e apoio por parte deles. Catequistas leigos – homens e mulheres – foram convocados e estabeleceu-se o entrosamento e a cooperação entre catequistas e padres responsáveis pela formação catequética. As crianças eram incentivadas e premiadas. Em todas as igrejas aos cuidados dos redentoristas foram instituídas a celebração solene da primeira comunhão eucarística e a festa da catequese. O temperamento ativo e alegre de Padre Vítor veio acrescentar ainda mais dinamismo à atividade catequética em

---

[15] Copresp A, carta de Padre Estevão para Padre Carlos Hildebrand, em 1927. No *ARSP*.

Araraquara, que, por sua vez, favorecia o aperfeiçoamento de seu jeito natural para lidar com a criançada nessa que foi, especificamente, sua primeira tarefa pastoral como padre.

Não resta dúvida de que este trabalho foi marcante na vida de Padre Vítor. Catequese é alicerce para a comunidade cristã e catequese bem feita é certeza de engajamento do cristão na Igreja. Para ele foi um trabalho gratificante, de modo especial por acreditar que as crianças bem formadas teriam mais chances, poderiam, quem sabe, ter uma infância menos atribulada que a sua própria. Seu temperamento jovial e expansivo muito ajudou nessa tarefa. Sabia atrair e conquistar o coração da criançada. Seu irmão José – numa fase agnóstica – não sem uma ponta de ironia, chamou Vítor de "palhaço da fé". De fato, ele soube se fazer "palhaço da fé" para conquistar as crianças, especialmente quando as arrebanhava para a missãozinha durante as Missões Populares. Criativo, com facilidade comunicava os ensinamentos de Jesus por meio de exemplos e comparações. Foi, no dizer do cronista da comunidade, um exímio catequista!

Na festa da Epifania de 1928, na celebração da primeira eucaristia, o bispo de São Carlos, Dom José Homem de Mello esteve presente e não poupou elogios à atuação de Padre Vítor. Na programação da catequese, periodicamente eram feitas encenações de peças teatrais, algumas vezes levadas ao palco com a ajuda de professores do Colégio Progresso, de Araraquara. No final do ano, havia a distribuição de prêmios e doces na festa anual de encerramento das atividades, que reunia os núcleos catequéticos que haviam sido implantados, pois a catequese não ficava restrita somente à igreja Santa Cruz. Um fato engraçado acontecera no Natal do ano anterior. Em um encontro dos catequizandos, catequistas e o padre responsável, o Centro Santa Cruz não providenciara doces e caramelos para as crianças. Uma menina roubou a cena, dizendo em alto e bom som a catequista: "Padre Vítor tem uma casa tão grande, uma igreja tão bonita como essa de Santa Cruz, é tão rico e não arranja doces para nós!" A catequese é ocasião de aprendizado tanto para catequizandos como para catequistas...

Logo após a celebração da primeira eucaristia das crianças, Padre Vítor partiu para um trabalho em Taquaritinga (SP), para a festa de São Sebastião. Era regra geral para os congregados redentoristas que só devia participar das Santas Missões o padre que já tivesse feito o Segundo Noviciado, um semestre dedicado a estudos específicos sobre a pregação explícita da Palavra de Deus. Repetimos porque, Padre Vítor Coelho, ainda que não tivesse ainda cumprido essa norma, conseguiu sair para acompanhar alguns de seus colegas em alguns trabalhos esporádicos e algumas Missões.

A Congregação Redentorista tem um esquema para as Santas Missões ou Missões Populares que foi compilado, elaborado e inovado na época do fundador, Santo Afonso Maria de Ligório. Os alemães no Brasil seguiam tal esquema com algumas variações. Padre Estevão, que naquele ano de 1928 exercia o cargo de Vice-Provincial, era um grande entusiasta e estudioso das Missões. Estando na Europa para o Capítulo Geral de 1921, recolhera vários esquemas e experiências de outras Províncias e estava elaborando algo que pudesse ser adaptado e aplicado no Brasil.

No começo do ano, três cidades do Triângulo Mineiro foram contempladas com o trabalho dos missionários redentoristas, mas em forma de Semana Eucarística. Era uma proposta de renovação das Missões que haviam acontecido anteriormente. Os padres voltavam às cidades por onde haviam passado em Missão e, durante uma semana, tentavam reavivar a fé e a devoção do povo com cerimônias especiais dentro e fora da igreja. Do final do mês de fevereiro ao final de março, estiveram em Araguari, Uberabinha (hoje Uberlândia) e Uberaba, os Padres Estevão, Vicente e Coelho. Seria, em certa medida, a inauguração dos trabalhos missionários para Padre Vítor, embora ele tenha atuado junto de Padre Estevão apenas como seu auxiliar e não assumira, sozinho, qualquer tarefa. Mas era o começo... Na passagem por Uberabinha, quantas lembranças e quanta saudade não terão visitado o coração do jovem missionário... Lá estava enterrada sua mãe e, lá, ele havia passado parte de sua infância perambulante.

Um fato interessante marcou, em Araguari, a proposta renovatória da Missão – ou Semana Eucarística como fora denominada. Os padres, após os devidos anúncios e avisos, realizaram, uma noite, uma bela procissão dos homens. Velas acesas, renovação das promessas batismais, andores enfeitados, tudo muito solene e muito bonito. Para as mulheres, reservaram um momento em uma tarde de sábado. Tudo também muito avisado e bem programado. Mas, para surpresa geral, as mulheres não apareceram na hora marcada. À noite, para espanto da cidade e dos missionários, uma multidão de mulheres surgiu com velas nas mãos exigindo uma procissão e profissão de fé com a mesma pompa das que haviam sido feitas para os homens. Não é de hoje que as mulheres vêm buscando posições igualitárias na sociedade e na Igreja. Ainda bem!

Apenas chegado do Triângulo Mineiro, Padre Vítor foi para a cidade de Matão (SP) celebrar a Semana Santa. Volta à rotina da casa, ao serviço pastoral na igreja de Santa Cruz, e ao acompanhamento da catequese até o mês de agosto.

E eis que, em agosto de 1928 aconteceu na cidade de Colina (SP) a verdadeira estreia nas Missões! Há apenas dois anos o município conquistara a emancipação político-administrativa. O oeste paulista ainda estava vivendo dias gloriosos como um eldorado, com a conquista da terra e a chegada de muitos migrantes vindos até mesmo do exterior. Padre Vítor partiu, esperançoso e cheio de expectativas, acompanhado de Padre Nestor de Souza. Padre Nestor era um dos primeiros brasileiros a se tornar padre na Vice-Província, ordenando-se em 1915, tendo já larga experiência no exercício de pregação das Missões. A Missão foi organizada de modo a começar nas poucas capelas rurais existentes no município. Por serem tão poucas, foram divididas entre os dois missionários. Zeloso e bom observador, Padre Vítor escreveu um relatório sobre seu trabalho como estreante nas Missões no final do mês de agosto de 1928. Começava a nascer o grande evangelizador.

Comecei pela fazenda do Sr. José de Sousa, um dos homens mais influentes do município, o qual decisivamente concorreu para a criação da cidade de Colina. Quer ele, o Sr. Sousa, que se chame sua propriedade: "Fazenda São José", o povo obstina-se, porém, em lhe dar o nome de "Fazenda dos Macacos". Outro conflito entre a opinião pública e o nosso fazendeiro está em que todos o chamam "seu Tenente", quando ele protesta ser apenas um "velho Jeca". De fato nota-se o "velho Jeca" nos arcaísmos da habitação e móveis como no trajar-se e no dos hábitos do Sr. Tenente, que já vai por ai uns cinquenta e cinco anos. É um hospitaleiro generoso, bonachão, muito natural, porém, ao encarar a existência...

As colônias desta fazenda como das outras duas onde estive, apresentam-se como verdadeiras "Babéis" de raças e línguas. Ao lado de um bom número de caboclos, veem-se italianos, espanhóis, alemães, húngaros, lituanos, polacos e romenos. Os alemães são protestantes na sua totalidade. Os romenos ortodoxos. Vivem quase todos num grande abandono religioso ali no meio dos imensos cafezais. Passam os domingos nas tabernas ou nos campos de futebol, que não faltam nas fazendas... Pelo seu demasiado amor ao álcool, destacam-se os lituanos, polacos e romenos. Costumam, isso eu ouvi apenas, costumam assentar-se à roda e fazer passar o copázio de cachaça até estarem todos completamente embriagados. Felizmente aquelas pessoas possuem um bom patrimônio de espírito religioso. É comovente o respeito e a alegria com que recebem o padre e as lágrimas com que dele se despedem. Cantam mui lindos cânticos a três vozes. Creio que deles todos, nenhum ficou sem receber os sacramentos. Pena foi não podermos entender bem, visto estarem no Brasil há menos de um ano.

Na fazenda "São José" improvisou-se a sala da escola em capela. Sala espaçosa, mas de minúsculas janelas. Na travessa do "goal" do campo de futebol, amarrou-se o sino de bronze da fazenda. Havia bancos para umas cem pessoas. O horário invariável em todas as fazendas foi: às 5h30 e 18h, Missão para os adultos e durante o dia para as crianças.

Dia três de setembro, à tarde cheguei à casa do Sr. Dógelo de Sousa, vice-prefeito de Colina. É irmão do Sr. Tenente, mas de ideias muito mais modernamente adiantadas. Sua fazenda é modelo. Foi o Sr. Dógelo mesmo quem providenciou para que a espaçosa e arejada sala da escola fosse transformada por alguns dias em capela.

Dos colonos desta fazenda, um bom terço é protestante, devido serem muitas aqui as famílias alemãs. Curioso foi terem mandado seus filhos cotidianamente ao catecismo. Procurei dar, em alemão, aos "loirinhos", um rápido resumo do que ia explicando aos outros em português. Os pais alemães, que me escutavam, mostravam-se admirados de ver Jesus Cristo ocupar o lugar central de nossa religião, quando sempre lhes fora dito que no catolicismo Jesus é proposto à Maria! Esses alemães insistiram para que eu lhes fizesse um "culto". Mostrei-lhes o impossível que desejavam, disse-lhes, porém, se quisessem ouvir uma simples conferência eu estaria pronto a lhes fazer, em alemão. Aceitaram e vieram todos. E lhes falei da obrigação que todo homem tem de ser religioso, do rever e seguir a própria consciência na escolha do "credo" e dos motivos por que todos se deveriam fazer católicos.

De sete a dez de setembro missionei na fazenda do Sr. Alberto Motta. Ele, um português residente em São Paulo, onde recebe o ouro dos seus seiscentos mil pés de café. Havia dado ordens ao administrador para que recebesse e favorecesse em tudo o missionário. À chegada, encontrei arcos e palmas por ali esparramados. Fizeram-no os polacos e lituanos que ali existem em grande número. Recebido festivamente, também de festa foram declarados os dias da Missão.

De dez a quatorze hospedei-me em outra fazenda, os Paros. Família numerosíssima, de italianos. Última etapa na zona rural deu-se dia dezessete, na fazenda Estiva. Lá havia capela, mas a comunidade em decadência.

Posso dizer que o que vi nesta excursão apostólica pela paróquia de Colina, um povo bom, dócil e de excelente fundo religioso. Mas, infelizmente, estão abandonados na prática religiosa. Não são elas, essas pessoas, as únicas culpadas. Os fazendeiros, engolfados nos desejos de lucro e mais lucro, não cumprem os seus deveres de patrões cristãos, proporcionando aos seus colonos e empregados ocasião para cumprirem seus deveres religiosos, chamando às fazendas os sacerdotes. E os vigários igualmente, uma boa parte de responsabilidade lhes cabe por certo nesse abandono dessa pobre gente!

De dezoito de setembro a primeiro de outubro foi aberta a Missão na matriz da paróquia. A cidade de Colina é de emancipação recente. Terá uns quatro mil habitantes e a cidade tem boas construções e aparenta bem cuidada. A matriz é um belo templo, pequeno porém. A vida religiosa, menos intensa. A frequência diária da comunhão é quase nula. Talvez porque a igreja se abra muito tarde, por volta das 19h30.

Grassa grande indiferença religiosa entre os homens. Há entretanto, um punhado de bons católicos pertencentes à Irmandade do Santíssimo Sacramento e aos Vicentinos. Para as moças existe a Pia União. O Apostolado da Oração parece ter pouca seiva vital. Há também protestantes na cidade e espíritas.

A frequência às pregações e às cerimônias todas da Missão não foi má, mas poderia, entretanto, ter sido melhor. É verdade que, especialmente à noite, a igreja ficava repleta, mas a igreja não é grande. De outro lado, a assistência era constituída quase que exclusivamente do pessoal urbano. O catecismo foi bem frequentado. Preparou-se uma bonita primeira comunhão de cento e duas crianças. A procissão do Santíssimo Sacramento foi realizada com muita solenidade e muito povo. O vento não deixou que se acendessem as velas que o pessoal traziam consigo.

A pregação aos homens esteve muito concorrida. O comércio fechava as portas a fim de permitir aos empregados a ida à igreja, à noite. Apesar de todos os prognósticos contrários à comunhão geral apareceram cento e quarenta e dois homens. Um belo número para esta cidade. O encerramento com a procissão do cruzeiro – só de homens – e a bênção do mesmo esteve muito solene e teve enorme assistência. O vigário ficou muito satisfeito com os resultados da Missão e os missionários não menos por terem concluídos com as bênçãos visíveis de Nosso Senhor os seus trabalhos de mais de um mês de duração.[16]

Interessante notar os detalhes que Padre Vítor percebeu já em seu primeiro trabalho missionário. Comovera-o o abandono espiritual dos imigrantes

[16] Padre Vítor anotou todos os trabalhos que fizera junto com Padre Nestor de Souza e repassou a ele as anotações. Padre Nestor foi um homem zeloso com a história das Missões, compilando e organizando fontes, crônicas e escrevendo outras tantas. Isso salvou o testemunho da primeira Missão de Padre Vítor. Está no *ARSP*, Documenta 63 "Crônicas das Missões da Casa de Araraquara", vol. I.

vindos de distantes terras e a participação maciça e fervorosa do povo. O povo é bom – foi, por toda a sua vida, a expressão que o caracterizaria. O povo é bom! A crítica velada aos trabalhos pesados e à falta de assistência religiosa demonstra que não passaram despercebidos aos olhos preocupados do novel missionário. Já na cidade, a pregação e as demais atividades foram feitas pelos dois missionários conjuntamente.

Três dias após a volta para Araraquara houve primeira comunhão eucarística de centenas de crianças na matriz. O vigário, diante da grande quantidade de crianças alegres e agitadas e das dificuldades das catequistas para manter uma relativa ordem, não teve outro recurso a não ser pedir que Padre Vítor rezasse a missa solene de primeira comunhão da meninada. O cronista anotou que Vítor "recebeu elogios do vigário e foi reconhecido, mais uma vez, seu jeito para lidar com as crianças".[17]

Até o final do ano, houve outras viagens e ainda uma Missão de uma semana, pregada por Padre Vítor e Padre Nestor, em Borborema (SP), cidade pequena, com mil e quinhentos habitantes. Seguiram-se novas andanças em Missões na zona rural, em cidades pequenas trazendo ainda mais proximidade com o povo simples e caloroso... Nada melhor para que o novo missionário fosse se ajustando ao feitio e às táticas de um bom pregador. A experiência chegava devagar, desejada e necessária, de modo especial no trabalho pastoral extraordinário com o povo. Mas o aprendiz estava indo muito bem.

Embora um trabalhador incansável, na vida conventual Padre Vítor reservava um tempinho para cuidar das roseiras, apaixonado que era pela natureza. Momento de espairecer, de entregar-se aos próprios pensamentos... Ou, justamente, desligar-se deles. Eram tão bem cuidadas que mereceram elogio do cronista ao relatar o encanto das "roseiras de Padre Coelho". Por certo a beleza das rosas falava a seu coração da Eterna Beleza... Ou refletiam com ele sobre a beleza de uma escolha que vicejava, forte e corajosa, mesmo entre espinhos... Como é comum nos caminhos humanos...

> Um dia no convento... Quantos atos heroicos de amor!?
> Por amor de Deus levantar-se cedo, perseverar na oração da manhã, na meditação, e no Santo Sacrifício. Um sacrifício o trabalho, à vontade alheia, sem variedade. Um sacrifício... acomodar-se aos diversos caracteres, às lides da escola, da casa ou do hospital... noites mal dormidas, cansaços, etc.
> E quantas florinhas de sacrifícios não crescem entre cruzes maiores? Ora renunciar é comodidade, ora roubar é fantasia, aos ouvidos ou olhos o que desejam, ora deixar uma ocupação agradável, ora pacífica e mansamente aturar e tratar bem uma pessoa, ora esmagar com o auxílio do alto os assaltos da carne revoltada, ora saltar por cima dos sentimentos sombrios de tristeza e azedume.

---

[17] Documenta 25, "Crônica da Comunidade Redentorista de Araraquara", vol. I. No *ARSP*.

A cada passo à obediência – cutelo de sacrifício – exige renuncia e mais renuncia, para agradar a Deus. E Ele não acharia aí o seu beneplácito? Que poderíamos mais fazer pelo Senhor? Sim! Preciosa é na presença do Senhor a morte dos seus santos.[18]

Ainda que se aplicasse com entusiasmo às idas e vindas para os diversos trabalhos externos, a pupila de seus olhos era, sem dúvida, a catequese. Para os confrades redentoristas, o trabalho de Padre Vítor era um desafio consolador e merecia todo o respeito da comunidade. Ainda mais que os protestantes tentavam, de variadas formas, atrair a criançada para o culto em suas igrejas. Sua dedicação à catequese não esmorecia, nem mesmo quando precisava suprir as ausências dos padres na comunidade em suas frequentes saídas para auxiliarem paróquias e Missões. O reconhecimento e o sentimento de gratidão pelo bom trabalho desenvolvido foram registrados por seus confrades.

O Revm⁰ Padre Coelho trabalha no setor de catequese com todo o zelo e dedicação e, é preciso dizer, também com muito êxito. Conseguiu um bom número de catequistas que o auxiliam eficientemente nesse trabalho. Por desejo do Revm⁰ Padre Vigário, a catequese da matriz foi separada da de nossa igreja. Assim mesmo ainda sobra bastante trabalho, porque a nossa igreja pertencem ainda os centros de Vila Xavier, Capela São Geraldo, Santa Casa, Asilo e Colégio Progresso. Cada mês é feita uma reunião de catequistas, na qual são dadas as instruções necessárias. As catequistas realizam também um trabalho extraordinário na arrecadação dos necessários meios financeiros para a catequese. Estão inscritos na catequese 1.358 crianças, nos cinco centros e na igreja Santa Cruz. São 52 catequistas. Destaca-se a Senhora Rita Marques, que exerce a função de coordenadora ao lado de Padre Vítor. Cuida de muita coisa e ainda auxilia até mesmo em questões financeiras.

A primeira comunhão é muito bem preparada. A doutrina se estende por vários meses e nos últimos meses o padre a dirige pessoalmente. A cada ano há três vezes primeira comunhão em nossa igreja, em janeiro, junho e dezembro. Procura-se também proporcionar pequenas alegrias às crianças através de presentinhos. Há para esse fim uma caixa especial. O povo de Araraquara gosta muito de contribuir com tais fins.

Para o período pós primeira comunhão, em nossa igreja existe a Irmandade das Teresinhas, uma espécie de Filhas de Maria que enfeitam o altar de Santa Teresinha, comungam mensalmente e quando se trata de angariar dinheiro para a igreja, trabalham sem preguiça. Deve-se mencionar ainda a Irmandade das Pajens do Santíssimo Sacramento. São meninas que já saíram da catequese, mas ainda não tem idade exigida para entrar na Irmandade das Teresinhas. Também fazem cada mês sua comunhão geral e, quando se apresenta a ocasião, angariam dinheiro para o embelezamento da igreja. Os meninos ficam sob a proteção de São Tarcísio. O importante é que todos devem comungar a cada mês e com isso perseverar na vida cristã.[19]

---

[18] Arquivo Padre Vítor, *Pasta Manuscritos*.

[19] Documenta 108, "Ânuas da Vice-Província de São Paulo", anos 1929-1930. Vol. II. No *ARSP*.

Sendo a catequese um processo educativo com as crianças, havia uma metodologia que era seguida pelos redentoristas. Eram obedecidos os moldes dos catecismos da Igreja de acordo com as orientações do Concílio de Trento (1545-1563), realizado quase quatrocentos anos antes de Padre Vítor. Na Pastoral Coletiva dos Bispos do Brasil, de 1915, também havia normas e diretrizes a serem seguidas. Padre Vítor as conhecia e as aplicava nas orientações dadas às catequistas. Havia ainda um outro método que seguia o modelo aplicado nas Missões desde a época de Santo Afonso. Quando era o próprio Padre Vítor que se encontrava com as crianças, ele seguia esse modelo da Missão para falar à criançada. Algo próprio da Congregação Redentorista, esses encontros especiais foram posteriormente aplicados por Padre Vítor quando ele passou a morar em Aparecida, e realizava a chamada Missãozinha para as crianças em romaria no santuário.

Esse modelo redentorista especial de catequese básica consistia de duas partes: instruções e exortações. Nas instruções, Padre Vítor enfocava a necessidade de se crer nas verdades da fé, nos mandamentos e preceitos da lei de Deus, nos sacramentos e nos mandamentos da Igreja. Ao fazer a exortação, falava às crianças sobre a necessidade de participação na vida da Igreja, sobre a salvação da pessoa, o pecado, a morte, o inferno. Enfatizava ainda o valor da oração, da vocação para a consagração religiosa e a importância de Nossa Senhora na vida do cristão. De máxima importância era inculcar nos pequenos a devoção à Eucaristia, a devoção a Nossa Senhora, a frequência à santa missa aos domingos e a necessidade da santa comunhão.

No encontro com as crianças, Padre Vítor incentivava-as a cantar, ensinava a fazer o sinal da cruz, as orações básicas: Pai Nosso, Ave Maria, Credo... Reforçava ou fazia perguntas sobre temas abordados pelas catequistas. Explicava coisas de ordem prática, como fazer a genuflexão diante do Santíssimo, como se confessar, guardar silêncio dentro da igreja. Insistia, sempre seguindo orientação do modelo redentorista de missão, em duas coisas: oração na Missão e pela Missão. As crianças deviam levar convites para os pais, para que eles também participassem da vida da Igreja.

Santo Afonso tinha normas para elaborar a exortação às crianças. Compunha-se a exortação de uma introdução com proposição clara: "Crianças vou contar-vos uma história...". Seguia-se o desenvolvimento, um fato ou parábola do Evangelho exemplificando e demonstrando a doutrina e a moralidade. Por fim, a conclusão, que retomava as ideias centrais. Padre Vítor preparava, com carinho e minúcias, seus esquemas para os eventos.

Exórdio: Crianças, vou-contar-vos uma história de Santo Antônio (conta-se o sermão aos peixinhos). Os peixes escutam quietinhos... Vocês imitem os peixinhos. Ouçam agora o que eu vou dizer: Catecismo, Missão... como ajudar, participar... uma bênção.

Proposição: Estamos no tempo da catequese, tempo especial de Missão... Um tempo para cuidar da alma, tirar o pecado da alma, vesti-la com a graça de Deus, encaminhá-la para o céu.

Desenvolvimento: A alma precisa da Palavra de Deus, que é para ela o que o pão é para o corpo. Precisa do sangue de Nosso Senhor para limpá-la dos pecados... Precisa unir-se a Nosso Senhor pela comunhão, para ter vida (falar do ramo da videira, dar exemplos). Nada de ramo seco. Precisa de luzes e forças, pela oração. Por isso a catequese se encarrega de fazer entender a pregação, a oração, a necessidade de se confessar, de comungar.

Moralidade: Muita gente vive com a alma longe de Deus, nas mãos do demônio. São os pecadores. Outros vivem tentados em largar tudo. Por isso a catequese e a Missão tudo fazem para ajudar a todos.

Como se comportar na catequese e no tempo especial da Missão? Vir ao catecismo, rezar muito, fazer sacrifícios. Fazer propaganda aos colegas, aos pais dizendo que há Missão, que há catequese... pedir aos pais, professores, amigos para eles também virem a participar.

Bênção da Missão e da catequese. Quem aproveitou bem tem a certeza de que Deus está conosco. O coração está mais alegre, os pais ficam querendo ainda mais bem a vocês e é mais fácil para ir para o céu. Quem ajuda a salvar a alma do próximo, garante a sua própria salvação. Não vamos faltar a catequese. Vamos obedecer as catequistas. Vamos participar da Missão. Vamos pedir perdão a Nosso Senhor os descuidos da alma.[20]

Entre os muitos manuscritos deixados por Padre Vítor, encontra-se esta parte de instrução às crianças, com data de 1929, e ainda várias histórias escritas para os encontros de catequese com dados retirados do Missal Missionário que os redentoristas usavam. Além de anotações e correções indicando orientações dadas pelos bispos do Brasil.

Mas se a catequese o empolgava sobremaneira, entregava-se com igual entusiasmo e ardor à pregação da Palavra de Deus, ao anúncio, a todos, do Cristo Redentor. No mês de agosto de 1929 esteve em Iacanga (SP). Voltando deste trabalho, ainda no mesmo dia, passou em casa apenas para trocar algumas peças de roupa e tomou novamente o trem com destino a Aparecida e Pindamonhangaba, para o retiro dos juvenistas. Na ocasião levou consigo dois meninos – quem sabe futuros pregadores – para o Seminário Santo Afonso. Em meados de outubro, foi com os Padres Souza e Conrado pregar Missão em Ibitinga (SP). Em novembro pregou a festa do Rosário em Catanduva (SP) e, no final do mês, auxiliou Padre Estevão em uma Semana Eucarística em Sorocaba (SP). Chegando dezembro, retiro para as Filhas de Maria em Araraquara. E então, preparar, com carinho, a última turma do ano para a primeira comunhão eucarística.

No dia dezenove houve primeira comunhão de umas oitenta crianças em nossa igrejinha. Durante alguns meses as crianças foram muito bem preparadas. A festa foi belíssima, pois não se pouparam nem esforços nem dinheiro para tornar a festa mais brilhante possível!

Não se pode negar que o Padre Coelho presta um serviço relevante aos interesses católicos de Araraquara. O catecismo na Santa Cruz, com suas ca-

---

[20] Folhas datilografadas e manuscritos para a catequese de Padre Vítor Coelho. Arquivo Padre Vítor Coelho, *Pasta Sermões*.

pelas, com seus grupos anexos, está otimamente organizado. As catequistas são bem escolhidas e deveras zelosas, de modo especial que as crianças ficam bem instruídas, bem educadas.[21]

Em 1930, Padre Coelho já era um homem experimentado, tanto pela dedicação à catequese como pela diligente pregação de Missões. Embora tivesse tanta facilidade e imensa dedicação, faltava-lhe ainda o regulamentar semestre de estudos preparatórios para as Missões, o Segundo Noviciado. No elenco dos congregados, na lista que se publicava no início de cada ano, seu nome aparece apenas como catequista na igreja de Santa Cruz. Mas o Vice-Provincial, Padre Estevão, já o avisara de que, mais cedo ou mais tarde, seria retomado o Segundo Noviciado, que há três anos não acontecia na Vice-Província.

Enquanto aguardava o Segundo Noviciado, Padre Vítor foi, com Padre Nestor de Souza, para semanas eucarísticas em Avaí, Presidente Alves e Pirajuí, todas no noroeste de São Paulo. Esteve também em Cafelândia, atual cidade de Lins, e fez sua estreia na catedral de Ribeirão Preto no solene encerramento do mês de Maria naquela cidade. Sucesso marcante na progressista cidade de Catanduva (SP), onde Padres Vítor e Barros brilharam com ótima participação do povo. Padre Vítor pregou ainda em Bauru e Bariri (SP).

No mês de maio houve mudanças trienais na coordenação da Vice-Província. Para surpresa geral Padre Francisco Wand foi nomeado Vice-Provincial. Surpresa ainda maior pelo fato de Padre Wand não ser bávaro, mas o único prussiano na Vice-Província. Detalhe que, visto de longe, pode parecer sem importância, mas que, naquela época e contexto, contava para os bávaros. Outra surpresa, esta desagradável: a não confirmação de Padre Estevão para um segundo mandato, pois era tradição, repetir a nomeação.

No finalzinho de junho, o assunto na comunidade era a partida de Padre Vítor Coelho de Almeida para a casa da Penha, onde faria o faltante e necessário Segundo Noviciado sob a custódia de Padre Estevão Maria Heigenhauser. Já antes do anúncio de sua partida, a comunidade de Araraquara vivia momentos de tristeza, pois o velho Padre Vicente Grilhisl, que viera na primeira turma de alemães em 1894, falecera em março na Santa Casa da cidade. Padre Miguel Eigl precisaria voltar para a Alemanha pois fora acometido pelo mal de Hansen. Este, aliás, foi o grande mal que assolou os conventos dos redentoristas, juntamente com a tuberculose. Vários padres e irmãos tombaram em plena lida diária, acometidos por estes dois males. Padre Carlos, o superior, por pouco não aguentara terminar o triênio no cargo que ocupava, vindo a falecer no ano seguinte. Situações delicadas e sofridas para a comunidade!

O cronista deixou registrado, no dia primeiro de julho de 1930:

---

[21] Documenta 25, "Crônica da Comunidade Redentorista de Araraquara", vol. I. No *ARSP*.

"No mesmo dia que chegou de Bariri, Padre Coelho partiu para a Penha para fazer o Segundo Noviciado. A diretora do catecismo arranjou uma grande comunhão geral à intenção do Revmº Padre Coelho. A saída do bom padre foi bem sentida nesta cidade."

Certamente Vítor também levaria saudades... Em especial da catequese, alegre e barulhenta como as crianças, e tão importante para a caminhada na vida cristã...

No livro "Os ponteiros apontam para o infinito", há uma passagem na qual Padre Vítor relembra sua volta à Uberabinha, na renovação da Missão de 1928. Nessa rememória – e como sempre repetiu pela vida afora – ele reflete sobre a necessidade de uma boa catequese, orientadora para uma vida de seguimento do Cristo Redentor.

Benditos os que preparam crianças para a Primeira Comunhão!

Paulo Setubal só se encontrou com o Sol divino, que é Jesus, quando, já no crepúsculo da vida, o poeta definhava, tuberculoso, em São José dos Campos. Mas a luz do Cristo iluminara misteriosamente o deserto triste e árido daquela existência.

Paulo Setúbal tornara-se verdadeiramente feliz. E ansioso por derramar em todas as almas essa luz benéfica, ajuntou as últimas forças e produziu um livro intitulado: "Confiteor". "Essa ideia", escreveu ele, "só essa ideia, deu-me ânimo para que, vencendo desalentadoras canseiras, eu me atirasse – Deus sabe como! – a este trabalho que os meus olhos não verão em livro!"

Ali, recordando a infância, ele chora a sua própria primeira comunhão e fala do "descaso religioso em que se lhe formara o espírito. Descaso religioso dos nossos pais. Eles que nunca comungavam..." E evoca a trivialidade, a nenhuma importância com que, nos seus anos de menino, se faziam as primeiras comunhões.

O pequeno aprendia em quatro ou cinco domingos (que domingos enfadonhos!) umas tinturas de doutrina, decorava o Credo, e, assim malissimamente preparado, davam-no pronto para a solenidade eucarística. O que de impressão lhe ficou, para sempre, gravado na memória, desse ato tão solene, foi só a fita branca e a vela...

Em 1927, um missionário voltava a pregar Missões em cidade de sua infância (Uberlândia). Ali onde fora coroinha e fizera em 1908, também muito mal preparado, a sua primeira comunhão. Cidade em que ninguém comungava a não ser a idosa portuguesa Maria Laureana, se não me ilude a memória.

Do alto da velha torre, junto ao antigo bronze que outrora tantas vezes badalara, o missionário cismava olhando para o cemitério velho, onde jazia a mãezinha, falecida um mês depois de ter ele feito a primeira comunhão.

E alguém lhe perguntou: "Tem saudade da sua primeira comunhão?"

"Não", respondeu, "não tenho saudade. Foi feita em afogadilho, quase sem preparação, em uma visita pastoral que Dom Eduardo realizou em companhia dos pregadores Dominicanos".

Naquela semana da visita pastoral, houve na cidade um acontecimento inaudito: aulas de catecismo para as crianças!

Ajuntaram-se uns setenta garotos. Meninas eram poucas. O Dominicano, com "erres" carregados, de bom francês, dedicou-se o quanto pode.

Só um guri do Rio tinha alguma tintura de doutrina. Os outros eram todos sabidos em coisas muito feias e muito más.

Imaginem se uma semana bastaria para ficarem imbuídos e compenetrados de Jesus, salvação, graça, pecado, perdão, comunhão e de todas as belezas grandiosas da doutrina? E a dificuldade que a gente achou em se acusar... Um, "cabeça de pote" disse ao confessor: "Fiz pecado contra a Santa Madre Igreja". Suou para dizer isso, mas disse. O padre inquiriu: "Você quer falar que desobedeceu aos mandamentos da Igreja; mas que mandamento foi?" O bobinho atrapalhou-se e não soube responder. Os companheiros tinham ensinado que "pecado contra a Santa Madre" era sinônimo respeitoso de "pecado contra a castidade".

Não. Não vale a pena improvisar primeiras comunhões. O missionário terminou tais lembranças do passado dizendo: "Deus sabe quanto me têm servido de estímulo essas tristes recordações. Atiro-me com grande ardor à faina de preparar bem as crianças da primeira comunhão. Coitadinhos. Que beleza receber-lhes, depois, aquelas confissões sinceras e cheias de compreensão!"

Ensinar e impressionar, devem ser as duas grandes tarefas. A metade da aula, nos dois últimos meses, deve ser uma delicada pregação em forma de escola ativa.

A ideia da próxima primeira comunhão deve impregnar todo o viver da criança. A família concorra para isso. "Vem, Senhor Jesus!" É o anseio que empolga os mestres e os neocomungantes nos meses de preparação e no "Grande Dia!"[22]

152

Padre Vítor na década de 1940, em Campos do Jordão, onde permaneceu sete anos internado para tratamento da tuberculose

---

[22] V. C. de ALMEIDA. *Os ponteiros apontam para o infinito*. Edições Paulinas, São Paulo, 1960.

Campos do Jordão, década de 1940. Tratamento da tuberculose

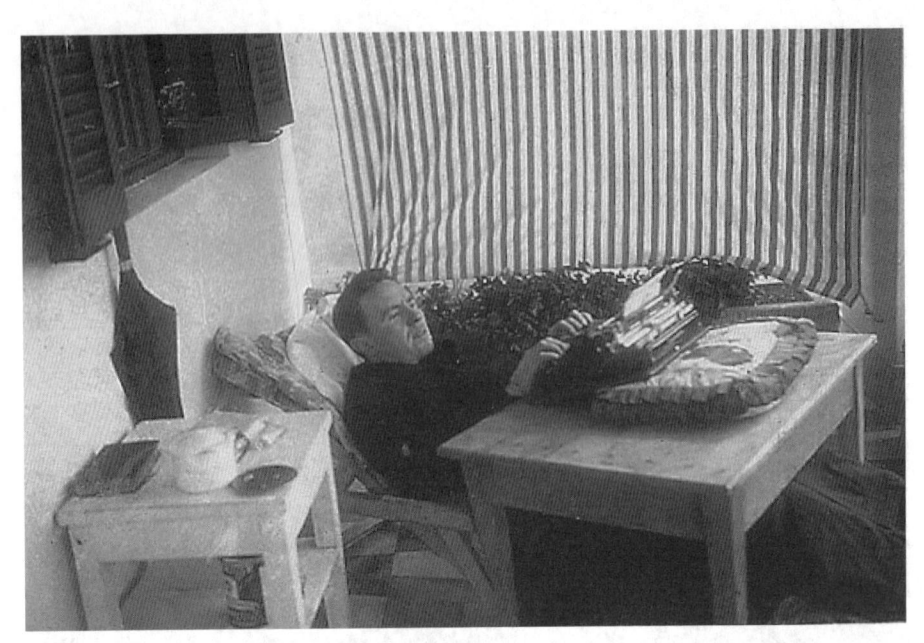

Datilografando deitado, devido a seu estado de saúde

5
O MISSIONÁRIO DA ATIVA NA CAPITAL PAULISTA E EM GOIÁS

O tempo corre solto e a década de vinte dá sinais de estar terminando. Uma série de fatores estavam sendo engendrados fazendo com o que o Brasil tomasse nova feição a partir de 1930. Desde a Revolução de 1924 em São Paulo, o governo republicano teve a sua base ferida e seu poder minado. O último presidente da velha oligarquia, Washington Luís, não conseguiu fazer as alianças necessárias para cumprimento da política de café com leite, entre São Paulo e Minas Gerais. Desde 1927, Minas havia vetado o nome de Júlio Prestes para candidato a presidente da República, pois seria a vez de um mineiro, o governador do Estado, Antônio Carlos.

Os mineiros formaram a Aliança Liberal, uma frente de oposição à candidatura oficial de Júlio Prestes. De início, ofereceram a vaga de candidato a presidente aos gaúchos, que prontamente aceitaram, lançando o nome do governador de seu estado, Getúlio Vargas. Em seguida ofereceram a candidatura à vice-presidência a um estado menor, a Paraíba, sendo indicado o governador João Pessoa. Ainda assim, as forças dos três Estados eram fracas, mas eles conseguiram unir outros nomes e forças descontentes.

As propostas da Aliança Liberal conseguiram atrair o apoio do eleitorado urbano: setores da burguesia, proletariado e camadas médias. Os tenentes, frustrados nas suas tentativas de derrubar o regime pela força, enxergaram no apoio à Aliança uma alternativa política para a ascensão ao poder. As forças em torno do nome de Getúlio eram díspares e mesmo antagônicas, mas estavam dispostas à uma mudança. Apenas Luiz Carlos Prestes, já com ideais comunistas, se negou a apoiar o nome de Getúlio Vargas. Durante a campanha eleitoral, rebentou a crise com a queda da Bolsa de Nova York. O preço do café despencou, havendo vários atritos entre os cafeicultores e o governo. Os produtores reivindicavam mais subsídios e financiamentos, entretanto o governo recusou-se a ceder para evitar uma crise interna ainda maior em um contexto eleitoral.

Júlio Prestes foi eleito em 1º de março de 1930, o candidato da situação. Em princípio os líderes das oligarquias e militares aceitaram a vitória, para em seguida começar a questionar, sobretudo pela ala mais jovem das forças que apoiaram Getúlio Vargas. Em julho, João Pessoa foi assassinado em uma confeitaria em Recife. O motivo do crime prendiam-se a disputas locais paraibanas, no entanto, o crime causou verdadeira comoção popular no país e serviu de estopim para o movimento revolucionário.

Em meio à agitação popular, a frase de Antônio Carlos, governador de Minas caracterizou o que se chamou a Revolução de 1930: "Façamos a revolução, antes que o povo a faça". As elites assumem a liderança e passam a contar com os tenentes. Os combates começaram em Minas e no Rio Grande do Sul. No Nordeste Juarez Távora comanda a rebelião. O maior contingente estava no sul do país, e lá inicia uma marcha em direção ao Rio de Janeiro passando por São Paulo. Em outubro o comando militar no Rio de Janeiro consegue convencer o presidente Washington Luís a deixar o palácio. Foram ajudados por Dom Sebastião Leme, o Arcebispo que saiu no carro, junto ao Presidente. Getúlio Vargas assume como presidente provisório em três de novembro de 1930. Era o fim da República Velha (1899-1930).

Durante esses quarentas anos em que as oligarquias governaram o país, a presença da Igreja foi muito tímida. Desde o decreto de Separação, em 1890, os dois poderes se estranharam no início para começar logo em seguida um processo de reaproximação. Alguns presidentes da república e alguns governadores facilitaram esta proximidade, como Artur Bernardes em 1924. Da parte da Igreja, alguns bispos foram líderes nesta fase de reaproximação: Dom Leme, no Rio de Janeiro, Dom Cabral em Minas Gerais, Dom Aquino, no Mato Grosso, Dom Becker no Rio Grande do Sul. Era o fim de um período político para o governo do Brasil. Era o início de outro e, também, o início de parcerias e contatos do governo com a Igreja. Afinal, Getúlio chegava ao Rio com boas recomendações do bispo sulista, Dom João Becker e Dom Leme no Rio, "despachava" o Presidente Washington Luís para fora do palácio... A liderança da Igreja não estava brincando em serviço.

O Presidente da República foi grato a Dom Leme por este grande feito: desocupar o Catete com o ex-Presidente vivo, convencendo-o, a se exilar na Europa. Dom Leme era a liderança incontesta no episcopado, ainda que pela imensidão do Brasil, outros bispos se destacassem como citamos acima. Justo neste mesmo ano, Dom Leme recebeu o chapéu cardinalício poucos dias antes de vir a ser o conciliador entre os políticos e militares na crise que se instalara no Governo. Neste mesmo ano de 1930, faleceu no Rio de Janeiro, Dom Joaquim Arcoverde, o primeiro cardeal da América Latina. No dia primeiro de julho, embarcava para São Paulo, Padre Vítor Coelho de Almeida, para iniciar o curso de Segundo Noviciado da Congregação do Santíssimo Redentor. Novo tempo para o Brasil, novo tempo para a Igreja e novo tempo para o nosso biografado.

Padre Vítor transferia-se de Araraquara para a Penha. Nas duas localidades, havia comunidades redentoristas. Ainda assim, o centro onde gravitava os maiores acontecimentos da vida redentorista, era em Aparecida. Algumas decisões estavam sendo tomadas e elas envolviam todo o grupo da Vice-Província bávara brasileira. Em 1928, Padre Estevão viu a necessidade de outro local para os seminaristas que não fosse só na casa da Pedrinha. No dia três de outubro, quando o Seminário Santo Afonso completava trinta anos, iniciou-se na cidade de Pindamonhangaba o Colégio do Socorro, para a formação dos seminaristas menores. Era uma fazenda de quase trinta alqueires de terra, sendo a sede da mesma, adaptada para a moradia dos professores e alunos, uma comunidade religiosa.

No ano seguinte, em 1929, para o mesmo local e para a mesma casa, com algumas adaptações, foi também o grupo de noviços, que desde a saída de Perdões (SP), funcionava em Aparecida. Portanto a casa de Pindamonhangaba passava a ser a sexta casa dos redentoristas bávaros: Campininhas, Aparecida, Penha, Araraquara, Cachoeira do Sul e Pinda, como popularmente a cidade é chamada. O pré-seminário funcionou apenas até 1934 e o noviciado até 1966. Padre Vítor algumas vezes esteve no local para fazer seu retiro mensal, visto estar muito perto da cidade de Aparecida, no Vale do Paraíba.

Quando o Seminário Redentorista Santo Afonso, na praça da basílica Velha, em Aparecida, já não comportava o número sempre crescente de seminaristas, Padre Estevão teve iniciativa corajosa. Pediu emprestado a Dom Duarte, o prédio inacabado do Seminário Bom Jesus e lá instalou os seminaristas. Sem recursos suficientes, a decisão foi uma bomba em meio aos confrades. "Trocar uma casa já montada, por uma ala do Colegião, sem janelas nem portas, com paredes sem rebocar, sem instalações, não era um sonho, diziam, mas um pesadelo que só Padre Estevão podia ter". Este porém respondia: "A Redenção começou numa estrebaria; nós vamos começar num pardieiro!".

Fato marcante para os redentoristas e para o povo aparecidense foi a emancipação política administrativa de Aparecida. Fato esse acontecido em dezessete de dezembro de 1928. Os redentoristas estiveram envolvidos desde a primeira hora, muitos anos antes, nas tratativas e conchavos políticos a favor da então Vila de Aparecida, de modo especial Padre Antão Jorge. À frente do jornal "Santuário de Aparecida" estava, na época o primeiro diretor de Padre Vítor, Padre João Batista, que por várias vezes manifestou-se a favor da emancipação. "O direito à existência é o mais primordial direito que outorga a natureza..." escrevia ele, ainda em 1921, suscitando debates em torno desta causa.

Atualmente, quando os missionários redentoristas buscam uma maior integração entre os membros em diversas Províncias e Vice-Províncias, agora chamadas de Unidades, dentro de uma Conferência para a América Latina e Caribe, nós encontramos sinais de muito entrosamento neste período que estamos analisando. Em Aparecida, de vinte e dois de fevereiro a quatro de março de 1928, os redentoristas holandeses pregaram uma missão em território exclusivo dos alemães. Em determinado tempo, o Governo Geral nomeava uma padre para fazer uma visita canônica em nome do mesmo, ouvindo e analisando a situação da vida conventual e apostólica dos confrades. Em 1929, fez a visita canônica em nome do Governo Geral, o Padre Godofredo Strybos, holandês e Vice-Provincial da Vice-Província do Rio de Janeiro. Na Penha, o cronista anotou: "Munido de grande amor à Congregação, de extrema bondade e de sincero desejo de beneficiar, Sua Revm.ª conseguiu ganhar a confiança de todos os Padres e Irmãos, que lhe expuseram suas dificuldades e desejos". No começo de janeiro de 1930, Padre Estevão foi até o porto de Santos para receber dois confrades que vieram de Nova York, Padres Francis Mohr e Alphonse Hild para a fundação redentorista no Estado do Mato Grosso. Eles ficaram em Aparecida um bom tempo aprendendo a língua portuguesa. Padre Estevão os acompanhou até Aquidauana, para a fundação do que se tornou, mais tarde, a Província Redentorista de Campo Grande.

Mas o fato marcante em Aparecida aconteceu em setembro de 1929. Com pompa e festa, foi celebrado o jubileu de prata da coroação de Nossa Senhora Aparecida. Foi também oficializado o pedido para que Nossa Senhora Aparecida fosse declarada padroeira do Brasil. Ainda que não estivesse presente, Padre Vítor Coelho foi um dos maiores divulgadores desta festa de 1929 e do patronato de Nossa Senhora para o Brasil, por todo o país.

Nossa Senhora da Conceição era a Padroeira de Portugal e do Brasil. Aqui com o título de Aparecida, mas sem uma declaração oficial. Cartas haviam sido escritas, já em 1928, pelo núncio Dom Aloísio Masela, informando Dom Duarte sobre as tentativas e tratativas feitas em Roma visando tal fim. Dom Leme também estava interessado no assunto e escreveu uma circular ao episcopado falando do desejo de que Nossa Senhora Aparecida fosse proclamada padroeira do país. Mas para isso precisaria obter a declaração oficial por parte da Santa Sé. Em Aparecida, estando reunidos os bispos para o jubileu de prata da coroação da imagem e para a realização de um Congresso Mariano, Dom Duarte esperava fazer esta declaração oficial à nação. Mas a Santa Sé enviou um telegrama a Dom Duarte e a Dom Leme, comunicando que Nossa Senhora Aparecida seria declarada padroeira do Brasil, somente no dia 1º de maio de 1930. Não havia tempo hábil para uma manifestação pública como Dom Leme queria. Mas o título estava garantido e agora era organizar um evento para que a decisão tornasse pública o título de Padroeira.

Ainda sobre a importância do momento que deveriam estar juntos em Aparecida, Dom Duarte havia escrito uma circular onde convocava o maior número de devotos e fazia o convite ao clero.

A Apparecida é, no Brasil, a terra predilecta de Nossa Senhora, é o Santuário onde ella se compraz em derramar as suas bênçams, consolando e acariciando, a uns fortalecendo-lhes a fé e a coragem christã, a outros inspirando nobres e salutares resoluções, quantas vezes restituindo-lhes a saúde e sinceramente arrependidos.

E a Senhora Apparecida, como Mãe que sempre é Consoladora dos afflictos e peccadores, Esperança de justos, Inspiradora de virtudes e heroísmos, acolhe a todos com igual clemência, sobre todos estendendo o seu manto caricioso e maternal. Recebe a devoção filial do roceiro simples e ingênuo, com o mesmo carinho com que despacha a petição do mestre e do doutor. É Mãe, é sempre Mãe, e Mãe de infinito amor e compaixão.

Foi por isso que, há vinte e cinco annos, em virtude de especialíssima benevolência do SS. Padre Pio X, foi a Veneranda e Milagrosa Imagem de Nossa Senhora Apparecida solennemente coroada por onze Bispos, rodeados de uma centena de piedosos sacerdotes.

Desde então vêm crescendo, e sempre com aumento de piedade, as romarias que a Nossa Senhora vêm aqui trazer as suas preces e oblações, os seus votos de fidelidade e protestos de filial amor.

Confirmando estes sentimentos, com exemplos de maior carinho e mais acendrada devoção, assentou o venerando Episcopado brasileiro em pedir á Santa Sé se dignasse reconhecer e proclamar a milagrosa Virgem da Apparecida como PADROEIRA DO BRASIL, deste nosso Brasil que tanto amamos e queremos grande, glorioso e unido, sob a bandeira da Virgem Immaculada.[1]

Com a reunião dos bispos em Aparecida para este evento e o congresso mariano, muito trabalho tiveram os redentoristas. Participaram vinte e sete bispos com a distribuição de quinze mil comunhões ao povo em geral. "Os trabalhos destes dias foram exaustivos, tanto para os Padres, como para os Irmãos, mas tudo isso foi feito com alegria e gosto, por se saber que era isto para a maior glória de Nossa Senhora", anotou o cronista do convento redentorista. A devoção a Nossa Senhora só aumentava. Se em 1904, os bispos ficaram impressionados com o trabalho dos redentoristas, em 1929 o conceito positivo entre eles aumentou. Padre Vítor saberá gozar deste conceito e muito fará para que o nível e quantidade de trabalhos no santuário mantenham-se de pé.

Mas e o Segundo Noviciado, no convento da Penha, na zona leste da capital paulista? Para o segundo semestre de 1930, Padre Estevão conta com dois noviços: Padre Vítor Coelho e Padre Alexandre Miné. Interessante que a Regra era claríssima em relação ao período de cinco anos para a experiência pastoral para depois cursar o Segundo Noviciado. Padre Vítor esperou quase sete anos, enquanto seu companheiro, Padre Miné, tinha chegado da Europa no ano anterior. Aliás, a volta do grupo de padres jovens, foi um reforço e tanto para a Vice-Província. Em meados de 1929, voltaram os Padres: Alexandre

---

[1] Dom Duarte Leopoldo, Arcebispo de São Paulo, escreveu a circular e a programação para o Congresso Mariano, em Aparecida, dia 6 de maio de 1929. Mantida a grafia original. Texto original no *ARSP*.

Miné, Daniel Marti, Artur Bonotti e Antônio Macedo. Foram grandes homens e grandes nomes através da ação missionária e na liderança da Vice-Província.

Uma outra particularidade na história dos redentoristas bávaros no Brasil. Se o Segundo Noviciado era parte da formação e preparo para o trabalho missionário, quando eles vieram para o Brasil, em 1894, os mais novos não tinham prática no exercício de pregação de Missões. Devido a perseguição religiosa de Bismarck e a consequente diáspora dos redentoristas na Alemanha, eles não puderam pregar nem aperfeiçoar-se neste apostolado. Estando no Brasil, mesmo sem o método aperfeiçoado e as técnicas da Missão, colocaram mãos na massa e iniciaram a evangelização tanto nos santuários como nas Missões. Foi em 1902, que um redentorista holandês, Padre Henrique Brandow, deu o primeiro curso de Segundo Noviciado aos bávaros, em Aparecida. Dentre seus alunos estava o Frater Estevão Heigenhauser, que há pouco viera da Alemanha e ainda não havia se ordenado padre. Assim a corrente, a tradição não se rompeu, pois Padre Henrique conseguiu passar os ensinamentos de como pregar Missões, aos bávaros. Padre Estevão, por sua vez, foi o mestre de Padre Vítor Coelho.

Os redentoristas iniciaram o trabalho de evangelização no bairro da Penha, em 1905. A devoção em torno daquela imagem é muito antiga. Como os outros santuários paulistas, também o da Penha surgiu na época em que se desenvolveu o movimento dos bandeirantes, a partir de meados do século XVII. Desde o século XVIII a imagem da Virgem da Penha passou a ser trazida à cidade para abrilhantar festas ou afastar epidemias. Consta das atas da Câmara que de 1768 a 1876 a imagem foi transportada vinte vezes ao centro de São Paulo. Os redentoristas estiveram cuidando do Santuário e Paróquia até fins do ano de 1966, sendo a comunidade supressa em janeiro do ano seguinte. Hoje o santuário está sob o cuidado da Diocese de São Miguel Paulista. Na época do Segundo Noviciado de Padre Vítor, havia movimentação com romarias ao santuário e uma vasta extensão territorial que compreendia a paróquia e também casa missionária dos redentoristas.

O padre designado para o Segundo Noviciado, que também traz a designação de mestre, foi Padre Estevão. Ele acabava de deixar o cargo de Vice-Provincial e assumia também como reitor da casa da Penha. A programação do curso seguia um horário e esquema preestabelecidos seguindo orientações gerais da Congregação. Havia tempo para estudos, orações individuais e comunitárias e também saídas e ajudas nas Missões e outros trabalhos externos. Vamos apontar alguns tópicos e aspectos na formação do padre que deveria exercer o trabalho extraordinário nas Missões Populares. Mesmo que não fosse designado para tal ofício – missionário da ativa –, todo padre redentorista fazia esta preparação. Portanto, era obrigatório para todos.

Posteriormente trataremos da Missão Popular e de seu exercício, de sua maneira em ser pregada. Por ora, apontaremos traços e finalidade do Segundo

Noviciado. Desde 1921, Padre Estevão estava à cata de material que pudesse ajudar e aperfeiçoar o jeito de pregar Missão no Brasil. Havia ainda outro desafio, pois não era apenas ser estrangeiro no Brasil, os bávaros lidavam com três realidades diferentes para a pregação. Havia a região sudeste vivendo sinais de progresso a partir da década de 1920; o sul com as colônias e Missões sendo pregadas em alemão e italiano e o sertão de Goiás que exigia outro jeito para missionar, de modo especial devido às grandes distâncias e a escassez de população. Mas Padre Estevão estava tarimbado como estudioso e como prático pregador das Santas Missões. Era preciso inculcar nos padres noviços alguns pontos básicos em prol desta maneira extraordinária do apostolado cristão.

Um missionário não deve ser improvisado. Não é apenas "uma escolha" que o forma pregador e confessor segundo a Copiosa Redenção. Os profissionais como médicos, advogados, juízes, devem fazer seus estágios. No exército, os oficiais têm de passar pela Escola de Guerra. Ora, arrancar as almas do pecado e levá-las a Deus é a arte das artes. É, pois, necessário uma formação adequada e séria.

É fora de dúvida que, primeiramente, os frutos do apostolado dependem da ação divina. Contudo, o Divino Redentor ao chamar homens, ao pedir-lhes o concurso, pede que aperfeiçoem sempre mais – natural e sobrenaturalmente – o instrumento e o ministro de suas misericórdias.

E por quê? Para que não contrariem a ação da graça e até possam cooperar eficazmente para a glória de Deus e a salvação dos homens. E vós, caríssimos padres, fostes chamados – há muitos anos – para este ofício e ministério. Agora, passados os preparativos remotos, chegou a vez dos imediatos e próximos. Chegou a hora da vossa intervenção pessoal, que deverá ser a mais eficaz possível, tão esperada por Deus e pelas almas. Mas isso só será conseguido sob uma condição: se o eleito for verdadeiro amigo de Cristo e excelente operário do Redentor.

Eis a finalidade do Segundo Noviciado, que deverá continuar o trabalho começado no Primeiro Noviciado e Estudantado; que deverá aperfeiçoar em vós "o amigo e o operário de Cristo". Seria um erro muito grande supor que deveis tão somente escrever os sermões. Olhemos a nossa Regra e reflitamos e Ela fala *de sex menses recollectionis*, isto é, seis meses de retiramento, de afastamento. E para que fim? *Ut alumni nostri spiritum pietatis, per studiorum cursum forte nonnihil relaxatam, ac debilitatam revocent ac renovent.* [Como alunos, através de um curso de estudos, reiniciem e renovem o espírito de piedade, um pouco relaxada e debilitada.]

Trata-se, pois, de despertar e renovar uma piedade que não devia estar enfraquecida ou relaxada. Mas, perguntemos: por que nossa Regra fala apenas da piedade? Por que não fala da obediência, observância, humildade, sujeição aos superiores, espírito sobrenatural? Não estavam elas sujeitas e não se apresentavam também, relaxadas ou enfraquecidas? Nossa Regra aponta apenas a causa: faltando a piedade, relaxada a oração do religioso e do sacerdote, o resto subentende-se. É o velho axioma de Santo Agostinho *qui nescit orare nescit bene vivere* [Quem não sabe rezar não sabe viver bem].

Portanto, o Segundo Noviciado visa a renovação geral de todo o espírito redentorista e dos traços da verdadeira fisionomia do missionário redentorista. Vós já conheceis esta fisionomia. É o redentorista "um amigo imitador de Cristo e, por isso, seu auxiliar na obra da Redenção; mas esse amigo e

> apóstolo leva uma vida dividida entre a contemplação e o recolhimento, numa proporção determinada. É um homem simples e despretensioso sempre muito unido aos seus irmãos num verdadeiro espírito de família. É um homem aferrado à sua Congregação, a ela ligado por um voto e juramento de perseverança. Tal como um soldado juramentado a uma bandeira.Todos esses traços podem estar apagados ou sem relevo, sem colorido na vida – isto é – na mentalidade, na linguagem, na conduta do redentorista.[2]

Com objetivos claros e definido a programação, o Segundo Noviciado tinha ainda como preceitos, além da intensificação da piedade e acentuar a vida ascética, um certo isolamento dos noviços dentro da comunidade. Havia horário e momentos comuns apenas entre o mestre e os noviços. Duas coisas que ainda devem ser consideradas: o Segundo Noviciado, como o mestre orientava, não era apenas escrever os sermões para a Missão, mas também, este era sim, um dos objetivos práticos mais relevantes. A outra característica importante eram as saídas dos padres noviços para ajudarem nas Missões. Portanto, Padre Vítor acompanhou alguns de seus confrades em algumas Missões, na condição de noviço.

Ainda no mês de julho, poucos dias após a abertura do Segundo Noviciado, Padre Vítor foi para a cidade de Piracicaba (SP), para pregar uma Missão. O coordenador foi o Padre Chagas e, juntamente com os dois foi também o Padre Miguel, da casa de Araraquara. Na época, a cidade contava com trinta e poucos mil habitantes e havia três paróquias, Santo Antônio, Bom Jesus e outra na Vila Resende. A Missão foi apenas na Paróquia Santo Antônio, a futura catedral da diocese. Padre Vítor anotou: "A grande estima que é tido o vigário Cônego Manoel Rosa, só se explica por sua probidade".

Entre uma missão e outra, havia as aulas e conferências dadas pelo mestre Padre Estevão. Conferências bem elaboradas e calcadas com fundamentação bíblica e citações desde os Santos Padres passando por diversos santos e teólogos. Ênfase maior era dada ao fundador, Santo Afonso, que além dos escritos sobre a Missão, deixou também uma doutrina firme e segura em relação a Moral. Santo Afonso foi um grande inovador da Moral, refutando o rigorismo e o laxismo, elaborando um novo sistema que foi denominado de equiprobabilismo. Era a busca do equilíbrio e o contexto do penitente em cada situação. Marcou a vida da Igreja por sua atitude de benignidade pastoral. Durante o Segundo Noviciado, estas lições do santo fundador da Congregação nunca foram esquecidas. Era preciso retomar o primeiro ardor e recordar sempre as prescrições da Regra. E o mestre estava atento no seu ministério em incutir em seus noviços o perfil do genuíno redentorista, o

---

[2] Documenta 97, no *ARSP*. Pasta com material usado nos cursos de Segundo Noviciado, organizados pelo Padre Geraldo Pires. Padre Pires foi o Padre que mais cursos ministrou para padres noviços. Profundo conhecedor do método de Santo Afonso e também do Diretório de Padre Estevão.

desejo de ter um coração missionário que fosse capaz de amor ardente e zelo pelas almas mais abandonadas.

Sabemos que Jesus Cristo foi o missionário de seu Pai e os apóstolos o foram de Cristo, e nós temos de ser isso também. Nenhum de nós ignora que Jesus Cristo se aplicou às Missões, e com o mesmo as deram também os apóstolos. Os santos vão copiando os traços de Cristo, e nosso Pai achou melhor largar tudo e ir atrás do Primeiro Missionário do Novo Testamento. Daí seu entusiasmo exclusivista pela grande forma de redenção. Por isso deixou bem escrito, recomendado, acompanhado por avisos essa tarefa: *Huic opera omnes potissimum incumbent*. [A este todas as obras muito recomendam.] Para o redentorista tudo o mais é acessório ou deve ser feito com vistas à Missão, como por exemplo, a assistência paroquial, o ensino em nossos seminários.

Entretanto uma obra tão bela pode estar sujeita a más interpretações, compreensões insuficientes e execução pior ainda. Pode a alma não estar bem encouraçada e não ser suficientemente agressiva nas pelejas de Cristo.

Uma alma missionária é indispensável para o redentorista, seja lá qual for o setor que ocupar. Alma saturada de Deus, de redenção, de amor ao próximo, de intuições colhidas no trato de amigo com Cristo. Alma preparada pelo estudo, pela oração, pela técnica alfonsiana, armada com aquelas qualidades que a leitura da Regra já tornou conhecidas. Sobretudo muito amor a Cristo, de quem o redentorista é, na expressão da regra, "adjutor", "socius" e "administer". São Paulo é o tipo clássico do missionário. Sabia em que acreditava, exercia o apostolado *secundum mandatum Patris, per voluntatem Dei*. Vivia não para si, mas para Cristo. Só queria que ele fosse também pregado, para Ele queria ganhar a todos, fazendo questão de prender toda a inteligência para ele. [...]

Sem dúvida, a vida do missionário apresenta vantagens naturais apreciáveis: o encanto dos deslocamentos para quem gosta de viajar. Ficará conhecendo a geografia horizontal, vertical, e quem sabe também a sideral, um dia. Povoações, cidades, paisagens, regiões, usos, costumes das várias regiões, ao lado dos panoramas grandiosos da natureza. Virão relações sociais inesperadas e valiosas, algumas vezes interessantes e instrutivas.

Há igualmente uma certa emancipação proveniente de ficar o missionário muitas vezes com sua iniciativa pessoal, menos enquadrado numa disciplina regular de todos os dias e instantes. E o orador tem lá sua satisfação perante um auditório que o ouve atento, reconhecido. Estabelece-se uma reputação ao redor da pessoa e do talento do pregador. Nem lhe faltam parabéns e elogios ou mesmo preferências a seu nome. O coração ganha sua parte, nas provas de reconhecimento, nos presentes de criaturas que lucram graças com o missionário. Em si, tudo isso não é mau. Mas nada disso deve ser a mola, a chama da alma nem assunto de nossas ambições.

As compensações descritas acarretam perigos. As contínuas viagens dissipam. À força de ver sempre novos horizontes pode o missionário achar estreitos e aborrecidos os pequenos horizontes do convento, do quarto e da própria alma. Esse cinema de contínuas e novas visões de lugares e costumes pode criar o complexo de curiosidade, que bem se traduz na famosa frase: "isso eu ainda não vi". Pode tirar o gosto pelo trabalho sério. Ciganos e gente de circo não costumam ter gosto para um trabalho sério. O missionário, esse cigano de Cristo, não está vacinado contra tal epidemia.

> As relações sociais podem roubar-nos o espírito de simplicidade religiosa, mundanizando-nos, elevando nosso padrão de vida para maiores exigências de conforto. A emancipação regular traz o gosto do cômodo, o horror à mortificação sob todas as formas. O aplauso ao orador pode abrir a porta para o naturalismo. A reputação ligada à pessoa gera facilmente a tal "suficiência", diploma que com tanto gosto nós concedemos. Somos populares. Somos alguma coisa e estranhamos quando alguém ignora nosso nome, nossos milagres. Em tudo que é andor queremos ser colocados. Entretanto, como uma assombração anda o esquecimento atrás do missionário popular, apagando os rastros que deixa na areia da celebridade. E quem desconhece os riscos para o coração? Pode deles nascer o sensualismo, que em certos casos facilmente se torna o princípio de tentações graves contra a vocação. Uma alma missionária precisa estar livre de tudo isso.[3]

Quando José Cousin fez referência ao seu irmão, Padre Vítor Coelho, ele disse que Vítor se tornou palhaço da fé. Agora, o mestre Estevão faz a comparação do missionário com o cigano de Cristo. Ainda que a visão do mestre seja um tanto preconceituosa no dizer que cigano e gente de circo não trabalham seriamente, o missionário é um cigano, um andarilho, um embaixador da Palavra de Deus. Padre Vítor Coelho vivenciou isso na vida de missionário popular, de pregador das Santas Missões.[4]

Há um ditado que diz mais ou menos assim: "o discípulo que supera ou superou o mestre", dito em certas ocasiões para pessoas muito especiais. Sabemos que Padre Vítor guardava uma grande estima e admiração pelo Padre João Batista, seu primeiro diretor. Outros, com certeza, marcaram a sua formação e seu início de apostolado como padre, tanto na catequese como na Missão. E quem foi este mestre, Padre Estevão, que tanto o marcou e mais ainda: marcou a vida e a ação da Vice-Província de São Paulo? Antes, durante e depois de seu cargo de Vice-Provincial (1927-1930) ele foi o homem da Missão Popular. Se a passagem bíblica que fala do manto de Elias que Eliseu herdou, com certeza, foi para Padre Vítor Coelho que o manto de Padre Estevão ficou.

O método missionário da Congregação do Santíssimo Redentor foi iniciado com o fundador Santo Afonso e aperfeiçoado ao longo dos anos conforme a região que os missionários atuavam. Padre Estevão dedicou-se na aplicação e na adaptação deste método no Brasil. Por um bom tempo era usado pelos demais redentoristas o método elaborado pelo Padre Estevão. Posteriormente, quando analisarmos a atuação de Padre Vítor nas Missões, quando for missionário da ativa, a expressão usada entre os redentoristas, falaremos do método de Padre Estevão. Antes, porém, alguns traços da vida deste homem que marcou a caminhada da Missão na Vice-Província.

---

[3] *Ibidem.*

[4] H. A. Tóffuli. *Contos do Andarilho.* Santuário, Aparecida, 1990. Ótimo livro com relatos missionários.

Padre Estevão nasceu em 1879. Em Gars foi aluno do Beato Gaspar Stanggassinger, que muito aprendeu sobre a devoção à Nossa Senhora. Veio para o Brasil ainda com estudos incompletos e aqui terminou e se ordenou padre. Quando foi Vice-Provincial, o núncio apostólico queria entregar a Prelazia do Xingu para a Vice-Província. Ele relutou e conseguiu que não fosse entregue, pois sabia dos limites da Vice-Província. Não foi diretor do Seminário Santo Afonso, mas se deve a ele a expansão e criação de novos espaços para os seminários da Vice-Província. Como dissemos, ele transferiu o Seminário Santo Afonso da praça para o prédio do atual Seminário Bom Jesus. Atualmente, o local abriga também uma pousada e foi onde os dois Papas pernoitaram em Aparecida: João Paulo II, em 1980 e Bento XVI em 2007. E o Papa Francisco almoçou em 2013.

Durante o superiorado de Padre Estevão no convento da Penha, ele teve uma atuação muito positiva também na Paróquia e Santuário de Nossa Senhora da Penha. Em 1931, eram apenas seis padres para o trabalho na igreja, nas Missões e mais as Paróquias de São Miguel, Itaquaquecetuba, Arujá, Poá, Maranhão, Guaiaúna, Ponte Grande e Santa Ana. O território atendido pelos redentoristas hoje são territórios das Dioceses de São Paulo, São Miguel, Guarulhos e Mogi das Cruzes. Quando em 1932, um casal de católicos doou um terreno na Vila São Geraldo, para a construção de uma capela, a comunidade não teve dúvidas a quem invocar e homenagear. O santo invocado como padroeiro foi Santo Estevão Mártir, em homenagem ao pároco Padre Estevão. Era um idealista na melhor expressão da palavra. E quando criticado por isso, respondia: "levo o nome daquele que, ao morrer, viu abertas as portas do céu!". A comunidade cresceu e tornou-se uma Paróquia com o mesmo nome do homenageado. Em 2012, ao celebrar os oitenta anos de seus inícios, os fieis recordaram a figura do antigo benfeitor através de missas e lembranças do missionário do guarda-chuvas e do apito.

Padre Estevão aprendeu bem a língua portuguesa e, se foi bom pregador, foi também bom escritor. Escreveu a biografia de São Geraldo, artigos para o "Santuário de Aparecida" e no jornal da Liga Católica. Nas Missões, usando um guarda-chuvas e apito na boca, comandava grandes concentrações. Foi ele que introduziu e aperfeiçoou o plano de conferências de estado, principalmente para os homens. Nada melhor do que Padre Vítor para comentar sobre seu mestre de segundo noviciado. E Vítor já conhecia a sua família na Baviera, onde ficara hospedado quando fez aqueles célebres passeios pelo sul da Alemanha. Em 1980, o redentorista Padre João Gomes, resolveu fazer umas entrevistas com as lideranças das Missões Populares. Entrevistou Padre Vítor e, quando perguntou sobre Estevão, ele se referiu assim.

Padre Estevão sabia compreender a psicologia do povo, o movimento de massa. Descobriu o valor das crianças, moças para se chegar aos homens. Percebeu o valor da imagem de Nossa Senhora Aparecida, que colocou no lugar de Nossa Senhora do Perpétuo Socorro. Viu o valor das manifestações marianas. Triplicaram as romarias à Aparecida. Sabia usar do gracejo. Era espirituoso. Não era forte em doutrina, dogmática, moral, apologética, mas lia jornais, revistas e as assimilava muito bem. Depois escrevia artigos para jornais e revistas, até na Baviera. Publicou artigos na revista "Maria-Hilf Kalender" e também na "Analecta" da Congregação em 1924 e 1930. Copiou e compilou muito bem os esquemas de Padre Brandow e outros métodos da Europa. Ficou doente por volta de 1934, em Araraquara, com câncer.[5]

O Segundo Noviciado continuava... Depois de várias atividades e algumas conferências, o mestre escalou Padre Vítor para mais um trabalho fora de casa. Uma renovação de Missão em Jundiaí. Foi uma semana eucarística, com destaque a Jesus Sacramentado, com procissão solene e adoração ao Santíssimo Sacramento. Depois na capital paulista, encontramos o registro de mais uma semana eucarística pregado por Padre Vítor no bairro de Perdizes. Já no mês de outubro, foi o pregador oficial da festa de São Francisco de Assis, na igreja do centro da capital. O ano já estava para terminar, mas a folha de serviços dos dois noviços deixava contente o padre mestre. No final de novembro Padre Vítor precisou ir ao médico devido dores fortes na garganta, mas não era nada grave, apenas o esforço de tanto trabalho devido ao esforço para uma pregação audível em tempos que o microfone e sistema de sons não era praticado nas igrejas.

Padre Vítor, durante o tempo que trabalhou na Missão, foi o grande divulgador da devoção a Nossa Senhora Aparecida. Os redentoristas têm uma ligação filial com Nossa Senhora. Santo Afonso se destacou como escritor e pintor. Pois foram vários os quadros da Madonna que pintou e os livros que escreveu sobre Maria, de modo especial "As Glórias de Maria Santíssima". Fez questão que, ao tripé que funda a espiritualidade redentorista – presépio, cruz e eucaristia – fosse colocado Nossa Senhora. A presença de Maria sempre foi tema nas pregações e nas devoções dos redentoristas. Quando os redentoristas se encontram para reuniões, assembleias e momentos seja de alegria ou de luto, cantam à Nossa Senhora o *Salve Regina*, em latim. Cantam também "Dulcíssima Esperança", canto escrito e musicado por Santo Afonso. Inspirado na mais profunda tradição cristã, em venerar Maria, Padre Vítor Coelho também compôs músicas em honra a Nossa Senhora. E com certeza, o belo amor de Santo Afonso tenha lhe dado inspiração.

> Dulcíssima Esperança/ meu belo amor Maria/ tu és minha alegria/ minha paz és tu/ Quando teu nome eu chamo/ em ti Maria eu penso/ Então um gáudio imenso/ me rouba o coração/ Se algum mau pensamento/ vem perturbar a mente/ se esvai apenas sente/ teu nome ressoar/ Nos mares des-

---

[5] Entrevista com Padre Vítor Coelho de Almeida, pelo Padre João Gomes, in Subsídios para a História das Missões, datilografado, 1980. No *ARSP*.

te mundo/ te és a estrela amiga/ que meu barquinho abriga/ e o pode enfim salvar/ Debaixo do teu manto/ minha Senhora linda/ quero viver ainda/ espero aqui morrer/ Porque se a ti amando/ me toca feliz sorte/ de te invocar na morte/terei seguro o céu/ Estende-me os teus braços/ do amor serei cativo/ no mundo enquanto vivo/ serei fiel a ti/ meu coração é presa/ do teu amor clemente/ a Deus farás presente/ do que já não é meu.

A presença da Virgem Maria na vida de Santo Afonso foi marcante. Marcante também na vida de Padre Vítor Coelho. Podemos dizer que é a marca registrada em todo redentorista: o amor, a veneração e a devoção à Nossa Senhora. Um fato histórico acontecido no século XIX vem reforçar ainda mais este carinho especial dos redentoristas para com a Virgem Santíssima.

Segundo uma antiga tradição contada em Roma, em 1499, alguém levou da Ilha de Creta um ícone bizantino retratando a Virgem Maria com o menino Jesus no colo. O menino assustado diante da visão dos instrumentos da paixão deixa uma das sandálias dependurada no pé, e com sua mãozinha, segura firme nas mãos da mãe. O ícone ficou por um tempo na igreja de São Mateus, no Esquilino, em Roma. Com as reformas urbanas no período que Napoleão Bonaparte ocupou Roma, a igreja foi destruída. O ícone foi parar em outra igreja cuidada pelos Agostinianos. Segundo uma outra tradição contada entre os romanos, um anjo teria dito que o ícone de Nossa Senhora devia estar entre as basílicas de Santa Maria Maior e São João de Latrão. Havia a igreja da casa generalícia dos redentoristas, em local aproximado onde estava a antiga igreja de São Mateus. Em 1865, numa tarde de inverno forte, Pio IX recebeu o Superior-Geral dos Redentoristas, Padre Nicolau Mauron que narrou a história do ícone de Nossa Senhora do Perpétuo Socorro. Penso que só faltou dizer ou disse: o lugar de veneração do ícone é a igreja dos redentoristas, no Esquilino. O que o Papa consentiu. Tudo preparado e a festa foi organizada para a primeira nova exposição do ícone sob os cuidados dos redentoristas, no dia vinte e seis de abril de 1866. A partir daí, ficou acertado que uma das obrigações da Congregação seria divulgar a devoção à Nossa Senhora do Perpétuo Socorro no mundo inteiro. Os redentoristas passaram a levar o ícone nas Missões Populares, criaram santuários onde se venera o ícone de Nossa Senhora do Perpétuo Socorro e, a partir de 1922, nos Estados Unidos da América, os redentoristas iniciaram a Novena Perpétua a Nossa Senhora que espalhou pelo mundo inteiro.

No Brasil, quando os bávaros fizeram o Segundo Noviciado em Aparecida, com um mestre holandês, ele deixou claro a importância em levar e deixar nas igrejas o ícone de Nossa Senhora do Perpétuo Socorro. Na Missão pregada pelos holandeses em Aparecida, Padre Francisco Lohmeier, fez o prescrito e entronizou o quadro de Nossa Senhora do Perpétuo Socorro. Só que, neste mesmo ano, em 1902, na Missão da cidade Queluz (SP), os bávaros levaram Nossa Senhora Aparecida.

> Desta vez foi como a graça caísse como um raio sobre os corações, obrigando-os a ouvir a palavra de Deus e a receber os sacramentos. A atração particular do povo foi uma imagem de Nossa Senhora Aparecida, que levamos e expusemos à veneração pública. Diante dela os fiéis rezavam sem cessar e mantinham guarda. Isso fez subir o número de comunhões, crisma e legitimações de casamentos.[6]

Mais tarde, alguns alemães resistiram em levar a imagem de Nossa Senhora nas Missões no Rio Grande do Sul, chegando a escrever para o Superior-Geral. Houve flexibilidade em atender as realidades diferentes, mas a Província de São Paulo, há mais de cem anos, divulga e leva a imagem peregrina nas Missões Populares. No Diretório das Missões e em decisões de Conferências Missionárias, ficou estabelecido que a presença da imagem era insubistituível para as Missões em São Paulo e Minas Gerais, pregadas pelos Missionários da Vice-Província de São Paulo. A ação missionária de Padre Vítor, que foi um grande entusiasta dessa prática extraordinária de apostolado, só fez crescer a esta prática. Nas décadas de 1960 e 70, ele peregrinou pelo Brasil com uma imagem de Nossa Senhora, divulgando e difundindo a sua devoção, mesmo sem estar ele ligado à uma equipe de Missões.

Voltando ao Segundo Noviciado, à casa da Penha, podemos ainda observar alguns pontos importantes no coroamento da formação do padre redentorista para a lida missionária. Quem ensinava era um homem prático, que havia estudado e aplicado as teorias da Missão, desde a época de Santo Afonso. Padre Estevão queria melhor organização para atingir todo o povo, com a maior eficiência possível. Ele estudou vários métodos, desde o do fundador e de diversas Províncias, adatando ao jeito e ao gosto do brasileiro. Deu ênfase à Missão que atingisse toda a realidade dos moradores da Paróquia, seja na periferia como nas zonas rurais. Foram chamados círculos de atuação, círculos territoriais e pessoais. As pessoas – no sentido individualizado – foram o destaque na formação em separado para crianças, jovens, senhoras e homens, com algumas celebrações especiais também para cada classe. Conforme a cidade, de modo especial tendo mais de vinte mil habitantes, dar destaque ainda às escolas, hospitais, presídios, asilos, quartéis de modo a envolver a todos. Estando para terminar o curso do Segundo Noviciado, é interessante recordar a mensagem que o redentorista recebia para que fosse sempre o missionário da esperança e da misericórdia.

> Nossa pregação de esperança é um dos elementos essenciais no andamento das Missões. Nosso pai Santo Afonso teve uma missão histórica, enfrentando o rigorismo jansenista. Teve uma solução prática, impondo a esperança, pregando-a, mas prevenindo contra abusos. Nem esperar demais, nem esperar de menos. Todos os seus sermões terminam com a sinfonia da

---

[6] Documenta 1, "Crônica da Comunidade Redentorista de Aparecida". No *ARSP*.

esperança, da confiança, sendo de amor e arrependimento os últimos compassos. Nunca tolerou que homens da misericórdia, com a cruz da misericórdia ao peito, andassem trancando a porta do céu aos bem-intencionados. Nunca suportou pregador que descesse do púlpito batendo a porta na cara dos ouvintes... Esta é a fisionomia que também volta nos traços do todo redentorista bem genuíno, pedigree 100%.

Todo missionário esbarrará com dificuldade, com possíveis fracassos, além de oposições formais não raras vezes. Estamos na hora da confiança em Deus, quando a consciência dá testemunho de ter nosso trabalho sido dedicado e bem intencionado. Bem pode a humilhação do missionário ser também um dos preços, uma das coisas que faltaram à Paixão de Cristo, e que depois terão influência numa conversão. Esta não precisa ser necessariamente a dos ouvintes. Não destoa dos métodos de Deus destinar-se ela ao próprio missionário que tem de ser curado de qualquer erro.[7]

A semente estava lançada... mais dois padres estavam aptos para o trabalho na ativa, na Missão redentorista. O modelo apresentado não podia ser outro que a figura do santo fundador que, no seu modo de vida e de sua herança deixou no coração de todos a mensagem de Jesus: "O Senhor enviou-me para evangelizar os pobres..." Era esta a experiência de Jesus ao ler esta passagem de Isaías na sinagoga de Nazaré (Lc 4,18). Esta era a mensagem central que foi passada pelas diferentes gerações de missionários desde Santo Afonso, passando pelo ramo bávaro da Congregação na pessoa de Padre Estevão chegando até Padre Vítor Coelho de Almeida. Formado no método próprio de pregar Missão, como redentorista, estava ele pronto para o campo de batalha. Recebeu o conhecimento e o testemunho dos insignes varões da melhor estirpe de missionários que souberam transpor montes e mares, para pregar em nossas terras de Santa Cruz. Agora é Padre Vítor Coelho, o missionário do povo, o missionário de Nossa Senhora Aparecida, o missionário da misericórdia...

Passadas as festas de natal e ano novo, no dia dois de janeiro de 1931, houve uma celebração na basílica da Penha, presidida pelo Padre Vice-Provincial Padre Wand. Nesta celebração onde os dois padres noviços receberam a cruz missionária e renovaram seus votos religiosos, foram declarados prontos para a ação missionária. Três dias depois, Padre Vítor tomou o trem e partiu para Araraquara, a sua comunidade religiosa. Agora voltava não mais responsável pela catequese, mas como missionário.

Assim que chegou em Araraquara, naquela mesma semana, havia um grupo de crianças para a celebração de primeira comunhão. Padre Vítor ajudou o reitor Padre Nestor de Souza na igreja de Santa Cruz. Padre Nestor havia ministrado as aulas de catequese, todas as tardes, por um semestre. A catequese continuava sendo destaque e recebia a mesma atenção dos redentoristas no preparo e na instrução das verdades da fé. Cabe destacar no trabalho pastoral

169

---

[7] Documenta 97. *Op. cit*. No *ARSP*.

dos redentoristas em Araraquara a presença de Padre Nestor como o primeiro brasileiro a assumir como reitor. Aos poucos o comando das casas, os encargos vão passando aos brasileiros.

Durante o primeiro semestre, Padre Vítor pregou uma renovação de Missão em Uberlândia (MG) e também a semana santa nesta mesma cidade. Ajudou por duas vezes em Taquaritinga (SP) e em Piracicaba (SP). Missão propriamente dita, pregou apenas em São José do Rio Preto (SP), durante o mês de março, juntamente com o Padre Henrique Barros.

O destaque para esta Missão, foi a pregação de Padre Vítor seguindo o diretório missionário e os esquemas que aprendera no Segundo Noviciado. Com facilidade e jeito para lidar com o povo, comunicação fácil e com conteúdo claro, ele mesmo afirmou isso na crônica da Missão. Foram as características gerais deste seu primeiro trabalho após fazer a preparação para o mesmo. Sendo cronista, ele teve a sensibilidade em escrever sobre a cidade e os pontos marcantes da vida do povo. Hoje a cidade é sede de diocese e conta com mais de quatrocentos mil habitantes. Vejamos o que foi observado há oitenta anos atrás. Padre Vítor, em várias passagens de seus escritos, quando refere-se a si mesmo, usa a terceira pessoa. Quando fala que esteve uns três dias de molho, foi apenas um resfriado e nada grave que abalasse a sua saúde.

São José do Rio Preto pode ser contada entre as grandes cidades. É de vinte mil o número de seus habitantes. Possui uma única rua calçada. É bem sensível o estado de abandono por parte da edilidade, apesar de serem, como dizem, fabulosas as rendas municipais. Tem bom número de automóveis e é o centro comercial de todas as cidades vizinhas que não são servidas por estradas de ferro.

Levantado este estado anormal da crise financeira é bem possível que Rio Preto se torne uma das grandes cidades do Estado. Pouco a pouco se vai corrigindo a ideia de que Rio Preto é um covil de ladrões e aventureiros sem maiores ideais. Realmente a população é muito heterogênea, contudo o povo é excelente, expansivo, comunicativo e delicado e, sobretudo religioso. É uma cidade nova. Não há por enquanto tradições. Está tudo por se formar. Grandes são as esperanças. A vida intelectual é bastante intensa. Um pequeno semanário orienta a população sobre os acontecimentos mais importantes da terra. A situação religiosa melhorou muito com a criação da diocese e com a vinda de Dom Lafaiete Libânio, que tem se esforçado valentemente em prol de seus queridos diocesanos.

Passaram por Rio Preto como vigários os padres Jesuítas portugueses e Beneditinos austríacos, deixando poucos sinais de sua passagem. Não é pequena a propaganda protestante. O espiritismo lançou fortes raízes na parte baixa da cidade, especialmente entre os negros. Nota-se a falta de elementos das classes inferiores nos atos do culto. Dadas as circunstâncias, quais os resultados da Missão? Ótimo! Dificilmente poderia ter sido melhor. Éramos dois missionários unicamente. Além disso, Padre Coelho, fraco como é, esteve uns três dias de molho. Para as confissões, convidamos o senhor bispo, o cura da catedral e seu auxiliar, além do vigário de Tanabi. Sabemos que não é conforme o espírito de nossa Regra convidar o clero paroquial para auxiliar nas confissões, mas de outro modo não poderíamos atender a tanta gente.

A recepção da imagem de Nossa Senhora Aparecida correu sem mais novidades. As Filhas de Maria levantaram um belo altar à Padroeira do Brasil. Poucas vezes trouxe o povo tantas vezes como nesta Missão. A despedida de Nossa Senhora foi comovidíssima. A venerada imagem recebeu numerosos mimos como prova de amor filial daquela boa gente.

O catecismo das meninas atingiu a 612 e dos meninos a 300 e tantos participantes. Poucas vezes tivemos uma comunhão de crianças tão numerosa, mormente primeira comunhões, cujo número sempre foi superior a 300. As senhorinhas e senhoras rio-pretenses ofereceram um delicioso café às crianças comungantes. Foi soleníssima a renovação dos votos.

Foi grande o interesse da população pelas conferências reservadas, salientaram-se as dos homens pelo seu número. Era visível o aumento de dia para dia. Por ocasião do levantamento do cruzeiro, além do Padre Barros, falaram diversos outros senhores, entres os quais dois advogados. Na saída dos missionários houve uma expressiva manifestação de carinho. Fizeram-se representar os prefeitos de Rio Preto, Mirassol e Tanabi.[8]

Padre Vítor observa que os pobres quase não tinham acesso à participação no culto. Não é de hoje que classes sociais economicamente menores ou com rendas menores, tenham dificuldades em participar da vida eclesial. A participação, de modo especial na matriz da paróquia que é sempre no centro da cidade e cercada por uma elite superior economicamente falando, deixa a desejar por não incluir os pobres. Outro ponto interessante é que naquela época, a Missão era o acontecimento e não mais um acontecimento na cidade. Com vinte mil habitantes e apenas dois padres missionários, o cronista dá por satisfeito o trabalho e disse que o resultado foi ótimo.

No mês de maio de 1931, havia notícias na capital da República que a Igreja Católica preparava uma grande festa em honra à Nossa Senhora Aparecida. Dom Sebastião Leme empregava todas as energias para que a festa fosse uma manifestação e amor e carinho para com Nossa Senhora, mas também não deixava de prever, uma situação de demonstração de força em arregimentação de massa. O dia foi estabelecido: 31 de maio, seria a proclamação pública de Nossa Senhora Aparecida como padroeira do Brasil. Esta proclamação devia ter acontecido em Aparecida, em 1929, mas faltou agilidade da Santa Sé em confirmar documentos e outras atividades. Em 1930, ano eleitoral e com a Revolução, a festa foi adiada. Tudo acertado e conversado entre Dom Leme, os redentoristas de Aparecida e Dom Duarte, Arcebispo de São Paulo. Padre Vítor, que já havia demonstrado a facilidade de comunicação não participou da proclamação. Ao final de maio, ele já estava sabendo dos planos de Deus e a designação dos superiores sobre seu destino de apostolado. Mas notícias sobre o evento não faltaram.

---

[8] Documenta 63, "Crônica das Missões da casa de Araraquara", vol. I, no *ARSP*.

Apesar da crise financeira que o país vive, o que muito contribuiu para aumentar e propagar a devoção à Nossa Senhora foi a sua viagem triunfal ao Rio de Janeiro. Desde a proclamação como padroeira do Brasil, Dom Leme queria uma festa para celebrar a data e organizou para o coração do Brasil este momento especial. Preparou um congresso mariano no Rio e, ao final do mesmo, a presença da imagem original de Nossa Senhora Aparecida. A imagem foi coroada no Rio. No início houve hesitações, mas depois a ideia foi acolhida com entusiasmo.

No dia trinta de maio, às 22h, partiu a imagem em um trem especial, em vagão de luxo do Presidente da República, transformado em carro-capela. A imagem chegou ao Rio de Janeiro às 7h da manhã do dia trinta e um. Tanto no percurso como na capital, foi um verdadeiro triunfo nunca visto. Logo após a chegada, iniciou-se uma missa campal e após a missa a imagem foi levada para a catedral. Às 14h saiu em procissão com ajuntamento de povo jamais presenciado. Segundo cálculo dos jornalistas, um milhão e duzentas mil pessoas tomaram parte na celebração. A apoteose foi a coroação, feita no fim por meninas, após a consagração do Brasil à gloriosa Padroeira. Imediatamente depois foi a imagem levada ao trem, o qual partiu às 21h chegando aqui em Aparecida às 7h do dia seguinte. Este acontecimento repercutiu no Brasil inteiro e serviu para reafirmar a fé nos espíritos e fazer Aparecida mais conhecida em todos os recantos da nação.[9]

Foi realmente um momento de reafirmação da presença da Igreja diante do povo. O destaque maior foi dado o revelar da força da Igreja com o povo, diante de Getúlio Vargas. Dom Leme não sabia quais eram os objetivos do Tenente e Presidente da República que não havia nem seis meses exercia o cargo. Católico praticante Getúlio não era, mas aos bispos, nesta hora de marcar terreno, isso contava pouco. O Cardeal Arcebispo fez ver ao Presidente, que estava presente frente a multidão, que a Igreja tinha algumas reivindicações a fazer e queria exercer seu papel ativo na sociedade, de modo especial garantir o ensino religioso nas escolas. Era o começo de boas relações entre os dois homens, representando as duas forças aglutinadoras da sociedade: Igreja e Estado. No final daquele ano, Dom Leme inaugurou a estátua de Cristo Redentor, no alto do Corcovado, marcando visivelmente a presença da Igreja com a imagem de Jesus Cristo.

Naqueles dias, houve uma grande Missão na Bahia, pregada pelo Padre Antão, vigário de Aparecida. Ele é que deveria acompanhar a imagem ao Rio, mas sendo substituído pelo Padre Wand, Vice-Provincial, este é que esteve presente nesta grande festa. Da mesma maneira o nosso Padre Vítor que se encontrava em Araraquara, não acompanhou a imagem ao Rio, pois já estava pensando na mudança que deveria ser feita por ele. Desta vez, seguiria para Goiás, o tão encantado Goiás dos primeiros e pioneiros bávaros a partir de 1894. Não era época de transferências, mas houve um contratempo em Goiás necessitando de mudanças antes do previsto. E sobrou para o padre recém--saído do Segundo Noviciado.

---

[9] Documenta 108, "Ânuas da Vice-Província Redentorista de São Paulo", no *ARSP*.

Desde a década anterior, 1920, havia uma crise muito grande entre os redentoristas e o bispo salesiano de Goiás, Dom Emanuel Gomes. Havia um contrato entre a Congregação Redentorista e a Diocese de Goiás, que regia o trabalho e relações entre as duas instituições. Um pouco antes da morte de Dom Prudêncio, este havia pedido uma pequena mudança em uma cláusula para facilitar que ele pudesse saldar uma dívida da Diocese. O que os redentoristas aceitaram. Com a morte deste e a chegada de Dom Emanuel, houve pedido da parte dele que o contrato precisava ser revisto. Fora a questão econômica e a questão de contrato, havia também a maneira de entender a pastoral. O bispo salesiano pensava em fundar escolas e os redentoristas já estavam há trinta anos pregando Missões e cuidando do santuário do Divino Pai Eterno. Quando o interventor Pedro Ludovico planejou e executou a transferência da capital de Goiás da cidade de Goiás para a futura Goiânia, o local escolhido estava a dois quilômetros da matriz dos redentoristas. Dom Emanuel queria que fosse em Bonfim, onde os salesianos tinham casa e escola. Depois de dissabores e muitas cartas e reuniões, as coisas se acertaram. Enfim, Padre Vítor foi transferido para Goiás em 1931 e o clima por lá não era tão favorável aos redentoristas.

A comunidade redentorista havia iniciado um jornal chamado "O Santuário de Trindade". Chegou a ter quase dez mil assinantes, mas no início da década de trinta, começou a fracassar. Em 1931 o jornal deixou de circular. Os redentoristas ficaram sentidos com o fato e ainda mais que, o bispo logo em seguida iniciou outro jornal com o maquinário que era usado pelos redentoristas. O cronista se expressou sobre o assunto.

> O fato mais notável, quiçá, foi a morte de nosso jornalzinho "O Santuário de Trindade" e sua reencarnação às mãos do Exmo. Sr. Bispo sob o nome de "O Brasil Central". Nesta metempsicose o periodicozinho se esqueceu completamente do passado para só se recordar de que um dia vivera com o nome de "O Lidador" de Dom Prudêncio. Parece terem muito mais razão os que lamentam do que os que se regozijam pelo passamento do defunto jornal, livres que estamos pela pena e do bom meio de propaganda de que dispúnhamos.[10]

Padre Vítor Coelho quando chegou a Goiás levou um susto com o novo jornal do bispo. Poderá ter pensado ou dito: "mas como esse mundo é pequeno, ou como esse mundo da voltas..." Antes porém, vejamos os preparativos e a viagem do padre missionário para Goiás.

O trabalho dos redentoristas em Goiás sempre foi muito duro, sacrificado e podemos mesmo dizer que, no início, sentiram na pele, a pobreza vivida na comunidade. Longas distâncias a serem percorridas, distâncias na aquisição

---

[10] Documenta 108, "Ânuas da Vice-Província Redentorista de São Paulo", no *ARSP*.

de víveres e implementos para a subsistência da comunidade. Sofrimento com a crise e incompreensão por parte do Bispo, que fez sofrer a todos os Missionários. Era o bispo que marcava ou elencava as cidades a serem missionadas e com o desgaste na relação devido o que apontamos acima, a pregação das Missões praticamente estava interrompida. Os padres tentavam evangelizar a partir de pousos e giros missionários, praticamente usando o esquema que na história da evangelização do Brasil no período colonial e imperial foi chamado de desobriga. Chegada do missionário, confissão, missa, batizados e crisma, desobrigando os fieis que estavam distantes da matriz e da participação eclesial durante todo o ano. Era preciso ser criativo, inovador diante dos empecilhos e realidades adversas ao trabalho normal que os Missionários estavam acostumados a realizar.

Padre Vítor partiu para Goiás em julho de 1931. Interessante que antes mesmo de chegar a sua nova comunidade, em Campininhas, ele parou em Catalão para pregar uma Missão. Outros tempos... o missionário levava o mínimo do mínimo quando fazia a mudança de casa. No Diretório das Missões, está prescrito algumas normas práticas para a viagem e o proceder do missionário.

> Antes da partida para uma Missão, recite-se, em comum, o "itinerarium clericorum". As preces prescritas no "Manuale" para a viagem sejam feitas ou durante a viagem ou logo após a chegada; neste último caso, de preferência, em comum. O missionário tenha consigo, durante a viagem, uma quantia de dinheiro suficiente para qualquer imprevisto. Na viagem não devem ser comprados livros ou revistas. Os que tem licença de fumar não o façam nas estações ou a passear pelo vagão. No trem, se fumarem, façam-no discretamente. Para outras especificações deste assunto, confira os Estatutos Provinciais.[11]

Como o uso da batina era obrigatório, o missionário levava outra batina na mala, algumas peças de roupa devido as necessidades, os livros de orações e o desejo ardente de consumir-se em prol da Redenção. Anos mais tarde, na capela do Seminário Santo Afonso em Aparecida, os idealizadores e construtores colocaram sobre o altar: *dies impendere pro Redemptio*, isto é, gastar os dias em prol da Redenção. A frase está expressa sobre o altar, revelando a expressão da vida de cada missionário redentorista.

A comunidade redentorista de Campininhas estava desfalcada. Padre Geraldo Pires era redator do jornal que parou de circular e com isso foi transferido para Araraquara. O antigo mestre de noviciado de Padre Vítor, o velho Padre Carlos havia falecido. Um dos Irmãos, Plácido, estava acamado devido a tentativa de roubo na igreja durante a festa do Divino Pai Eterno. Um ladrão desferiu uma porretada na cabeça do pobre Irmão, que o levou para cama por muitos dias. Com estas dificuldades, a comunidade aguardava a chegada

---

[11] Documenta 95, "Diretórios das Missões", no *ARSP*.

de Padre Vítor, que se atrasou devido a compromissos em Araraquara. Ainda parou pelo caminho para pregar a Missão em Catalão. Já o aguardava, um dia antes, na cidade, Padre Pelágio Sauter. Padre Pelágio já era experiente e conhecedor do povo e das tradições goianas. Ele estava engajado de modo especial na evangelização através dos giros missionários. Percorreu várias vezes o sul do Estado goiano. Padre Pelágio e Padre Coelho pregaram a Missão em Catalão, em julho de 1931. Um marco histórico para a história destes dois homens de Deus e fato histórico para a história das missões redentoristas.

Como dissemos, em Goiás, o método de pregar a Missão não era o mesmo usado em São Paulo. Com a permissão do experiente Padre Pelágio, Padre Vítor não teve dúvidas para testar o que ele e os outros Padres chamavam de método de Padre Estevão. Mas o que distinguia a maneira de se pregar em Goiás? Em Goiás, com as cidades pequenas e aldeias longe uma das outras, o que estava funcionando há trinta anos era o tal giro missionário ou a desobriga como apontamos. Padre Vítor aplicou o método de missionar nas cidades. Primeiro as capelas rurais de modo a ir se aproximando da matriz e concentrar os dez últimos dias em torno do centro, mas sem deixar que antes os que estavam fora do centro tivessem recebido a Missão propriamente dita. A situação em Goiás, de modo especial no sul do Estado ainda era de urgência pastoral. Com sensibilidade o cronista comentou a realidade no começo da década de trinta.

175

> Em Goiás o povo está abandonado, a metade das paróquias é desprovida de vigários e muitos dos padres não vivem em correspondência com a santidade do seu estado; as paróquias são muito extensas, chegando algumas a sessenta horas de extensão; os protestantes norte-americanos tentam por todos os meios a penetração no meio do povo, procurando especialmente as paróquias órfãs de pároco. Tenhamos paciência, um povo tão religioso não pode ser abandonado. Precisamos é de trabalhar bravamente, enfrentando longas viagens a cavalo e colhendo os frutos por toda a parte. Embora eles não sejam grandes em número, é um trabalho redentorista cujo Pai Santo Afonso era cheio de compaixão pelas almas mais abandonadas. É um povo disperso nas grandes distâncias e abandonos.[12]

Padre Vítor chegou a Catalão no mês de julho e a Missão aconteceu até o final do mês de agosto. Na década de 1980, Padre Vítor recorda deste tempo..., a pedido de um confrade, ele deixou algumas páginas escritas, "memórias missionárias". Ele recorda que o líder dos missionários entre 1920-1930 foi incontestavelmente o Padre Estevão Maria. Comentou também sobre o padre Afonso, que foi o pregador de sua primeira missa em Forchheim e tinha um jeito especial para lidar com o povo. Padre Afonso, no sermão sobre o inferno, encenava o padre pescador que ia tirando do inferno alguns pecadores de renome como Lutero, Allan Kardec. "Saía com uma campainha nas ruas,

---

[12] Documenta 12 "Crônica da Comunidade Redentorista de Campinas", no *ARSP*.

conversava com todos, era um tipo *sui generis*", comenta Padre Vítor. Sobre si mesmo ele afirmou:

> Eu introduzi mais teologia na Missão, mais cristologia, apoiado em Cohautz, Scheeben e D. Marmion, autores da época. Introduzi os temas da educação, matrimônio, baseado nas encíclicas de Pio XI. Em 1936 já se falava em Ogino-Knaus... mas fomos muito rigorosos, hoje me arrependo. Não tínhamos então o conceito de "conscientia perplexa" como hoje do Padre Bernardo Häring. Os antigos tinham um defeito: não pegavam em livros. Na Missão, tinham muito teodiceia e pouca cristologia. O temário da abertura era: salvação (de Deus), pecado-morte-inferno e Nossa Senhora. Não entrava Santíssima Trindade, Encarnação. A misericórdia era de Deus e não de Cristo. Depois fiquei doente e meu trabalho de renovação veio abaixo.[13]

Numa época que os manuais de teologia e para orientação moral eram infalíveis e deviam ter as respostas para todas as situações, estudar e renovar parece não ter sido o forte entre os missionários, conforme este depoimento. Claro que alguns se destacaram, buscando adaptar métodos da origem da Congregação e de outras províncias para a realidade do Brasil, como Padre Estevão. O que ele propunha e pode ser aplicado na Missão em Catalão, onde Padre Vítor fez sua estreia. Dupla estreia, pois era a primeira vez que pregava em terras goianas e a primeira que o método da Missão urbana era aplicado em Goiás. Alguns pontos que Padre Estevão elaborou nos ajudam a entender a situação, de modo especial o destaque para a participação dos homens.

> Nas cidades um pouco maiores prolonga-se a Missão por dezoito dias, se possível. Fazem-se pregações nas capelas, sobretudo na periferia para que a Missão fique conhecida. Os doentes são logo visitados. Pede-se à senhoras ricas que emprestem os carros. Convocam-se as irmandades e associações que são instruídas sobre o apostolado durante a Missão. No terceiro dia faz se a entronização da imagem de Nossa Senhora Aparecida ou do Perpétuo Socorro. A igreja costuma ficar repleta. Faz-se então o sermão sobre a morte. O altar de Nossa Senhora é enfeitado com toda a pompa e diante dele as moças ficam em vigília por dois dias contínuos, revezando-se em orações pelos pecadores. Também as crianças tem o seu dia especial. O último dia é o da despedida da imagem de Nossa Senhora.
>
> As mulheres têm na primeira semana sua missa especial. As moças depois, depois da conferência são orientadas a conseguirem, por escrito, o compromisso de dez homens ou moços para participarem da Missão deles.
>
> Em dia determinado faz-se a exposição do Santíssimo Sacramento, com preces continuas pelos pecadores. A tarde termina com bênção, ao ar livre. Ótimos auxiliares são as crianças, às quais, por dez dias, duas vezes ao dia, explica-se a doutrina, conforme a catequese de Santo Afonso. Faz-se isso de modo vivo e alegre. Nos primeiros dias faz-se uma procissão pelas ruas com as crianças. Aquelas que trouxerem outra criança recebem uma medalha.

---

[13] Subsídios para a "História das Missões na Província de São Paulo", elaborado pelo Padre João Gomes. No *ARSP*.

No segundo domingo as crianças maiores comungam e na terça faz-se a comunhão geral. À tarde a bênção das crianças e a procissão na qual costuma comparecer de três a quatro mil crianças.

Por estes e outros meios os homens são acordados do marasmo, para sua missa especial na quarta-feira da segunda semana. As mulheres saem da igreja, deixando-a para os homens que começam a cantar. Os homens que estão fora entram, e a igreja fica cheia. Isso causa admiração a eles mesmos, pois tantos homens na igreja. É agradável pregar para os homens que estão tão atentos. No fim toca-se o sino e o convite a rezar pelos pecadores.

A Missão dos homens, em toda a parte deixava a desejar, por causa de sua fraqueza, respeito humano. Resolvemos, então, inserir, alguns dias próprios para eles. A preparação começa pelas crianças, moças e senhoras. Alguns dias antes da Missão dos homens começamos a chamar por todos os meios, dentro e fora da igreja. As associações de homens são convidadas a ajudar-nos, convidando os mais arredios. A Missão dos homens começa na quarta-feira e se realiza de noite e de madrugada. A noite facilita para aqueles que estão no trabalho até tarde: eles sentem-se mais à vontade na igreja, sem as mulheres. Os cânticos ajudam a participação e geram entusiasmo.

O pregador e orientador deve ser o superior da Missão ou outro padre adequado. O padre deve ser acolhedor, apresentar-se alegre e usar linguagem simples e catequética. Usar exemplos escolhidos, bem narrados e de fácil compreensão. Os sermões sobre fé, preceitos, sacramentos e mais três pontos difíceis: inferno, sexto mandamento e confissão. Sobrando tempo explica-se sobre o espiritismo, confissão, protestantismo e vida cristã. Durante a pregação, outros padres estarão atendendo as confissões.

Para os homens ainda está reservado a procissão e o levantamento do cruzeiro. Na comunhão geral dos homens deve haver maior esplendor possível. A igreja enfeitada e os bancos reservados para os homens. No sábado adoração noturna feito pelos homens e mais atendimento de confissões. Há lugares que só para os homens comungarem gasta-se mais de uma hora.

Destaque para o levantamento do cruzeiro. Os homens reúnem-se na porta da igreja. Forma-se a procissão, entremeada por bandas de músicas. O cruzeiro é carregado por trinta a quarenta homens pelas ruas principais da cidade até o local onde será erguido. As mulheres, irmãs, mães aclamam jogando flores. No local escolhido, depois do sermão, sob silencio total, o cruzeiro começa a subir e explodem foguetes, a banda toca o hino nacional. Faz-se então silencio e o missionário manda os homens levantarem o braço e fazerem o juramento de fidelidade a Cristo e à Igreja e renovarem as promessas do batismo.[14]

Este era o jeito e a animação de Padre Estevão. Padre Vítor seguiu este esquema. O importante era aprender a inculcar nos ouvintes grande confiança na misericórdia de Deus e no patrocínio de Maria Santíssima. Uma coisa era aprender a teoria durante o curso no Segundo Noviciado, outra era a aplicação prática e avaliar os resultados. Mais tarde, depois da morte de Estevão, um ou outro missionário continuou a usar desse modo. Havia dificuldades, pois o carisma de cada padre contava muito para o sucesso do acontecimento. E faltava

---

[14] Documenta 94, "Diretório de Padre Estevão", no *ARSP*.

o carisma e o jeito para lidar com estas situações novas na Missão e por incrível que pereça, havia reclamação das mulheres, dizendo que os homens recebiam mais e melhor atenção do que elas durante a Missão. Os tempos foram mudando e os padres, claro, não podiam ficar estacionados "a ver navios". Interessante ressaltar que naquela época, a cidade de Catalão pode experimentar o carisma de Padre Vítor e Padre Pelágio, herdeiros de Padre Estevão.

Quando terminaram e voltaram para casa, foi anotado que os dois pregaram juntos pela primeira vez e voltaram cansados. Não temos anotações pormenorizadas desta Missão, pois o próprio Padre Vítor foi nomeado cronista, mas só quando chegou em casa, após a Missão. A Missão durou quase dois meses, pois antes da centralização da pregação na igreja matriz, eles percorreram as capelas rurais e vilas em torno à cidade. O cronista se refere, a si mesmo, dizendo que o neófito e o veterano voltaram cansados, queimados do sol e gripados, mas contentes, depois da Missão.

Padre Coelho conseguiu que a Missão fosse pregada ao molde paulista, isto é, que se aplicasse o nosso método como se aplica em São Paulo. O resultado foi compensador. Talvez não haja muita diferença entre o povo das cidades maiores de Goiás e os habitantes das cidades médias da terra do café.[15]

Quando se fala do companheiro de Missão, Padre Pelágio, este é tido como o Apóstolo de Goiás. Veio para o Brasil em 1909, residiu apenas três anos em Aparecida e quase cinquenta em Goiás. Sua simplicidade no trato com todos, sua piedade sincera, aliada a uma grande caridade para com os necessitados, foram a causa de veneração com que era procurado e acolhido em toda a parte durante o tempo que trabalhou em terras goianas. Como missionário foi realmente incansável, tendo percorrido quase todo o Estado de Goiás, sempre no lombo de sua condução. Quando já não podia se deslocar através de seus giros missionários, o povo ia até ele, seja em Trindade como em Goiânia, depois que passou a ser a capital do Estado. Ao voltar do atendimento a um doente, em 1961, tomou muita chuva e com o resfriado, outras consequências o levou à morte. Seus restos mortais estão na igreja do Santíssimo Redentor, na cidade de Trindade (GO), onde é visitado e venerado pelo povo. A Congregação Redentorista encaminhou processo junto ao organismo responsável no Vaticano para a beatificação do Apóstolo de Goiás, Padre Pelágio Sauter.

Quando dissemos que Padre Vítor Coelho recebeu o manto de Padre Estevão, buscando na Bíblia a cena de Elias e Eliseu, para ilustrar o dom e o carisma como missionário popular, podemos dizer que houve outro manto recebido pelo nosso biografado. Quando o próprio Padre Vítor se diz neófito na pregação da Missão, juntamente com o veterano, com certeza, ele recebeu e aprendeu não apenas técnicas, mas o zelo ardente da evangelização pelo povo, vivido

---

[15] Documenta 12, "Crônica da Comunidade Redentorista de Campinas", no *ARSP*.

por Padre Pelágio. Dois varões da melhor estirpe dos pioneiros que deixaram a Alemanha para missionar nossas terras, foram mestres e companheiros de Padre Vítor Coelho.

Falamos que o jornal "O Santuário de Trindade" parou de circular e em seu lugar o Bispo Dom Emanuel iniciou um outro informativo. Mas quem estaria à altura para dirigir um jornal naqueles idos de tempos difíceis no interior de Goiás? Foi o susto de Padre Vítor quando chegou o primeiro número de o "Brasil Central". O editor era, nada mais nada menos que seu primo Cônego Victor Coelho de Almeida.

Cônego Victor teve uma atuação muito interessante na sua vida de eclesiástico. Aceito por Dom Eduardo como seminarista, quando este residia no Triângulo Mineiro. Formado pelos Jesuítas em Roma, diretor do Seminário no Rio de Janeiro, doutor e escritor, Victor era um tipo *sui generis* na Igreja. Depois que se desentendeu com o Cardeal Arcoverde em questões de disciplina e economia do Seminário no Rio de Janeiro, abandonou o ministério sacerdotal e a Igreja. Fundou um jornal "Ex-Padre" e abjurou a Igreja Católica. Ficou pastor protestante e fez circular um livreto onde explicava e acusava a Igreja Católica de heresia e outros males. Em 1931, Cônego Victor estava de volta a Igreja e a sua diocese de origem, sob a custódia de Dom Emanuel, dirigindo um jornal. Apenas retirou de seu nome, o Coelho, passando a assinar Cônego Dr. Victor de Almeida. Enquanto isso Padre Vítor acrescentou Maria, para distinguir do primo ex-protestante. Padre Vítor deixou na crônica da comunidade, esta observação, em outubro de 1931.

> Chegou-nos o primeiro número do jornal diocesano: "Brasil Central", que se apresentou como continuação do "O Lidador" de Dom Prudêncio, sem que se fizesse menção alguma de "O Santuário de Trindade", que embora não fosse o jornal oficialmente diocesano, era o praticamente. Redator-chefe e gerente é o ilustre convertido (e primo deste rabiscador de crônicas), Padre Victor Coelho de Almeida, que depois de abjurar as heresias a que se entregara por cerca de dez anos, veio colocar-se à proteção de Dom Emanuel.
>
> Fácil lhe foi obter a cadeira de filosofia, defendendo brilhantemente a tese de concurso. Mais tarde tornou-se diretor e, praticamente, segundo fundador da escola normal de Anápolis. Mexeu, ali, com marimbondos do protestantismo e espiritismo que, poderosos naquela cidade, lhe tem criado embaraços. Agora tomou sobre si a tarefa do novo jornal que, a julgar-se pelo primeiro número, será mais da têmpera de Davi do que de Salomão. Seja aqui também registrado que, se alguém duvida da sinceridade daquela conversão é por ignorar a via crucis pela qual o filho pródigo voltou à casa paterna.
>
> Tem havido, por vezes, uma confusão entre os dois primos pela identidade dos nomes. Eu me assino, agora, Vítor Coelho Maria de Almeida. Ele parece, como doutor que é, ter eliminado as orelhas de coelho: Victor de Almeida, agora.
>
> "Brasil Central" é apenas quinzenal, e custa 10$000 por ano. Muitos dos que assinam, assinam reclamando: muito caro![16]

---

[16] Documenta 12, "Crônica da Comunidade Redentorista de Campinas", no *ARSP*.

Não deixa de ser interessante, neste Brasil tão grande, os dois primos com o mesmo nome, sendo padres, atuando no mesmo Estado, em Goiás. Naquela época em que o catolicismo era a religião predominante no país, Goiás se destacava pelo número de protestantes. Em certas ocasiões houve confusão com os quase homônimos dos pregadores da Palavra de Deus.

A vida conventual em Campinas seguia as normas gerais da Congregação. Era sede da paróquia e casa missionária, além do trabalho imprescindível dos Irmãos, no cuidado dos afazeres agrícolas e da criação de gado, e cuidado com os animais. Era praticamente uma fazenda. Padre Vítor passou bom tempo se dedicando ao cuidado e afazeres cotidianos, como ajudar o velho Padre Lourenço Hubbauer a cuidar dos muares.

O atendimento pastoral em Trindade era feito regularmente, indo um Padre e um Irmão, revezando entre os membros da comunidade. Padre Vítor comenta que passou uns dias em Trindade substituindo Padre Pelágio. Para facilitar no atendimento das paróquias vizinhas que eram atendidas pelos redentoristas, o reitor, fez uma distribuição para os padres. Padre Vítor ficou com Inhumas, onde Padre Pelágio praticamente havia começado e fundado a Vila que antes se chamava Goiabeiras. Ali ele construiu a capela e não foi fácil para dar outra conotação à Vila, já que era ma-afamada pelos maus costumes. Padre Vítor assumiu Inhumas, substituindo mais uma vez, a filha predileta do veterano missionário do sertão goiano.

Quando Padre Vítor escreveu suas lembranças missionárias, depois de realçar a figura de Padre Estevão e falar de si mesmo, ele comenta o tempo que passou por Goiás. Depois de quase cinquenta anos da Missão, ele se recorda até mesmo do nome das capelas rurais.

> Fui transferido para Campinas de Goiás, onde cheguei em julho de 1931, parando em Catalão, onde Padre Pelágio me aguardava. A Missão na cidade durou doze dias, mas antes nas capelas de Rio Verde, Campo do Meio, Paraíso do Meio, Goiandira, Cachoeirinhas, Cumari, Anhanguera. Em cada lugar dois ou três dias de pregação, etc e também crismas. Só então dei entrada em Campininhas.
>
> Fomos encarregados (totaliter) de tomar conta das capelas nas Vilas: Padre Pelágio, de Trindade; Padre Conrado, de Ribeirão; Padre Miné, de Bela Vista; eu de Inhumas (Goiabeiras). Não havia encarregado para Aparecida. Com Padre Barros e Conrado preguei Missão na capital (velha). Depois pregamos Missão em Santa Luzia (Luziânia), Planaltina, Formosa, Cristalina, Campininhas (nossa paróquia), Trindade e Bela Vista. Creio que também em Ribeirão (hoje...?) Em Inhumas fiz verdadeira Missão, quando da festa do Padroeiro.
>
> Notável é que fui o primeiro, em Catalão, a introduzir o sistema de Missões do Padre Estevão, em Goiás. Foi um sucesso! Padre Pelágio, então, com mais de cinquenta anos, viu que não estava mais na "linha" e desistiu definitivamente de pregar Missões. Sua última foi a de Catalão, comigo. Depois destas poucas notas sobre o meu tempo em Goiás...[17]

---

[17] "Subsídios para a História das Missões". Datilografado pelo próprio Padre Vítor Coelho e encadernado

Em 1932, como o mesmo Padre Vítor apontou, algumas cidades foram missionadas por ele. O número de cidades missionadas foi pouco, devido a instabilidade gerada com a crise com o bispo. Destaca-se o trabalho missionário na capital do Estado, onde foram de automóvel, para a cidade de Goiás, os três padres: Vítor, Barros e Conrado. Da atual Goiânia à cidade de Goiás, gastaram dez horas, de carro! A Missão foi no início da quaresma. Padre José Trindade, secretário do bispado e Mons. Confúcio Amorim, vigário geral, deram boas-vindas aos missionários. Vale a pena conferir o que Padre Vítor deixou escrito sobre a cidade e seu povo.

> A capital goiana afastada como se acha, sem via de comunicação que possa elevá-la acima do nível das aspirações de seus filhos, "Goiás", entretanto, é uma das belas, tradicionalmente belas cidades do Brasil.
> Embora despida de indústrias e outros meios de riquezas exportáveis, mesmo desconhecendo o silvo progressivo da locomotiva e o fumo das chaminés das fábricas, Goiás vive de uma vida intensa e se não fosse os desmandos da política, mal este tão generalizado, seriam outros os surtos de progresso, ora sufocados pelo interesse de poucos que em vez de empregarem os dinheiros públicos em benefício do povo, empregam-no para satisfazer os interesses de poucos. Não é só isso. Goiás está construída dentro de morros, sobre pedras e por isso não pode se desenvolver.
> A cidade não tem esgotos, nem tão pouco água encanada. Falta-lhe uma rede telefônica. As casas são pequenas e conservam cuidadosamente as formas antigas. O povo é inteligente e bom, mas revela, sem esforço, sinais evidentes de sentimento de vingança. O goiano é vingativo.
> O movimento intelectual é grande. Isso se vê pelo grande número de escolas superiores, secundárias, primárias e particulares com um total de 4.730 estudantes. Em Goiás lê-se muito. Infelizmente não há muita propaganda de bons livros. O cinema só funciona duas vezes por semana.
> O Rio Vermelho divide a cidade em duas partes. Em suas margens brincam as crianças travessas e vão passar lá os dias as lavadeiras tagarelas. A cidade é calma e silenciosa. Quebra este silêncio o rufar dos tambores dos soldados da polícia e o bimbalhar dos sinos muitas vezes repetido ao dia.
> Do lado de alguns maçons, trabalham protestantes e espíritas com inegável constância e aos poucos vão fazendo as suas presas. Contudo, a massa da população é católica, de tradição católica e tem grande amor a sua religião.[18]

A descrição do trabalho missionário foi mais detalhado que em outras localidades. Os padres, na cidade, estiveram na catedral e na igreja do Rosário, dos Dominicanos. Padre Vítor cuidou do catecismo das crianças, o que mais tarde foi chamado de missãozinha, além dos sermões da noite. Houve exposição, adoração e bênção do Santíssimo Sacramento. Grande amor do povo para com a imagem de Nossa Senhora Aparecida. Os padres visitaram a santa casa,

---

pelo Padre João Gomes. No *ARSP*.

[18] Documenta 60, "Crônica das Missões da casa de Campinas-Goiânia", vol. I. No *ARSP*.

a cadeia, o asilo e a todos os doentes na cidade. Houve celebrações especiais no quartel de polícia e as conferências reservadas para os estados, isto é, para homens e mulheres em separado, que foram um sucesso.

O final da Missão, Padre Vítor levou o povo às lágrimas de tão emocionado que pregou. Fez a despedida da imagem de Nossa Senhora. Novamente, foi aplicado o mesmo esquema de Padre Estevão, com celebrações, solenidades e antes de tudo, missionar as capelas rurais primeiro, sem deixar ninguém sem atendimento. Pois, quando a Missão está concentrada na matriz da paróquia, muitas famílias vão para a cidade para acompanhar ou mesmo completar a participação nas cerimônias.

Fato interessante aconteceu depois que Padre Vítor ajudou na festa do Divino Pai Eterno, no primeiro domingo de julho de 1932, em Trindade. Depois de alguns anos, ele viu uma publicação de um chefe de expedição que fora até o Rio das Mortes e a Serra do Roncador. No relatório da viagem pelo interior, o autor escreveu que em Trindade "adora-se a imagem, joga-se, bebe-se, ama-se e mata-se". Padre Vítor reage, escrevendo em seu livro, após o assunto ter sido comentado em programa de rádio, "Os ponteiros apontam para o infinito". Ele diz que a inverdade tem efeito dos fogos de artifício, pode alcançar êxito, brilho e glória momentâneos, mas depois de um lampejar fascinante, acaba em carvão e trevas. E acrescenta: "ora, eu fiz a festa de Trindade em 1932 e não vi nenhum crime e nenhuma desordem no meio de tão enorme quantidade de forasteiros. Há vinte anos não se tinha memória de um crime de morte".

Quando ele comentou que o goiano é vingativo, descrevendo a Missão na cidade de Goiás, era devido aos conflitos políticos entre famílias mandatárias do lugar. Agora, quando desta publicação, ele sai em defesa do goiano, dizendo:

> Indignou-me a leviandade e falta de verdade com que o autor achincalha a festa do Santuário de Trindade e descreve os goianos como se fossem jagunços imorais e fanáticos. Leviandade e mentira campeiam pelo mundo, mas não devemos admirar nem irritar demasiadamente antes as falsidades e fraquezas das criaturas.[19]

Não resta dúvidas de que Padre Vítor, pelo tempo que permaneceu em Goiás, apaixonou-se pelo povo, pelo lugar e por seu trabalho evangelizador. No seu livro citado, ele poetiza uma visita do missionário a uma pessoa doente. Pode ter sido ele mesmo a vivenciar este fato, que ele chamou de "idílios de missionário".

> As ferraduras arrancavam chispas da tapiocanga ferruginosa, pela velha estrada. Um moço cavalgava à frente do missionário que, bem montado, levava nos alforges os apetrechos para dizer missa e dar a extrema-unção.
> Iam visitar um moribundo às margens do Meia Ponte, rio que, hoje, ba-

---

[19] V. C. de Almeida. *Os ponteiros apontam para o infinito*. São Paulo, Edições Paulinas, 1960.

nha os pezinhos aristocráticos de Goiânia, cidade rainha do Brasil Central. Mas Goiânia, naquele tempo, só existia nos vagos sonhos dos seus criadores.

E os dois cavaleiros galgavam as encostas da "Serrinha", rumo ao planalto de quase mil metros de altitude. Inesquecíveis paisagens goianas...!

O coração sente-se como que imerso na imensidade daqueles horizontes e no insondável das amplidões azuis com nuvens lúcidas a navegarem para o infinito. Planaltos, onde as cabeceiras dos grandes rios da Pátria parecem iaras dormindo à sombra dos buritis. Ali correm as emas velozes. E, nas tardes bonitas, o orfeão polifônico das siriemas entoa, em cânon bem revezado, os presságios de bom tempo. As caraíbas vestem-se de ouro no mês de agosto. Os pequís são árvores de beleza e bondade maternal. Ninguém jamais catalogou as mil florzinhas do serrado e do chapadão. Só o viajor sedento sabe avaliar a delícia das mangabas e articuns perfumosos a rivalizarem com as gabirobas, cajus e pitangas rasteiras e outras frutas gostosas.

Deus é sábio, poderoso e bom. As maravilhas do universo são apenas um rastrozinho impresso pelo Criador na poeira do nada.

Alongaram-se as sombras e o jantar fumegava pelos sapés fulginosos da cozinha, quando dois apearam à porta do rancho.

Reuniram-se muita gente das redondezas, em trajes domingueiros como se fosse dia santo. Vinda de padre redentorista, por todas aquelas vastas léguas de sertão, equivalia à pregação de uma Missãozinha.

Espipocaram foguetes à guisa de sinos. Depois de sacramentado o doente, começaram as rezas, pregações e confissões pela noite à dentro. Alta noite...! Os paus-à-pique do vasto rancho deixavam entrever os seis compartimentos e os grupos acocorados ou dormitando pelos cantos.

Só o sacerdote tivera o privilégio de um quarto só para si.

Entrava pelas estacadas da parede da lua cheia. Lá fora, tremelicavam laranjeiras cor prata. E o monjolo jorrava alqueires de diamantes e cristais hialinos... Lindo!

Pois sim! O idílio durou pouco. Os alvos lençóis e o traiçoeiro cobertor de algodão colorido encobriam um girau todo povoado de bichinhos vampiros e mal cheirosos – inclusive o enorme e nojento "barbeiro" transmissor da "doença de chagas".

Uma semana após, no velho convento de Campinas, o Irmão leigo estava tremendamente atarefado com desinfetantes e água fervendo. Assim os "bichinhos" não conseguiram entrar para o convento. Não tinham vocação![20]

183

Fora a poesia retratando a vida dura e a falta de recursos naquela época, vale a pena a descrição da natureza e a sensibilidade em lidar com estas situações novas. Sendo Padre Vítor o cronista das Missões, iremos compilar alguns pontos que ele observou e anotou em suas Missões no ano de 1932. Estando em casa, ele acompanhava a sua capela em Inhumas, como os demais padres, pois a comunidade contava com seis padres e cuidavam de três matrizes (Campinas, Trindade e Bela Vista) e quatro capelas (Aparecida, Ribeirão, São Geraldo e Inhumas). Havia o atendimento às Irmandades e Associações, a capelania do Colégio Santa Clara e o catecismo que era dado pelos próprios padres. Celebração do padroeiro nas capelas e nas matrizes, primeiras comunhões...

---

[20] V. C. de Almeida. *Os ponteiros apontam para o infinito*. São Paulo, Paulinas, 1960.

As cidades missionadas, estavam num raio de duzentos quilometros do convento de Campininhas. Há apenas o registro da viagem à capital que tenha sido em automóvel, pois as demais foram no lombo de animais. Em Vianópolis, foi anotado que a comunhão dos homens foi digna de nota. Na cidade de Luziânia, antiga Santa Luzia, havia dez anos que os Padres Dominicanos atendiam a paróquia. O estado das cidade era de extrema precariedade, sem esgoto e sem água encanada, sem energia elétrica. "Santa Luzia foi outrora a cidade do ouro e, portanto, sua população, embora antiga, não é formada por filhos da terra, mas sim por adventícios que se transferiram para cá em busca do precioso metal".

Padre Vítor diz que dois ou três dias antes da Missão, foi assassinado um médico, Dr. Americano do Brasil. Isso causou um certo constrangimento no início da Missão, ainda que o médico fosse prejudicial à causa católica. Hoje Goiás tem uma cidade com este nome, em homenagem ao médico. Quando este médico viajava para a capital, parava numa fonte de águas quentes, onde hoje está situada a cidade. O cronista faz comentário de uma política rasteira que atrapalhava a cidade, mas termina por dizer que o povo é bom. Esta frase, ainda no início de seu ministério, que aparece em anotações sobre os trabalhos apostólicos, irá tomar corpo quando usará as ondas do rádio e repetir sempre: "o povo é bom!"

Ele, o cronista se enganou redondamente quando disse que o povo ociosamente e a cidade sem progresso à vista, fica a espera de uma rede ferroviária e a conversa de que a capital federal irá para o Planalto Central. Por fim ele comenta que a participação maior foi do povo da cidade e o destaque para a gentileza do Sr. Germano Roriz e dos Freis Dominicanos.

Em Planaltina, a informação já estava em voga, pois o comentário era que ali seria a futura Capital Federal. A sua colocação é magnífica e há bastante espaço para se estender. A dificuldade inicial se deve a presença de um pastor protestante do Estados Unidos da América. Ele não perde tempo e ensejo de fazer propaganda com festas íntimas, familiares, onde há música e doces, terminando tudo com a distribuição de livros, folhetos e brochuras protestantes, bem como a leitura da Bíblia. Os protestantes mantém uma escola, aliás boa, com uma professora de São Paulo. Contudo a Missão foi boa e a participação dos homens foi numerosa.

De Planaltina, Padre Vítor e Padre Barros terminaram a Missão dia dezessete de maio e no dia dezoito foram para Formosa. O prefeito da cidade era um gaucho de Caxias. Como sempre não havia água encanada, esgotos, e, na opinião do cronista, o goiano não tem gosto para cuidar e enfeitar suas casas, contentando com qualquer coisa. Os largos da cidade são grandes, mas mal cuidados e à noite transformam se em pastos para os animais.

O que distingue a cidade das suas congêneres é unicamente o tamanho e a importância comercial. Extensa, com quintais enormes que abrangem muitas vezes quarteirões inteiros, a cidade podia ser bem melhor. Edifícios novos e modernos não há quase. É limpa, mas falta cuidado e gosto.[21]

Padre Vítor descreve a ação dos Freis Dominicanos na cidade e das Irmãs Dominicanas que mantém um colégio na cidade para educar a mocidade feminina. Descreve a situação da cidade e fala que a Missão foi uma das melhores que eles pregaram. Apenas os jovens que dificultaram um pouco quando os sermões da noite eram feitos fora da igreja.

Sem voltar ao convento em Campinas, os dois redentoristas chegaram a Cristalina depois de dez horas de viagem. A cidade na época contava com oitocentos habitantes, sendo muito deles mineiros do Triângulo. O nome do local foi tirado do cristal que se encontra, neste lugar e redondezas, em grande quantidades.

> O povo é frio e apenas uma vez por mês um Frei da cidade de Formosa celebra missa para os católicos. Esta Missão não saiu como queríamos e ainda mais que, por ser no final de junho, o povo foi em romaria para Trindade, pois a festa seria no domingo seguinte.

Fato interessante Padre Vítor anotou quando em setembro daquele ano, foi ajudar na matriz do Bom Jesus em Anápolis. A cidade, desde aquela época, tinha um contingente elevado de protestantes. Como dissemos, naquela época... não se falava e muito menos praticava um certo respeito em vista do movimento ecumênico entre as Igrejas cristãs. Padre Vítor narra que as ovelhas em Anápolis estavam muito expostas ao *lobos bíblus* que tinha seu covil no Hospital Evangélico onde compravam almas a troco de injeções. Quando a festa do Bom Jesus começou, com as pregações, fez arrefecer o ardor bélico dos "evangélicos". Também naquele tempo, evangélico é sinônimo de protestante e não a designação dos dias de hoje com suas múltiplas igrejas ditas evangélicas.

Padre Vítor foi sempre um apologista e em certos momentos um controversista em matéria de religião. Jamais deixou de defender a Igreja e de modo especial a devoção à Nossa Senhora. Na ocasião, ele tomou uma decisão de cautela em Anápolis. "O melhor meio de combater protestantes é não dar importância a seus protestos e insultos, e contentar-se em expor toda a beleza de nossa fé, e receber coices com pomadas". Ainda assim, não se sabe, segundo ele mesmo, se por equívoco ou malícia, no mesmo dia da chegada do Missionário Padre Vítor Maria Coelho de Almeida, os protestantes espalharam uns folhetos contra o outro Padre Victor Coelho, que agora assinava o jornal como Padre Victor de Almeida. O folheto era calunioso. O nosso Padre Vítor seguiu avante e na metade da novena, faltava espaço para o povo para as pregações,

185

---

[21] Informações retiradas em Documenta 61, "Crônica das Missões da Casa de Campinas/Goiânia", Vol. II, no *ARSP*.

visto que os festejos e quermesse disputavam o mesmo espaço. Havia projeto de uma nova igreja. Hoje no local está a catedral da Diocese de Anápolis. O fato é que o Dr. Cônego Victor de Almeida já havia escrito algo contra os protestantes no "Brasil Central".[22]

O ano de 1932 estava chegando ao final. Os redentoristas continuavam firmes em seus campos de atuação e os pedidos de pregação de Missão estavam sempre aumentando. Uma decisão marcou profundamente a vida dos confrades, de modo especial aqueles que estavam ligados à formação. Os estudantes maiores, isto é, os que deviam cursar filosofia e teologia, não iriam mais para a Alemanha, mas para a Argentina. Imaginar que golpe para os seis neo-professos,[23] após um ano de noviciado e de vários anos estudando a língua alemã, ter que se contentar com a língua espanhola? Parece preconceito a forma como se escreve aqui. Mas um dos envolvidos, na época ainda Frater, numa conversa sobre o passado, Padre Fernando Albertini, assim se expressou quando perguntado da mudança: "foi uma decepção, embarcamos para Cachoeira, mas tudo estava já arrumado para que fôssemos para a Argentina".

Os redentoristas tinham duas Províncias na Alemanha. Uma com sede em Munique (Alemanha Superior) e outra com sede em Colônia (Alemanha Inferior). Os bávaros fundaram casas no Brasil, iniciando em Aparecida e Campininhas. Os alemães do norte fundaram na Argentina, atual Província de Buenos Aires. O único suabo no Brasil era o Padre Francisco Wand que foi nomeado Provincial no início da década de 1930. Os estudantes brasileiros iam para Gars, para os estudos superiores. Mas nesta mesma década, as notícias não eram nada animadoras devido a instabilidade do governo alemão e a propaganda de Hitler que assustava os mais conscientes e informados. Os dois Vice-Provinciais na América Latina, começaram a organizar um Seminário Maior para as duas fundações. Depois de conversas no Brasil, Argentina, Alemanha e Roma, ficou decidido que o local para o Seminário seria em Manoel Ocampo, na Argentina.

Alguns estudantes estavam na Alemanha e lá continuaram. Mas a partir da decisão de 1932, os brasileiros não foram mais estudar na Província Mãe. Era o começo da implantação da ideologia e do sistema nazista. Era o começo do fim da relação entre as duas unidades da Congregação, entre Munique e São Paulo. Depois desta data, apenas seis padres e um irmão vieram para o Brasil. Iniciava o processo de independência e o posterior desligamento da Província Bávara.

E Goiás, aproveitando as mudanças no centro do país com a Revolução de 1930, o interventou do Estado Pedro Ludovico, queria o quanto antes, concretizar o sonho de uma nova capital. Para os redentoristas, o assunto não era

---

[22] *Ibidem.*

[23] Os seis ficaram padre: Juvenal Martins, † 1982; Raimundo Moura, † 1983; Isaac Lorena, † 1998; Luís Alonso, † 1990; Luís Pessi, † 1984 e Fernando Albertini, 2005.

novidade, visto que o Dr. Pedro era amigo e se hospedava no convento, quando a caminho do Rio de Janeiro, em viagem de negócios ou em assuntos políticos. A ideia era muito bem vinda. No natal de 1932 e ano novo de 1933, o assunto não era outro entre os confrades em todas as comunidades que a lista que viria de Roma, passando pela Alemanha, do elenco dos confrades para nova mudança. Começaria novo triênio. Não havia consulta, não havia diálogo sobre tais mudanças. Valia a obediência cega e, a voz do superior era a voz de Deus!

Padre Vítor Coelho, ao final de um ano e meio, já conhecia bem a realidade de Goiás. Trabalhara na festa em Trindade, ajudou vigários em algumas capelas, cuidou de sua capela em Inhumas e pregou várias Missões no Estado. Ainda que algumas viagens já estivessem sendo realizadas com automóvel, a arte de cavalgar era muito usada e algumas vezes, longas viagens para os pousos missionários eram feitos no lombo de animais. Mas tudo isso era muito familiar a Padre Vítor. Como ele foi transferido na metade do triênio, tinha quase certeza que continuaria por Goiás por mais três anos, a começar no ano seguinte.

Padre Vítor Coelho, completara trinta e três anos em 1932. Homem alto com quase dois metros de altura, moreno e de vasta cabeleira. Sempre endossando o hábito preto da Congregação, o capote sobre a batina, barrete e rosário faziam dele uma bela imagem do missionário. Genuíno missionário, no querer do fundador, seguidor de Jesus Cristo Redentor. Justamente na idade que se diz da morte de Jesus, Padre Vítor recordou seu tempo de missionário em Goiás.

A transferência chegou com a lista vinda dos superiores em Roma. Anos mais tarde, ele escreveu relatando seu tempo vivido e a idade que completara naquele idílico ano, todo ele dedicado à pregação da Palavra em terras goianas. Em tom poético ressalta a velocidade do tempo, os fatos importantes, a natureza e os efeitos políticos dos embates ideológicos durante aquele período. Com o título "Acorda Brasil", ele se coloca em meio às descrições que de certa maneira, diz dele próprio ou da vida que ele havia vivido em Goiás.

> Aos trinta e três anos o homem atinge o planalto da existência. Despedem-se saudosas, as águas cristalinas da mocidade, pelas encostas do passado. E os caudais da meia idade arrebatam a barca, em ímpetos acelerados, para a outra vertente da vida.
>
> Voam os dias, já não correm. Os olhos enxergam longe, e os anseios do espírito e do coração devassam o infinito.
>
> É o verão da força, do querer e do realizar.
>
> Justamente nessa idade, estava eu pregando nos sertões do "Planalto Central", onde, quase da mesma fonte saltam arroios a se incorporarem nos grandes rios que banham os extremos opostos da nação: o Paraná, o São Francisco e o Tocantins.
>
> Era 1932 – e entrava pelos olhos a impressão de ter a Pátria também chegado às alturas da virilidade e dinamismo numa hora crucial de cataclismas e tormentas.
>
> Os acontecimentos de 1930, a Revolução de 32, as ameaças de desagregação nacional, as infiltrações das bactérias moscovitas que, em 35, nos

levariam às bordas do abismo, e o sombrio panorama internacional, onde relampejavam os prenúncios de grande guerra...

Tudo era molde a pôr em sobressaltos as entranhas do Brasil. Mas qual! Ali, no coração da nossa Terra, me vi cercado de tranquilidade nirvânica. Rincões e chapadas imensas a namorarem com o azul do dia e o cintilar das estrelas.

Um povo bom e despreocupado em cidadezinhas idílicas como Cristalina, toda pavimentada de cristal hialino e fazendo a gente sonhar, à noite, que os "anjinhos" do cemitério saem para brincar de roda e cantar:

"Se essa rua fosse minha eu a mandava ladrilhar com pedrinhas de brilhante..." A mais impressionante imagem de quietude remansosa encontrei nas margens da "Lagoa Feia" que paradoxalmente é linda, enquanto a "Lagoa Formosa", sua irmã, é muito feia. Pois, a bela "Feia" estende por duas léguas as suas rampas suaves e frondosas. As águas límpidas deixam ver o fundo verde esmeraldinos sargaços. Quedam estáticos o céu, as matas, o sereno espelho do lago e, imóveis como estátuas de Buda, os pescadores, os barcos, as varas e as linhas...[24]

Vocacionados sacramentanos depois de uma Missão na década de 1930. Na primeira fila, o primeiro da esquerda ordenou-se: Padre Antônio Borges de Souza

---

[24] V. C. de Almeida. *Os ponteiros apontam para o infinito*. São Paulo, Edições Paulinas, 1960.

"Coelhinhos"

Padre Vítor levou centenas de meninos para o Seminário Santo Afonso. Dezenas deles ordenaram-se. Aqui um grupo desses vocacionados denominados de "Coelhinhos", em 1948, em Tietê (SP)

Padre Vítor em um de seus inúmeros trabalhos missionários, usando megafone. Aliás ele foi o primeiro, dentre os padres da Missão, a usar microfone/megafone fora da igreja

Tempo em que as viagens missionárias eram feitas em avião. Década de 1950

Padre Vítor pregando e se preparando para a coroação da imagem de Nossa Senhora Aparecida

Padre Vítor diante de romeiros durante o programa na Rádio Aparecida, "Entrevista com os romeiros"

6
O MISSIONÁRIO PROMOTOR
DE VOCAÇÕES RELIGIOSAS E SACERDOTAIS

O tempo que Padre Vítor passou em Goiás fez dele um homem mais maduro e um missionário mais experiente. Além de aprender o ofício de cavalgar e de conhecer a vasta região goiana, pôde ele semear nos corações daqueles que nela viviam a Palavra de Deus e a devoção a Nossa Senhora Aparecida. A convivência com a gente goiana e com seu jeito peculiar de ser naqueles idos da década de 1930 foi para ele uma recordação de seu tempo de menino no Triângulo Mineiro, causada pela proximidade das duas regiões, proximidade não apenas geográfica, mas, sobretudo, na semelhança do modo de ser e viver de mineiros e goianos.

Nas crônicas missionárias que relatam o trabalho nas vilas e cidades, Padre Vítor deixou transparecer seu amor e seu zelo de missionário. Aprendeu com o Apóstolo de Goiás, Padre Pelágio Sauter, o jeito de lidar com o povo simples do interior com quem convivia nos pousos e giros missionários, também conhecidos como "desobrigas". Foi corajoso e inovador ao aplicar pela primeira vez, na Missão de Catalão, o método missionário usado em São Paulo quando mal acabara de pisar em solo goiano. Com certeza – e ele mesmo revelou isso – saudades ficaram de Goiás ao ser transferido para São Paulo, no final de 1932. As campinas a perder de vista, o serrado, as viagens pelo sul do Estado, as cavalgadas pelo imenso e silencioso Planalto Central, a Missão na então capital, tudo passou a ser lembrança querida de um tempo bem vivido junto ao povo goiano.

Retornando a São Paulo, Padre Vítor surpreendeu-se com as notícias sobre a Revolução Constitucionalista. Em Goiás, as notícias chegavam esparsas, distanciadas e sem a paixão vivenciada tão intensamente pelos paulistas, ainda que se tratasse de um movimento histórico que afetou a vida de milhões de brasileiros.

Quando o gaúcho Getúlio Vargas pôs-se a caminho do Rio de Janeiro para assumir a presidência do país – alcançada mediante um golpe – em outubro de

1930, ele foi muito bem recebido em São Paulo, apesar dos sentimentos exacerbados naquele momento de efervescência política. Porém, a nomeação de um interventor pernambucano para governar São Paulo e uma constituinte esperada e não convocada fizeram com que os paulistas deflagrassem uma guerra contra o poder central. Foram quase três meses de lutas, de 9 de julho de 1932 ao início de outubro. Foram mobilizados mais de trezentos mil homens das forças federais contra um contingente bem menor de voluntários paulistas. Mais de mil constitucionalistas tombaram no campo de batalha.

Getúlio conseguiu isolar o Estado de São Paulo por via terrestre e marítima. Não houve batalhas espetaculares, mas três frentes de combate haviam se formado, todas elas apoiadas em ferrovias e rodovias. A frente mineira estendia-se desde a cidade de Pouso Alegre (MG) até Franca, do lado de São Paulo. As tropas paulistas invadiram Minas, mas logo recuaram. Na frente norte, o Vale do Paraíba foi o epicentro dos combates. Os constitucionalistas se entrincheiraram no túnel da estrada de ferro Central do Brasil e conseguiram conter por muito tempo as tropas federais que recuaram para Piquete e, mais tarde, para Guaratinguetá. A frente sul, foi palco de maiores batalhas, já na terceira fase e finalizando o movimento. Cidades como Buri, Itu e Itapetininga estiveram no centro dos combates.

Os paulistas tiveram que se render diante das forças de Getúlio Vargas. São Paulo tem em sua história a maior e única guerra civil do Brasil no século XX, guardada na memória de seus monumentos e nomes de ruas. A questão democrática foi a grande herança política da Revolução. Depois da guerra uma Constituinte foi convocada, dando ao país a Constituição de 1934.

O interesse de Padre Vítor pela Revolução de 1932 justificava-se plenamente, não só por ser ele um cidadão atento à realidade do país, mas também porque alguns redentoristas se envolveram de perto no conflito como capelães de tropa. Os livros de crônicas das comunidades de Aparecida e da Penha relatam, pormenorizadamente, a situação de penúria, insegurança e medo que vivenciaram, de modo especial os alemães, que tinham tristes lembranças de familiares mortos na Primeira Guerra. Anos mais tarde, Padre Alfredo Morgado relembrou seu tempo de menino como seminarista em Aparecida, quando o Seminário Santo Afonso foi requisitado como quartel para as tropas paulistas.

> Estávamos na Pedrinha, em plenas férias. Era o dia nove de julho de 1932. À noitinha, o Diretor, Padre Agostinho Polster, pediu a três seminaristas, e eu entre eles, que fossem à Venda, no Largo da igreja, comprar um pouco de gasolina.
> Fomos até o Largo, fizemos a nossa compra, e já estávamos de volta, bem para dentro da porteira do nosso terreno, quando fomos alcançados por um cabloclinho que, um tanto ofegante, se aproximou e foi dizendo: "Voceis sabe que começou a guerra? Tão falano que é pra valê. Nóis mata ô nóis morre". Com as nossas perguntas, o que era e o que não era, o cabloclinho ficou confuso na sua explicação, mas deu para saber que se tratava de revolução em São Paulo, contra o governo ditatorial de Getúlio Vargas.

No Seminário, contamos a história do garoto ao Diretor, mas somente no dia seguinte é que soubemos claro que, de fato, São Paulo se insurgira contra a Ditadura reinante, exigindo um Governo constitucional. Confirmada a notícia, o Diretor resolveu, para evitar complicações na vida do Seminário, que voltássemos logo para Aparecida, no Colegião.

Voltamos. Quando percebemos, estávamos em meio de uma frente de combate, de um movimento armado. Nas estradas de Ferro e Rodagem, eram soldados e mais soldados que, equipados para combate, passavam em trens e caminhões.

No Rádio, coisa rara naquele tempo, só se ouviam hinos marciais e notícias de movimento de tropas, e apelo ao povo para a resistência. Os jornais reprisavam as notícias do Rádio com pormenores.

Quando saíamos a passeio pelos arredores de Aparecida, a velha estrada "Rio-São Paulo", que não era de asfalto mas apenas de macadame, mostrava-se continuamente envolta numa espiral sem-fim de poeira vermelha pelo transporte contínuo de militares, ou melhor, de soldados da Força Pública de São Paulo, que enfrentaram os primeiros embates da Revolução. Somente aos poucos é que se formou o Corpo de Voluntários Paulistas.

Os combates que se travavam nos limites do Estado de São Paulo com o Rio de Janeiro, e na região do túnel da Estrada de Ferro, na divisa com Minas Gerais, aos poucos foram recuando para dentro do Estado de São Paulo. Os soldados dos "Ditatoriais" e os Paulistas chamavam-se "Soldados da Constituição" ou "Constitucionalistas". Naqueles dias surgiu a palavra mais comprida: "Anticonstitucionalissimamente".

Aparecida, de repente, viu-se envolvida no militarismo. À esquerda da estrada "Aparecida-Guaratinguetá", improvisou-se um campo de aviação para os aviões paulistas. O grupo escolar "Chagas Pereira" foi transformado em hospital militar.

Os aviões da Ditadura eram todos vermelhos, tipo francês, disparavam a metralhadora por sobre as asas. Das bombas, não tínhamos medo, porque sabíamos que caíam nos locais sobrevoados pelos aviões; o perigo eram as rajadas de metralhadoras. Atirando por sobre as asas, para o lado para o qual se inclinava, não se podia prever onde iriam dar as balas. Um dos nossos padres, indo do Seminário para o Convento, ouviu o sibilar de uma rajada junto dele.

As férias haviam terminado e estávamos em tempo de estudos, mas, que tempo? O clima de revolução numa área que dia a dia se tornava mais belicosa, não se podia ter a atenção necessária. E piorava quando se ouvia o ronco dos aviões vermelhos e o sibilar de suas bombas.

A cousa ficava cada vez mais preta para a região de Aparecida. O ambiente bélico sempre mais intenso. Já se iam aparecendo pobres desabrigados que, fugindo das zonas de combate, iam se retirando para cidades mais distantes do "Front".

Durante o dia já se ouvia o troar do canhão e durante a noite ecoava mais forte acompanhado do pipocar das metralhas e dos fuzis. São Paulo lutava sozinho, defendendo-se em todas as frentes que podia...

Aparecida também começou a se movimentar entrando num clima de luta. Nossos Padres alemães, para proteção sua, estenderam sobre o telhado do convento uma bandeira alemã. O Grupo da Cidade, transformado em hospital, já não comportava os feridos. Na cidade surgiu um Corpo de Voluntários formando o Batalhão de Nossa Senhora Aparecida, de cuja formação participou o Padre Antão Jorge, Superior do Convento em Aparecida naqueles anos.

A alimentação ia-se tornando escassa. As recomendações para a economia e ao espírito de pobreza por parte do Diretor eram constantes. Acompanhando o café da manhã, tínhamos uma broazinha de fubá que, de nossa parte, até era apreciada. Um dia estourou a notícia: O Seminário foi requisitado pela Revolução.

Depois do choque da notícia, as primeiras providências. O primeiro ginasial iria para Pindamonhangaba juntar-se ao Preparatório. Os outros iriam, de trem, para São Paulo, no convento da Penha. Os primeiros seguiram logo, mas os que iriam para São Paulo aguardaram alguns dias. Enquanto isso tínhamos à nossa disposição, no Seminário, a cozinha, o refeitório, a capela e a sala de estudos e o banheiro adjacente.

Os nossos dormitórios foram logo ocupados. O Comandante, andando num passinho bem curto, a cada passo ia marcando o local dos soldados com um número. E onde dormíamos em vinte camas, foram alojados oitenta a cem soldados. Íamos convivendo com os militares. Era um contínuo entrar e sair de soldados e carros. Nos fundos do Seminário, onde ficavam os nossos "lava-pés", instalou-se uma cozinha de campanha que servia aos militares e aos retirantes pobres e desalojados. Era de se ver a longa fila de pobres que, com vasilhas de toda espécie, buscavam seu alimento.

O trem para São Paulo não aparecia e ficamos ainda muitos dias na convivência com os soldados. As últimas três noites antes de viajar, dormimos sobre nossas carteiras de estudos, sem poder tomar banho e sempre com um saco de roupas, prontos para a viagem que não acontecia. Foi decidido que iríamos para o chalé e o térreo do convento, na praça da cidade de Aparecida. A situação cada vez piorava mais.

Apesar do entusiasmo pelo Movimento Constitucionalista, os soldados paulistas recuavam dia por dia, ao menos na frente norte como chamavam o Vale do Paraíba. Dos nossos Padres, assistiam aos militares como capelães, os Padres: Pires, Alves e Andrade. Este último, com seu humor e entusiasmado pela causa de São Paulo, era a alegria dos soldados fora das horas de fogo. Os três capelães estiveram muito envolvidos e torciam pela causa de São Paulo.

Nós finalmente fomos levados de trem para São Paulo. Mas os paulistas já davam sinais de esgotamento e já se falava em rendição. Até que finalmente, no começo de outubro, a notícia chegou: São Paulo capitulou-se![1]

Reminiscências de Padre Morgado, testemunhas da História... Padre Andrade, um dos capelães das tropas paulistas, no ano seguinte foi companheiro de Missão de Padre Vítor Coelho e pôde contar muitas outras histórias sobre aqueles fatos ao colega que morara no distante Goiás durante todo o tempo da Revolução. Os três meses de beligerância afetaram a vida do povo, incluindo-se aí, como não poderia deixar de ser, a vida e a rotina do santuário de Aparecida, fazendo com que os missionários mudassem hábitos rotineiros da vida conventual. O pacato seminário, com cerca de cinquenta meninos e adolescentes, viu-se, de repente, na premência de ter que distribuí-los por outras comunidades, devido às ameaças de bombas lançadas por aviões de guerra.

---

[1] Crônica escrita por Padre Alfredo Morgado, publicada no Informativo da Província Redentorista de São Paulo, em junho de 1984. Padre Morgado, paulista que era, defendia a Constituição como um daqueles soldados de 1932. Apenas extratos da crônica foram transcritos aqui.

A causa em questão devia-se a exigência que os paulistas faziam de uma Constituição, como requer um estado democrático. O ex-presidente deposto em 1930 era fluminense de Macaé, mas fora alçado à Presidência com a força do Partido Republicano Paulista. Getúlio, que assumira a Presidência, era gaúcho e tinha a aprovação do bispo do Rio Grande do Sul e a admiração do clero. Sendo a Vice-Província de São Paulo composta de alemães e paulistas, além de seminaristas gaúchos, mineiros e goianos, Padre Vítor – mineiro de boa cepa – ao inteirar-se da situação, passou a ser um admirador do Presidente Getúlio Vargas, fazendo coro com os gaúchos.

Os paulistas perderam, mas deixaram registrado um recado importante para a sociedade brasileira sobre a necessidade de normas e leis bem definidas e justas, indispensáveis à construção da desejada democracia: uma nova Constituição. E, mal terminara a Revolução, os padres bávaros da Vice-Província – e com eles o resto do mundo – eram assombrados pelas notícias que vinham da Alemanha, em 1933, dando conta da ascendência de Adolf Hitler ao poder.

No final do ano de 1932, quando Padre Vítor se preparava para deixar Goiás, o interventor Pedro Ludovico assinou decreto nomeando uma comissão para estudar um novo local para a futura capital goiana. O interventor tinha o apoio de Getúlio Vargas e de sua política de ocupação do interior do Brasil, denominada "marcha para o Oeste". Um ano depois, no dia 24 de outubro de 1933, passados três anos da Revolução de 30, era lançada a pedra fundamental da futura cidade de Goiânia. O Arcebispo salesiano Dom Emanuel Gomes não aprovou o local escolhido, que englobava as fazendas Vaca Brava, Crimeia e Botafogo, região próxima ao convento dos redentoristas, em Campinas. A simpatia do Arcebispo era por Silvânia, onde os salesianos tinham um grande Colégio. Tanto que a bênção da pedra fundamental de Goiânia foi dada pelo redentorista Padre Agostinho Polster.

Era chegada a época das transferências. Mais uma vez a lista – às vezes desejada, às vezes temida – dos confrades a serem transferidos chegou de Roma. Grandes surpresas... Ano novo, vida nova. Padre Vítor Coelho foi transferido para o convento da Penha, em São Paulo, aonde chegou a dezesseis de janeiro de 1933. A mudança atingiu os confrades das seis comunidades: Aparecida (SP), Campinas/Goiânia (GO), Penha, na capital paulista, Araraquara(SP), Cachoeira do Sul(RS) e Pindamonhangaba (SP). Pela primeira vez, Padre Vítor teria um superior brasileiro, Padre Oscar Chagas, da primeira turma de padres brasileiros, ordenado em 1912.

Padre Vítor passou a fazer parte da equipe missionária, mas quando estava em casa, nos intervalos das Missões, entregava-se com ânimo aos serviços da Paróquia. Até esta data, os redentoristas da Penha davam atendimento às Paróquias de São João do Maranhão, São Pedro, Santana, Ponte Grande, Vila Laís, Vila Concórdia, São Miguel, Itaquaquecetuba, Arujá e Poá. Praticamente o que hoje é denominado Zona Leste de São Paulo, com territórios que atualmente pertencem às Dioceses de São Miguel, Guarulhos e Mogi das Cruzes. Serviço era o que não lhe faltava...

O primeiro trabalho missionário feito por Padre Vítor em sua volta a São Paulo foi a Missão na cidade sul mineira de Santa Rita do Sapucaí. Juntamente com Padre Antônio de Andrade, missionou a Paróquia de nove a vinte de fevereiro de 1933. Na época, o município contava com dezesseis mil habitantes, sendo que apenas quatro mil viviam na cidade. Ainda não havia acontecido a inversão numérica referente à localização populacional no Brasil, que a partir da década de 1970 passaria da zona rural para a cidade.

As anotações de Padre Vítor relatam sucesso total nesta Missão, devido à participação do povo.

> A população vibrou de entusiasmo. Em bem poucas Missões se notou interesse pelas Missões como aqui. Tanto o povo da cidade como o da roça afluíram, já desde os primeiros dias, à igreja. Já na segunda pregação, a igreja não comportava mais o povo que veio assistir às pregações, sendo necessário algumas vezes fazer às solenidades fora do templo.[2]

Padre Vítor entusiasmou-se com o brilhantismo das procissões, com a missãozinha para as crianças e com as conferências de estado, nas quais foi excelente a participação dos homens. Aconteceram conversões até mesmo de pessoas de destaque na cidade que estavam afastadas da prática religiosa. Não passou despercebida pelos missionários a visita pastoral do Bispo nos últimos três dias da Missão. "Na quinta-feira chegou o senhor Bispo para a visita pastoral, o que não deixou de atrapalhar os trabalhos na segunda parte da Missão, devido às crismas. Tivemos que cortar solenidades e sermões." Por fim, agradecem aos padres o auxílio no confessionário e ao povo carinhoso de Santa Rita a acolhida e os presentes dados aos missionários.

No mês seguinte, a dupla – Padres Andrade e Coelho – apelidada de "o gordo e o magro", estava na capital para pregar Missão no bairro do Pari. A Paróquia de Santo Antônio, confiada aos Frades Franciscanos desde aquela época, era um desafio pastoral por ser um bairro de operários, comprometidos com longas jornadas de trabalho e muito cansaço, e, por conseguinte, sem muito tempo para participarem regular e efetivamente da oração e das celebrações da comunidade eclesial. Pode-se dizer que, a partir da década de 1930 até as mudanças aprovadas pelo Concílio Vaticano II, em fins de 1965, os redentoristas estiveram sempre pregando Missões na cidade de São Paulo. Com o inchaço populacional, mudança de hábitos e de mentalidade, somados

---

[2] Documenta 67, "Crônicas das Missões da Casa da Penha", vol. único. No *ARSP*. Padre Vítor foi cronista das Missões. No entanto, quando, em 1984, ele evoca suas "recordações missionárias", para a História das Missões, ele situa a Missão de Santa Rita em 1934. Em 2012, conferimos o Livro do Tombo da Paróquia. As anotações do Bispo de Pouso Alegre, Dom Otávio de Miranda, de 1933, confirmam a data.

à insegurança causada pela violência urbana, o número de Missões realizadas teve um considerável decrescimento em seu ritmo. Depreende-se daí que há muitos anos a pastoral urbana carece de rumos seguros, ainda que planos de pastoral e incrementos festivos e sacramentais sejam tentados de várias maneiras. Um exemplo é o fato de que, nos grandes centros urbanos, a vida corrida que se vê e se vive, as inúmeras atividades que invertem e subvertem os horários e o cotidiano das populações fizeram com que a Igreja – também ela envolvida e partícipe desta realidade – percebesse a necessidade de oferecer ao povo de Deus horários para as diversas celebrações litúrgicas distribuídos ao longo do dia e da noite.

No mês de março Vítor esteve na cidade de São José do Rio Pardo, onde pregou para os vicentinos e preparou turmas de catequese para a primeira comunhão. Padre Vítor, alegre e bem-humorado, continuava exercitando seu dom especial para lidar com as crianças, e a catequese continuava a ter um lugar especial em seu coração. Em maio, esteve no centro de São Paulo, na igreja de Santa Cecília, pregando uma novena. No intervalo dos trabalhos externos sempre a missa conventual, que naquela época o padre rezava sozinho. Não havia concelebração. Sempre disposto e dedicado, auxiliava as muitas capelas paroquiais, cumprindo com desvelo os serviços próprios do múnus sacerdotal na Paróquia da Penha.

O método missionário aplicado seguia orientações que vinham desde Santo Afonso, mas já então com modificações introduzidas por Padre Estevão Heiggenhauser. Em momentos aprazados, o Vice-Provincial reunia os superiores das comunidades para discutirem e atualizarem o *modus faciendi* das Missões. Eram as chamadas Conferências Missionárias. Em janeiro de 1932, acontecera a Quarta Conferência, em Aparecida, trazendo alterações ao método. Padre Vítor, então morando em Goiás, não pôde participar. Mas, no início do ano seguinte, recém-transferido para o convento da Penha e já se preparando para retomar o trabalho nas Missões em terras paulistas, Vítor foi alertado por seus companheiros de que algumas orientações haviam sido mantidas, enquanto outras haviam sido modificadas.

> O bom êxito da Missão depende da atuação dos superiores das Missões e da estrita obediência às suas ordens: "ab ipso quippe solo omnes membrorum motus actionesque diriguntur" [todos os membros do grupo e ações guiados apenas por ele]. Poder arbitrário, porém, ele não tem. Quando as circunstâncias exigirem, pode mudar o programa elaborado no princípio da Missão, mas não sem consultar os demais companheiros, principalmente se as mudanças forem muitas e modificarem o horário preestabelecido.
>
> O catecismo para as crianças far-se-á em forma de uma missãozinha, que termine com a comunhão geral e tenha sua procissão própria, mas não à noite. Em lugares onde não haja catecismo organizado, convém dar aulas de catecismo até o fim da Missão. Catequistas só podem ajudar na manutenção da disciplina.

Mantenha-se fora da igreja uma ativa propaganda da Missão, que pode ter algo de festivo sem, entretanto, exceder-se demasiadamente. Dentro da igreja predomine exclusivamente o caráter de penitência e de máxima seriedade. Para documentar melhor e dar o máximo de importância e imponência ao Ato de Contrição, no fim dos grandes sermões dos primeiros dias, observem-se, quanto possível, as prescrições respectivas de Santo Afonso. Necessidade de restringir o número de procissões e a Visita ao Santíssimo Sacramento seja feita durante o dia.

Aproveitando as belas normas de Pio XI sobre a Ação Católica, procurarão os missionários insistir sobre ela, renovando o espírito de cada irmandade, como o exige a Regra, insistindo na formação do apostolado leigo, falando sobre a imprensa e sobre os colégios católicos, instituindo ou preparando a fundação das Ligas Católicas orientando as consciências sobre as grandes questões sociais (matrimônio, questão moderna, caridade etc.). Seja tudo dentro das normas seguidas até agora: em caráter positivo, sem acrimônia e discussões estéreis. Um bom meio para a propagação dessas ideias são os dizeres nas lembranças das Missões.[3]

As prescrições para o êxito das Missões eram enfáticas no tocante à obediência ao superior da Missão. Realçava também o bom trato com as crianças e o cuidado com a catequese. Uma boa catequese, ontem como hoje, é, basicamente, o fundamento de uma efetiva participação eclesial. Quando bem-feita, ela pode ser transformadora, introduzindo eficazmente o cristão na vida da comunidade-Igreja. As prescrições recomendavam ainda intensificar o caráter penitencial dentro das igrejas, afirmando o silêncio como uma forma de oração. É interessante perceber que as Missões não estavam alheias às renovações da Igreja. Pio XI, o Papa da Ação Católica, insistia que a Igreja incentivasse e implantasse as mais diversas maneiras de atuação do leigo cristão na sociedade. As missões levavam em conta essa orientação.

Os missionários seguiam orientações sobre os locais onde as Missões deviam ser pregadas. As comunidades cujos padres estavam liberados para tal trabalho eram designadas para as Dioceses próximas. Assim, a casa de Aparecida assumiu pregar nas Dioceses de Taubaté (SP), Pouso Alegre e na Diocese da Campanha, ambas no sul de Minas Gerais. A casa da Penha, nas Dioceses de São Paulo, Santos, Sorocaba e Bragança Paulista. A casa de Araraquara, nas Dioceses de São Carlos, Ribeirão Preto, Botucatu, todas no Estado de São Paulo e ainda Guaxupé, em Minas Gerais.

Além da total ênfase às questões eclesiais, praticava-se também uma incipiente conscientização social. O Brasil vivia momentos importantes no campo político-social, no período da década de 1930 – a chamada República Nova. Vários acontecimentos perfilavam, seja na capital da República, seja em outras cidades de menor população. A Igreja vivia neste período um momento ascendente, seja do ponto de vista numérico, seja como presença na sociedade civil através de movimentos e de novas associações que eram fundadas.

---

[3] Conferências Missionárias e outras determinações sobre trabalhos missionários na Vice-Província de São Paulo, edição datilografada, 1936. No ARSP.

Nas Missões, os Padres e, de modo especial, Padre Vítor aplicavam-se à motivação vocacional para a vida religiosa e sacerdotal. Em julho de 1933, a Vice-Província lançou uma revista, o "Boletim Redentorista", com o intuito de divulgar o trabalho dos redentoristas e de incentivar vocações para a Congregação. Era um suplemento do Almanaque de Nossa Senhora Aparecida – o conhecido Ecos Marianos – lançado alguns anos antes. Padre Wand, o Vice-Provincial, era o editor e vários confrades escreveram para os diversos números desse Boletim. Padre Vítor Coelho, que desde então mostrava interesse pela comunicação, foi um dos grandes incentivadores desse meio de comunicação e informação. A coluna vocacional o motivou sobremaneira e fez dele o maior incentivador vocacional da Vice-Província. Os missionários eram instados a seguir a orientação dada através do Boletim e a procurar, durante a catequese ou missãozinha, despertar as crianças para os sinais do chamamento para a vida consagrada. Esse era, certamente, um momento que tocava de modo especial o coração de Vítor, que amava as crianças e amava seu sacerdócio. Isso está muito presente nos apontamentos de vários de seus sermões sobre o tema que lhe era tão caro.

O divino Redentor escolheu seus apóstolos e discípulos entre todas as idades da vida. Homens na plenitude dos anos e anciãos em avançada idade perceberam a voz suave do Mestre que lhes dizia: "Vem e segue-me"; porém, com particular predileção tem se voltado Jesus à juventude de todos os tempos.

São João Batista era criança ainda quando Deus o chamou à solidão, onde devia preparar-se para ser valoroso precursor do Messias ante o povo de Israel. Um jovem adolescente foi o primeiro que recebeu aquele carinhoso e sublime convite: "se queres ser perfeito, vem e segue-me". Entre os meninos de Peréa que foram objeto das carícias e bênçãos do bondoso Mestre, refere a tradição que vários foram mais tarde pregadores do Evangelho, o mais célebre teria sido Santo Inácio, o grande bispo de Antioquia e um dos gloriosos mártires da antiguidade. O menino Galileu, a quem Jesus chamou e colocou no meio dos seus discípulos para lhes servir de modelo na humildade, recebeu, com um abraço divino, a graça da vocação: foi São Marcial, esclarecido apostolo da Gália central.

Em nada se mudou o coração de Jesus. Inclinando, com amorosa preferência, para a tenra idade, vai através dos séculos sussurrando ao ouvido infantil ou juvenil o suave chamamento: "Vem e segue-me".

Como se manifesta o chamado de Deus? No íntimo da alma. Dá-se a conhecer a voz do céu por meio da graça que guia docemente o menino às cousas sobrenaturais e eleva seu espírito cândido às aspirações mais sublimes. Aquele, em cuja tenra existência brilham, ao mesmo tempo, a pureza de consciência, o amor à piedade, a franqueza e a docilidade de caráter, amor ao estudo, saúde e talento, este possui, comumente, sinais evidentes de vocação sacerdotal e religiosa, porque tais rasgos constituem o primeiro chamado de Jesus ao terno coração de seus escolhidos.

Jesus chama também os seus escolhidos por meio de outrem. Santo André serviu de intermediário ao Mestre para chamar o grande apóstolo São Pedro. O mesmo sucede com frequência. A palavra insinuante de um sacerdote, o conselho ou pergunta de um missionário, uma leitura edificante, o exemplo de algum companheiro, e zelo de uma boa alma, uma circunstância qualquer desperta na alma juvenil a ideia do altar e do convento. Tudo isto não é senão eco fiel da voz do Mestre que chama: "Vem e segue-me".

Para onde devo ir, Senhor? "Vem e te mostrarei." Meu filho, a Igreja de Deus é um exército. Uns oram e sofrem. Outros praticam a caridade. Entretanto, um batalhão querido de meu coração, pioneira infatigável das minhas glórias é aquela falange de soldados chefiada por Santo Afonso que, com a cruz no peito e no coração, prega o Crucificado e vai resolutamente à conquista das almas. Serás o ungido do Senhor, o anjo do tabernáculo, mensageiro do perdão terá em mãos as chaves do céu, teus lábios anunciarão a paz, serás redentor de almas. Vem, segue-me![4]

Padre Vítor foi grande incentivador das vocações religiosas e fez despertar em muitas crianças o desejo de serem missionários redentoristas. Passados mais de vinte anos desde que ele mesmo entrara para o Seminário Santo Afonso, as qualidades enumeradas por ele em suas pregações como sendo sinais de vocação religiosa, ele próprio não as tinha quando era um menino que batia pernas pelas ruas, quase abandonado pela família. Deus tem seus caminhos, e aquele que no primeiro momento não apresentava nenhuma das qualidades ditas necessárias para a vida religiosa foi grande proclamador do seguimento de Jesus Cristo na vida consagrada e exaltou os valores familiares, os sacramentos, a reta intenção e a perseverança no ideal do seguimento. A Missão era a grande promotora vocacional para a Vice-Província. E Padre Vítor vestiu, com entusiasmo e esperança, a camisa de incentivador vocacional em seu trabalho missionário.

Já sabedor das decisões da última Conferência Missionária e seguindo as orientações da Vice-Província, Padre Vítor, no segundo semestre de 1933, retoma o trabalho missionário. Dessa vez, foi com Padre Oto para o Oeste Paulista. Ora pregando juntos, ora pregando separados, cada um em uma cidade. Padre Vítor viajou vinte e seis horas de trem em direção à região da Alta Sorocabana e começou a pregação em Santo Anastácio, na divisa do Estado de São Paulo com Mato Grosso. No relato feito muitos anos depois, ele comentou com rasgos de bom humor:

No segundo semestre viajei para o oeste, para pregar em toda a região da Alto Sorocabana. Segui o programa da Missão de quatorze dias. Tinha o encargo de fundar Congregações Marianas, nos lugares onde não houvesse. Foi um trabalho de arrebentar os fundilhos![5]

[4] Boletim Redemptorista, Anno I, número I, julho de 1933. No *ARSP*. Transcrição com grafia atualizada.

[5] "Recordações Missionárias", de Padre Vítor Coelho de Almeida. Arquivo Padre Vítor. Pasta Escritos Pessoais.

Nessa viagem, pois, para o Oeste, após vinte e seis horas ininterruptas, cortando todo o Estado de São Paulo, ele desembarcou em Santo Anastácio às nove horas da noite. Segundo seu relato – era o cronista das Missões –, ele foi bem recebido pelo povo na cidade de dois mil e quinhentos habitantes. Anos mais tarde, lembrando essa viagem e relendo as anotações que fizera, ele compôs uma das crônicas que usaria em seus programas de Rádio. São reminiscências de um trem serpenteando lentamente entre matas e pastagens, cortando campinas e sertões... Uma manhã, tarde e noite passando por vilas e cidades enquanto o missionário contemplava, enlevado, a vastidão do universo... Em uma cadernetinha que trazia sempre à mão conseguiu rabiscar o sentimento que o movia em direção ao povo a ser evangelizado. Padre Vítor intitulou seu pensamento poético de "O universo grandioso e o Homem-Deus".

É tão lindo o universo: o céu estrelado, o luar, a noite, a madrugada, a estrela da manhã, o nascer do sol...

Como é bonita esta pequenina terra, nas vastidões do espaço! Você contempla e pergunta: "Que inteligência idealizou e que poder realizou tanta variedade na unidade?" E vem a resposta: "Se há inteligência, deve haver o Inteligente; se há maravilhas, deve haver o Poderoso. Deus existe, diz a razão".

A Revelação veio confirmar que Ele existe! A Bíblia nos descreve a criação em uma poesia, que não é exatamente o histórico da criação, mas afirma que Deus é o criador.

Abra a primeira página do Gênesis: "no princípio, criou Deus o céu e a terra. A terra, porém, era informe e vazia e as trevas cobriam o abismo; e o Espírito de Deus pairava sobre as águas". Deus disse: "Faça-se a luz. E a luz foi feita. Faça-se o firmamento, e assim aconteceu. Que as águas que estão debaixo do firmamento se ajuntem no mesmo lugar. E apareceu a terra firme. Produzam as águas multidões de seres vivos! E tudo apareceu. E Deus viu que tudo era bom".

Deus criou o céu e a terra e Deus criou o mundo dos anjos, e Deus criou a criatura humana! O Senhor entregou o mundo ao homem, para que este conheça Deus e o sirva, alcance a vida eterna e participe da sorte do próprio criador.

Deus encheu o universo de maravilhas. A noite estrelada ostenta esses abismos imensos, onde as nebulosas giram serenas, realizando os projetos do Criador.

No imenso espaço, o sol não passa de uma estrelinha pequenina, entre bilhões de outras, mas ele é um milhão e seiscentas mil vezes maior que a terra. Em roda dele bailam o nosso planeta e seus serenos companheiros.

Aqui neste pontozinho do universo, vive o homem.

A terra é pequenina, mas Deus a fez incomparavelmente mais bela que os outros satélites do sol.

O rei da criação vive na terra: é o homem, miniatura de toda a obra de Deus, porque o homem é um ser animal, vegetal, mineral e angélico. O homem é "imagem e semelhança" de Deus no ser, no conhecer e no amar. Mas o que o exalta até o infinito é o grande mistério da encarnação: o próprio Filho Eterno do Pai fez-se homem para divinizar a obra criada. Jesus Cristo, Homem-Deus, é a suma grandeza do universo.

Tudo indicava que o mundo fora criado para o homem, quando a Encarnação veio revelar o "Mistério Eterno", escondido em Deus: Jesus – Homem – Deus – Profeta – Rei e Sacerdote! Era e é a razão do universo e de toda a criatura.[6]

O belo poema, posterior aos idos da década de 1930, revela a sensibilidade e o sentimento de Vítor diante da beleza de todas as coisas criadas por meio da Palavra. Tudo foi por Ela e nada foi feito sem ela (cf. Jo 1,3). O missionário, o "andarilho de Deus", sente-se envolvido pelo mistério da Eterna Beleza... São os primeiros voos de Padre Vítor escritor e poeta.

Depois da cidade de Santo Anastácio, a dupla – Padres Oto e Vítor – pregou em Presidente Prudente. Aí, Padre Vítor encontrou uma situação inusitada. Segundo ele, o vigário espanhol era bom e ajuizado. O problema era sua irmã que mandava e desmandava na igreja, para desgosto e reclamações dos fiéis. Comenta ainda que a cidade estava arranjadinha e a população devia girar em torno de umas doze mil pessoas. A Missão foi boa, mas poderia ter sido melhor, como ele deixou anotado.

De lá Padre Vítor foi para Quatá, onde trabalhou sozinho. Foi recebido na estação pelos graduados da cidade que participaram – *pro forma* – das solenidades. Se a recepção fora um pouco fria, o bota-fora foi grandioso e cordial, segundo ele mesmo observou. A localidade era pequena – não tinha dois mil habitantes –, mas recebeu do perspicaz Vítor comentários de que, lá, a maçonaria era implicante, ainda que decadente.

Mais uma vez ele pregou sozinho em Palmital, logo que deixou Quatá. Depois dessa Missão, já passados trinta dias de labor apostólico na região, os dois padres foram para Assis, cidade sede do bispado. Os missionários lembravam-se de que em toda a região havia muitos padres espanhóis. Assim também em Assis. A Missão respondeu a seu propósito, com grandes e solenes momentos, como a procissão do crucificado e o levantamento de cruzeiro. Impressionado, todo o povo da cidade comentava que "os missionários amolecem até pedras".[7]

Depois de Assis, a volta para casa. O convento da Penha os esperava para alguns dias de repouso, a fim de refazerem as energias corporais e espirituais. Em casa, os comentários entre os confrades eram sobre a carta circular que o Vice-Provincial havia escrito a todos os membros da Vice-Província. Ele estava passando aos confrades orientações vindas dos superiores na Alemanha e em Roma. Um dos assuntos em pauta dizia respeito ao uso do fumo pelos confrades. Para fumar, seria preciso licença escrita do padre superior ao fumante. O uso do cigarro era tido como medicinal, e a licença era dada – conforme exigia a Regra – por indicações médicas. Ainda assim, o assunto era tema de

---

[6] Escritos extraídos dos programas de Padre Vítor Coelho na Rádio Aparecida, na década de 1950. Várias pastas contêm material destes programas. No Arquivo Padre Vítor, serão aqui referidas como Pasta de Programas na Rádio Aparecida.

[7] Documenta 67, "Crônica das Missões da casa da Penha", vol. único. No *ARSP*.

circular, avisos e admoestações vindas de Roma. Hoje o fato todo soa como algo absurdo, meio disparatado, mas naqueles tempos... E Padre Vítor era um dos que pedia a licença para fumar.

> Enquanto o uso do fumo, cumpre-se a obrigação de comunicar que o Revmo. Padre-Geral está apertando o cerco e a observância da proibição do mesmo, dificultando as licenças e procedendo contra o abuso do mesmo. Para não ter necessidade de uma intervenção direta do Padre-Geral, quer o Revmo. Padre Vice-Provincial que os superiores vigiem sobre o uso da licença concedida, sobre a quantidade e qualidade do fumo e a sua guarda num lugar determinado de onde poderá ser retirado semanalmente com a licença mensal pedida ao superior na ocasião do colóquio paterno. Os padres superiores tenham a bondade de avisar neste sentido as suas comunidades.
>
> Que a nova licença de fumar somente será dada se o congregado provar a "causa gravis" de que fala a Regra. Esta licença só terá valor se, conforme outro ponto da Regra, for apresentada ao superior da casa, que determinará o "quantum".[8]

A licença valia para um triênio, conforme o pedido do Padre ou Irmão, feito por escrito. O superior é quem avaliava a quantidade e a qualidade do fumo a ser dado ao confrade. Mas havia a recomendação de nunca fumar em lugar público, apenas no quarto ou em lugares afastados. No recreio comum era permitido, desde que não houvesse visitas. Mas, se houvesse uma visita importante, como algum bispo, por exemplo, o superior liberava o uso do cigarro até mesmo no refeitório, após as refeições. O uso do cachimbo era o mais comum entre os Padres e Irmãos. Charutos e cigarros para dias de festas.

Em meados de setembro, Padre Vítor foi com Padre Andrade para a cidadezinha de Vargem Grande, hoje parte da região metropolitana de São Paulo. As crônicas colocam como sucesso total os resultados desse trabalho missionário. Conversões de protestantes e espíritas devido às pregações firmes e convincentes dos Padres marcaram essa Missão. Em seguida Padre Vítor foi ajudar Padre Nestor de Souza em Itatiba. Aí, a Missão foi de apenas nove dias, com algumas cerimônias canceladas, porém com resultado positivo.

No mês de outubro, a dupla Oto e Vítor percorreu várias cidades da Diocese de Sorocaba, começando por Itararé. De lá, viagem até a cidade de Faxina que hoje se chama Itapeva. Na sequência, Itapetininga, segundo eles, a cidade mais aprazível da Sorocabana. Povo bom, fervoroso, participativo. Em Tatuí, os missionários contaram com o apoio e auxílio do Bispo Dom José Carlos Aguirre, que depois se tornou grande amigo da Congregação. Com rasgados elogios, o Bispo enalteceu os missionários e o trabalho apostólico dos redentoristas. Em compensação, o vigário não lhes deu gratificação alguma pelo árduo trabalho preferindo adular o Bispo...

---

[8] Documenta 83, "Crônica da Vice-Província 1930-1953". No *ARSP*.

Em Sorocaba, sede da Diocese, a dupla brilhou com pregações e cerimônias solenes próprias da Missão. Também lá, Dom Aguirre esteve presente e foi só elogios aos padres. Um grupo protestante – como se dizia na época – distribuiu panfletos ao povo dizendo que Padre Vítor era casado, apóstata e que fora pastor protestante reconvertido ao catolicismo. Na verdade, o panfleto falava de seu primo, o Cônego Victor, que, sossegadamente, trabalhava em Goiás. As turbulentas idas e vindas de sua história haviam chegado ao conhecimento de algumas mentes mal-intencionadas de Sorocaba... Fora o incidente, os padres ficaram vivamente impressionados com a cidade, sobretudo com o potencial industrial que podia ser vislumbrado, tanto por seu dinamismo como por sua proximidade com a capital do Estado. Depois das cidades da Diocese de Sorocaba, Padre Vítor ainda pregou, em dezembro, com Padre Nestor de Souza, na cidade de Socorro, pertencente à Diocese de Bragança Paulista.

Como os missionários da ativa estavam sempre em giro e poucos dias em casa, Padre Vítor não pôde participar, em Aparecida, das comemorações do bicentenário de fundação da Congregação do Santíssimo Redentor. As festas foram organizadas por Padre Estevão e aconteceram no mês de outubro. Dois arcebispos participaram, o de São Paulo e o de São Carlos. Foram convidados padres do clero secular das Dioceses de São Paulo, Taubaté e da Campanha, no sul de Minas. Os pregadores recordaram a vida dos santos redentoristas e a devoção a Nossa Senhora do Perpétuo Socorro. A parte social dos festejos também foi brilhante. Um almoço foi oferecido pela *bonne societé* de Aparecida aos religiosos e demais convidados. Após o banquete, a colônia sírio-libanesa, gentilmente, ofereceu aos redentoristas um cálice e um missal, acompanhados de discursos afetivos e calorosos.

Ao celebrar os duzentos anos de fundação da Congregação do Santíssimo Redentor, nada mais justo que agradecer a Deus o progresso que ela alcançava na Igreja e junto ao povo. Na Europa, os redentoristas já estavam praticamente em todos os países. No Vaticano, depois do Cardeal Victor Dechamps, Arcebispo de Malines, na Bélgica, falecido em 1883, a Congregação alcançou a nomeação de outro cardeal, Willem van Rossum, falecido em 1932. Rossum foi nomeado pelo Papa Bento XV Prefeito da Congregação para a Propagação da Fé, em 1918, e realizou serviços relevantes no pontificado de Pio XI. O crescimento numérico de Padres e Irmãos foi sempre regular e contínuo. Em 1932, os redentoristas no mundo já iam além de seis mil membros. No Brasil, o crescimento era confirmado pela presença das fundações holandesa, alemã e estadunidense.

Notícias vindas do exterior e comunicadas a toda a Vice-Província davam conta de que o Núncio Apostólico renovava o pedido de ajuda financeira, não somente das entradas de esmolas no santuário, mas de todas as comunidades. A ajuda tinha em vista a construção do seminário brasileiro em Roma. As obras já estavam bem adiantadas e o Núncio desejava inaugurar, o quanto antes, o tão sonhado Pontifício Colégio Pio Brasileiro. As finanças da Vice-Província, porém, estavam combalidas. Não havia dinheiro em caixa para aplicações que se revertessem em renda de forma a suprir suas próprias necessidades e, no trabalho das Missões, sendo a remuneração espontânea por parte dos vigários, o que se trazia para casa era insuficiente até mesmo para a manutenção da própria Missão. Por mais boa vontade que houvesse, o momento impossibilitava a ajuda.

Outra notícia, vinda da Alemanha, anunciava a nomeação de um novo Provincial escolhido por Roma. Mais que depressa, os bávaros no Brasil enviaram mensagem augurando feliz ministério ao escolhido através de uma carta assinada pelos superiores das casas brasileiras. A carta expunha o trabalho que os missionários realizavam no Brasil e as dificuldades enfrentadas, contando com forças insuficientes para levar a cabo todos os encargos. As Missões sempre exigindo cada vez mais padres já que os pedidos aumentavam dia a dia. O trabalho nos santuários de Aparecida e Trindade era, praticamente, uma Missão contínua. A carta enviada pintava o retrato de uma situação de trabalhos árduos e de uma responsabilidade assumida à qual a Vice-Província receava não conseguir corresponder a contento.

> Os superiores da Vice-Província, reunidos em Aparecida para a consulta trienal, permitem-se apresentar o seguinte a Vossa Revma. Antes de tudo, expressamos com amor e respeito os sentimentos de gratidão à Província-Mãe e aos superiores pelo auxílio prestado aos nossos trabalhos durante estes trinta e nove anos, pedindo a Deus que os recompense com suas bênçãos.
>
> É com sentimentos de gratidão, obediência e de união que desejamos continuar trabalhando na construção da obra a nós confiada. Após conversações na consulta trienal, nós nos convencemos, mais do que nunca, de que precisamos do efetivo auxílio da nossa Província-Mãe para podermos conservar o já realizado e progredir no caminho encetado. Seriamente desejamos embrenhar-nos nesta tarefa a nós confiada e iremos agir segundo os sentimentos de V. Revma., se, a fim de evitar prejuízos, nos confiarmos a evitar recuos e a empregar todos os meios para um progresso regular. Constatamos, porém, com grande mágoa, ser hoje o número de padres insuficiente para as obras vitais da Vice-Província. Como obras vitais da Vice-Província, consideramos a formação da juventude, os cuidados com nossas paróquias e as Missões. Contamos, além disso, de modo particular, ter em cada comunidade o número suficiente de padres, dando a possibilidade de se praticar com seriedade a vida religiosa. Considerando essa situação cremos ser um dever de consciência o apelar para a instância de onde pode vir um auxílio. Os superiores da Vice-Província, abaixo assinados, dirigem-se, assim, confiantes a V. Revma. com pedido respeitoso, mas insistente, de mandar alguns padres, que queiram trabalhar conosco, auxiliando-nos a continuar e concluir a obra iniciada pela Província Bávara. Refletimos bastante e ponderamos as dificuldades da Província-Mãe. Não queremos um acréscimo a fim de dilatar os nossos trabalhos, mas só o necessário para as exigências da Vice-Província.[9]

---

[9] Copresp A, Carta dos Superiores ao Padre Carlos Fridolino Schleinkofer, em 1933. No *ARSP*.

Dos onze padres que assinaram, oito eram alemães. Pode-se dizer que é a primeira manifestação de sentimento de orfandade da Vice- Província. Os estudantes não mais eram enviados à Alemanha, mas para a Argentina. Padres e Irmãos alemães já não eram enviados para o Brasil como antes. E o trabalho cada vez mais exigente, ameaçando ultrapassar a capacidade de atendimento dos padres. Na resposta vinda da Província-Mãe, Padre Carlos Fridolino Schleinkofer assegurava aos emissários que estava consciente das dificuldades enfrentadas e avisava que viria ao Brasil para ver, *in loco,* a aflitiva situação.

Padre Vítor Coelho, como um dos incansáveis trabalhadores da Vice-Província, dedicava-se com afinco a suas tarefas apostólicas. Entre outras, via-se empenhado na pregação de retiros espirituais, ora para freiras, ora para moças internas em colégios religiosos. Terminado o ano, viajou para o interior do Estado para um tríduo de fim de ano. Serviço não faltava diante da demanda do variado público. Se era notória sua facilidade para se comunicar com o povo e com as crianças, Padre Vítor destacava-se também nos trabalhos com círculos menores de pessoas ou mesmo para pequenos grupos bem específicos. No esquema da Missão havia as chamadas "conferências de estado", isto é, pregação em separado para crianças, moças, senhoras e homens. Isso, por certo, dava ao missionário sensibilidade e experiência para lidar com as especificidades de cada grupo.

Missões, retiros, tríduos e novenas eram os trabalhos paroquiais em que Padre Vítor esteve envolvido durante seus anos como membro da comunidade redentorista da Penha. A chegada do Natal era, para os redentoristas, o momento particularmente festivo dos cânticos, missas e cerimônias litúrgicas voltados para a celebração do mistério da Encarnação do Verbo no meio dos homens como vivida na espiritualidade alfonsiana. Anos mais tarde, Vítor escreveria "Jesus Vem" sobre a celebração do Natal. Escritos como este foram, com certeza, usados para reflexões em seus retiros fechados e em sermões nas Missões.

Aproxima-se o Natal. Os corações se alvoroçam. Esses corações tão gulosos de felicidades...!

Muitos pensam que preparar um "Feliz natal" é engordar perus para banquetes e excogitar presentes e surpresas para os filhos e amigos. Bugigangas, ninharias, ilusões...

Tudo isso pode estar muito bem, sim, mas tudo acabará em tédio se faltar o principal. Ora na festa de Natal, o mais importante só pode ser Jesus.

Muitos se lembram das castanhas, das nozes e dos bons vinhos. Inventam para as crianças a tolice de um velho barbudo que não existe. Mas não se recordam de Jesus. Não gostam dele porque não traz um reino de comida, bebida e gozo grosseiro.

Jesus não se encontra na algazarra. O silêncio da Noite Santa lhes causaria pavor ou sono.

Pobrezinhos! Não sabem que o íntimo do nosso espírito é o presépio misterioso, onde nos deparamos com o divino Amigo para o banquete de luz e de amor.

> Outros há que a tanto paganismo ainda não chegaram, mas sentem um calafrio a lhes encrespar o dorso, quando a Igreja diz que a verdadeira preparação do Natal consiste na penitência.
>
> Imaginam que fazer penitência é sinônimo de jejum, maceração, austeridade...
>
> Nisso vai um grande erro.
>
> Penitência não denota castigos rigorosos infligidos ao corpo. Fazer penitência é recolher-se o homem ao íntimo do espírito para se colocar em face da justiça e da bondade de Deus; é meditar a Palavra divina e aceitar a luz da Verdade; é sentir grande pesar das culpas cometidas; é chamar, pedir e orar; é tomar a cruz dos sacrifícios no cumprimento da lei de Deus. Isso é penitência!
>
> Na parábola, quando o "filho pródigo" voltava, contrito, de longes terras para o aconchego da casa paterna, o pai amoroso correu-lhe ao encontro. Assim acontece aos que se predispõem para o Natal, convertendo-se para Deus. A boa confissão faz parte integrante dessa conversão.[10]

O recado, seja através dos texto, seja pelo púlpito, acenava para um Natal religioso, que pusesse sua centralidade em Jesus Cristo, a verdadeira razão da celebração da festa. Há tempos a sociedade ressente-se da ausência dos valores e práticas cristãs verdadeiramente centrados na palavra e na prática de Jesus de Nazaré. Quem se coloca a serviço dessa mesma sociedade e assume a tarefa de recordar-lhe tais valores e práticas cristãs, chama para si uma árdua missão. Os missionários são exemplos típicos desses homens preocupados com o transcender da festa, de modo que ela não fique apenas na exterioridade, celebrada tão somente como um evento social. Este recado de Padre Vítor às famílias é sinal da sensibilidade do missionário sintonizado com o coração do Pai que envia o Filho – sua Palavra – para nos revelar seu amoroso projeto.

A antiga Regra da Congregação Redentorista prescrevia para seus membros um retiro de cerca de dez dias por ano, e um retiro de um dia em cada mês. Padre Vítor aproveitou os primeiros dias de janeiro de 1934 para rezar na casa do noviciado em Pindamonhangaba. Retirado e em silêncio, pôde rever sua prática de vida e abastecer-se para a longa jornada no novo ano que o calendário apontava...

Logo após, pé na estrada, Padre Vítor esteve em Ribeirão Preto pregando um retiro para religiosas daquela diocese. Retiros e festas de padroeiro em diversas paróquias foram as ocupações no início de ano. Mas em abril, após a Semana Santa, a dupla Padre Andrade e Padre Coelho – no dizer do cronista, "intrépidos e inseparáveis" – foi pregar uma Missão no bairro Barra Funda, na capital paulista.

Segundo Padre Vítor, que foi o cronista daquela Missão pregada na Paróquia Santo Antônio, toda a cidade de São Paulo deveria ser missionada. Pregar em toda a capital seria um grande esforço evangelizador e um grande cha-

209

---

[10] V. C. de Almeida. *Os ponteiros apontam para o infinito*. Edições Paulinas, São Paulo, 1960.

mamento da Igreja a seus fiéis, um reforçador do trabalho e do empenho das paróquias, tendo em vista que a cidade começava a viver mudanças até então impensadas, sobretudo devido à rápida industrialização de vários bairros. Vítor percebia também certo indiferentismo das comunidades, refletido na exiguidade de associações religiosas e na relativa falta de frequência à missa semanal. "Barra Funda é um bairro operário, repartido desagradavelmente pela impertinente estrada de ferro inglesa com suas porteiras. A igreja foi pequena para as cerimônias da noite."

Padre Vítor parecia prever a grande Missão que aconteceria na capital quase dez anos depois, como preparação para o Congresso Eucarístico de 1942. Os redentoristas se envolveram com a festa missionária e foram os operários de primeira hora em sua organização e realização. São Paulo já se tornara então uma grande metrópole, quer pelo número de habitantes, quer pelo progresso rápido trazido pela industrialização, com muitos bairros operários e crescente migração. Havia migrantes vindos de todas as partes do país e levas de estrangeiros já aportados, enquanto outros continuavam a desembarcar procurando melhores dias na cidade e no Estado de São Paulo. A cidade vivia um momento de efervescência sociopolítica e religiosa. A Missão ajudava as classes sociais a interagirem e a se conhecerem. Mesmo sem um aprofundamento do ponto de vista sociológico, é interessante ressaltar que a Missão respondia a uma necessidade da cidade em crescimento, sobretudo no aspecto religioso em transformação no tocante ao conceito de paróquia e limite paroquial.

No aspecto sociopolítico, além de outros fatores, a migração trouxe para São Paulo várias realidades e expressões que, depois de alguns anos, já se faziam notar sobretudo nos bairros operários. Em 1942, foi promulgada, pela Assembleia Constituinte, a terceira constituição do país – liberal e democrática. Boa parte dos membros do governo era simpática às ideias fascistas. Desde 1932, com a fundação da Ação Integralista Brasileira por Plínio Salgado, vários segmentos da sociedade haviam se inscrito nesse movimento de inspiração nazifascista. Até setores da Igreja – alto e baixo clero – defendiam a ação dos integralistas, que tinham como principal escopo combater o movimento e partido comunistas.

A Igreja tinha então, como sua expressão maior no Brasil, a figura de Dom Sebastião Leme, no Rio de Janeiro. Ele lutara para conseguir avanços na relação da Igreja com o governo provisório de Getúlio Vargas e garantir alguns direitos civis após a proclamação da nova Constituição. A sociedade havia alcançado mudanças significativas, como o direito das mulheres ao exercício do voto nas eleições do país. Associações e movimentos religiosos também continuavam a exercer seu papel na sociedade. A Ação Católica, incentivada pelo Papa Pio XI, ia ganhando expressão e força em muitas dioceses espalhadas pelo país. Enfim, um período de mudanças, de modo especial no mundo urbano, onde os redentoristas atuavam sobremaneira através das Missões Populares.

Fato marcante na Vice-Província foi a chegada do Provincial Padre Carlos Fridolino, em agosto de 1934. Uma visita de quatro meses, pois além de visitar todas as comunidades redentoristas ligadas a Província alemã, foi até a Argentina participar do Congresso Eucarístico em Buenos Aires e visitar os estudantes brasileiros em Manoel Ocampo. Estendeu sua viagem até Aquidauana e Bela Vista no Mato Grosso para uma visita de cortesia aos confrades da Vice-Província de Campo Grande, vindos dos Estados Unidos alguns anos antes. Aproveitou ainda sua estada no Brasil para ir a Juiz de Fora e Congonhas do Campo, onde visitou as casas de formação dos redentoristas holandeses. E no Rio de Janeiro, encontrou-se com o Núncio Apostólico e com o Cardeal Dom Leme. Voltou feliz para a Alemanha, passando antes por Roma, onde relataria ao Padre-Geral suas impressões sobre o trabalho redentorista no Brasil. Padre Fridolino levava boas lembranças do país. Ficara contente ao ouvir de Dom Leme que os redentoristas prestavam um grande serviço à Igreja do Brasil, de modo especial no trabalho nos santuários e nas Missões. Antes de vir ao Brasil Padre Fridolino atendera o pedido da Vice-Província, enviando-lhe dois padres para reforçarem o grupo missionário: Padres Carlos Holländer e Jorge Rambeck.

Ouvindo os confrades no Brasil, o Padre Provincial tomou algumas decisões referentes à Missão. Uma dessas decisões, que afetou a prática das Missões, foi a de voltar para as mãos do Vice-Provincial, prática antiga quando os trabalhos eram poucos, a aceitação e a organização das Missões Populares. Na década de 1920 até aquele ano as Missões eram aceitas e coordenadas pelos superiores das diversas comunidades. A norma deveria vigorar a partir do ano seguinte. As chamadas "casas missionárias" tinham, em geral, os padres necessários para a pregação das Missões. Porém, sempre houve dificuldades no atendimento às cidades que requeressem um maior número de missionários. Era norma, desde a Conferência Missionária de 1932, que em cidades maiores, a Missão seria conduzida por, pelo menos, três padres, com duração de não menos que quatorze dias.

A centralização foi, obviamente, contestada pelos superiores locais, ciosos de sua autonomia e autoridade. Mas, a partir da nova orientação, o governo provincial poderia aceitar Missões em cidades grandes, que exigissem maior número de missionários, pois poderia escalar pregadores das diversas comunidades conforme a necessidade. Com isso, cidades como Campinas, Ribeirão Preto, Sorocaba poderiam ser missionadas de uma só vez, ainda que houvesse várias paróquias na cidade.

No meio do ano, novamente a dupla, Padres Andrade e Coelho, partiu para Araxá, no Triângulo Mineiro, para uma missão de quinze dias. Curiosamente, tempos antes, quando os redentoristas pregavam Missão nessa região, o bispo de Uberaba afirmara ser Araxá uma cidade religiosíssima e de ótima reputação, não requerendo muito esforço por parte dos padres. Segundo anotou Padre Vítor, isso foi um erro de avaliação do senhor Bispo. Araxá era sim religiosa, mas necessitava de evangelização.

Como cronista da Missão, Padre Vítor comenta que os salesianos estavam na cidade havia já mais de dez anos e que a cidade tinha uma população de cerca de seis mil pessoas. Havia também um colégio dirigido pelas Irmãs Dominicanas que oferecia os cursos ginasial, normal e internato para moças. Os resultados do trabalho foram consoladores e, segundo os missionários, foi a melhor Missão daqueles tempos, embora, como comentaram, os protestantes e espíritas andassem fazendo um bom trabalho de convencimento entre a população. A participação maciça e fervorosa dos leigos mereceu destaque nos relatos sobre a Missão.

Foi em Araxá que, oficialmente, os Padres pregaram, falaram e propuseram aos leigos que se inscrevessem na Arquiconfraria de Nossa Senhora do Perpétuo Socorro. Era uma forma de os fiéis rezarem pelas vocações missionárias e participarem de uma associação eclesial. A Arquiconfraria estava ligada diretamente ao trabalho dos redentoristas, incumbidos por Pio IX, em 1866, de difundir, pelo mundo, a devoção a Nossa Senhora do Perpétuo Socorro. Em maio de 1871, foi fundada canonicamente a Irmandade, elevada à Arquiconfraria em março de 1876, ainda por Pio IX. Desde então, a devoção e o culto a Nossa Senhora do Perpétuo Socorro se estenderam pelo mundo inteiro com uma rapidez admirável.

Um livreto distribuído para os associados explicava-lhes os estatutos e os benefícios concedidos aos membros da Arquiconfraria. Era distribuído nas igrejas aos cuidados dos redentoristas ou nas missões.

> Não nos devemos admirar duma propagação tão rápida e prodigiosa, pois a devoção à Santíssima Virgem é o remédio mais urgente, e talvez mesmo o único para os graves males que o mundo experimenta. E o título de Rainha e Mãe do Perpétuo Socorro é, sem dúvida, o que inspira aos fiéis mais confiança e mais amor à Imaculada Mãe de Deus e dos homens.
>
> O fim desta piedosa associação é venerar e fazer com que os outros venerem Nossa Senhora sob a invocação de Perpétuo Socorro, valendo-se para isso da poderosa intercessão de Santo Afonso, insigne devoto de Maria Santíssima.
>
> A única condição indispensável para pertencer a esta Arquiconfraria é fazer-se inscrever no Registro da mesma. Por concessão do Revmo. Padre-Geral dos Redentoristas os associados participam dos frutos espirituais das santas missões, orações, penitências e outras boas obras que se praticam na Congregação do Santíssimo Redentor.[11]

A Arquiconfraria chegou a ter um milhão e meio de associados nas diversas igrejas do Brasil. Os associados sabiam-se ligados ao trabalho de formação

---

[11] Estatutos da Arquiconfraria de Nossa Senhora do Perpétuo Socorro e de Santo Afonso. Edição de 1933, no *ARSP*.

dos futuros redentoristas, de modo especial aos alunos do Seminário Santo Afonso, em Aparecida. Todos os seminaristas eram inscritos na Arquiconfraria. No Seminário havia missa especial na intenção dos associados leigos, mantendo-se assim uma unidade entre os Padres Missionários, seminaristas e leigos.

Posteriormente, foi introduzida no Brasil, nas igrejas sob os cuidados dos redentoristas, a novena perpétua a Nossa Senhora do Perpétuo Socorro, uma experiência iniciada pelos redentoristas dos Estados Unidos da América que logo se espalhou pelo mundo. O modelo da novena é basicamente o mesmo, podendo ser ou não acompanhado de celebração eucarística. Canta-se um hino, rezam-se as orações da novena, são lidos os pedidos e agradecimentos do povo e faz-se a homilia. Algumas cidades se destacam pelo número de devotos na participação nas novenas que, geralmente, são realizadas durante a semana, como em Belém, Manaus, Teresina, Goiânia, Campo Grande, Araraquara e Curitiba.[12]

Na vida de Padre Vítor Coelho de Almeida algumas formas de exercer seu ministério foram vividas de maneira apaixonada. Primeiramente, seu zelo e jeito para lidar com as crianças, estendidos ao incentivo à catequese, marcaram o início de sua vida presbiteral. Em segundo lugar, seu ardor missionário que o tornou, neste período, o missionário de maior destaque no grupo de padres da Vice-Província. Nesta fase da década de 30, ele era também o grande incentivador vocacional, arrebanhando em cada Missão realizada dezenas de meninos para o seminário.

De Araxá a dupla viajou para pregar, logo em seguida, em Pouso Alegre. Praticamente um dia de viagem os dois gastaram para chegar ao sul de Minas. Pouso Alegre tinha o dobro da população de Araxá e a cidade já contava com sede de bispado e centro militar, além de ser o empório comercial de toda a região entre São Paulo e Minas. Os padres da Congregação Filhos de Maria e o cura da catedral auxiliaram nas confissões.

Segundo Padre Vítor, além de o espiritismo ser presença muito forte na cidade, muitos moradores haviam se convertido ao protestantismo. Mas, sem desanimar, os missionários se aplicaram para valer e as confissões entravam pela madrugada adentro. Houve grandes conversões. O grande destaque, porém, foi o café matinal das crianças. Os padres, em cada cidade missionada, organizavam um substancioso café em um domingo de manhã. Toda a comunidade se mobilizava no intuito de um maior envolvimento dos adultos. Com isso, aproveitava-se a ocasião para catequizar e orientar a meninada sobre os assuntos básicos da fé. Naquela Missão em Pouso Alegre o café foi servido para

---

[12] V. A. de Oliveira. "À vossa proteção recorremos, Mãe do Perpétuo Socorro", sem data, edição do autor. Aqui há um apanhado histórico, novena e locais de culto em honra à Nossa Senhora do Perpétuo Socorro no Brasil.

mil e duzentas crianças! O Bispo Dom Otávio de Miranda ficou vivamente impressionado com a alegre movimentação da comunidade.

Os missionários da ativa já estavam tarimbados no exercício da pregação, afeitos ao método e ao jeito de se pregar uma Missão. Na Conferência Missionária de 1932, decidiu-se por renovar algumas práticas missionárias e, consequentemente, elaborar um novo Diretório para as Missões. Até então vigorava o Diretório de Padre Estevão. Além do esforço de Padre Estevão na organização do Diretório, contava também seu jeito carismático de dirigir as Missões, particularmente em cidades maiores. Mas Padre Estevão envelhecera, dava sinais de cansaço e a doença já minava suas forças. Na metade do ano de 1934, os Missionários estrearam o novo Diretório das Missões.

Foi impresso nas Oficinas Gráficas de Arte Sacra, de Aparecida, o primeiro Diretório das Missões. Antes, os missionários baseavam-se no Diretório Bávaro de 1885 – com adaptações para o Brasil –, nas orientações dadas por Padre Henrique Brandaw que dirigiu o Segundo Noviciado de 1902, e no Diretório de Padre Estevão. A partir do novo Diretório das Missões, porém, já não mais se podiam improvisar métodos, introduzir temas, pois tudo estava previsto e determinado no Diretório, um opúsculo de 83 páginas no formato de 16,1 x 21,5 cm. As primeiras páginas, em língua latina, são dedicadas ao tema das Missões constante das Regras e Constituições. Nas seis páginas seguintes, o Diretório condensa a teoria e a estrutura da Missão tal como foi amplamente estudada por Padre Estevão. Cada missionário carregava seu exemplar, levava consigo os esquemas de sermões elaborados durante o Segundo Noviciado e a Regra da Congregação do Santíssimo Redentor, que havia sido impressa em 1927. (A aprovação pontifícia para a Regra data de 1749, mas houve algumas mudanças devido ao Código de Direito Canônico de 1917).

Interessante notar que, como a base para a pregação ou o formato das cerimônias eram preestabelecidos, tal modelo pode dar a impressão de um engessamento da prática missionária. E há razões para se pensar assim. Contudo, aqui valia – e muito – a capacidade inventiva do missionário em criar a diferença, sobretudo na maneira de lidar com o povo e na forma de desenvolver o conteúdo dos sermões. Padre Nestor de Souza, um dos grandes estudiosos da Missão, comentou, a partir de normas dadas pelo fundador, Santo Afonso, o modo da pregação redentorista. Padre Vítor, comunicativo, cheio de inventividade, construiu uma maneira calorosa de se aproximar do povo e uma forma simples de pregar as verdades da fé. Ele já participara de Missão com Padre Nestor e os dois comungavam do mesmo pensamento de que muitas ideias precisavam ser revistas e práticas precisavam ser renovadas.

O missionário redentorista, operário evangélico com o fim especializado de pregar a Palavra de Deus aos abandonados, aos simples, há de ter o seu modo especial de falar a essas massas. A forma de sua pregação é determinada, delimitada, urgida e vigiada rigorosamente pelas Regras.

Pregação absolutamente apostólica como o requer o interesse das almas, quer dizer de uma simplicidade absoluta, cheia, sim, de um santo entusiasmo, mas ao alcance de todos os ouvintes. Condenação total e sem apelo da pregação empolada, difícil, pretensiosa, rebuscada, vã e inútil, indigna da finalidade do missionário redentorista. Dentro desses dois polos movimentam-se as nossas determinações regulares, contendo elas claramente, insofismavelmente de um lado uma proibição solene e de outro uma ordem expressa.

E as Regras não se detêm em ordem geral nessa proibição ou nessa determinação explícita, descem às minúcias: proíbe a afetação na pronúncia, verbosidade inútil, períodos abstrusos, argumentação inane e vácua, pavoneamento de estilo; pura folhagem! Ordena pregar assim que todos os ouvintes, os mais simples, os mais rudes, os doutores, os instruídos, os pequeninos e os adultos, homens e mulheres achem o pábulo para suas almas. Devem os missionários, enfim, falar como tendo verdadeira fome de almas: "máxima quase animarum fame loquanter".

É mister, porém, não confundir simplicidade, clareza com valgar ou chatice, rusticidade ou descuido de linguagem, argumentação bamba ou nula, deblateração e descuido. O estilo será simples, popular, mas linguagem castiça, correção absoluta de pronúncia, argumentação sólida, clara, perspícua, nada de rusticidade, enfim, uma pregação digna do alto assunto a ser ouvido, que mesmo a ouvintes cultos não possa desagradar.

Essa pureza de linguagem, perfeito conhecimento da língua, já foi recomendada desde os tempos dos estudos preparatórios no Segundo Noviciado. A prédica há de ser bem elaborada e concatenada. Em uma das visitas do Provincial ele recomendou que os padres devem fazer o maior esforço na boa aprendizagem da língua portuguesa e recomendava bons livros para aperfeiçoar esta prática.

No apresentar exemplos, nas narrações de milagres, visões, haja máxima cautela, nada se dizendo ou se afirmando que não possa documentar ou ter fonte segura. Nem mesmo de longe se deixará perceber algo, que se pareça com revelações do segredo sacramental; não haja referências a coisas desagradáveis acontecidas em outras Missões ou aos nossos. E quanto ao sexto mandamento sejam os missionários "cautissimi et castissimi", recordando-se da recomendação do santo fundador, o sumo moralista, aos confessores: "... malint hac in re obscuriores esse quam dilucidiores" [... neste assunto, prefiro mais obscuro a elucidativo].

Em conclusão: o missionário redentorista na sua pregação deve ser, antes de tudo e sempre, um apóstolo; visará exclusivamente a conversão das almas; procurará assim pregar realmente Jesus Cristo. Pregação clara, simples, sólida; linguagem castiça, correta, argumentação segura; seriedade e probidade; não buscará efeito momentâneo, não visará fama e estima, mas procurará produzir "fructus solidos, non folia".[13]

215

As realidades eram muito diversas no campo de apostolado dos missionários. Pregar em Goiás, Minas Gerais, São Paulo e Rio Grande do Sul exigia um esforço imenso tanto na adaptação das pregações como no fazer-se compreender pelo povo. Para os padres alemães, explicitar a palavra de Deus, ainda que

---

[13] Documenta 98, Padre Nestor de Souza. "Técnica de Missão na Vice-Província de São Paulo", 1932. No ARSP. Em 1938, Padre Nestor organizou e datilografou essas orientações para uso dos missionários.

de forma simples e clara como pedia o Diretório, era sempre uma tarefa difícil pelas dificuldades naturais que tinham com a língua portuguesa. Obviamente, os padres brasileiros conseguiam fazer brilhantes pregações...

De Pouso Alegre, os dois padres voltaram para o Estado de São Paulo e foram pregar em Botucatu. Na época, a cidade contava com duas paróquias além da catedral. Os missionários foram ajudados pelos lazaristas e capuchinhos no atendimento às confissões. Ainda estava valendo a prática dos superiores das casas combinarem as Missões com os respectivos vigários. Em Botucatu, os vigários foram avisados, mas não prepararam uma festiva e anunciadora recepção para os missionários, o que dificultou o "decolar" da Missão. Teria sido falha de comunicação do superior redentorista ou falha de comunicação dos vigários?

O que Padre Vítor destacou nessa Missão foi o trabalho dos leigos. Foram convocadas as Irmandades e Associações para o trabalho de divulgação, organização de procissões e chamamento das crianças como meio para compensar a falta de outros recursos de comunicação. Ele próprio deixou este depoimento:

> O que nós dois missionários absolutamente não poderíamos nem sonhar, só dois, numa enorme cidade, sem avisos prévios, sem um vigário enérgico e inteligente para ajudar e sem a possibilidade de agitar a outra paróquia da cidade e alguns bairros importantes... sim, o que nem sonhar poderíamos tornou-se realidade pela Ação dos Leigos.[14]

De lá os dois missionários seguiram para Piraju, à beira do Parapanema. O vigário era ex-redentorista que saíra da Congregação para incardinar-se no clero secular. Era o Padre Montezuma, que tinha grande amor pelos missionários. Padre Vítor comenta que a cidade estava muito bem acompanhada pelo dedicado vigário e tece elogios também a seu companheiro, Padre Andrade, ao fazer conferências para as senhoras. "Ele faz as velhas revezarem entre lagrimões enormes e risadas gostosas; diz tudo o que se precisa dizer em tal conferência de estado, com força e jeito, comovendo, convertendo e cativando."

Ainda em trânsito, a dupla vai para a cidade de Avaré. Ao chegarem à estação com a imagem de Nossa Senhora, os missionários encontraram à espera praticamente metade da população da cidade, isto é, mais de três mil pessoas. Ao final, com o coração ardendo pelo sucesso da Missão, os dois padres tiveram uma despedida estrondosa. Além do café matinal das crianças que mobilizava a população e acabava sendo uma ótima propaganda da Missão, em Avaré foi organizada uma festa na cadeia e outra na Santa Casa. As festas, além de envolverem os cidadãos, mesmo os que se viam impedidos de participar, ajudavam os fiéis a tomarem consciência dos problemas sociais e a se abrirem para gestos de

---

[14] Documenta 67, "Crônica das Missões da casa da Penha". Vol. único, no *ARSP*.

solidariedade para com os pobres, doentes e cativos. Depois, cansados e felizes, voltar para casa. Dois dias de descanso no convento da Penha.

E novamente pegar a estrada. Como escreveu o cronista: "Padre Coelho não tem parada em casa. Se não há Missão programada, ele tem seus serviços de ajuda aos vigários no intervalo das Missões". O Missionário enviado do Pai vivia, em seu dia a dia, a experiência de Jesus, narrada pelo evangelista Marcos:

> Caminhando junto ao mar da Galileia... foi a casa de Simão... entrando de novo em Cafarnaum... e percorria os povoados circunvizinhos... e foi à região da decápole... saindo dali foi para a sua pátria, em Nazaré... foi para o território de Tiro... partiu com seus discípulos para os povoados de Cesareia de Filipe... ao sair de Jericó com seus discípulos... ao se aproximar de Jerusalém...

Desta vez, a Missão foi em um bairro da região central da pauliceia: Bom Retiro. Já naquela época, os missionários encontraram aí uma grande colônia de judeus, o que fez com que o bairro se tornasse conhecido por essa característica. Segundo Padre Vítor constatou na época, a concentração dos filhos de Abraão havia começado há cerca de quatro anos e já se falava em quinze mil o número deles. Bons negociantes, sabiam impor-se no comércio, fazendo com que a concorrência, muitas vezes, buscasse novos mercados em outras partes da cidade. A Missão foi boa, segundo os pregadores, embora a chuva tenha atrapalhado as cerimônias externas. Nessa Missão em São Paulo não escapou ao olhar atento do bom comunicador o quanto o uso do rádio facilitava a divulgação dos avisos e programação sobre as Missões e, ainda mais, quão eficaz seria a criação de programas evangelizadores como meio de alcançar mais fácil e diretamente um número maior de fiéis. Ele nem imaginava que, muitos anos mais tarde, tornar-se-ia um grande evangelizador através das ondas do rádio.

Saindo da capital, a dupla vai a Porangaba, cidadezinha que havia conquistado sua independência político-administrativa em 1928 e que tinha, na época, mil e duzentos habitantes. O lugar é de origem "tropeira", lugar onde os tropeiros descansavam e repunham suas energias. Ficava a margem do caminho que ligava Botucatu a Sorocaba. Porangaba, que em tupi-guarani significa "lugar de bela vista", era servida por uma linha de jardineiras que ia e voltava todos os dias, ligando-a a Tatuí. Padre Vítor anotou que o vigário de setenta e muitos anos não dava conta do serviço, mas que os leigos estavam engajados nas associações e dando suporte ao velho padre. Na cidadezinha desprovida de divertimentos funcionavam semanalmente quatro clubes de dança. A Missão foi a morte deles. Morte decretada pelos missionários que viam na arte de dançar o vício mais grave da cidade. Os zelosos padres conseguiram parar a cidade para que o povo participasse da Missão. E o resultado foi de cem por um. Mesmo depois de alguns meses os clubes continuavam fechados...

Depois dessa Missão, temos o primeiro registro dando conta do início do trabalho de Padre Vítor como promotor vocacional. Não havia momento definido para o envio dos candidatos ao sacerdócio para o seminário. Por isso, após cada Missão, fazia-se uma seleção. Como já fosse final de ano, a recomendação era para que se apresentassem no início do ano seguinte, de modo que o candidato pudesse começar o ano letivo no seminário. Uma boa conversa com os pais e tudo era acertado para a viagem e o ingresso no Seminário Santo Afonso, em Aparecida. Do convento da Penha, Vítor escreve ao senhor João Bueno de Miranda, pai de um provável futuro missionário redentorista, a fim de orientá-lo sobre os procedimentos a serem tomados. Inclusive a aplicação ao candidato de um bom vermífugo para livrá-lo das "bichas", isto é, das lombrigas...

> Louvado seja N. Senhor Jesus Cristo!
>
> Por ocasião de minha estada em Porangaba, tive o ensejo de tomar conhecimento do grande desejo que seu filho tem de ser padre. Colhi também outras informações que me fizeram crer que, de fato, Deus reserva ao pequeno tão grande graça. Cumprindo o que eu prometera à senhora sua esposa, cuidei de expor tudo ao diretor de nosso Seminário, sem me esquecer da circunstância de idade. O Padre diretor me respondeu que o menino pode seguir para o colégio em fevereiro. A nossa casa (Convento da Penha) toma sobre si a responsabilidade de pagar os 500$000 da pensão do menino, anualmente. Os pais terão de entrar com as despesas extraordinárias que versam em cerca de 130$000 por ano.
>
> É bom que tratem de ver se livram o rapazinho das bichas que o estão enfraquecendo.
>
> Trate tudo aqui: Pe. Vítor Coelho;
>
> Praça Nossa Senhora da Penha, 15.
>
> Tenho ainda bastante saudade dos lindos dias que passei aí. Sempre me interessam as irmandades que fundamos, especialmente o Apostolado da Oração. Quanto à Pia União, creio que me não engano, julgando-a bem garantida, dada a força e a qualidade com que começou. Como terá sido a primeira reunião do Apostolado?
>
> Peço transmitir muitas saudações a todo esse bom povo. O menino (seu filho) dê muitas lembranças e seu priminho lá da coletoria e diga-lhe que fique firme: saúde, ainda, aos pequenos escoteiros, saudosos amiguinhos nossos.
>
> Queira o senhor sempre dispor deste,
>
> Padre Vítor Coelho de Almeida, C.Ss.R.[15]

Ao longo dos anos muitos meninos e jovens vocacionados foram encaminhados para o seminário após cada Missão. Sabedor da importância da promoção vocacional para o sustento da obra missionária, Padre Vítor não mediu esforços nesse campo de apostolado. Não deixava de ressaltar que "vocação é graça de Deus e vocação sacerdotal é supergraça". Prático e entusiasmado, atento à realidade das famílias e sincero em sua fé na vocação sacerdotal e missionária, ele conquistou muitas vocações para a Congregação. Dedicado,

---

[15] Carta de Padre Vítor Coelho a João Bueno de Miranda, de 31 de outubro de 1934. No Arquivo Padre Vítor, *Pasta Correspondência Vocacional*.

chegou, às vezes, a entrar em atrito com o diretor do seminário na defesa de seus vocacionados.

O final do ano se aproximava e os "andarilhos de Deus" foram mandados para uma Missão na cidade de Santos, no litoral paulista. Foi uma Missão desafiadora e, por pouco, desastrosa. Como ainda não entrara em vigor a norma do Provincial Padre Fridolino de deixar a escala dos missionários a cargo do Vice-Provincial, a casa da Penha teve dificuldades em pregar a Missão apenas com seus pregadores. A cidade contava com cento e vinte mil habitantes em sete paróquias e apenas quatro padres missionários foram enviados. O resultado não foi o que se esperava, pois a minguada equipe não conseguiu executar o método missionário em todas as paróquias, capelas e matrizes, ainda que tentassem fazê-lo por etapas. Lá, segundo Padre Vítor, deveria ter sido realizada uma Missão Provincial, isto é, uma Missão com envio de padres de todas as casas da Vice-Província.

Além de Missionários insuficientes para o tamanho da cidade, a chuvarada prejudicou as cerimônias externas. E o mais grave: o bispo Dom José Maria Pereira Lara, o primeiro bispo da Diocese, fora transferido e já estava de partida para Minas Gerais. Isso não teria qualquer relevância se Dom José Maria não tivesse feito o pedido de Missões contra a vontade de seus padres auxiliares. Com sua transferência, o clero ignorou completamente a realização da Missão. Os missionários tiveram de trabalhar sozinhos em meio a uma chuvarada diluviana. Por pouco a Missão não foi, literalmente, por água abaixo.

> Empregamos todos os meios e fizemos um esforço, na verdade, esfalfante... tudo ia bem, quando chuvas intérminas vieram estragar o melhor. Choveu no dia das crianças, choveu sem tréguas nos últimos cinco dias. Ainda assim, o trabalho na cadeia e no hospital foi o que mais se destacou. Muito contribuíram as Irmãs de Jesus Crucificado.[16]

Nessa Missão de 1934, Padre Vítor Coelho usou os microfones da Rádio local para avisos à população e convites à participação nas celebrações missionárias. É a primeira vez que aparece um registro de que este meio tão útil ao trabalho missionário tivesse sido usado em benefício da evangelização. Assim, os missionários da casa da Penha voltavam para casa depois de um ano de intenso labor apostólico. Quem sabe, descansar um pouco...

O trabalho fora intenso... Idas e vindas, sucesso e dificuldades nos muitos caminhos andados. Quem sabe, no findar do ano, repousar um pouco... A semente da Palavra fora lançada em todos os campos por onde haviam passado, conforme o pedido do Senhor da Messe... Quem sabe agora descansar e sonhar com as sementes germinando, os campos reverdecendo, promessas de muitos frutos...

---

[16] Documenta 67, "Crônica das Missões da Casa da Penha", vol. único, no *ARSP*.

Um plantou, outro regou, conforme o dizer de Paulo, o missionário de longes mundos... O fruto desejado e esperado, sempre o mesmo: o Reino se fazendo no coração dos homens e mulheres encontrados em cada Missão... O Reino ensinado, vivido e realizado inteiramente em Jesus de Nazaré... Após a labuta, os servidores do Senhor da Messe voltavam para casa...

Mas para Padre Vítor o descanso já tão necessário teria de esperar... Seguiu para Bariri, na Diocese de São Carlos, para auxiliar o vigário nas missas preparatórias para o Natal. Sermões especiais para a ocasião, encontros com as crianças, conferências para grupos específicos, chamadas pelos missionários de "conferências de estado"... O missionário devia cuidar para que o trabalho realizado não assumisse o aspecto de Missão, pois isso poderia descaracterizar o trabalho que os identificava como Missionários das Missões Populares. Poder-se-ia, no entanto, chamar de "retiro popular" essa forma de auxílio aos vigários em tempos fortes da liturgia ou mesmo nas novenas dos padroeiros das paróquias.

Da semana anterior ao Natal até o início do ano seguinte, Padre Vítor permaneceu na cidade do Rio de Janeiro para pregar retiros para jovens. Os retiros aconteciam em vários colégios religiosos, entre eles o Colégio Marista. As prescrições para esse tipo de trabalho eram muito exigentes e nem todo sacerdote era considerado apto para exercer este ministério.

> Os retiros, nós os teremos reclusos e não reclusos, estes podem ser para associações, especialmente, como Filhas de Maria, Apostolado da Oração e para o povo em geral ou populares.
>
> Os retiros reclusos, de início e na Itália, costumavam se dar durante a Missão, lá onde podiam ser pregados quer a sacerdotes, quer a religiosas e também a leigos de melhor condição. Os retiros para sacerdotes e seminaristas maiores, a Regra é clara sobre isso. O Padre designado para esse alto mister deve estar munido (pela primeira vez que o faz) de licença por escrito do Padre Vice-Provincial. Deve ser prudente na sua linguagem, procurando conciliar a estima dos sacerdotes e a confiança deles e a matéria adaptada aos ouvintes. Haverá junto ao pregador um crucifixo entre duas velas e uma estátua da SS. Virgem. Excluam-se absolutamente quaisquer leigos dos atos de retiro.
>
> Os retiros para religiosas, justificam-se os motivos por que também fora das Missões podem os nossos Padres pregarem. Deve ser pregado por um padre de idade madura, já pelos seus trinta e cinco anos, ou por uma urgente necessidade, com até trinta e três. Quando dá esse retiro pela primeira vez, necessita da licença escrita do Padre Provincial ou do Padre-Geral. Deve ser sério e cauteloso no tratamento e muito cuidadoso em sua linguagem em matéria do sexto mandamento. Não incentivá-las, tratando-as com caridade, mas evitar que possa levar a um afeto natural e a uma futura ligação epistolar. Enfim, que as religiosas progridam e firmem-se na virtude, porém... "devotae existant non Confessario, sed Crucifixo" [devotadas não ao Confessor, mas ao Crucifixo].
>
> Os retiros para leigos. Felizmente vai generalizando-se entre nós, com os mais belos resultados, o retiro recluso para homens, rapazes, senhoras,

moças e colegiais. Seguramente, está aqui um dos mais belos meios de apostolado e um dos mais eficazes para o zelo de um redentorista.

Esses retiros se fazem geralmente em colégios ou prédios cedidos para esse fim, uma vez que, infelizmente, não temos ainda "casas de retiro". A duração é comumente de três dias cheios, entre a tarde do começo e a manhã do encerramento, com a comunhão geral. Para um redentorista, esse retiro será sempre uma pequena Missão. Entrarão aí as verdades eternas, qualquer que seja a forma por que sejam apresentadas ou qualquer revestimento que possam ter.

Nos retiros reclusos para leigos não deverá faltar alguma cerimônia especial, por exemplo, solene consagração à Nossa Senhora, pequena procissão pelo pátio e coisas semelhantes. Essas solenidades cabem não somente nos retiros para rapazes ou moças, como também nos pregados a senhoras e homens.

Os retiros populares não são idênticos com os "Volksretraiten" holandeses. A Regra nem as Constituições não os nomeiam diretamente, nem é preciso, entretanto, já estão incluídos na ideia de missão. Os retiros populares são de fato missõezinhas dadas por um padre num período de tempo que varia de cinco a oito dias. Prega-se uma boa parte ou uma grande parte dos habitantes de um lugar, especialmente aos membros de associação ou das associações. Podem ser dados dentro de um tríduo, de uma novena ou dentro de dias da semana da paixão ou da semana santa. Há duas ou três pregações ao dia; geralmente a visita ao Santíssimo, comunhões gerais dos estados, pregações especiais às crianças etc.

Os retiros populares são, pois, uma Missão em ponto pequeno. Mas tomar cuidado para não pregar o retiro no local que haverá uma Missão naquele mesmo ano. Os retiros populares servem, seguramente, para uma renovação da Missão. O assunto da pregação pode, claro, variar na forma, dada talvez a ocasião de um tríduo ou novena de determinada festa, mas no fundo comportará sempre matéria missionária. Para maior solenidade nesses retiros populares, permite-se levar a imagem de Nossa Senhora Aparecida.[17]

E o tempo passa... Às vezes perguntamos, como A. Lamartine, em seu poema "O Lago", se "não poderemos nunca, sobre o oceano do tempo, lançar âncora um único dia...". Não podemos...

Padre Vítor Coelho já tem mais de 35 anos, mais de dez anos de sacerdócio e está no auge de seu trabalho missionário. Um missionário tarimbado! Prega Missões, retiros, fala às crianças, fala aos homens e mulheres, fala às multidões, visita presídios e hospitais. Como o salmista, ele pode rezar: "o zelo por sua casa me consome". Os primeiros dias do ano de 1935, Padre Vítor passou junto de seus confrades no Convento da Penha. Para o novo ano, eram esperadas mudanças de Vice-Provincial, de superiores e a lista vinda de Roma com as transferências trienais. O ano começava com cogitações entre os confrades.

Desde o início da Vice-Província bávaro brasileira uma cruz pesou sobre ela: a tuberculose. Padres jovens foram ceifados por ela. Padre Vtor vivera momentos sombrios na Alemanha por causa da insidiosa doença. Mas, além des-

221

---

[17] Documenta 98, "Técnica de Missão na Vice-Província de São Paulo", 1932. No *ARSP*.

se, outro mal, outra cruz pesava sobre alguns membros da comunidade redentorista: o mal de Hansen – a hanseníase – ou, como era temidamente referida, a lepra. Naquele fim de ano de 1934, a Vice-Província tinha três de seus membros internados no leprosário de Santo Ângelo, em Mogi das Cruzes. Estavam internados Padre Martinho Forner, Irmão Norberto e Irmão João Winhart. E havia chegado da Alemanha informação de que Padre Miguel Eigl, que havia trabalhado no Brasil e regressara a sua terra, estava de volta para tratar-se, pois o tratamento na Alemanha era extremamente rigoroso e doloroso.

Padre Martinho tentara a cura na Alemanha, mas quando percebeu que o isolamento lá era muito mais duro e penoso que aqui, conseguiu voltar ao Brasil, quase na condição de fugitivo. Mesmo no sanatório, ele enviava ao superior da comunidade da Penha a relação de seus trabalhos apostólicos no leprosário, como confissões atendidas e missas celebradas. Mesmo ferido pela hanseníase continuava fiel a seu ministério.

Irmão João, que viera para o Brasil em 1908 e dedicadamente trabalhara em diversas casas, teve a doença diagnosticada em 1928, em Araraquara. Tão logo o mal foi descoberto, ele foi internado. Por longos anos, seu estado de saúde deu sinais de melhora e chegou-se mesmo a pensar em cura. Ele escrevia sofridas cartas aos superiores dizendo-se curado e enviando atestados. Como o pobre Irmão não falava português, sofreu ainda mais com a doença, a solidão e o silêncio forçado no leprosário. Faleceu com noventa anos de idade, dos quais vinte e seis afastado de seus confrades. Morreu em 1954. Sobre ele um confrade escreveu:

> Um desses velhos crucifixos de sacristia que ninguém vê, ninguém medita, porque escondido e quebrado. Desconhecido e esquecido, ele foi uma vítima, escolhida por Deus para o martírio de longos anos vividos no isolamento de um leprosário. Esse era o Ir. João.[18]

Irmão Norberto viera na primeira turma, em 1894. No Rio de Janeiro ele e o Ir. Floriano se perderam. Coube a Norberto sair perguntando pela rua: "Ist niemand da, der deustch Kann?" Há alguém aqui que fale alemão? Essa foi uma das muitas histórias dos pioneiros em nossas terras, quando aqui aportaram... O Irmão era cozinheiro e trabalhou em vários conventos da Vice-Província. Em 1930, mancando, foi examinado e diagnosticado com hanseníase em estado avançado. Ele mesmo havia cortado os dedos dos pés, pois não sentia dores. Internado, faleceu em 1935. Todos esses valentes foram mártires da solidão e do isolamento, verdadeiramente almas grandes e nobres da Vice-Província, que ofereceram suas vidas e seus sofrimentos pelo bem das Santas Missões.[19]

---

[18] I. B. Lorena. *Aqueles que nos precederam*. Edição interna, Aparecida, 2000, 7.

[19] Sobre os Irmãos João e Norberto, ver Informativo da Província números 166 e 169, com artigos de Padre Júlio Brustoloni, abril/outubro de 1997. No *ARSP*.

Padres acometidos por outros males eram tratados no Sanatório Santa Catarina, na Avenida Paulista, pertencente à Congregação de Santa Catarina Virgem e Mártir. A Congregação chegara ao Brasil em 1897, três anos depois dos redentoristas bávaros. Vieram também da Alemanha, de Braunsberg, a pedido dos franciscanos alemães da Província da Imaculada. Tinham excelentes e fraternas relações com os redentoristas. Em um tempo em que não havia Sistema Único de Saúde, caros planos de saúde, nem amizades que favorecessem internações, o Sanatório Santa Catarina era um refúgio e uma tábua de salvação para os redentoristas.

O ano novo começou na Vice-Província com a implantação da "centralização dos trabalhos apostólicos", reservando-se o Vice-Provincial o encargo de aceitar e organizar todas as Missões, semanas eucarísticas e outros trabalhos mais importantes, ficando para os superiores e reitores locais decisões sobre tríduos e novenas. O Vice-Provincial podia contar com os padres das casas da Penha, Aparecida, Pindamonhangaba e Araraquara. Todavia, houve mudanças na coordenação em meados do ano e o novo Vice-Provincial não conseguiu levar a cabo tal resolução. A centralização teve vida curta... Apenas três anos após a criação da norma, eram novamente os superiores das casas que aceitavam, escalavam e organizavam as Missões.

Quando Padre Vítor escreveu suas recordações missionárias em 1983, ele fez certa confusão com nomes de cidades missionadas por ele e datas em que as Missões foram realizadas. Ele se recordava bem de que havia propaganda política em 1934 e de que, apesar de a Regra proibir que se tocasse no assunto política, privadamente ele era defensor do Partido Republicano Paulista. Admirador do PRP e de Getúlio Vargas, uma conciliação entre partido e pessoa difícil de ser apresentada ou vivida. Tanto que Getúlio extinguiu o Partido em 1937, pois este fazia oposição a seu governo.

Nem por isso se pode dizer que Padre Vítor tenha feito campanha para um ou outro candidato. Ele apenas não se alheava dos assuntos nacionais. Em 1934, escreveu sobre as Missões na capital de São Paulo: "as Missões na capital foram difíceis, pois fervia a ameaça comunista. Houve choques entre os comunistas e as nossas procissões".[20] Apenas esse dado, mas já o suficiente para antever a movimentação do Partido Comunista e a Intentona Comunista no ano seguinte, em 1935, com muito barulho, de modo especial no Rio de Janeiro, com a tentativa de derrubada de Getúlio Vargas.

Padre Vítor era missionário da ativa e no começo do ano foi com Padre José Benedito da Silva para o sul de Minas Gerais. A primeira Missão foi em Borda da Mata. Apesar do tempo chuvoso, o povo procurou os confessionários e, na despedida, muito choro emocionado e agradecido.

---

[20] V. C. de Almeida. "Memórias Missionárias", original datilografado. No *APV*, Pasta Escritos Pessoais.

Ainda no mês de janeiro, os dois padres foram para Paraisópolis, também na Diocese de Pouso Alegre, ajudados por Padre Antônio Macedo. Foi marcante a participação da população da roça. Sem meios de transportes, numa estação chuvosa, o povo permaneceu na cidade para acompanhar as celebrações da Missão. Passava-se a noite até mesmo dentro da igreja para a confissão no outro dia cedinho, antes da volta para casa e para o trabalho.

No mês de fevereiro, Padre Vítor esteve em Aparecida para fazer seu retiro anual de dez dias. Aproveitou o ensejo e pregou dois retiros para os homens e para as senhoras. Para rezar, levou consigo um exemplar do livro que Padre Oscar Chagas estava traduzindo, um manual exortativo sobre as virtudes propostas como forma de vivência cristã dentro da Congregação Redentorista. O manual intitulava-se "O Redemptorista imitador de Jesus Christo pela prática das doze virtudes do anno. Tratado extrahido das obras do Padre A. Mouton".

O carisma da Congregação do Santíssimo Redentor é a evangelização preferencial dos mais pobres e abandonados. Na proposta levada ao Papa Bento XIV, em 1749, para aprovação da nova congregação, eram enumeradas as doze virtudes a serem particularmente praticadas por seus membros. Às três virtudes teologais foram acrescentadas mais nove, como meio eficaz de seus congregados vivenciarem a espiritualidade cristã no novo instituto missionário. Este modo de interpretar e vivenciar as virtudes não era novidade na Igreja. Na Congregação, as virtudes explicitadas nas Regras provêm da influência de Dom Tomas Falcoia, um dos orientadores de Afonso de Ligório no início da fundação da Congregação.[21] Especialistas admitem que Dom Falcoia teria elaborado o esboço sobre as três virtudes teologais e Madre Maria Celeste Crostarosa – outra grande influência sobre Afonso – teria elaborado o esboço sobre as nove virtudes.

Padre Vítor rezou e meditou cada uma das virtudes durante os dez dias de retiro. Rezá-las todas em conjunto em dez dias de retiro deu a Padre Vítor força para renovar seu ideal missionário e sua entrega total ao projeto de anunciar a palavra de Deus aos mais pobres e abandonados. Retiro é um tempo especial de voltar ao primeiro amor, ao primeiro dom, ao chamado divino à consagração. Tempo de conversão. "Recobra, pois, o fervor e converte-te!" (Ap 3,19).

> Fiel à sua Regra o redentorista é antes de tudo um homem de *fé*, vivendo constantemente sob a influencia da fé, procurando e achando Deus em toda a parte para viver por ele, com ele e para ele. Mas para o redentorista, Deus é sobretudo o Redentor Nosso Senhor Jesus Cristo.
>
> Nesse intuito a Regra quer que a vida do redentorista passe num recolhimento contínuo, conservando-se habitualmente na presença de Deus, dirigindo-lhe frequente, curtas mas fervorosas orações jaculatórias, e isso antes de tudo, como é evidente, quando se entrega as ocupações santas como a

---

21 Cf. S. Raponi, *Spicilegium Historico C.Ss.R.*, XLIV/2, Roma, 1996.

celebração dos santos mistérios, a recitação do ofício divino, a pregação... Mas também no meio das ocupações ordinárias, mesmo durante as recreações em que deve entremear as suas conversações de reflexões piedosas; pois que a sua atividade não deve inspirar em seus gostos nem em seus sentimentos naturais, mas unicamente na fé, no desejo de agradar à Majestade divina por uma vida sobrenatural e santa.

A primeira condição da *esperança* é o desapego das cousas deste mundo. A alma presa pelo amor das criaturas nem pensa em procurar os bens celestes. Ao contrário a alma desapegada de tudo no mundo volve-se como que naturalmente e unicamente para o céu, para Deus. Ora, pode-se imaginar desapego mais completo do que a Regra exige de nós? Desapego de todos os bens temporais pela pobreza perfeita. Desapego dos nossos pais e de nossa pátria. Avisa-se bem aos que querem entrar na Congregação o que deles exigirá o Instituto, a saber: a separação completa dos parentes e amigos e a disposição de mudar, segundo o desejo dos Superiores, de casa, de Província e até de pátria atravessando os mares.

A Regra parece falar-nos pouco do amor de Deus; mal encontramos o nome dessa virtude na nomenclatura das doze virtudes do ano; depois quase não aparece mais. Entretanto seria difícil encontrar uma Regra religiosa mais impregnada do espírito de amor do que a nossa. Pode se dizer que nela tudo é inspirado pelo amor de Deus e que a vida do redentorista, tal qual a quer a Regra, não é senão um exercício contínuo da divina *caridade*. As outras virtudes são recomendadas com mais ou menos insistência, a sua prática é por vezes bem detalhada, mas isso é precisamente para os conduzir à perfeição da caridade, e sentimos logo que a nossa Santa Regra saiu do mesmo coração como o livro de nosso fundador "A prática de amar a Jesus Cristo". Não só pois quer a regra que cultivemos a divina caridade, mas quer que levemos essa virtude à sua última perfeição.

Vimos a que perfeição a Regra quer que levemos o amor divino. Mas o amor de Deus e o *amor do próximo* são uma só virtude; isto quer dizer que a Regra nos manda a perfeição da caridade fraterna. É preciso distinguir aqui, como fizemos falando do nosso divino Redentor, o zelo que a Regra nos prega para a salvação das almas e a caridade que nos manda praticar entre nós mesmos. Ora podemos dizer que é sobretudo dessa caridade mútua que a Regra quer que nos ocupemos durante esse mês. Na nomenclatura das virtudes do ano ela assinala o mês de abril: a concórdia e a caridade mútua: "concordia et caritas inter se". Lembremo-nos pois em primeiro lugar, porém, em largos traços, do zelo de que devemos ser animados pela salvação das almas. Este deve ser, antes de tudo, um zelo verdadeiro, sobrenatural, inspirado pelo amor de Deus. Pregamos e ouvimos confissões para converter almas, para ganhá-las para Deus, para Jesus Cristo e não para nós. O nosso zelo deve ser generoso, não se poupando, não recuando diante da fadiga, de nenhum sacrifício, nem mesmo do sacrifício da vida – ainda que fosse para salvar uma só alma!

Não podemos aqui transcrever todos os itens da Regra no que diz respeito à *pobreza*. O que vamos referir provará suficientemente que a Regra nos quer verdadeiros pobres, amigos das privações, livres de todo apego às cousas deste mundo e consagrados unicamente no seguimento do Salvador, ao amor de Deus e à salvação das almas. Aliás nada toca mais de perto o fim do Instituto fundado especialmente para a evangelização dos pobres. É sobretudo nesse ponto que devemos imitar o divino Redentor "ete in re et in modo". É claro que não devemos repelir os ricos, nem excluí-los de nosso apostolado. Ao contrário devemos acolhê-los com caridade, mas devemos dar verdadeira preferência aos pobres, e na escolha dentre os dois trabalhos apostólicos, a Regra que quer prefiramos as aldeias e os povoados às localidades mais notáveis.

A Regra esforça-se para gravar em nós a convicção de que a *pureza* perfeita é de absoluta necessidade para o apostolado. Lembra-nos fortemente de que essa virtude tão agradável a Jesus Cristo atrai sobre o obreiro evangélico e sobre o seu ministério todas as bênçãos do céu, consolidando-lhes ao mesmo tempo a estima e as simpatias do povo cristão; e que o vício contrário, que é o aviltamento e a destruição da vida religiosa, é também a ruína do apostolado. Com sabedoria admirável, a santa Regra nos traça uma série de prescrições, cuja fiel observância os abriga de todo o perigo contra essa virtude. Suprime as relações inúteis com os seculares. Nada de visitas a estranhos sem permissão, muito menos a penitentes e às penitentes, porque aí há perigo especial. Nada de visitas aos conventos de religiosas. Inimiga de toda a moleza e vida sensual, como sabemos quer que levemos vida dura e mortificada para macerar o corpo e sujeitar a carne plenamente ao espírito.

O redentorista, observando a Regra, é a imagem fiel de Jesus obediente, porque também para ele a *obediência* é a regra de toda a sua vida, obedece em tudo até a imolação, e a sua obediência é fiel e impregnada de amor. O verdadeiro redentorista faz da obediência a lei de toda a sua vida, porque a obediência deve animá-lo e dirigi-lo em tudo. Dele se deve poder dizer que não tem nem sombra de vontade própria, mas que sua vontade está toda nas mãos dos que o governam.

A *humildade* e a simplicidade/*mansidão*, sua filha e companheira, constitui a nota característica do verdadeiro redentorista e do seu apostolado. O seu apostolado é humilde e modesto: deve dirigir-se de preferência aos pobres e aos pequenos, e falar-lhes sem pretensão alguma, tendo só um desejo: o de levá-los ao Cristo. Ademais, seja qual for o auditório, seja qual for a circunstância em que deva usar da palavra, não se poderá nunca afastar do modo simples e popular. Sem se permitir trivialidades ou familiaridade de mau gosto, que possam chocar os mais delicados, guardando sempre correção impecável e argumentação sólida no discurso, deverá ter sempre a preocupação de falar ao alcance do mais fraco de seus ouvintes e de fornecer a todos nutrimento abundante e substancial.

Dócil aos ensinamentos e às prescrições da Regra, o verdadeiro redentorista, armado da espada da *mortificação*, sustenta uma luta encarniçada e sem piedade contra a vida natural, perseguindo-a em todos os seus instintos e até em suas menores manifestações. Os nossos devem não só ter horror da vida cômoda e fácil e considerar como peste o amor às comodidades, não só combaterão os seus gostos naturais, mas levarão positivamente vida dura e se comprazerão em consumir-se no trabalho e no sofrimento. O Provincial não deve mandar às Missões quem não estiver animado de um grande e robusto espírito de mortificação. É a repressão da carne e dos sentidos, que não se deve escutar a voz. É preciso domar as múltiplas práticas de penitência: dormir sobre palhas, disciplina mais vezes por semana, jejum, abstinência na véspera das festas de Nossa Senhora, durante a novena do Espírito Santo, durante o Advento... É preciso reprimir as paixões do coração! É a repressão do juízo pessoal e de toda a vontade própria pela obediência pronta e cega que não hesita e não discute nenhuma ordem. Em resumo: morte ao juízo próprio, morte à vontade própria, morte às paixões, morte à carne e aos sentidos. Não é isso a morte de toda a vida natural, não é mortificação mais completa e generosa?

A vida do redentorista deve ser um *recolhimento* contínuo. Todos os seus esforços devem tender a se penetrarem por uma fé viva, do pensamento da presença de Deus para se conservarem sob as vistas divinas. Esse pensamento deve aclarar e dirigir todos os seus passos, do contrário serão arrastados infalivelmente para a vida natural pelos sentidos e pelas paixões do coração. Porém, o recolhimento é impossível à alma que se derrama sem necessidade entre as criaturas. Para guardar o recolhimento pois serão amicíssimos da solidão e do silêncio, tão caros aos verdadeiros religiosos, não sairão de sua cela sem necessidade; com seculares terão apenas as relações indispensáveis para tratar com eles não de interesses mundanos, mas do que visa à glória divina.

Que o redentorista deve em toda a verdade e em toda a extensão da palavra ser um homem de prece e *oração* e de religião profunda, vemo-lo quase a cada página da Regra. As horas numerosas que devemos ocupar a cada dia nos exercícios de piedade bastariam para nos converter. Conhecemos a importância capital que Santo Afonso liga à oração na vida cristã e na vida religiosa, e sabemos com que instância ele recomenda que recorramos frequentemente à oração e lhe consagremos os nossos momentos livres. "Sejamos avaros de nosso tempo, dizia, para consagrá-lo à oração".

A exemplo de seu divino Mestre, o verdadeiro redentorista, fiel observador da Regra, é uma vítima generosa, que, renunciando-se constantemente, sobe resolutamente com Jesus à cruz para ser imolado com o Salvador para a glória de Deus e a salvação das almas. É esse precisamente o espírito do Instituto e o traço principal, o caráter essencial do redentorista que sem esse *espírito de abnegação* e sem o *amor da cruz* não corresponderia à sua vocação e não estaria no seu lugar na família de Santo Afonso. No ministério e no exercício das Missões é que a abnegação e o amor da cruz devem brilhar em todo o seu resplendor. O religioso que não possuísse essas virtudes não deveria ser empregado neste santo ministério. E se por acaso o houver com manifesta falta dessa virtude, é melhor despachá-lo para casa. Eis até que ponto o verdadeiro redentorista deve levar a abnegação e o amor da cruz: é a imolação completa de todo o seu ser para a glória de Deus e para a salvação das almas. Assim poderá dizer com toda a verdade a palavra do Apóstolo a qual deve ser a sua divisa: "Vivo ego, jam non ego, vivit vero in me Christus", pois é isso que a Regra quer que cada um de nós possa dizer de si mesmo.[22]

Esses são alguns tópicos das doze virtudes sobre as quais Padre Vítor meditou durante seus dias de retiro. Retiro no sentido amplo da palavra, em absoluto silêncio, quebrado apenas para rezar a missa de modo individual ou quando falava ao confessor para a acusação de seus pecados. O texto sobre as virtudes, ainda que não fosse ideia do fundador, viera para a Congregação após a aprovação pontifícia da Regra, em 1749. Eram lidos, rezados e meditados por todos os congregados. O Concílio Vaticano II – uma lufada de ares novos na Igreja – pediu a todas as Ordens e Congregações que fizessem uma revisão da trajetória histórica e das normas que regiam cada uma. Com isso, em um único parágrafo, os redentoristas disseram de si mesmos e de sua prática apostólica

---

[22] Há um manual, no *ARSP*, com apenas a capa impressa e o texto datilografado, com data de 1939, traduzido por Padre Oscar Chagas. Boa parte contém citações da Regra e foi deixada em língua latina. Padre Vítor usou a versão original, em francês. Sabemos de seu uso pelo comentário que deixou em um de seus escritos sobre seu retiro anual, como algumas das anotações citadas aqui, de 1935. Cf. no *APV*, Pasta Manuscritos.

seguidores e anunciadores de Cristo. O número vinte das Constituições, agora substituindo o da antiga Regra, diz sobre o missionário redentorista:

> Fortes na fé, alegres na esperança, fervorosos na caridade, inflamados no zelo, humildes e sempre dados à oração, os redentoristas, como homens apostólicos e genuínos discípulos de Santo Afonso, seguindo contentes a Cristo Salvador, participam de seu ministério e anunciam-no com evangélica simplicidade de vida e de linguagem, pela abnegação de si mesmos, pela disponibilidade constante para as coisas mais difíceis, a fim de levar aos homens a copiosa redenção.[23]

Estão aí as doze virtudes em apenas um número das Constituições!

Ainda em Aparecida, Padre Vítor, sempre interessado, inteirou-se da vida do seminário e dos seminaristas. Alguns estudantes, depois de quinze dias de retiro em silêncio absoluto receberam o hábito das mãos do Padre-mestre do noviciado. Um dia após a vestição, outros, terminando o noviciado em Pindamonhangaba, fizeram a profissão religiosa, precedida também de retiro de quinze dias. O Seminário Santo Afonso, funcionando na Casa de Nossa Senhora, o Colegião, começava o ano com noventa meninos vindos de São Paulo, Minas Gerais, Goiás e Rio Grande do Sul.

Para os que haviam professado e deveriam começar os estudos superiores de Filosofia e Teologia foi apresentada uma novidade: o grupo não iria todo para a Argentina: três iriam para Argentina e três seguiriam para a Alemanha. Padre Fridolino, o Provincial alemão, queria reforçar os contatos entre a Província-mãe e a Vice-Província e ter lá estudantes brasileiros era a melhor forma de contato. Ele comprara uma bela casa em Rothenfeld para os estudantes, transferindo para lá o estudantado de Gars. A Vice-Província continuava progredindo, tanto no número de vocacionados como nos trabalhos apostólicos. Como sempre acontecia, gerava apreensão entre os confrades a lista com as nomeações e transferências que logo chegaria de Roma.

Nesse meio tempo chegou da Alemanha carta do Provincial, Padre Fridolino, que após sua visita canônica ao Brasil enviara um relatório ao Padre-Geral em Roma. Na correspondência Padre Fridolino repassava aos confrades brasileiros uma circular do Padre-Geral em resposta a seu relatório. Com certeza preparava o terreno para o que decidiria depois. Entre outras coisas havia o seguinte:

> Ouço com grande satisfação que o espírito da observância e do zelo pelas almas reina na Vice-Província. Suponho que não haverá dificuldades para poderem ser postas em prática as determinações que V. Revma. tomou na visita canônica. Quanto mais são observadas as normas da Regra e as determinações dos superiores, tanto mais felizes serão os caros confrades de lá e tanto mais abundante cairá a bênção de cima sobre os trabalhos apostólicos.[24]

---

[23] Constituições e Estatutos da Congregação do Santíssimo Redentor, Aparecida, 2004.

[24] Documenta 83, "Crônica da Vice-Província 1930-1953", no *ARSP*.

Antes que as novidades chegassem, Padre Vítor voltou ao sul de Minas Gerais, no início do mês de março, para Missão na cidade de Brazópolis, em companhia de Padre Germano König. Povo piedoso. Por mais de uma vez os missionários ficaram até às duas horas da madrugada no confessionário. E a vida continuava... Com muito trabalho por fazer, muitos caminhos por caminhar, muitos campos por semear... Vítor e seus companheiros – Servidores do Senhor da Messe – conheciam bem suas palavras: *operarii autem pauci...* (Lc 10,2).

Padre Vítor acompanha a imagem de Nossa Senhora Aparecida ao Rio de Janeiro para o Congresso Eucarístico Internacional, em 1955

Vários momentos da atividade pastoral e missionária de Padre Vítor, onde aparece com a imagem de Nossa Senhora Aparecida

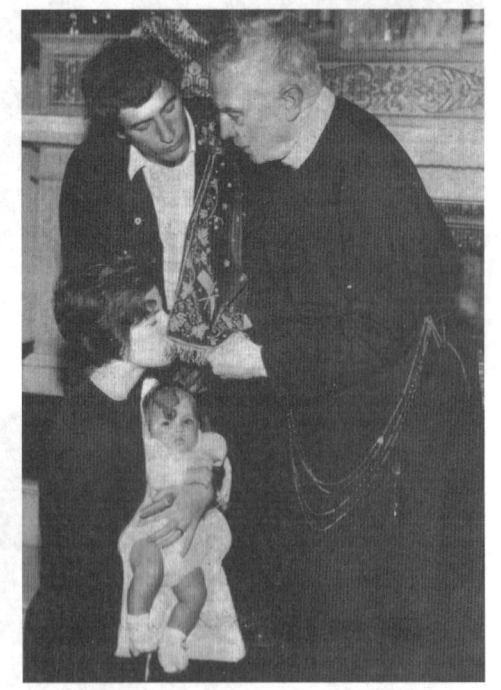

7
OS ANOS DOURADOS E O SUCESSO NAS MISSÕES POPULARES

Depois de promulgada a segunda Constituição republicana do país, os vários segmentos da sociedade se organizavam, elaborando seus estatutos e seu *modus vivendi* consoante a Carta Magna. A Igreja também buscou novos mecanismos que favorecessem a manutenção de algumas reivindicações que já conseguira inserir na Constituição.

No âmbito político, a esquerda organizou-se para a formação da Aliança Nacional Libertadora, enquanto a direita, sob a liderança de alguns nomes como Plínio Salgado e Miguel Reale, articulava a Ação Integralista Brasileira. A Igreja, por sua vez, criou a Ação Católica Brasileira, no intuito de garantir as conquistas incluídas na Constituição e criar força de resistência ao avanço das ideias comunistas. Dom Leme já criara a LEC, a Liga Eleitoral Católica, com o apoio do episcopado. A LEC, porém, só se movimentava no período que antecedia as eleições. Já a ACB estava sempre alerta para cobrar ações do governo, mormente quanto ao perigo do comunismo.

O final do ano de 1935 ficou marcado pela ação do Partido Comunista Brasileiro, que, sob a liderança de Luís Carlos Prestes, promoveu um levante político-militar visando a derrubada de Getúlio Vargas. A revolta, que ficou conhecida como Intentona Comunista, começou em Natal (RN) e em Recife (PE), chegando até o Rio de Janeiro. Mas o governo dominou a sublevação, prendendo os líderes e matando alguns deles. O discurso alertador da Igreja contra o comunismo tinha realmente razão de ser.

Para os redentoristas, a Regra prescrevia não mencionar assuntos políticos durante a Missão. Mas o medo do comunismo e a pregação contrária a ele não ficavam fora dos sermões e instruções dos padres. Padre Vítor, em sintonia com o pensamento e as preocupações da época, também não deixou de falar e escrever contra a ameaça de tal ideologia. "O comunismo é materialista e ateu, incompatível com a religião, a liberdade, a dignidade humana e outros bens espirituais que valem mais do que a vida presente e as vantagens mundanas."

Anos mais tarde, Padre Vítor, em programas radiofônicos e embasado na Doutrina Social da Igreja, defenderá o trabalho humano e falará dos direitos das pessoas, sempre condenando, veementemente, o comunismo. "O liberalismo capitalista não nos serve, mas comunismo é mil vezes pior", dizia ele sobre os sistemas econômicos e formas de governo. Sua preocupação era com a pessoa humana e, ao criticar o comunismo, ele apresentava a vivência religiosa, a prática da fé como garantias de realização pessoal. Uma vez, falando do Reino de Deus, Reino de justiça e de igualdade social, assim se expressou:

> Ó ricos e poderosos, tudo que tiverdes feito a um operário, ao Cristo tereis feito! Quem se apossa injustamente do trabalho é ladrão, se não pagar o que o trabalho vale. Só a justiça do Reino traz a paz.
>
> Pobre Rússia, infeliz comunismo... Ímpios, renegando a Deus, renegais a Verdade! Vós dizeis: "Deus não existe", só o mundo existe, desfrutemos do mundo...! Dizeis que Deus e religião foram inventados para explorar as multidões proletárias. Essa é a primeira mentira do comunismo. "Acabemos com a ideia de Deus", dizem eles, e o mundo será feliz. É a primeira mentira.
>
> A segunda mentira é semelhante à primeira, quando os comunistas pregam que o comunismo realizará a igualdade na justiça. Não haverá mais classes ricas e pobres. Ó mentira! Onde o homem for sem Deus, não poderá haver igualdade. O comunismo venceu na Rússia e lá não há igualdade. Lá os privilegiados são os homens do governo, do exército, da polícia, dos técnicos, dos membros do partido e outros privilegiados. São eles os que vivem folgadamente, mas as multidões proletárias encontram-se em situação econômica e social muito inferior à população do mundo ocidental.
>
> Os proletários da Alemanha, França, Holanda, Suécia etc. têm padrão de vida muito superior ao do povo russo. Os turistas que visitam a Rússia são vigiados rigorosamente para não poderem tomar informações. A revolução comunista nunca trouxe e não trará igualdade. Enquanto os homens forem sem Deus, não haverá igualdade e justiça.
>
> Só Jesus trará justiça e equilíbrio caridoso, porque derrama no íntimo do homem que a fonte de vida é santidade. Sem vida divina não pode haver amor! Se o Espírito Santo não estiver em nós, não seremos bons, nem como indivíduos, nem como família, nem como nação, nem como universo.[1]

Naturalmente o pensamento de Vítor privilegia a fé, a prática religiosa e a ação cristã, em oposição ao ateísmo oficial praticado nos países comunistas. Padre Vítor, no fundo, é um apologista e sua defesa é em favor da pessoa voltada para Deus, pois crê fielmente que sem Deus não se chega a lugar algum. São frequentes suas severas críticas ao ideário comunista e, em todas elas, enfatiza a ausência de religião como o grande mal da sociedade submetida a tão danoso regime.

Como missionário da ativa, Padre Vítor fez parte da equipe que pregou Missão na Paróquia da Penha em março e abril de 1935. Ainda que os padres

234

---

[1] Programas radiofônicos de Padre Vítor Coelho, década de 1950. Arquivo Padre Vítor, *Pasta Programas na Rádio Aparecida*. As citações anteriores também pertencem à mesma fonte.

dessem atendimento à Paróquia e aos romeiros, resolveram reforçar a evangelização pregando os exercícios da Missão a seus paroquianos. Eram, ao todo, oito padres missionários, sendo apenas dois alemães, os Padres Wand e Germano. Padre Wand, como todos os demais confrades, vivia a expectativa das transferências e nomeações vindas de Roma, pois já findava o tempo de seu vice-provincialado.

Segundo a crônica da casa da Penha, a população necessitava de uma Missão.

> O espírito religioso na paróquia tem decaído sensivelmente, devido à forte invasão do protestantismo, espiritismo e comunismo. O grosso da população é operária, e por isso mesmo muito "nômade", devido à manobra esperta de se alugar a casa aqui, e quando vem o dono cobrar, o inquilino arriba para outra parte.[2]

Além de o Bairro da Penha ser um bairro operário, com dificuldades e demandas específicas, o comunismo à cata de prosélitos é citado como um dos males a ser combatido com a pregação da Missão. Ainda que fossem seis os padres brasileiros, o ponto de apoio do trabalho foi a dupla Coelho e Andrade.

No finalzinho do mês de abril, ainda durante a Missão, Padre Coelho foi até o centro da cidade, à igreja de Santa Cecília, para a ordenação de um bispo auxiliar. Vítor, membro da comunidade religiosa de padres e irmãos do convento da Penha, era um dos consultores do Reitor, por isso tinha precedência em representá-lo nesse evento religioso. Havia também uma afinidade: o ordinando daquele dia era quase seu conterrâneo, José Gaspar de Afonseca, nascido em Araxá, ao lado de Sacramento.

Entre abril e maio, o trio missionário – Coelho, Andrade e Macedo – pregou em Limeira, no interior de São Paulo. A cidade estava dividida: boa parte da população era simpatizante do Partido Constitucionalista e o vigário do Partido Republicano Paulista. Além de encontrar a querela política formada, a Missão chegava justamente na época da colheita da laranja, na qual trabalhavam mais de mil operários do município. Ao final, as facções políticas se entenderam, percebendo que os missionários tinham uma proposta que estava acima de qualquer outro interesse ou opção partidária: a conversão pessoal e a participação na comunidade. Os três não podiam imaginar que naquela cidade, anos mais tarde, em 1976, quando foi elevada a sede de diocese, seu primeiro bispo seria Dom Tarcísio Amaral, um dos meninos que Padre Vítor levara para o seminário quando ainda morava em Araraquara.

As notícias que vinham da Alemanha deixavam alguns padres bávaros animados, justamente aqueles que eram mais provincianos e que também passaram a sonhar com a grande potência apregoada pela ideologia nazista. A Pro-

---

[2] Documenta 67, "Crônica das Missões da Casa da Penha", vol. único. No *ARSP*.

víncia Redentorista de Munique vivia seus dias de apogeu. Como desagradasse a Padre Carlos Fridolino, o Provincial, que os estudantes da Vice-Província brasileira estudassem na Argentina, logo que assumiu o provincialado começou as negociações para adquirir um novo espaço mais amplo e funcional para o estudantado, deixando para Gars a função de casa provincial, moradia de missionários e do cura da paróquia. Em 1933, o estudantado foi transferido para Rothenfeld, uma bela construção que pertencera aos beneditinos de Andechs, perto de Munique, entre os lagos Ammer e Starnberg. Até 1933, Gars abrigara vinte e nove brasileiros. Destes, seis haviam saído da Congregação, um estava morto, quinze eram padres no Brasil e sete, ainda estudantes, viveram a transferência para Rothenfeld.

Para os redentoristas que se preparavam para o sacerdócio, o período letivo de 1933/1934 começou na nova propriedade. Todas as descrições que os estudantes faziam do lugar e da casa, readaptada para acolhê-los, falavam de sua silenciosa beleza e tranquilidade. Era um lugar mais reservado, afastado do burburinho das cidades. "Daqui se tem uma ideia das antigas escolas e eremitagens dos monges da Palestina ou do Egito, ou da Tebaída. Tudo aqui convida à vida séria, áspera, de meditação, estudo e contemplação", anotou um cronista brasileiro. Todavia, essa aquisição fora feita por Padre Carlos Fridolino ao arrepio dos regulamentos do governo alemão, que já mostrava sinais de descontentamento com a Igreja. Além disso, ele ordenara que a Vice-Província brasileira comprasse um terreno para a construção de uma casa em Carazinho, no Rio Grande do Sul, pois, caso algum confrade precisasse fugir da Alemanha, encontraria refúgio ali, mais perto das fronteiras com os países ao sul do Brasil. Pouco tempo depois, Padre Carlos Fridolino pagaria ainda mais caro por essas aquisições. Sua previsão de que talvez algum confrade precisasse fugir do furor de Hitler se concretizou. Ele mesmo fugiu para a Suíça e depois para o Brasil.

Em maio de 1934, chegava ao Brasil mais um padre enviado para a Vice-Província. Fora anunciado que viria Padre Leonardo Eckl. Seria, por certo, o portador das boas notícias das transferências. Quem substituiria o Provincial Padre Wand, o único suabo da Vice-Província? Talvez algum alemão já bem habituado ao Brasil ou, quem sabe, seria chegada a hora de um brasileiro assumir o comando... Padre Leonardo chegou em abril. A lista, embora escrita em março pelo Padre-Geral, só veio a público em maio. Surpresa geral! O Vice-Provincial era ninguém mais que o próprio portador da carta: Padre Leonardo Eckl.

A notícia caiu como uma bomba sobre a cabeça de todos. Nem mesmo os alemães gostaram da ideia e reclamaram em Roma e Gars da atitude impositiva dessa nomeação. Padre Leonardo era professor de História e não conhecia o Brasil. De repente, ei-lo Vice-Provincial!

As transferências na Vice-Província sempre geravam grande expectativa, quer pela natureza mesma do fato, quer porque as decisões vinham da Europa e, sem consultas ou diálogos, as resoluções chegavam já prontas. O voto de obediência devia ser vivido plenamente, era lei não discutível dentro da Congregação. Tal mentalidade perpassou séculos... Até que um evento memorável – o Concílio Vaticano II – lançou um novo olhar sobre a questão...

Um dos historiadores da Igreja no Brasil, Riolando Azzi, comenta, de forma bem elucidativa, sobre a dependência dos religiosos no Brasil de suas matrizes na Europa. Sobre a mudança de um clero predominantemente luso no período colonial para um clero brasileiro no primeiro período imperial. E já no final do século XIX e começo do século XX, a chegada de novo contingente do clero europeu com o intuito de reforçar, reformar ou romanizar a Igreja no Brasil.

> A dependência europeia se expressava sob múltiplas formas. O aspecto mais em evidência era a manutenção de costumes, de tradições, de maneiras de se expressar, de vestir, de viver, típicas de regiões onde as congregações tinham surgido ou se afirmado, e que eram trazidas para o Brasil com o "espírito do fundador, ou o espírito do instituto". Na maioria dos casos seus membros não sabiam dissociar os valores essenciais da fundação, e que deveriam ser preservados, do contexto sociocultural onde tinham tido origem. Esses aspectos, evidentemente, deveriam ser paulatinamente abandonados, na medida em que esses mesmos religiosos tinham a pretensão de inserir-se na vida de outros países, marcados por formação histórica diversa. [...]
>
> Outra forma de manter a vinculação externa era a nomeação de religiosos europeus para a direção das províncias e das comunidades, sob a alegação de que estavam mais imbuídos do espírito da respectiva congregação, com uma marginalização bastante expressiva dos elementos brasileiros que já tinham condições de assumir esses cargos. Via de regra, era também confiada aos estrangeiros a formação dos novos membros.
>
> Os jovens membros que apresentavam melhores condições de permanência no instituto eram enviados, com frequência, para concluírem seus estudos na Europa, junto às casas matrizes da congregação. Na maior parte dos casos, acabavam imbuídos de uma mentalidade que os afastava sempre mais das raízes culturais brasileiras, perdendo ao mesmo tempo sensibilidade para com os efetivos problemas do país.[3]

Como apresentado, este propósito de transposição de valores culturais europeus para o Brasil foi, de fato, real em praticamente todas as congregações. Umas mais, outras menos, seus membros viveram laboriosa e santamente dentro dos esquemas de uma mentalidade europeia. Os redentoristas viviam no meio do povo, mormente na pregação das Missões Populares, mas o programa das Missões, ainda que adaptado, era o do fundador da Congregação e os superiores estavam na Alemanha e em Roma, de onde controlavam a vida dos conventos.

Padre Leonardo Eckl trazia a recomendação de resolver a questão dos estudantes brasileiros na Argentina, construindo um estudantado no Brasil, de modo que os cursos de filosofia e teologia pudessem ser feitos aqui mesmo.

---

[3] R. Azzi. *História da Igreja no Brasil* – terceira época (1930-1964), Vozes, Petrópolis, 2008, 529.

O triênio começava em maio de 1935 e a novidade é que Carazinho (RS) já constava dos planos do Vice-Provincial como nova fundação. Para lá foi enviado o bravo e laborioso Padre Antão, que, além da dedicação ao exercício do múnus sacerdotal, construira a Igreja de Trindade, em Goiás, em 1912, e, em São Paulo, colocara-se decididamente a favor da emancipação de Aparecida e participara, ativa e solidariamente, das Revoluções de 1924 e de 1932, prestando socorro à população atingida pelo conflito. O valoroso Padre Antão iniciava a nova fundação, pensando também ser, aí, um seminário menor para o recrutamento de vocações.

Padre Vítor continuava na Penha, como prefeito dos hóspedes e consultor do reitor, Padre Oscar Chagas. Eram funções que o congregado exercia visando o bom andamento da vida comunitária. No entanto, tal encargo deixava a desejar nas mãos de Vítor, pois ele era missionário itinerante, nem sempre teria tempo ou estaria em casa para cumprir tais tarefas.

Em meados de junho, Padre Vítor, juntamente com Padre Henrique Barros, foi para Bariri, no interior de São Paulo para mais uma Missão. Foram auxiliados, nos últimos dias, por Padre Estevão. O velho mestre acompanhava seus pupilos e comprovava, junto ao povo, que os missionários eram realmente genuínos filhos de Santo Afonso. Padre Vítor foi o cronista da Missão e realçou, de modo elogioso, a postura do vigário da cidade no trato com o povo. Bondade, zelo e a casa paroquial aberta para o povo. Naqueles tempos, abertura para o povo na casa do vigário era coisa rara... Como ainda o é.

No mês de julho, Padre Vítor foi para a cidade mineira de Passos realizar Missão assumida pela casa de Araraquara. Novamente era o grande Padre Estevão quem estava à frente na condução da Missão. De lá, Padre Vítor foi ajudar a Missão em Monte Santo de Minas. Depois pregou um retiro popular para as associações e irmandades na cidadezinha de Capetinga. Completado esse giro missionário pela região de Passos, o cronista registrou que Padre Coelho voltou para a Penha trazendo três meninos para o juvenato. Seu dedicado trabalho missionário promovia o despertar vocacional, reforçando significativamente o corpo de missionários da Vice-Província.

Em agosto, Padre Vítor voltou a Limeira para pregar um retiro para moços e moças de um colégio dirigido por irmãs dominicanas. No final do mês foi ao porto de Santos buscar um confrade que chegava da Alemanha. Em seguida, viajou para a cidade de Franca, onde auxiliou a pregação de mais uma Missão. No começo de outubro, já quase na divisa dos Estados de São Paulo e Minas Gerais, Padre Vítor atravessou o Rio Grande para uma Missão em Sacramento.

Rever Sacramento, sua cidade, rever os lugares onde o tempo da meninice fizera dele um garoto peralta e onde sofrera com as dificuldades inúmeras da família. O tempo passado no Triângulo fora curto, mas o suficiente para construir as boas lembranças que agora afloravam e aqueciam o coração do grande missionário que viera conversar com seu povo sobre o amor de Deus. Um fato interessante aconteceu com Padre Vítor durante essa Missão.

Na cidade de Sacramento, viveu e faleceu, em 1918, vítima da gripe espanhola, um médium que deixou grandes marcas na população. A cidade de Sacramento surgira e progredira sob o patrocínio da piedade religiosa da Igreja Católica. A crença espírita, incompatível com a doutrina e dogmas católicos, teve em Padre Vítor um crítico ferrenho. O grande personagem espírita da cidade foi Eurípedes Barsanulfo, nascido em 1880. Sua família era vizinha da família de Padre Vítor e uma de suas irmãs presenciou o batismo de Vítor Coelho, na matriz de Sacramento. Diz-se que Dona Maria Neomísia, chamada de Dona Mariquinhas, irmã de Barsanulfo, teria sido "madrinha de jarro" do menino Vítor. Em certas localidades era comum alguém levar um jarro com a água a ser usada no batismo o que, no batismo de Vítor, é atribuído à Dona Mariquinhas.

Tempos depois de Vítor ter-se mudado de Sacramento, depois de já estar no seminário, Eurípedes tornou-se um médium de renome e muito respeitado na cidade e na região. Isso fez crescer os adeptos da doutrina espírita. Na Missão de 1935, conduzindo uma procissão pelas ruas da cidade, Vítor reconheceu sua madrinha na janela de sua casa. Dona Mariquinhas fechou a janela, pois no dizer do historiador Amir Jacob, ela era uma espírita ortodoxa. Ainda segundo o mesmo autor, Padre Vítor parou a procissão, saiu do meio do povo e bateu à porta da casa. Ao ser atendido, pediu a bênção e beijou as mãos daquela que um dia carregara a água que o fizera "nascer" para a comunidade cristã, o batismo.[4]

Outro fato interessante é que, nessa mesma Missão, Padre Vítor acertou o ingresso de cinco meninos no seminário de Aparecida. Um deles, Antônio Borges de Souza, ordenou-se padre, teve um papel de destaque dentro da Congregação Redentorista e manteve uma relação muito afetuosa com a cidade de Sacramento. Padre Borges era sobrinho da mãe de Eurípedes e a visitava sempre que ia até lá. No final de sua vida, Padre Borges a assistiu e deu-lhe a absolvição *sub conditione*. Ainda que Padre Vítor e a família de Padre Borges tivessem um relacionamento cordial com famílias espíritas, tanto um como o outro foram intransigentes defensores da doutrina católica e combateram com vigor o espiritismo.[5] Em programa radiofônico, Padre Vítor deu uma catequese sobre o assunto.

Espiritismo: João Batista era e não era Elias. São Mateus, capítulo 16, versículo 13: "Quando Jesus chegou à região de Cesareia de Filipe, no norte do país, perguntou aos seus discípulos: "Quem sou eu?" Eles responderam: "Uns dizem que é Elias, outros, ainda, afirmam que o Senhor é Jeremias ou alguns dos profetas antigos".

[4] A. S. Jacob *Eurípedes Barsanulfo* – sob a luz da História. PUC/Goiás, 2ª edição, Goiânia, 2010, 330.
[5] Ibidem, 315-316.

Agora perguntemos: – Como é que imaginavam ser Jesus João Batista se os dois tinham quase a mesma idade? João Batista nasceu seis meses antes que Jesus e viveu até que Jesus começasse a pregar. João Batista foi quem batizou Jesus. Quando Jesus fez essa pergunta, João Batista havia morrido há pouco tempo.

Afirmam os espíritas: Jesus é Elias "reencarnado". A verdade é que João Batista tinha "espírito de Elias", mas não era Elias "reencarnado". Isso porque "espírito" pode significar tanto a pessoa como a personalidade de alguém. Personalidade quer dizer o caráter, a mentalidade, a santidade, o valor moral, a energia, a bondade de uma pessoa. Um general pode ser "um Napoleão" sem, contudo, ser a pessoa de Napoleão.

Se querem ver a prova, procurem no Primeiro Livro dos Reis 2,1-15 a despedida de Elias e Eliseu, onde se lê que Eliseu recebeu o "espírito", isto é, a personalidade de Elias, sem receber sua "alma"; sem se tornar Elias redivivo. Elias ia ser arrebatado por Deus em um carro (que parecia) de fogo, com cavalos "de fogo". Elias sabia, Eliseu também sabia e os discípulos do profeta também sabiam que Elias ia ser arrebatado por Deus e que Eliseu iria ficar em seu lugar. Então Elias disse a Eliseu: "Vamos!" Eles foram para a margem do Jordão. Os discípulos ficaram à distância. Quando chegaram ao rio, Elias pegou o seu manto e bateu na água. A água se abriu e eles atravessaram o rio a pé enxuto. Quando estavam do outro lado, Eliseu pediu a Elias: "Eu peço que o Senhor me deixe o dobro do seu espírito". Neste caso, "espírito" significa a pessoa ou a "alma" que possa "reencarnar".

Pessoa e alma não têm dobro e metade. Elias respondeu: "Se quando eu for levado por Deus você me enxergar, é sinal de que você recebeu o dobro de meu espírito". Ora, lê-se na Bíblia que veio o "carro de fogo" com seus "cavalos de fogo". Elias embarcou naquele veículo e partiu. Eliseu enxergou, então, perfeitamente, Elias e ficou certo de que tinha recebido o dobro da sua mentalidade, de sua fé, do seu amor, do seu caráter, isto é, "do seu espírito".

Nesse sentido é que João Batista é "Elias". Não que João Batista seja uma "reencarnação", pois não existe reencarnação, mas João Batista tinha aquela santidade característica de Elias. João Batista era, pois, Elias só nesse sentido metafórico, mas não no sentido de ser a mesma pessoa.

Se João Batista fosse a pessoa de Elias (reencarnado, como sonham os espíritas), então, na aparição do Tabor (Mt 17,3), quem deveria aparecer seria ele (João) e não Elias. Concluímos, dizendo: João era "um outro Elias" pela sua missão e personalidade, mas não era Elias como pessoa reencarnada.[6]

O próprio Padre Vítor fez anotações sobre a Missão de Sacramento, o que significa que ele mesmo foi o cronista daquele evento extraordinário em sua cidade. Ele não comentou o caso citado, o encontro com sua madrinha. Todavia é causa de alegria acompanhar as recordações afetuosas do filho ilustre ao experimentar o sentimento doce e agradecido de pregar na terra que o viu nascer.

Sacramento é uma cidadezinha de quase três mil habitantes, uma linda paisagem, fértil terra-roxa, o riacho do Borá em catadupas, povo brasileiro antigo, com pouco matiz de imigração. O espiritismo é restolho de antiga

---

[6] Programa catequético na Rádio Aparecida. Transcrição da cópia encontrada no *APV*, Pasta Programas na Rádio Aparecida.

seara. O prédio, relativamente grandioso, do espiritismo, já está parcialmente servindo para depósito de arroz. Houve dias em que os espíritas, falando grosso, ameaçavam de "transformar a matriz católica em armazéns de cereais...". Deus tarda mas não falha!

Há muito indiferentismo religioso que foi fortemente sacudido pelas Missões. Dois sacerdotes vivem na Paróquia, o vigário Padre Julião Nunes, espanhol, muito boa pessoa e prudente trabalhador, e o antigo vigário, Padre Pedro Santa Cruz, que o ajuda.[7]

Apaixonado pela catequese, louvou a excelência das catequistas da paróquia, a perseverança das associações femininas e a participação dos homens na associação "Liga do Santo Nome de Jesus", obra dos Dominicanos. Durante a Missão, o prefeito e outras personalidades da cidade deram bom exemplo de participação. As celebrações usuais movimentaram a cidade: procissões, cortejo de homens à noite, levantamento do cruzeiro, recepção a Nossa Senhora. Foi realizada ainda uma grande e especial procissão que seguiu até uma grande gruta, onde houve bênção sobre todo o município. No finalzinho da Missão, Padre Vítor e o colega Padre Conrado foram a duas capelas rurais celebrar com aqueles que não puderam ir à cidade. Padre Conrado para Perdizes e Padre Vítor para a Divisa. Ali, mais de mil pessoas confessadas, três mil comunhões e muitas pregações, abjurações, crismas e casamentos legitimados.

De Sacramento, os dois missionários foram para Araxá, para uma semana eucarística. Por esse tempo, já morava na cidade a irmã de Padre Vítor, Mariazinha. Certamente o encontro entre eles aconteceu cheio de afeto, de saudade, de lembranças. Dois anos mais tarde, Padre Vítor, sabedor das enormes dificuldades financeiras pelas quais Mariazinha estava passando, buscará, junto a seus superiores, uma ajuda para ela. Ele vira a situação de penúria em que viviam Mariazinha e o pai, Senhor Leão, quando da estada em Araxá. Solteira, professora com baixo salário e sozinha, já que o Sr. Leão continuava sua incansável caminhada de mestre viandante.

Os dois companheiros de estudos, companheiros de alegrias e vicissitudes vividas em Gars na Alemanha, Padre Vítor Coelho e Antônio Oliveira, agora pregariam a primeira Missão juntos. Padre Vítor apenas se deslocou para a cidade de Conquista, há alguns quilômetros de Araxá. Padre Oliveira, que acabara de sair do Segundo Noviciado, foi a seu encontro. Novamente Padre Vítor foi o cronista da Missão e deixou a pena marcar o papel ao recordar seu tempo de criança nessa cidade.

O que seus olhos viam era uma cidadezinha vivendo uma fase de decadência. Conquista, que já fora, por quase dois decênios, um "El Dourado", quando o arroz valia e as terras-roxas do lindo município exibiam sua mais generosa fertilidade, estava cercada por grandes latifúndios pertencentes a criadores de gado. A popu-

241

[7] Documenta 67, "Crônica das Missões da Casa da Penha", vol. único. No *ARSP*.

lação, emigrando em massa para São Paulo, reduzida a 2.300 habitantes. O belo aspecto das casas ainda bem testemunhava o surto de prosperidade recentemente perdido. Assim também a igreja, bela e espaçosa, diante de uma praça bem ajardinada. Aí, entre aquele casario e aquele entra e sai de ruas e lembranças, Padre Coelho passara um ano de sua infância, quase imediatamente antes de entrar para o juvenato. As muitas recordações criaram asas... O moleque arteiro voltava, depois de vinte e cinco anos, como "santo missionário". Deixando o coração falar, ele se entrega às lembranças de sua mãe, do amor indelével da mãe e de sua morte em Uberlândia. Anos depois, aproveitou a lembrança para um programa radiofônico.

> Mãe verdadeira é a mulher cheia do Espírito Santo, isto é, santificada pelo batismo. É que o Espírito Santo desceu do céu sobre a alma da criancinha. Aquela menininha que, um dia, havia de ser mãe de você, ou que havia de ser a minha mãe querida que faleceu em 1908.
>
> Como tenho saudades daquela tarde! Escutei de longe o planger dos sinos, lá da chácara para onde me levaram, porque não queriam que as crianças ficassem, na hora do enterro. Escutei os dobres fúnebres, porque mamãe ia para o cemitério.
>
> Minha irmãzinha estava com quatro anos. Ela também fora levada para outra casa, mas viu o féretro passar. Até então ela não tinha chorado, porque achava a mamãe tão bonita no caixão. Mas quando desfilou o enterro, compreendeu que mamãe tinha fugido para longe da nossa família e desatou em prantos.
>
> Mãe é verdadeira mãe quando possui o Espírito Santo, o espírito de eterno amor.
>
> No íntimo de Deus, Ele é o amor do Pai e do Filho. Todo o amor derramado no universo é um reflexo do Espírito Santo.
>
> O amor dos passarinhos que constroem ninhos para gerar os filhotes com ternura e dar de comer à sua cria. Amor nas profundezas do oceano, onde os peixes se multiplicam. Amor em todas as formas de vida nos seres animados... Mesmo a planta que cobre de flores para produzir sementes e a semente cair na terra, brotar, crescer e dar frutos...
>
> Amor! O amor foi derramado no universo como um reflexo, como uma imagem longínqua do Amor Eterno. Mas, em toda criatura, não existe um recinto onde mais se tenha concentrado o amor eterno do que no peito maternal. [...]
>
> Voz da mãe tem outro timbre do que as outras vozes. Bendita a prole que respeita, obedece e ama! Bendita a mãe que sabe amar com amor mais alto, não somente com os impulsos dos seres irracionais! Tanto a fera como qualquer animalzinho ama os filhotes. A mãe, porém, deve amar com amor humano, porque tem alma que é imagem de Deus.
>
> Só em Deus ela se reveste de dignidade divina, dando vida a um ser imortal: que educa para o mundo e para o céu.[8]

Depois dos comentários sobre a Missão, Padre Vítor anotou: "levamos conosco para o seminário cinco meninos". Depois de deixá-los em Aparecida,

---

[8] Arquivo Padre Vítor Coelho, *Pasta Programas na Rádio Aparecida.*

Padre Vítor foi com Padre Oliveira a Itararé para uma semana eucarística. A cidade, embora na divisa com o Estado do Paraná, pertencia à diocese de Sorocaba. O bispo, Dom José Carlos de Aguirre, esteve presente nos últimos dias das celebrações e contou aos dois missionários que a Missão em Tietê, poucos dias antes, fora um sucesso. Ele estava contente com as boas notícias dadas pelos redentoristas sobre a possibilidade de uma fundação em sua diocese. Já no final do ano, Padre Vítor esteve em Bariri, para pregar um retiro fechado às associações leigas. E chegara o fim do ano de 1935.

As notícias vindas da Alemanha não eram nada boas. O ecônomo provincial, Padre Sebastião Aigner, fora condenado pelo tribunal de Berlim a quatro anos de prisão e a Província condenada a pagar duzentos e cinquenta mil marcos de multa. A acusação: contrabando de moedas para o exterior. Era a política de Hitler já agindo com ódio à Igreja e expondo sua sede de dinheiro para financiar seus projetos expansionistas. Padre Carlos Fridolino, o Provincial, passou a residir em Bertigny, Friburgo, na Suíça. Na ocasião, a Província Redentorista de Colônia também sofreu um processo que condenou nove padres à prisão.

Quando de sua visita canônica aos redentoristas da Vice-Província de São Paulo, no final de 1934, Padre Fridolino deixara ordem para a fundação de um estudantado onde os seminaristas brasileiros fizessem os cursos de filosofia e teologia. Padre Fridolino não queria que os estudantes fossem para a Argentina como então acontecia, nem mais seria recomendável enviá-los para a Alemanha, envolvida no turbilhão da política hitlerista.

Para alegria geral, logo após uma semana eucarística pregada pelos Padres Andrade e Estevão em Tietê, surgiu uma oferta de chácara e casa para que a Congregação fundasse na cidade seu estudantado. Dom Carlos de Aguirre oferecia, além da aprovação em Tietê, possibilidade também em Itapetininga. Tietê foi aprovada e, em fevereiro do ano seguinte, a Vice-Província começava mais uma fundação.

No início do ano de 1936, Padre Vítor Coelho foi surpreendido pela lista trienal publicada por Padre Leonardo. Segundo ela, ele continuaria morador do convento da Penha, todavia não mais como missionário da ativa, mas atendendo a Paróquia e Santuário, função acrescida dos encargos de conselheiro do superior, prefeito dos hóspedes e bibliotecário. Um desafio novo, ainda que ele estivesse habituado a lidar com o povo nas paróquias para a pregação de Missões. Assumidas as novas funções, devia seguir a rotina da vida paroquial, atender aos romeiros, além de melhorar o acervo e a organização da biblioteca do convento.

O convento redentorista da Penha era visto por Padre Leonardo como o local mais adequado para a residência do Vice-Provincial. Ele, recém-chegado da Alemanha, não se sentia "em casa" em Aparecida. A reunião trienal dos padres superiores das casas, ele a realizou na Penha, tendo, na oportunidade, avisado que mudaria de residência, o que aconteceu no final de fevereiro. Padre

Leonardo estava cumprindo determinação do Provincial que assim decidira na visita de 1934. Não obstante a superior determinação, Padre Leonardo morava verdadeiramente na recém-inaugurada casa de Tietê, como professor de pastoral dos estudantes do quarto ano de teologia. Apesar de os alemães serem, no dizer do povo, inflexíveis e durões, rigorosamente obedientes às normas, este episódio revela mudanças e procedimentos pouco habituais a Roma... Apesar de já decidida a transferência da casa da Vice-Província para a Penha, a Cúria Geral da Congregação protelou o quanto pôde o decreto de mudança. A sede vice-provincial só passou a ser, efetivamente, no convento da Penha a partir de fevereiro de 1936.

Fiel servidor, Padre Vítor ia integrando-se à movimentada vida paroquial, recheada dos mais diversos afazeres... Só no ano de 1936, na matriz da Penha e capelas adjacentes, os padres batizaram 4.642 crianças e realizaram mais de duzentos casamentos. A demanda era grande: confissões, primeira comunhão, pregações às associações, missas, visitas aos doentes... Mas a vida de um religioso é marcada pelas surpresas e, não raras vezes, surpresas que exigem renúncia e desapego. Porém, formado na escola da ascese e da mística, nos momentos difíceis ele extrai daí sua força e sua perseverança. No mês de abril, Padre Leonardo comunicou a Padre Vítor que ele devia voltar para as Missões. Não mais como membro da casa da Penha, mas de volta à casa de Araraquara. Ficava certo e provado que a casa da Penha, pela importância de sua posição como casa central, situada na capital, fazia de seus missionários os coordenadores das Missões em cidades maiores. Humanamente falando, era um golpe. Padre Vítor lembrou-se do que Santo Afonso havia escrito no opúsculo "O Genuíno Redentorista".

244

> O único desejo de todos seja somente fazer o que exige a obediência. O que serviria a Deus se os superiores, ao invés de seguirem a vontade de Deus, seguissem os gênios dos confrades? Certamente, em nosso apostolado Deus seria esquecido e teríamos pouco fruto.
>
> Assim, quem quiser entrar na Congregação, principalmente, para ir às Missões, só para pregar e aparecer, não entre, pois isto é contra o espírito do Instituto. Só quem entra com o espírito de obedecer e assumir o sofrimento em paz para viver na humildade tem o espírito do Instituto. Este se contenta que outros façam o bem e que ele só obedeça ao carisma.
>
> Muito menos se resolva a entrar na Congregação quem estiver interessado em instruir-se na arte de pregar, ouvir confissões etc.; porque certamente não age inspirado por Deus, mas instigado pela vaidade, causando dano a si próprio e à Congregação. Deve-se saber que nossas casas não são seminários nem escolas de oratória, mas casas de religiosos, onde se deve entrar somente quem estiver decidido a renunciar a si próprio.[9]

---

[9] Santo Afonso de Ligório. *O Genuíno Redentorista* – a vocação redentorista segundo o próprio fundador da C.Ss.R. Aparecida, 1954.

Um remanejamento fora de hora... Pois havia necessidades mais premen-tes a atender, como a chegada do Provincial, Padre Fridolino, já ex-Provincial, pois renunciara ao cargo e estava em fuga da Europa para o Brasil devido às dificuldades com o governo alemão. Um confrade da Penha anotou:

> Mas como não há rosa sem espinho, perdemos com essa mudança o Padre Coelho, o qual pertence a esta casa desde o começo de 1933 e prestou ótimos serviços a esta comunidade, trabalhando incessantemente nas Mis-sões e na Paróquia. É com certo constrangimento que o vemos partir para Araraquara.[10]

Antes mesmo de efetuar sua mudança, Padre Vítor esteve em Boituva, no interior de São Paulo para uma semana eucarística, e em Jacutinga, no sul de Minas Gerais, conduzindo uma semana preparatória para a Semana Santa. Em maio, ele já estava de volta a sua antiga residência, em Araraquara. A primeira Missão pregada por Padre Vítor após a transferência, juntamente com outros seis companheiros, foi em Sorocaba, na catedral e nas Paróquias do Bom Jesus e Votorantim.

Depois de quinze anos, os redentoristas realizaram um Capítulo Geral em 1936, em Roma. O delegado da Vice-Província brasileira foi Padre João Batista Kiermaier. De volta ao Brasil, em seu desembarque no porto de Santos, Padre Vítor Coelho foi buscá-lo e dele ouviu notícias frescas sobre a Europa e sobre a movimentação política na Alemanha. Sobre o Capítulo, adiantou a Padre Vítor que fora decidido, para os redentoristas de todo o mundo, que as Missões continuavam a ser a prioridade da Congregação. O Padre-Geral dizia e insistia que a Congregação não devia aceitar paróquias.

Outra notícia que marcou esse primeiro semestre de 1936 foi a morte de Padre Martinho Forner, vitimado pela hanseníase. Sua morte foi por demais sentida por todos os que testemunharam seu sofrimento. Padre Vítor esteve em seus funerais em Aparecida. A tuberculose e a lepra amedrontavam os con-frades e já haviam feito baixas nos quadros da Vice-Província.

Padre Martinho veio com vinte e três anos para o Brasil, em 1897, e aqui terminou seus estudos. Como missionário em Goiás, percorreu todo o sul do Estado, além de ter chegado até a Ilha do Bananal. Trabalhou em Aparecida, na Penha e no Rio Grande do Sul, onde a doença se manifestou. Tentou tratamen-to na Alemanha, mas sentiu que o total isolamento a que foi submetido era ainda mais cruel que a própria doença. Em 1928 foi internado no leprosário Santo Ângelo, em Mogi das Cruzes. Padre Oscar Chagas escreveu sua biografia intitulando-a: "Um apóstolo mártir". Mártir do sofrimento imposto pela doen-ça e pela solidão do isolamento!

---

[10] Documenta 18, "Crônica Redentorista da Penha", vol. II. No *ARSP*.

O bravo missionário que conhecera longas caminhadas pelo sertão goiano, enfrentando o sol, a chuva, a fome e a sede, viu-se assim diante de uma prova bem mais dolorosa. Mas ele a aceitou com generosidade, vendo diante de si um campo de apostolado que nunca estivera em seus planos, mas que Deus lhe indicava. Durante oito anos, foi ele não somente amigo, mas uma presença paterna para seus companheiros de dor no sanatório, isolados, quase esquecidos e sem nenhuma esperança de cura. Com sua extraordinária caridade soube Padre Martinho atender e consolar a todos. Fundou com os doentes o Apostolado da Oração, promovia festas religiosas ou de aniversários e celebrava com toda a solenidade as primeiras sextas-feiras de cada mês. Em seus últimos dias escreveu: "Peço a Deus que transforme as minhas cruzes em bênçãos para a nossa querida Vice-Província".[11]

Os grandes homens vão tombando como o cair de uma árvore bela e frondosa ao ter cortado seu tronco. Não por acaso existe a expressão que diz quando alguém valoroso morre: tombou um cedro do Líbano! Com certeza, Padre Martinho foi um desses varões. A doença conseguiu minar-lhe as forças do corpo, mas não lhe dobrar o espírito fiel e solidário até o fim. A ocasião ofereceu a Padre Vítor motivos para sofrer duplamente, pois, além da morte de Padre Martinho, Padre Estevão foi diagnosticado com câncer. O velho e valente Estevão ainda pregava Missões, mas as forças já começavam a deixá-lo.

Era difícil a situação da Vice-Província, pois a Província-Mãe não dava mais sinais de que poderia enviar ajuda. No começo do ano chegou ao Brasil Padre Gabriel Gick, já doente e alquebrado. Nem mesmo conseguiu aprender a língua. Em agosto de 1936, veio Padre João Betting. Tendo dificuldades com o clima da Alemanha, foi enviado para cá em busca de melhores ares. Foi o último padre da Província a ser enviado para o Brasil. Veio como professor para lecionar em Tietê. Aí ensinou, durante vinte e oito anos, diversas disciplinas. Era o fim do intercâmbio, da ajuda mútua entre as duas unidades da C.Ss.R. O cordão umbilical foi cortado... A Província Mãe deixava a filha querida seguir seus próprios caminhos. Quarenta anos haviam se passado desde que aportaram em terras brasileiras os pioneiros das primeiras fundações em Campininhas das Flores e Aparecida.

Com o apagar de alguns luminares bávaros, os brasileiros iam tomando as rédeas de muitos trabalhos apostólicos. Consequentemente, iam assumindo a liderança da Vice-Província. Padre Vítor já tinha então longa experiência na pregação de Missões. O sistema implantado em 1934, que dava ao Vice-Provincial plenos poderes na organização das Missões, não estava funcionando. Portanto, as decisões acabavam nas mãos dos confrades das diversas casas. Neste contexto, Vítor assumiu a liderança em Araraquara.

---

[11] O. Chagas. *O Apóstolo Martyr do leprosário de St. Ângelo*. Off. Graphicas Santuário de Apparecida, 1937.

Depois da Missão em Sorocaba, Padre Vítor seguiu com Padre Conrado para as cidades da Alto Sorocabana, onde pregaram uma série de Missões. Por dois meses eles estiveram em Salto Grande, Palmital, Cândido Mota, Assis, Paraguaçu Paulista, Presidente Prudente, Presidente Bernardes, Presidente Wenceslau e Santo Anastácio. Segundo o próprio Padre Vítor, esse tempo sem voltar em casa foi exaustivo. "Nunca tantos receberam tanto de tão poucos...". Na volta para Araraquara, já entrando o mês de setembro, o andarilho de Deus entrega-se a um momento de reflexão teológica. Pensa sobre o amor de Deus por nós e faz transbordar seu encantamento pela Trindade Santa que derrama em nós e em toda a criação seu jeito amoroso de ser, numa comunhão generosa entre o humano e o divino.

> É maravilhoso o nosso conceito de Deus, no cristianismo, em que ser Pai e ser Filho, e ser União amorosa que procede do Pai e do Filho constituem uma Trindade de Pessoas na própria Essência divina.
>
> O que escrevo não pretende olhar para a luz infinita "em que Deus mora" e onde o "nosso espírito não pode penetrar". Não! O que escrevo contenta-se com admirar os rastros, as pegadas que Deus deixou impressas na poeira do nada.
>
> Mas se os rastros são tão bonitos, que formosura não terá o ser que os imprimiu? Rastrozinho de Deus é o espaço "imenso" cravejado de estrelas, sóis gigantescos, mas de tal distância, que a luz, na velocidade de 333.000 quilômetros por segundo, precisa de milhões de anos para vencer.
>
> Rastrozinho de Deus é a veracidade na unidade dos seres incontáveis dos reinos mineral, vegetal e animal e dos homens e do mundo angélico. Tudo é uma figura linda mas imprecisa e indefinida do Ser divino. E sobre essas imagens Deus faz cair reflexos não só do Ser divino, mas também daquela Paternidade e daquela Filiação e daquela Manifestação do Amor que une e aperfeiçoa. Querem ver a esmo alguns exemplos? Vamos ao mundo da natureza: um ipê florido, uma orquídea em todo o esplendor... As plantas vestem-se de noivas porque Deus as reveste de algo que se assemelha à divina paternidade para que produzam, de si, seres semelhantes a si próprias. Que beleza, a paternidade, a filiação e o amor, quando as aves constroem os ninhos e, em transporte de alegria e gorjeios, geram e se tornam a providência dos filhotinhos. Mas é ao homem que Deus faz participante, de um modo elevado e relativamente perfeito, dessa paternidade e providência.
>
> A família é um reflexo natural da Santíssima Trindade. A paternidade e maternidade possuem matizes do encanto com que o Pai eternamente diz ao Verbo divino: "Tu és meu filho... eu te gerei". Os filhos são retratos e reflexos dos pais. O amor constitui o nexo e o complemento do lar. Bem se vê que o homem foi feito à imagem e semelhança de Deus![12]

247

Já chegando o final do ano, mais missões. "A messe é grande..." Padre Vítor esteve em Campinas e, em seguida, foi para Altinópolis. De volta para Araraquara, foi pedido a ele que acompanhasse uma romaria da Irmandade do Rosário até a cidade de Uberaba, em Minas Gerais. Pregou para a mesma Ir-

---

[12] Manuscrito no Arquivo Padre Vítor, *Pasta Manuscritos*, publicado no livro *Os ponteiros apontam para o infinito*. Uma mudança foi introduzida na transposição do manuscrito para a forma de artigo: onde se lê "o que escrevo", passou a "este artigo".

mandade uma novena em Araraquara, com término festivo em louvor a sua patrona Nossa Senhora do Rosário. Nos últimos dias do ano, fez um retiro popular com os paroquianos de Jaú.

Um fato revelador da personalidade de Padre Vítor aconteceu quando a Vice--Província estava vivendo um momento difícil no tocante às lideranças. Os velhos e experientes padres estavam adoecendo e morrendo. Padre Leonardo não tinha a simpatia de seus confrades como Vice-Provincial. Na Penha, o superior da casa era brasileiro, Padre Oscar Chagas. Como estava doente, seu superiorado deixava a desejar. Talvez alguns nostálgicos sentissem saudades do modo como os alemães comandavam as comunidades... No final do ano, quando Padre Leonardo visitou Araraquara, na conversa formal – o colóquio – entre o superior e os membros da comunidade, como era exigido pela Regra, Padre Vítor expusera seus pontos de vista sobre o andamento da vida comunitária. A intenção era a de que as informações subsidiassem o superior em suas tomadas de decisão e o ajudassem a se posicionar em relação às necessidades da comunidade e dos confrades. Mas sempre tendo em mente os sentimentos de respeito e de fraternidade de uns para com os outros. Passados alguns dias, Vítor, incomodado com o que comentara no colóquio, sentiu necessidade de se corrigir, em carta escrita a Padre Leonardo.

> Araraquara, 21 de dezembro de 1936.
> Revmo. Sr. Padre Vice-Provincial
> Na visita canônica, falando nós de paróquia, etc., viemos a conversar sobre os padres que poderiam ser bons vigários, e, referindo-me ao Padre Reitor da Penha, eu disse: "Não faz e não deixa fazer". Vi que Vossa Revma. tomou nota no seu caderninho. Ora, quando eu falei, estava sob a impressão de uma conversa que tivera um pouco antes com o Padre Clemente. Este não combinara bem com Padre Chagas, na Penha, em certas coisas...
> O certo é que fiquei desassossegado, temendo ter prejudicado ao talentoso e bom confrade, com aquela frase exagerada. Vossa Revma. sabe bem o que se faz e o que se não faz na paróquia da Penha. Impressionou-me, porém, o ver V. Revma. tomar nota no seu caderninho.
> Recebi o seu cartão, que agradeço.
> Queira abençoar-me. Não espero resposta.
> Pe. Coelho, C.Ss.R.[13]

Padre Clemente Heinrich era alemão e havia sido Vice-Provincial e diretor do Seminário Santo Afonso. Já com idade avançada na época, faleceu em 1941. Com ele Padre Vítor tivera uma conversa que o levara aos comentários com Padre Leonardo. Pelo teor da carta, vê-se a preocupação de Vítor em preservar Padre Oscar da conjectura de que ele não seria bom reitor. Está traduzida aí um pouco da personalidade reta e bem-intencionada de Padre Vítor, pronto a pedir perdão ao sentir que poderia ter ferido alguém ou tê-lo exposto a um mau juízo.

---

[13] Copresp B, carta de Padre Vítor a Padre Leonardo, em 21 de dezembro de 1936. No *ARSP*.

O ano novo começou bem para o grupo missionário de Araraquara, pois a lista de pedidos de Missão superava de longe a capacidade e as possibilidades de atender a todas as paróquias que solicitavam esse trabalho extraordinário. Depois de fazer seu retiro espiritual, Vítor partiu para Alpinópolis, na Diocese de Guaxupé, em Minas, onde pregou uma novena em honra do mártir São Sebastião, voltando logo para São Paulo para uma Missão na cidade de Conchal. Quando da viagem a Alpinópolis, passando pela cidade de Passos, encontrou alguns vocacionados da região e trouxe seis meninos para o Seminário Santo Afonso. Ele os deixou na Penha, incumbindo outro confrade de levá-los até Aparecida.

Como coordenador das Missões, Padre Vítor procurou atualizar certas cerimônias e adaptá-las de modo a serem mais bem compreendidas pelos fiéis, facilitando assim o espírito de oração especialmente para os mais simples. Não que ele tenha interferido na estrutura ou no objetivo dessas celebrações, mas procurou adorná-las ou retirar-lhes elementos que, às vezes, mais confundiam que ajudavam. Como coordenador das Missões sob a responsabilidade da casa de Araraquara, procurou sempre lembrar que Missão é a *Redemptio continuata*... A pastoreação utilizando-se de todos os meios ordinários de uma maneira extraordinária para salvar as almas. Ao jeito de Jesus de Nazaré...

Como aluno e como mestre, Vítor entendia a Missão redentorista como um serviço especial da Igreja ao povo de Deus. E a Missão redentorista é – como sempre foi – essencialmente abrangedora, isto é, quer alcançar e incluir todas as pessoas do lugar onde ela acontece. Seguindo os moldes tradicionais, a Missão devia chegar a todos, sem deixar ninguém de fora. Começando pelas capelas rurais, arredores da cidade e concentrando forças no centro, na matriz, para o solene encerramento.

Segundo as prescrições dos diretórios, que Padre Vítor fazia questão de cumprir, a missão, por sua natureza e por sua tradição, é uma pastoral de massa – *massenbewegung*, na expressão dos bávaros. E a movimentação das massas já realizava, por si mesma, um rico cerimonial e produzia uma grande festa em vários momentos, como na procissão do crucificado e no levantamento do cruzeiro.

Não obstante a correria dos trabalhos missionários, ele não se esquecia de sua irmã Mariazinha morando em Araxá (MG). Mariazinha passava por dificuldades, estava adoentada e sem recursos econômicos para enfrentar a aflitiva situação. Partilhou-a com o irmão padre, dizendo-se necessitada de uma ajuda. Padre Vítor foi logo consultar os superiores e, de pronto, enviou-lhe a resposta.

> Mariazinha,
> Deus a abençoe!
> Recebi sua carta de cinco de janeiro. Então era mesmo um tumor nos intestinos! Deus permita que as melhoras se acentuem.
> O Revmo. Pe. Reitor e a Consulta desta casa de Araraquara enviam este auxílio. Fico aflito pensando que a Dindinha esteja passando alguma neces-

sidade, pelo que fico muito agradecido a meu Superior (desta casa), Revmo. Francisco Alves, e seus consultores.

Encaminhei o negócio do empréstimo. O Reverendíssimo Padre Vice-Provincial mora na Penha. Pedi que a Vice-Província empreste a você os 5:000$000 prometidos, a 5% (ao ano), sem prazo e sem capitalização. Aconselhei que exijam um documento oficial. Disse que, se os gastos com doenças não estorvarem etc., você irá amortizando paulatinamente o capital, isso sem grave incômodo. Espero que logo esteja tudo resolvido. Irei, hoje, para além de São Sebastião do Paraíso, a Alpinópolis, donde voltarei ao Estado de São Paulo para pregar uma Missão em Conchal. Só então eu voltarei a passar uns quinze dias em Araraquara, se Deus quiser. Uma carta de Araxá à Alpinópolis gastará uns cinco dias, eu creio. [...]

Não se esqueçam de que agora dia vinte de janeiro fará quarenta anos que o professor Leão e Dona Mariquinha se casaram. Se o papai não puder ir até aí, não deixem de lhe mandar os devidos parabéns. Eu já escrevi e vou escrever de novo quando chegar a data. Celebrarei naquele dia por ele, por mamãe e pela Coelhada toda, sem deixar de lado a Dindinha que é meio "Coelha" também.

Adeus! Beijo a mão da Dindinha.

Um abraço. Vitinho.[14]

O senhor Leão, por seu lado, continuava sua vida de professor andante, tal qual um caixeiro a procura de clientela. Ele, em suas andanças pelas fazendas do Triângulo Mineiro, buscava crianças para serem instruídas, para adentrarem o mundo mágico da Língua Portuguesa, da História, da Matemática e de tantos outros saberes... De tempos em tempos ia à casa de Mariazinha, em Araxá. A carta revela o quanto Padre Vítor estava atento aos seus, lembrando-se, inclusive, do aniversário de casamento dos pais e buscando recursos para suprir as necessidades mais prementes da querida irmã.

Em março, a maratona missionária de Padre Vítor começou em Pirajuí, juntamente com os Padres Poce e Oliveira. As celebrações da Semana Santa, Padre Vítor realizou-as na cidade de Amparo. Em maio foi a vez de Mogi Mirim, juntamente com os Padres Daniel Marti e Alexandre Miné. Em junho, com Padre Oliveira, foi a Bernardino de Campos para uma semana eucarística. Marcante em Vítor era sua preocupação em deixar ao povo algo que pudesse rememorar o espírito da Missão, incentivando-o à participação na vida eclesial. Zeloso ele encomendava em Aparecida santinhos, livrinhos e estampas para que fossem vendidas ao povo como lembrança das Santas Missões. O arquivo da Província de São Paulo guarda várias notas emitidas em seu nome quando do envio do material por ele pedido para o endereço da cidade onde ele se encontrava. Era um material bem variado: Manual do Devoto de Nossa Senhora Aparecida, Ecos Mariano, orações cotidiana, boletins, estampas... Coisas simples, mas que ele pretendia, em seu cuidado, que fossem como convites para continuar a Missão na vida diária.

---

[14] Arquivo Padre Vítor, *Pasta Correspondência Familiar.*

A Missão em Mogi Mirim – próxima parada – foi um sucesso retumbante, como bem o atesta o vigário da cidade, entusiasmado com a ação missionária dos redentoristas.

> Cumpre-me declarar que, mais uma vez, fiquei ciente do valor intelectual dos missionários redentoristas que tantas maravilhas têm espalhado e continuam a espalhar pelos recantos mais afastados do Brasil os frutos prodigiosos da Palavra divina.
>
> E, se em eras remotas, o valente e saudoso Padre Estevão Maria soube com arte por aqui deixar vinculado o seu nome, como solícito em restaurar e firmar a vida religiosa dos povos, é de toda a justiça afirmar-se que nos legou, com a sua morte recente, grandes substitutos nos Padres Vítor Coelho de Almeida e seus companheiros, almas ardentes no cultivo das almas!
>
> Em vários pontos do programa das Missões que magistralmente aqui orientaram, notou-se nos Senhores Reverendíssimos originalidade de trabalho [ilegível] e desenrolaram atividades doutrinárias que a muitos comoveram até ao requinte das lágrimas. [...]
> Mogi Mirim, 24 de maio de 1937
> Mons. Moysés Nova[15]

Em meio à correria dos trabalhos, nas viagens, elaboração de sermões e palestras, Padre Vítor cultivava o hábito de escrever. Além dos esquemas para sermões, existem textos e anotações de suas reflexões teológicas e até mesmo poesias, mais tarde desenvolvidos e usados nos programas radiofônicos que apresentava. Alguns escritos ele os publicou no livro "Os ponteiros apontam para o infinito". Missionário da palavra e da pena. Conseguia expressar seus sentimentos através dos escritos nos quais ele revelava seu amor pela natureza, sua piedade e seu conhecimento teológico traduzidos em linguagem simples, de modo a serem entendidos também por leitores e ouvintes menos letrados. Em diversas ocasiões, foi levado a discussões com protestantes, espíritas e comunistas em suas andanças de missionário. Sempre foi um apologista e soube como defender a fé cristã e a Igreja católica, seja pregando ou escrevendo. Há certos momentos, considerando-se o que deixou escrito, em que Padre Vítor mais parece um controversista que um apologista. Mas, como bem disse um confrade que conviveu com ele: "sempre tinha boa intenção", sempre atento à caridade e ao respeito. Como no diálogo por ele narrado, de natureza catequética, que, segundo esse mesmo confrade, Padre Vítor presenciou.

> Certo espírita disse a uma catequista: Vossa crença baseia-se na superstição. Quer uma prova?: Onde está Jesus, segundo o vosso credo e catecismo?
> – À direita de Deus Pai, respondeu ela. – Onde já ouviu dizer que o espírito tenha direita ou esquerda? Se Deus Pai é espírito, como pode Jesus tomar à sua direita? Aí se vê que o catolicismo está errado. – E o sabichão olhava,

251

---

todo ufano, para a sua interlocutora, mas esta não se dando por achada re-trucou: O senhor conhece o juiz da primeira vara, nesta capital? – Conheço. É o Dr. Fulano. – Muito bem. Mas o senhor já viu a primeira vara, para me informar se é de marmelo, de guatambu ou de...?

– A senhora está brincando e bem sabe que juiz não tem vara. E vara, no sentido figurado quer dizer: poder judiciário. – A jovem deu uma risada e continuou: Era isso mesmo que eu queria. O senhor caiu como um patinho. "Direita de Deus Pai", "vara de juiz", "cadeira de professor" etc., não se enten-dem em sentido real, mas figurado. Assim, quando dizemos que Jesus está assentado à mão direita de Deus Pai, queremos afirmar que a alma humana de Nosso Senhor e o seu corpo sacrossanto foram elevados à dignidade di-vina, porque pertencem à segunda Pessoa de Deus. Tal é o sentido figurado. Eis porque adoramos o coração carnal de Jesus. Prestamos-lhe essa home-nagem suprema ao coração, em razão de pertencer este à Pessoa do Verbo, pois, só a Deus se deve adoração. Nenhum católico, conhecedor da própria fé, escorregará para o erro grosseiro em que o senhor incidiu, julgando que o Pai do Céu seja um velho de barbas brancas, à cuja direita Jesus esteja eternamente assentado. Todos sabemos que Deus é espírito, sem direita e sem esquerda. Mas todos cremos que a Humanidade de Jesus foi elevada à dignidade divina, porque o Verbo se fez homem, assumindo corpo e alma. É certo que o Cristo e Nossa Senhora, em corpo e alma, estão em algum lugar. Também as almas dos santos encontram-se em algum lugar. É o céu. Mas não nos esqueçamos de que o céu é mais um estado de alma do que um lugar. A essência do céu, para as almas benditas, consiste na visão da beleza de Deus, no amor ao Bem infinito e na posse perfeita desse Bem.

Assim falou a professorinha. E vejam que falou bem![16]

Com esse seu jeito simples de ensinar, conseguia passar a mensagem atra-vés de comparações e paralelos, entre fábula e realidade, numa linguagem rica de imagens. A criatividade, mormente para lidar com as crianças, foi uma de suas características como evangelizador.

Sempre com o pé e o coração na estrada, mais Missões o aguardavam na-queles anos de muito trabalho intenso, quando se sentia no auge da vida, como missionário experiente e como liderança dentro do grupo de redentoristas que cuidava desse trabalho extraordinário.

Novamente com as passagens nas mãos rumo ao Rio Grande do Sul, Padre Vítor e Padre Oliveira, acompanhados de outros confrades, pregaram Missões em Porto Alegre em preparação para o Congresso Eucarístico Estadual. Antes, porém, Padre Vítor esteve em Aparecida para os funerais de Padre Francisco Wand, que há pouco deixara o cargo de Vice-Provincial e assumira a reitoria do Santuário em Aparecida. Nesse ano de 1937, a morte levou cinco confrades para a eternidade.

Em fevereiro, partiu o grande mestre das Missões: Padre Estevão Maria. Ele já vinha sentindo os efeitos do câncer em seu estômago, mas resistiu o quanto pôde, até ser internado no Hospital Santa Catarina, em São Paulo. So-nhava com o restabelecimento da saúde para voltar às amadas Missões. Em

---

[16] V. C. de Almeida. *Os ponteiros apontam para o infinito*. Paulinas, São Paulo, 1960.

julho, foi embora Padre Wand. Em novembro, Padre Antônio Lisboa, o padre-arquiteto que fizera belas obras na Vice-Província. Além dos três padres, faleceram os Irmãos: Carlos Jungwrth e Geraldo Alonso. Irmão Geraldo era espanhol, mas entrou para a Congregação aqui no Brasil. Foi um ano de luto na Vice-Província.

Após a morte de Padre Wand, Padre Oscar Chagas, da Penha, foi substituí-lo em Aparecida. Mal chegara, começou os contatos para conseguir uma emissora de Rádio para a cidade. O Arcebispo Dom Duarte foi contrário à ideia.

Como líder da equipe missionária da casa de Araraquara, Padre Vítor sentia necessidade de aperfeiçoar a comunicação ao pregar a Palavra de Deus. Começou a experimentar o uso do microfone e do alto-falante. Ainda que liderasse o grupo, Padre Vítor teve que pedir licença para introduzir a novidade na Missão. Padre Leonardo enviou-lhe um bilhete, da Penha, dizendo: "Padre Coelho tem a licença de arranjar microfone e alto-falante para as nossas Missões". Tornou-se assim o primeiro missionário a usar microfone e alto-falante nas Missões. A introdução desse auxílio tecnológico na pregação favoreceu – e muito – tanto a assembleia quanto o missionário que poderia, a partir daí, atingir com maior clareza e com menor esforço o ouvinte. Hoje se convive, em quase todos os lugares, como os mais sofisticados meios de comunicação, mas há cerca de setenta anos, foi uma inovação e tanto a chegada do alto-falante à Missão.

Na última semana de agosto, Padre Vítor foi enviado a Salto de Itu (SP). Em setembro, foi a vez do Estado do Paraná receber os três missionários de Araraquara, Padres Alves, Oliveira e Coelho. A Missão aconteceu em Ponta Grossa. Na cidade havia uma fundação redentorista dos Missionários dos Estados Unidos, que há três anos cuidavam da Paróquia. De lá, Padre Vítor e Oliveira foram pregar em União da Vitória, na divisa com Santa Catarina. Depois de alguns dias no convento, em Araraquara, Padre Vítor saiu para o último trabalho do ano, para uma Missão na cidade de Machado, em Minas Gerais.

Em novembro de 1937, Padre Vítor descansava em casa, em Araraquara, quando ele, seus confrades, e todos os brasileiros foram surpreendidos pelo Golpe de Estado dado por Getúlio Vargas. Até então se cogitava uma eleição presidencial, tendo já inscritos como candidatos Armando Sales de Oliveira, José Américo de Almeida e Plínio Salgado. Todavia, em dez de novembro, Getúlio deu o Golpe, outorgando nova constituição. Instituiu-se o Estado Novo. Foi dissolvido o parlamento federal, assim como os demais órgãos legislativos, estaduais e municipais. Autoritarismo, centralismo e corporativismo foram as características do regime. Seu pretexto foi um documento falso, veiculado nos jornais, contendo um plano do Partido Comunista para tomar o poder, o Plano Cohen.

A Constituição de 1937 ficou conhecida durante muito tempo como a "a polaca", por ter buscado inspiração na Constituição da Polônia. Esta constituição trouxe uma involução, um retrocesso no caminho constitucional da liberdade religiosa. Nela nada se mencionou sobre casamento civil e religioso, ensino religioso nas escolas, assistência religiosa às forças armadas, aos hospitais, às penitenciárias. Havia uma clara tendência laicista nos moldes da Constituição de 1891. Nesse meio tempo, a Espanha enfrentava uma Guerra Civil, e a Alemanha, exacerbando suas ideias expansionistas, estava à beira da grande Guerra. Como acontecia com a maioria dos cidadãos, as expectativas mexiam com os sentimentos e ideais dos missionários que estavam constantemente diante do povo. Por que, fosse no trabalho paroquial, fosse no trabalho extraordinário, eles eram formadores de opinião. Mudanças bruscas e profundas balançam qualquer estrutura, mesmo as da Igreja. Se no calendário o tempo que começava era novo, o tempo da política e da ação do governo era lamentavelmente arcaico. Começava uma ditadura.

Ano novo... 1938. Trabalho à vista... Lá vai Padre Vítor continuar sua lida apostólica. Essa era sua escolha, seu *mitte me*... Nesse ano, Padre Vítor adiou seu retiro anual, não o fazendo no mês de janeiro. No dia quatro de janeiro ele partiu para Campinas (SP) para um retiro com os homens de diversas irmandades. Só em fevereiro, ele fez seu retiro anual, pessoal, em absoluto silêncio, no convento da Penha. No fim do mês seguiu para a cidade de Amparo (SP), dessa vez retiro para as Filhas de Maria. Na Semana Santa, Padre Vítor pregou em sua terra natal, Sacramento, fazendo uma retomada da Missão do ano anterior, já que o tempo penitencial da Semana Santa favorece uma revisão da caminhada de vida. Em abril ele esteve em Catanduva e São José do Rio Preto, para Missões.

Ainda no primeiro semestre Padre Vítor recebeu um comunicado de Padre Leonardo. Sendo Vítor o coordenador das Missões, o Vice-Provincial pedia-lhe que, como parte das comemorações do centenário de canonização de Santo Afonso que aconteceria no ano seguinte, ele reunisse os missionários numa conferência para discussão de assuntos referentes aos trabalhos apostólicos.

A data seria um motivo para celebrar o centenário da declaração de santidade do fundador e rever a caminhada e o labor apostólico da Vice-Província. Padre Leonardo recomendou também os temas a serem distribuídos entre os padres para a devida preparação e apresentação na conferência.

> E para que isso se faça de modo mais ordenado e proveitoso quero apresentar as teses a serem discutidas nesta reunião. Segue aqui junto à lista e nela vão designados também os referentes e correferentes de cada tese. Como vai anotado na folha de teses, para a elaboração dos trabalhos há de se ter em vista, além das determinações regulares, o que já foi ordenado antes pelas Conferências Missionárias e visitas canônicas.[17]

A intenção de Padre Leonardo era realizar uma Conferência Missionária, na qual a discussão de vários temas, a partir das teses estudadas, trouxesse a renovação de alguns pontos que requeriam *aggiornamento*.

---

[17] Copresp B, de Padre Leonardo a Padre Vítor, em maio de 1938, no *ARSP*.

Padre Vítor aproveitou a ocasião para, juntamente com seus colegas de Missão, atualizar, organizar, redigir e renovar o modelo de carta que, usualmente, os missionários enviavam a cada vigário pouco antes de cada Missão. Tal modelo deveria ser aprovado em reunião com todos os missionários e, depois, submetido à aprovação do Vice-Provincial.

A dupla Coelho e Oliveira continuava incansável. No começo de julho, Missão em Porto Feliz. No final do mês, a mesma dupla, mais Padre Alexandre Morais, foram para São Sebastião do Paraíso, em Minas Gerais. Sobre essa Missão, Padre Vítor anotou nas crônicas algo que lhe chamou a atenção: padres negros na Diocese de Guaxupé. "Vários padres pretos e mulatos, mas todos muito edificantes e instruídos". E além da atuação ativa dos leigos organizados pelos missionários, entusiasmou-se com o uso do alto-falante. "Um alto-falante foi de auxílio descomunal. É fantástico seu efeito perante grande multidão." Como fruto de seu ardoroso trabalho em prol das vocações religiosas, ele mesmo anotou que, nessa andança missionária, levara quatro meninos de "boas famílias" para o Seminário Santo Afonso.

De Minas para a cidade de Serra Azul, em São Paulo, onde Padre Vítor e Padre Morais pregaram com sucesso. Nessa Missão dois meninos decidiram seguir para o seminário: Júlio Negrizzolo e José Rodrigues de Souza. O primeiro tornou-se missionário incansável e faleceu em Brasília, no ano de 2009, com fama de santidade. O segundo foi professor e diretor espiritual. Quando era Vice-Provincial em Goiás, foi nomeado bispo da Diocese de Juazeiro, na Bahia, em 1975. Por quase trinta anos, esteve ao lado dos pobres de sua diocese. Faleceu em Goiânia, em 2012.[18]

A prova mais dura para os missionários, naquele ano, foi a Missão em Jundiaí. No dizer dos missionários, a cidade era um misto de burguesia e operários. Felizmente puderam contar com a ajuda preciosa dos beneditinos para confissões. Os operários, ocupados em suas tarefas diárias e presos a seus horários, enchiam as igrejas na madrugada. De setembro até o final de outubro, Padre Vítor pregou Missões em Avaré, Descalvado e Tietê.

Em novembro esteve em Aparecida para acertar datas e fazer a programação de Missões para o ano seguinte, visto ser ele o líder e coordenador das Missões da casa de Araraquara. Em rápida ida a São Paulo, participou dos funerais e da missa exequial de Dom Duarte Leopoldo e Silva, o primeiro Arcebispo da capital. Retornando a Aparecida aproveitou a ocasião para fazer uma semana de retiro. E com a velha batina já cansada de lutas e andanças, aproveitou para tirar medidas para uma nova, feita pelo Irmão alfaiate. No caminho de volta a Araraquara, passou pela cidade de Dois Córregos, para pregar um tríduo na Paróquia. Um ano proveitoso para o andarilho de Deus, na busca e no cuidado das ovelhas...

255

---

[18] Cf. *Folha de São Paulo*, 12-09-12, "O bispo dos excluídos de Juazeiro".

Ao final de 1938, a Vice-Província constava no *Catalogus* da C.Ss.R. com o seguinte quadro: padres: 55; clérigos estudantes: 21 (mais 5 da Vice-Província holando-brasileira); irmãos: 29; noviços clérigos: 6; noviços irmãos: 6; postulantes: 6; juvenistas: 174. Pelo número de juvenistas, vê-se que o devotado trabalho de Padre Vítor – e de outros missionários – como arrebanhador de vocações, alcançara ótimo resultado. O número de seminaristas menores dava muita esperança quanto à continuidade do trabalho missionário. Isso se devia, em boa parte, ao caloroso incentivo para a vida religiosa e missionária que Vítor buscava despertar nas crianças durante a catequese nas Missões.

Tempus fugit e novamente era janeiro de 1939... No início do ano o Governo--Geral erigiu canonicamente a Comunidade do Seminário Santo Afonso, com quatro padres e três irmãos. As transferências haviam chegado no finalzinho de 1938. Padre Leonardo, o Vice-Provincial, que enfrentara resistências ao ser nomeado, tentara contornar, sem sucesso, a situação de desagrado entre seus confrades. Conseguira fundar o estudantado em Tietê, iniciar uma casa no Rio Grande do Sul, transferida de Carazinho para Pinheiro Marcado, passando assim a Vice-Província a contar com nove comunidades: Aparecida (SP), Goiânia (GO), Penha (SP), Araraquara (SP), Cachoeira do Sul (RS), Pindamonhangaba (SP), Tietê (SP), Pinheiro Marcado (RS) e Seminário Santo Afonso, em Aparecida. Contudo, Padre Leonardo foi substituído e transferido para o Sul.

No dia nove de janeiro de 1939, em cerimônia na igreja da Penha, tomava posse o primeiro Vice-Provincial brasileiro, Padre Geraldo Pires. A circular com as nomeações e transferências trazia o nome de Padre Leonardo para a casa de Cachoeira. Ele fora notificado anteriormente, por carta, alguns dias antes da publicação da circular. Uma reviravolta no governo da Vice-Província. Alguns de seus membros tiveram dificuldades em aceitar a passagem da coordenação das mãos dos bávaros para as dos brasileiros. Resistiram, gastaram saliva, papel e caneta em conversas, cartas e argumentos dirigidos a Munique e a Roma. Mas... *Roma locuta, causa finita!*

No finalzinho de janeiro Padre Vítor tinha já listadas todas as Missões sob a responsabilidade da casa de Araraquara. Organizou tudo, antecipada e cuidadosamente, pois precisava fazer uma pequena cirurgia no nariz, o que realmente aconteceu. Restabelecido, Padre Vítor pregou na Vila dos Lavradores, em Botucatu. De lá partiu para Patrocínio Paulista – na época Patrocínio do Sapucaí – e, em seguida, para Itirapuã. Nesta cidade, uma moça histérica apresentou-se a Padre Vítor pedindo-lhe conselhos. Padre Vítor atendeu-a, aconselhou-a e deu-lhe uma bênção invocando o Padre Gaspar Stangassinger (Padre Gaspar, sacerdote redentorista, foi beatificado em 1982, por João Paulo II). A jovem recuperou-se e o boato logo correu de boca em boca: o "santo missionário" era um missionário santo. Apareceram doentes, cegos, coxos e surdos em busca de alívio. A todos foi aconselhado fazerem uma novena pedindo a beatificação de Padre Gaspar.

Em meio à correria de tantas viagens e trabalhos missionários a serem realizados, agenda cheia, chega uma carta de seu velho e querido pai, o professor Leão, um afago no coração cheio de saudades... O professor continuava sua vida de mestre errante, peregrinando de fazenda em fazenda, no Triângulo Mineiro. Havia se convertido e era um homem de oração. Fizera amizade com outros redentoristas e era, inclusive, um dos divulgadores das publicações das Oficinas Gráficas, da Editora Santuário. Padre Vítor conservou zelosamente esta carta de seu pai entre seus guardados enquanto viveu.

> Vitinho,
> Jesus conosco.
> Coitadinho do meu Vitinho! Tenho te escrito tão pouco que até é um pecado. Mas que queres? Levei seis meses, à toa, lá no João Pinto que até fiquei em letargo. A família do João Pinto é tão boa que eu fiquei lerdo, sem disposição de sair. A vida sem iniciativa decai em estoicismo. Agora, estou no "Morro Alto", em casa de Sr. Zico, que está equiparada. Faz três anos que não nos vemos, mas eu me acostumei a viver com vocês em espírito. Em orações diárias eu os vejo todos os dias.
> Francamente, o José me dá mais cuidado do que você. Não sei bem porque, mas parece-me que Deus está sempre mais perto de você. A José, é preciso apelar com mais petição. Coitadinho! [...]
> A primeiro do ano estive em Ibiá. Eu, Mariazinha, Teresinha da Talita, e estivemos em casa de Dodor. Havia muito tempo que eu não procurava Dodor para fazê-la sentir o silêncio que ela guardou comigo para se unir com o Tonico. Mas dessa vez ela me quebrou o nariz. O Tonico foi nos buscar na estação com o auto. Além disso, Mariazinha, que sempre guardou amizade com a Dodor, contou-lhe que estava pagando juros de dois contos de réis de empréstimo. Imediatamente o Tonico entregou-lhe dois contos, não quis prazo, não quis documento, não quis juros. Esborracharam-me! [...]
> O pobre do Augusto também lá anda pelo "Prata" sem notícias minhas. É uma alma de irmão para comigo. Vou escrever-lhe. É uma relíquia de minha Mariquinhas. À Rachel, também não tenho escrito. Vocês devem passar as cartas de uns para os outros, é o meio mais prático de ter notícias mútuas. Cada um para o seu lado... Enfim, eu poderia contar as minhas excursões, a pé, léguas; andando por causa de tão boa gente, mas vou terminar.
> Abraça-te,
> teu pai Leão.

(Do mesmo autor, mas com caligrafia diferente, outro texto aparece na mesma folha.)

> Os almanaques de Nossa Senhora, o João Pinto gosta tanto deles que eu lhe fiz presente. Copiei alguns desenhos: as frutas, muito bonitas. Ainda não fiz a novena, mas vou principiar hoje. Fique tranquilo, Mariazinha não deve se preocupar comigo. Ela fará o que Deus quiser. Eu não tenho cuidados. Não sei porque me sinto descansado, que só penso em futilidades. O que eu desejo é que todos sejam felizes. Porque será que eu sinto tanta confiança? Eu não mereço nada, mas não me preocupo. Preocupar-me parece que é sugestionar-me. Creio em Deus. Jesus é meu ídolo. O que me falta, pois?

Recebeu minha carta? Vendi doze "Ecos Marianos" e pedi mais ao Padre Valentim. Escreva-me dando suas notícias, por favor. Abençoe a Maria.[19]

Nas solenidades da Semana Santa Padre Vítor estava na cidade de José Bonifácio (SP). No mês de abril, Padres Coelho, Marti e Miné pregaram em Matão e Turvo. Padre Vítor tirou uns dias de descanso e foi para a casa da Pedrinha. Estava preocupado com a Conferência Missionária já marcada para o ano seguinte, pois a mudança de Vice-Provincial provocara o adiamento da Conferência. Já em Araraquara, ele foi o pregador na festa de Santa Cruz, a quem a igreja é dedicada. Um confrade anotou na crônica da casa: "À tarde, teve lugar a procissão encerrada por um sermão magistral da autoria do afamado orador sacro, Padre Coelho".[20] Em maio, Missão em Catanduva.

Em junho, Padres Coelho e Marti tomaram o noturno em São Paulo e amanheceram em Chavantes. De jardineira, passaram o Paranapanema para, envolvidos em denso nevoeiro, que roubava a vista da linda paisagem, subir às alturas de Ribeirão Claro e, sempre cortando as magníficas terras-roxas, descer para Carlópolis, onde, às 10h, celebraram a missa de *Corpus Christi*. Era o dia oito de junho, início da Missão na cidade.

De Carlópolis, embarcaram para Londrina. O cronista, enchendo os olhos na beleza da paisagem, via o trem cortando florestas virgens, interrompidas em vários pontos pelos cafezais. Em Londrina, "há oito anos em berço esplêndido", encantou-se com o som estridente das arapongas, a algazarra dos papagaios e o vozerio da enorme floresta virgem que a circundava, tudo misturado ao curioso e melancólico silvo das locomotivas e o resfolegar das máquinas... Londrina estendia seu casario confortável em ruas traçadas à moda moderna, mas ainda empapadas de lama roxa. A Missão foi bem-sucedida com a valiosa ajuda dos padres palotinos.

Missão em Barretos, coordenada por Padre Vítor, auxiliado por Padres Poce e Sebastião. Na época, já se falava em quinze mil habitantes.

Atentos, os missionários anotaram que Barretos é a cidade dos boiadeiros, dos frigoríficos e de muito dinheiro. Boca de São Paulo para o sertão. Usina de progresso, estendendo seus cabos até o Planalto Central. Ao lado do elemento bom e ordeiro campeia a imoralidade e o mundanismo, próprios das pontas de linha férrea. Fala-se em mais de oitocentas meretrizes conscritas. O comunismo e o espiritismo dominam entre os funcionários do frigorífico.[21]

[19] Carta do senhor Leão a Padre Vítor, em 16 de fevereiro de 1939. No Arquivo Padre Vítor, *Pasta Correspondência Familiar*.

[20] Documenta 26, "Crônica da Comunidade Redentorista de Araraquara", vol. II, no *ARSP*.

[21] Ibidem.

Os missionários foram auxiliados pelos padres dos Sagrados Corações de Jesus e Maria. Por ocasião dessa Missão, Padre Vítor comentou como se promovia o envolvimento do leigo durante esses tempos especiais de evangelização.

> Começamos por organizar o trabalho dos leigos. Essa organização se faz assim: reúnem-se todas as associações e mais gente boa da paróquia, à noite, depois da reza. Mostra-se o valor do apostolado leigo (oração, sacrifícios e trabalhos). Passa-se ao serviço de propaganda por convites, ao mesmo tempo que se organizam as "guardas de honra": a primeira ao Santíssimo Sacramento (domingo), por homens, moços, moças e senhoras; a segunda a Nossa Senhora (sábado) por moças e a terceira a Nossa Senhora (segunda-feira) por senhoras.
>
> Para cada hora tem de se oferecer doze chefes (seis moças e seis senhoras). Cada chefe tem de convidar quinze companheiras do seu estado e doze companheiros não do mesmo estado. Convidando para os momentos de "guarda", elas têm de convidar também, para os sermões e conferências e de apresentar a lista dos convidados ao missionário. Isso vai, pela cidade, como um arado pelo campo.
>
> Passa-se a organizar as visitas aos hospitais, cadeia etc., mais a festa da criançada, entregando cada coisa ao cuidado de alguma associação, bem como o zelo pelos doentes e pelos casamentos.[22]

Com tais esquemas, simples mas convincentes, os missionários iam ganhando o povo para a vida eclesial. Começavam pelas senhoras, crianças até atingirem os homens, que eram mais arredios à participação. Com facilidade e experiência em lidar com o povo, Padre Vítor continuou coordenando e pregando Missões nas cidades de Espírito Santo do Pinhal, Itápolis, Ibitinga e Descalvado, todas no Estado de São Paulo. E, em todas elas, encantando, de modo especial, meninos desejosos de seguirem a vida missionária.

Em outubro, Padre Vítor participou de uma Missão na cidade de Taubaté. Havia já quatorze anos que os redentoristas não pregavam na diocese. Os padres seculares faziam esse trabalho. Mas, com a posse do novo bispo, Dom André Arcoverde, os redentoristas estavam de volta. Essa missão foi chefiada por Padre Oscar Chagas, reitor do Santuário de Aparecida.

Padre Geraldo Pires, Vice-Provincial, estivera participando, no Rio de Janeiro, do Primeiro Concílio Plenário Brasileiro convocado pelos bispos sob a liderança do cardeal Dom Leme. Nas discussões e no documento final, as Missões Populares mereceram destaque e incentivo, além de serem vivamente recomendadas. Afirmava o documento serem elas um meio eficaz para remediar os males públicos e particulares, para estimular e facilitar a confissão dos fiéis ao falar-lhes das verdades eternas e relembrar-lhes os "novíssimos" do homem – morte, juízo, inferno e paraíso – conclamando-os a uma vida verdadeiramente cristã.

---

[22] Ibidem.

No finalzinho do ano, o novo Arcebispo de São Paulo, a cuja Arquidiocese pertencia a cidade de Aparecida, visitou a cidade. Reuniu-se com os redentoristas e, durante as homenagens a ele prestadas, Dom José Gaspar garantiu que iria começar, tão logo pudesse, a construção de uma nova basílica na cidade. Seu episcopado durou pouco, pois faleceu em 1943, em desastre de avião, no Rio de Janeiro. No acidente morreu também o famoso jornalista Cásper Líbero.

Nesse mesmo ano morria Pio XI, o Papa das Missões. No terceiro escrutínio do conclave convocado para a escolha de seu sucessor, os cardeais elegeram, na tarde de 1º de março, um oblato redentorista, o Cardeal Eugênio Pacelli, que assumiu o pontificado com o nome de Pio XII. Os redentoristas, tal como boa parte do mundo, experienciavam momentos difíceis, mormente na Espanha, onde vários padres e irmãos haviam sido fuzilados nos conventos. Era a Guerra Civil espanhola. Na Alemanha, o cerco se fechava cada dia mais, inclusive obrigando ao serviço militar por dois anos os clérigos estudantes. Tempos sombrios e aterrorizadores aqueles meses que precederam a Segunda Guerra.

No dia primeiro de setembro, a indesejada e temida hecatombe universal enfim estourou. Padre Geraldo Pires enviou uma circular aos confrades, na qual pedia orações e caridade no trato com os confrades alemães. "Haja a devida atenção para com os bons confrades, cuja pátria está sob o flagelo da guerra." Pedia ainda cuidado no que se conversasse, no que fosse dito diante de estranhos e mesmo de padres seculares. O desejo era o de preservar os confrades alemães.

Angustiado pelas dores da guerra, chega o ano de 1940. Padre Vítor, além de empenhado na coordenação de várias Missões que ele assumira em nome do grupo, preparava a V Conferência Missionária. Permanecendo em casa, aproveitou ainda para colocar em dia uma questão que muito o afligia: o cultivo e o desenvolvimento da vocação religiosa e sacerdotal de seus "pupilos". Há cerca de oito anos ele enviava meninos para o Seminário Santo Afonso. Seus vocacionados, chamados "coelhinhos", tinham sua atenção e orações. Mas, no meio do caminho, muitos deles desistiam ou eram mandados de volta para casa. O Seminário, desde 1933 sob a direção de Padre Pedro Henrique Flörchiger, tomara uma direção diversa da adotada pelos diretores anteriores a ele. Com Padre Pedro, a pedagogia para formar o "missionário redentorista santo" significava disciplina duríssima e afinco nos estudos.

Padre Vítor enviara, ainda em 1938, um pedido de explicação ao diretor, sobre o porquê de tantos meninos serem mandados embora. Padre Pedro respondeu ao colega dizendo que, realmente, noventa e cinco meninos haviam sido mandados de volta para casa nos últimos quatro anos. E listava os motivos: falta de vontade de se tornar padre, 16; falta de inteligência, 28; pais que não suportavam a separação dos filhos, 11; meninos que não suportavam a separação dos pais, 7; fuga, 2; imoralidade, 2; desobediência (crítica) 3; mau comportamento contínuo, 13; doença, 8; interesse dos pais, 3; irregularidade na vida dos pais, 2.[23]

---

[23] Copresp B, carta de Padre Pedro a Padre Vítor, em abril de 1938, no *ARSP*.

Padre Pedro, além dos números estatísticos de entradas e saídas, fez comparações com anos anteriores, acrescentando: "É claro que se despacham mais meninos, quando se aceitam mais meninos. Mas nem de longe despachamos tantos quantos se despacharam nos tempos passados". E ainda alega como justificativas que muitos meninos chegavam ao seminário sem enxoval, sem documentação e sem o compromisso dos pais em ajudar o seminário.

Padre Pedro – talvez não de todo compreendido pelos colegas –justifica-se em carta a Padre Vítor, em 1940, dizendo que o noviciado estava cheio e que os superiores estavam procurando mais lugares onde alojar os estudantes no período pós-juvenato. Discordando de uma pedagogia um tanto mais frouxa, comenta ainda com Padre Vítor: "Coelho, estive em Pinheiro Marcado e vi que estrago se pode fazer por homens incompetentes no assunto da pedagogia, também nos melhores meninos e nas melhores vocações".

Uma carta cheia de afeto e reconhecimento foi também enviada a Padre Vítor pelo diretor Padre Pedro, com a assinatura de cinquenta e seis seminaristas, isto é, cinquenta e seis "coelhinhos", dos quais vinte e três ordenaram-se sacerdotes. Quando esses jovens estavam no estudantado em Tietê, posaram para uma fotografia histórica, uma foto dos "coelhinhos".

> Meu caro Padre Coelho!
> Louvado seja Nosso Senhor Jesus Cristo!
> Vai junto com esta uma carta da sua criançada. É um número grande, este seu. Vítor, Vítor, não desanimar. Desta criançada pode dizer com São Paulo: "corona mea et gaudim meum!" Todos vão bem. O comportamento deles é excelente, graças a Deus. Deus os conserve assim! O crescimento no Juvenato neste ano foi muito rápido. Por isso não posso mais aceitar menino até dezembro. Se, naturalmente, encontrar meninos ótimos, poderá mandá-los também antes. [...]
> Tenho rapazes santos aqui. Deram-me provas nestas férias. Fico admirado, vendo o que se pode fazer com estes futuros redentoristas. Dão as melhores esperanças, contando que não se estraguem no resto do caminho. Chega.
> Com abraço, sou seu:
> Padre Pedro Henrique, C.Ss.R.[24]

Da parte dos estudantes, palavras carinhosas expressaram gratidão ao incentivador das vocações sacerdotais e, junto às palavras, abraços e orações. Era justamente o dia de São Vítor, e por isso, no onomástico de Padre Vítor, faziam chegar até ele a gratidão e o carinho que sentiam por seu grande encorajador. Um gesto de reconhecimento!

---

[24] Copresp B, carta de Padre Pedro e estudantes, em julho de 1940. No *ARSP*. A carta original dos estudantes, Padre Vítor a conservou consigo durante os anos seguintes de sua vida. Atualmente está no Arquivo Padre Vítor, *Pasta Correspondência com os confrades*. Houve muitas mais vocações depois desse período. Os "coelhinhos" que assinam a carta e tornaram-se padres são: Osvaldo Arrighi, Leandro de Matos, João dos Santos, Benoni Lemos, Antônio B. de Souza, João Carvalho, Silvestre Pinto, Arlindo Santiago, José Freitas, Noé Sotilo, José Oliveira, Renato Francisco, José Reinó, Júlio Negrizzolo, José O. Brandão, Amador Leardini, Orlando Gambi, José R. de Souza (bispo), Ângelo Licati, Vicente Andrade, Dirceu Ferreira, Rômulo Cândido, Aristides Menezes.

Há vários escritos de Vítor sobre a vocação religiosa. Várias vezes falou no rádio, através de inúmeros programas, sobre o chamado de Deus para o ministério sacerdotal. Várias cartas, escritos, reflexões põem à mostra seu coração sensível à causa missionária sustentada por homens consagrados. Para quem viveu no seminário em um período tão diferente dos tempos pós-Concílio Vaticano II, Padre Vítor deu passos largos na compreensão da formação sacerdotal. Com o carinho e o zelo de quem crê profundamente em seu ministério, ele exorta os seminaristas.

262

Rezemos pelos seminaristas e pela juventude que se prepara para a grande missão. A esses jovens Jesus diz: "Eu vos escolhi e vos coloquei para irdes e produzir frutos e para que vossos frutos permaneçam".

Chamados para a paternidade, os moços se destinam ao casamento, preparam-se para a paternidade. Mas a bíblia fala de outra paternidade: a celeste, que também é dada aos homens. Os sacerdotes são chamados para a paternidade celeste, diversamente do homem que se casa para ser pai de família. As duas paternidades são de Deus, tanto a terrestre como a celeste. Mas aprouve ao Criador dar a homens certa participação em uma e outra. Assim, tu, seminarista, que amanhã receberás a imposição das mãos, para que sejas sacerdote e tenhas o poder de agir na pessoa do Cristo mestre, do Cristo pastor, mas principalmente do Cristo sacerdote, tu serás, assim o "Pai do futuro século", com Jesus, dando a vida que "vem do alto", a vida divina, aos homens. Missão sublime a tua!

Sabemos que o homem tem de ser competente (espiritual e materialmente) quando diz "sim" a uma mulher perante o altar, para fundar uma família. Maiores são as exigências da paternidade celeste. Ao predestinado Deus dirige palavras como estas: "Com amor eterno eu te amei e cheio de bondade procuro atrair-te para mim". "Tu serás para mim como uma seta escolhida que eu colocarei na aljava. Desde o seio de tua mãe eu te conheço e te predestino para profeta de meu povo" (Jr 1).

É na família cheia de fé, amor e esperança, onde reina o Espírito Santo com sabedoria, entendimento, ciência, conselho, fortaleza, piedade e temor de Deus, sim, é na família cristã que brotam as vocações. Deus pode até chamar da selva ou de uma família desorganizada, como já aconteceu. Mas não costuma ser assim.

Depois do lar, vem o seminário. O seminário é a organização ditada pela prudência, porque a Igreja, vendo a sublimidade da vocação sacerdotal, quer apossar-se da mocidade escolhida, a fim de prepará-la condignamente para o sacerdócio, desde muito cedo. O seminário não pode ser o que alguns pensaram: um retiro, separado do mundo, em que a criança cresça e o mocinho se desenvolva de um modo quase desnaturado, fora da sociedade. O seminarista tem de ficar em suficiente contato com o mundo e com a família e com a paróquia e com a sociedade, pois ele vai viver no mundo. Ele deve crescer conhecendo e enfrentando as dificuldades.

Muitos sistemas de formação foram experimentados. Alguns deram bons resultados, outros menos...[25]

---

[25] V. C. de Almeida, original datilografado, no Arquivo Padre Vítor, *Pasta escritos pessoais*. Padre Vítor sempre esteve atento às mudanças pedagógicas no campo da formação sacerdotal. Certa vez, alertou os formadores sobre o grande número de desistências entre os seminaristas, levantando-lhes uma questão: "Há muita cana, mas pouca garapa. O problema não será no engenho?"

Ao dizer que apenas de famílias organizadas e bem estruturadas nasciam vocações para a Igreja, ele faz uma ressalva: admite que de famílias desorganizadas também pudessem surgir legítimas vocações para o ministério sacerdotal, por certo pensando em si mesmo como um exemplo de que "o Espírito sopra onde quer".

Ainda no início de 1940, em fevereiro, Padre Vítor com mais dois companheiros pregaram em Olímpia (SP). É interessante observar que a Missão – ontem como hoje – tem como objetivo chamar homens e mulheres à conversão, a uma efetiva mudança de vida. Tendo em vista esta proposta, os missionários batiam pesado em questões morais visando o mau comportamento da população. Isto fica claro nas palavras que o cronista escreveu sobre o povo de Olímpia ao dizer que na cidade há espíritas e protestantes e que "triste é constatar--se que por todo o interior lavra a peste dos cinemas imorais e acatólicos, o malthusianismo, as modas levadas ao extremo, o descaramento dos namoros publicamente". Os missionários acentuavam esses temas nas pregações, levando os sermões e exortações aos fiéis a um tom dramático, drástico e violento, de permeio com a doçura da caridade cristã e a palavra do Evangelho.[26]

Seguindo viagem, Padre Vítor e seu colega missionaram Guariba. Aí o vigário alemão tinha uma parenta morando com ele. A moça não podia voltar para sua terra devido à Guerra. Os padres notaram que o povo não via com bons olhos a situação. Ainda mais que a parenta "com cara de perpétua amargurada, era só preconceito em relação aos brasileiros e mesmo aos filhos de italianos, que não passam de manadas". Nessa Missão os redentoristas tentaram colocar em prática o que o Concílio Plenário Brasileiro havia decidido sobre a remuneração dos missionários, estipulada em 50$000 por dia para cada um dos missionários. O povo, orientado pelo vigário, considerou a proposta um total absurdo. Obviamente, a proposta não funcionou.

Em termos de remuneração por Missão os redentoristas eram muito flexíveis. Deixavam uma bandeja no altar de Nossa Senhora Aparecida para as ofertas do povo, implantavam a Arquiconfraria de Nossa Senhora do Perpétuo Socorro que, no ato da inscrição, cobrava uma taxa mínima, vendiam o livrinho "Lembranças das Missões". Inúmeras vezes os missionários nada recebiam, nem do povo, nem do vigário. As decisões do Concílio Plenário Brasileiro estavam ainda distantes da realidade.

Mesmo com o roteiro das Missões já completo, os pedidos continuavam chegando... O vigário de Machado (MG) pedia insistentemente a Padre Vítor que enviasse missionários a sua paróquia, ainda que fosse apenas para a renovação da Missão anterior, como eles já haviam feito em várias ocasiões.[27] Eram pedidos demais, ser-

---

[26] Documenta 64, "Crônica das Missões da casa de Araraquara", vol. II. No *ARSP*.

[27] Copresp A, carta de 12 de fevereiro de 1940, de Padre João Scheuer. No *ARSP*.

viços demais... Mas eles estavam comprometidos com o Senhor da messe... Em suas "memórias", ao escrever, em 1983, algumas recordações de seu tempo de missionário da ativa, Vítor cita inúmeras cidades, confrades e situações tão diversificadas que dariam um belo roteiro de filme ou um livro à moda dos cavaleiros andantes, cheio de fatos, casos, acontecimentos, histórias dessas andanças missionárias.

> Grandes Missões, todas chefiadas por mim. Olímpia, Guariba, Barretos, Batatais, Jardinópolis, Altinópolis, São Carlos, Ribeirão Preto... Por meio das crianças, atrair as mães e as mulheres. Por meio das moças e crianças atrair os homens. Caminho psicológico do Padre Estevão e seus alunos.
>
> Nossa Senhora Aparecida, por ser mais popular que Nossa Senhora do Perpétuo Socorro, foi adotada como grande atração. A chegada festiva, o altar das graças com Nossa Senhora Aparecida e encimado por um grande crucificado. O grande dia de Nossa Senhora, com guarda, procissão e consagração... A guarda à Nossa Senhora era feita pelas moças e senhoras nos dias das respectivas confissões e por todas no dia de Nossa Senhora.
>
> Um truque inventado por mim e Padre Oliveira que generalizou e deu enorme resultado psicológico foi o seguinte: até então os circos, cinemas, bailes, jardins e semelhantes tinham sido a grande dor de cabeça do Padre Estevão e alunos. Então inventei de tomar compromisso solene na chegada da imagem e nas conferências e comunhões das senhoras e moças: o compromisso e promessa à Nossa Senhora de durante as Missões abster-se de divertimentos sociais. Foi a conta... Os jardins e divertimentos tornaram-se desérticos. Os moços acharam o rumo da igreja. Não adiantava dar entrada grátis às crianças. Foi sucesso total, imensamente benéfico para o ambiente da Missão.
>
> Padre Estevão nos ensinou que os avisos são a mola psicológica das Missões. Ordem e simpatia. Não se desprezavam chistes e gracinhas oportunas. Quem dava os avisos tinha o povo nas mãos. Padre Andrade e eu revezávamos porque cada um tinha seu carisma especial.
>
> Em 1938 e 1939, todas as Missões da região de Araraquara ficaram para a chefia do Padre Vítor. Dos alunos do Padre Estevão, os mais carismáticos para dirigir Missões foram os Padres Andrade, Coelho, Marti, Oliveira e Poce. No início da década de 1940, todos esses carismáticos foram afastados das Missões, por doença ou por outros encargos. As Missões caíram de repente. Até que veio o Padre Siqueira.[28]

Em março foi a vez de Batatais (SP). De lá, Padre Vítor seguiu para Jardinópolis. No intervalo entre uma e outra Missão, houve um imprevisto. Os programados dois dias de descanso, ele os aproveitou para viajar até São Paulo e conversar com o superior sobre uma situação emergencial. Como os superiores das casas eram os que, de acordo com as normas, aceitavam as Missões, também eles escalavam os padres para o trabalho. Mas não havia padres disponíveis para tanto trabalho... Um dos padres, Padre Tiago, acometido por uremia, não podia se deslocar. Padre Barros estava sendo escalado para uma nova fundação em São João da Boa Vista.

---

[28] V. C. de Almeida, "Recordações Missionárias", texto datilografado, no Arquivo Padre Vítor, *Pasta escritos pessoais*. Ele usa a terceira pessoa ao referir-se a si mesmo.

Por carta, o antigo diretor de Vítor, Padre João Batista Kiermaier, superior na Penha, explicou-lhe a difícil situação. Mas, para dar-lhe alguma esperança, dizia que Padre Marti estava estudando as propostas por ele apresentadas. Padre Conrado seguiria para Muzambinho e Padre Nogueira para Santa Generosa, em São Paulo. Semanas eucarísticas em Botucatu e em Uberaba tornavam-se quase impossíveis de serem realizadas, avisava o bom e aflito Padre João Batista.[29]

Já Padre Henrique Barros, de Araraquara, escrevia a Padre Vítor dizendo, entre outras coisas, "chegaram mais três ou quatro pedidos de Missões. Padre Gabriel está por aqui. Começaremos a novena de Santa Cruz".[30] Padre Daniel Marti, a quem também foi pedida ajuda, escreveu na mesma ocasião.

> Prezado Padre Coelho,
> *Salutem in Domino!*
> Tenho de seguir amanhã, de noturno, para a semana eucarística de Londrina; e depois do trabalho na sede vamos pregar uma missãozinha em Rolândia e tomar de assalto a la Hitler, a Nova Danzig. Não estarei por aqui. [Danzig era o nome germânico de Gdansk, cidade situada na Polônia e anexada à Alemanha nazista por Hitler. Daí a referência ao ditador. Hoje pertence à Polônia. Cambé é o atual nome de Nova Danzig. A troca de nomes aconteceu no início da Segunda Guerra].
> Anteontem Padre João Batista me entregou sua longa carta com as propostas e perguntando o meu parecer. [...]
> Por fim, V. Mercê não me poderia emprestar o seu alto-falante para a Missão em São Paulo? Na primeira semana dois padres irão pregar em praça pública. Seria um experimento, pois queremos comprar mais um alto-falante.[31]

265

Novamente Padre João Batista escreveu a Padre Vítor tentando contornar a situação, buscando conseguir número suficiente de padres para a tarefa missionária.[32] Enquanto isso, Padre Vítor estava terminando a Missão em Jardinópolis. Necessitado de uns dias de férias, praticamente não os conseguiu, pois assim que chegou à casa da Pedrinha para descansar e preparar a V Conferência teve que viajar às pressas para São José do Rio Preto, a fim de resolver problemas com vigários e decretos do bispo de São Carlos, Dom Gastão Liberal. Nos três últimos dias, foi o comentarista em todas as celebrações do Congresso Eucarístico daquela cidade.

Para Padre Vítor o ano de 1940 foi de trabalho intenso, tanto nas Missões como na preparação da Conferência Missionária. Atendimento de confissões até alta madrugada, acordar muito cedo para a missa, catequese para as crianças, cartas e mais cartas para os vigários e para os confrades. Não se sabe de

---

[29] Copresp A, carta de 25 de abril de 1940, de Padre João B. Kiermaier. No *ARSP*.

[30] Copresp A, carta de 24 de abril de 1940, de Padre Henrique Barros. No *ARSP*.

[31] Copresp A, carta de 25 de abril de 1940, de Padre Daniel Marti. No *ARSP*.

[32] Copresp A, carta de 14 de maio de 1940, de Padre João B. Kiermaier. No *ARSP*.

paradas, de descanso, *check up* ou recomendação médica para cuidados com a alimentação... Missionário incansável, vivendo com generosa galhardia seu *Mitte me*. Como coordenador, preocupava-se com as duas Missões em cidades grandes que aconteceriam nos meses de julho e agosto: São Carlos e Ribeirão Preto.

De sua família pouco sabia, pois seu pai lhe escrevera há mais de um ano. Recebeu, de terceiros, informação de que o primo Cônego Victor Coelho falecera em Goiás. Ainda que o Cônego tivesse levado uma vida um pouco fora dos parâmetros costumeiros, era um parente que muito ajudara sua família nos dias de sua infância. O primo Cônego o deixara no seminário, naqueles idos do início do século. Com toda certeza, Padre Vítor terá sentido a morte do primo e rezado por ele.

No mês de junho, Padre Vítor pregou em Arceburgo, diocese de Guaxupé, e de lá atravessou a divisa do Estado de São Paulo para pregar em Altinópolis. Nas duas cidadezinhas, apesar das muitas dificuldades iniciais, ao final da Missão o sucesso foi constatado através das conversões acontecidas após as pregações.

Preocupado, Padre Vítor procurava ajustar o quadro de missionários para a Missão em São Carlos. Alegrou-se com a confirmação de Padre Sebastião Schwarzmeier, dizendo-se pronto para acompanhá-lo.[33] Para lá seguiram os Padres Vítor, Magalhães, Sebastião, Moura, Silva, Marti e Souza. Foi uma grande Missão, tanto pelo tamanho da cidade e da população, como pelo número de missionários. Os resultados advindos dessa Missão serviriam para a avaliação das Missões Populares na reunião que aconteceria ainda naquele mês.

Padre Vítor, cioso de sua tarefa, envolveu-se de corpo e alma na preparação da V Conferência Missionária que teria lugar no convento da Penha, em São Paulo, de vinte e cinco de julho a primeiro de agosto de 1940. Tendo coletado um farto material – diretórios, sermões, cursos de Segundo Noviciado –, Padre Vítor estudou atentamente o que acontecia de novo entre os redentoristas. Um padre redentorista dos Estados Unidos havia compilado e elaborado um novo livro sobre as Missões. Padre João Batista Troidl traduzira-o do inglês para o português havia já uns três anos. Desde logo Padre Vítor leu-o e sugeriu que fosse estudado na V Conferência. "Os grandes sermões da Missão redentorista", de Padre Joseph Wissel, apresentavam de forma esquemática e com fundamentação bíblica o temário das pregações da noite durante a Missão. Salvação, pecado mortal, penitência, inferno, conversão, misericórdia de Deus, levantamento do cruzeiro, todos esses temas foram tratados de uma ma-

---

[33] Copresp, Carta de 30 de junho de 1940, de Padre Sebastião. No *ARSP*. Nela, o velho Padre Sebastião brinca com Padre Vítor, acenando que a residência de Pindamonhangaba é o local ideal para um retiro espiritual. E convida-o, pois era de seu conhecimento que ele estava trabalhando demais.

neira nova que facilitava sobremaneira o trabalho missionário. Os temas não constituíam qualquer novidade, mas a maneira como eram abordados prendia a atenção dos ouvintes e a flexibilidade em seu tratamento possibilitava adaptações às realidades novas que surgiam na época.

Quando anos mais tarde, em 1966, ele foi reeditado, um dos estudiosos da vida de Padre Vítor Coelho, Padre Júlio Brustoloni, assim se referiu às propostas do livro que fora um dos suportes daquela Conferência.

> Sem dúvida, se tomarmos a sério e não quisermos fazer das Santas Missões apenas mais uma festa popular, essas pregações são necessárias ainda hoje e sempre o serão. As Verdades Eternas têm papel importante e indispensável no processo da conversão pessoal e comunitária, pois se trata da palavra revelada por Deus. [...]
>
> O importante desses esboços é que eles colocam em cada pregação seu objetivo preciso, evitando-se que se discorra teologicamente sobre o tema. A pregação de Nossa Senhora, por exemplo, é bem definida e alfonsiana: "Maria pode e quer colaborar na salvação do homem, para isso ela nos foi dada como nossa mãe pelo próprio Jesus Cristo".[34]

O livro revelou-se de suma importância para aqueles missionários experimentados e tarimbados no método herdado de seus antecessores. Renovar o conteúdo era um bom sinal do caminhar da Igreja que, em resposta aos desafios dos tempos modernos, exigia aprimoramento de seus missionários.

Antes, porém, da Conferência, Padre Vítor coordenou a Missão em São Carlos. Naqueles dias a cidade contava com vinte e cinco mil habitantes e o confessionário foi muito concorrido. A prefeitura emprestou um alto-falante de quarenta watts que fez a festa e a alegria dos missionários nas procissões. Todavia, o bispo proibiu a bandeja de Nossa Senhora e as inscrições para a Arquiconfraria, dificultando ainda mais o acerto da remuneração para o trabalho apostólico dos missionários. Mas – sinal marcante das Missões – o grande cruzeiro foi deixado plantado na cidade, no centro da avenida, diante do cemitério, como um permanente chamado à conversão.

Finalzinho de julho, os missionários encontraram-se na Penha para a V Conferencia Missionária. Sob a presidência do Vice-Provincial, Padre Geraldo Pires, os missionários estudaram, discutiram e tomaram novas decisões. Doze missionários estavam presentes. Dois alemães, Conrado e Agostinho, e os brasileiros, Benedito da Silva, Nestor Tomás, Henrique Barros, Antônio Andrade, Antônio Oliveira, Miguel Poce, Daniel Marti, Sebastião Magalhães, Alexandre Morais e Vítor Coelho. Era a fina flor da Vice-Província, considerando-se oratória, conteúdo e preparação para o ministério apostólico através da pastoral extraordinária das Missões Populares!

267

---

[34] Introdução à edição datilografada, por Júlio Brustoloni, Aparecida, 1996. *Os grandes sermões da Missão Redentorista*, de Joseph Wissel.

Os tópicos mais discutidos e os rumos e decisões nascidos dos debates passaram a regulamentar as novas Missões. Como exemplo, as Missões nas Dioceses de Ribeirão Preto, Uberaba e Guaxupé seriam, doravante, pregadas pelos missionários da nova fundação de São João da Boa Vista. Araraquara apoiaria a nova casa quando a Missão fosse realizada em cidades maiores.

> Combinar Missões: pedida a Missão, o Superior enviará ao pároco o questionário; recebido este de volta e combinada a Missão, ele lhe remeterá a "carta ao pároco", o programa, horário, a oração para a Missão e fará outras combinações necessárias, com a antecedência, possivelmente, de dois meses.
> Época: não serão aceitas Missões em dias de semana santa nem imediatamente após a celebração solene dela, bem assim nas festas patronais ruidosas. No Sul não serão dadas Missões nos meses de chuvas, quer dizer, de junho a agosto.
> Lugar: continuaremos com nossa tradição ditada pelo nosso dever de missionários redentoristas: acudir ao apelo das almas mais abandonadas e mais necessitadas, nos campos e cidades.[35]

Várias determinações foram apenas ratificadas, seguindo normas anteriores. Como, por exemplo, a norma que ditava que o esquema das Missões Populares não permitia – pelas dificuldades oferecidas – que um único missionário assumisse uma Missão e que o cálculo usado para a distribuição dos trabalhos presumia dois missionários para cada três mil habitantes.

Quanto às decisões da V Conferência Missionária de disciplinar o uso do rádio – uma tecnologia que se difundia rapidamente –, pode-se supor que se tratasse do uso de emissoras de rádio no trabalho missionário. Mas trata-se, na verdade, de uma proibição de os missionários fazerem uso de aparelhos de rádio sem a licença do Superior. Outros tempos...

No dia primeiro de agosto houve missa do encerramento da Conferência. Na manhã do dia seguinte, os padres celebraram cada um sua missa, rememorando o fundador da Congregação Redentorista, Santo Afonso – o dia de Santo Afonso era, anteriormente, festejado no dia dois de agosto. No mesmo dia, Padre Vítor tomou o trem para Araraquara. Precisava providenciar o necessário para a próxima viagem, pois daí a dois dias embarcaria para a grande Missão em Ribeirão Preto (SP).

O ano de 1940 estava sendo estafante para Padre Vítor devido à sobrecarga de trabalho. Esta nova Missão tiraria dele ainda mais energias, visto que coordenava um trabalho com diversos missionários. Padre Vítor pregou na catedral com os Padres Marti e Magalhães. Na igreja São José, dos agostinianos, ficaram os Padres Conrado e Silva e, na Abadia dos Olivetanos, os Padres Oliveira e Sousa. Os padres olivetanos e estigmatinos da cidade prestaram valioso auxílio no atendimento às confissões.

Segundo o registro das crônicas, o trabalho feito nas Missões em cidades menores foi um imprescindível momento de aprendizagem que apoiou e favoreceu o bom andamento das Missões em cidades grandes como Ribeirão Preto.

---

[35] Documenta 96, "Conferências Missionárias". Volume III da série "Missões". No *ARSP*.

Os quatro jornais da cidade se interessaram pela festa missionária, e todos eles publicaram matérias referentes ao andamento da Missão. Ficaram registradas também algumas dificuldades relativas ao comportamento, algo "avançado" dos ribeirão-pretanos, mormente o da mocidade, por ser Ribeirão Preto uma cidade cosmopolita. Já se deixavam vislumbrar sinais dos desafios a serem enfrentados pela pastoral urbana nos grandes centros.

Ainda que houvesse dificuldades, a procissão do crucificado foi um sucesso. A recepção a Nossa Senhora Aparecida, algo indescritível. A meninada, já com fama de insubordinada, deu algum trabalho nas passeatas.Terminada a Missão, todos os missionários se foram, menos Padre Vítor. Como não conseguira padres suficientes para a Missão que coordenava, uma fazenda ficou sem atendimento. Zeloso e determinado, ele levou a Missão à Fazenda Porangaba, onde cinco irmãs de Jesus Crucificado muito já haviam feito, cuidando da catequese e dando orientações ao povo. Mas faltava o padre... Padre Vítor chegou com uma forte gripe. Com o precioso auxílio de um alto-falante de alta potência, de seu quarto, ele conseguiu fazer o sermão, que o povo ouvia do lado de fora. Assim, de seu quarto, rezava e orientava uma pequena procissão, pois seu estado gripal, com febre alta, não o permitia ir à igrejinha.[36]

Cansaço. Preocupações. Fragilidade dos pulmões devido à tuberculose que o acometera quase vinte anos atrás. Tempo seco no período do ano. O vírus da gripe chegou com força plena. Padre Vítor voltou para Araraquara e, em repouso, seguia o tratamento recomendado. Mas a gripe não passava.

Nas pesquisas e leituras sobre a vida redentorista, uma das fontes imprescindíveis para a reconstituição dos fatos e dos passos da vida convencional e dos confrades são os livros de crônicas da comunidade. Infelizmente, a comunidade de Araraquara durante um ano e meio (agosto de 1940 a janeiro de 1942) deixou de fazer anotações sobre os acontecimentos envolvendo seus membros. Na visita canônica de agosto de 1940, o Vice-Provincial, Padre Pires, deixou anotado: "O cronista poderia ser um pouco mais noticioso, sem resumir demais".[37] Fez-se um lapso! O cronista se ofendera. Uma perda irreparável.

Ainda assim, sabe-se, de outras fontes, que os meses de setembro e outubro, ele os passou em repouso, no convento de Araraquara. No final de outubro, viajou para o Rio Grande do Sul, para Missão em Caxias do Sul.[38] Em novembro, voltou cansado e abatido para o convento da Penha. Ele e Padre Pessi voltaram do Sul de automóvel. Uma viagem demasiado longa e cansativa para um homem doente e fragilizado. A dor começava a mostrar sua face. Vítor, o andarilho de Deus, ia por os pés em sua via dolorosa...

269

---

[36] Documenta 64, "Crônica das Missões da Casa de Araraquara", vol. II, no *ARSP*.

[37] Documenta 26, "Crônica Redentorista de Araraquara", vol. II, no *ARSP*.

[38] Em carta enviada pelo Bispo Emérito de Vacaria (RS), Dom Orlando Dotti, a Dom Darci Nicioli, com data de 16 de outubro de 2017, há a seguinte observação: a Missão pregada naquela ocasião não foi na cidade de Caxias do Sul e sim na cidade de Antônio Prado, pertencente à diocese de Caxias do Sul. Dom Orlando participou da Missão, quando tinha apenas dez anos de idade. O bispo enviou, na carta a Dom Darci, o relato do Livro do Tombo da paróquia, onde houve essa Missão.

O Missionário da Senhora Aparecida... levando a imagem, falando da devoção, acompanhando os romeiros em procissão

Imagens do cotidiano em Aparecida (SP)

8
A MISSÃO DO SOFRIMENTO
NO AUGE DA CARREIRA

Um dia, o salmista rezou dizendo que "os caminhos de Deus são insondáveis" (Sl145). E nos caminhos da vivência da fé cristã, os cristãos experienciam a dor e o sofrimento como seres mergulhados na dimensão do mistério. É, portanto, uma situação que ultrapassa sua própria realidade. Como ser criado, imperfeito e limitado, a experiência da dor e do sofrimento coloca o homem diante do mistério profundo de sua condição humana. A fé em Deus faz diferença nessas ocasiões de sofrimento. Padre Vítor, no auge de seu ministério, quando se destacava como pregador brilhante, elogiado e aplaudido pelas multidões que se empolgavam com sua palavra, viu erguer-se a sua frente um imenso obstáculo que fez parar o missionário do povo. Seus pés e sua voz não mais podiam chegar aos campos amados da messe do Senhor... Pleno de zelo e entusiasmo apostólico, dedicado ao trabalho missionário, mas consumido pelo cansaço físico, Padre Vítor Coelho foi abatido pela doença. A gripe forte que teimava em acompanhá-lo não era apenas uma gripe, mas a tuberculose que se reacendera em seus pulmões depois de quase vinte anos de intervalo. Praticamente recolhido ao leito, ele passou as festas do Natal e Ano Novo sem sair de casa, sem pregar ou rezar missa fora do convento. Uma mudança radical foi imposta a sua vida.

Os superiores resolveram que Padre Vítor deveria vir para São Paulo. Na capital, onde havia mais recursos, procurar médico e tratamento adequados. As crônicas das casas e os comunicados do Vice-Provincial registraram o momento doloroso do missionário, mas o que terá sentido, pensado ou escrito Padre Vítor ao ser abatido em pleno campo de batalha? Terá seu pensamento voado para suas inúmeras Missões, seu curso preparatório para ser missionário da ativa, sua ordenação na Alemanha, seu tempo de estudos em Gars e em Aparecida?... Terá recordado sua infância conturbada e a imprevista entrada para o Seminário Santo Afonso?... Missionário da catequese, da pregação ungida, da linguagem fácil. Coordenador das Missões, líder no meio das multidões, pregador consagrado... No meio da caminhada, adoentado e febril, tombado no leito a rezar e a contemplar a presença e o amor de Deus no mistério do caminho humano...

Padre Vítor passou quase um semestre entre repouso e trabalho até o fim do ano de 1940. Sem dúvida, a Missão no Sul fora a última gota que faltava para se confirmar que suas condições exigiam uma internação.

O ano de 1941 começava, para ele, sob uma perspectiva totalmente diferente. O cronista de Araraquara deixou escrito sobre essa triste situação: "Até onde chegará o sacrifício que Nosso Senhor vai exigir de nossa casa? A enfermidade de nosso Padre Coelho nos abateu e nos fez rezar como o profeta: *misericordiae Domini quia non sumus consumpti*". É pela misericórdia do Senhor que não somos consumidos.

Um médico foi chamado ao convento da Penha para examinar aquele paciente que, aos confrades, gerava cuidados e preocupações. Tudo estava sendo zelosamente feito, como mandam a Regra e a caridade cristã, no cuidado dispensado aos confrades doentes. Era a cruz da dor e do sofrimento que pesava sobre a Vice-Província. Os médicos concluíram que, somente em local e ambiente de clima frio, Padre Vítor teria condições de iniciar o urgente tratamento.

A tuberculose, que o fizera sofrer naquele inverno europeu na década de 1920, voltava com força e deixava sem chão os amigos e confrades de Padre Vítor. Embora o Instituto Pasteur tivesse desenvolvido a vacina BCG (Bacilo de Calmette-Guérin) em 1921, sua difusão foi demorada. No Brasil, a primeira campanha nacional de imunização aconteceu em 1934. A doença era nomeada por uma série de sinônimos, todos eles pejorativos e preconceituosos, que bem demonstravam o quanto a doença amedrontava e criava fantasmas no imaginário popular. A tuberculose era a doença-ruim, peste branca, tísica, nomes que causavam medo e afastamento de alguém doente ou contaminado. Uma prova de fogo para o homem de sucesso em sua missão de evangelizador, habituado às multidões e aos aplausos.

Passados setenta anos, o Brasil ainda apresenta quase setenta mil novos casos por ano e quase cinco mil pessoas morreram em 2011 em decorrência da doença. Se é assim hoje, pode-se imaginar a triste realidade da falta de recursos e de tratamento no país na década de 1940.

Sendo o Brasil um país tropical, com clima quente na maior parte do ano, e sendo o calor um fator de progresso da doença, era preciso encontrar um local de clima frio adequado ao tratamento de Vítor. A cidade indicada foi Campos do Jordão, no alto da Serra da Mantiqueira.

Que recordações não trouxeram a Vítor os campos no alto da Mantiqueira, tal como ele os admirara nos tempos de menino recém-chegado ao seminário... Campos cobertos de vegetação rala e emoldurados pelos bosques de pinheiros e cortados, em suas baixadas, por córregos de águas cristalinas. Para o menino esperto, subir para os montes na Pedrinha era a excursão preferida de todas as férias. Desta vez, subir para os campos e montes soava diferente, tinha outros significados... Agora subia um homem experimentado, quarenta e dois anos de idade, quase vinte de ministério sacerdotal. Vítor deixava a Missão do anúncio explícito da Palavra de Deus para começar uma missão de silêncio, escondido na dor e no sofrimento.

No dizer de um confrade: "Padre Vítor foi tirado da planície do sucesso e da popularidade como missionário do povo, para subir à montanha do sofrimento e da solidão".

Conta-se que, quando Santa Teresa de Ávila realizava a reforma da Ordem Carmelita e de seus conventos, na Espanha, houve, certa vez, um incidente. Ao atravessar um córrego, o cavalo que a transportava se assustou e ela caiu na água. De temperamento forte, ela teria rezado e reclamado a Deus, dizendo que só queria fazer o bem, no entanto era tratada daquela maneira. Naquele momento, ouviu de Deus: "É assim que trato os meus amigos... Ao que ela teria, de pronto, respondido: "É por isso que tens tão poucos!" Provavelmente a Padre Vítor, em sua aflição, não terá acudido o ímpeto da santa espanhola, mesmo porque a história pretende evidenciar o temperamento impetuoso da santa de Ávila. Mas, para um homem de fala fácil e de humor criativo, algo semelhante terá, por certo, passado por sua cabeça. Provação. Os santos são provados!

"Eu educo e repreendo aqueles que amo" (Ap 3,19). A experiência humana de João, ao narrar sua experiência de Deus no exílio em Patmos, leva-nos a entender nossas fragilidades diante de Deus. Na literatura bíblica, podemos encontrar na experiência humana da relação com o Divino a intenção da provação. Deus prova o homem. Daí resulta, como consequência, uma peleja entre o bem e o mal. As más ações tornam o homem merecedor de castigo divino, ao passo que as boas ações o fazem merecedor de recompensa.

"É antes para advertência que o Senhor açoita os que dele se aproximam." Deus, muitas vezes, ensina e admoesta por meio do sofrimento e da dor. No livro de Judite (8,25-26a.27) é claro este embate, que pode ser aplicado à situação de corte abrupto na vida missionária de Padre Vítor. A proximidade de Deus que se manifesta na dor possibilita essa experiência íntima e profunda do ser humano com Ele. Na carta aos gálatas, Paulo fala dos muitos sofrimentos experimentados desde aquela manifestação na estrada de Damasco: "Com Cristo eu fui pregado na cruz. Eu vivo, mas não sou eu, é Cristo que vive em mim" (Gl 2,19b-20). A cruz, assumida por Cristo e por seus seguidores, torna-se assim condição para o novo nascimento no Espírito, caminho para a santidade.

E essa experiência humana de "subir a montanha da dor e da solidão" pode ser – e geralmente o é – questionadora para todo ser humano. Mas, para o cristão, a resposta prevalecente funda-se na certeza do amor incondicional e infinito de Deus, "nosso refúgio e nossa força" (Sl 46,2), que não nos abandona quando experimentamos nossos limites. Pois, cristãos, cremos que Deus sofre conosco, solidário em nosso sofrimento. A encarnação de seu Filho Jesus é a amorosa afirmação deste amor de Deus por nós. Vindo para nossa história, para "armar sua tenda no meio de nós", ser um de nós, Jesus assumiu plenamente nossa condição humana, com todas as suas alegrias, mas também com todas as suas inevitáveis dores e sofrimentos.

A fé não nos livra do sofrimento e da dor, mas nos impulsiona a transcender nossas contingências, nossas limitações, nossa fraqueza, pois sabemos que Deus está conosco como estava com Jesus em sua cruz. Está a nosso lado, com incondicional amor, animando nossas forças e nossa esperança, dando sentido pleno a nossa existência.

Paulo, em meio aos sofrimentos que experimentava por causa do seguimento de Jesus, refletia com os Gálatas sobre os mesmos sentimentos de Jesus crucificado. Não obstante a caminhada pelo vale escuro da dor, ele se sente animado pelo mesmo Espírito que animou Jesus em seus momentos de angústia e sofrimento. Homens e mulheres cristãos não procuram "cruzes", mas as padecem apoiados no Deus que os compreende e participa de sua luta quando precisam levá-las.

Apesar de toda a angústia, Vítor sabia qual era "a razão de sua esperança" (1Pd 3,15). Carregar o sofrimento e a dor da doença era, acima de tudo, assumir sua "cruz" como discípulo seguidor de Jesus, que assumiu com dor e sofrimento as cruzes de sua própria vida. Até a última cruz, vencida pela ressurreição. Vítor compreendia e acreditava que não podia "estar acima de seu Mestre" (Mt 10,24).

Em janeiro de 1941, depois de pesquisas e sugestões de amigos, os superiores acompanharam Padre Vítor até a cidade de Campos do Jordão para ser internado no Sanatório São Paulo. No mês seguinte foi transferido para o Sanatório da Divina Providência, cujos responsáveis tinham ligação com os redentoristas. O próprio Padre Vítor comentou posteriormente: "Aquele sanatório era caro demais para quem fizera voto de pobreza, embora a bondade dos superiores ali me quisesse". O ecônomo Vice-Provincial, Padre Miguel Poce, mandava notícias ao superior de Araraquara, Padre Tiago Klinger, em fevereiro.

> Estive em Campos do Jordão com o Padre Pires e Padre Chagas. Fomos visitar o Padre Coelho. Tinha ainda febre. Ele vai mudar de sanatório, pois o atual, além de caro, não é tão grande coisa. Deixei dinheiro com ele mesmo para o tratamento.[1]

Era seu calvário que começava. Vítor subiu a montanha, triste e abatido sim, mas não revoltado ou inconformado. Aceitou, confiante em seu Deus, o novo caminho que se lhe abria. Em outro lugar, em outro púlpito, continuaria sendo o missionário da Copiosa Redenção de Cristo, de sua abundante salva-

---

[1] Copresp A, carta de Padre Miguel Poce a Padre Tiago, em 3 de fevereiro de 1941. No *ARSP*.

ção oferecida a todos, especialmente aos mais pobres e abandonados. Aceitou generosamente entrar no Jardim das Oliveiras e aprender com o Cristo Sofredor o mistério da dor e do sofrimento. Deus estava a seu lado, ele bem o sabia. Padre Vítor estava profundamente imbuído desse sentimento. Para os confrades, no dizer do cronista da Penha, o golpe inesperado fez sofrer toda a Vice-Província.

O Sanatório da Divina Providência era mantido pela Congregação das Franciscanas Filhas da Divina Misericórdia e por doações espontâneas. Fora inaugurado em 1929, quando as irmãs franciscanas abrigaram em uma pequena enfermaria, anexa a sua casa, vinte doentes portadores do bacilo de Koch que necessitavam do clima favorável da cidade. Na inauguração houve missa celebrada por Padre Francisco Alves, da comunidade de Pindamonhangaba, começando aí a amizade entre os redentoristas e as irmãs franciscanas. Em 1934, elas ampliaram as instalações e o sanatório original foi destinado exclusivamente a doentes do sexo feminino.

Muito anos depois, em uma crônica, Padre Vítor rememorou sua subida ao Calvário para o longo tratamento. Confiante na Providência Divina, contemplava a natureza que circundava aquelas estradas percorridas em momento tão sombrio. Ao final, seu amor a Nossa Senhora o ampara, pois se sente confortado sob a proteção de Maria.

> Quando há sete anos, um doente subia triste as encostas daqueles montes, fugindo da morte que o seguia como sombra, o arroio deslizava, saltitando, jubiloso, rumo as várzeas garridas e os longínquos oceanos.
> E o coração dorido do enfermo perguntava: "Por que corres tão contente? Donde vens? Para onde vais?" [...]
> Caríssimos, não é ilusão aduladora e vã, gerada no cérebro do poeta, a fé em Deus que tudo sabe, que ama e que tem cuidado de nós. Enquanto escrevo, os passarinhos, lá fora, soltam catadupas de gorjeios. Não plantam e não colhem e não ajuntam em celeiros, mas o vosso Pai celeste os sustenta. [...]
> Ninguém viva preocupado e merencório! Só uma coisa é necessária: que do nosso coração, como de um turíbulo, subam os pedidos do Padre Nosso.
> Mesmo que desempenhemos, quais arroios da serra, nos socavões profundos do infortúnio, não se perturbe o nosso espírito. Tudo Deus converterá em bênçãos, rumo à Pátria celeste, onde não haverá mais lágrimas nem dor.
> E bendita seja a delicadeza da Providência que nos deu, no coração de Maria, um consolo maternal para as horas críticas da existência![2]

No mês de março, os missionários começaram uma série de Missões nas paróquias da capital em preparação para o Congresso Eucarístico que aconteceria no ano seguinte. Padre Vítor mantinha-se informado de tudo e seu coração acompanhava os passos de seus confrades na labuta do apostolado missionário. Como ele desejaria estar na linha de frente, tanto na preparação

---

[2] V. C. de Almeida. *Os ponteiros apontam para o infinito*. Edições Paulinas, São Paulo, 1960.

como na pregação dessas Missões! Mas nem tudo é como se quer. Sua falta era sentida entre seus pares. Padre Macedo, estando em Tietê, escreveu ao bispo de Sorocaba comentando a falta que Padre Vítor fazia ao grupo.

> Infelizmente perdemos um dos melhores missionários, que está internado num sanatório em Campos do Jordão, sem esperança de poder mais trabalhar nas Missões. Vai nos fazer grande falta, mas seja o que Deus quiser.[3]

O Vice-Provincial, Padre Pires, compungido, escreveu ao Padre-Geral pedindo-lhe algumas palavrinhas de ânimo para Padre Vítor "Infelizmente o Padre Coelho – *primus inter primos* – está doente dos pulmões em Campos do Jordão. Peço algumas linhas para ele. Ele era o maior arrebanhador de vocações durante as Missões".[4] Padre Murray respondeu com palavras de conforto e pedindo ao enfermo que oferecesse seu isolamento e sacrifício para o bem da missão redentorista.

No mês de junho, Padre Vítor viajou para a capital a fim de se submeter a uma cirurgia nos pulmões. Cheio de esperança e com o coração em Deus, rezava e suplicava pelo sucesso de sua operação. Não foi possível. A febre não cedia e, após vinte dias de internação, o médico recomendou a volta para Campos do Jordão.

Em setembro, volta a ser internado em São Paulo. Sentia-se mais seguro, mais firme fisicamente para se submeter a um tratamento mais acurado. Depois de alguns dias internado no Hospital Santa Cruz, a intervenção cirúrgica nos pulmões foi realizada.

> Eu me operei. Foi inútil. Uma artéria entrou na pleura e não se podia descolar para que o pulmão descesse. O médico e as irmãs logo viram que eu estava perdido. Eu não acreditei que morreria naquele momento.[5]

Esse testemunho de Vítor foi dado muitos anos depois da cirurgia. Ele se recordava de que, quando ainda em Campos do Jordão, encontrara Padre Eustáquio, sacerdote que gozava de grande fama de santidade e que lhe havia afirmado que ele teria vida longa e muito trabalho a realizar.

Padre Vítor foi assistido por seus confrades, padres e irmãos. Como a internação se prolongasse, na última semana foi contratado um enfermeiro para assisti-lo. Quando setembro chegou ao fim, voltou para Campos do Jordão. As notícias sobre os resultados da cirurgia, porém, não eram animadoras.

O dia a dia no sanatório precisava ser ocupado com algum afazer, com pequenas tarefas, pois o doente mostrava disposição para algumas atividades. Seu

---

[3] Copresp A, carta de Dom Antônio Macedo, em 28 de abril de 1941, no *ARSP*.

[4] Copresp A, carta de Padre Geraldo Pires, em 06 de maio de 1941, no *ARSP*.

[5] V. C. de Almeida, entrevista a Padre João Gomes, C.Ss.R., em 28 de outubro 1982. No *ARSP*, material histórico sobre Missões Populares da C.Ss.R.

gosto pelas flores levava-o todas as manhãs para o jardim onde cuidava com esmero das plantas, cuidando para que não lhes faltassem água, adubo, uma boa poda. O dia era entremeado por vários momentos de oração, tal como em um retiro espiritual. Padre Vítor procurava rezar todas as horas do breviário e detinha-se por longo tempo na preparação da Santa Missa. No começo rezava sozinho, mas, depois de alguns meses, as irmãs do sanatório juntavam-se a ele e recebiam a sagrada comunhão de suas mãos.

No silêncio de uma vida oculta, rezando e oferecendo seu sofrimento em sacrifício pelas vocações sacerdotais, a Palavra de Deus muito o confortou. Da primeira carta de Pedro, ele rezava confiante e guardava em seu coração a esperança de que a provação seria passageira: "Deste modo, a vossa fé será provada como sendo verdadeira – mais preciosa que o ouro perecível, que é provado no fogo – e alcançará louvor, honra e glória, no dia da manifestação", (1Pd 1,7). Para quem crê, esse é um dos caminhos da santidade: o momento do sofrimento deve ser um momento de reafirmação da fé. "Antes, como é santo aquele que vos chamou, tornai-vos santos, também vós, em todo o vosso proceder. Pois está na Escritura: sede santos, porque eu sou santo" (1Pd 1,16).

O final do ano chegou. Com ele os festejos natalinos e o desejo de um Ano Novo cheio de esperanças de que fosse portador da recuperação de sua saúde. Padre Vítor celebrou com as irmãs e internas do Sanatório da Divina Providência as missas e as festas litúrgicas daqueles dias. No começo do ano recebeu a visita de Padre Geraldo Pires, que contou a ele as mudanças que deveriam acontecer na Vice-Província. Era o começo de um novo triênio. O Vice-Provincial continuava, mas haveria mudanças nas várias casas e comunidades. O reitor em Aparecida seria o velho patriarca Padre João Batista Kiermaier, amigo de Padre Vítor.

Padre Vítor pensou em descer até Pindamonhangaba e Aparecida para as festividades do dia dois de fevereiro. Os noviços fariam sua profissão religiosa. Um dia antes, haveria a cerimônia de vestição dos que entravam para o noviciado. Mas o médico não permitiu que fosse rezar e celebrar com seus confrades. Alguns de seus vocacionados estavam entrando para o noviciado e outros professando na Congregação. Sua presença na celebração seria a reafirmação do apoio e incentivo que sempre dera àqueles meninos, com suas orações e o oferecimento de seu calvário em prol das vocações.

Naquele mês de fevereiro, depois das notícias alegres sobre o crescimento da Vice-Província, com tantas profissões e chegadas de meninos para o juvenato, Padre Vítor foi surpreendido por um fato triste. Um de seus confrades, com apenas vinte e sete anos, Padre Benedito João Dias, professor no Seminário Santo Afonso, estava também subindo para Campos do Jordão. Também ele contraíra tuberculose. A doença de Padre Benedito estava em estado avançado e seu tratamento exigia maiores cuidados. Os dois padres, dois filhos de Afonso, ainda que tivessem vivido em conventos diferentes, encontravam-se no sanatório, dividindo, um com o outro, a mesma e pesada cruz.

Outra vez Padre Vítor desejou ir até a capital. No mês de setembro aconteceria o IV Congresso Eucarístico Nacional. Padres e clérigos foram de Tietê para a grande festa eucarística e hospedaram-se no convento da Penha. Ao todo, oitenta e sete redentoristas participaram dos dias celebrativos em honra de Jesus eucarístico. Padre Vítor pôde apenas rezar e oferecer seu silêncio do alto da cidade de Campos do Jordão.

Como não gostasse de ficar alheio aos acontecimentos, tanto na Igreja como na sociedade, Padre Vítor dedicava bons momentos à leitura dos jornais que lhe chegavam às mãos. Notícias sobre a Segunda Guerra Mundial ocupavam as manchetes de quase todos os jornais. Até o início de 1942, os países do Eixo (Alemanha, Itália e Japão) dominavam o cenário da guerra com ataques e avanços sobre fronteiras. Após a batalha de Stalingrado, a situação começou a se inverter e os Aliados (União Soviética, Estados Unidos e Reino Unido) começavam a ganhar terreno. No litoral do Nordeste brasileiro o submarino alemão U-507 afundou cinco navios brasileiros, matando mais de seiscentas pessoas. Getúlio Vargas, que até então flertava com os governos alemão e italiano, viu-se forçado a mudar de posição e a expandir o estado de beligerância até a disposição de enviar uma força expedicionária para a Europa e ceder terrenos no Norte e Nordeste para a instalação de bases aéreas.

Os malefícios da guerra alcançavam e interferiam na vida de todos em todos os lugares. Naquele final de ano de 1942, o Arcebispo de Goiás enviou um comunicado ao Vice-Provincial pedindo-lhe que os padres alemães em cargos de confiança fossem substituídos por brasileiros. Várias dioceses e congregações religiosas tiveram que tomar a mesma atitude na tentativa de preservar seus confrades. Para Vítor, as lembranças da Alemanha de seu tempo de estudante vinham à tona em meio a essas tristes notícias. Um país que tanto sofrera com a Primeira Guerra via repetir em suas terras os horrores de uma segunda, com maior violência e sofrimentos. Sofria a Igreja, sofria a Província de Munique, sofriam famílias e confrades alemães, na Alemanha e no Brasil.

Certo dia correu por Campos do Jordão a notícia de que um padre que tinha fama de curar e fazer milagres estava na cidade. Sem demora, Padre Vítor solicitou a visita do sacerdote ao sanatório onde estava internado. Vítor tencionava pedir a bênção da cura ao padre taumaturgo. E quem apareceu por lá não foi outro senão Padre Eustáquio, da Congregação dos Missionários dos Sagrados Corações, já conhecido pelos inúmeros milagres operados por sua intercessão.

Padre Eustáquio van Lieshout nasceu na Holanda, em 1890. Tornou-se padre e veio para o Brasil em 1925, a pedido do então bispo da Diocese de Uberaba, Dom Antônio Almeida Lustosa. O bom Padre Eustáquio foi morar na cidade de Água Suja, hoje Romaria, no Triângulo Mineiro, para cuidar do santuário de Nossa Senhora da Abadia. De lá foi transferido para Poá, nos arredores de São Paulo. Foi aí que começou sua fama de santidade e de agraciado com o dom de curar as pessoas. Sempre saudava a todos com "saúde e paz".

Seus superiores o transferiram para Belo Horizonte, onde o afluxo de romeiros e de doentes em busca da bênção do bom Padre crescia sempre mais. Padre Eustáquio faleceu em 1943, de tifo exantemático transmitido por carrapato infectado. Foi beatificado em junho de 2006, em Belo Horizonte.

Em entrevista a Padre João Gomes, Padre Vítor contou como acontecera o encontro entre ele e Padre Eustáquio. Já que a operação feita não estava alcançando o resultado esperado, foi a fé que lhe valeu a esperança de cura.

> Quando eu estava internado em Campos do Jordão, Padre Eustáquio foi ao sanatório para dar uma bênção. Uma forma de combater o espiritismo e curar os doentes.
>
> A primeira pessoa que ele encontrou ao descer do carro no Divina Providência fui eu. Disse a ele: "Não faço questão de sarar, mas se for para o bem, quero sarar". Padre Eustáquio pôs o dedo no meu peito, justamente no lugar de um buraco de oito centímetros no pulmão. Então eu lhe pedi três coisas: perdão dos pecados, boa morte e, se sobrar, a minha cura. Disse ele: "São José lhe concede duas graças. O senhor vai ser um homem robusto e ainda vai trabalhar muito". Missionário? Perguntei. "Noutro campo", disse ele.
>
> Meu segundo encontro com Padre Eustáquio foi no Sanatório Nossa Senhora Auxiliadora, durante o almoço. Eu me dirigi a ele e perguntei: "Olha as minhas duas graças". Ele respondeu: "Eu te disse que São José lhe dá duas graças. O senhor ainda vai trabalhar muito". "E minha operação?" Perguntei de novo. "Cortaram-me cinco costelas... Obedeça aos médicos. De qualquer jeito o senhor vai ser robusto."
>
> No terceiro encontro, era a despedida. Repeti meu pedido. Ele se zangou e me deu um pito. "Estou vendo que o senhor tem pouca confiança em Deus. O senhor vai trabalhar, vai trabalhar muito!". Mas eu vi alguém que alcançou uma graça com Padre Eustáquio. Uma interna, negra, com doença avançada, ficou curada.[6]

No sanatório, onde o tempo escoava lentamente entre as paredes brancas e o silêncio, Vítor vivia sua vocação missionária. No dia de São Geraldo preparava-se e preparava os pacientes para a celebração da festa do santo redentorista. Falava da adesão profunda do jovem Geraldo a Jesus Cristo e dos milagres e bênçãos que Deus permitia que através dele fossem realizados. São Geraldo morreu aos vinte e nove anos, também ele, de tuberculose. Devoto do Santo, Padre Vítor gostava de lembrar seu "celeste confrade".

> Dia dezesseis de outubro é a festa de São Geraldo, o grande santo, o famoso e humilde irmão redentorista. Geraldo foi uma das mais belas almas que floriram para a Igreja de Deus. No Brasil é um dos santos mais queridos do povo. Há muita gente com esse bonito nome. Igrejas inúmeras ostentam, em seus altares, a silhueta esguia e o rosto simpático do grande redentorista. São Geraldo, em vida e depois da morte, foi sempre um verdadeiro "Santo Antônio" para fazer milagres.

---

[6] V. C. de Almeida, entrevista a Padre João Gomes, C.Ss.R., em 28 de outubro de 1982. No *ARSP*, material histórico sobre Missões Populares da C.Ss.R.

As mães, nos perigos de parto, conhecem o incomparável protetor. Invocam-no os que sofrem do pulmão. Ninguém será capaz de enumerar a multidão dos que agradecem ao humilde santo graças e favores nas mais diversas necessidades. No Sanatório Divina Providência, consagrado a esse Santinho que tanto padeceu com a tuberculose, constatei o poder taumaturgo do meu celeste confrade e a benéfica influência da personalidade e exemplos de São Geraldo sobre o ânimo dos sofredores.[7]

Mesmo doente, Padre Vítor continuava a fazer seu apostolado. Visitava todos os doentes e celebrava todos os dias a Eucaristia com quem quisesse participar. Falava incessantemente da presença e da ação de Deus na vida humana. Era um animador entre os sofredores. Assim como o salmista ele rezava: "Ó Senhor, abre os meus lábios, e minha língua anunciará o teu louvor" (Sl 51,17). O zelo pela casa do Senhor continuava a devorar seu coração. Falava do amor a Deus, do testemunho dos santos, de sua Congregação religiosa... O missionário que fora colocado na solidão do silêncio ia aos poucos rompendo as dificuldades e fazendo do ambiente a sua volta um campo de Missão.

No final de julho de 1943, o médico permitiu que ele fosse a Aparecida e Araraquara. Em Aparecida, na manhã do dia primeiro de agosto, ele e Padre Antônio de Oliveira celebraram os vinte e cinco anos de profissão religiosa na Congregação do Santíssimo Redentor. Uma missa sem solenidade. Mas uma alegria imensa tomou conta do coração dos dois padres jubilares: a presença do velho mestre, Padre João Batista, o mesmo que em 1911 recebera o menino Vitinho no seminário. Irmanados, agradeceram a Deus tão grandes graças em suas vidas. Logo depois da missa, Padre Vítor desceu para a estação ferroviária de onde embarcou para São Paulo e, com tempo para apenas uma baldeação, tomou outro trem com destino a Araraquara.

No dia dois de agosto, quando se celebrava a festa de Santo Afonso, Padre Vítor foi o pregador da primeira missa de um de seus vocacionados ou "coelhinhos", como eram chamados os jovens que ele arrebanhava para a vida religiosa. Era o jovem Tarcísio Ariovaldo do Amaral, que se ordenara no dia anterior, na igreja Santa Cruz, em Araraquara. Que alegria indizível, para Padre Vítor, pregar na primeira missa celebrada por um de seus ex-catequizandos do tempo em que trabalhara na cidade. Na véspera, a feliz celebração de seu jubileu de consagração religiosa. No dia seguinte, as primícias sacerdotais, a primeira missa de um de seus meninos. Rezar a primeira missa é o momento inaugural de uma graça particular de Deus que se repetirá por toda a vida ministerial de um sacerdote. Pregar na primeira missa de um padre é sentir-se responsável por seu ministério, é sentir-se agradecido pelo convite, pois é como ser padrinho de batismo.

---

[7] V. C. de Almeida. *Os ponteiros apontam para o infinito*. Edições Paulinas, São Paulo, 1960. Ele compôs também um Hino ao Sanatório, no qual exalta a figura de São Geraldo. "São Geraldo é entre os santos, linda estrela a cintilar, Da Divina Providência, és o anjo tutelar. Tu bem sabes o que sofro, pois sofrestes a mesma dor, que eu aprenda ao teu lado..."

O pregador como que introduz, por meio da pregação da Palavra de Deus, o neossacerdote neste mistério inefável de graça e misericórdia. Ser chamado a pregar na primeira missa de um recém-ordenado é uma distinção e uma honra. Como um mistagogo, o pregador insere-se e insere o neossacerdote no mistério que envolve e significa o chamado à vida consagrada.

Padre Tarcísio Amaral teve vida intensa e profícua. Foi professor de Teologia. Destacou-se pelo cuidado com a Biblioteca Provincial, da qual foi curador. Estudou Direito Canônico e Civil, em Roma. Para lá voltou na década de 1960 como conselheiro do Padre-Geral, de 1963 a 1967. No Capítulo Geral de 1967, foi eleito Superior-Geral da Congregação Redentorista. Nesse período a Congregação atingiu o maior número de congregados: 8.600 membros. Mas foi também um dos períodos mais difíceis, marcado pela crise Pós-Concílio Vaticano II. Em 1973 voltou para o Brasil e, três anos depois, foi nomeado primeiro bispo da Diocese de Limeira (SP). Com a saúde abalada, em 1985 foi transferido para a Diocese da Campanha, no sul de Minas Gerais. Ex-vocacionado de Vítor, ex-Superior-Geral da Congregação e ex-bispo de duas dioceses, ele enchia de alegria e orgulho o coração do missionário que sempre cuidara de despertar nos jovenzinhos das cidades por onde passava o ideal da vida religiosa sacerdotal e missionária. D. Tarcísio faleceu em Aparecida, em 1994.

Mas, passadas as festas, as alegrias e as emoções doces dos reencontros, era preciso novamente voltar para o monte da purificação e santificação: Campos do Jordão.

O ano de 1944 foi um ano especial na vida dos redentoristas da Vice-Província de São Paulo. Era o ano de celebrar o jubileu de ouro de fundação da Missão Bávara em terras brasileiras. Passados cinquenta anos, era um oportuno e especial momento para agradecer a Deus o bem realizado na vida daqueles insignes missionários. Agradecer o bem realizado, através deles, em favor do povo de Deus. Todos os confrades sentiam-se perpassados pelo sentimento de gratidão a Deus na celebração desse jubileu. Enquanto os confrades em Aparecida preparavam a festa, Padre Vítor, no sanatório, em seu silencioso quarto de paredes brancas, unia-se a eles e rezava dando graças a Deus por data tão especial na vida dos filhos de Afonso.

De Campos do Jordão, Padre Vítor fez publicar no almanaque Ecos Marianos, editado em Aparecida, notícias da beleza imensa da região que tanto sensibilizava seu coração e o enchia de esperança de cura.

> A serra da Mantiqueira é maravilhosa, desde os pés até à cabeça. O romeiro que, assombrado com a majestade das montanhas, percorre o vale do Paraíba, não imagina, talvez, quanto aqueles flancos azulados encerram de grotões e contrafortes caprichosos, de matas virgens e plantações, regadas por cascatas a se precipitarem de alturas vertiginosas, frescas e límpidas como as encantadoras paragens donde procedem: os cimos denominados Campos do Jordão. Dificilmente se encontrariam recantos mais amenos e pitorescos; pelo que já teria surgido, na mente de filantropos mal-avisados,

Padre Vítor Coelho de Almeida

a ideia de eliminar, daqui, os tuberculosos, deixando tudo para os desfrutadores da vida. O paliativo desse mau tentame consistiria em afirmar-se que também nas planícies menos climatéricas, as enfermidades do pulmão podem ser curadas. Seja!... – mas ninguém, de boa-fé, negará ao clima, ao sol das alturas, ao ar puro, à tranquilidade única, à paisagem incomparável e a outros predicados destas altitudes, o dom mágico de confortar os doentes e constituir ponderável fator de cura. Aliás, a realidade de estarem os contaminados do bacilo de Koch, restringidos a mui pequena área do vasto planalto, dá razão aos que afirmam haver, aqui, menos promiscuidade, entre os doentes e sãos, do que lá em baixo.

Campos do Jordão é uma vasta região na altura média de 1.650 metros acima do mar, situada ao norte da zona Taubaté-Pindamonhangaba e caracterizada por um clima excelente, frio e seco. Ao contrário do que se pode deduzir do nome, é zona essencialmente acidentada, com morros arredondados, revestidos de grama curta e onde medram nas grotas, em intensa vegetação, os pinheiros bravos e os mansos.

A essa vegetação uniforme deve-se a pureza daquela atmosfera riquíssima em oxigênio e ozônio. Nessa região de qualidades excepcionais acham-se disseminados os sanatórios para tratamento dos tuberculosos. Pena ser ainda deficiente o número de sanatórios. Constantemente convalescem, espalhados pelas diversas casas de saúde, não poucos sacerdotes e clérigos; todos sentindo profundamente a carência de, ao menos, um pavilhão em sanatório masculino, destinado aos ministros de Deus, onde encontrem ambiente que lhes é próprio.

O Sanatório Divina Providência oferece cerca de setenta lugares, acessíveis às bolsas médias e pobres, além de grande enfermaria para os menos favorecidos da sorte. O trato é muito bom; linda situação, com parque arborizado e magnífico panorama. Há raio x, pneumotórax, laboratório etc.

Este Sanatório – como os seus congêneres de Campos do Jordão – tem, figuradamente, duas "portas de saída": uma, larga e aberta para a cura e a saúde; outra estreita, por onde poucos atravessam rumo aos paramos eternos. Estes poucos casos de morte, que tive o consolo de suavizar com os lenitivos da religião, foram tão aclarados pela luz da predestinação, que "a gente quase ficaria com inveja". O número de curas – e curas radicais – comprovadas por anos sucessivos de vida ativa, desfaz com nitidez o velho preconceito da incurabilidade da tuberculose. Para isso, no "Divina Providência", concorre grandemente o espírito de família, alegria e religião que dá a nota dominante.

Nossa Senhora Aparecida é cultuada com especial fervor. A imagem milagrosa (fac-símile) percorre solenemente os quartos, ficando uma semana em cada um. Todas as enfermas inscreveram-se na "Arquiconfraria de Nossa Senhora Aparecida e de São Geraldo". Este santo redentorista, que em sua vida experimentou as agruras da tuberculose, é o orago da capela e patrono da casa.[8]

Ao partir para o sanatório, Padre Vítor levou consigo a imagem de Nossa Senhora Aparecida. E – missionário sempre – ele aproveitava o tempo para evangelizar os internos e rezar com eles. Com modos simples, sabedor de sua própria fragilidade e da fragilidade dos internos, esta foi a expressão de seu amor e de seu carinho por Nossa Senhora e por seus companheiros de infortúnio.

---

[8] V. C. de Almeida. *Ecos Marianos*, Aparecida, 1944.

Em outubro, seu coração acompanhou, com suas orações e o sacrifício da ausência, as festas jubilares em Aparecida. Um dia depois das festas, ele recebeu a visita de seus confrades, que lhe narraram os momentos mais significativos do evento. E uma semana depois, ele recebeu o jornal "Santuário de Aparecida", com a reportagem completa sobre os acontecimentos festivos do jubileu.

O dia vinte e oito de outubro era a data exata da chegada, em 1894, dos missionários em Aparecida, liderados por Padre Gebardo Wiggerman. O Padre Vice-Provincial foi, na véspera, esperar o Núncio Apostólico Dom Bento Masella. O Arcebispo de São Paulo, Dom Carlos Motta, adoentado, não pôde comparecer. Os superiores das casas, todos eles estavam presentes. O bispo de Lorena e o vigário capitular de Taubaté, juntamente com muitos cônegos e monsenhores, juntaram-se aos redentoristas para celebrar o jubileu.

Na cidade, a Câmara Municipal enfeitou a praça da basílica e o prefeito, Sr. Américo Alves, discursou em mais de uma ocasião. As associações religiosas de Aparecida, as Irmandades, enfim, toda a comunidade leiga da cidade unia-se, ufanada, em louvar a Deus por aquele momento ímpar na história dos redentoristas no Brasil. Houve missa pontifical, presidida pelo Núncio. Na capela-mor, despertando a atenção e o carinho de todos, estavam os dois únicos sobreviventes da primeira turma de missionários de 1894: os Irmãos Simão e Uldarico.

À noite, no convento, foi lida a mensagem do Papa Pio XII assinada pelo encarregado da Secretaria de Estado, Monsenhor Montini, futuro Paulo VI. Padre Miguel Poce leu também um cabograma do Superior-Geral ao Vice-Provincial Padre Pires, que dizia: "Congratulações com apostólicas bênçãos pelo áureo jubileu da Vice-Província de São Paulo, agora canonicamente elevada à Província. V. Revma. é nomeado Provincial. Felicitações e prosperidade à nova Província". Alguns já sabiam da novidade, mas para muitos a elevação à Província foi uma completa surpresa. Os redentoristas que ficaram no convento da Penha, em São Paulo, souberam da novidade pelo jornal "O Estado de São Paulo".

A Guerra continuava a fazer estragos pela Europa, envolvendo cada vez mais países e continentes. A dificuldade de comunicação com a Alemanha foi, inclusive, um dos motivos que decidiu a criação da Província, quase que misteriosamente.

Padre Pires fez um discurso historicizando a caminhada de cinquenta anos da Vice-Província bávara no Brasil, declarando também que Nossa Senhora Aparecida seria perpetuamente a Madre Provincial dos redentoristas de São Paulo. O cabograma ficara aos pés da imagem, dentro do nicho, antes de ser promulgado. Todos agradeciam a Deus e a Nossa Senhora os cinquenta anos, durante os quais os redentoristas "acendiam a lâmpada do Santuário e as labaredas de amor nos corações dos fiéis". As notícias alvissareiras levadas pelos confrades alegraram e aqueceram o coração de Padre Vítor.

Seu apostolado entre os doentes era tão frutífero que ele chegou a pedir ao Provincial que tentasse conseguir uma provisão com o bispo de Taubaté para que assumisse a capelania do sanatório, embora as irmãs receassem que o trabalho pudesse comprometer seu tratamento. Mas, corajoso e confiante, como quem "tem uma brasa no peito", ele encontrava forças e zelo para encarar o trabalho de líder espiritual, animando e confortando os doentes, seus companheiros de dor e de silêncio. A boa disposição psicológica e a mística ajudam a suportar o sofrimento. Ancorado em seu Deus, Padre Vítor sempre demonstrou esperança em sua cura. E para alegrar os corações de Padre Vítor e de Padre João Benedito, lá pelo final de 1944, um barulhento grupo de noviços visitou-os no sanatório.

> Fizemos um passeio em Campos do Jordão. Subimos a serra de bondinho. Passamos uma tarde muito alegre e à tarde fizemos uma visita a dois padres redentoristas que estavam "tísicos" no Sanatório Divina Providência. Que diferença entre os dois. Padre Coelho recebeu-nos com muita alegria e entusiasmo. Como o velho missionário estava feliz por ver tantos jovens, alguns já com a batina redentorista e outros em trajes seculares, mas que em breve estariam com vestes redentoristas também. Mostrou-nos o Sanatório, os jardins que ele cuidava com carinho, deu-nos muitas mudas de flores para que as plantássemos em Pindamonhangaba. Ele queria bem os seus futuros confrades.[9]

Padre Vítor assumiu com determinação o regime do sanatório, obedecendo fielmente aos médicos e às Irmãs enfermeiras. Repouso, boa alimentação e clima eram a melhor terapia para a tuberculose naqueles tempos. Entretanto, seu estado de saúde continuava gravíssimo. Foi constatado que todo o pulmão esquerdo estava comprometido. Para tentar preservar o direito e salvar-lhe a vida, ele foi submetido a uma delicada cirurgia chamada toracoplastia. O propósito dessa intervenção cirúrgica era deixar o pulmão sem oxigenação, impedindo a sobrevivência dos bacilos. Feita a cirurgia, com paciência, ele se submetia regularmente a testes com cobaias inoculadas com amostras de material coletado de seu pulmão para verificar se o organismo estava reagindo. As cobaias eram inoculadas com a secreção pulmonar do paciente tuberculoso e morriam quando o doente ainda apresentava bacilos de Koch atuantes.

Assim, para Vítor, por longos meses, os dias seguiam vagarosos, escoando lentamente pelos corredores silenciosos do sanatório. O convívio, as orações e celebrações partilhados com seus companheiros de isolamento eram conforto mútuo. Os exames se sucediam entre esperanças e frustrações. Se o desânimo rondava, era logo espantado. Pois a fé era como aquela pequena lâmpada do sacrário: sempre acesa, anunciando uma Presença amorosa e consoladora.

No dia 2 de setembro um imenso suspiro de alívio percorreu o mundo inteiro: finalmente acabara a Guerra! Risos, abraços, ação de graças em todos os

---

[9] I. Montanhese. "Cadernos Redentoristas 15", Aparecida, 2001, no *ARSP*. Depoimento sobre o Noviciado Redentorista em Pindamonhangaba.

lugares, debaixo de todos os céus... Pois, a guerra não fere apenas este ou aquele país, este ou aquele povo; ela fere toda a família humana. O insano e vergonhoso conflito, que ceifara mais de cinquenta milhões de vidas, chegara ao fim!

Em meio a sua luta pessoal, Vítor alegrou-se e rezou agradecido pelo fim de tanta insensatez. Rezou pela paz, dom de Deus e construção humana. "Bem aventurados os que constroem a paz" (Mt 5,9). E rezou por todas as feridas deixadas pela maldade da guerra que, ele bem podia presumir, permaneceriam abertas por muitos anos afora...

No final do ano de 1945, Padre Vítor escreveu ao Provincial, Padre Geraldo Pires, dando-lhe a feliz notícia de que, finalmente, os testes estavam negativados, isto é, as cobaias já não morriam mais. A guerra particular e silenciosa de Vítor, embora morosamente, também caminhava para um final feliz. Padre Pires respondeu-lhe às vésperas do Natal daquele ano.

> Prezado Padre Coelho,
> Muito grato pela sua carta. De coração retribuo as boas festas, com votos de bênçãos do Menino Deus para os dois doentes, você e o Padre João Dias. Não sei se já lhe participei que Padre-Geral mandou uma bênção em especial e uma palavra de conforto a vocês aí. Acentua que os doentes pela oração, paciência e sofrimento poderão nos ajudar muito.
> Já providenciei que lhe despachem as coisas boas para o Natal. Espero que cheguem em tempo. Parabéns pelo bom resultado da planigrafia. Chega de matar cobaias, seu Coelhão!
> Especiais recomendações à Madre e boas festas.
> Servo e confrade,
> Padre Pires, C.Ss.R.[10]

Em 1946, a Cúria Geral dos Redentoristas enviou, de Roma, a lista com as transferências para o novo triênio na Província. Padre Vítor estava listado como membro da comunidade de Aparecida, convento basilical. Padre Antônio Pinto de Andrade foi nomeado superior em Aparecida. Entusiasmado, ele assumiu com ideias e projetos visando a obtenção de uma concessão de rádio para levar ainda mais longe a devoção a Nossa Senhora. Mas o Provincial, Padre Pires, que continuou no cargo, não permitiu levar adiante o intento. Não chegara a hora... Naqueles dias apenas o Seminário Santo Afonso e a casa de Cachoeira (RS) tinham superiores alemães. Os demais cargos de coordenação estavam, todos eles, sob a responsabilidade de brasileiros.

Para alegria de Padre Vítor, no começo do mês de maio, foi a vez de Campos do Jordão ser agraciada com as Santas Missões. Padre Andrade chefiava essa Missão para a qual foram designados seis missionários. Para surpresa de todos, Padre Vítor colocou-se à disposição do grupo e cumpriu todos os horários prescritos no cumprimento da Missão. Ele retomava, com cuidado, a

---

[10] Copresp A, carta de Padre Geraldo Pires a Padre Vítor, em 22 de dezembro de 1945. No *ARSP*.

prática da pregação que fez dele um exímio missionário. A paróquia era conduzida pelos frades franciscanos que, entusiasmados, publicaram na revista franciscana notícias do acontecimento.

> É justo traçar aqui sincero elogio e reconhecida gratidão aos Revmos. Padres Redentoristas pela boa semente que o seu desvelo de autênticos missionários espalhou em solo jordanense, anunciando, destemidos e caritativos, as salutares verdades da Santa Religião. Se os Padres Franciscanos plantaram a boa semente do Evangelho, os Padres Redentoristas missionários ajudaram a regar a seara e Deus, por certo, deu e dará sempre o incremento para a produção e maturidade de frutos de salvação eterna.
> As pregações, como também as funções de caráter mais solene, foram irradiadas, para que os doentes dos sanatórios e das pensões pudessem acompanhar, sem detrimento da saúde, os exercícios da Missão.[11]

Se a crônica aponta que algumas cerimônias foram irradiadas, é sinal de que havia uma estação de rádio na cidade. Ainda em fase experimental, não inaugurada oficialmente, a rádio serviu aos missionários que já estavam habituados ao uso de microfones e sabiam da capacidade e do valor de tal meio de comunicação.

Como Sociedade Ltda., a emissora ZYL-6 nasceu em julho de 1946 e era constituída por alguns leigos da cidade que haviam conseguido a concessão. Juntaram-se a eles os frades franciscanos da paróquia da cidade. A emissora foi solenemente inaugurada no dia seis de setembro de 1947. Em uma entrevista na década de 1980, Padre Vítor recorda-se desse evento, do qual participou ativamente.

> Fui locutor da Rádio de Campos do Jordão que ajudei a fundar, sendo ela, no começo, uma Rádio de caráter pronunciadamente católico até que o senhor Ademar de Barros a comprou e abriu a porta às seitas. Nós (Redentoristas) possuíamos quatorze contos de réis em ações da mesma. Traidores houve que venderam as suas ações a Ademar, de sorte que este ficasse com grande maioria de ações. Não havia remédio senão vender as nossas. Mas ele se comprometeu, e manteve o compromisso, de dar meia hora gratuita cotidianamente à Igreja.[12]

A Rádio foi instalada no salão paroquial do Parque Mantiqueira. A meia hora concedida aos padres ia das 17h30 às 18h. Era chamada de "Hora de Cultura Católica" e versava sobre os mais diversos temas: sociais, família, catequese, liturgia. Além dos frades, Padre Vítor era um dos locutores oficiais. Ele chegou a idealizar um projeto que visava a formação de uma entidade que desse apoio moral e financeiro à "Hora da Cultura". A entidade teria o nome de Rádio-Clube São Geraldo.[13] Vítor acreditava no rádio como meio de grande

---

[11] Vida Franciscana, revista com resumo das crônicas das diversas comunidades dos frades franciscanos na região sudeste. Ano 1946. Cópia da revista no *ARSP*.

[12] V. C. de Almeida, entrevista a Padre João Gomes, 28 de outubro de 1982. No *ARSP*.

[13] Manuscrito original sobre as atribuições do Clube São Geraldo. No *APV*, Pasta Manuscritos

valia e eficácia para o anúncio do Evangelho. Abraçou e incentivou essa causa durante toda a sua vida

Nesse meio tempo, seu amigo Padre Andrade, em visita ao amigo no sanatório, relatava a Padre Vítor os acontecimentos sobre a futura nova basílica de Aparecida. Padre Andrade contou que o Cardeal Dom Carlos Motta visitara a cidade onde fora solenemente saudado pelo prefeito de Aparecida, pelo promotor público e pelo Provincial Redentorista. O cardeal disse que se sentia feliz por ser o Cardeal de Aparecida, pois, Aparecida, embora próxima de Taubaté, pertencia à Arquidiocese de São Paulo. Em sua exortação, referiu-se à devoção ao rosário, lembrando que, em Fátima, os três pastores o haviam visto nas mãos da Virgem. "Esse rosário que, em Aparecida, a Virgem quis que tivessem sempre, ostentando-o continuamente sobre o hábito. E quis que seus capelães fossem esses filhos do grande Doutor da Igreja, Santo Afonso, o Doutor de Maria Santíssima." Padre Andrade levou para Vítor o encarte do jornal "Santuário de Aparecida", que, com fotos e reportagem, comprovava sua alegria e seu entusiasmo com o momento que a Congregação vivia.

Durante a estada do Cardeal em Aparecida, foi até lá o Interventor Federal no Estado, Dr. José Carlos de Macedo Soares. Iniciavam-se os preparativos para a construção de uma nova basílica para Nossa Senhora. Várias reuniões aconteceram também em São Paulo. E no mês de setembro, o solene lançamento da pedra fundamental da futura basílica no Morro das Pitas. Os redentoristas movimentavam-se, cheios de entusiasmo, envolvidos em todas as ações referentes à construção e sempre em comunhão com o Cardeal de São Paulo, também ele animado com à execução da grande obra.

Em novembro, com enorme tristeza Padre Vítor vê a morte visitar o sanatório e levar seu companheiro Padre João Dias. Padre João, com apenas trinta e um anos de idade, partia para a casa do Pai. Morreu resignado e agradecido aos confrades o cuidado que lhe dispensavam. Padre João era vocação goiana, nascido e criado em Campininhas, o berço dos redentoristas em Goiás. A morte é a certeza que todos carregam. Mas para Vítor, que carregava o mesmo mal que vitimara Padre João e com quem dividia dores e esperanças, vê-la tão de perto tocava fundo sua vida e seu coração. Ainda mais que, cerca de dois anos antes, um seminarista do Rio de Janeiro também morrera no sanatório e Padre João Dias, comovido, dedicara versos ao jovem. A morte de Padre Dias levava Padre Vítor a colocar-se diante da realidade da finitude que acompanha nossa condição humana.

> O cantinho mais amável dos cemitérios é o das pequeninas sepulturas dos "anjinhos". Por que, meu Deus, por que permitiste que, nos albores da aurora, a mão fria da morte arrebatasse os botõezinhos apenas entreabertos?! Não experimentaram as feias manchas do pecado e as dores lancinantes do espírito e do coração. Imagino os pequerruchos deixando mudas sepulturas e, cercando-nos como bando garrido dos catecismos, dizerem: "Mal vislum-

brávamos o vosso mundo, pelas janelas entreabertas dos nossos olhos azuis, castanhos, negros. Tudo queríamos experimentar... sorrindo e chorando... quando um Anjo nos levou. Carregou-nos para muito longe, a um reino encantado de luz e amor, onde encontramos o Pai e a Mãe do Céu. Somos felizes!" Os pensamentos de Deus não são os pensamentos dos homens!

Lembro-me, neste momento, do Aídano. Morreu no sanatório com apenas dezessete primaveras. Chegamos juntos a Campos do Jordão. Vi-o sucumbir à tuberculose em quatro anos de lutas. Inteligente, artista e de ânimo alegre. Era um seminarista do Rio e daria um sacerdote, um apóstolo de valor. Morreu como um santinho. Por que, meu Deus? Agora é a vez do jovem sacerdote redentorista.[14]

Ainda que a esperança de cura e de dias melhores pudesse ser a tônica do dia a dia dos que viviam no sanatório, a morte não deixava de se fazer presente. Muitos não se curavam com o tratamento e dali mesmo partiam para a eternidade. As liturgias de Finados convidavam Vítor a refletir sobre o mistério da dor e da morte.

Novembro leva-nos aos cemitérios. Desafogamos, ali, saudades pungentes visitando as sepulturas, leitos silenciosos daqueles que nos precederam com o sinal da fé e dormem o sono da paz. [...]

Lá do céu ou do purgatório, assim julgamos, eles contemplam enternecidos o amor e as flores com que honramos o lugar sagrado que lhes encerra os restos mortais e recebem agradecidos o incenso e orvalho das nossas preces.

Os horrores da morte nos acabrunham. Bem preferíamos ser revestidos da glória sem provar as cruciantes dores da agonia, a dissolução do nosso corpo e o olvido da sepultura. Mas aos que entristecem a certeza do que há de vir, também consolam a fé na vida eterna e o dogma da ressurreição no último dia.

As cruzes, porém, a estenderem seus braços protetores sobre os sepulcros, falam da Misericórdia infinita. A vitória de Jesus sobre a morte é, propriamente, a vitória sobre o pecado. Ainda que os remorsos da nossa consciência fossem mais numerosos que as areias do mar e pesassem como as montanhas, mesmo assim não deveríamos desesperar.

A morte de Cristo vale infinitamente mais que todos os crimes da humanidade inteira. A sepultura marca a fronteira que separa dois reinos de mistérios insondáveis: aquém, o reino da Misericórdia infinita; além, o reino da justiça, também infinita.[15]

Envolvido na dor e na ausência do confrade que como ele sonhava restabelecer-se, mas fora ceifado pela morte, Vítor ainda apontava para a esperança e para a misericórdia. Era a fé do homem que fazia questão de repetir: "Sou filho da Misericórdia!" No sanatório, foi o Missionário animador e consolador dos doentes. Fez a mesma experiência que Paulo conta a seus amigos de Corinto, a experiência da consolação vinda de Deus por Jesus Cristo, consolação segura

---

[14] V. C. de Almeida. *Os ponteiros apontam para o infinito*. Edições Paulinas, São Paulo, 1960.

[15] Ibidem.

de saber-se apoiado no Deus que faz novas as forças de todos os que creem que, mesmo em meio à desolação, seu incondicional amor não nos abandona.

Bendito seja o Deus e Pai de nosso Senhor Jesus Cristo, o Pai das misericórdias e Deus de toda a consolação! Ele nos consola em todas as nossas tribulações, para que possamos consolar os que estão em qualquer tribulação, mediante a consolação que nós mesmos recebemos de Deus. Na verdade, assim como os sofrimentos de Cristo são copiosos para nós, assim também por Cristo é copiosa a nossa consolação (2Cor 1,3-5).

Entre uma e outra visita dos confrades, ele soube da eleição do novo Superior-Geral da Congregação Redentorista. O irlandês Padre Patrício Murray renunciara, substituindo-o o holandês Leonardo Buys. No segundo semestre mais dois de seus confrades chegaram a Campos do Jordão, mas não para uma visita. O diretor do Seminário Santo Afonso, Padre Pedro Henrique, e o jovem Padre Humberto Pieroni também tinham os pulmões comprometidos. A tuberculose não deixava em paz os confrades de Vítor. Enquanto alguns sofriam com a doença, os demais rezavam por sua recuperação.

No começo de 1948, a Cúria Geral enviou a lista com as nomeações. Assumia como Provincial o colega de Padre Vítor na Alemanha, Padre Antônio Macedo. Nos bons tempos de estudantes os dois haviam encenado algumas peças em festas no Seminário de Gars. Agora, o companheiro de peças cômicas, o amigo dos passeios e brincadeiras era seu superior provincial.

Na Semana Santa, Padre Vítor foi um dos principais pregadores na Paróquia de Campos do Jordão. Pregação não no púlpito, mas na Rádio ZYL-6. Ele falou aos que não podiam tomar parte nas celebrações e cerimônias da paixão, morte e ressurreição do Senhor. Os muitos doentes, nas pensões e sanatórios, foram lembrados pelo missionário que, na mesma situação que eles, falava da dor e do sofrimento de Cristo e de seus próprios sofrimentos e dores.

Não foi difícil para Vítor, já tarimbado na pregação das Missões Populares, assumir esse novo posto e impor-se como homem da comunicação. Tinha alguma experiência de rádio adquirida nos programas já feitos em emissoras das cidades por onde havia pregado Missões. Com facilidade, adaptou-se a esse novo púlpito de onde anunciava as verdades da fé e os compromissos com a vida cristã. Seu desempenho através desse novo instrumento de evangelização serviu-lhe como estágio para o apostolado que, em um futuro próximo, assumiria em Aparecida. Rapidamente aprendeu a usá-lo com propriedade para informar e instruir os ouvintes quanto à necessidade de formação de uma consciência verdadeiramente cristã. Foi, de maneira renovada, um genuíno redentorista.

Em abril, na Páscoa daquele ano de 1948, a celebração da *Pessach* teve ainda mais significado e mais alegria. Os médicos deram alta a Vítor e a Padre Pieroni. A Província toda recebeu a notícia como uma graça do céu, um mi-

O Missionário da Senhora Aparecida

lagre da Senhora Aparecida. Eis que o menino que, através do pedido do pai, alcançara a graça de encontrar um local para estudar, via-se curado depois de sete anos de tratamento em Campos do Jordão. Vítor voltava a ser missionário da ativa, agora em Aparecida, aos pés da Mãe que tanto amava. Ele voltaria a ser o anunciador das glórias de Maria Santíssima, com sua voz e seu amor, viajando pelo imenso Brasil. Fora cumprido o que dissera Padre Eustáquio: "O Senhor vai viver muito e muito vai trabalhar".

Depois de sete anos, era chegado o momento da despedida. Homenagens ao capelão do sanatório que partia. Almoço com os franciscanos. Orações e missas com palavras de agradecimento das irmãs. Doentes que vinham pedir a bênção daquele que fora anjo da guarda em tantos momentos de dor. Ele recordou a inauguração da gruta de Nossa Senhora de Lourdes, a festa de entronização da imagem de São Geraldo na capela do sanatório, o atendimento a tantos doentes, os passeios pelos bosques arvorejados da cidade. Mas era preciso descer à planície e tomar sobre si a labuta diária. A grande messe o esperava...

Os frades franciscanos anotaram na crônica do convento que Padre Vítor faria falta ao apostolado na Rádio ZYL-6. Eles perdiam um grande batalhador pela propagação da fé e da moral católicas. Mas davam graças a Deus por sua cura. Os frades e Vítor foram amigos por anos a fio, fortalecendo com visitas mútuas a amizade que os unia.

O próprio Padre Vítor deixou seu coração extravasar quando voltou para a Comunidade Redentorista. Ele vivera na carne, na vida, o que o autor da carta aos Hebreus havia escrito: "A fé é um modo de já possuir o que ainda se espera, a convicção acerca de realidades que não se veem" (Hb 11,1). O cronista anotou naquela memorável tarde do mês de abril: "Houve um recreio no qual tomaram parte dois hóspedes norte-americanos, os Padres do Juvenato e o nosso Padre Coelho, que chegou nesta tarde para ficar em Aparecida, na sua e nossa Comunidade".

Deo gratias et Mariae, assim o filho querido voltava a viver à sombra do santuário, sob o manto de Nossa Senhora, junto a sua comunidade religiosa. Por certo seu coração, enlevado, cantou como o salmista: "Quão amável, ó Senhor, é vossa casa, quanto a amo, Senhor Deus do universo! Minha alma desfalece de saudades e anseia pelos átrios do Senhor!" (Sl 83).

Nos idos do ano de 1900, os redentoristas compraram três pequenos jornais que eram editados em Aparecida. Com suas máquinas gráficas, lançaram o Jornal "Santuário de Aparecida" em novembro do mesmo ano. Vários foram os missionários que gastaram seus dias na redação e edição desse informativo. Assim que chegou em casa Padre Vítor abraçou o trabalho de colaborador do jornal. Com um artigo semanal intitulado "Janelinha da Arca", ele dava asas a sua veia de escritor. Justificando o título de sua coluna, ele contou que Noé, no Livro do Gênesis, soltou da arca um corvo que não mais voltou. Assim também o missionário gostaria de soltar, por intermédio de suas palavras, um corvo que expulsasse dos corações a descrença e a falta da confiança em Deus. Em seguida Noé soltou uma pomba que voltou trazendo no bico uma pequena folha. Do mesmo modo o missionário desejaria soltar uma pomba que, simples e fecunda, desdobrasse as asas ao Sol do Amor Eterno e voltasse aos corações com o ramo verde da esperança. E se apresenta, feliz e bem-humorado, a seus leitores para seu novo apostolado: o de escritor.

> Alguém de nós que foi missionário do povo e, depois, como um navio que se recolhe avariado aos estaleiros, passou sete anos em Campos do Jordão. Agora, à atividade, forte e contente mas... hum!... Bem dizia o poeta Horácio que o tímido navegador não se fia em velha nau pintada de novas tintas. Assim torna-se necessário dar adeus às Missões e imitar Santa Teresinha que, conservando olhos e coração de águia para fitar o Sol divino, agitava as asinhas implumes e impotentes dos desejos santos e elevados.
> Esse alguém, que foi missionário, recebeu para consolo um cantinho nas colunas do "Santuário de Aparecida", onde escreva alguma cousa para a glória de Deus e a salvação das almas.[16]

No exercício ministerial, Padre Vítor desempenhou diversas atividades. Foi destacado, no início, para ser catequista em Araraquara. Depois do Segundo Noviciado, tornou-se missionário da ativa. E, no auge do brilho e do reconhecimento por seu serviço missionário, viu-se internado no silêncio de um sanatório em Campos do Jordão. Aí, embora doente, seguiu evangelizando, o que o levou a descobrir o valor do rádio como meio de comunicação e pregação da Palavra de Deus. Voltando a Aparecida, tornou-se um grande comunicador. Fez tudo bem e aplicadamente. Enfrentou contradições, dissabores e até opositores em seu próprio meio, a Congregação. Mas ele soube, em cada etapa de sua vida, encontrar caminhos para continuar pregando a Redenção do Senhor. Como membro da Comunidade Redentorista de Aparecida, ajudava na Basílica, nas Missões, auxiliava a Paróquia, pregava retiros. Seu acentuado gosto pela escrita levou-o a colaborar, prazerosamente, com o jornal da Congregação. No mês de maio, em sua coluna, relembrou os dias em Campos de Jordão.

293

> A dor é bela e bela é a morte, porque Jesus tornou divino o nosso sacrifício. Hoje, quem deixa a arca para a revoada é o pombo da saudade e da gratidão. Quero que ele se alteie pelo vale em que o Paraíba escreve mil vezes o M inicial do nome de Maria, e, rumando para os cimos silenciosos da Mantiqueira, vá pairar por sobre as lombas descampadas e os pinheirais de um reino encantado de orquídeas e de florinhas agrestes; de geadas e névoas sombrias; de manhãs radiantes e de tardes, cujo misticismo e melancolia indescritíveis como que apagam nas almas as cousas da terra, à medida que se acendem as estrelas do céu. Assim é Campos do Jordão.

---

[16] Jornal "Santuário de Aparecida", 25-04-1948. Coleção encadernada do ano de 1948 no ARSP.

Pousem as minhas recordações agradecidas sobre a Gruta de Nossa Senhora de Lourdes, no parque florido, à montanha do "Sanatório Divina Providência", onde vivi sete anos entre os sofredores; sanatório consagrado ao meu confrade redentorista São Geraldo; casa que abriga e conforta a mais de oitenta criaturas enfermas, mansão nimbada com a glória de ter oferecido um cantinho escolhido aos sacerdotes e seminaristas que, atingidos pela tuberculose, não encontravam facilmente um teto que os abrigasse no clima.

Foi ali que, por quase sete anos, tive ao meu encargo ovelhinhas de Jesus; e nas incertezas e temores, nas saudades e tédios, nos definhamentos e dores físicas, nas angústias lancinantes, nas agonias prolongadas e nos desenlaces finais, saturei os meus olhos e meu coração de quadros confrangedores do que seja o sofrimento e a morte. Mas foi também ali que pude conhecer mais ao vivo a profundidade e a largueza da Sabedoria Infinita e Misericórdia "que fere para salvar".

Quantas criaturinhas, em plena primavera dos anos, não se viram, de súbito, feridas e derribadas pela terrível moléstia! E, como São Paulo às portas de Damasco, clamaram chorando: "Quem és tu que assim me feres?" E o Divino Amigo respondeu pressuroso: "Eu sou Jesus, teu Salvador"; e tocou-lhes os olhos, donde as ilusões caíram, "como escamas". A Face Divina se lhes revelou ao espírito. Elas viram e cresceram. Jesus lhes perdoou os pecados; deu-lhes o maná do sacrário; infundiu-lhes, no íntimo, o espírito de oração, de caridade e de sacrifício; e confiou-as a Maria Santíssima, consoladora dos aflitos, saúde dos enfermos e porta do céu.[17]

Em conversas animadas, Padre Vítor e Padre Andrade, reitor da basílica, entraram em acordo para conseguirem uma estação de rádio para a cidade de Aparecida. Foram ao cardeal de São Paulo pedir apoio e tomaram providências junto ao Ministério da Aviação para tal concessão. Mas havia outros interesses envolvidos e o Prefeito da cidade já conseguira apoio do Cardeal com a promessa de conceder aos Padres algumas horas para transmissão de cerimônias e eventos do santuário. Assim, apesar de todo o entusiasmo e empenho, ainda não foi dessa vez que criariam uma rádio para Nossa Senhora Aparecida.

Padre Vítor, amigo da palavra, gostava de escrever seguindo os passos de Afonso, o fundador da Congregação. Como Missionário da ativa era escalado para inúmeras Missões pelo Brasil afora, e, se estava no convento, ajudava nos serviços da basílica e da paróquia de Aparecida. Trabalhava com o entusiasmo e o zelo de um missionário experimentado e o devotamento e o ardor de um noviço. Certa vez, voltando de suas muitas atividades, ele conduziu, em Aparecida, mais de dois mil peregrinos de Taubaté em uma via-sacra ao morro do Cruzeiro. Diligente, o Missionário queria dedicar-se cada vez mais e melhor aos romeiros de Nossa Senhora. No mês de junho, ele deu início, na basílica, a uma experiência que foi um sucesso: missãozinha para as crianças.

Mas o sucesso da missãozinha não era um fato isolado no trabalho desenvolvido na basílica. Estava inserida nas mudanças introduzidas por Padre An-

---

[17] Jornal Santuário de Aparecida, 16-05-1948. No ARSP.

drade no atendimento aos romeiros. De manhãzinha, às 6h, missa explicada aos romeiros; às 10h, bênção às crianças e bênção da água para os doentes; às 16h, missão para os romeiros (pregação sobre as verdades eternas e os deveres do cristão); às 18h30, pregação sobre confissão e breve preparação para o sacramento. Após a reza, avisos e conselhos práticos aos romeiros, intercalados por bem cuidado programa musical. Padre Vítor assumiu de corpo e alma o horário das 10h e das 16h. Soube incrementar, instruir, falar de Deus e de Nossa Senhora em seu jeito simples e cativante. Assim, foi retomando seu ministério sacerdotal junto ao povo.

O mês de agosto foi um momento importante para fazer memória dos feitos de Deus em sua vida: era seu jubileu de prata de ordenação sacerdotal. E também do amigo Padre Oliveira. Ambos celebraram solene ação de graças na Basílica, no dia cinco de agosto de 1948. Os padres paramentaram-se no convento redentorista e quando o cortejo cortava a praça, os sinos da Basílica repicaram saudando os jubilares. Padre Antônio Macedo fez a homilia. Tantas recordações e tantos feitos, desde o Seminário Santo Afonso e o estudantado em Gars, até os frutuosos anos vividos como missionários da copiosa redenção.

Na ocasião, um dos padres mais cultos e ilustres do país, Mons. Ascânio Brandão, escreveu um artigo homenageando o jubilar.

> Quem não conhece por aí esta figura simpática de missionário que é o Padre Vítor Coelho? Nas Missões e retiros por ele pregados, há aí uma nota de originalidade e muita unção que atraía as massas e convertia os pecadores. Até hoje o povo se lembra dele com saudades. Quando a Providência o experimentou em prolongada enfermidade que o afastou das Missões, era de ver como o povo com lágrimas pedia notícias dele e rezava por ele! Sentia-se que era o homem do povo, o ideal missionário. Abalava cidades com sua palavra de fogo e ungida daquela piedade alfonsiana que o povo compreende tão bem. Hoje, após longos anos de sofrimento, batido por duras provações, volta de novo à luta. Quanto valeram as orações do povo que o quer tanto bem! Louvado seja Deus! Se não pode trabalhar como outrora, vai trabalhar no entanto muito mais do que antes. Fez-se jornalista. E que bom jornalista! Vai pregar melhor e mais que outrora, porque não se compara o auditório do púlpito com o do jornal. Pregará Missões o ano todo e pregará a milhares de fiéis que nunca poderiam caber no mais vasto templo que por aí se encontrasse. Está de parabéns nosso querido Padre Coelho, pelo seu jubileu, e porque este jubileu cheio de méritos e de multidões de almas já salvas, o encontra com uma nova arma na mão: a pena.[18]

Passados alguns meses, uma alegria vinda de longe: Padre Vítor recebeu uma carta de seu ex-professor de exegese na Alemanha. Vítor lhe escrevera contando de sua cura e do jubileu a ser celebrado. O confrade respondeu felicitando-o pelo jubileu e pela recuperação da saúde. Os vínculos com os antigos

295

---

[18] Jornal "Santuário de Aparecida", edição de 01-08-1948. No *ARSP*.

companheiros não tinham sido extintos. Recordando os alunos e noticiando como estava o convento de Gars, com reformas e modificações levadas a efeito depois da Guerra, o velho padre bávaro disse-lhe sentir saudades dos alunos brasileiros.

> O nosso Eno (Rio Inn) foi represado e assim ficou mais volumoso. A ponte nova foi dinamitada pelos soldados de Hitler. Sobre rádio, quem sabe um dia ouviremos sua voz aqui na Europa. Fico feliz sobre seu carinho para com a nossa Gars. Se eu não estivesse tão firme na humildade, eu correria perigo de ficar orgulhoso vendo as bravuras dos meus ex-alunos.[19]

Padre Vítor certamente terá comentado com o velho mestre sobre o valor do rádio e sua força se colocado a serviço da evangelização. Ele estava firmemente convencido da capacidade de alcance deste meio de comunicação. Uma rádio para Nossa Senhora! No ambiente religioso em torno de Nossa Senhora Aparecida é que Padre Vítor vivia sua missionariedade e seu sonho de levar cada vez mais longe a copiosa pregação da Palavra de Deus.

No começo do mês de outubro, a Província celebrou uma grande festa: o jubileu de ouro de fundação do Seminário Redentorista Santo Afonso. Dentre tantos convidados e presenças importantes, o destaque foi a ordenação sacerdotal de cinco teólogos (Galvão, Muniz, Balduíno, Werner e Benoni Lemos). O bispo ordenante também fora aluno do Seminário, Dom João Batista Muniz, bispo da Barra do Rio Grande, na Bahia. O orador de uma das cerimônias foi um dos primeiros alunos do Seminário, Padre Oscar Chagas. Padre Isaac Lorena cuidou da liturgia e da música. Até aquele momento, pelo Seminário haviam passado 1.085 seminaristas. Uma festa de beleza irretocável. Padre Vítor a tudo assistiu com o coração agradecido. Alguns dias depois, viajou até Passos (MG) para, feliz e emocionado, pregar na primeira missa de Padre Benoni Lemos, mais um de seus "coelhinhos" que se ordenara padre.

Em uma ocasião em que esteve no centro da capital paulista, anunciando o Evangelho na igreja de Santa Ifigênia, ele refletiu, com a beleza e o ardor de seu coração pleno de fé, sobre a Igreja Católica, sua amada Igreja, da qual era filho e servidor. A igreja de Santa Ifigênia servia como catedral, provisoriamente. Um texto de refinado conteúdo em tom apologético. Padre Vítor sempre fora – e a cada dia isso se tornava mais explícito – um apologista na defesa da Igreja e da fé católica.

> Ali, na igreja de Santa Ifigênia, entre os bonitos quadros do pintor De Barberis que ornam a sala das associações, encontrei um, de estilo impressionista, inspirado na célebre música de Debussy: "A catedral submersa".
> Oceano em fúria, aves negras e um templo majestoso com imagens devotas e sinos badalando, tudo a desaparecer nas ondas... O ímpio, que assim

---

[19] Copresp B, carta de Padre Jorge Brandhuber, de 26 de outubro de 1948. No *ARSP*.

imaginasse a Igreja de Cristo a soçobrar nas vagas do tempo e do "progresso", estaria sonhando um sonho satânico por muitos sonhado, mas que nunca passou de sonho.

Idêntica ilusão poderá assomar ao espírito de quem contemplasse de fora e de longe o campanário de Santa Ifigênia, outrora tão imponente, mas hoje submerso no mar de arranha-céus vertiginosos. Um pigmeu, entre gigantes, a apontar teimoso e tranquilo para o infinito.

Esse falso encanto dissipa-se, apenas a gente deixe o tumulto das ruas e penetre na catedral. O templo se afigura, então, de grande fastígio. O silêncio e a penumbra parecem ilimitados como a eternidade.

No fundo luminoso ergue-se o trono da Adoração Perpétua com a custódia de puro ouro, cintilando de pedrarias. E a branca e pequenina hóstia contém Aquele que os céus não podem conter. Toda a grandeza da "Filha do Rei", a Igreja, está no íntimo. Sua alma é o Espírito Onipotente. O sangue da imortalidade estua-lhe nas veias, impulsionado pelo Coração Eucarístico que jamais deixará de bater.

Esse mesmo sentimento de segurança na fé transbordou da minha alma, quando, poucos dias depois, assisti à renovação do compromisso de inúmeros militantes da Ação Católica, na Abadia de São Bento.

A onda intérmina de criaturas ardentes de entusiasmo, a deslizar como caudal pelas naves e claustros, entoando o "Cristo vence, Cristo reina, Cristo impera", perpetuava a força indefectível dos cortejos que há séculos enchiam de salmodias as catacumbas dos mártires. Jamais a Igreja de Cristo será uma catedral submersa.

Somente a pequenina hóstia encerra o fermento de vida, amor e imortalidade, sem o qual todo dinamismo das metrópoles não passa de trágica ilusão.[20]

297

Chegado o final do ano, até mesmo os confrades se surpreendiam com a vitalidade e com o volume de atividades realizadas por Padre Vítor Coelho. Nada lembrava que vinha de uma longa temporada de tratamento da saúde. Bem o ano novo começava e, em janeiro de 1949, ele passou dez dias em Tietê (SP), para pregar retiro aos estudantes de teologia e filosofia. O estudantado em Tietê vivia seus melhores momentos. Naquele ano, já terminando o curso de teologia, havia cerca de quinze estudantes que, ao serem ordenados, dariam impulso e vigor sem precedentes à Província. Muitos daqueles rapazes que então bebiam de límpida fonte bíblica em suas aulas de exegese e na mais pura tradição da Igreja, com gabaritados professores, tinham sido vocacionados de Padre Vítor. Meninos que se haviam encantado com a pregação e o jeito de ser do grande missionário, agora afinados com os estudos filosóficos e teológicos, preparavam-se para o serviço do altar. Foram dez dias de retiro, renovando o ardor pelo Reino anunciado pelo missionário que um dia lhes fizera o convite para serem trabalhadores da messe e encaminhara muitos deles ao seminário.

Voltando para Aparecida, teve a alegria de reencontrar Padre Pedro – ex--reitor do seminário – também foi um momento grato a Vítor. Encontrar ami-

---

[20] V. C. de Almeida. *Os ponteiros apontam para o infinito*. Edições Paulinas, São Paulo, 1960. Publicado também no Jornal "Santuário de Aparecida", outubro de 1948.

gos é sempre ocasião para aquecer o coração. Padre Vítor e Padre Pedro torna-ram-se bons amigos, apesar das divergências causadas pela não permanência dos meninos – "os coelhinhos" – no seminário, quando Padre Pedro era reitor. Mas depois de experimentarem a mesma doença e a mesma dor, eles haviam se entendido muito bem. Após uma semana em Aparecida, Padre Vítor subiu com Padre Pedro para Campos do Jordão, onde o amigo deveria continuar seu tratamento. Padre Vítor aproveitou o ensejo para rever amigos e fazer um retorno aos médicos.

Outro bom amigo de Padre Vítor era o reitor da basílica em Aparecida, Padre Andrade. Os dois estavam sempre conversando e trocando ideias sobre a construção da nova basílica e sobre o sonho de uma estação de rádio para Nossa Senhora. No final do mês de fevereiro, os dois padres viajaram para São Paulo, para a Sétima Conferência Missionária – Padre Vítor tinha sido a "alma" da Quinta Conferência, em 1940. Da Sexta Conferência não pudera participar, pois, na época, estava em Campos do Jordão. Para a Sétima Conferência, na qual seriam traçados novos caminhos para as missões, apenas um padre não brasileiro: Padre Antão Jorge, austríaco, membro da Província bávara enviado ao Brasil. Padre Vítor participou de todas as sessões e assinou a ata com os resultados.[21]

Padre Vítor estava pronto para reiniciar o trabalho como missionário da ativa. O missionário de Nossa Senhora, novamente, carregando sua mala punha novamente os pés na estrada... Atendendo um pedido de última hora, ele viajou para auxiliar a Missão em Botucatu (SP).

No mês de maio, mês dedicado a Maria, ele incentivava e animava a participação das crianças da catequese da Paróquia de Aparecida nas solenidades em honra a Nossa Senhora Aparecida. Ele mesmo programou e realizou, junto com as crianças, solenidades belíssimas. O cronista não poupou elogios a Padre Vítor, pelo sucesso das atividades por ele desenvolvidas na basílica.

No começo de junho, ele foi até o sul de Minas Gerais, à cidade de Caxambu, pregar um tríduo em louvor a Nossa Senhora e acompanhar a romaria caxambuense até Aparecida. Há quase dez anos Padre Vítor não coordenava uma Missão. No começo de julho, ele foi com Padre Germano para Itirapuã. Notou a diferença da primeira vez que lá estivera e o progresso espiritual do povo.

> Ventos uivantes e poeira onipresente foram as fosquinhas com que o diabo se vingava de todos. Chegamos a ficar até às duas horas da madrugada no confessionário. Mas, se o trabalho foi exaustivo, a consolação superou tudo. Bendito o povo que assim se aproveita das graças.[22]

No mês seguinte, um grande desafio: Vítor levou a Missão ao Sanatório Santo Ângelo, situado a treze quilômetros de Mogi das Cruzes, onde alguns

---

[21] Documenta 96, "Conferências Missionárias", no *ARSP*.

[22] Documenta 59, "Crônica das Missões da Casa de Aparecida", vol. único. No *ARSP*.

confrades haviam morrido de hanseníase. Os ânimos não eram nada bons por lá e havia muitos desentendimentos quanto ao modo de administrar o estabelecimento. Mesmo os padres que lá trabalhavam não se entendiam muito bem. Parte da diretoria era espírita ou simplesmente anticatólica. O sanatório era uma verdadeira cidade e a participação dos católicos foi muito boa. Padre Vítor comentou nas crônicas das Missões: "Quase todos os enfermeiros de um grande pavilhão professavam a doutrina de Kardec. Nunca nossos olhos tinham contemplado de perto tanta miséria humana". Hoje o local continua atendendo aos pacientes com hanseníase e chama-se Hospital Dr. Arnaldo Pezutti. Mesmo diante da realidade dolorosa experimentada no convívio com confrades acometidos pelo mal de Hansen e de seu próprio sofrimento e de companheiros vítimas da tuberculose, Padre Vítor sentia-se encorajado pela fé em que o amor é mais forte que a morte.

> Muitas vezes eu passara e, de longe, vira aquela cidade, como quem contempla um cemitério – e se me confrangia a alma, na meditação do sofrimento. Cidade sanatório, refúgio acolhedor dos que se afastam da sociedade, feridos pela cruel bactéria da lepra.
>
> Recentemente permaneci quinze dias no meio daqueles irmãos enfermos e lhes preguei as Santas Missões. Quando o automóvel entrava pelo portão, li em grandes letras de bronze as célebres palavras que Dante imaginava escritas nos umbrais do inferno, aqui, porém, invertidas no sentido contrário: "Cobrai esperança, ó vós que neste recinto penetrais!"
>
> Até bem poucos anos, essa inversão das palavras dantescas soava para muitos como uma falsa e amarga ironia. Hoje, quase todos os doentes convalescem e o sonho de voltar curados para a família já se tornou realidade para não poucos.
>
> Aliás, onde pousam os raios da fé e do amor, não pode haver inferno. A esperança da vida eterna transfigura as maiores desgraças. E o amor é mais forte que a morte. Nunca meus olhos viram imagens tão vivas do sofrer, mas, em compensação, jamais o meu espírito vislumbrou tão de perto as belezas da alma, da graça e do amor.[23]

299

Para um homem recém-saído de um problema de saúde tão delicado como era o caso de Vítor, pregar em colônia de doentes portadores de um mal tão grave poderia até ser um pouco de imprudência ou ingenuidade de superiores incautos. Mas para Vítor, ocasião de "chorar com os que choram"(Rm 12,15).

Da casa do sofrimento, Padre Vítor foi para a igreja de Nossa Senhora do Brasil, na elegante e sofisticada região dos Jardins, na capital paulista. Apesar de experiente, Padre Vítor sentiu dificuldades diante de uma realidade tão diferente daquela para a qual estava acostumado a pregar. Os resultados foram péssimos. As Irmãs de Jesus Crucificado, que auxiliavam os missionários, foram recebidas apenas pela criadagem das mansões. Cerimônias muito mais tarde do que o usual,

---

[23] V. C. de Almeida, "Santuário de Aparecida", 11-06-1950, no *ARSP*.

sendo que só depois das 20h30 poder-se-ia pensar em alguma celebração. Por isso foram canceladas as conferências de estado para mulheres, homens e jovens.

> O nome Missão cheira mal para gente fina. As missas de domingo ali são muito frequentadas, porque é ponto estratégico de bondes e ônibus. A paróquia tem um quilômetro de diâmetro. É preciso inventar novos métodos para tal gente.[24]

Padre Vítor destacou-se também no trabalho de visitas da imagem peregrina de Nossa Senhora Aparecida a paróquias e cidades. Esta forma de celebrar Maria estava praticamente começando e Padre Vítor soube abrilhantar, alargar e aprofundar o sentido desse momento festivo na vida paroquial. Uma imagem fac símile – cópia idêntica da imagem encontrada nas águas – é levada por um missionário redentorista a visitar os fiéis nos mais diversos lugares. Ainda hoje tal devoção permanece.

As visitas se sucediam. Um confrade levara a imagem à cidade de Itajubá. Em setembro foi a vez de Padre Vítor, acompanhado de Padre Geraldo Bonotti, levá-la a Paraisópolis, no sul de Minas. O carro com a imagem subiu a Serra da Mantiqueira. Era uma festa por onde ela passava. As cidades de Santo Antonio do Pinhal, São Bento do Sapucaí e Sapucaí-Mirim se engalanaram para ver passar a imagenzinha de Nossa Senhora. Banda de música, foguetes, crianças vestidas de anjo, senhoras com a fita do Apostolado no pescoço, todos alinhados e coloridos a dar vivas e a jogar pétalas em direção à imagenzinha de Nossa Senhora. Ainda emocionados, os devotos lotaram automóveis, ônibus e caminhões para seguirem a imagem, formando nas estradas uma bela procissão de carros.[25] Em Paraisópolis, Padre Vítor esmerou-se na pregação e no atendimento ao povo. Com talento e fé ele fazia, com maestria, o trabalho de divulgação da devoção a Mãe de Jesus e dos homens. Sem sombra de dúvida, ele retomava, de forma animada e criativa, a tarefa de maior divulgador da devoção a Maria. Era, verdadeiramente, o padre e o missionário de Nossa Senhora, o Missionário d'Aparecida!

Já aproximando o final do ano, Padre Vítor realizou uma Missão em Piquete, cidade vizinha de Aparecida. A população era formada, em grande número, por operários da indústria bélica instalada na cidade. Alguns comandantes militares,

---

[24] Documenta 59, "Crônica das Missões da Casa de Aparecida". Vol. único. No *ARSP*. Padre Vítor escreveu também no jornal "Santuário de Aparecida" (16-10-1950) comentário sobre o fato de que na igreja de Nossa Senhora do Brasil havia altares dedicados a Nossa Senhora sob seus mais diversos títulos. Ao final da Missão, houve a entronização da imagem de Nossa Senhora Aparecida. O missionário emocionou-se com a bela procissão e acolhida da imagem pelos fiéis. "A multidão invadiu o templo, seguindo a Imagem. Nossa Senhora Aparecida ia tomar posse, e para sempre, do lugar de honra, no altar à direita de Nossa Senhora do Brasil. O 'óleo' com que sagramos aquele trono de graças foi a recitação de uma Salve-Rainha, depois de termos chamado à consciência do povo toda a torrente de amor, confiança e lágrimas cristalizadas pelos séculos nessa oração. E o caudal de bênçãos, ali, continuará pelas gerações futuras..."

[25] Livro do Tombo da Paróquia de Aparecida, Livro III, fl. 159v, 1949. No *Arquivo da Cúria de Aparecida*.

vindos de outros lugares e sem tradição católica, não facilitaram muito a Missão. De volta a Aparecida, Padre Andrade o incumbiu de preparar o Natal da criançada da Paróquia. Ele iniciou as celebrações natalinas pregando um tríduo para pais e catequizandos. À noite, na véspera do Natal, ele organizou uma procissão da igreja de São Benedito para a basílica. Foi um sucesso. O povo não coube na igreja para a tradicional missa do galo. Um amor profundo o incentivava... Assim, estava sempre a inventar, a criar momentos bonitos nos quais o povo de Deus celebrava, de modo sempre novo e especial, a presença e o amor de Deus em seu meio.

De uma solícita inquietude, Vítor interessava-se pelos acontecimentos que diziam respeito à Igreja. Não apenas a sua Igreja local, mas a tudo que se relacionasse à Igreja, povo de Deus espalhado pelo mundo inteiro.

Sempre atento, inteirava-se de todos os fatos e notícias que chegavam através dos jornais. Além do interesse pessoal, ele mantinha uma coluna semanal no jornal "Santuário de Aparecida", era preciso que estivesse em sintonia com o que se passava na Igreja e no mundo. Tão logo o Papa Pio XII declarou que 1950 seria um Ano Santo, com todas as prerrogativas para as celebrações no mundo todo, ele correu a repercutir a notícia no "Santuário de Aparecida".

> Dia 25 de dezembro abriu-se solenemente a porta simbólica do Ano Santo. Pio XII celebra, em 1950, bodas de ouro sacerdotais. Um jubileu ficará marcando a passagem desse acontecimento faustoso. A porta que realmente se abre é a fonte de misericórdias, para jorrarem sobre o mundo torrentes de graça e perdão.[26]

Notícias eram notícias... O Cardeal do Rio de Janeiro, Dom Jaime de Barros Câmara, anunciava a realização de um Congresso Eucarístico Internacional a ser realizado no Rio de Janeiro. E também em 1950, no Rio de Janeiro, foi inaugurado o estádio do Maracanã com uma edição da Copa do Mundo. Fazia doze anos que os jogos da Copa estavam interrompidos devido à Guerra. Ao final, o Brasil perdeu para o Uruguai e fez chorar toda a torcida que lotava o estádio. Ainda no final do ano, Getúlio Vargas volta ao poder para assumir a Presidência da República, desta vez pelo voto e apoio popular. Acontecimentos marcantes, manchetes ou não, Padre Vítor mantinha-se antenado com sua terra e com o mundo. Trazendo tudo para reflexões em seus artigos e mesmo para suas pregações na basílica e nas Missões, Vítor buscava caminhar com seu tempo...

Sabedor de sua fragilidade física, por causa da doença longamente vivida e há pouco tempo superada, Padre Vítor passou uns dias em Campos do Jordão, no mês de janeiro, para descansar e gozar de leituras espirituais. Aproveitou ainda para preparar a homilia na primeira missa de dois de seus "coelhinhos" que seriam ordenados naquele mês. Foi, pois, com esse intento que viajou para

---

[26] V. C. de Almeida, "Santuário de Aparecida", 01-01-1950, no *ARSP*.

a cidade de Serra Azul, para a pregação nas primeiras missas dos Padres José Rodrigues de Souza e Júlio Negrizzolo.

> Estou em Serra Azul, pequena cidade nos arredores de Ribeirão Preto. Chove, chove, chove... mas o fogo do entusiasmo pegou e não se deixa apagar. Aqui arribando, sob um dilúvio, encontramos grande multidão a nos receber festivamente na plataforma da "São Paulo – Minas Gerais". Pobre gente! Pobres ovelhas sem pastor! O ótimo padre que leva nos ombros a responsabilidade destas almas é professor no Seminário. Mas só vem uma vez por mês. Sem padre residente a perseverança fica comprometida.
>
> Digo aos meus leitores que, na grande comunhão das vocações, senti o coração apertado quando ouvi nesta Paróquia, rezando: "Jesus, dai-nos um sacerdote santo que venha morar conosco, para que se reacenda a lâmpada do Santíssimo e não nos falte mais o pão da palavra e o pão do altar".
>
> Os dois meninos, que há doze anos, daqui levei para o Seminário de Aparecida, foram sementeira abençoada a produzir cento por um. E agora irão eles infundir, nas lâmpadas vacilantes das paróquias, o azeite sagrado das Missões, sem o qual a luz da fé não se reanimaria na quase totalidade delas. O missionário não é menos indispensável que o pároco. Ambos são como os braços esquerdo e direito da Igreja.[27]

Muito atento ao chamado vocacional, Padre Vítor sabia que esse chamado divino precisava ser cultivado. Incentivador das vocações sacerdotais, pastor zeloso de seus vocacionados, não podia haver para ele alegria maior que ser o pregador na primeira missa de um padre, ainda mais de alguém que ele mesmo encaminhara para o seminário. Apenas um ano antes havia pregado retiro espiritual para eles, em Tietê. E ei-los sacerdotes para sempre...

Os dois padres de Serra Azul se distinguiram na vida apostólica redentorista. Padre Júlio Negrizzolo serviu em vários setores da Província de São Paulo. Os últimos anos ele os viveu em Brasília, onde faleceu, em 2009, com fama de santidade. Muito procurado pelos fiéis, fez um belo apostolado atendendo a pessoas de todas as classes sociais da capital federal. A Província Redentorista de Goiás está coletando depoimentos e testemunhos necessários para iniciar o processo de beatificação de Padre Júlio.

Padre José Rodrigues foi bispo em Juazeiro, na Bahia, e tornou-se um dos bispos brasileiros mais engajados na pastoral social da Igreja. Quando faleceu, em 2012, recebeu muitas homenagens de pessoas que admiravam seu trabalho. A *Folha de São Paulo* publicou: "Morreu o bispo dos excluídos de Juazeiro".[28] Dois luminares, cada um com seu carisma, que fizeram de suas vidas sua melhor pregação, encarnando e levando a mensagem de Jesus Cristo Redentor a todos os homens e mulheres, particularmente aos mais pobres e abandonados.

---

[27] V. C. de Almeida. *Os ponteiros apontam para o infinito*. Edições Paulinas, São Paulo, 1960. O artigo foi primeiramente publicado em sua coluna semanal do Jornal Santuário de Aparecida. Vítor sentia-se incomodado com a crítica feita por alguns padres seculares sobre o papel das Missões Populares.

[28] *Folha de São Paulo*, 12-09-2012. Dom José Rodrigues de Souza (1926-2012).

Padre Vítor Coelho de Almeida

Padre Vítor andava incomodado com um artigo escrito por um padre secular e publicado em 1949, em uma revista. O artigo fazia uma crítica à eficácia das Missões. Foi o bastante para que os redentoristas se sentissem incomodados e até mesmo ofendidos. Uma conversa, uma opinião e o tema ficou quente. Padre Vítor não fugia de uma polêmica. Pode-se dizer dele que era não somente um apologista, mas um controversista. Gostava de um debate e não enjeitava uma boa briga por uma boa causa. Consciente do valor e do significado que as Missões tinham para a Igreja, ele foi escalado por seus colegas para escrever um artigo expondo o outro lado da moeda.

A revista escolhida para a publicação do artigo foi a *Revista Eclesiástica Brasileira*, editada pelos franciscanos de Petrópolis. A revista ainda não fizera dez anos, mas já era o veículo de comunicação impresso de maior prestígio na Igreja em relação à Teologia e à Eclesiologia. Padre Vítor foi à batalha. Ele escreveu que o articulista estava distante da realidade e que lhe faltava objetividade além de carecer de conteúdo. Vítor partiu do ponto em que o autor dizia serem nulos os resultados positivos das Missões, visto não atingir os católicos não praticantes e ainda menos os ateus.

> Para julgar no assunto das Missões, faz-se mister compreender que elas pertencem ao gênero intitulado: "cura d'almas extraordinária" e distingue-se da "cura d'almas ordinária" (qual o pastoreio pelos párocos e cooperadores). Uma e outra visam a glória de Deus e a salvação das almas, fazendo que toda a paróquia seja e se mantenha uma comunidade de fé e vida sobrenatural, perfeita no louvor de Deus e na prática da caridade e de todas as virtudes.
>
> Dentro desse escopo geral, a cura d'almas extraordinária (notoriamente as Missões) tem a finalidade restauradora: é apenas auxiliar e passageira; e usa substancialmente os mesmos recursos empregados pela cura ordinária (palavra, sacramentos, cerimônias, ação individual e coletiva, organização de forças, propaganda etc.) – mas desenvolve esses meios de um modo insólito, como as tempestades que muito se diferenciam das duradouras, lentas e persistentes chuvas hibernais, e como os remédios violentos que não se podem tomar sempre. Na cura extraordinária (especialmente nas Missões), as grandes verdades cristãs encastelam-se em pesados nimbos, impelidos pelas graças extraordinárias que a Igreja desencadeia, iluminados pelo fulgor de impressionantes cerimônias e apregoados pelo ruído de grande e organizada propaganda. Aperfeiçoar os bons, afervorar os tíbios, converter os pecadores (quais os indiferentes ou "não praticantes", os criptopecadores e sacrílegos etc.), reconduzir os separados (hereges, ateus etc.), restaurar as associações paroquiais ou mesmo fundar novas instituições, de acordo com o pároco. Tais devem ser os resultados de uma boa missão. Acrescente-se ainda o estancamento de fontes do mal como sejam as más leituras, divertimentos, discórdias etc.
>
> Os frutos práticos de uma Missão devem ser avaliados tanto pela qualidade como pela quantidade. Não vejo por que se deva desprezar o número. O garimpeiro faz pouco caso do cascalho, porque só lhe interessam raríssimos diamantes. Não assim o cura d'almas. [...]
>
> Vou cessar fogo por amor aos pacientes leitores. Algumas passagens do artigo ficam sem resposta por não serem importantes ou trazerem sentido

ambíguo, como aquela: "faz-se mister não perder de vista a grande verdade: a Missão tem de servir à paróquia e não a paróquia à Missão". O contexto não esclarece o texto. Os nossos veteranos tombaram prematuramente. Perguntemos às noitadas, por vezes nove noites consecutivas, até à madrugada, nos confessionários, em que já tinham passado mais de oito horas do dia... Veremos que as Missões servem à paróquia. Eles eram poucos. Mas, poucas vezes, tão poucos deram tanto a tantos.[29]

Padre Vítor foi muito cumprimentado quando a revista chegou aos conventos. Padres do clero secular escreveram parabenizando-o pela atitude. Ele respondia com simplicidade, dizendo que apenas estava colocando os pingos nos is. Realmente, o artigo colocava em bons termos a importância e o valor das Missões. Seus confrades ficaram satisfeitos. A escolha fora acertada. Para o fervoroso e decidido filho de Afonso, "o envia-me", continuava ecoando todos os dias, em todos os campos da grande seara: catequista, escritor, pregador, missionário da ativa.

No primeiro semestre, Padre Vítor pregou retiro aos Congregados Marianos e às Filhas de Maria em Aparecida. Semana Santa em Passa Quatro (MG) e Missões em Bauru, Areias e São José dos Campos. Nesta última cidade, pregou em um leprosário. Aproveitou a oferta de uma rádio local e, duas vezes ao dia, expunha à população a catequese básica através das ondas do rádio. Em maio, foi a Porto Alegre apoiar a Missão na capital gaúcha. Em junho, o dever de filho chamou-o. Recebeu notícia de que seu pai não estava bem de saúde e foi até Araxá (MG) para uma visita ao senhor Leão. Saudade imensa reafirmada nos abraços...

Quando estava no convento em Aparecida, não descuidava de seus horários de catequese e, após a missa, dava bênçãos às crianças, dava avisos, conversava. Gostava de ficar no meio do povo. Logo começaram as solicitações dos fiéis para ele ir até a praça, em frente à basílica, e posar para fotografias com os romeiros. Vítor estava ficando muito popular...

Vivendo entre confrades, companheiros da família Alfonsiana, Padre Vítor julgava-se à vontade para desempenhar suas tarefas como eram compreendidas por seu ardor e entusiasmo de missionário comprometido com os caminhos de seu rebanho. Mas nem todos os olhos o viam com boa vontade. Aquele seu jeito carismático de lidar com o povo, o modo simples e fácil de se comunicar, a crescente popularidade incomodavam alguns de seus confrades. Começaram as reclamações, antes veladas, ao reitor, de que Padre Coelho falava demais, segurava o povo depois da missa. Isso levou Padre Andrade, reitor da Basílica, a escrever, em julho, ao Padre Provincial reportando essa insatisfação. Entre as queixas e reclamações, a de que Padre Vítor abordava assuntos

---

[29] V. C. de Almeida. "As Missões Populares continuam atuais e eficientes", in *Revista Eclesiástica Brasileira*, 1950/10, Petrópolis, 314-320.

tais como a importância da eleição presidencial e a necessidade de a população se manifestar através do voto. Para os confrades era uma indesculpável intromissão em assunto tabu nos meios eclesiásticos – modo de pensar que ainda hoje, de certo modo, continua...

> Queira determinar-me por um cartão que se suspenda a tal arenga depois da reza, por que nosso Coelho está espichando aquilo cada vez mais. Além disso, o homem pode nos comprometer, pois está sempre martelando o negócio de votação etc. Que se dê os avisos e uns conselhos rápidos, discos, músicas... e pronto.[30]

Padre Vítor nunca soube do pedido do reitor. Hoje, falar de conscientização política – sem política partidária – como tarefa que pode, e muito bem, ser exercida pelo clero, ainda causa espanto a muita gente. Vítor estava adiante de seu tempo. Dois meses após o pedido feito ao Provincial, o próprio reitor foi transferido, voltando a ser soldado raso em São João da Boa Vista. Padre Vítor deu prosseguimento a suas atividades, cada vez mais aberto e criativo em seus contatos com os romeiros nos momentos de bênçãos e missãozinhas para as crianças.

Outra alegria: no começo de agosto Padre Vítor viajou até a cidade de Mogi-Mirim para ser o pregador na primeira missa de outro "coelhinho", Padre José Oscar Brandão. Os dois conviveram muitos anos juntos em Aparecida. Padre Brandão dizia-se permanentemente encantado com carinhoso zelo e com o ardor missionário que animavam o apostolado daquele que um dia o encaminhara para o seminário. Padre Vítor tinha como parte de sua missão o chamamento de jovens para a vida consagrada e a responsabilidade e o cuidado com os novos padres. Em artigo no Santuário de Aparecida, ele expôs o carinho mesclado de admiração pelos recém-ordenados sacerdotes que ele chamava de "meus filhos no sacerdócio".

> [...] Hoje, treze jovens redentoristas erguem para Deus o cálice cintilante da Primeira Missa. E a Igreja e Congregação Redentorista e a Paróquia e a Família levantam triunfantes para o céu essas treze almas sacerdotais, os treze cálices inestimáveis, em cujo acabamento se conjugaram as mãos ocultas de Jesus, os suores, as preces e os anseios de quantos nesta hora sentem os olhos inundados da mesma felicidade que se irradiava dos olhares da Virgem de Nazaré.[31]

305

---

[30] Copresp A, vol. XXI, carta de Padre Andrade a Padre Antônio Macedo, de 1950. No *ARSP*. Padre Vítor não perdia ocasião de falar sobre política. Não explicitava candidatos ou partidos. Como na igreja dificultassem sua orientação, ele houve por bem usar o *Jornal Santuário* (17-09-1950), no qual mantinha uma coluna semanal. Com o título: "Vem chegando as eleições", ele escreveu sobre a necessidade de votar, "Temos o dever de votar e votar bem. Não vota bem quem não leva em conta os interesses de Deus e nossa Religião, a salvação das almas, a santificação do indivíduo, da família e da sociedade". Orienta ainda o eleitor a não votar em comunistas e a seguir a orientação da Liga Eleitoral Católica. "Ninguém deve entrar para um partido sem saber que ideias esse partido defende. Devemos olhar para a vida e atividade passadas do candidato muito mais que para as promessas e compromissos que tomam ou fingem tomar na hora das eleições."

[31] V. C. de Almeida, Jornal Santuário de Aparecida, 29-01-1950. No *ARSP*.

Chegado o final do ano, Piracicaba o esperava para uma Missão. Logo depois uma parada em São Paulo para coordenar um trabalho assumido por Padre Marti, na Paróquia do Carmo, no bairro da Bela Vista. Padre Marti ficara doente e Padre Vítor assumira sem a preparação exigida pela Missão: visitas prévias, afixação de avisos e cartazes na igreja e no comércio local, muitas orações da comunidade paroquial pelas Missões... Padre Marti, receoso de fazer uma Missão no centro da capital, dividira o trabalho em duas fases: tríduo preparatório e semana eucarística mariana. Segundo Padre Vítor, foi um fracasso. Irritado, foi ao livro de crônicas das Missões e deixou aí sua marca criticando o fato de ter sido pego de surpresa para aquele trabalho e, mais ainda, afirmava que o acontecimento na Paróquia do Carmo não poderia ser chamado de Missão, pois não seguira as normas previstas para tal serviço.

Padre Marti, posteriormente, tentou se justificar. Expôs sua opinião, dizendo que, na verdade, o pároco queria um retiro popular e esperava uma Missão para o ano seguinte, por isso seguira aquele esquema. A doença, porém, veio a impedi-lo de executar o combinado. E lamentava que Padre Coelho houvesse emitido uma opinião que não condizia, em nada, com a verdade. Passados alguns dias, Padre Vítor foi, de novo, ao livro das crônicas pôr mais lenha no imbróglio. Rebatendo Padre Marti, reafirmava que o pároco queria uma boa e verdadeira Missão, em sua melhor forma, para aquele ano mesmo e não para o ano seguinte. E, agastado, concluiu que só queria deixar bem claro para a posteridade o que acontecera na Paróquia do Carmo. "Seria doidice marcar-se um retiro popular com as conferências de estado numa Missão espicaçada em dois pedaços desconexos."[32]

Era seu jeito, uma personalidade forte, marcante. Gostava de deixar tudo bem claro. Padre Marti sempre foi seu amigo e conversavam como se nada houvesse acontecido. Mas Vítor não deixava de pôr atenção naquilo que, de acordo com sua concepção, não estava correto. Fazia-se entender por escrito, por carta, em diálogo... Sempre mostrando o bem e a verdade, fundamentos de suas opiniões e atitudes. Era uma pessoa *sui generis*, em sua maneira de lidar com os confrades e pessoas mais próximas, quer na rotina conventual, quer no trabalho apostólico.

Em outubro de 1950, chega de Roma o chamado listão, com os nomes e transferência dos confrades. Padre Vítor recebe confirmação de seu trabalho na comunidade da Basílica. A novidade foi que, para reitor e superior da comunidade, voltava o velho Padre Antão, que fora reitor de 1927 a 1932. Já com setenta anos, este grande missionário voltava para Aparecida. Padre Vítor foi nomeado admonitor do superior, isto é, aquele que, entre os confrades, o ajudaria na condução da comunidade. Formava com o vice-superior o conselho

---

[32] Documenta 59, "Crônica das Missões da Casa de Aparecida", vol. único, no *ARSP*.

doméstico da comunidade. Padre Antão e Vítor entrosaram-se muito bem e, juntos, batalharam pela construção da nova basílica e pela realização do sonho de uma estação de rádio – o sonho nunca desistente.

Nos encargos da casa, Padre Vítor ficou responsável pelo acolhimento aos hóspedes. Na Paróquia de Aparecida, assumiu o cuidado da Irmandade do Rosário e, na basílica, continuou seu trabalho de missãozinha em três horários diários: 6h, 10h e 16h, trabalho que alternava durante a semana com dois outros confrades.

No mês de novembro, em visita a Aparecida, Padre Antônio Macedo ofereceu a Padre Vítor um serviço não muito fácil, mas de grande importância. Ele se assustou e tentou esquivar-se, mas acabou aceitando: confessor extraordinário dos estudantes em Tietê. Naquele ano, o estudantado contava com setenta rapazes nos dois cursos de filosofia e teologia. Pelo menos a cada dois meses ele deveria seguir para Tietê e atender a todos: suas dificuldades, sonhos e pecados de cristãos consagrados, tão comuns afinal entre todos os mortais.

O ano de 1951 foi marcante para a Província de São Paulo. Padre Antônio Macedo e Padre Antão dedicaram tempo e trabalho e, ao final de muitas lutas e cansaço, conseguiram a concessão de uma estação de rádio para o Santuário de Aparecida. Segundo depoimento do Padre Provincial, vencer a burocracia e conseguir reverter a situação a favor do Santuário em uma agenda repleta de promessas de concessão para os políticos, foi um milagre de Nossa Senhora. "Chegou então a hora da Providência. Nossa Senhora mesmo interveio como por um milagre. Veja-se como Deus se serve dos homens para realizar seus desígnios."

Quando tudo estava acertado quanto à concessão, Padre Antônio Macedo tentou reverter a situação, por receio de que ela, no final, acabasse caindo nas mãos de políticos, inclusive com o apoio do Cardeal de São Paulo. Como a Congregação mantivesse, desde 1900, um órgão de comunicação, o jornal Santuário de Aparecida, isso facilitou para que a concessão passasse para a Basílica e para a própria Congregação. Até mesmo a assinatura do responsável pelo jornal no documento exigido foi um milagre, pois ele se encontrava em Goiás. O documento foi enviado a Goiás e, já assinado, chegou a São Paulo apenas a duas horas do vencimento do prazo de entrega aos órgãos do governo.

Vencidas as dificuldades, com muito sacrifício, a estação de rádio de Nossa Senhora foi inaugurada no dia oito de setembro de 1951, com o nome de Rádio Aparecida.[33] Padre Humberto Pieroni foi seu primeiro diretor. No dia da inauguração, Padre Vítor estava em São Paulo, incumbido de comprar – ou ganhar – alguns discos para a futura emissora de rádio. Ele sonhava com aquele momento desde quando, ocasionalmente, fazia uso das ondas de rádio

---

[33] No cinquentenário da Rádio Aparecida, foi publicado um estudo sobre sua história. Cf. G. Paiva, "Rádio Aparecida – 50 anos de História", Editora Santuário, Aparecida, 2001.

na Missão e, em Campos do Jordão, no período em que manteve um programa na emissora local. O começo da Rádio, com uma programação bem modesta, ele o acompanhou com muito interesse. Mas nada mudou em sua rotina de trabalho. Ele passou o ano atendendo aos romeiros, auxiliando a basílica e a paróquia e realizando trabalhos apostólicos em outras cidades.

Sua agenda continuava solicitada. Naquele ano de 1951, em janeiro, pregou tríduo de São Sebastião na cidade de Brazópolis (MG). Em fevereiro, descansou uma semana em Campos do Jordão e, em seguida, realizou uma Missão em Campinas. Em março pregou em Aparecida, na festa de São Clemente e, depois, Missão em Areias. Em abril fez a renovação de Missão em Piquete e, em maio, Missão em São José dos Campos. Em junho chegou a vez da cidade de Trindade (GO) recebê-lo em uma Missão. A viagem para Trindade fê-lo recordar os anos vividos nas verdejantes campinas de Goiás, como ele mesmo costumava referir-se às belas paisagens goianas. Ainda no mês de junho, em Ponta Grossa, no Estado do Paraná, mais uma Missão pregada por ele e seus companheiros. Em agosto, nas cidades de Cunha (SP) e Volta Redonda, no Estado do Rio de Janeiro.

No ano seguinte, em 1952, Padre Vítor manteve o mesmo ritmo de trabalhos, tanto na basílica como nas Missões. Tríduo de São Sebastião em Jacutinga (MG) e, depois, retiro de uma semana na casa da Pedrinha. Quantas recordações e quanta saudade a velha casa ao pé da Mantiqueira não terá despertado no missionário do povo... Tantos companheiros, tantos rostos, tantas alegrias, tantos sonhos... Voltar a contemplar a paisagem serrana de seus tempos de menino realimentava e reaquecia seu coração, revigorava-lhe o corpo e o espírito para a jornada missionária.

O destaque para o primeiro semestre foi a Missão na cidade paulista de Salto. Vários padres participaram da grande festa missionária que resultou em enorme sucesso. Outras cidades paulistas também foram missionadas nesse período: Osasco, Pirapora e São Pedro. Retiro para senhoras em Borda da Mata (MG) e Piquete (SP). O trabalho que mais exigiu de Padre Vítor foi a Missão em Ribeirão Preto, que ele coordenou em novembro de 1952. Várias capelas, vários padres, toda a festa entremeada pela lembrança de ter sido em Ribeirão Preto a última Missão por ele coordenada, antes de ser internado em Campos do Jordão, atingido pela tuberculose. A cidade contava com quase setenta mil habitantes na zona urbana e mais vinte mil espalhados pelo município. Em uma carta ao Provincial[34] ele detalha tudo, assinalando até os mínimos detalhes: horário, velas, obras vocacionais, missas, condução para os padres, local de hospedagem, lista dos locais onde haveria concentração, mapa do centro da cidade... O mesmo entusiasmado, e algo perfeccionista, Padre Vítor de sempre...

[34] Copresp B, carta de Padre Vítor Coelho a Padre Antônio F. de Macedo, em 29 de agosto de 1952. No ARSP.

Nesta Missão de Ribeirão Preto, os contatos prévios entre os missionários redentoristas e os padres da cidade visando os preparativos fizeram com que houvesse entre eles intensa troca de cartas. Havia detalhes e mais detalhes a serem acertados. Padre Davi Picão e Cônego Jaime Coelho trocavam cartas com Vítor ultimando providências. O primeiro foi, depois, nomeado bispo de São João da Boa Vista e Santos (SP). O segundo foi bispo no Paraná, em Maringá, e viveu longos anos, quase chegando ao centenário. Padre Vítor e seus companheiros conseguiram participação maciça do povo e contaram com a prestimosa ajuda dos padres estigmatinos, claretianos e olivetanos.[35]

Em toda Missão, faz-se uma grande concentração reunindo todas as paróquias e capelas em um local espaçoso onde a imagem do Senhor crucificado tenha destaque. É a noite da procissão das luzes, das velas, da renovação dos compromissos batismais. Em Ribeirão Preto, a procissão com a imagem enfrentou um inesperado problema: nas belas alamedas, os galhos mais baixos das árvores atrapalhavam a passagem da imagem. A cerimônia atrasou e Padre Vítor, para contornar a situação, tranquilamente rezava com o povo, acalmando-o e acalmando seus aflitos colegas padres pelo atraso. E era uma concentração de mais de dez mil pessoas!... Ele sabia fazer isso juntando bom humor, considerações oportunas e animação. Sabia falar com brilho e mestria às massas, sabia cativá-las.

Como na vida nem tudo são rosas, também nessa Missão houve contratempos. Sendo Ribeirão Preto uma cidade grande, a correria devida a tantas atividades exigia que os padres estivessem alojados em postos estrategicamente situados para facilitar a locomoção, o que não aconteceu. De modo que o esquema da Missão, com todas as suas cerimônias, ficou prejudicado, não sendo possível cumprir a programação. Na preparação que antecedeu a Missão, Padre Vítor acatou a sugestão do bispo para que fosse feita uma campanha visando angariar fundos em prol das vocações sacerdotais. Isso poderia ser feito através das inscrições para a Arquiconfraria do Perpétuo Socorro ou de alguma outra forma, como bolsas para as vocações. O povo colaborou e o resultado foi muito positivo Mas causou certo ciúme nos padres da cidade. Tanto que em um dado momento o cura da catedral, perguntado se a Missão corria bem, respondeu em público: "Quanto à venda de velas, a Missão vai muito bem". Isso, obviamente, ofendeu o coordenador, Padre Vítor. Mas ele silenciou. Respeitoso, não quis atritar com seu anfitrião.

Passados alguns meses, Cônego Jaime foi até o convento de São João da Boa Vista, que na época pertencia à Diocese de Ribeirão Preto, para solicitar uma semana eucarística na cidade. O Cônego conversou com Padre Andrade. Este, atento a suas próprias divergências com Padre Vítor, apressou-se a es-

---

[35] Copresp A, estão guardadas e são conservadas, seis cartas ao Cônego Jaime Coelho, todas de 1952. No *ARSP*.

crever ao Provincial sobre o pedido de renovação da Missão, deixando claro, porém, que o Cônego não desejava Padre Vítor no grupo. Disse que houvera atritos entre os dois, que a Missão deixara a desejar, além de acentuar que "Padre Coelho ficava nervoso com pouca coisa". Dadas as notícias, Padre Andrade termina dizendo: "Rogo-vos que não deixe Padre Coelho ver esta carta, senão ele ficará sentido".[36] Às vezes a liderança cobra um preço...

Com tantas atividades, Padre Vítor pôde acompanhar apenas de longe as notícias vindas do Rio de Janeiro onde acontecera o Congresso Eucarístico Internacional. O destaque do evento fora o Padre cearense Helder Câmara, nomeado bispo auxiliar do Rio de Janeiro no início daquele ano. Também naquele ano, em outubro, Helder, juntamente com outros expoentes da hierarquia católica, fundaram a Conferência Nacional dos Bispos do Brasil, a CNBB.

Em Aparecida, Vítor participou da inauguração do prédio inacabado onde passaria a funcionar o Seminário Redentorista Santo Afonso. Projetado por Padre Inocêncio Pereira, com o belo altar da capela desenhado por Padre Isídro de Oliveira, o conjunto artístico do altar expressa a devoção redentorista herdada do fundador e sintetizada no conjunto formado pelo presépio, cruz, eucaristia e Nossa Senhora. Padre Vítor ficou impressionado com a criatividade dos idealizadores da obra e com o significado nela contido e oferecido à vivência espiritual dos seminaristas. Ainda hoje, a capela ostenta com beleza e profundidade os dizeres latinos em torno das imagens do calvário, do presépio e do sacrário no centro do altar.[37]

Padre Vítor gostava de escrever e em seus artigos deixava falar o coração do missionário da misericórdia, através de palavras, de imagens, de recordações... Firmemente ele vai moldando-se cada vez mais como pregador, como escritor e entrando numa fase nova e importante que o marcará como o missionário da comunicação, o Missionário d'Aparecida. Na Rádio Aparecida ele vai, aos poucos, assumindo alguns programas, ao mesmo tempo em que continua a ser presença cada vez mais ativa junto aos romeiros na basílica. Com isso, vai imprimindo seu jeito carismático de padre e comunicador popular. Em sua viagem para a Missão em Trindade, em 1951, ele constata as mudanças trazidas pela passagem do tempo e a necessidade de um empenho evangelizador renovado, cada vez mais forte e mais presente no Centro Oeste. Nas asas de um avião, depois de vinte anos, o missionário voa para o reencontro com o Planalto Central do Brasil.

> Escrevo longe de Aparecida. Vim de avião a Goiânia, devendo amanhã começar a Missão na cidade de Trindade. Cinco horas de voo me trouxeram aqui. O embarque deu-se às doze horas, depois de incômodo estacionamento no aeroporto de Congonhas, em São Paulo, onde muita gente esperava de pé, levando por vezes rajadas de poeira, quando algum avião malcriado virava para o povo a traseira e acionava os motores. Nenhuma boiada levanta

---

[36] Copresp A, de Padre Andrade para Padre Antônio Macedo em 13 de fevereiro de 1953. No *ARSP*.

[37] "Copiosa apud eum redemptio" e "Dies impendere pro redemptio".

tamanho pó. Finalmente os alto-falantes comandaram: "Passageiros para Uberaba, Uberlândia, Araguari e Anápolis, da 'Aerovias', reúnam-se e entrem pela cancela número cinco e embarquem. Boa viagem!"

Seguindo a aeromoça, lá nós fomos por entre aviões de várias companhias para o recanto onde repousava o bando de monstros alados da "Aerovias" e entramos no bojo metálico de um bimotor. Amarraram-nos com cintas às poltronas. As máquinas funcionaram, ganhamos a pista e, em vertiginosa carreira, mal sentimos decolar.

Alargou-se o panorama fantástico da cidade. Os bairros paulistanos fugiam sob as asas. De longe ainda víamos os arranha-céus da metrópole que mais pareciam caixas de sapatos que uma criança espalhara pelo chão.

Muita gente metia algodão nos ouvidos para acalmar a zoeira causada pela mudança brusca de altitude. Estávamos a 2.200m do solo. As serranias, Jundiaí e Campinas passaram como um filme. Foi servida merenda gostosa. Eu estava com uma fome louca porque não almoçara.

Ribeirão Preto ficou à esquerda. Sobrevoamos Batatais e, deixando Igarapava, penetramos nos chapadões do Triângulo Mineiro, encantados com a majestade do Rio Grande, imensa e caprichosa faixa de prata a limitar os dois Estados.

Em Uberaba fiz papel de São Francisco Xavier, passando pertinho de papai sem poder abraçá-lo. Em Uberlândia tive à vista o cemitério onde repousam os restos mortais de mamãe. E, quando o avião deixou para trás os rincões maravilhosos do Parnaíba, estava eu absorto na contemplação do vasto mapa de terras goianas que, vinte anos antes, palmilhara em lombo de animal ou mesmo em caminhões e autos, por estradas primitivas.

Hoje...? Como isso tudo mudou?!

Grandes e modernas artérias rasgam o sertão rumo ao rico e misterioso oeste brasileiro. Os meus jovens confrades quase não conhecem mais as morosas e patriarcais viagens em cavalgaduras. Disparam vertiginosos com rodas de motocicletas e o dorso dos "teco-tecos" que lhes multiplicam a presença nas capelas e fazendas mais remotas.

Se o Brasil compreendesse, neste instante, a importância de ganhar a "batalha católica nas terras goianas?! Os protestantes compreenderam-no, e não sabendo mais onde gastar os rios de dinheiro que as seitas norte-americanas desviaram da China para a América do Sul e, principalmente, para o Brasil, levantam templos ricos em todos os recantos.

Brasil católico escuta.

Uma fazenda, ali, perdida pela Igreja equivale à perda de toda uma zona, no futuro. Benditos os padres que se resolveram a correr em socorro dessa luta pela salvação! Benditos os religiosos que fundaram casas em Goiás! E benditos os motores e aviões que atualmente multiplicam a capacidade dos padres que se empenham heroicamente no planalto central da Pátria.[38]

---

[38] V. C. de Almeida. *Os ponteiros apontam para o infinito*. Edições Paulinas, São Paulo, 1960. Antes, este artigo fora publicado no jornal "Santuário de Aparecida", 18-07-1951. No *ARSP*.

O Apóstolo da Rádio Aparecida. Falando pelos microfones da Rádio Aparecida

Viajando pelo Clube dos Sócios da Rádio Aparecida

Foto recente da Rede Aparecida, prédio da RA

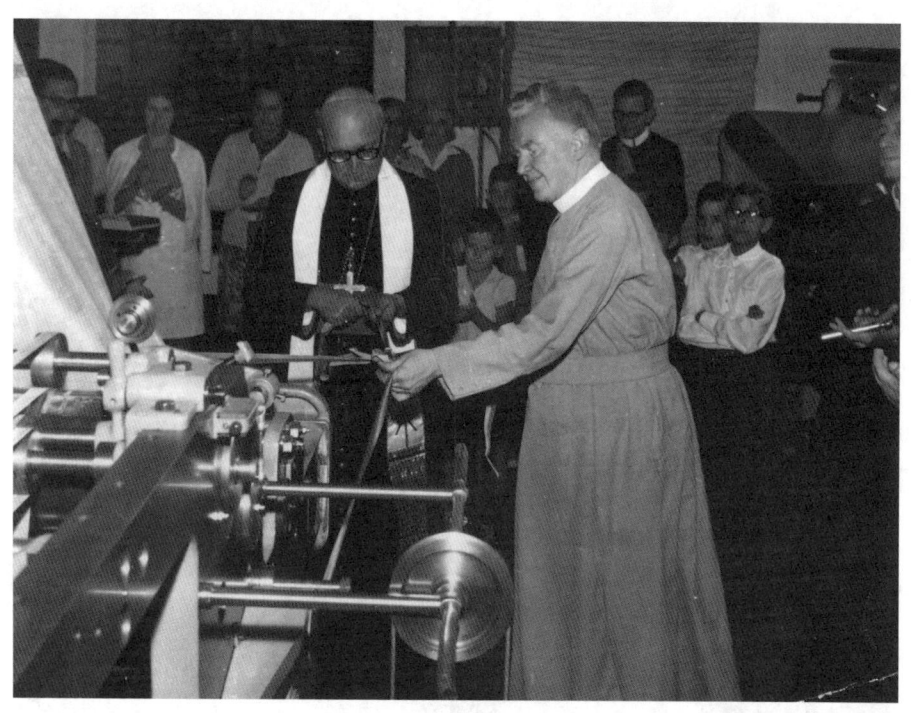

Padre Vítor e Dom Macedo inaugurando e benzendo novos geradores da Rádio Aparecida, na década de 1960

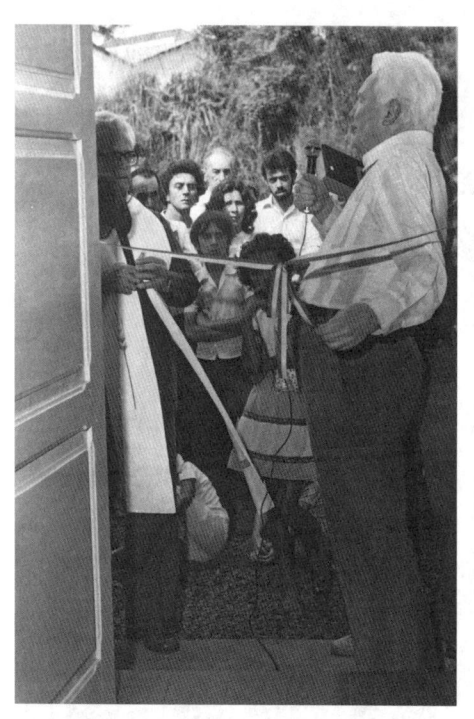

Padre Vítor na sua cidade natal, Sacramento, para a inauguração da Rádio Sacramento, na década de 1980

9
A VOLTA PARA APARECIDA E
UMA ESTAÇÃO DE RÁDIO

Entre os confrades, de modo especial entre os de Aparecida, era notório o interesse de Padre Vítor pela emissora de Rádio recém-conquistada. Mas ele tinha outras funções a exercer: missionário, escritor, auxiliar da Paróquia e da basílica. Além de cumprir bem essas tarefas, precisava estar sempre atento a seu estado de saúde, pois com a tuberculose não se podia brincar. E quando saía para trabalhos extraordinários, buscava ser substituído nos horários de catequese, na missãozinha às crianças e nas missas que gostava de comentar quando eram transmitidas pela Rádio Aparecida.

Como confessor extraordinário dos estudantes redentoristas em Tietê, ele passou uma semana entre eles no começo de janeiro de 1953. Atendeu as confissões e conviveu com os confrades professores. Despediu-se dos estudantes, prometendo voltar antes da Páscoa. Por recomendação médica, fez seu retiro anual e descansou em Campos do Jordão, onde permaneceu um mês. De volta a Aparecida, foi o pregador nas solenidades da Semana Santa. Trabalho pesado, como bem anotou o cronista: "Com boa vontade socorremos os vigários que nos pedem auxílio na Semana Santa e nós nos afogamos, sem darmos conta perfeitamente do trabalho".[1]

No mês de abril, Padre Vítor e alguns companheiros partiram para uma Missão em São Caetano do Sul. Naquele ano, também várias paróquias da capital receberam os missionários e, entre eles, Padre Vítor. Na igreja dos Agostinianos no Bairro da Liberdade, igreja dos Carmelitas Descalços, em Higienópolis, igreja dos Verbitas, no Tatuapé, igreja dos Dehonianos, no Jabaquara. Em cada Missão, a experiência e o ânimo dos pregadores colocados a serviço do povo. Os resultados, na medida do possível, quase sempre correspondiam a

---

[1] Documenta 5, "Crônica Redentorista de Aparecida", vol. V. No *ARSP*.

seus esforços. Na Missão no bairro de Jabaquara, foi extraordinária a presença dos romeiros na Paróquia São Judas Tadeu, que já naquela época lotavam a igreja no dia vinte e oito de cada mês. De acordo com um relato, em uma capela da paróquia na Vila Guarani, o sermão de Padre Vítor sobre a misericórdia e o perdão conseguiu evitar o suicídio de um homem que estava desesperado devido à doença da esposa.

No mês de agosto, Padre Vítor visitou a nascente Paróquia de Nossa Senhora do Perpétuo Socorro, no Bairro Jardim Paulistano, na capital. Eram vigários os Padres Alexandre Morais e Júlio Negrizollo, este um de seus "coelhinhos" recém-ordenado. A casa do Jardim Paulistano era uma ideia que vinha desde 1945, quando se pensou em transferir para ali a casa provincial, deixando o bairro da Penha. Houve acertos com a Cúria, compra de terreno e aprovação do Governo Geral, sendo a primeira pedra lançada em 1951. O provincial anterior, Padre Pires, não pudera cuidar da questão pelo fato de já haver muitas outras obras sendo executadas. Além disso, Padre Patrício Murray, Padre-Geral naquele período, dificultava a aceitação de paróquias pela Congregação. Dizia sempre: *Missionarii sumus et debebimus manere...* Somos missionários e assim devemos permanecer...

Em 1953, a Paróquia estava em seus primórdios. Padre Vítor deixou no livro de crônica das Missões que ele se hospedara na casinha pequenina onde a fundação começou, na Rua Maria Carolina. "Tinha um jardinzinho na frente, terraço, uma sala dividida por biombo para ser também quarto." Não havia igreja, tudo em estado embrionário, no dizer dele. "Um carro com alto-falante percorreu todos os dias as ruas todas, levando o altivo e agradável barítono do Padre Galvão." Era o convite para as Missões. Como sempre, os missionários tiveram o apoio e a preciosa ajuda das Irmãs de Jesus Crucificado. Sempre presentes, em todos os tempos e lugares – religiosas e leigas – laboriosas mulheres da Igreja... O mérito maior da Missão, segundo Vítor, foi o de anunciar que ali estava nascendo uma paróquia.

Como confessor dos estudantes em Tietê, em meados do ano, Padre Vítor se deparou com uma situação inusitada para aquela época. Alguns padres professores pediam a substituição do prefeito de estudos, Padre Pedro Henrique. O prefeito – ou diretor de estudos – era um cargo importante dentro da hierarquia da casa. Eram mais de sessenta estudantes, vários professores e uma vida acadêmica consoante todas as exigências da Regra da Congregação. Padre Pedro havia sido diretor do Seminário Santo Afonso em Aparecida por vários anos. E nos anos em que esteve na direção do seminário, por sua pedagogia firme e ascese espartana, deixara marcas impressas na vida daqueles meninos que sonhavam e repetiam sua frase predileta: missionário redentorista santo! Deixara o posto com a imagem um pouco desgastada e tomado pela tuberculose que o levou, por um tempo, ao sanatório em Campos do Jordão.

Os estudantes aceitavam e admiravam Padre Pedro. Mas havia um complô para tirá-lo do cargo. Padre Vítor, como confessor, sabia o que pensavam e o que queriam os alunos. Não demorou a tomar posição, conversando com o Provincial em favor de Padre Pedro. Como se isso não bastasse, escreveu diretamente a Roma, ao Vice-Superior-Geral, em defesa de seu amigo Pedro.

> Revmo Pe. Leo Quittelier, C.Ss.R.
> Salve, Maria!
> Durante os trinta e seis anos de minha vida religiosa só escrevi para Roma três cartas. Escrevo agora por causa do amor que se deve à Congregação e particularmente ao nosso Estundantado. Perdão se já esqueci a ortografia da língua francesa – mas eu me exprimo mais facilmente nesta língua.
> Vê-se na Província agitação acerba e teimosa contrária ao Padre Pedro Flörchinger como prefeito do Estudantado. O encargo de confessor extraordinário me oferece ocasião de ir muitas vezes a Tietê.
> Após ter-me assegurado (in foro externo) que os jovens confrades tinham já conhecimento de que se murmurava na Província contra o Prefeito, perguntei a muitos deles de diversas classes se eles não estavam constrangidos em razão do Padre Pedro, que outrora no seminário tinha sido muito enérgico; se eles tinham confiança no Prefeito; se eles não desejariam uma mudança, *me graviter obligans ad servandum secretum circa nomina eorum* [grave motivo me obriga a manter sigilo sobre seus nomes].
> Como se fossem um só homem, todos os entrevistados afirmaram (muitos deles falaram de modo quase apaixonado) que os jovens confrades não sentem constrangimento perante o Padre Pedro, *exceptis fortasse duobus vel tribos* [exceto, talvez dois ou três] confiam no Prefeito; que (do lado dos estudantes) o Estudantado de Tietê está em paz e prosperidade como nunca; e que têm medo de pensar que a má propaganda venha a ter êxito, afastando Padre Pedro, e que se devem fazer novas experiências semelhantes a dos tempos passados.
> *Humiliter veritatem dico* [Humildemente digo a verdade].
> Peço a bênção de Sua Paternidade.[2]

317

Padre Vítor tinha consciência de que havia oposição dos padres a Padre Pedro.[3] Poderia ter ficado calado e apenas consolado os estudantes, deixando a situação tal como estava. Mas decidiu tomar uma atitude em face da questão. Prova de zelo e de cuidado com os estudantes. Além do mais, muitos deles eram vocacionados que ele havia arrebanhado na labuta missionária. Se outrora houvera uma querela entre Vítor e Padre Pedro justamente por causa dos estudantes, agora Vítor se colocava ao lado do velho companheiro.

No final do ano, Roma enviou a lista com as transferências e nomeações. Padre Antônio Macedo continuava no cargo de Provincial. Padre Pedro foi transferido, como reitor, para São João da Boa Vista. Padre Antão continuava

---

[2] Copresp A, carta de Padre Vítor ao Padre Quittelier, em 12 de outubro de 1953. Padre Quittelier, naquele momento, era o Superior-Geral interino. Padre Leonardo Byes falecera em junho, em Innsbruck, após apenas seis anos de generalato. Padre Vítor escreveu ao Vigário-Geral em alemão.

[3] Os padres que se opunham a Padre Pedro eram dois: Padre Tarcísio Amaral e Padre Juvenal Roriz.

como reitor em Aparecida e Padre Vítor indicado um de seus consultores. Seu antigo colega de estudos, Padre Oliveira, era o Vice-Provincial. A Província de São Paulo vivia momentos de glória em expansão geográfica e em número de membros. Isso até 1955, pois a partir desta data as casas do Sul passaram a formar a Vice-Província de Porto Alegre.

No começo de 1954, a Província contava quinze casas nos Estados de São Paulo, Goiás e Rio Grande do Sul. Conversações já estavam acontecendo sobre fundações em Santa Catarina e no Triângulo Mineiro. E havia muitos sinais de esperança, pois além dos 142 padres e 30 irmãos, a Congregação contava mais de cinquenta estudantes maiores (filosofia e teologia), além de dez noviços. A grande novidade para o começo de 1954 veio com o número de estudantes no Seminário Santo Afonso: 395. Devido à incapacidade do prédio para acolher a todos, foi decidido que na casa do Bairro da Pedrinha funcionasse o pré-seminário. Para lá foram três padres acompanhados de um bom número de seminaristas. Era o auge do período de formação na Província.

Ainda no começo do ano, viajaram para Roma o Provincial Padre Macedo e Padre Tarcísio Amaral. Foram participar do Capítulo Geral da Congregação e eleição do novo Padre-Geral. Padre Amaral era uma das pérolas de Padre Vítor, um "coelhinho", e Padre Macedo seu amigo dos tempos da Alemanha. Foi eleito Padre Guilherme Gaudreau, vogal da Província de Baltimore, para alegria dos brasileiros, já que Padre Gaudreau havia sido Vice-Provincial dos Redentoristas no Mato Grosso. Quantas e quantas vezes Padre Gaudreau viera a São Paulo e Aparecida para trazer novas vocações para o seminário e para momentos solenes de celebrações em datas importantes para os redentoristas! A notícia foi acolhida com alegria.

Em fevereiro, foi celebrado no Rio de Janeiro o I Congresso Nacional dos Religiosos, no qual se decidiu a fundação da Conferência dos Religiosos do Brasil, a CRB. Como o Padre Provincial estava em Roma, Padre Pires e Padre Betting participaram do congresso, um marco histórico na caminhada das Ordens e Congregações religiosas no Brasil. Enquanto isso, Padre Vítor Coelho, mais uma vez, passava um mês em Campos do Jordão recuperando as energias e fazendo seu retiro anual. No primeiro semestre, com outros confrades, ele pregou Missão em cidades do Estado de São Paulo: Cruzeiro, Queluz e Sorocaba.

Susto e espanto do povo brasileiro em agosto com o suicídio do Presidente Getúlio Vargas. Padre Vítor era um entusiasta das práticas governistas de Getúlio e lamentou a brutal perda da maior liderança popular que o Brasil já tivera. Na ocasião, ele se encontrava no Rio de Janeiro e, não resistindo ao apelo da emoção e da curiosidade, foi até o centro da cidade para ver e rezar pelo Presidente exposto no saguão do Palácio do Catete.

Do mês de agosto em diante, Padre Vítor foi ao Rio de Janeiro prestar auxílio às Missões preparatórias para o XXXVI Congresso Eucarístico Internacional, que deveria acontecer em 1955. Em cinco etapas, foram missionadas quarenta e cinco paróquias pelos trinta e dois missionários de São Paulo. Havia também vinte e um missionários da Província do Rio de Janeiro e de outras tantas congregações. Na grande Missão geral do Rio de Janeiro mais de cem mil pessoas procuraram o confessionário – os missionários não se descuidavam dos números...

Mas as Missões no Rio de Janeiro, onde Padre Vítor pregou em três paróquias, seriam sua despedida das Missões. Daí em diante ele se ocuparia integralmente do serviço na Rádio Aparecida e do atendimento aos romeiros. Ele chegou a ser escalado para a Missão na cidade de Marília em março de 1955. Esteve, de fato, presente, mas não mais atuou como líder. Esparsamente, participava da festa missionária em uma ou outra cidade, mas como coadjuvante, pois seu nome estava marcado como membro ativo da comunidade basílical em Aparecida, o que significava que estava destinado a outras atividades. Depois de muitos anos, o velho e bravo missionário relembrou o tempo vivido nas Missões.

> Nunca houve Missões tão estrondosas como no meu tempo, isso entre 1930 a 1955. A gente tinha o povo nas mãos. Ajuntei muitos retratos, mas quando fiquei doente, um Irmão a mando não sei de quem, queimou os meus álbuns. Desenvolvi a preparação da Missão, com irmãs dividindo a cidade em ruas. Quando eu chegava, fazia uma primeira reunião com associações. Dividíamos a cidade para as visitas. Depois consegui as Irmãs de Jesus Crucificado. Muita coisa que pensei foi aprovada na Conferência Missionária de 1940. Fui o primeiro a usar o alto-falante portátil, em Matão, em 1937. Ganhei três contos para isso. Padre Pires foi contra dizendo que perturbava os doentes, dá dor de cabeça... Depois de 1940 comecei a ficar doente. Cheguei a pregar, com alto-falante, da cama. Eu estava tuberculoso, minha mãe morreu com essa doença.
>
> Preguei seguindo a linha da Sorocabana. Preguei Missão a eito. Encarreiramos depois Batatais, São Carlos, Caxias do Sul, Aquidauana... Aí arrebentou a doença. Comecei o sistema de tochinhas coloridas. Impulsionei a Arquiconfraria. Levava caixas e caixas de material das nossas oficinas, no tempo do Padre Valentim nas Oficinas Gráficas. Santinhos, folhetos, livros, velas que vendia e enviava o dinheiro para Padre Pedro no Seminário. Havia alemães querendo levar o Juvenato para o Sul. Consegui muitas vocações e dinheiro, para salvar o seminário. Deu certo. Chegou um tempo que não cabia mais meninos, foram para a Pedrinha. Padre Pedro me apoiou e salvou a Província.
>
> Agora a Missão precisa se renovar sempre. É preciso tornar a Missão útil ao Brasil, adaptar à Pastoral das comunidades. Nossa Missão era espiritualizante, fora do mundo. Falava-se pouco da família, da justiça social, da dignidade humana, responsabilidade, coisas temporais. Não fomos educados para isso. Nossa educação espartana, sem muita consideração nem caridade, não ajudava nada. Agora as cerimônias dentro da Missão são imprescindíveis. Sem elas a Missão acaba.[4]

319

---

[4] V. C. de Almeida, entrevista a Padre João Gomes, C.Ss.R., em 28 de outubro de 1982. No *ARSP*, material histórico sobre Missões Populares da C.Ss.R.

As palavras de Vítor testemunham sua vivência e sua paixão de missionário da ativa. Pregador incansável nas décadas de 1920, 30, 40 e 50. Catequista, animador, inovador, incentivador de vocações... Nem ele mesmo sabia que se despedia da vida missionária na pastoral extraordinária das Missões Populares. Sua maneira *sui generis* de ser e de trabalhar destacou-o no grupo de missionários redentoristas. Era, pelo entusiasmo incansável e criativo e pela fé ardente na Missão como meio de convocar e converter, um genuíno pregador. No novo momento que lhe era proposto, sua experiência e zelo continuariam a serviço do povo de Deus, mas de outro modo, por outros caminhos. Assim como ao apóstolo Paulo, a Vítor importava anunciar Jesus: "Como poderão acreditar, se não ouviram falar dele? E como poderão ouvir, se não houver quem o anuncie?" (Rm 10,14). Para Vítor, todos os caminhos deviam levar aos propósitos do Reino. E a Palavra geradora do Reino devia ser dada e entregue a todos os homens: "Ao teu alcance está a Palavra, em tua boca e em teu coração; a saber, a palavra da fé que nós pregamos" (Rm 10,8).[5]

Nesse movimentado ano de 1954, Padre Vítor ainda pregou retiro ao clero de uma diocese paulista, na cidade de Barueri. Visitou a cidade de Tietê várias vezes para confessar os estudantes, além de atender em confissão também os noviços em Pindamonhangaba. Pleno de lembranças participou, em Campos do Jordão, em novembro, das festas jubilares do Sanatório Divina Providência, onde passara longos anos. Recebeu em Aparecida com um discurso laudatório o novo Núncio Apostólico, Dom Armando Lombardi. E lançou, na Rádio Aparecida, no horário do meio-dia, um programa que se tornaria lendário: "Os ponteiros apontam para o infinito".

A Rádio Aparecida, com apenas três anos de funcionamento, conseguiu ampliar sua área de alcance. A nova emissora passou a atuar em ondas curtas, na frequência de 31 metros, 9,620 KC, prefixo ZYR 83, com uma potência de 7,5 KW. Uma mudança que possibilitou maior penetração e maior abrangência de sua programação. A Revista Eclesiástica Brasileira publicou em uma edição daquele ano:

> A Rádio da Padroeira levará através dos céus do Brasil a bênção de Nossa Senhora. Os ecos consoladores da Capital Espiritual da Nossa Pátria embalsamarão com seus programas religiosos, artísticos e culturais todos os lares brasileiros.[6]

Padre Vítor continuava seus trabalhos ordinários em Aparecida. Sempre a estudar e a aperfeiçoar-se em matéria de comunicação e rádio. Depois de uma

---

[5] O apóstolo Paulo se fundamentava na Sagrada Escritura, de modo especial em Deuteronômio 30,14: "Sim, porque a palavra está muito perto de ti: está na tua boca e no teu coração, para que ponhas em prática". Como estudioso da Bíblia, Padre Vítor buscava inspiração onde Paulo se fundamentava.

[6] Revista Eclesiástica Brasileira, 15/1, março de 1955. Seção crônicas, página 224.

temporada em Campos do Jordão, juntamente com Padre Pieroni, que fora o primeiro diretor da Rádio Aparecida, ele foi auxiliar uma Missão em Marília (SP).

Na Semana Santa, praticamente a cada noite, foi pregar em uma cidade nas vizinhanças de Aparecida. Seu dom de falar às multidões era conhecido e apreciado pelos vigários das paróquias que o procuravam e convidavam para esses momentos especiais.

Ainda que não tivesse uma presença efetiva na Missão, visto que os trabalhos na Rádio exigiam cada vez mais tempo e dedicação de sua parte, ele não se esquecia de seu cuidado com as vocações. Na Rádio, ele organizou alguns programas abordando o tema e encarregou deles os seminaristas do Seminário Santo Afonso. Os seminaristas eram meninos vindos dos rincões e fundões de Minas, das campinas e serrados de Goiás e dos distantes pampas gaúchos. Para eles, rezar e enviar uma mensagem através das ondas de rádio para os vocacionados, para outros meninos que, como eles, pretendiam ser sacerdotes, era uma bela novidade. Vítor os apoiava com sua presença animadora.

> Lembro-me dos primeiros encontros que tive com Padre Vítor, lá pelos anos cinquenta. Nós seminaristas fazíamos alguns programas vocacionais na Rádio Aparecida. Se ele estava por ali, seu sorriso e suas palavras de ânimo sempre foram incentivos para mim. Não me lembro de crítica ou desconforto com sua presença naqueles momentos, ao contrário, ele sempre demonstrava satisfação em nos ver fazendo aqueles programas.[7]

No final do mês de abril de 1955, a Província se alegrou com a nomeação do Provincial, Padre Antônio Macedo, para Bispo Auxiliar da Arquidiocese de São Paulo. Para a Província foi uma festa permeada por dois diferentes sentimentos, presentes em cada um dos confrades: o da perda do Provincial e, ao mesmo tempo, o do reconhecimento da dignidade concedida à Província que, pela primeira vez, tinha um de seus membros elevado à distinção episcopal. Dom Macedo foi ordenado bispo no fim de junho, na basílica de Aparecida, pelas mãos do Núncio Dom Armando Lombardi, auxiliado por Dom Aguirre, de Sorocaba e pelo redentorista Dom Muniz, da Barra, na Bahia. O diretor do Seminário Santo Afonso, Padre José Ribolla, foi nomeado seu substituto. Declinou da nomeação, dizendo-se incapaz para o cargo. O Superior-Geral não aceitou a recusa e insistiu para que ele assumisse. Ele assumiu. E ficou quinze anos no cargo.

Padre Vítor acompanhou Dom Macedo ao Rio de Janeiro, em julho, para o Congresso Eucarístico Internacional. Levaram a imagem de Nossa Senhora Aparecida no mesmo altar usado em 1931, quando foi proclamada Padroeira do Brasil. O Cardeal Motta, bispos auxiliares, Dom José Medeiros, da Diocese de Oliveira, em Minas Gerais, viajaram de trem, todos em vagão oficial, de

---

[7] Depoimento de Padre Gervásio dos Anjos, em 09-04-2012. No arquivo do autor.

Aparecida até o Rio de Janeiro. Na volta, a imagem veio pelas mãos de Dom Macedo, em avião da FAB, pilotado pelo Brigadeiro Eduardo Gomes. No encerramento do Congresso, os bispos fundaram o Conselho Episcopal Latino-Americano, o Celam, com sede em Bogotá, na Colômbia. O Celam foi efetivamente estabelecido em novembro do mesmo ano.

Para o XXXVI Congresso Eucarístico, Padre Vítor havia enviado um hino para concorrer com outros cantos. Com o pseudônimo Sophronites Coccinea, ele enviou este hino que compôs para a ocasião.

> Reinai Jesus, no mundo inteiro!
> A Vós louvor e adoração...!
> Fazei jorrar as águas vivas
> Do altar, sacrário e comunhão!
> O Jesus Hóstia, sol do Reino
> De amor, justiça e doce paz,
> De graça, luz, perene vida,
> Que a Deus unido o mundo faz. [...]
> Na Guanabara: a cor do céu...!
> Dedos de Deus... na longe serra!
> Visão celeste... o Corcovado!
> E o Pão do altar os céus encerra![8]

No segundo semestre Padre Vítor percorreu algumas cidades de São Paulo: São José do Rio Preto, Araçatuba, São João da Boa Vista, sempre para pregar novenas, tríduos e festas de padroeiros. Em Catanduva, porém, no começo de agosto, um motivo especial de júbilo: pregou na primeira missa de outro de seus "coelhinhos": Padre Victor Hugo Lapenta.

Naqueles dias, o então diretor da Rádio Aparecida, Padre Laurindo Rauber, vendo a necessidade de recursos para manutenção e investimentos na Rádio, resolveu criar uma associação de ouvintes. Ele a chamou de "Clube dos Sócios". Ao se inscrever, o associado enviava uma fotografia e comprometia-se a pagar uma contribuição anual. Recebia então uma carteirinha de membro do clube. A adesão foi imediata e, até a década de 1980, o clube só viu o número de associados crescer. De início, o clube, criado em setembro de 1955, visava dar apoio financeiro à emissora. Mais tarde, foi criado o programa radiofônico com o mesmo nome, "Clube dos Sócios", voltado para o ouvinte associado. Padre Vítor foi o grande incentivador e propagador do "Clube dos Sócios".

Outro destaque na história da Rádio Aparecida foi o programa "Consagração a Nossa Senhora". Associado ao programa, Padre Laurindo criou um "livro de ouro". Diferente de tais livros criados para angariar ajuda financeira, este simplesmente levaria o nome do assinante para ser proclamado no momento

---

[8] Arquivo Padre Vítor, Pasta Escritos Pessoais. Folhas originais com a letra e a música do Hino proposto e enviado à comissão do Congresso Eucarístico.

da consagração, às 15h, em dias acertados. Foi uma chuva de nomes, tanto que, depois de um ano, a leitura dos nomes acontecia todos os dias. Depois de algum tempo já era praticamente impossível lê-los tamanha a quantidade de nomes. Assim, deixaram de ser lidos. Mas manteve-se o formato e a mesma música de fundo adotada no lançamento do programa: "Roga por nós, Ó Mãe tão pia". Em seguida, uma pequena meditação, catequese e a oração da consagração. Sucesso absoluto!

Com a transferência de Padre Laurindo para São Paulo no final de 1956, Padre Rubem Leme Galvão assumiu a direção da Rádio Aparecida. Padre Galvão e Padre Vítor alternavam-se no horário das 15h com a reza e a consagração. A partir de 1957, Padre Vítor passou a ser o titular do programa, trazendo à reflexão diversos temas como mariologia, eclesiologia, catequese, doutrina... Sempre com unção, falando de assuntos vários, ao final, convergia tudo para Jesus e Maria. Com unção e carisma, entrou no coração de milhões de ouvintes: "Caríssimos, são três horas... hora da consagração...". Durante mais de trinta anos, até praticamente às vésperas do dia de sua morte, com voz cansada e pausada, ele repetiu pelas ondas da Rádio: "É hora da consagração". O programa "Consagração a Nossa Senhora" permaneceria ligado, até os dias de hoje, à voz e à história de Padre Vítor.

A vida conventual seguia normas antigas e rígidas, estabelecidas na Igreja através dos tempos. Pequenas mudanças, porém, iam sendo introduzidas, muito devagar, com cautela, acompanhadas de todas as minuciosas explicações do Provincial. O uso do fumo foi sendo estendido para quase todos os dias à hora do recreio pós-refeições, uso de água no quarto, isto é, uma pia nos quartos, que nos documentos é mencionado como "uso de água corrente". Permissão para que mulheres pudessem entrar no primeiro andar dos conventos, a caminho da cozinha, pois se constatou a necessidade de contratar cozinheiras em algumas casas. Talvez nem se possa falar de mudanças, mas de algumas pequenas modificações no *modus vivendi* dos conventos.

O Brasil vivia, na entrada de 1956, a expectativa em torno do novo presidente, eleito no fim do ano anterior: Juscelino Kubitschek. O político vindo de Minas Gerais fora aluno dos lazaristas em Diamantina e prezava a Igreja Católica. No mês de janeiro ele foi a Roma para um encontro com o Papa Pio XII antes de principiar seu governo presidencial. Em São Paulo, o governador Jânio Quadros assinara decreto regulamentando o ensino religioso nas escolas do Estado. Foi o bastante para ganhar a simpatia dos padres.

Em Aparecida, Padre Vítor continuava cada vez mais entusiasmado com as possibilidades do apostolado através da Rádio. Além de suas rotineiras atividades paroquiais e conventuais, comentava as missas transmitidas pela Rádio Aparecida e apresentava seus dois programas fixos: "Os ponteiros apontam para o infinito", ao meio-dia, e "Consagração a Nossa Senhora", às 15h. As saídas de Aparecida tornaram-se, consequentemente, escassas em comparação com as dos anos anteriores. O trabalho exigido pela programação radiofônica tornava-se mais e mais intenso, chegando ao ponto de ser requerido o serviço de um ajudante. No final do ano, Irmão Vítor Sacramento foi nomeado para responder as cartas que chegavam para Padre Vítor. Era a resposta do povo a seus programas.

Em 1957, Padre Vítor viveu a dor da morte de seu pai, o Professor Leão. Homem bonito e vistoso, de estatura elevada, no fim da vida deixara crescer a barba. O filho José costumava dizer que o Sr. Leão era um São Francisco de bigodes. Padre Vítor, por sua vez, achava seu pai parecido com São Nicolau, o santo que teria dado origem à figura de Papai Noel. E, coincidentemente, o Sr. Leão morreu no dia de São Nicolau. Na década de 1980, em entrevista à Rádio Aparecida, Vítor comentou:

> Papai era um homem bonito. Descendia de franceses e muito estudou. A uma certa altura da vida, ele se converteu e passou a ser um homem caridoso. Ele cuidava de um leproso. Sempre foi professor. Sempre peregrinou...

Nos idos da primeira metade do século XX, a vida religiosa e conventual afastava, quase que completamente, da vida familiar aqueles que eram consagrados. O "deixarás pai e mãe" era interpretado de forma bem literal. Mas nem o tempo nem a distância conseguem apagar o amor... Talvez transfigurá-lo... Principalmente esse primeiro e mais antigo amor que – lembrando Drummond, que Vítor certamente leu – "tanto mais velho, quanto mais amor". Padre Vítor, ao longo dos anos, experienciara uma vida familiar pouco habitual. Órfão de mãe, colocado sem seu consentimento em um seminário, viu seu tio padre tornar-se pastor evangélico, sua irmã freira morrer prematuramente, seu irmão José viver uma fase agnóstica e um casamento malsucedido... E o velho pai a peregrinar, a ensinar as crianças em fazendas do Triângulo Mineiro... Embora longa, a peregrinação do Sr. Leão chegara ao fim. Agora estava morto. Vítor segurou e suportou todas essas dores em seu coração de filho, de irmão, de parente... Em seu coração escondido e silencioso de padre missionário...

Segundo a irmã de Vítor, Mariazinha, ele se parecia com o pai. Alto, moreno, de bela aparência, carismático, Padre Vítor – ainda que naquele tempo as coisas fossem mais veladas – era muito assediado pelas mulheres. Mas, eis que na década de 1950, surgiu-lhe uma doença de pele, o vitiligo. Suas mãos ficaram manchadas pela despigmentação, o que lhe causava certo constrangimento, de modo especial quando dava a comunhão aos fiéis, durante a missa. Segundo uma história, que Mariazinha confirma, Padre Vítor, em suas orações, teria pedido a Nossa Senhora que o livrasse da tentação das mulheres que o procuravam com segundas intenções.[9] Conforme Mariazinha, o irmão dizia que "os bilhetes das moças eram um tormento". Com o aparecimento do vitiligo desapareceu o assédio que tanto o incomodava. E com o avanço da doença ele deixou de ser moreno, tornando-se quase albino. Segundo a história, dita e repetida, Nossa Senhora livrou-o das tentações das mulheres.

Padre Vítor era sabedor da importância do rádio como meio de comunicação e de sua utilidade como instrumento na evangelização. Era grande admirador de Padre Roberto Landell de Moura, sacerdote e cientista, a quem o Brasil deve o início das transmissões radiofônicas em nosso país. Padre Landell morreu em 1928, vítima da tuberculose. Na década de 1950, o rádio atingiria picos de popularidade, alcançando praticamente todas as camadas da sociedade. Foi instrumento propagador da música, ampliou a força do jornalismo e foi utilizado tanto pela política como pela religião, abrangendo toda a imensidão territorial do Brasil. Padre Vítor tinha consciência do papel de fundamental importância desse meio de comunicação que fazia chegar, rapidamente, à sociedade os mais diversos conteúdos informativos.[10] Como padre zeloso de suas ovelhas, pensava também que, caso a Igreja não ocupasse logo algum terreno nesse campo, o rádio poderia tornar-se pernicioso, destruidor da fé e da família. Ele escreveu e falou sobre isso diversas vezes.

> Vi no sertão um casebre esburacado à beira de um lago. Varas afixadas à margem mergulhavam linhas com anzóis de espera à cata de peixes. Dois bambus, atados ao rancho, embebiam no sapé da cumieira uma antena de rádio, à pesca de homens. O bem e o mal servem-se da mesma antena. O Anjo da luz e Belial ali penetram, à escolha dos ouvintes. Fiquei conhecendo bem o rádio, nos meus sete anos de sanatório. [...]
> O rádio tornou-se veículo de infiltração e propaganda da heresia e embrutecimento. Haja vista as "horas" protestantes e espíritas em que o erro se veste de anjo da luz, mesclando-se com ensinamentos morais, na tática astuta de penetração por disfarce e simpatia. A hostilidade aberta contra a Igreja é deixada para quando os "peixes" já tiverem entrado na rede, aceitando livros e escritos "pelo correio", ou indo às igrejolas e às sessões. O embrutecimento materialista cavalga grosseiramente nas "ondas do ar" qual fauno ou saci desbragado. Músicas lascivas, de mau gosto e de texto duvidoso e chulo.
> Quem tiver consciência e critério achará no rádio uma fonte refrescante e um verdadeiro amigo. Mas os ingênuos, os indisciplinados e os cobiçosos do mal terão nas ondas do espaço um Mefistófeles pervertedor. É questão de escolher e sintonizar.[11]

---

[9] Entrevista de Mariazinha a Padres Hélio Libardi e Ronival Benedito, em Araxá (MG), em 1997. No *APV*, Pasta Correspondência com Familiares.

[10] M. Prado. *História do Rádio no Brasil*. São Paulo, 2012. Sobre as emissoras de rádio católicas, pouco ou nada é comentado.

[11] V. C. de Almeida. *Os ponteiros apontam para o infinito*. Edições Paulinas, São Paulo, 1960.

Com o passar dos anos, especialmente depois do Concílio Vaticano II, Padre Vítor amenizou um pouco seu intransigente afã quando defendia a causa católica. Até então ele estava em sintonia com o espírito de sua época, em que ainda era prática comum o sectarismo mais ou menos acirrado. Alguns nomes católicos se destacaram no final da década de 1950 com artigos e livros contra o espiritismo, o protestantismo e a maçonaria. Nomes que mais tarde se consagraram como bispos ou teólogos em décadas seguintes, como Dom Agnelo Rossi e Frei Boaventura Kloppenburg.

Em 1957, foi alertado sobre a linguagem adotada em seus programas na Rádio Aparecida ao tomar posição contra outras denominações cristãs. Foi advertido de que a linguagem usada não condizia com a caridade cristã. Em reunião na comunidade conventual, o assunto veio à tona e o cronista deixou escapar comentário sobre o comportamento do confrade Vítor diante dos microfones: "Será este o verdadeiro modo de pregar a Palavra de Deus através do rádio, que é ouvido no Brasil e mesmo fora do país?".

Mesmo em sua comunidade de religiosos – Padres e Irmãos – no convívio diário Padre Vítor tinha um jeito peculiar no trato com seus confrades. Ora meio desligado, ora brincalhão, quase sempre com um chiste para alegrar o momento. Mas, embora fosse espirituoso, sempre com uma tirada esperta e engraçada na ponta da língua, às vezes se enredava. Como certa vez em que fora incumbido de preparar determinado tema para reflexão com os confrades. Mas esqueceu-se completamente da tarefa e não estudou o tema proposto, nem preparou os questionários para os grupos de estudos. O resultado não poderia ser outro: "como não havia se preparado, tinha dificuldade em entender como formular respostas. Para anotar as respostas... estavam longe do que havia sido discutido".[12] Era brincalhão, perspicaz e zeloso, mas ao mesmo tempo um esquecido, embora sempre procurasse dar um jeitinho de consertar suas trapalhadas de modo que tudo saísse a contento.

Cauteloso com a saúde, Padre Vítor fazia questão de voltar, periodicamente, a Campos do Jordão. Em Aparecida, encravada entre a Serra do Mar e a Serra da Mantiqueira, no mês de janeiro faz um calor de verão que beira o insuportável. Padre Vítor aproveitava a ocasião para gozar do ameno clima serrano e fazer seu retiro anual.

Em fevereiro de 1958, Padre Vítor, após o descanso, dedicou-se a ajudar a Missão em Campos do Jordão. Os franciscanos haviam pedido que os redentoristas pregassem novamente na cidade. Desta vez, não uma Missão nas capelas e matriz da Paróquia, mas uma Missão nos sanatórios da cidade que, na época, eram mais de dez, entre particulares, públicos e de congregações religiosas. Foram escalados os Padres Isaac Lorena e Orlando Gambi, juntamente com Padre Vítor, que lá já se encontrava e era profundo conhecedor da realidade dos sanatórios.

---

[12] Documenta 6, "Crônica Redentorista de Aparecida", vol. VI, no *ARSP*.

Ao término da Missão, houve uma concentração no Sanatório Divina Providência, com uma missa campal celebrada diante da gruta construída por Padre Vítor quando lá esteve internado. O encerramento da Missão no dia onze de fevereiro coincidia com o centenário das aparições de Nossa Senhora em Lourdes, na França. Frei Getúlio Reimann presidiu a missa que foi comentada por Padre Vítor e transmitida pela Rádio de Campos de Jordão. A Missão continuou nas vilas e na matriz, mas os momentos missionários nos sanatórios foram os mais marcantes. Na missa irradiada, Padre Vítor juntou à emoção a experiência em transmissões pelo rádio. Estava tornando-se um *expert* no assunto.

Em março, Padre Vítor foi procurado por um de seus "coelhinhos" e conterrâneo, Padre Antônio Borges. Padre Borginho vinha há algum tempo tentando uma fundação redentorista no Triângulo Mineiro. A extensa região, que uma vez pertencera à Diocese de Goiás, desde a criação da Diocese de Uberaba foi declarada área de atuação pastoral da Província de São Paulo. A região, embora estando no Estado de Minas Gerais, era entreposto entre São Paulo e Goiás, motivo pelo qual pertencia, pastoralmente, à Província São Paulo. Na década de 1940, os redentoristas holandeses pensaram em fundar uma casa na região a pedido do bispo de Uberaba, Dom Alexandre Gonçalves do Amaral. Em 1946, estando na Holanda, pediu ao Provincial uma fundação. Mas, em 1950, o Padre-Geral, o holandês Leonardo Buys, declarou o território do Triângulo como área da Província de São Paulo.[13] Portanto, uma possível fundação deveria ser acertada em São Paulo. Quando a Diocese de Patos de Minas foi criada, em 1955, a Província do Rio de Janeiro pretendeu a região como área de sua jurisdição. Novamente, Roma declarou que também aquela área pertencia a São Paulo.[14] Mas ainda não havia lá nenhuma fundação. Padre Borginho pediu então a Padre Vítor que rezasse à Santa Teresinha do Menino Jesus, pois precisava alcançar uma graça. Quando a fundação estava quase acertada para a cidade de Araguari, decidiu-se por Sacramento, para felicidade de Padre Borginho.

No dia quinze de março, os redentoristas em Aparecida celebraram o dia de São Clemente, um santo redentorista. O Padre Provincial José Ribolla participou das solenidades e ouviu a pregação inflamada de Padre Vítor exaltando a santidade daquele que levou a Congregação além dos Alpes. Ao final, Padre Ribolla disse a Padre Coelho:

> Tem uma semana que respondi uma carta do Cônego Saul, de Sacramento, aceitando a proposta de uma fundação naquela cidade. Ainda brinquei: Sacramento nos deu dois grandes missionários: Padre Coelho e Borges.[15]

---

[13] Documenta 133, "Livro do Tombo da Província de São Paulo 1931 a 1956", no *ARSP*. Decreto assinado em 02-12-1950, em Roma. Original em latim.

[14] Ibidem, Decreto assinado em 06-03-1956, em Roma. Original em português.

[15] Copresp A, carta de Padre Ribolla ao Cônego Saul do Amaral em 9 de março de 1958. Volume XXVIII. No *ARSP*.

327

Era o começo da bela história de uma fundação tão querida pelos idealizadores e tão acarinhada pelos leigos e pelo envolvimento do povo.

No mês de abril o clero foi surpreendido pela notícia da criação da Arquidiocese de Aparecida. Em 1908, quando foi instalada a Diocese de Taubaté, a Vila de Aparecida passou a pertencer à Arquidiocese de São Paulo sob a alegação de ter a Vila um santuário. No início da década de 1950, a relação entre o Arcebispo de São Paulo, Dom Carlos Motta, e os redentoristas deixava a desejar. Padre Andrade, que tanto fez pela futura nova basílica e pela estação de Rádio de Nossa Senhora, fora transferido para São João da Boa Vista sob a alegação de haver se imiscuído em questões políticas da cidade. Padre Júlio Brustoloni clareou a questão.

> O Provincial Padre Antônio Macedo teve que suportar as "iras" do Cardeal Motta por causa do enredo político que o politiqueiro de Aparecida, Américo Alves, fez contra Padre Andrade. É verdade que ele apoiava o Sr. Salomão Boueri, seu braço direito no atendimento social da paróquia e candidato a Prefeito, filiado ao PRP do Sr. Ademar de Barros. Como Ademar era apoiado pelo Partido Comunista, Padre Andrade foi acusado de estar com os comunistas... Como consequência o Sr. Cardeal retirou sua confiança nos redentoristas começando por mandar arrolar as propriedades da Mitra na cidade de Aparecida, suspeitando que a Congregação tivesse se apropriado de seus bens. Alguns terrenos nossos foram até incluídos como propriedade da Mitra, como, por exemplo, o do escadão que subia do Seminário Santo Afonso até a Rua Oliveira Braga. Naquele tempo não existia ainda a Rua Rosa Penido.[16]

Para ampliar o desconforto da situação, o Cardeal havia pedido de volta o prédio do Colegião num curto prazo de tempo, justamente quando a Congregação tinha mais de duzentos seminaristas. Padre Macedo, porém, com firmeza e sabedoria diplomáticas, soube lidar com os impasses criados pela situação, ganhando a confiança do Cardeal a ponto de ser escolhido como um de seus bispos auxiliares, em 1955. A pedra fundamental para a nova basílica havia sido lançada em 1946 e os serviços de terraplanagem e a base da construção estavam em andamento. Com a escolha do Provincial Redentorista como bispo auxiliar da Arquidiocese de São Paulo encarregado de cuidar das obras da basílica, o Cardeal dava um passo importante no sentido de restaurar as relações de amizade e confiança entre ele e a Congregação.

Da parte dos redentoristas, alguns se ressentiam das negociações e contratos com engenheiros e empresas envolvidos nos trabalhos da construção que, alegavam, resultavam demasiadamente dispendiosos. Chegaram, por isso, a escrever para Roma expondo a situação. Havia desconfianças sobre a maneira como a administração estava sendo conduzida. Padre Pires escreveu ao Superior-Geral sugerindo uma audiência com o Papa, acrescentando que a situação só seria re-

---

[16] J. Brustoloni, Apresentação do volume V, do COPRESP B, página 3, 2002. No *ARSP*.

solvida se Aparecida fosse colocada sob a jurisdição de um bispo ou fosse, ela mesma, sede de bispado.[17] Pois não é que isso aconteceu em 1958? No dizer do Núncio Dom Armando Lombardi, um caso raríssimo na história da Igreja: uma simples paróquia dar um salto para o arcebispado. Mas quem seria o Arcebispo de Aparecida? Nada menos que o próprio Cardeal de São Paulo, Dom Carlos Motta, que assumiu no final daquele ano, como Administrador Apostólico, quando da instalação da Arquidiocese. Assim permaneceu até 1964, quando Dom Motta renunciou à Arquidiocese de São Paulo e passou a residir em Aparecida. E com ele, Dom Antônio de Macedo, como Arcebispo Coadjutor.[18]

Todo esse movimento em torno de decisões que envolviam a vida dos redentoristas agitava a vida conventual. Padre Vítor participava ativamente de tudo. Não estava alheio a nenhuma situação. Momentos houve em que Padre Andrade chegara a pensar que Padre Vítor tivesse tomado o partido do Cardeal no período em que tais incidentes marcaram a vida dos confrades em Aparecida. Mais tarde tudo se esclareceu, até mesmo a desconfiança de Padre Andrade em relação a Vítor e o fato de a amizade entre eles haver esfriado um pouco. Eram as consequências de discussões irrefletidas, de mal-entendidos, de atitudes tomadas intempestivamente. Muitas vezes, sem malícia, inadvertidamente, Padre Vítor acabava sendo envolvido em alguma situação sem ter, na verdade, participado dela ou ajudado a criá-la. Assim, às vezes a corda arrebentava de seu lado. Interessado e falante, metia-se nos assuntos dos confrades, embora sem qualquer intenção de atrapalhar ou de ser invasivo. Mas o certo é que, frequentemente, atrapalhava. Um ou outro confrade dizia que o Coelho, às vezes, "procedia como se não tivesse pecado original". Seria talvez ingenuidade, santidade... Ou apenas um jeito meio desligado de ser. Seja como for, vivenciou, de forma muito participativa, todos os redemoinhos que as lideranças da Província enfrentavam com os políticos e com o Cardeal.

Vítor era um homem sensível diante da dor, do sofrimento e da morte. Pouco mais de seis meses depois da morte de seu pai, ele perdia seu segundo pai: Padre João Batista. Na festa do Sagrado Coração, Padre João não resistiu a um segundo infarto e faleceu numa tarde fria do mês de junho. Padre Vítor sentiu profundamente a morte do amigo. Emocionou-se e chorou a perda do velho mestre que fora como um pai para ele em sua trajetória vocacional. Após a missa exequial na basílica, deveria falar homenageando o querido confrade como fora combinado com o reitor. Não conseguiu falar. Padre Vítor, sempre tão eloquente, não conseguiu dizer uma única palavra. A dor calara-o.

Fato engraçado aconteceu com ele no dia oito de outubro. Com seu radinho ligado, após o almoço, ouviu o "Repórter Esso" anunciar que havia rumo-

---

[17] Copresp B, carta de Padre Geraldo Pires a Padre Guilherme Gaudreau, em 4 de outubro de 1956. No *ARSP*.

[18] A. Owczarski, "Spicilegium Historico C.Ss.R.", *Annus* LX, 2012, fasc. 1-2. Romae, 301.

res de que o Papa Pio XII teria morrido. Padre Vítor não esperou dois tempos. Foi correndo à basílica, mandou tocar os sinos e, em alto e bom som, anunciou pelo alto-falante: o Papa morreu. Telefonou para a Rádio Aparecida para que cancelasse a programação. Só que, uma hora depois, soube-se que o Papa, embora muito mal, estava vivo. A notícia oficial de sua morte só foi divulgada quase à meia-noite, pois o Papa falecera na madrugada romana do dia nove de outubro de 1958. Quando, alguns dias depois, João XXIII foi eleito, aí sim ele não poupou barulho para anunciar, com sinos, alto-falantes e pelas ondas da Rádio Aparecida a eleição do novo pontífice.

Em se tratando de usar microfones e alto-falantes, Padre Vítor não perdia uma oportunidade sequer. Em um domingo de grande afluxo de romeiros, a praça da basílica lotada, fotógrafos e ambulantes que vendiam por ali suas lembrancinhas deram o aviso de que havia ladrões infiltrados no meio do povo. O romeiro, distraído e sem malícia, só se apercebia do perigo quando seu dinheirinho já fora surrupiado. Pressuroso, Padre Vítor ligou o alto-falante e numa linguagem simples, que todos entendiam, alertou os romeiros para o perigo de mãos alheias em seus pertences. Atitude que bem revela um pouco de seu jeito simples, pronto para ajudar e pleno de praticidade.

Além de fazer seus programas na Rádio Aparecida, ele viajou algumas vezes para trabalhos apostólicos e teve intensa participação na Paróquia de Aparecida, pregando os sermões da Semana Santa, de *Corpus Christi*, de Santo Afonso e na festa da Natividade de Nossa Senhora, no dia oito de setembro. Nas grandes concentrações, ou ele estava escalado para pregar, ou estava a postos, microfone nas mãos, para comentar as solenidades e missas para a Rádio Aparecida.

Findando 1958, Roma enviou as indicações dos nomes que ocupariam os cargos no próximo triênio. Padre Pedro Henrique foi nomeado reitor em Aparecida. Para a direção da Rádio Aparecida o jovem Padre Rubem Galvão, reafirmado no cargo. Padre Vítor foi nomeado Vice-diretor.

Como Vice-diretor, Vítor participava das decisões e empenhava-se no crescimento da emissora. No ano de 1959, fez várias viagens com a imagem fac-símile de Nossa Senhora Aparecida para angariar fundos em prol da Rádio. Quando o Papa João XXIII, em janeiro de 1959, anunciou a realização de um Concílio Ecumênico na Igreja, Padre Vítor passou a seguir com atenção todos os passos que seriam dados para a realização desse magno evento. Resultado de seu grande empenho, seus programas continuavam crescendo em audiência, oferecendo aos fiéis catequese básica para o cristão, clareando a teologia numa linguagem acessível, atraindo o ouvinte para o Cristo Redentor.

Jesus prometeu o céu ao pecador. Jesus veio para salvar o que estava perdido. Talvez seja você alguém perdido, que precisa de salvação! O pecador abandonou Deus e compara-se à ovelha extraviada no deserto, que não achou mais o rebanho.

São Tiago compara-o a uma estrela cadente, vagando nos abismos do céu, ou às espumas agitadas pelo oceano furioso ou a árvores mortas e arrancadas do solo. Jesus veio para fixar as estrelas desgarradas no céu da madrugada, belas como a estrela d'alva. Ele faz brotar, de novo, as árvores mortas e arrancadas, segundo aquela passagem de Isaías: "Ó casa de Israel, não digas: "eu sou uma árvore seca!"

Jesus tira mortos da sepultura: Ele é a ressurreição e a vida. Jesus, no batismo, levanta-nos dos abismos e, pelo sacramento do perdão, faz ressuscitar os mortos pelo pecado. Em sua Igreja, Ele constantemente celebra o grande mistério de sua morte e da sua Ressurreição, na Eucaristia, para que a religião cristã seja perenemente um morrer para o mal e um ressuscitar para o bem.

Sobre as ondas bravias do mar, Ele anda e nos chama para andarmos com Ele também. E não quer que nos falte a confiança, ao ponto de começarmos a afundar nas águas, como Pedro. Jesus nos exorta, dizendo: "Homens de pouca fé, por que duvidais?" Cremos na misericórdia infinita do Pai, que nos deu o seu Filho. Cremos no amor infinito do Filho, que nos amou e morreu por nós. Seu sangue tem valor imenso. Cremos no amor do Espírito Santo, que perdoa os pecados e que enche a alma de fé, esperança, caridade, justiça, fortaleza, temperança, prudência...

Tudo podemos em Deus que nos conforta. O pecador deve crer na libertação. Quem não confia e começa a afundar, como Pedro, deve clamar como ele: "Senhor, salva-me!" Jesus nos salva![19]

As pessoas, ao longo da vida, vão tornando-se mais experimentadas, mais refletidas. Com isso, as ideias, pensamentos, conceitos também vão mudando. Padre Vítor está prestes a completar sessenta anos de idade. Um homem maduro. Sua visão de Igreja e seu pensamento teológico deram um grande passo à frente quando os documentos do Concílio Vaticano II foram oficialmente promulgados pela Igreja. A reflexão citada, anterior ao Concílio, revela sua formação teológica e a maneira simples e acessível de expor seus conceitos aos ouvintes da Rádio Aparecida.

O dia seis de janeiro de 1959 foi a data oficial do início de mais um pré-seminário da Província, agora em terras de Minas Gerais, na cidade de Sacramento, terra natal de Padre Vítor. Era a política do Provincial Padre Ribolla: pré-seminários para facilitarem os primeiros passos da formação para, depois, no Seminário Santo Afonso, aprimorar e apurar as vocações. Na verdade, Padre Ribolla estava à procura de um lugar para a construção de um estudantado, isto é, um novo local para o seminário maior. A cidade de Tietê deixaria de abrigar os cursos de filosofia e teologia. E, para justificar uma nova construção, nada melhor que a garantia de muitas vocações, visto que do início até o final do processo formativo levava-se mais ou menos quinze anos. Seria tempo suficiente para a escolha e construção de um prédio sóbrio e adequado ao estudantado da Província.

331

---

[19] V. C. de Almeida. Programas radiofônicos na Rádio Aparecida. Pastas Programas Datilografados. No *APV*.

Os estudantes começaram a chegar no dia vinte e seis de fevereiro ao pré-seminário do Santíssimo Redentor. Dentre os da primeira hora, apenas um perseverou e tornou-se padre: Luiz Carlos de Oliveira. Padre Antônio Borges foi nomeado diretor e Padre João Gomes, seu auxiliar. Dois mineiros para a primeira fundação da Província em Minas Gerais.

Padre João era de Brazópolis, no sul do Estado, enquanto Padre Borges era sacramentano, "coelhinho" de Padre Vítor. Com todas as dificuldades do início de uma fundação, o seminário foi instalado em casa alugada. Mas desde o começo Padre Borginho estabeleceu uma estratégia: não dar descanso, tanto a seus conterrâneos bons de bolso – mesmo aqueles que viviam em outras paragens – como aos moradores da cidade e ao povo simples das capelas rurais, angariando as mais variadas ofertas em prol da nova construção. Padre Vítor comprometeu-se a levar a imagem peregrina de Nossa Senhora Aparecida a Sacramento quando do início das obras.

Vítor dedicava-se sempre com renovado empenho a levar a imagem peregrina em visita às cidades que a solicitavam. No mês de março daquele ano, esteve com Dom Antônio Macedo em Porto Alegre levando a imagem para a festa jubilar da Polícia Militar daquele Estado sulista. Sua vida e seu trabalho missionário eram, cada dia mais, dedicados ao santuário e à Rádio Aparecida. Não que ele não estivesse trabalhando como partícipe da equipe de padres basilicais. É que, como estava ligado aos meios de comunicação, ao rádio de modo especial, isto o tornava muito solicitado pelos romeiros. Eram pessoas vindas de longe, que o ouviam através do rádio e que, quando iam até Aparecida, tinham entre seus objetivos conhecer e, se possível, tirar um retrato com Padre Vítor.

Em 1959, ele já não escrevia mais seu artigo "Janelinha da Arca" para o Jornal Santuário de Aparecida. Mas, como conservava os rabiscos, anotações e *scripts* feitos para seu programa do meio-dia, "Os ponteiros apontam para o infinito", foi incentivado por amigos a organizar o material e encaminhá-lo para publicação. Em meio aos não poucos afazeres, ele passou a reunir suas anotações e esquemas de programas já feitos com a intenção de publicá-los. Escrever um livro não é tarefa fácil. Escrever um livro segundo as normas da Igreja, isto é, segundo as prescrições específicas para um padre, torna a tarefa ainda mais exigente e trabalhosa. Primeiro a obra vai precisar do *imprimatur* do superior provincial ou bispo. O provincial, por sua vez, escolhe duas pessoas gabaritadas para a função de censores sem que o autor saiba quem são eles. Os censores apresentam as conclusões de sua análise, com observações, anotações e correções a serem feitas. Só após este apurado exame o livro recebe o *nihil obstat* e o *imprimatur* para a publicação. Padre Vítor, feliz diante da possibilidade de abertura de uma nova janela para o apostolado, pôs mãos à obra. Datilografou o material e entregou-o ao Provincial, Padre José Ribolla. Depois das devidas observações – e, diga-se de passagem, muitas observações – Padre Ribolla respondeu a Padre Vítor.

Revmo. Padre Coelho,

L.J.M.

Juntamente com os censores julgo que "os ponteiros" apontando para a "janelinha" são um trabalho que merece ser publicado para maior glória de Deus.

Dou o "imprimi potest", já falei com as Paulinas e consegui interessá-las diante da propaganda pela Rádio Aparecida. Antes, porém, de imprimir, apresento-lhe as notas dos censores para as devidas emendas. [...]

Depois das devidas corrigendas, favor enviar-me "os ponteiros" para pôr o "imprimi potest" da Província e pedir o "imprimatur" do Bispo.

Grato, servus.[20]

O livro foi publicado em 1960 e teve uma segunda edição em anos posteriores. Padre Vítor passava boa parte do tempo diante de sua máquina de escrever. Segundo confrades que moraram com ele, o barulho da máquina era constante quando ele estava no quarto. A não ser nos horários em que a Regra prescrevia silêncio, o menor e o maior, após o almoço e após as 21h, quando todos deviam recolher-se ao leito.

A Rádio de Nossa Senhora ainda não completara dez anos de inauguração e funcionamento e já era um sucesso. A finalidade da Rádio, explicava Padre Vítor, era – e sempre será – catequizar, pregar a Palavra divina para a renovação espiritual e a santificação do povo de Deus. No começo não passava de uma estaçãozinha local, mas em 1954 passou a operar em ondas curtas de 31 metros e, logo depois, de 91 metros, podendo alcançar todo o imenso território nacional. Entre os responsáveis, houve muita discussão sobre se a Rádio deveria ser genuinamente católica, levando ao ar apenas programas religiosos, ou se apresentaria também programas profanos.

Prevaleceram os que, tomando o Brasil não como nação apóstata e paganizada, mas, sim, como um povo grandemente religioso, apenas carecido de maior cultivo espiritual, opinaram por uma rádio desassombradamente católica.[21]

Nos Estados do Centro-Oeste, Sudeste e Sul estava entre as dez emissoras com maior audiência. Uma pesquisa do IBOPE, em 1959, colocou a Rádio Aparecida como a emissora mais ouvida em São José do Rio Preto, ombreando com a congênere local. Só encontrava dificuldade de penetração nas capitais dos Estados do Rio de Janeiro e de São Paulo. Naquela época, não tinha ainda a concessão para operar em ondas médias. Admirado, Vítor, em pequeno artigo para a REB, pergunta: "Como, então, explicar o admirável sucesso da mesma?"

---

[20] Copresp A, carta de Padre José Ribolla a Padre Vítor Coelho, de 2 de julho de 1959. No *ARSP*.

[21] Documenta 6, "Crônica Redentorista de Aparecida", vol. VI, no *ARSP*.

> A emissora de Nossa Senhora Aparecida venceu pelo simples motivo de ser abertamente católica e mariana. Sentindo a responsabilidade de doutrinar não apenas através de programas com leves tinturas doutrinárias que não satisfazem ao povo, os Padres da Rádio organizaram nada menos de nove programas diários de instrução e exortação religiosa, não contando a pitoresca "Entrevista com os romeiros", a reza das 18h, com terço e frequentes pregações, e as missas irradiadas das quintas-feiras, das primeiras sextas-feiras e dos domingos, em dois horários.
>
> A Catequese tem sido, portanto, a faina indefesa da Estação de Nossa Senhora Aparecida, com frutos de conversão e renovação espiritual tão universalmente conhecidos que, aos entusiastas da nossa Santa Fé, só resta agradecer bendizendo a Mãe de Deus tão notório favor.[22]

Padre Vítor era titular de alguns programas, como o já famoso "Os ponteiros apontam para o infinito", ao meio-dia. Falava de teologia, sociologia, pedagogia e defendia a Igreja Católica. Às 15h, o programa "Consagração a Nossa Senhora" ia também ficando famoso com a invocação inicial sempre repetida: "Caríssimos, são três horas, hora da consagração...". Esse "caríssimos" era dito em voz meio arrastada, deixando o primeiro *i* sair meio cantado... À tarde, fazia o programa "Carrilhões da eternidade", no qual fazia leitura comentada da bíblia sagrada. Aos sábados, o "Entrevista com os romeiros", no qual os romeiros enviavam mensagens e abraços aos parentes e amigos que haviam ficado distantes, em suas cidades. Era pitoresco ver incontáveis romeiros, aguardando em uma longa fila até que chegasse sua vez de dizer: "bença, pai, bença, mãe... chegamos bem e vamos voltar amanhã..." Quando perguntado sobre a cidade de onde viera, o romeiro, às vezes, não entendia a pergunta, ou o próprio Padre Vítor não entendia a resposta, e isso era motivo de sonoras risadas. Certa vez, uma senhora chegou ao microfone e disse seu nome: Sebastiana de Jesus. Padre Vítor interrogou: "De onde você veio?" – De Maria Helena, no Paraná. "Não filha, não é seu nome, mas a cidade de onde você veio". – Sim, de Maria Helena... "Ah deixa, não entendeu ainda..." A confusão acabou em boas risadas, pois Dona Sebastiana viera da pequena cidade de Maria Helena, no Estado do Paraná. Eram momentos de descontração e de brincadeiras para ouvintes e confrades, sob o olhar amoroso da Mãe Aparecida.

A presença de Vítor em Aparecida era motivo de alegria para a cidade. Quantos anos ali, como seminarista e como missionário! O trabalho que desenvolvia colocava em destaque não só o culto a Nossa Senhora Aparecida, mas a própria cidade de Aparecida.

Foi com alegria que Padre Vítor recebeu da Câmara Municipal o título de cidadão honorário da cidade. O projeto de lei de autoria do vereador Aziz Chad fora aprovado por unanimidade pelo Legislativo e sancionado pelo prefeito municipal. Era o reconhecimento e o agradecimento ao evangelizador

---

[22] V. C. de Almeida. "A Rádio Aparecida e a Catequese", in *REB*/19, Petrópolis, setembro de 1959, 642-643.

incansável. Ele recebeu a homenagem como um gesto de carinho e acolhimento de sua querida cidade de Aparecida, que assim fazia dele um de seus filhos.

Ao findar o ano de 1959, o mundo atemorizado vivia a gênese de novas tragédias: os Estados Unidos da América e seus aliados viam com apreensão a vitória da Revolução Cubana que chegara ao poder sob a liderança do comunista Fidel Castro. Na Espanha, surgia o movimento separatista Pátria Basca e Liberdade, o ETA. Na Ásia, explodia a Guerra do Vietnã – entre o Vietnã do Norte e o Vietnã do Sul – que durou até 1975 e que testemunhou a maior derrota militar da história dos EUA, que apoiavam o Vietnã do Sul. Na próxima década, a sociedade mundial ver-se-ia entre dois blocos políticos liderados de um lado pelos EUA e do outro pela URSS. Foi um tempo de tensão e medo para a humanidade. O tempo da chamada Guerra Fria.

Diante desse espectro e da propaganda contra o comunismo opressor e ateu, boa parte da Igreja adotou um severo discurso anticomunista. As orientações de Roma através da nunciatura, através das Ordens e Congregações, eram no intuito de reforçar a evangelização e organizar um plano emergencial que pudesse estancar o avanço das forças esquerdistas.

Padre Vítor Coelho, inserido nesse contexto, abraçou o posicionamento da Igreja e da sociedade. Não há escritos ou pronunciamentos com o exclusivo objetivo de defender as ideias capitalistas e atacar o comunismo, mas nas entrelinhas há, várias vezes, ataques ao "sistema moscovita", no dizer dele. Investir contra espíritas, protestantes, maçons e comunistas não era novidade para aqueles que detinham os meios de comunicação da Igreja. Padre Vítor foi mais um a fazer coro aos bispos e escritores que falavam dos males ideológicos que ameaçavam a Igreja. Em meio a esse período de ebulição e questionamentos, ele não conseguiu aperceber-se do movimento que nascia do povo sofrido e abandonado, nem teve sensibilidade para ver que a Igreja – ou parte dela – colocava-se ao lado dos que clamavam por dignidade, por justiça. Para setores da Igreja isso era comunismo.

Enquanto boa parte da programação da Rádio Aparecida se ocupava com a catequese doutrinal da Igreja, transmissões de missas e rezas, um outro setor da Igreja usava o rádio como meio para a educação de base dirigida aos camponeses no nordeste do país. Com o apoio de Dom Helder Câmara e execução de Dom Eugênio Sales, com base nas experiências da Igreja na Colômbia, foi iniciado o Movimento de Natal, no Rio Grande do Norte. A partir daí a Igreja começou efetivamente um trabalho sistemático entre a população rural, as populações de periferia das cidades, tanto na área religiosa como na social. Mediante a implantação de uma rede de escolas radiofônicas, teve início o trabalho de educação integral do trabalhador rural, com ênfase na formação da consciência crítica do participante e de sua inserção comunitária. Padre Vítor sabia desse trabalho e deixou apontamentos escritos sobre esse movimento de educação através do rádio no Nordeste. Em Aparecida o contexto era outro, a emissora de rádio era para catequizar e para divulgar a devoção a Nossa Senhora Aparecida.

Ao final de 1959, o cansaço e o abatimento físico fizeram com que Padre Vítor procurasse os médicos. A tuberculose nunca deixou de ser uma sombra rondando sua vida. Sabia de seus limites, mas pelo excesso de trabalho assumido, via-se que não era lá tão cuidadoso. Os médicos constataram uma laringite e ele teve que fazer alguns dias de repouso e silêncio absoluto. O homem da comunicação sem poder falar, pregar ou usar os microfones da Rádio!... Mas o sofrimento fizera de Vítor um homem experimentado depois dos longos anos de internação em Campos do Jordão.

Em janeiro de 1960, Padre Vítor foi novamente escalado para o trabalho na Rádio Aparecida, no posto de vice-diretor. Com ele estavam Padre Galvão, diretor, e Padre Maurílio Faria, auxiliar. Vários padres tinham programas, mas apenas os três eram liberados para o serviço permanente na Rádio. As Missões Populares continuavam a todo vapor. Mas havia problemas e um deles era a falta de padres. Segundo a norma vigente, algumas Missões eram assumidas pelo Provincial e outras eram assumidas pelos superiores das casas. Chegada a hora de sair a campo para a Missão havia choques de agendas e compromissos. Alguns padres escreveram ao Provincial explicitando a situação e reclamando, inclusive, porque Padre Vítor não participava mais de Missões. Seria a reclamação motivada pelo excesso de trabalho, pela ausência do missionário carismático ou simplesmente por pequenas intrigas de homens fragilizados pelo pecado do ciúme?

As notícias corriam pelos corredores do convento, pelas sacristias, pelos recreios... O próprio diretor da Rádio, Padre Galvão, sai em favor do colega. Assim que a lista dos cargos e residências foi publicada, Padre Galvão escreveu ao Provincial fazendo uma apaixonada defesa do colega de trabalho. Não apenas por sua atuação na Rádio, mas ainda pelo trabalho na basílica e no atendimento aos romeiros, serviços todos criticados pelos confrades...

> Vemos, entretanto, como a Congregação Redentorista não descuidou em "tirar" padres dos trabalhos apostólicos. Somente eu, diretor-geral da Rádio, fui realmente "tirado" das Missões. O Padre Vítor Coelho, depois de longas e estafantes jornadas missionárias, vítima de seu zelo sacerdotal, teve que se recolher num sanatório, onde, durante sete longos anos, curtiu as agruras e os sofrimentos da vida de um doente. Nesse tempo submeteu-se a perigosa e delicadíssima intervenção cirúrgica da qual escapou por verdadeiro milagre e de lá saindo sem um dos pulmões e tido, por isso mesmo, como liquidado e inválido para os trabalhos apostólicos. Pois bem. Apesar de seus anos e apesar de tudo por que passou, voltou para as Missões onde se manteve ainda por muito tempo e sempre na primeira linha.
>
> Ao vir para a basílica, desenvolveu um trabalho intensíssimo, bastando apenas citar a célebre "missãozinha" que pregou durante muitos anos sozinho (falava três vezes por dia) e a novena perpétua das quartas-feiras. E hoje não as faz mais porque lhas tiraram contra a sua vontade. É, agora, sem favor

nenhum, um dos baluartes da Rádio, que é, senão, a mais ouvida, pelo menos uma das mais ouvidas vozes em todo o território nacional.[23]

Apesar de toda a correria e trabalhos ele encontrava tempo para cuidar de sua vida espiritual. A espiritualidade é orientadora da ação, do agir no dia a dia da vida. Além de seu retiro anual, que fazia seguindo os moldes prescritos pela Regra, no começo do ano de 1960, foi a Tietê pregar um retiro aos estudantes de teologia. Falou de modo especial, aos que se preparavam para os votos perpétuos. A profissão aconteceu no começo de fevereiro, na igreja do estudantado. Vítor, emocionado, recebeu os votos dos que professaram: João Rezende Costa, Cláudio Mallmann, Rodolfo Anderer e Paulo Hess.

Ainda no começo de fevereiro, Padre Vítor foi comentarista de duas missas celebradas na basílica velha. Na primeira, um grupo de jovens recebia o hábito redentorista para iniciar o ano de noviciado. A segunda, no dia seguinte, dia dois de fevereiro, a profissão religiosa daqueles que terminavam o ano de noviciado. As orações e o canto eram transmitidos na íntegra, enquanto Padre Vítor, sempre ao microfone, fazia comentários e explicava cada momento da celebração aos ouvintes. Era um trabalho gratificante para os fiéis e confrades.

Na Rádio Aparecida, continuam os três confrades (Galvão, Coelho e Faria). Além do grande apostolado, para a Congregação, oferece, não há dúvida, grandes vantagens: prestígio e propaganda sobretudo para arrebanhar vocações. Todas as cerimônias mais importantes, nossas, também são irradiadas, por exemplo, tomada de hábito, profissões religiosas, ordenações e outras ocasionais e extraordinárias.[24]

Cumprindo todos os seus deveres de religioso e padre, Vítor cada vez mais se destacava no apostolado da comunicação. Fazia dos microfones da Rádio Aparecida seu púlpito várias vezes ao dia, quer nos programas dos quais era titular, quer nas missas que presidia ou comentava. Lá estava sempre ele com sua voz inconfundível a falar de Nossa Senhora. Ela sempre o acompanhou, ao longo de todo o caminho de sua vida, desde menino até ali, quando era uma das vozes mais eloquentes a exaltar as maravilhas de Deus operadas por intercessão de Nossa Senhora. Em um dos programas, ele fez questão de lembrar um fato de sua infância. Talvez porque seu pensamento estivesse voltado para Sacramento, a cidade de sua meninice, para onde ele levaria a imagem de Nossa Senhora naqueles próximos dias do mês de maio.

Quando eu era criança, bem pequeno, mamãe havia dado a mim uma medalhinha de Nossa Senhora Aparecida. Eu carregava no pescoço. Um dia, na aula, o meu professor era ateu e zombou da medalha, dizendo que eu

---

[23] Copresp A, carta de Padre Galvão para Padre José Ribolla, em 27 de janeiro de 1960. No *ARSP*.

[24] Documenta 84, "Crônica da Província de São Paulo 1953-1968", no *ARSP*.

> carregava um cincerro. Cincerro é um sino que dependura no pescoço do burro para ser madrinha da tropa. Além de zombar, ele chegou perto de mim e arrancou a medalha e jogou no mato, pela janela. Eu chorei muito e fui procurar a medalhinha que mamãe havia me dado. Nunca mais achei. Veja como é a vida. Agora eu estou aqui, debaixo de seus pés. Eu sou missionário redentorista. Havia também a promessa e o milagre onde papai me entregou para Nossa Senhora e eu vim parar aqui na cidade de Aparecida. Esta semana vou levar a imagem da mãe querida à minha cidade de Sacramento. Nunca mais achei a medalhinha. Mas Nossa Senhora me achou. Ela me tirou do lodo, me fez seu anunciador. Sou filho da misericórdia...[25]

Tudo estava preparado para a visita de Nossa Senhora a Sacramento. O avião sairia de Guaratinguetá rumo a Uberaba e, de lá, a imagem seguiria de teco-teco para Sacramento. Na cidade, a mobilização em torno do evento crescia, o espírito de festa tomava conta das ruas. Uma multidão já se aglomerava no aeroporto, ou "campo de aviação", como eram chamados os pequenos e maltratados aeroportos do interior. Mas houve problema. O tempo ruim no Vale do Paraíba não permitiu que o avião decolasse. O bom povo de Sacramento precisaria aguardar nova data. Para completar a frustração, uma semana depois, Padre Vítor escorregou no refeitório do convento e levou um belo tombo, fraturando o braço direito. Foi obrigado a usar uma tipoia. Mas, ainda assim, comparecia para fazer seus programas na Rádio e postar-se para fotografias na praça.

Eis que no dia quinze de agosto Nossa Senhora Aparecida vai, finalmente, visitar Sacramento. Toda a cidade se transformou em festa, alegria e emoção. Padre Vítor voltava a sua cidade, à terra natal que o vira menino de calças curtas, fazendo traquinagens pelo entra e sai de suas ruas tranquilas. Entre os meninos do Seminário Santíssimo Redentor, fundado um ano antes pelo "coelhinho" e sacramentano Padre Borges, encontrava-se o estudante Luiz Carlos de Oliveira. Ali, três sacramentanos, três gerações e, no futuro, três missionários redentoristas. O cronista do convento retrata a bela festa.

> O dia amanheceu sem chuva, límpido e claro. Logo de início, um movimento desusado na cidade. Esta está engalanada para receber a Rainha do Brasil e dos corações. Faixas e festões por onde a imagem da bendita entre as mulheres irá passar. Parecia que todo o mundo se abalava para o campo da aviação. Muita gente da roça. Gente das cidades vizinhas. Multidão imensa esperando Nossa Senhora. Padre Borges, num carro alto-falante, vai rompendo outros carros até o aeroporto. Escolas e autoridades. Nosso seminário com os seminaristas e Padre João Gomes e Irmão Vítor. De repente surge na amplidão do espaço o primeiro avião. É o arauto da Rainha do céu e da terra, anunciando a sua chegada. Dá umas voltas por sobre a multidão e a cidade, atirando flores. São graças de Nossa Senhora derramando sobre o povo. Não tarda muito e aparece o segundo avião. É o da imagem milagrosa.

---

[25] Padre Vítor Coelho, Programas Radiofônicos. No *APV*, Pasta Programas Rádio Aparecida.

Vozes, palmas, vivas, fanfarras, fogos, um entusiasmo imenso e o avião pousa lesto e fagueiro. De seu bojo emerge a figura prazenteira e atlética de Padre Vítor Coelho, erguendo a imagem querida da Padroeira, tão ansiosamente esperada e espetacularmente recebida.

Logo, um carro-andor enfeitado e repleto de anjos é apresentado. Colocada a imagem no seu novo trono, a procissão desfila lenta, em direção à cidade. Um espetáculo nunca visto em Sacramento. Uma fila de mais de dois quilômetros de carros pelas ruas enfeitadas. Os vivas, os cânticos, os apitos estridentes das máquinas da cidade eletrizam até os mais apáticos e indiferentes.

Os veículos tomam a direção do local da construção do seminário. Em meio às obras, tudo está preparado para a missa e demais cerimônias. Nossa Senhora é retirada do carro e colocada em seu nicho, no altar improvisado. Todos reunidos, dá-se início à missa, celebrada pelo Padre Azevedo, com Padre Vítor ao microfone fazendo os comentários.

Bênção das obras. Manifestação aos benfeitores. Manifestação a Nossa Senhora. Fala um seminarista pedindo bênçãos da Virgem para a fundação e pelas vocações triangulinas. No fim, a autoridade máxima do lugar, Cônego Saul do Amaral, ladeado pelas autoridades civis, toma a imagem bendita bem alto e feita uma curta oração pelo Padre Borges, pela cidade, pelas famílias sacramentanas, pelo seminário, pelas vocações, pela construção, traça com ela uma cruz bem larga. Nesta hora estouram mais de trinta dúzias de fogos, repicam os sinos, tocam a banda e as fanfarras, anjinhos atiram flores em Nossa Senhora. Foi o clímax da festa. Leva-se Nossa Senhora triunfalmente para a igreja do Rosário, e tudo se encerra.

Um fato inédito e imprevisto: seis aviões da FAB, a convite de Padre Coelho, que se tinha avistado com o comandante no aeroporto de Uberaba, voltando de seu roteiro costumeiro, passam por Sacramento a fim de saudar a Rainha do Universo. Chegam à cidade justamente à hora da manifestação aos benfeitores. Durante cinco minutos voam sobre a multidão fazendo acrobacias fantásticas. Foi um delírio. Alguns choram de comoção. Esse dia de festa ficará inesquecível em nossa recordação.[26]

Entre as festas, alegrias e correrias, Vítor foi até Araxá para abraçar sua irmã Mariazinha. Voltando para Aparecida, continuou seu trabalho na rádio e na basílica. No mês de outubro, na festa da Padroeira do Brasil, um padre da Província Redentorista do Rio de Janeiro, Padre Ferreira, seria o pregador da novena. Mas, na última hora, avisou que não poderia comparecer. Padre Vítor assumiu a missão de pregar todas as nove noites. Esmerou-se a cada noite mais inspirado. Sua simplicidade e a eloquência com que pregava chamavam a atenção até mesmo de seus confrades. Se um ou outro tecia algum comentário depreciativo, era em tom de brincadeira, pois todos admiravam o carisma do grande pregador Padre Coelho.

Com a chegada do ano de 1960, Juscelino Kubitschek despedia-se da presidência do Brasil, mas não sem antes inaugurar, em abril, a nova capital do país, Brasília. A Província de São Paulo, também naquele ano, deu início a uma fundação na nova capital, no setor sul da cidade, dedicando-a a Nossa

---

[26] Documenta 103, "Crônica do Pré-Seminário do Santíssimo Redentor, 1959-1970", no *ARSP*.

Senhora do Perpétuo Socorro. No final do ano houve eleições presidenciais. O Brasil crescia sete por cento ao ano impulsionado pela industrialização e pela crescente participação do capital estrangeiro na economia. Mas JK deixava um desequilíbrio nas contas públicas, inflação alta, desvalorização da moeda e aumento do custo de vida. Com isso, o PSD de Juscelino foi derrotado nas eleições presidenciais e Jânio Quadros, do PTN, com o apoio da UDN, foi o vencedor. Para o cargo de vice-presidente, foi eleito João Goulart, do PTB, com o apoio do PSD. Na Rádio Aparecida, Padre Vítor acompanhava atentamente os acontecimentos, mas não se pronunciou a respeito, nem teceu quaisquer comentários acerca do momento político vivido pelo país.

No começo de 1961, um dos últimos compromissos do Presidente Juscelino foi visitar a cidade de Aparecida, onde foi acompanhado pelo Cardeal Motta, além de outras autoridades. Juscelino inaugurou a placa comemorativa de doação da estrutura metálica para a torre da nova basílica, que recebeu o nome de "Torre Brasília". Dois dias antes de assumir a Presidência, foi a vez de Jânio Quadros visitar a cidade. Ele foi à basílica velha com sua esposa para cumprir promessa de campanha. Participou da missa devotamente, segundo o cronista do convento. A Rádio Aparecida, cônscia de seu dever de informar, noticiou e deu cobertura às visitas das altas personalidades a Aparecida.

Como sempre, no início do novo ano, Padre Vítor fez seu retiro anual e repouso em Campos do Jordão. Revigorado, retornou à labuta diária. No fim do mês de maio, mês de Maria, a Paróquia de Aparecida organizou uma procissão e coroação da imagem na praça em frente à basílica. Padre Vítor fez um de seus mais belos sermões, exaltando as glórias de Maria Santíssima.

Em seus programas na Rádio, de modo especial no programa do meio-dia, "Os ponteiros apontam para o infinito", Padre Vítor comentou a encíclica que o Papa João XXIII acabara de publicar para o mundo católico. A encíclica marcou época e marcou o pontificado do Papa bom. *Mater et Magistra* enfoca a realidade social no mundo à luz da doutrina cristã e a relevância do testemunho da Igreja nesta realidade. João XXIII retomava pontos da encíclica de Leão XIII, *Rerum Novarum* e da *Quadragesimo Anno*, de Pio XI. Padre Vítor comentou cada parágrafo para os ouvintes da Rádio.

No mês de agosto, para surpresa e susto do país, o Presidente Jânio Quadros renunciou ao mandato. Era o nascedouro de uma agitação política que duraria alguns anos até o triste desfecho no golpe militar. Pessoa de influência, formador de opinião, não se tem notícias de que Padre Vítor tenha tomado alguma posição em face dos fatos consumados da política nacional. Ele estava muito empenhado no desenvolvimento da Rádio, de modo especial na campanha dos sócios, conclamando os ouvintes a se inscreverem e a se tornarem coparticipantes na grande obra evangelizadora.

O ano de 1962 foi um marco na vida da Igreja devido ao início do Concílio Vaticano II, anunciado em 1959 por João XXIII. O sentimento era de expectativa, até mesmo de certa apreensão, para aqueles que tomariam parte no concílio. Para alguns bispos e peritos que atuaram no Concílio, sentia-se a necessidade de mudanças na Igreja, mas então não se sabia – ou nem mesmo se conjeturava – quais questões e que extensão tais mudanças abarcariam. Enquanto muitas discussões e questionamentos aqueciam reuniões, conversas, círculos intelectuais, religiosos e leigos sobre os progressos pretendidos para a Igreja em face do mundo moderno. O Provincial redentorista estava preocupado com a observância da Regra. Em mais uma de suas circulares, ele aponta algumas normas que deveriam ser implantadas. Tais normas apoiavam-se nas decisões tomadas em reunião com os superiores de todas as comunidades, a chamada *consultatio triennalis superiorum*, na qual, a cada três anos, fazia-se um retrospecto da vida comunitária e missionária da Congregação.

> As vocações vindas de elementos de cor não devem ser rejeitadas. Tais vocações não serão procuradas, mas, quando se apresentarem, examinadas com mais vigor, não poderão ser rejeitadas, mas sim aceitas.
>
> Vocações duvidosas, hesitantes, não ficam mesmo, e mais cedo ou mais tarde acabam pela negativa. A experiência está nos ensinando isto de sobejo. Nas casas de formação fica, portanto, como orientação estabelecida que tais vocações devem ser eliminadas, e não devem continuar por mais tempo.
>
> Sobre o uso da televisão discutiram-se os prós e contras e decidiu-se pela não introdução do aparelho em nossas casas. Perguntou-se que reais vantagens mesmo como meio de informações poderia trazer a TV, que compensassem introduzi-la em nossos conventos. Nós, que em nome do voto de pobreza estamos pedindo esmolas do povo para podermos construir nossas casas, estaremos certamente credenciados pela Providência a dar um exemplo edificante de simplicidade e austeridade religiosa, abstendo-nos também da TV no convento.
>
> Foi constatado que há um certo exagero com as bebidas à mesa. Mesas há, que em dias de festa ficam uma floresta de garrafas... Outras mesmo em dias de semana apresentam bebida variada e comprada fora, tendo abolido nossa conhecida cervejinha fabricada em casa. A bebida ordinária, às refeições, será o vinho ou a cerveja caseira.[27]

Coisas pequenas, mas praticamente todas elas tocavam de perto o modo de vida de Padre Vítor. Na história da Vida Religiosa, de modo especial, no Ocidente, houve um antes e um depois do Concílio Vaticano II. Este período em que o Concílio era realizado, era um período de incertezas e de buscas de novos caminhos... As mudanças foram profundas.

Grande incentivador de vocações, arrebanhou muitos meninos no período em que trabalhou como missionário da ativa e continuou ecoando o convite pelas ondas da Rádio Aparecida. A circular do Provincial evidenciava a necessidade de uma apreciação mais criteriosa dos vocacionados a serem admitidos nos seminários. Deixava evidente também um indisfarçável racismo, já que, até

---

[27] Documenta 133, "Livro do Tombo da Província 1931-1966", circular de Padre José Ribolla, no *ARSP*.

aquele momento, não havia padres nem irmãos negros na Província.[28] Sobre o uso dos meios de comunicação, até o rádio, para ser ouvido, precisava de licença do superior. E Padre Vítor já sonhava com uma concessão de TV para Aparecida... Mas, sem um real conhecimento do que era a TV, seria difícil analisar, opinar, decidir... Quanto à bebida à mesa, praticamente todos os redentoristas que estudaram na Alemanha voltaram com um gosto refinado para uma boa cerveja. Aliás, no convento em Aparecida havia uma cervejaria, onde os irmãos alcançavam boa produção. Como os demais confrades, Padre Vítor sempre foi apreciador desse "líquido precioso e diurético". A circular deixava à mostra alguns dos temas que preocupavam os capítulos domésticos da comunidade.

Enquanto esses detalhes dominavam a cena na Província, a Igreja do Brasil vivia momentos de grande efervescência. A abertura do Concílio fora marcada para outubro. Tendo em vista os preparativos para o início da reunião conciliar, a CNBB antecipara de agosto para abril sua Quinta Assembleia Ordinária, realizada no Rio de Janeiro. Dessa reunião surgiu o Plano de Emergência para a Igreja do Brasil, no qual o episcopado afirmava a urgência de a Igreja rever sua ação social e pastoral, levando em conta a realidade brasileira e, particularmente, a condição de vida dos pobres do país. Já antes, em 1960, por ocasião do Congresso Eucarístico de Curitiba, o jesuíta italiano, Padre Riccardo Lombardi, pregara para os bispos aí reunidos um retiro segundo a linha do "Movimento Para um Mundo Melhor", cujo pensamento se voltava para uma Igreja mais presente no mundo e mais atenta às questões sociais.

A década de 1960 testemunhou mudanças que marcaram para sempre a Igreja no Brasil e na América Latina. Um tempo novo, soprado pelo Espírito e pelos "ares novos" de João XXIII e do Concílio Vaticano II. Um tempo novo, de mudanças não somente na base, mas na cúpula da Igreja e na compreensão do agir eclesial no seio da sociedade contemporânea.

Padre Vítor acompanhava atentamente essas transformações e, na medida do possível, ia falando sobre essa nova realidade eclesial em seus programas radiofônicos. Paralelamente, um fato novo começava em sua vida e em seu ministério presbiteral: acompanhar a imagem de Nossa Senhora Aparecida em visita a algumas cidades do país. No ano anterior, ele fora à cidade de Mariana, em Minas Gerais, acompanhando a santa imagem e, em junho de 1962, juntamente com Padre Francisco Batistela, ele foi a Brasília com essa mesma incumbência. No mês de agosto, foi à cidade de João Monlevade (MG).

Em meio aos afazeres diários, Vítor percebia que os ares de renovação estavam chegando... E procurava acompanhar esse processo. Havia certa dificuldade em passar, pelas ondas da Rádio Aparecida, uma reflexão mais aprofundada sobre o momento eclesial que se vivia. A dificuldade estava em

---

[28] Apenas dois Irmãos: Vitor Sacramento e Joaquim Ferreira da Silva (Irmão Rafael), professos em 1941, apresentavam traços étnicos negros.

Padre Vítor Coelho de Almeida

que os ouvintes eram, em grande parte, da zona rural ou de cidades pequenas e interioranas do Brasil, com pouco acesso à informação e ao conhecimento. Outros estratos da sociedade, mais esclarecidos e mais conscientizados, estavam ligados à Ação Católica, movimento de leigos voltado para uma intensa ação missionária em meio à sociedade e estruturado em diversos e atuantes segmentos, entre os quais aqueles que envolviam os jovens católicos de vários setores, como a juventude estudantil católica (JEC), juventude operária católica (JOC) e a juventude universitária católica (JUC). Era preciso acompanhar os movimentos em sua busca por uma Igreja mais participativa, que valorizasse a presença e o serviço do laicato. Padre Vítor passou a falar da importância dessa participação e da necessidade de abertura para o novo que chegava à Igreja. Isso já antes de o Concílio começar. Como decorrência dessa postura em seus programas, em defesa de mais abertura e participação na Igreja, a exemplo da Ação Católica, ele recebeu crítica de um articulista do jornal o *Estado de São Paulo*.[29]

Padre Vítor não era presunçoso, mas muito ciente de seu papel como formador de opinião. Nesse período ele já era muito conhecido – quase famoso – por seus programas na Rádio e por seu jeito simpático de lidar com os romeiros em Aparecida. Mais que depressa ele foi justificar-se com seus superiores. O reitor do Santuário e superior da comunidade era Padre Pedro Henrique, da velha guarda e ex-diretor do Seminário Santo Afonso por longos anos. Confrades são confrades, e Padre Pedro achou melhor que Padre Vítor se justificasse com o Cardeal Motta. O Cardeal tinha uma consideração muito grande pelos redentoristas e fazia questão de sempre expressar esse sentimento. Mas ele era a autoridade eclesial e a autoridade está sempre presa a seu papel de sentinela e guardiã da instituição. Padre Vítor, todo preocupado, escreveu ao Cardeal justificando seu modo de evangelizar, dizendo que seguia normas da CNBB e que jamais falara algo que pudesse ofender a ortodoxia da Igreja.[30] O Cardeal Motta já havia sido presidente da entidade e sua linha pastoral não afinava muito com a abertura eclesial. Padre Vítor temia uma reprimenda. O velho Cardeal respondeu prontamente.

> Meu prezado amigo,
> Revmo. Padre Vítor Coelho de Almeida:
> *Laudater J. Christus!*
> Agradeço cordialmente a sua estimada carta de 18 do mês corrente e tudo que nela me disse.
> Quero, porém, informar que levei um logro: – pensei que ia trazer-me algum comentário seu sobre a memorável visita da milagrosa Imagem de Nossa Senhora Aparecida a Brasília, ou, então, sobre sua excursão até Ouro Preto e Mariana.

---

[29] Documenta 6, "Crônica Redentorista de Aparecida", vol. VI, 1954-1962, no *ARSP*.

[30] Arquivo Padre Vítor, *Pasta Correspondência com Autoridades*.

Quanto aos possíveis mal-entendidos sobre JUC, não era preciso que o senhor se afligisse e me mandasse explicações. Entretanto, suas explicações foram mais que satisfatórias. Mas fiquei aflito de ver o senhor aflito. Bem conheço as explorações de "O Estado"; não me fazem mossa.

Continue, pois, meu amigo, o seu intemerato e intimorato bom combate, através da radiodifusão. "Deus o quer" e Nossa Senhora também... E ao senhor caberá a coroa prometida...

Muito me honra a sua amizade, e lha retribuo sinceramente; o que confirmo agora, enviando-lhe, aqui, o meu forte abraço e bênçãos.

+ Carlos Carmelo de Vasconcelos Motta

Arc. De São Paulo e Adm. de Aparecida.[31]

Padre Vítor pôde dormir sossegado. Consciência tranquila, fazia questão de mostrar a carta do Cardeal aos confrades e amigos. Essa missiva amiga e tão confortadora deu-lhe a certeza de que levava sua missão por caminhos certos. Com isso, além da aprovação do Cardeal, ele ganhou mais respeito até mesmo entre os confrades e mais admiração dos ouvintes. Por muitos anos, os dois, Cardeal e Missionário, desfrutaram dessa amizade e compartilharam projetos em prol da evangelização a partir da mensagem de Nossa senhora Aparecida, ecoada através dos microfones e das ondas sonoras da Rádio Aparecida.

Em 1963, os bispos brasileiros voltaram de Roma depois da primeira sessão do concílio. A Rádio Aparecida procurou atualizar os ouvintes sobre os acontecimentos conciliares, convidando para entrevistas aqueles que passavam pela cidade de Aparecida. Padre Vítor fazia questão dessa tarefa, quer como radialista, quer como fiel sequioso por conhecer o momento especial que vivia a Igreja em todo o mundo.

A Igreja no Brasil, bem antes que o Concílio apontasse novos rumos, já fazia uma experiência de renovação que chamava a atenção de outros episcopados pelo orbe católico. No Rio Grande do Norte, a Arquidiocese de Natal começava um projeto novo na maneira de evangelizar. O então Administrador Arquidiocesano de Natal (RN), Dom Eugênio Sales, juntamente com os leigos da Arquidiocese, deram início ao chamado Movimento de Natal, que, dentre outros feitos, foi o nascedouro da Campanha da Fraternidade, iniciada em 1962, em Nísia Floresta, pequena cidade a 35 km de Natal. A Campanha da Fraternidade foi assumida por toda a Igreja do Brasil em 1964. Eram tempos de inovação, renovação e esperanças eclesiais em gestação.

No mês de junho, morreu o bom Papa João XXIII. Seu sucessor, Papa Paulo VI, assumiu a incumbência de dar prosseguimento ao Concílio. No mês de outubro, houve um encontro dos bispos brasileiros com o novo papa, ocasião em que ele ressaltou a necessidade da renovação de métodos pastorais para a Igreja do Brasil.

Em 1963, ainda gratificados com a beatificação do confrade Dom João Neumann em outubro, pelo Papa Paulo VI, a Congregação Redentorista, em

---

[31] Copresp A, volume XXXII, carta 11.249, do ano de 1962. No *ARSP*.

meio às promessas de mudanças na Igreja, fez realizar um Capítulo Geral para revisão das Regras. Muita coisa, porém, não se pôde decidir devido justamente à situação de expectativa e ao clima de renovação que pairava sobre o Concílio Vaticano II. O bom senso aconselhava aguardar seu término para se saber onde remodelar, reformar e atualizar. De São Paulo, o Provincial, Padre Ribolla, e o vogal, Padre Tarcísio Amaral, fizeram parte desse Capítulo. Padre Amaral, que já havia participado do Capítulo de 1954, era perito em Direito Canônico e entendia do assunto: renovação das Regras. Vocacionado de Padre Vítor Coelho – um "coelhinho" – Padre Amaral fora eleito, no mesmo ano, para exercer simultaneamente os cargos de Conselheiro-Geral da Congregação, Secretário-Geral e Procurador-Geral da Congregação junto à Santa Sé.

Padre Vítor – e com ele toda a Província – alegrava-se em ver seu vocacionado ocupando posições nas quais poderia servir ainda mais sua grande Congregação espalhada pelo mundo. Em um momento de transição, momento em que a Igreja vivia novos tempos e os ventos sopravam forte dentro das velhas estruturas, um de seus "meninos" participava de perto dos acontecimentos.

As comunidades redentoristas de Goiás, um dos berços da fundação bávara no Brasil, foram elevadas à Vice-Província de Brasília. A instalação canônica aconteceu no mês de fevereiro de 1964. Houve missa festiva na matriz do bairro de Campinas, em Goiânia. Padre Ribolla saudou a nova unidade da Congregação em circular aos confrades.

> Parabéns à nova Vice-Província e aos seus superiores. Que o Divino Pai Eterno, por intercessão de Nossa Senhora da Conceição e nosso Pai Santo Afonso, abençoe copiosamente a região que hoje é Vice-Província batizada com o nome da capital da República.[32]

Padre Vítor continuava firme em seus programas na Rádio Aparecida. Padre Maurílio Faria, que compunha o trio dirigente da Rádio, fora transferido, permanecendo apenas o diretor, Padre Galvão, e Padre Vítor como vice-diretor. Com sua simplicidade, o linguajar acessível aos ouvintes menos letrados, ele abordava variados temas em seus programas. Uma verdadeira catequese. Se surgia alguma crítica através de um telefonema ou artigo de jornal, ele respondia com uma caprichada explanação doutrinária. Quando as visitas da imagem de Nossa Senhora tomaram maior amplitude, as críticas, que falavam em idolatria, também aumentaram. Padre Vítor, incansável e resoluto, defendeu a prática, explicando o que seria e o que não seria idolatria, fazendo-o de forma simples e didática, em seus programas radiofônicos.

---

[32] Documenta 84, "Crônica da Província de São Paulo", vol. II. No *ARSP*.

No tempo do Apóstolo São Paulo, os cristãos, bem instruídos, sabiam não haver idolatria em comer carnes imoladas aos ídolos, visto saberem que os ídolos pagãos "nada são" e que não há outro Deus fora do verdadeiro Deus.

São Paulo exortava os cristãos instruídos (que sabiam não haver pecado em se comer daquelas carnes) a não as comerem pelo grave perigo de escandalizar os cristãos ignorantes.

Lição evangélica a tirar: a caridade obriga a não fazermos uso dos nossos direitos, quando daí resultar grave escândalo para o próximo.

São Paulo se refere aos cristãos que comiam as carnes oferecidas aos ídolos, isto é, aos deuses falsos, no templo pagão. O mundo era pagão. Eles não adoravam o único Deus. Não havia imagens de santos. Só havia imagens dos deuses. Por isso a palavra "idolatria" só se referia ao culto dos deuses.

Nós católicos, adoramos o único Deus, que é Pai, o Filho e o Espírito Santo, um Deus em três Pessoas. Para nós, só Ele é Deus. Os pagãos adoravam uma porção de deuses. Cada um dos deuses era o símbolo, ou a personificação de uma força da natureza. Por exemplo, o sol, personificado no deus Apolo, era símbolo da beleza e vigor que adoravam como sendo deus. A formosura da mulher era simbolizada na deusa Vênus. Nunca existiu Vênus, nunca existiu Apolo. Os homens é que imaginaram uma deusa na qual adoravam a beleza feminina. [...]

Nós, católicos, temos imagens, mas não são deuses. Só adoramos o único Deus. Ora, honrar minha mãe com fotografia, não é idolatria. Honrar o General Osório com estátua, não é idolatria. Honrar Nossa Senhora com imagens, não é idolatria, porque ninguém de nós pensa que Nossa Senhora ou o General Osório sejam deuses. Todos nós sabemos que Nossa Senhora não é deus, mas uma criatura humana bendita, cheia de graça e querida de Deus.

Fazer imagens de Nossa Senhora, dos anjos, dos santos, dos querubins, da "serpente de bronze no deserto", não é idolatria. A serpente de bronze era símbolo de Deus, isto é, da Justiça de Deus, que castigou o povo israelita por meio de serpentes. A serpente de bronze simboliza o único e verdadeiro Deus (Nm 21,4ss.).

O uso de imagens não é idolatria, se as imagens não forem de deuses. Assim, vemos que nossos irmãos protestantes erram, quando julgam idolatria qualquer culto de imagens. Eles erram, não conhecendo as Escrituras ou não querendo conhecê-las. É moda de muitos deles chamarem a nós católicos de idólatras... a nós que só temos um único Deus e não temos imagens de deuses.[33]

Assim era sua catequese, em um tempo em que os livros ainda eram escassos e a formação católica estava aquém da formação de consciências desejável a partir da doutrina e da Sagrada Escritura. Os confrades de Padre Vítor, que ouviram o programa no qual ele distinguia "o verdadeiro do falso conceito de idolatria", gostaram muito e disseram-lhe para aprofundar o tema, quem sabe escrevendo um livro sobre o assunto. Padre Vítor gostou da ideia.

A Semana Santa sempre requeria total envolvimento de Padre Vítor, fosse como radialista, fazendo comentários das celebrações e cerimônias que eram

---

[33] Arquivo Padre Vítor, Pasta programas na Rádio Aparecida. Programa do ano 1964.

transmitidas pela rádio, fosse na pregação, pois ele sabia, como poucos, fazer empolgantes sermões para as grandes concentrações de fiéis em frente à igreja basílica. Sempre era escalado pelos superiores para tal fim. Naquele ano, na Sexta-feira da Paixão, chegou a Aparecida uma cruz vinda de Jerusalém, que estava sendo levada a várias cidades do Brasil. Padre Vítor fez o sermão acolhendo a cruz, símbolo da redenção humana.

Na Páscoa, o Brasil foi surpreendido pelo golpe de Estado perpetrado pelos militares, no dia 31 de março de 1964. Alguns meses antes do golpe não faltaram posições e opiniões de boa parte do episcopado alardeando que o perigo comunista rondava o país. O Presidente João Goulart já havia instituído no ano anterior "O dia da família", a pedido do Cardeal Jaime Câmara, do Rio de Janeiro. O Cardeal Câmara e Dom Vicente Scherer, cardeal do Rio Grande do Sul, eram os mais ferrenhos anunciadores de plantão do perigo comunista. O Cardeal Motta, de São Paulo, não apoiou o Golpe, tanto que alguns dias depois deixou a capital. No dia de São José, dezenove de março, em São Paulo, movimentos católicos fizeram uma passeata chamada "Marcha com Deus pela família e a democracia". A Igreja estava embarcando em uma canoa furada e demorou um pouco para que boa parte do episcopado percebesse isso.

Em Aparecida, o cronista nada escreveu, como se nada tivesse acontecido. Posteriormente, a paróquia organizou uma marcha para agradecer a "revolução" na qual estiveram presentes parentes do novo Presidente, o marechal Castelo Branco. Interessante foi o que escreveu o cronista da casa de Sacramento, em Minas Gerais. Pode-se dizer que era o pensamento da maioria, se não de todos os redentoristas, naquela ocasião.

> À noite, inaugura-se o cinema para as crianças do catecismo, na sede paroquial. De repente, alguém lhes transmite a notícia de que Minas se colocou em pé de guerra. De fato, o Governador do Estado, Dr. José Magalhães Pinto, e o chefe do 4º Exército sediado em Juiz de Fora, General Mourão Filho, guarneceram as fronteiras e fizeram vigorosos e veementes pronunciamentos, declarando Minas Gerais separado da União e protestando que já era tempo de pôr termo aos desmandos do Presidente da República e a desmascarada propaganda comunista.
>
> Voltando para casa, os padres foram para o rádio e lá ficaram acompanhando a marcha dos acontecimentos. Sentiram grande alívio quando o Governador de São Paulo, Dr. Ademar de Barros, declarou que seu Estado aderia aos irmãos mineiros, como eles levantando-se como um só soldado, na luta para preservar o país da traição comunista. Vários outros Estados seguiram o exemplo. Foram deitar à uma hora da madrugada.
>
> Dia 1º de abril, vitoriosa a revolução democrata. Coisa inaudita. Em vinte quatro horas, os castelos comunistas e suas torres de Babel esboroam, como por um encanto. As tropas armadas até os dentes, de lado a lado, os soldados só à espera da ordem de dar tiro e nem um tiro, nem uma gota de sangue derramado. No Rio, Belo Horizonte e São Paulo, grandes manifestações de regozijo. Via-se a proteção divina, o milagre de Nossa Senhora. O terço das mulheres mineiras, levantado em Belo Horizonte e disseminado pelas

grandes capitais e cidades, nas passeatas monstros "da família com Deus pela liberdade", teve efeito milagroso: o Brasil se livra repentinamente e rapidamente, sem luta sangrenta, da ditadura moscovita. Agora pode-se respirar livremente. Parece que acordamos de um pesadelo.[34]

Padre Vítor já havia se pronunciado e escrito várias vezes contra o comunismo. Depois do golpe de estado, ele também era um dos que se sentiam aliviados, como quem acorda de um pesadelo. Tanto que, de início, a Rádio não teve problemas com o novo governo ditatorial que se apossou do poder. Os padres da Rádio estavam mais preocupados com a expansão da potência de suas ondas sonoras e com o aumento do público ouvinte e associados do que com questões de formação para a cidadania e muito menos ainda com posicionamento político em época de crise e de golpe de Estado.

Em meados de abril saiu a notícia de que o Cardeal Carlos Motta renunciara à Arquidiocese de São Paulo assumindo a de Aparecida. Até então, ele acumulava a função de Arcebispo de ambas, sendo que, em Aparecida, como Administrador Apostólico. Em junho o Cardeal tomou posse como o primeiro Arcebispo de Aparecida. Um de seus bispos auxiliares em São Paulo, Dom Antônio Ferreira de Macedo, foi elevado a Arcebispo coadjutor, em Aparecida. Dom Macedo foi o primeiro bispo redentorista da Província de São Paulo.

Pela primeira vez os redentoristas passavam a conviver com a autoridade máxima da Arquidiocese na mesma cidade. As relações eram cordiais e os dois lados sabiam que precisavam um do outro. Em outubro, quando os redentoristas celebraram setenta anos de presença em Aparecida, o Cardeal foi ao convento almoçar com os Missionários. Ao final, falou-lhes paternalmente.

> Sei que o trabalho mais penoso que os senhores têm é aqui em Aparecida, onde o trabalho é intenso e o conforto é pouco, mas por isso mesmo seu trabalho é mais meritório.
> Grande honra para nós trabalharmos na casa da Rainha do Brasil. O Papa assina-se: *Servus servorum Dei*. Os senhores aqui são "servos dos servos da Serva do Senhor" – servindo ao povo aqui serve à "Serva do Senhor": *Ancilla Domini – servus servorum Mariae!*
> O conceito que faço de Aparecida é o mais alto possível. Aparecida é no meu modo de ver o maior mistério de misericórdia de Deus para com o Brasil![35]

Para surpresa geral, passados seis meses, a notícia da transferência do Cardeal Motta para Aparecida causava impacto na mídia, suscitando especulações e interpretações as mais diversas. O Papa Paulo VI, em visita ao Colégio Pio Brasileiro, em Roma, ao mesmo tempo em que insistia que o Brasil não devia obstar as reformas sociais, afirmava que a renúncia e transferência do Cardeal

---

[34] Documenta 103, "Crônicas do Pré-Seminário do Santíssimo Redentor, 1959-1970". No *ARSP*.

[35] Documenta 113, "Ânuas da Província de São Paulo, 1963-1970", vol. IV. No *ARSP*.

Motta devera-se, exclusivamente, a motivos de ordem pessoal. Colocou uma pedra sobre o assunto...

Em meados do ano, Padre Vítor viajou para a cidade de Patos de Minas com a finalidade de pregar retiro ao clero daquela diocese. Aproveitou o ensejo para passar em Sacramento, onde pôde constatar o avanço das obras de construção do seminário. Continuando viagem, visitou sua irmã Mariazinha, em Araxá. De volta a Aparecida, aproveitou para deixar gravados alguns programas da Rádio de modo a poder sair uns dias para descansar. E aproveitar para caminhar e apanhar orquídeas nas verdes serras da cidade de Cunha.

Padre Vítor tinha alma de poeta. Encantava-se com as auroras promissoras e as tardes amareladas pelo pôr do sol. Quando esteve internado em Campos do Jordão, idealizou e construiu uma gruta para Nossa Senhora de Lourdes e adornou-a, ele mesmo, com flores e folhagens. Foi aí que começou seu gosto pelo cultivo de orquídeas. Assim que voltou para casa, escreveu para o Jornal Santuário de Aparecida uma cena bucólica que revela sua sensibilidade e seu encantamento pela natureza.

> No cimo de uma árvore estava uma linda orquídea. Havia uns ranchinhos pobres à beira da mata virgem. Um bando de crianças, logo fizera amizade comigo e olhávamos cobiçosos, mas desiludidos, a orquídea que nos desafiava tranquila no inacessível galho tão alto.
> "Padre, daqui a pouco o Zezinho vem para o almoço e ele sobe", diz o garotinho. O Zezinho veio e subiu. Menino vivo, corajoso, bem constituído, embora mal-alimentado. Lutou, suou, levou arranhões, mas trouxe a planta. A mãe aproximou-se para assistir e eu a observava. Maltrapilha, assentada no chão com os cotovelos apoiados nos joelhos e com o rosto entre as mãos, era a imagem do desânimo, do desgosto e do amofinamento prematuro.[36]

A partir dessa época, Padre Vítor começou a colecionar orquídeas. Tornou-se um orquidófilo e mantinha correspondência com outros apaixonados por essas flores. No fundo do velho convento, em Aparecida, ele construiu um orquidário onde passava horas a meditar e a cuidar deste belo mistério da natureza. As floradas de suas belas orquídeas inspiraram-lhe muitas crônicas e palavras poéticas em seus programas de rádio. Deixou, em seus pertences, um caderno com anotações e registros com o nome científico e o número dos vasos de suas orquídeas. Até sua morte, ele se dedicou a cuidar e a contemplar a beleza de suas plantas. O amor à criação foi um dos caminhos que seguiu e ensinou para se chegar ao Criador. O convívio com as plantas foi, além de um lazer, uma terapia para a saúde do corpo e da alma, contribuindo inclusive para quebrar as arestas do temperamento, às vezes imprevisível e, muitas vezes, intempestivo. De modo especial no período em que a Rádio Aparecida exigia

---

[36] Jornal Santuário de Aparecida, "Janelinha da Arca", março de 1948. No *ARSP*.

muito de suas forças, quer como locutor e apresentador, quer na administração, o orquidário era um refúgio restaurador.

No final do ano, Padre Vítor empenhava-se na correção do material que elaborara sobre idolatria. Ele queria muito ver publicado algo referente a esse assunto que tanto o afligia. Seu livro "Os ponteiros apontam para o infinito" acabara de sair em segunda edição, revisada e mais bem apresentada. Com esse novo material debaixo do braço, pediu ao confrade Padre José Rodrigues, professor no Seminário Santo Afonso, que fizesse a revisão. Junto com os originais enviados ao Provincial, ele escreveu: "Envio-lhe os originais de um novo trabalho meu, que eu desejaria ver publicado, esperando que seja muito útil à defesa e propaganda da nossa Religião".[37] Interessava-lhe a divulgação do livro como meio de formação e catequese para o povo de Deus. Mas suas páginas continham alguns escorregões, visto que o Concílio já emitia sinais que indicavam para o diálogo ecumênico, fato para o qual Padre Vítor ainda não atentara. Para escrever sua obra ele usava como ponto de referência panfletos e escritos de alguns pastores de outras denominações, um tanto proselitistas e algo ofensivos aos católicos no que dizia respeito às imagens presentes nas igrejas e na devoção dos fiéis. O Padre Provincial alertou-o quanto a essa postura.

> Caríssimo Padre Coelho,
> Conforme opinião do segundo revisor também, julgamos que seu trabalho "Idolatria e Culto Cristão das Imagens" deve ser publicado. Original, muito bem escrito, ótimo. Meus parabéns!
> Um "senão" apenas foi apontado, e este, faço-o meu também. Devem ser eliminados os tópicos polêmicos e irônicos da obra, principalmente as referências pessoais. Evitar todo tom polêmico, irônico e trazer, sim, a doutrina positivamente, o que é, aliás, a orientação do Concílio Vaticano II e o modo de João XXIII e Paulo VI tratar os irmãos separados.
> Penso que o seu simpático livrinho, Padre Coelho, ganhará muito mais seguindo esta linha conciliar, papal e conciliatória... no bom sentido católico e caridoso. Com esta ressalva, dou plenamente e de bom grado o imprimatur. E reze também por este pecador, seu servo e confrade,
> Padre José Ribolla, C.Ss.R.[38]

O livro foi publicado em 1965, pela Editora Santuário, de Aparecida, e trazia temas que realmente interessavam àqueles que precisavam de informação e de formação a respeito do assunto. Com boa fundamentação bíblica, fazia uma exegese contextualizada das passagens relativas ao tema, traçando um paralelo entre a experiência do povo de Deus na bíblia e as situações hodiernas. No índice, podemos verificar: uso das imagens e símbolos, culto das imagens no Antigo e Novo Testamento, diferença entre o culto das imagens no cristianismo e no paganismo etc.

---

[37] Copresp A, carta de Padre Vítor Coelho a Padre Ribolla, de 22 de novembro de 1964. No *ARSP*.

[38] Copresp A, carta de Padre Ribolla a Padre Coelho, de 14 de dezembro de 1964. No *ARSP*.

A correria motivada por compromissos e afazeres fez de Padre Vítor um homem cansado e impaciente no final daquele ano de 1964. Sua liderança e seu jeito muito próprio de lidar com as várias questões do dia a dia, de modo especial na Rádio Aparecida, desgastaram, em parte, seu relacionamento com o diretor, Padre Rubem Galvão. A situação complicou-se quando, entre os confrades e funcionários da Rádio, surgiu um boato de que Padre Galvão não queria mais trabalhar com Padre Vítor. O fato é que Padre Galvão já estava há praticamente dez anos na direção da Rádio, e sendo este um trabalho desgastante, testava os nervos e podia gerar atritos. E, consequentemente, boatos. Foi preciso que ele escrevesse ao Provincial.

> Dois boatos, principalmente, me levam a fazer esta cartinha: ter eu pedido para sair da Rádio porque não estou aguentando mais e ter pedido para sair porque não aguento mais o Padre Coelho e até estou brigado com ele. [...] Não pedi para vir para Rádio, não peço para continuar como não peço para sair. Quero estar onde a obediência achar melhor. Quanto ao Padre Coelho, conhecendo melhor do que ninguém o bem imenso que ele faz às almas, continuarei entendendo-me com ele como o fiz até hoje, aqui ou em qualquer outro lugar.[39]

O certo é que já havia sinais de cansaço de ambas as partes, cansaço dos dois grandes homens e colunas da Rádio Aparecida. Mas o Provincial, com sapiência e diplomacia, jogou uma boa dose de água benta nas pendências e boatos, tanto que na lista para o próximo triênio, publicada no natal de 1964, os dois continuavam juntos no trabalho de comunicação através das ondas da Rádio de Nossa Senhora.

Padre Vítor Coelho, no início de 1965, chegava aos sessenta e seis anos de vida. Já não era moço e, para quem tivera uma infância conturbada, uma doença que o tirou do convívio social e do trabalho por duas vezes, ele até que fazia milagres. Ou, como ele mesmo fazia questão de salientar, Deus operava nele maravilhas por meio de Nossa Senhora, pois, com apenas um pulmão, depois de tanto tempo, ele continuava, com alegria e ardor, a pregar e a exaltar as glórias de Maria Santíssima.

Seguindo seu já tradicional roteiro, ele fez seu retiro em Campos do Jordão e permaneceu por lá mais uns dias para descansar. Chegada a Semana Santa, auxiliou nas celebrações como de costume. Mas sempre preocupado com a Rádio Aparecida. Como vice-diretor, procurava manter o bom andamento e o cumprimento das propostas evangelizadoras da emissora. Mesmo os confrades que assumiam programas, algumas vezes traziam dissabores para quem conduzia a administração. Padre Vítor precisou recorrer ao Provincial e pedir-lhe que nomeasse um padre que assumisse com plena disponibilidade uma programação religiosa bem fundamentada e continuada.

351

---

[39] Copresp A, carta de Padre Galvão ao Provincial Padre Ribolla, de 3 de dezembro de 1964. No *ARSP*.

Considerando que Pe. Leone é provisório, peço V. Revma. urgência para o definitivo. Não posso deixar o público acostumar-se a alguém que não ficará. Um auxiliar que não funciona aos sábados e domingos não me serve.[40]

Este era o estilo Vítor Coelho de Almeida. Era assim que Vítor encarava a exigência da missão e o compromisso de fazer bem o que era a proposta e o objetivo primeiro da programação da Rádio Aparecida: com Maria, anunciar a todos, todos os dias, a copiosa redenção.

Padre Vítor vai ao programa Silvio Santos e leva a rosa de ouro que o Papa Paulo VI havia enviado a Nossa Senhora Aparecida

Imagens do cotidiano do velho missionário

---

40 Copresp A, carta de Padre Vítor Coelho ao Provincial Padre Ribolla, de 22 de janeiro de 1965. No *ARSP*.

Imagens do cotidiano: pregando, rezando, batizando e celebrando a Eucaristia

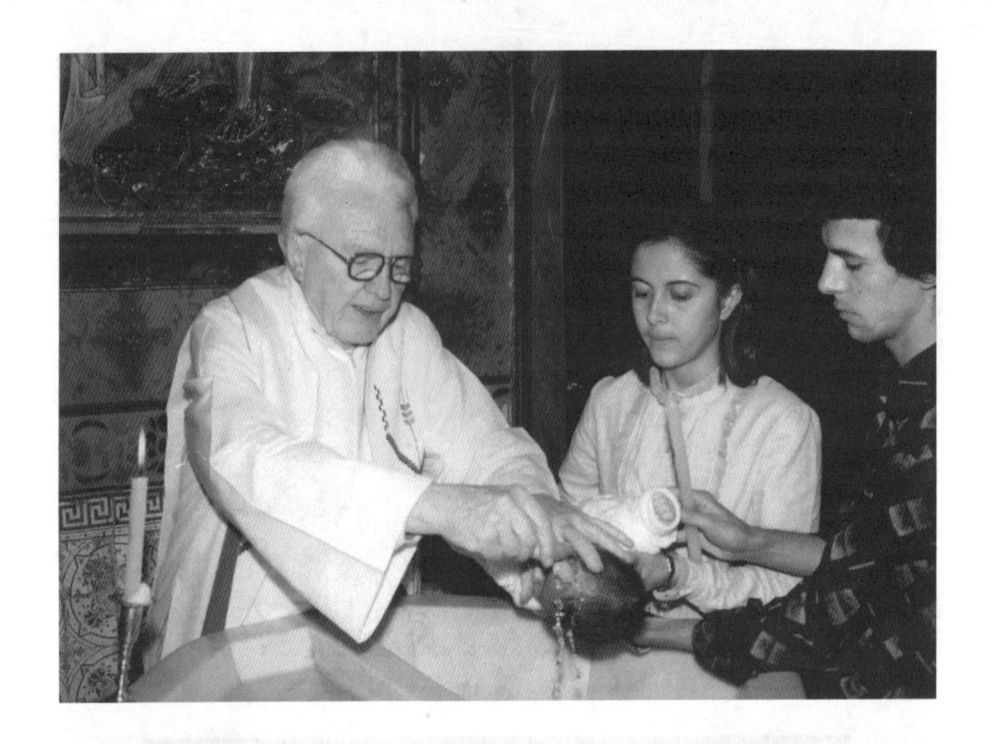

10
O DIRETOR-GERAL DA RÁDIO APARECIDA

O regime de exceção imposto pelos militares continuava dando sinais de força. Liderado pelo presidente Castelo Branco, o governo decretou o Ato Institucional n. 2, extinguindo os partidos políticos e criando o bipartidarismo. Políticos e ideologias reagruparam-se na Arena (Aliança Renovadora Nacional) e no MDB (Movimento Democrático Brasileiro). O AI-2 pôs fim também à eleição direta para presidente da república, determinando uma eleição indireta feita por maioria absoluta do Congresso Nacional, em sessão pública e votação nominal. Aos poucos, a realidade ditatorial do golpe militar ia impondo-se e os direitos do cidadão, como a liberdade de expressão iam sendo confiscados.

A Igreja no Brasil, pelo menos no tocante à cúpula, continuava envolvida com o Concílio Vaticano II que, em dezembro, encerraria suas sessões. Em Roma, os bispos brasileiros aprovaram o Primeiro Plano de Pastoral de Conjunto da CNBB. Na capital de São Paulo, o Arcebispo Dom Agnelo Rossi foi criado cardeal. Na vizinha Santo André, muito antes de a organização dos trabalhadores ficar famosa por suas greves, o bispo Dom Marcos Jorge escrevia ao Presidente da República sobre o direito de greve dos trabalhadores. A Igreja começava a despertar para o fato de que o governo imposto não respondia às necessidades da população, muito menos era legítimo e vindo do povo.

Mas, na Igreja, graças aos bons ventos conciliares, as alvissareiras mudanças nas normas eclesiásticas e litúrgicas estavam chegando. Missas concelebradas, uso da língua vernácula em lugar do latim e tantas outras novidades que, para muitos, era como se o chão lhes houvesse saído de debaixo dos pés. O Padre Provincial dos redentoristas em São Paulo esclareceu, em meados de 1964, que a batina ainda devia ser usada sempre que alguém saísse da cela. Sobre o *clergyman*, aprovado somente em casos de necessidade ou de grande utilidade, poderia ser usado apenas mediante licença do bispo. Era o começo das mudanças...

Em Aparecida, Padre Vítor Coelho estava cada vez mais envolvido em seu trabalho de radialista e administrador da Rádio Aparecida, no encargo de vice--diretor. Cuidava de estar próximo ao Cardeal Motta, pois a programação da

Rádio dependia de sua aprovação. Os dois, bons mineiros que eram, passaram a se entender muito bem. Na crônica da comunidade redentorista, ficou registrado: "Após a missa do Santíssimo, o Cardeal veio tomar café no convento e depois foi ver as orquídeas junto com Padre Coelho". De outra feita, o próprio Cardeal escreveu a Padre Vítor dizendo que gostara muito de seu novo livro e que recomendaria aos bispos que o divulgassem como subsídio para a catequese de adultos.[1]

A Rádio Aparecida tinha em seu organograma um Clube dos Sócios que se tornaria famoso. Criado inicialmente para dar suporte financeiro à Radio, diante da grande e generosa resposta dos associados, tornou-se também um programa radiofônico direcionado para os sócios.

Padre Vítor, em sua motivação, sempre repetia as palavras do Evangelho: "Quem der um copo de água fresca a um apóstolo, por ser apóstolo, terá a mercê de apóstolo..."(Mt 10,41). Refrão bem acolhido, Vítor simplificou-lhe a linguagem: "Quem ajuda na pregação, tem mérito de pregador"... A frase tornou-se o lema do Clube dos Sócios. Segundo os coordenadores da época, o Clube procurava:

> ... canalizar para o mais fraterno convívio social e eficiente apostolado radiofônico, os inexauríveis tesouros da alma brasileira. Estabelecer a grande família radiofônica de Nossa Senhora Aparecida e propagar o reino de Cristo por Maria Santíssima através do rádio.

356

Promover concursos era uma das estratégias do Clube dos Sócios para estimular a adesão de novos sócios. As cidades que alcançavam maior número de associados passavam a fazer parte da lista das cidades que receberiam a visita da imagem de Nossa Senhora Aparecida. A cidade premiada recebia a imagem levada pelo missionário e por um grupo de funcionários da Rádio Aparecida, com possibilidade de shows artísticos e musicais para alegrar ainda mais o momento festivo. A equipe renovava as carteirinhas e recebia as novas adesões.

Padre Vítor, incansavelmente, por mais de trinta anos, peregrinou com a imagem de Nossa Senhora Aparecida para divulgar a devoção e angariar fundos para a Rádio. Nesses longos anos, os Estados do Paraná e do Espírito Santo foram os mais visitados pelo missionário de Nossa Senhora.

Em abril de 1965, o cronista do convento redentorista anotou: "Padre Vítor foi com o pessoal da rádio em duas kombis levar a imagem de Nossa Senhora ao Paraná e fazer shows por lá". Isto se repetiu inúmeras vezes. Viagens em automóveis que não ofereciam um razoável conforto, estradas em situações precárias ou ainda em construção. Multidões de devotos que acorriam para

---

[1] Copresp B, carta de Dom Carlos Motta a Padre Vítor, em 7 de junho de 1965. No *ARSP*.

ouvir a Palavra de Deus durante as celebrações das missas e que exigiam do coordenador atenção e solicitude para com todos. O contínuo esforço favoreceu o crescimento da Rádio, possibilitando o aumento de sua potência e expansão de sua estrutura física através da construção de novas instalações. Assim, a evangelização acontecia por duas vias: pelo ar, através das ondas da Rádio e pelas visitas da imagem de Nossa Senhora Aparecida levada às cidades por Padre Vítor.

Naquele ano, foi iniciado um projeto especial para levar a imagem original da padroeira do Brasil às capitais e centros importantes do país. O primeiro pedido, vindo de Belo Horizonte, trazia a assinatura do Presidente da República, do Governador de Minas e das mais altas autoridades militares. O Arcebispo coadjutor, Dom Antônio Macedo, recebeu a incumbência de atender as solicitações e, praticamente, levou a imagem por todo o Brasil. Mas a ideia não agradou o povo de Aparecida, especialmente quem vivia em função das romarias que ali chegavam. No início, ao sair em viagem, a imagem recebia escolta policial, pois havia receio de manifestações daqueles que eram contrários à peregrinação da imagem. O próprio Dom Macedo testemunhou essa preocupação.

> A partida da primeira peregrinação, a três de maio de 1965, foi uma verdadeira consternação. Ao se retirar a imagem do nicho, estavam presentes o Cardeal, o vigário, alguns aparecidenses. A polícia local deu cobertura até a divisa do município. Sobre os acompanhantes pesava uma grande responsabilidade. Porém maior era a confiança na Mãe do Céu, que havia de proteger a sua Imagem e dar força e coragem aos acompanhantes. Mais cômodo e agradável seria ficar em casa. Mas logo se evidenciou que a peregrinação foi uma bênção do céu. Em toda parte, quanta alegria, quanto entusiasmo. Em todas as cidades o espetáculo era o mesmo. Acorria o povo da cidade e do campo. As ruas enfeitadas com flores, folhagens e bandeirolas. Faixas com dizeres significativos, arcos de triunfo, casas com frente adornada de tapetes e flores. A maioria dos prefeitos dava ponto facultativo. O comércio cerrava as portas. Enfim tudo era festa, como se tratasse de um monarca ou de uma rainha que chegava. Os sinos, o espoucar dos foguetes, as sirenes das fábricas, as buzinas dos automóveis, tudo denunciando um grande acontecimento.[2]

Na peregrinação a Minas Gerais e, em seguida, à Bahia, foram visitadas noventa localidades em trinta dias. Depois, foi a vez do Rio Grande do Sul, Santa Catarina, Paraná. No ano seguinte São Paulo, seguido pelos Estados do Norte e Nordeste. Até 1968, foram contadas 885 localidades visitadas em mais de cinquenta dioceses e arquidioceses.

Enquanto a peregrinação com a imagem original contava com o apoio e o aparato do governo militar, Padre Vítor continuava outra peregrinação com a

---

[2] Depoimento de Dom Antônio F. de Macedo, transcrito, em 1990, pelo arquivista provincial, Padre Peixoto. Não consta a data em que o original foi escrito. No *ARSP*.

imagem fac-símile, visitando várias cidades em prol da Rádio e da construção da nova basílica de Aparecida. Mas Dom Macedo, em carta aos bispos do Brasil, expôs a finalidade e os objetivos primeiros das visitações da imagem aos diversos estados brasileiros: despertar e renovar a fé dos brasileiros, desassossegados pelo momento de crise que o país atravessava. Os dois redentoristas, os dois missionários peregrinos – o bispo e o radialista –, percorriam as distâncias unidos em um único objetivo: reunir o povo e com ele rezar à Senhora Aparecida, mãe de Deus e mãe da gente brasileira.

Em setembro de 1965, o Padre Provincial esteve em Aparecida por alguns dias. Logo a notícia correu: Padre Galvão, o diretor da Rádio Aparecida, fora transferido para Araraquara. Padre Vítor assume interinamente a função de diretor. Desde o mês de maio, Padre Vítor percebera que algo diferente estava acontecendo. Os sinais apontavam para mudanças de rumo na organização da Rádio. Fora iniciado um processo alterando o status jurídico da emissora, tornando-a uma fundação, sob a presidência do Cardeal Motta. Até então o diretor da emissora tinha como auxiliares o reitor e o ecônomo da basílica, Padre Pedro Fré e Padre Pedro Henrique, respectivamente. A esse propósito, Padre Vítor já havia enviado um documento ao Provincial propondo alteração na coordenação. "Para o bom funcionamento dos dois poderes, diretor (padre) e gerente (leigo), convém haver um *conselho diretor* constando de três membros: diretor, vice-diretor e diretor gerente."[3]

Em outro documento, posterior à saída de Padre Galvão da direção da RA, ele comentou e criticou alguns pontos referentes à administração.

> Pedi e insisti que cessassem os abusos resultantes da concentração de todo o poder nas mãos de um só diretor, poder praticamente absoluto e discricionário, dentro da Emissora. Só teoricamente dependeria ele dos superiores na disposição de altas somas, como na aceitação de funcionários, fixação e aumento de salários.
>
> Insisti na necessidade de um CONSELHO com voto deliberativo nas coisas importantes. Na contingência de os superiores optarem pela entrega de poderes a LEIGOS, sugeri que se entregasse a DIRETORIA a um padre redentorista assessorado por um CONSELHO, a gerência, contudo, fosse dada a um leigo, com ampla autonomia de ação, mas sob controle da diretoria e da Congregação Redentorista.[4]

Não era fácil dar continuidade ao trabalho como substituto de Padre Galvão, que ficara dez anos na direção da emissora. De repente Padre Vítor, o

---

[3] São dois os esboços com sugestões enviadas ao Provincial sobre a coordenação do trabalho na Rádio. O primeiro com data de 15-06-1965 e o segundo de 17-07-1965. No *APV*, Pasta Documentos da Rádio Aparecida.

[4] Memorando, Arquivo Padre Vítor, Pasta Documentos Rádio Aparecida. O documento tem data de 18 de novembro de 1965. No original, há um acréscimo, manuscrito, sobre o poder do diretor. "Não acuso o Padre Galvão, mas o sistema. Melhor redação seria: abusos consistindo na concentração de todo o poder..."

missionário, radialista, escritor, pregador via-se à frente da administração de um meio de comunicação que dava claros sinais de progresso, pois na década de 1960 e 70 o rádio, no Brasil, alcançava seus anos de glória e sucesso. Seu jeito carismático e simpático de lidar com o povo tornara-o popular e querido, mas não um administrador prático. Um período novo e diferente na vida e no agir de Vítor. Um detalhe interessante da época é que, a partir do mês de maio, sabendo que o livro de crônicas da Rádio estava incompleto e falho, ele mesmo passa a anotar suas crônicas pessoais. Por um bom tempo, os assuntos da Rádio e as decisões tomadas, ele os anotou em forma de diário.

A Rádio já funcionava juridicamente como fundação. Após a mudança de diretor, houve reformulação geral dos estatutos, passando o funcionamento para as mãos de um leigo. Era uma tentativa de reorganizar e fazer progredir a emissora que recebia críticas vindas dos confrades em relação a seu andamento. "Ouve-se que a Rádio está parada. Programação fraca, músicas não recomendáveis, funcionários em demasia e demasiada iniciativa de certos radialistas."[5] Arregaçando as mangas, o Padre Provincial e Padre Coelho envidaram todos os esforços para que a Rádio Aparecida retomasse seu sucesso e crescimento.

Um mês depois de assumir a direção, Padre Vítor escreveu ao Provincial expondo novos planos. Em seus apontamentos e anotações pessoais, ele confirma sua intenção relativa ao canal de TV.

359

> Enquanto espero "as coisas que hão de vir", fui jantar com o Sr. Cardeal e, conversa vai, conversa vem, aproveitei a ocasião para expor a Sua Eminência a realidade de estar o governo, atualmente, oferecendo noventa canais de televisão para fins educacionais. Fiz ver que já tinha colocado Dom Macedo a par dessa realidade, mas que, sem pretender saltar por sobre o mesmo, levava a S. Emcia. o conhecimento de que parecia estarmos nós católicos indiferentes perante tal responsabilidade. Falei de Aparecida como concretamente responsável, caso os canais venham a cair em mãos alheias à causa católica, uma vez que este Arcebispado tem possibilidade de montar uma televisão. Tal e tal e etc., o desfecho da conversa foi: o cardeal pede a V. Revma. que venha conversar com ele sobre o assunto. Está resolvido a dar por escrito a V. Revma. garantia de que a Basílica e o Arcebispado se colocarão como substrato e garantia, caso V. Revma. queira empreender a realização de emissora de televisão no sentido mencionado.[6]

Uma semana depois o Padre Provincial escreveu duas cartas a Padre Vítor. Uma, muito formal, endereçada ao Diretor-Geral Substituto. Nela agradece a todos os que colaboravam na programação e andamento da Rádio naquele momento de troca de direção. Na outra carta, falando especificamente sobre o

---

[5] Documenta 7, "Crônica da Comunidade Redentorista de Aparecida", vol. VII, no *ARSP*.

[6] Copresp A, carta de Padre Vítor Coelho ao Padre Ribolla, em 21 de outubro de 1965. No *ARSP*.

canal de TV, ele afirma que está de acordo em trabalhar por esse grande projeto, mas que seria preciso garantias de apoio e de fundos financeiros por parte do Cardeal.[7] Em 1968 e 1969, ele voltou a trocar cartas com autoridades e com um padre redentorista que estudava na Bélgica, tendo em vista a instalação de um canal de TV para Nossa Senhora. Seu grande sonho, no entanto, só foi realizado em 2005, exatamente quarenta anos depois do primeiro intento.[8]

Em suas anotações, que ele intitulou de "crônicas particulares", iniciadas em maio de 1965, há informações históricas desse momento vivido por ele. As "crônicas" evidenciam sua preocupação com o crescimento da Rádio, preocupação com a programação religiosa, seu cuidado com sua própria vida espiritual – motor que impulsionava sua caminhada... Padre Vítor, alimentando e sendo alimentado por sua mais profunda motivação – o seguimento e o anúncio de Jesus Cristo –, conseguia desempenhar bem suas múltiplas atividades, quer fosse a elaboração de textos e programas de conteúdo religioso, tudo em benefício da Rádio de Nossa Senhora e do serviço de evangelizar. Vítor era um homem extremamente zeloso, cônscio de sua responsabilidade e do significado profundo de sua vocação. Para ele o pastoreio radiofônico era um outro lugar da mesma missão...

> Voltei de Guarapuava, vindo de kombi, doze horas de viagem. [...] A dinamização do Clube dos Sócios fica na expectativa das entradas financeiras dos sócios. Padre Pedro não pode continuar recolhendo todo o dinheiro. Dinheiro do clube é para progresso da Rádio e não construção da Basílica. [...] A imagem original está fora de Aparecida. Tenho falado pelo rádio que santuário não é somente a Imagem. Catequese e explicação. [...] Fiz meu retiro anual. Continuei, durante o retiro, os programas das doze horas e das quinze, por serem assuntos de meditação. [...] A imagem autêntica sairá de novo para a Bahia. O pino que foi colocado para proteção está abalado. Sugeri que a imagem recebesse um invólucro de prata, para proteção. [...] Voltei a substituir o Padre Galvão no programa das seis horas da manhã. Ele tem ordem médica para dormir até mais tarde. [...] Terminou hoje, dia dezessete de agosto, a semana vocacional da paróquia de Aparecida. [...] Ontem, dia 23/IX, estourou a bomba da saída de Padre Galvão de Aparecida. Ele mostra muito bom espírito nessa passagem penosa. Conformado, calado, prudente e mesmo sobranceiro. [...] Fui a São Paulo conversar com o Plurimum, para tratar dos meus auxiliares padres na programação religiosa. A gerência nas mãos de um leigo não dispensa a atuação de ao menos dois padres para assuntos religiosos. [...] Feriado de Finados, reunião da diretoria, à noite. Padre Fré (reitor), Pedro (tesoureiro), diretor (eu) e o gerente administrativo (Seme Jorge). Foram anunciadas dez demissões. Doloroso, especialmente alguns que são pais de família. [...] Natal. Os enfeites dos escritórios foram feitos por alguns funcionários em menos de dois dias. Os funcionários trocaram presentes fora do ambiente da Rádio. Notou-se muita frieza, bem explicável pela ferida da

---

[7] Copresp B, carta de Padre José Ribolla, de 28 de outubro de 1965. Copresp A, carta de Padre José Ribolla, de 28 de outubro de 1965. No *ARSP*.

[8] Cf. V. H. Lapenta. *A TV de Nossa Senhora Aparecida – uma breve história*, edição interna da C.Ss.R., s/d.

recente mudança de diretor. Quero levar tudo por bem e caridosamente. Só mesmo se não houver outro remédio é que cortaremos qualquer coisa que envenene o ambiente da Rádio. Irradiei a missa de meia-noite, celebrada por Dom Macedo. A gravação foi passada às oito horas, no outro dia.[9]

Vítor – o ardoroso missionário e o exigente homem da comunicação – via-se alçado ao comando administrativo de uma instituição que tinha sobre si todos os olhares dos confrades e a atenção dos católicos de todo o Brasil. A Rádio Aparecida era a líder inconteste na comunicação de conteúdos religiosos da Igreja no país. E Padre Vítor sabia de sua importância. Por isso quando, no final do ano, Padre Flávio Cavalca organizou uma exposição vocacional redentorista na galeria do Hotel Recreio, em Aparecida, Padre Vítor protestou por causa da não referência ao apostolado por meio do rádio.

> Padre Coelho, ao ver o prospecto da exposição, não quis admitir explicação: não vai constar na exposição nenhum cartaz da Rádio Aparecida, que, como ele diz, é o primeiro de nossos apostolados.[10]

O ano de 1966 começa para Padre Vítor com uma proposta de estudos. A Conferência dos Religiosos do Brasil oferecia a sacerdotes um curso de jornalismo, rádio e televisão. Foram quinze dias de curso, que se iniciou no prédio de "A Gazeta", na Casper Líbero, e continuou no Colégio Assunção. Padre Vítor hospedou-se na casa paroquial da igreja Santa Ifigênia, no centro da cidade, e no convento redentorista, no Jardim Paulistano. Muitos redentoristas participaram do curso, sendo que o discurso de abertura foi proferido por Padre Ribolla, provincial da Congregação.

O bom desempenho da Rádio Aparecida era preocupação constante de Padre Vítor. Ele trabalhava incansavelmente para que tudo fosse realizado da melhor forma, de modo que, ao final, se pudessem contabilizar progressos e expansão da obra evangelizadora empreendida através de suas ondas sonoras. Seus confrades testemunhavam isso.

> O diretor luta por ondas mais possantes para a Rádio. Tem conseguido muito. As perspectivas são boas. Aumentou muito o Clube dos Sócios (patrocinadores e associados). Ele fala até em estação de TV.[11]

Durante os dias em que permaneceu em São Paulo, Padre Vítor tentou junto ao Provincial conseguir um auxiliar para a programação religiosa da Rádio.

361

---

[9] Arquivo Padre Vítor, Pasta Diário. O Diário – ou "notas particulares" como ele, às vezes, o intitula –começa em março de 1965 e vai até julho de 1967. Em anos posteriores, ele volta a fazer algumas anotações sobre vários assuntos, mas não chega a ser um diário.

[10] Documenta 7, "Crônica da Comunidade Redentorista de Aparecida", vol. VII, no *ARSP*.

[11] Ibidem.

Padre Marti, que até então o ajudava, havia deixado um bilhete desagradável em sua porta. Padre Marti escreveu que assumia o programa do *Angelus* à revelia de sua própria vontade. E que, caso recebesse qualquer crítica vinda do diretor, considerar-se-ia dispensado e aposentado do compromisso.[12]

Padre Leone Ceva, que prestava colaboração em alguns programas, criava também transtornos, tanto pelas frequentes ausências como pelas discordâncias das decisões do Concílio Vaticano II. Padre Ribolla, no começo do ano, avisou que estava tentando conseguir outro ajudante, mas que a tarefa não estava nada fácil. "Não exija nada de Padre Leone, pois ele tem suas dificuldades", escreveu Padre Ribolla. O Provincial ainda o alertou para o fato de que a programação religiosa era o motor e a principal razão da existência da rádio e que ouvira comentários de que a intenção comercial vinha sobrepondo-se aos interesses religiosos.[13]

Padre Vítor reafirmou que os programas religiosos eram realmente a prioridade da Rádio, mas que ultimamente tivera problemas com alguns auxiliares que, por descumprimento dos horários, prejudicavam um ou outro programa. E pedia urgência no envio de mais um padre para auxiliá-lo.[14]

No dia dois de fevereiro de 1966, quando os confrades se encontravam em Aparecida para a festa da vestição dos noviços e a profissão religiosa de outros, Padre Vítor recebeu a boa notícia: seu auxiliar seria Padre José Augusto da Costa. Padre Costa estava celebrando seu jubileu de prata de profissão religiosa e assumindo o cargo de vice-diretor da Rádio Aparecida.

As atividades de Padre Vítor triplicaram no começo desse ano e continuaram assim o ano inteiro. Ele, cuidadosamente, registrou suas inúmeras atividades em seus apontamentos pessoais. Alguns excertos desses apontamentos nos dão a dimensão de sua labuta diária e de sua imensa capacidade de trabalho. Cumpria rigorosamente seus deveres na Rádio sem perder de vista suas obrigações e seus horários comunitários, a reza do ofício em comunidade, a celebração diária da eucaristia, o momento de meditação, a correspondência com os amigos. Nessa caminhada laboriosa e realizadora, o padre apaixonado pela comunicação já vai aproximando-se dos sessenta e sete anos. Mas sua agenda apertada e recheada de compromissos remete-o não aos anos já passados, mas sim à grande e amada messe a ser alcançada.

> Começa o ano em situação ainda incerta. Padre Marti faz o programa das 18 horas. Padre Leone, largamente ausente por motivos de preleções em São Paulo. As missas dos domingos, desde a saída de Padre Galvão, ficam muito prejudicadas, visto não ter outro padre enquanto eu comento, faço a irradia-

---

[12] Manuscrito de Padre Daniel Marti, de 30-10-1965, com visto do reitor, Padre Pedro Fré. No *APV*, Pasta Correspondência com os Confrades.

[13] Copresp A, carta de Padre Ribolla a Padre Vítor, de 3 de janeiro de 1965. No *ARSP*.

[14] Copresp A, carta de Padre Vítor Coelho a Padre Ribolla, de 22 de janeiro de 1965. No *ARSP*.

çāo. [...] Estive quinze dias em São Paulo para um curso de rádio e jornalismo, no qual uns cinquenta padres tomaram parte. Conversei com o Plurimum acerca de um auxiliar para a Rádio. Padre Brandão escapou de ser ele. Há indicação do Padre Zolin. A fama de esquerdista que se formou em torno dele não tem cabimento, na realidade, ele nunca foi socialista. Penso que isso não será empecilho para sua atuação na Rádio que evangeliza. Quero um companheiro inteligente e entusiasmado pelas ideias do Concílio, creio ser o ideal acima de uma simples pregação em moldes antigos. [...] Na cidade de Aparecida, o prefeito procurou o reitor, o cardeal e Dom Macedo, propondo carnaval no clube Umuarama. Apoio dado, desde que observem as normas da moralidade estipuladas. Não é que Padre Leone abriu guerra violenta contra o carnaval durante o seu programa? Tive que falar várias vezes consertando o erro do confrade. [...] Irradiei a missa de profissão dos noviços. Fiquei sabendo que Padre Costa será meu auxiliar. Ele tem voz boa, é culto e é de Aparecida. Há uma promessa de que, quando o Padre Carlos da Silva voltar da Europa formado em "radiologia", será ele o grande na Rádio Aparecida. Isso atenua a "saraiva" sobre [ilegível] em que Padre Provincial me nomeou diretor. Quem tem fama de competente dorme na cama mesmo que seja um coelho. Deus me ajude para que eu consiga atravessar esse espaço de um ano, sem prejudicar ninguém na Rádio. [...] Há alguns dias encarreguei o Seme Jorge para sondar a Rádio Marconi, que funciona dentro da capital com 5 kilohertz direcionais. Sei que o dono não anda endinheirado e teve bastante dificuldades com a Revolução. Caso queira ele vendê-la, estariam na possibilidade de entrar na capital. Meu "sonho" secreto é de convidar a Província a ajudar a RA a comprar uma onda na capital. Terminada a construção da "brasilinha", em julho, isso será bem viável. Imaginem uma novena perpétua realizada na igreja da Penha e uma estação da Fundação em sintonia conosco dentro da capital. Vai ser um sucesso. [...] Aniversário da Tatá. Ofereci cinco garrafas de cerveja e duas de guaraná para o pequeno festejo entre amigos funcionários na Rádio. Repercutiu na imprensa estadual o meu protesto contra o imposto de pedágio da municipalidade de Aparecida. Dei "vales" a alguns funcionários que estão em apuros por dinheiro. Dom Macedo partiu com a imagem para o Rio Grande do Sul. Nenhuma notícia para ser anunciada do Estado sulino. Não subi a Campos do Jordão, este ano, por acúmulo de serviço. Vou tentar mais tarde. Estive uma semana em Caraguatatuba, com os basilicais, para um descanso. [...] Fui a São Paulo encontrar-me com o Cardeal Rossi e apresentei por escrito a proposta para a junção das ondas curtas da RA com a Rádio da Arquidiocese, a 9 de Julho. A RA possui onda de 31,35metros e 9 de Julho, 31,20 metros. No palácio episcopal fiquei sabendo que ali estivera há quinze minutos o novo bispo eleito auxiliar de Dom Rossi. É um franciscano, Frei Paulo Evaristo. Este foi encarregado do departamento de comunicação (rádio, imprensa e televisão), bem como a parte norte da capital. Tentei contato com ele, mas ainda não consegui.[15]

Padre Vítor guardou consigo a cópia da proposta encaminhada aos dois Cardeais, o de São Paulo e o de Aparecida, sobre a junção de ondas das Rádios. A Rádio 9 de Julho projetava-se a partir das ondas médias, apenas para os ouvintes da capital, enquanto que a Rádio Aparecida tinha sua força nas ondas curtas que atingiam partes longínquas do país.

[15] Arquivo Padre Vítor, *Pasta Diário*.

Considerando que Nossa Senhora Aparecida dá a sua Rádio um prestígio moral e religioso insubstituível, o que falta à 9 de Julho, a anexação de ondas, se concretizada, terá um efeito grandioso em benefício do catolicismo no Brasil.[16]

Depois de listar elementos que pudessem reger o acordo – quase uma minuta de contrato –, ele apontou a situação e a capacidade das Emissoras em questão, apresentando ainda uma proposta de evangelização através de ambas. Afirmava convicto que o momento exigia da RA a divulgação da doutrina do Concílio, apresentando-a em "troco miúdo" para a grande população da cidade e da roça. Ainda mais: lembrava o especial cuidado ao "culto da Palavra" para as populações sem padre. Vítor soava como um professor a ensinar os Cardeais...

O que temos (os católicos) em comunicações radiofônicas? Umas noventa estações de projeção mais ou menos restrita, exceptuando-se algumas poucas de maior alcance. De audição nacional temos apenas a Rádio Aparecida e a 9 de Julho, em ondas curtas. No Rio Grande do Sul há cobertura estadual. No Paraná, em Minas e em Goiás há emissoras de projeção estadual, respectivamente em Londrina, Congonhas e Goiânia. No Nordeste deve haver cobertura regional. Todo o esforço por obtermos uma onda média de canal internacional fracassou, depois que malbaratamos a saudosa Excelsior. O governo brasileiro não dispõe de nenhum sinal internacional além dos já concedidos. Note-se que as ondas médias são as mais sintonizadas pelo povo, mas não têm alcance nacional. Elas seriam de imensa vantagem se tivéssemos uma estação desse tipo em São Paulo ou Aparecida ou mesmo no Rio de Janeiro.

As ondas curtas da Rádio Aparecida e da 9 de Julho, de manhã até por volta das dez horas, não são bem ouvidas, num raio de 200 km, em aparelhos comuns, exigindo receptor de faixa ampliada. A RA supre essa deficiência por meio da onda tropical de 9 metros e está às vésperas de comprar outra tropical, na cidade de Varginha, em Minas. Grande meta cobiçada pela RA é a obtenção de uma onda curta de 49 metros. A cassada Mayrink tem onda de 49 metros, além de outras. Para isso precisamos do apoio da CNBB.[17]

Apoiado em sua capacidade de trabalho, seu empenho e seu domínio da radiodifusão, Padre Vítor sentia-se gabaritado para tocar em frente a grande empreitada que era a Rádio Aparecida. Havia, no entanto, duas dificuldades para encontrar na Província outros padres que atuassem nesta área. A primeira era não haver padres com formação direcionada para esse setor. Os padres designados para esse trabalho, mesmo que esforçados, eram amadores. A segunda era o receio que alguns confrades tinham de trabalhar com ele. Pois Vítor, além de dominar o assunto e cuidar com eficiência da administração da Rádio, tinha um temperamento marcante e um carisma inigualável. Padre Carlos da Silva,

---

[16] Arquivo Padre Vítor, *Pasta Documentos Rádio Aparecida*. São três páginas datilografadas, com data de maio de 1966. Há várias intervenções manuscritas no corpo do texto.

[17] Ibidem.

que poderia ser de grande valia para a emissora quando voltasse de Roma onde estava estudando "radiologia" – maneira jocosa de Vítor referir-se ao curso que ele fazia em Roma –, não aceitou a ideia e, na época, escreveu ao Provincial quase um tratado justificando por que não poderia, em hipótese alguma, aceitar trabalhar em rádio.[18] Outros nomes indicados sempre apresentavam desculpas e a Rádio ia ficando nas mãos de quem gostava e entendia do *metier*, mas que, por outro lado, se sobrecarregava de responsabilidade e trabalho.

O Clube dos Sócios decidiu organizar uma viagem a Cristalina, em Goiás. Formou-se uma alegre caravana composta de funcionários, padres, artistas para levar a imagem de Nossa Senhora ao Planalto Central do Brasil. Levavam também todo o aparato necessário para cumprir a programação que constava de missas e de um verdadeiro show artístico. Na cidade, o momento festivo atraiu romeiros, devotos, curiosos e muita gente que acompanhava pelas ondas da Rádio Aparecida a divulgação do evento, uma forma de divulgar a devoção a Nossa Senhora e de angariar sustento financeiro para a Rádio.

A comitiva deixou Aparecida na madrugada, em duas kombis. Padre Vítor junto, animado e animando, recordando os tempos de outrora – a missão se mostrava com outro rosto... Chegaram à noitinha em Uberaba. Padre Vítor celebrou para os radialistas da cidade. De manhã, partiram para Goiânia. Ficaram hospedados no convento redentorista e no Colégio Santa Clara. Dois funcionários voltaram tarde para o repouso, levando uma reprimenda do diretor. Mais uma etapa a ser vencida e, às onze horas, estavam em Brasília, apesar do problema mecânico em um dos automóveis. Padre Ávila, superior da comunidade redentorista, ofereceu um régio almoço. A recepção à imagem foi à entrada da cidade. O bispo de Paracatu (MG) presidiu a missa dialogada, que foi comentada pelo missionário Padre Vítor.

Depois do caloroso final de semana em Cristalina, viajaram com destino a Belo Horizonte, onde se hospedaram em hotel. De lá, viajaram para Varginha, no sul de Minas, onde Padre Vítor já iniciara negociações para a compra da estação de rádio local. Em seu diário Padre Vítor explicitou o espírito norteador da negociação: "Em Varginha, estamos esperando uma contraproposta. Há um jogo matreiro. Eles fingem não estar interessados e... nós também". Ao final de muitas marchas e contramarchas, o negócio não se realizou.

Os meses de junho, julho e agosto, o diretor da Rádio Aparecida passou-os em negociação com os responsáveis pela Rádio 9 de Julho, em São Paulo. Ao mesmo tempo, atento e cada vez mais empenhado na busca de fazer progredir a Rádio de Nossa Senhora, como ele mesmo fazia questão de dizer. Seu companheiro de trabalho, Padre Costa, é que não se sentia compromissado com o serviço na Rádio. No final de julho, Padre Odílio Onofre, em visita à emissora,

---

[18] Copresp B, carta de Padre Carlos da Silva, de 14 de fvereiro de 1966. São dez páginas de uma defesa jurídica magistral, recusando a direção da Rádio Aparecida. No *ARSP*.

ofereceu-se para alguns programas e aconselhou Padre Vítor a requisitar um terreno vizinho à nova basílica para um futuro prédio onde instalar a RA. Sugeriu ainda que pedisse ajuda financeira à organização alemã *Adveniat* para o projeto. Embora a ideia o agradasse, havia outros e longos caminhos a serem antes percorridos, como ele anotou em seu diário.

> Almocei com o Cardeal Dom Motta, que completa 48 anos de sacerdócio. Ele celebrou a missa das nove horas na basílica. Entreguei a ele dois bonitos cristais que trouxe de Cristalina. Ele prorrogou, na presença de Padre Pedro Henrique, o meu mandato de diretor, já que sou interino e resolva o caso. Ele e Dom Macedo julgaram útil a minha ida ao Rio para interessar a Dom José Gonçalves da Costa, redentorista e secretário da CNBB, a obtenção, do Presidente da República, das ondas supressas da Rádio Mayrink Veiga. Depois desta conversa, ir até o Cardeal de São Paulo e pedir o apoio dele para esta campanha.
>
> Em companhia do comendador José Gorra, fui ter com Dom José Gonçalves. Coloquei-lhe diante dos olhos o plano de uma grande rádio católica nacional a ser possivelmente realizada pela RA. Falei-lhe das grandiosas perspectivas do Clube dos Sócios e pedi proteção para o mesmo. Mostrou-se muito interessado, prometeu intervir, mas aguarda a conversa com Dom Agnelo Rossi. [...]
>
> Fui a São Paulo e conversei com Dom Agnelo Rossi. Ele ficou interessado, gostou da ideia, mas pediu que eu falasse com Dom Eugênio Sales, Arcebispo da Bahia, responsável da CNBB por este setor. Vou marcar minha ida a Salvador.[19]

Até o mês de setembro, foram inúmeras as viagens e reuniões a serviço da Rádio. Ora para buscar a expansão do Clube dos Sócios, ora para elaborar o contrato com a Rádio 9 de Julho, ora para apresentar reivindicações junto ao Contel, no Rio de Janeiro, para obtenção das devidas licenças governamentais. Já findando agosto, o canal 2 TV Cultura e Rádio Cultura, dos Diários Associados, foram colocados à venda. Os dois meios de comunicação estavam cedidos à Fundação Padre Anchieta desde 1960. O preço, na época, era de quatro bilhões de cruzeiros. Padre Vítor vibrou com a possibilidade de compra. Informou-se e soube que apenas a TV gastava cinco milhões de cruzeiros por dia. Mas o Clube dos Sócios da RA rendia um milhão por dia. "Fiquei de queixo caído. Se as forças católicas se unirem será isso um bem possível. E quando o Clube entrar na capital pela 9 de Julho, interior de São Paulo..."

Enquanto ele finalizava os retoques para o contrato com a 9 de Julho, ia mexendo os pauzinhos para um sonho maior. "Já estive tratando com o Cardeal Rossi sobre a TV e Rádio Cultura. Falei com o Provincial contactar a CRB e quem sabe pensarmos uma confederação com religiosos e dioceses para os meios de comunicação."

---

[19] Arquivo Padre Vítor, *Pasta Diário.*

Enquanto isso, em Aparecida, Padre Vítor enfrentava um processo trabalhista movido por um ex-funcionário. Depois de ter recorrido ao Ministério Público contra a Rádio e difamado o diretor, o ex-funcionário queria um acordo do qual pudesse auferir proveito. Fazia acusações e ameaças dizendo saber de fatos da vida particular dos padres. Padre Vítor sofreu e se desgastou com o episódio. Mas não aceitou acordo e deixou que a justiça resolvesse o caso.

Sem ter assinado o contrato com a 9 de Julho, Padre Vítor viajou para Congonhas do Campo, em Minas Gerais, a fim de entrevistar-se com Dom José Gonçalves, secretário da CNBB e redentorista da Província do Rio de Janeiro. Conhecendo o crescimento da Rádio Aparecida sob a batuta de Padre Vítor e atento a suas propostas, o bispo decidiu negociar com ele uma parceria com a Rádio de Congonhas, administrada pelos redentoristas daquela Província. Final de agosto, ele deixa anotado:

> Viagem a Congonhas. Motivo foi uma confederação das emissoras redentoristas. Padre França, o responsável, poderá vir morar em Aparecida. Já estou pensando no estatuto da "CEC", Confederação de Emissoras Católicas, estendido para a de Cruzeiro, Campos, Teófilo Otoni.

A capacidade de trabalho de Padre Vítor impressionava. Era admirável ver um homem que, no passado, fora acometido por doença grave em época de recursos terapêuticos escassos e, já aos sessenta e sete anos de idade, estar com tanto ânimo, envolvido em tantos afazeres. Somente em seu diário, nesse ano de 1966, são páginas e páginas registrando a azáfama em torno de resoluções, conversas, documentação... E, ainda mais, continuava a fazer seus programas na Rádio, a ajudar os trabalhos na basílica e a comentar, com seu costumeiro entusiasmo e devoção, as missas do Santíssimo Sacramento às quintas-feiras e as celebrações dos finais de semana. Negociações, viagens, celebrações, a tudo entregava o incansável ardor de seu coração eternamente missionário.

> Ainda não fechamos negócio com os Associados. A Rádio, parece-me está sendo anexada à Tupi. Recebi a visita de Dom Evaristo, bispo auxiliar de São Paulo. Mostrou-se satisfeito com a confederação das emissoras católicas, com o Clube dos Sócios e com o apoio que a CNBB está dando a Aparecida como centro desse movimento em torno da comunicação. É favorável que se vendam casas da Arquidiocese para um empréstimo a nossas Fundações Confederadas para a compra do canal.
>
> Celebramos na 9 de Julho, hoje, dia oito de setembro, a união das Emissoras com um grande show com ótimos artistas de São Paulo, dedicado aos Emmos. Cardeais e Bispos Auxiliares e aos funcionários da 9 de Julho. Foi o espetáculo mais barulhento e vibrante de que tenho memória. [...]
>
> Fui a São Paulo e participei da reunião dos bispos da capital. Resolveram não comprar a TV canal 2. Os bispos pensam que os católicos não estão preparados para arcar com a responsabilidade de uma TV. Têm medo de que possa haver concorrência e perder as boas relações que têm com outros canais.

Acertei programação religiosa para a Rádio 9 de Julho. Estive com Padre Penido, Provincial do Rio de Janeiro, para acertar contrato sobre a Rádio de Congonhas. Pedi ao Provincial mais um padre ajudante e sugeri o nome do Padre Onofre ou Damião. Padre Costa, não posso contar com ele de maneira efetiva. Irradiamos as missas principais na festa de Nossa Senhora, celebrada dia doze de outubro.[20]

Tudo anotado. Minutas de contratos. Informado e esclarecido. A quem estava Padre Vítor dando conta de tudo o que se passava na Rádio? Estava há um ano como diretor-geral, mas diretor provisório. Embora trabalhasse com afinco, não fora efetivado no cargo e, a cada seis meses, precisava renovar seu mandato com a Fundação. Os confrades reconheciam que Vítor era extremamente dedicado, mas centralizador, não conseguia trabalhar em equipe e suas decisões eram solitárias. Havia ainda a acusação de que um leigo, o gerente administrativo Seme Jorge, influenciava sobremaneira o diretor e era quem, por trás das cortinas, ditava as normas na Rádio.

Um olhar apressado sobre a extrema dedicação de Vítor ao trabalho na RA pode levar à ideia de que ele seria movido por um desejo de autoafirmação, ou, talvez, pela busca da aprovação de seus superiores. Mas, na verdade, Vítor procurava viver, com toda a intensidade, sua vocação missionária através das possibilidades oferecidas pelas ondas do rádio que tanto o encantavam, pois podiam levar o anúncio do Redentor e a devoção a Maria aos lugares mais remotos, às searas mais distantes... Sonho de missionário...

E os microfones o aproximavam sempre mais do povo. Seu feitio carismático de catequista, de bom pregador da Palavra de Deus, só fez dele um homem cada dia mais conhecido e amado pelo povo. Mesmo para aquele mais distante, ele se tornava próximo através da Rádio Aparecida. E quando o ouvinte, o romeiro de longes paragens chegavam a Aparecida, depois da oração à Mãe e Senhora Aparecida, era quase como o cumprimento de uma promessa conhecer Padre Vítor. A cada dia o valente missionário se afirmava como comunicador e como liderança.

Seus confrades admiravam sua enorme capacidade de trabalho, ainda que fizessem ressalvas a seus modos centralizadores. Ambas as características eram frequentemente lembradas e mencionadas pelo cronista do convento no segundo semestre de 1966. "Padre Coelho trabalha demais. O Clube dos Sócios progride. Ele atua em duas Rádios e acompanha a de Congonhas." "Padre Coelho viajou para Cascavel (PR) com a equipe da Rádio Aparecida." "Padre Coelho subiu até Campos do Jordão, mas apenas para visitar Padre Pedro que se acha internado lá."[21] Já Padre Ribolla, escrevendo a Padre Amaral em Roma, comenta: "Estou vendo que o Coelho não vai poder ficar muito tempo na Rádio. Tem difi-

---

[20] Arquivo Padre Vítor, *Pasta Diário*.

[21] Documenta 7, "Crônicas da Comunidade Redentorista de Aparecida", vol. VII, no *ARSP*.

culdades em trabalhar em equipe e o trabalho o sobrecarrega".[22] O próprio Padre Onofre, que passou a assessorá-lo na Rádio, em reunião com bispos e provinciais em São Paulo, disse em alto e bom som, diante de Vítor e das autoridades presentes, que faltava organização e planejamento à Rádio Aparecida, o que prejudicava seu andamento. Padre Vítor entendeu como ofensa pessoal. Anotou em seu diário: "Calei-me para não dar escândalo, mas fiquei superenvergonhado. No intervalo, conversei com alguns padres e os convidei para vir conhecer nosso sistema de trabalho". Nos meses seguintes, Padre Vítor ainda teve dissabores com o confrade até que ele fosse afastado da Rádio.

Mas a dedicação fervorosa de Vítor à comunicação católica era um apostolado, um serviço ao povo de Deus. Ele era, profundamente, um sacerdote, um religioso vivenciando com fidelidade seu chamado. Formado na mais fina flor da disciplina germânica, para a qual a Regra e o superior eram referências primordiais na vivência cotidiana, Vítor, compreendia e experienciava ambos – a Regra e o superior – como valiosos suportes para viver sua consagração plena e total a Jesus Cristo. Ele, o Cristo, era a escolha fundamental de sua vida. Na oração, na vida conventual, compartilhando com seus confrades a mesma escolha e a mesma esperança, recompunha suas forças e renovava, cotidianamente, seu "sim" Àquele que o chamara ao serviço do Reino. Em tempos de renovação, de mudanças pós-Concílio, não foram poucos os que se perderam no meio do caminho, em buscas equivocadas. Irmão Estanislau, que conviveu longamente com Padre Vítor, testemunhou sobre o querido confrade...

Era um rezador. Era dos primeiros a chegar na capela de manhã para a meditação. Não perdia nenhum ato da comunidade, a não ser quando viajava. Seu último momento em vida, antes de ir para o hospital, ele estava na capela.

Quando não tinha as mãos ocupadas principalmente com as plantas do seu orquidário, tinha o terço nas mãos. Um dia perguntei-lhe quantos terços ele rezava por dia. Ele me respondeu brincando: "não sei, nunca contei, mas penso que rezo mais que você". E de fato rezava mesmo.

Era contagiante a sua alegria em estar com os confrades. Gostava de conversar, contar histórias e tinha um lado de humor que nos fazia dar boas risadas. Ele saía muito para levar a imagem de Nossa Senhora para diversas cidades. Quando voltava, entrava no convento e gritava em alto e bom som: "chegueiiii". E sempre tinha história para contar da recepção, das missas... era uma festa.

Era edificante ver como ele era preocupado com os romeiros que queriam conhecê-lo, pedir a bênção e tirar fotografias com ele. Estava sempre pronto. Ele só não atendia confissão. Ele dizia: "eu não sou padre das confissões, eu sou padre da pregação". Há padres de plantão, na igreja, para atendimento de confissões. Penso que era o medo da tuberculose que já o prendera tanto tempo no sanatório. Ele tinha receio desse contato muito próximo. Mas quando era chamado na portaria, atendia a todos.

---

[22] Copresp A, carta de Padre Ribolla a Padre Amaral, em 17 de outubro de 1966. No *ARSP*.

Uma de suas marcas principais: pregar. Diante de um microfone ele perdia a noção do tempo. Sua pregação era simples, não usava palavreado complicado, falava bonito e com unção. Os mais simples e os eruditos entendiam muito bem. Ele não falava só de Deus e de santidade, mas de humanidades, de saúde e higiene, de modo especial direcionado ao povo do campo.

Em Guaratinguetá, uma senhora de nome Teresinha Barbosa frequentava a igreja de Testemunha de Jeová. Mas um dia ela me disse que o único santo que existe é o Padre Vítor. Segundo ela, ele soube ensinar tanta coisa boa e falava bem. Ela até o perdoava pelas vezes que ele não falava bem dos crentes. De fato, ele batia forte contra outras religiões.[23]

Longe de ter uma visão à distância e idealizada, a visão desse confrade é a de quem estava no dia a dia com Padre Vítor. Alguém que vivia o cotidiano conventual de Vítor e era conhecedor de que, para além da correria na Rádio, das viagens e compromissos, estava o religioso fiel a sua vocação e ao cumprimento das normas da Congregação à qual pertence. "Era um rezador", divisa que, geralmente, identifica os grandes santos e os místicos...

Com o regime militar no comando do país, o Brasil vivia clima tenso em fins de 1966. Através do Ato Institucional n. 3 (AI-3), o Governo militar estabeleceu eleição indireta para governadores dos Estados. A cassação de vários deputados federais provocou reação no Congresso, que foi fechado em outubro pelo Presidente Castelo Branco. Ainda no mesmo ano, através do AI-4, o Governo, em dezembro, convocou o Congresso e fez aprovar a sexta Constituição Brasileira, que seria promulgada em janeiro de 1967. O texto incorporava os atos institucionais e aumentava o poder do Executivo, institucionalizando a ditadura militar.

Alguns setores da Igreja manifestaram posição contrária ao regime e sofreram dolorosas represálias. Os estudos sobre evangelização, sobre comunidades de base, promoção social e, de modo especial, a implantação de um Plano de Pastoral de Conjunto, começavam a mudar o rosto de boa parte da hierarquia da Igreja. Se na sociedade civil havia uma tensão entre os setores mais conscientes e politizados em face da situação imposta pelo regime vigente, na Igreja, paralelamente, vivia-se um tempo de gestação, de mudanças, tempo de conceber novos rumos a partir das orientações do Concílio Vaticano II.

Padre Vítor terminou o ano planejando e agindo em prol da RA. Pediu ao Vice-Provincial a volta de Padre Faria à emissora, já que ele renunciara ao reitorado em Araraquara. Reuniu-se com o Cardeal Motta para requisitar o terreno situado no ângulo formado pelas ruas em frente à basílica nova – Ruas Benedito Barreto e Getúlio Vargas – para a futura instalação da Rádio Aparecida. O Cardeal concordou, mas julgou necessário um prévio requerimento a ser discutido em reunião da comissão de administração da basílica. Quando, feliz da vida, Ví-

---

[23] Testemunho de Irmão Estanislau dos Santos, em 2012. Irmão Estanislau professou na C.Ss.R. em 1948. Conviveu com Padre Vítor por longos anos. No arquivo do autor.

tor imaginava que tudo caminhava a contento, recebeu uma carta do Provincial avisando-o de que, a pedido do Bispo Coadjutor, Dom Macedo, devia suspender os planos de construção do novo prédio.[24] Que aguardasse mais dados e informações e esperasse até que a imagem original de Nossa Senhora Aparecida fosse, definitivamente, para a basílica nova. Um banho de água fria.

Nos últimos dias do ano, ele foi a Campos do Jordão para organizar a visita da imagem de Nossa Senhora àquela cidade. No dia 31 de dezembro, anotou em seu diário as realizações ao longo do ano que findava e as esperanças para o ano que chegava.

> Em alocução de fim de ano, em cadeia com a 9 de Julho, fiz resumo do que se fez na RA e na 9 de Julho, bem como se pretende fazer no ano novo. Disse que pretendemos, em 1967, dar grande dinamismo à 9 de Julho, investindo mensalmente uns dez milhões lá (dinheiro do Clube dos Sócios da RA) e colocá-la alta na audiência na capital e autossuficiente para se manter nessas alturas sem o clube.[25]

Em anotação de trinta de dezembro de 1966, em folhas não incluídas em seu diário, Padre Vítor elaborou um relatório sobre a situação das Rádios Aparecida e 9 de Julho. Relatório de um missionário entusiasmado, cheio de expectativas e planos em favor da evangelização através dos meios de comunicação social. Pregador e comunicador por excelência, ele tinha nas mãos instrumentos poderosos e eficientes para a proclamação da Palavra de Deus. Ainda que exercendo o burocrático cargo de diretor-geral da RA, sua preocupação primeira era a evangelização. Naquele momento, as duas rádios – com possibilidade de uma terceira, em Congonhas do Campo – formariam uma pequena rede de emissoras anunciadoras da Boa-Nova.

371

> Por contrato entre a Arquidiocese de Aparecida e os padres redentoristas, será sempre escolhido para diretor da Rádio Aparecida, um padre redentorista apresentado pelo provincial local.
>
> Os redentoristas resolveram entregar o poder direcional da RA a uma diretoria coletiva, composta de quatro membros, sendo o diretor-geral o presidente e todos com voto deliberativo.
>
> No campo pastoral, os Padres Coelho e Costa revezaram em dois programas, "oração da manhã" e "entrevista com os romeiros". Os programas "pregando o martelo", "Catecismo e Bíblia" e "Ave-Maria", com o Padre Costa. Padre Vítor Coelho com "Os ponteiros apontam para o infinito" e a "Consagração das 15h". Há a expectativa de que seja designado definitivamente outro padre para atuar como locutor em programas religiosos.

---

[24] Copresp A, carta de Padre Ribolla, em 5 de dezembro de 1966. No *ARSP*. Não obstante a anuência do Cardeal, o Bispo Coadjutor mandava suspender as tratativas. Se tivesse obedecido a Dom Macedo, a construção só começaria depois de 1982, quando a imagem foi levada definitivamente para a Basílica Nova.

[25] Arquivo Padre Vítor, *Pasta Diário*.

No campo material. [...] Uma firma de planejamento de empresa foi contratada e renovou a estrutura do Clube dos Sócios, tornando-o moderno e prático. Foi criado um fichário com cento e vinte mil nomes... A mesa de som e os toca-discos estavam envelhecidos. As finanças encontram-se bem. Temos completado com dinheiro da RA tudo o que falta à Rádio 9 de Julho, mensalmente, tanto para as despesas como para a contribuição de noventa e um salários mínimos à Fundação Metropolitana Paulista.

O que pretendemos fazer. [...] Construir prédio moderno da Rádio Aparecida em terreno cedido pela basílica. Apressar plantas dessa construção para logo obtermos da organização alemã "Adveniat" doação de todo o financiamento para essa obra.

Rádio 9 de Julho: A Rádio 9 de Julho e a Rádio Aparecida, em setembro de 1966, uniram-se sob uma única diretoria, sob condições estipuladas em contrato particular entre as duas fundações (que respectivamente uma e outra pertencem), visando união de esforços no campo material e no pastoral, para grande ação nacional e regional. As duas emissoras desejam também criar um campo de colaboração (uma espécie de confederação) com outras emissoras católicas para promoção mútua e para evitar concorrências nocivas entre as mesmas.

Antes dessa união com a RA a 9 de Julho vinha, no último ano, mantendo em sua gestão um ritmo de equilíbrio financeiro, pagando aos poucos dívidas herdadas de um governo imediatamente anterior. Estava ela onerada com seis das suas melhores horas presas a concessionários e sem possibilidade de um grande surto de progresso num futuro próximo...

A 9 de Julho mantinha um tipo de programação adaptado mais a camadas rarefeitas das elites do que à imensa massa popular de quatro milhões de paulistanos. Fatalmente a ação pastoral via-se por isso, restrita junto às multidões.

O motivo pastoral levou-nos a mudar o TIPO da Rádio 9 de Julho. O gabarito, nada popular mas do agrado de pequena elite, foi substituído por moldes adaptados ao gosto da multidão.

Pretendemos, em março do ano que vem, investir grande capital, tirado do Clube dos Sócios de Aparecida, para contratar um dos maiores diretores artísticos da Pauliceia e alguns grandes astros do Rádio, a fim de criar uma 9 de Julho vibrante, que atinja o 3º ou 4º lugar na audiência paulistana. Esperamos, em meio do ano, tornar a 9 de Julho autossuficiente não só para se manter nas novas alturas, como para se tornar poderosa contribuinte para novos avanços e progressos no campo das comunicações.

Ideias acerca de uma confederação de emissoras católicas. Em andamento o trabalho de parceria com os redentoristas de Congonhas do Campo, em Minas Gerais. Mas os confrades de Congonhas não gostaram da franqueza com que falei das três coisas muito evidentes que se apresentam no campo da confederação de emissoras. A esplendida onda (tropical de 60 metros) da Rádio Congonhas atinge exatamente o território já coberto pela RA, desde o Rio Grande do Sul até o Nordeste. Os quatro horários pastorais da RA, das 12, 13, 15 e 18h, foram adotados precisamente pela Rádio Congonhas. Adotou também um Clube dos Sócios exatamente como o da RA. Tirei conclusões que não são aptas para captar simpatias da Rádio Congonhas, mas parecem evidentes.[26]

---

[26] Arquivo Padre Vítor, *Pasta Documentos da Rádio Aparecida*. São oito páginas datilografadas e assinadas em 30-XII-66. À página 4, ele acrescentou, à mão, que, sobre a Rádio 9 de Julho, escrevera tudo sem sequer imaginar o desfecho que as negociações teriam logo em seguida.

O ano terminava e Padre Vítor começava o ano novo com planos e projetos para os dias vindouros. União de emissoras de rádio, confederação de emissoras, reivindicação de mais auxiliares para os programas religiosos da RA.... Tudo com um único objetivo: evangelizar, anunciar a Boa-Nova. O Reino de Deus era a preocupação primeira do grande homem, que, do alto de seus quase sessenta e oito anos de vida, contemplava, agradecido e esperançoso, uma longa caminhada a serviço do Evangelho e da Igreja. O ano seguinte traria suas surpresas, alegrias, dissabores...

Em janeiro de 1967 foi promulgada a sexta Constituição do Brasil. Em março, o ministro do Exército, o general gaúcho Arthur da Costa e Silva, assumia a Presidência da República referendado pelo Congresso. Ele extinguiu sumariamente a Frente Ampla, movimento de oposição criado pelos ex-presidentes João Goulart e Juscelino Kubitschek e pelo jornalista Carlos Lacerda. Na política econômica, foram adotadas medidas de combate à inflação e foram levadas a efeito a revisão da política salarial e a expansão do comércio exterior. Iniciou-se uma reforma administrativa que incrementava os transportes e os meios de comunicação social.

A Igreja no Brasil, desconfiada das intenções do governo, já começava a manifestar discordância de algumas medidas de censura e repressão, como o cerceamento do Congresso Nacional. Em janeiro, a CNBB promoveu, em São Paulo, o segundo encontro nacional sobre a presença da Igreja no desenvolvimento do país. Questões sociais vieram à tona nas discussões e decisões. Ainda em março, Paulo VI publicou a encíclica *Populorum Progressio*, marcando época com mais uma encíclica voltada para questões da sociedade moderna.

Passados os festejos do primeiro dia do ano, Padre Vítor Coelho retomava firme seu trabalho com as Rádios católicas. No segundo dia do ano ele foi chamado a São Paulo por seu provincial, Padre José Ribolla. Levava consigo o relatório que havia elaborado sobre a situação das emissoras e o planejamento para o ano que se iniciava. Ali, foi surpreendido por uma carta de um representante da Cúria Metropolitana de São Paulo desfazendo todos os acordos e o contrato entre a Rádio Aparecida e a Rádio 9 de Julho.

Na carta, o representante do Cardeal de São Paulo alegava que o convênio era atraente, pastoralmente falando, mas não interessava a Arquidiocese de São Paulo. Reconhecia a importância de uma rádio católica que pudesse atingir todo o país, como a Rádio Aparecida, mas, à Rádio 9 de Julho interessava uma programação local, apenas para a cidade de São Paulo.

> Infelizmente, o objetivo colimado não funcionou, por várias razões, que enumero: dificuldades técnicas insuperáveis; a quase impossibilidade de dirigir duas emissoras separadas por distância sem condição de unidade radiofônica; antecedentes programáticos de difícil revisão; certa precipitação nas atitudes assumidas; a incompatibilidade de horários convenientes ao interior e à capital; a própria exigência do ouvinte interiorano e central.

Não surpreende – e não é culpa de ninguém – tivessem a direção da Rádio e autoridade arquidiocesana experimentado considerável reação de vários pontos do país e das mais diversas camadas sociais.[27]

A notícia era desanimadora... Padre Vítor ouviu, leu... Voltou para Aparecida e, naquela noite, escreveu uma nota explicativa. A nota era endereçada ao Padre Provincial e não ao Cônego que redigira a carta. A intenção era mostrar ao Provincial e à posteridade o que realmente estava acontecendo, como se deram o contrato e o objetivo dessa união. Ponto a ponto, ele historiou toda a trajetória do empreendimento dentro do curto espaço de tempo em que se desenvolvera, demonstrando como o Cônego Christóforo estava equivocado. E o mais surpreendente nessa história é que Padre Vítor só ficou sabendo da dissolução da parceria depois do fato já consumado. E encerra a nota dizendo que, infelizmente, o sonho estava terminado. Restava a garantia de que a RA não deixaria de ser uma emissora pastoral e missionária para se tornar burocrática, semelhante à "Hora do Brasil".

Lamento a perda de uma grande união. Lamento termos arrancado as plantinhas apenas brotando, em apenas quatro meses de atividade e de espera pela data de março... e da grande arrancada rumo a um progresso muito garantido.[28]

Sonhos desfeitos, projetos não realizados... Mas a vida continuava. Havia outros problemas a exigirem a atenção do diretor-geral da RA. Vítor aguardava o padre designado pela Província do Rio de Janeiro e que deveria permanecer em Aparecida pelo menos vinte dias por mês, para colaborar na parceria entre a RA e a Rádio de Congonhas. O padre não foi. Continuou o impasse referente à indicação de um padre auxiliar para os programas religiosos, impasse que o Provincial insistia em protelar.[29] Finalmente, o cronista da comunidade redentorista de Aparecida anotou no dia dezenove de janeiro: "Padre Coelho está contente. Padre Lélis foi marcado como auxiliar dele na Rádio Aparecida. Padre Provincial veio pessoalmente dar-lhe a boa notícia".[30]

---

[27] Arquivo Padre Vítor, *Pasta Documentos Rádio Aparecida*. Assinado por Cônego Christóforo e datado de 2 de janeiro de 1967.

[28] Idem, Apostila datilografada contendo dez páginas com data de 3 de janeiro de 1967. Original no *ARSP*. Cópia no APV, *Pasta Documentos Rádio Aparecida*. Padre Onofre, juntamente com Padre Costa, que auxiliava Padre Vítor na RA, não eram favoráveis à parceria com a 9 de Julho. Segundo anotações de Padre Vítor, havia interesses particulares de pessoas ligadas à Rádio 9 de Julho que "fizeram a cabeça" do Cardeal Dom A. Rossi, fazendo com que ele quebrasse o contrato. Ainda assim, deixa espaço para dúvidas. "Declaro que tudo isso se realizou absolutamente à minha revelia. Não fui, nem mesmo ouvido, em nada. O Revmo. Padre Provincial afirma que partiu do Senhor Cardeal de São Paulo a exigência da entrega. Mons. Lafaiete 'garante' que a iniciativa partiu dos Redentoristas."

[29] Copresp A, carta de Padre Vítor Coelho a Padre Ribolla, em 18 de janeiro de 1967. Ele relata as dificuldades na RA. Entre outras, o desgosto pelo contrato desfeito unilateralmente, a demora de Padre França, de Congonhas, que nunca chegava a Aparecida e a nomeação, não concretizada, de um auxiliar. E sugere Padre José Oscar Brandão como um bom nome para a função.

[30] Documenta 7, "Crônica da Comunidade Redentorista de Aparecida", vol. VII, no *ARSP*.

O mesmo cronista não deixou de observar a intensa movimentação de Padre Vítor naquele início de ano. Anotou que Padre Coelho vivia entre Aparecida e São Paulo, devido aos incontáveis compromissos da RA. E lembra que no dia vinte e cinco de janeiro, festa da conversão de São Paulo e feriado na Pauliceia, Padre Vítor foi, mais uma vez, à capital. Em carro oficial, juntamente com Dom Antônio Macedo e Padre Zulian, a imagem original de Nossa Senhora Aparecida foi levada para São Paulo, para as comemorações do aniversário da cidade. Padre Vítor comentou a festa que foi transmitida pela RA já sem a participação da Rádio 9 de Julho.

Começo de fevereiro, e na basílica, mais uma vez, alguns jovens fazem seus compromissos na Congregação Redentorista. Dia primeiro, vestição dos que iniciavam o noviciado. Dia dois, profissão religiosa dos que terminavam o noviciado. Desta vez, porém, a profissão foi realizada na cidade de Tietê, para onde o noviciado fora transferido. Padre Vítor transmitiu a missa do dia primeiro e, em seu programa "Os ponteiros apontam para o infinito", falou do momento festivo que os jovens vivenciavam.

> Ser consagrado numa congregação, fazer os votos ou obrigar-se de modo especial a uma vida de perfeita caridade, eis a vocação de um "religioso". Todos os cristãos são chamados para a perfeita caridade, mas o estado religioso tem de ser o "estado" de perfeita caridade. Isso porque a pessoa que abraça esse estado de vida assume compromissos e obrigações que os outros cristãos não se obrigam a ter, como, por exemplo, viver em castidade perfeita, praticar a pobreza e, pela obediência aos superiores, disciplinar o uso da liberdade em favor do Bem. Chama-se "estado de perfeição".
>
> Perfeitos têm de ser todos os cristãos. Sem os compromissos da vida religiosa, uma esposa e mãe pode ser um modelo de perfeição na caridade, mas o "estado religioso" apresenta horizontes incomparáveis e oferece recursos adequados para a vida de "caridade perfeita".
>
> Por isso, Jesus disse àquele bom rapaz: "se queres ser perfeito, vende tudo o que tens, dá-o aos pobres e vem seguir-me!" O jovem guardava os mandamentos, amava a Deus e o próximo, e Jesus olhou-o com amor. Aquele jovem era muito rico e não teve coragem de abandonar a opulência para acompanhar o Cristo. Cabisbaixo e triste resistiu à vocação...
>
> Então Jesus comentou: "como é difícil um rico salvar-se". De fato, é muito difícil porque os ricos não compreendem a imensa responsabilidade de possuir bens. E é por isso que muitos deles não se salvam. Não compreendem o dever de aproveitar as riquezas para o bem, na proporção dos recursos. Não compreendem o dever de abandonar o supérfluo, em favor dos necessitados, por caridade ou justiça. Pensam que o dinheiro é exclusivamente da própria pessoa e da família. Daí a dificuldade.
>
> Se aquele moço tivesse ouvido a voz de Jesus, seria hoje um apóstolo, seria um santo. Essa fidelidade corajosa de seguir a vocação impõe-se a quem claramente conhece o chamamento divino.
>
> Ora, idealismo e capacidade são os dois sinais da vocação. O idealismo dá-se quando alguém se sente entusiasmado por certa carreira e compreende o que há de caridoso, digno e obrigatório naquela escolha. Quando alguém é batido pelas ondas íntimas do Espírito Santo, que convida a deixar tudo e abraçar a vida de "perfeita caridade", tem um sinal de "vocação religiosa". Mas esse idealismo só não basta. O realismo da experiência, em muitos

anos de preparação, é que dará a certeza de capacidade. Há noviciados e seminários em que as qualidades físicas, intelectuais, morais etc. são postas à prova, para haver certeza suficiente de idoneidade.[31]

Além de administrar a Rádio Aparecida como seu diretor-geral, Padre Vítor continuava apresentando seus programas religiosos e continuava empenhadíssimo no crescimento do Clube dos Sócios. Para atrair novos associados, no mês de abril coordenou e empreendeu viagem a Belo Horizonte e a Itabira levando a imagem peregrina de Nossa Senhora e artistas ligados à Rádio. Ainda que se tenha lamentado de que andasse meio relapso em relação ao assento de suas crônicas pessoais ou diário, ele relata um pouco dessa viagem.

A caravana era composta de treze pessoas em dois veículos, uma kombi e uma camionete Chevrolet. Alguns nomes são citados: Nininho, Vicentinho Baterista, Graúna, Flor da Serra, Paschoal, Jeanette, Maria Mendes, Olacir Dias e um cantor de São Paulo. Em Belo Horizonte, hospedaram-se em um hotel que, em tom de brincadeira, Padre Vítor dizia ser área um pouco duvidosa depois que escurecia. O cortejo com a imagem de Nossa Senhora partiu da igreja de São José, na Avenida Afonso Pena, para a Vila Hozanan. As Irmãs de Jesus Crucificado, sempre dedicadas e prestativas, encarregaram-se de organizar a parte celebrativa.

Depois da missa seguida de show em Belo Horizonte, partiram para Itabira. Os moradores de Itabira acompanhavam com animado interesse a movimentação, pois além de profundos devotos de Nossa Senhora Aparecida eram ouvintes assíduos da RA. A cidade tinha apenas duas paróquias e uma foi a vencedora no número de inscrições para o Clube dos Sócios. Padre Vítor conta que fez o possível e o impossível para que a paróquia perdedora não se sentisse diminuída e que amenizou a situação tratando com igualdade os dois párocos, Lopão e Lopinho, como eram chamados.

> À chegada da imagem, o prefeito foi ao trevo, foi em carro aberto da Prefeitura. O prefeito estava muito interessado e a imagem foi levada também à Prefeitura e à Câmara. O Bispo usou da palavra, na Prefeitura. Foi uma apoteose, o show e a participação na missa. O povo é devoto![32]

Em Aparecida, o ano de 1967 seguia marcado por muita movimentação devido aos eventos programados pela Igreja. Dom Carlos Motta havia nomeado uma comissão para organizar o jubileu de 250 anos do encontro da imagem de Nossa Senhora Aparecida nas águas do Rio Paraíba, fato que se deu em 1717. Os festejos seriam celebrados no mês de agosto. Em maio daquele ano, a CNBB realizou em Aparecida sua Sétima Assembleia, que a partir de então passou a ser anual. Padre Vítor, em suas crônicas particulares, conta que 233

[31] Arquivo Padre Vítor. *Pasta Programas Rádio Aparecida.*
[32] Arquivo Padre Vítor, *Pasta Diário.*

bispos estiveram em Aparecida. Alguns deles visitaram as instalações da RA. E, orgulhoso, Vítor lembra que o serviço jornalístico da RA comportou-se à altura do evento.

Os bispos foram hospedados em hotéis e casas de famílias em Aparecida, em Guaratinguetá e até em Lorena. Padre Fré, o reitor do santuário, desdobrou-se para que tudo saísse a contento. Embora a CNBB se responsabilizasse por todo o evento, os aspectos práticos de sua realização ficaram nas mãos dos redentoristas – os anfitriões. Em meio a toda a atenção e cuidado de que um evento desse porte precisa e com toda a preocupação que acarreta para quem o promove e organiza, redentoristas e bispos foram surpreendidos com uma má noticia.

O prefeito e nove vereadores de Aparecida fizeram circular na cidade um libelo acusatório e difamatório contra os cinco bispos que compunham a administração do santuário. Acusaram a Congregação Redentorista e seus padres e todo o clero da cidade de não colaborarem com a administração do município. Ainda mais: os padres eram acusados de impedirem o progresso da cidade e de estarem alheios aos problemas que ela enfrentava. Os nomes do Bispo Coadjutor, Dom Macedo, de Padre Stringhini e de Padre Vítor Coelho de Almeida eram mencionados no documento.

Toda a contenda surgira em torno de um decreto do prefeito determinando que uma taxa de turismo fosse cobrada de quem visitasse a cidade. Como Aparecida sempre fora um local de romarias e não de turismo, Padre Vítor criticava essa lei pelas ondas da RA. As autoridades municipais julgaram que, dando aos bispos conhecimento dos fatos, os redentoristas estariam sendo colocados diante de um juizado imparcial que certamente os puniria, respaldando assim o decreto municipal. O assunto se avolumou, envolvendo, além dos bispos e padres, o delegado e o povo aparecidense, decidido a fazer uma passeata em apoio aos padres. Por sua vez, os padres que haviam recebido títulos de cidadania aparecidense cogitaram devolver a honraria. Por fim, prevaleceu o bom senso, e prefeito e vereadores redigiram um documento revogatório no qual pediam desculpas pela celeuma que haviam criado. Padre Vítor comentou: "Saiu, finalmente, a revogação, muito fraca e amortecida. Foi aceita por amor à paz".[33]

377

---

[33] A crise que se instalou com esse manifesto fez desgastar a relação entre as instituições em Aparecida. Padre Júlio Brustoloni, ao comentar o episódio, depois de passados vinte anos do fato, escreveu na introdução do Livro de Crônicas da comunidade de Aparecida: "A administração do santuário cresce e se estrutura como empresa, com escritório, almoxarifado, maquinário e funcionários competentes. No entanto esse crescimento e benfeitoria suscitaram os brios do alcaide municipal. Infelizmente ele os levou para a calúnia e o aviltamento do trabalho de uma Congregação que deu o melhor de seus elementos e esforços em favor do santuário e da cidade de Aparecida. O manifesto do senhor Prefeito Aristeu Vilela provocou indignação entre os missionários e seus amigos leais da cidade. Aproveitaram a presença dos senhores bispos reunidos aqui, para achincalhar a figura dos capelães e seu trabalho. Nessa hora crucial, faltou o apoio do senhor Cardeal. Um ano após o fato, a Comissão Administrativa do Santuário deu à

Administrar e comandar a RA, em meio a assuntos técnicos, profissionais, trabalhistas, sendo ela uma instituição em constante crescimento e que a cada dia exigia mais de suas lideranças, não era, definitivamente, tarefa fácil. Como se não bastassem os problemas internos e os relacionados à cidade, Padre Vítor enfrentava ainda críticas de confrades relativas à programação da RA. E, de repente, mais um fato desagradável vem juntar-se aos demais: um representante do Clube dos Sócios da cidade de Bom Jesus do Itabapoana, no Rio de Janeiro, renunciara ao trabalho de arrebanhar novos sócios a conselho do vigário da paróquia. O vigário alardeava que a RA era uma rádio desaconselhável, posto que tocava músicas desaconselháveis. Ora, naquele momento o *slogan* de Padre Vítor, "quem ajuda a pregação, tem merecimento de pregador", animava e entusiasmava representantes e associados pelo Brasil afora – quase meio milhão de devotos. Por isso, quando a RA estava empenhadíssima na expansão do Clube e uma das frases inspiradoras de Padre Vítor motivava o coração de milhares de leigos a se engajarem nesse projeto, era preciso que uma defesa fosse apresentada. Assim, não demorou para que ele enviasse uma carta ao pároco da cidade oferecendo-lhe explicações, justificativas e, acima de tudo, uma apaixonada defesa da Rádio de Nossa Senhora.

[...]
Não é verdade que "ultimamente" tenham decaído os programas musicais. Estou na RA desde o princípio e sei quanta "dor de cabeça" nos deu a vigilância sobre textos musicais. A censura foi muito aumentada e não diminuída. Mesmo assim, escaparam muitas... ora por culpa, ora sem culpa de funcionários. Ultimamente lancei um apelo a todos os funcionários para serem vigilantes auxiliares dos censores, avisando-os prontamente quando notarem inconveniência.

Não sei qual o critério de V. Revma., mas o nosso só pretende eliminar o que for contrário aos Mandamentos e à Fé. Não julgamos que beijos e abraços sejam sempre pecados e escândalos. Deixamos que o profano seja profano e o sagrado fique no seu limite. Nem queremos iê iê iê na igreja nem cairemos no exagero de fazer uma rádio carola. [...]

Pessoalmente não gosto de músicas de multidões. Não caio, porém, no erro de impor meu gosto fino sob pena de perder 90% dos ouvintes também para os programas pastorais.

Deus sabe quanto esforço, solicitude e sofrimento nos tem vindo de tão grande apostolado, do qual não julgo ser eu digno. Imenso apoio tenho recebido do clero e do povo. O bom senso, parece, ser o norteador dos que nos aplaudem, apesar das deficiências, julgando que não se deve jogar banho e criança conjuntamente pela janela. Um lava-pés não deve ser um quebra-canelas.

Procurarei aproveitar a correção fraterna de V. Revma., mas aproveito a ocasião para lhe dar correção fraterna: se todos forem drásticos como V. Revma., deveremos desistir de tudo, mesmo da eucaristia, onde Nosso Senhor sofre tanto. Apertarei o cerco em torno das músicas e modinhas, mas

---

publicidade um manifesto descrevendo as beneméritas realizadas tanto no santuário como na cidade pelos Missionários Redentoristas, contestando assim as inverdades do Prefeito e seus comparsas".

não fecharei a Rádio nem a julgarei desaconselhável e indigna de Nossa Senhora, se, apesar de tudo, algo escapar. Recebemos em pleno rosto a bofetada sem publicarmos ao Brasil, o que causaria grande admiração, e não guardaremos nenhum ressentimento quanto ao modo pouco fraternal da correção fraterna.

Não creio que o Juiz Eterno esteja tão indignado com estes escandalosos, mas pedimos vênia e orações ao que assim nos julgam.

Sem mais, abraço, seu servo.[34]

Para quem sabe ler, um pingo é letra! Resposta sábia e caridosa. Mas as dificuldades não pararam por aí. Há momentos na vida em que nos parece que problemas e dificuldades são postos, todos juntos, sobre nossos ombros. Com Vítor não era diferente Para seu sonho de formar uma confederação de emissoras católicas, a desistência da Rádio 9 de Julho foi um surpreendente e duro golpe. A Rádio de Congonhas, debalde todos os esforços, parecia não decolar dentro do projeto. Ao mesmo tempo, Padre Vítor recebe uma carta do confrade da Província do Rio de Janeiro justificando sua não presença em Aparecida para a parceria. Entre outras coisas escreveu: "Em contatos com a organização da RA, notei imediatamente duas correntes igualmente fortes: uma a seu favor e outra contra a sua administração".[35]

Realmente, a RA atravessava um momento de difícil crise interna gerada por sentimentos de descontentamento, não explicitamente manifestados, entre os confrades ligados ao trabalho na emissora. Padre Vítor, a partir da instituição de um gerente administrativo leigo, delegava a ele poderes tais que ultrapassavam até mesmo a palavra do diretor-geral – no caso, ele mesmo. Resultava daí uma administração confusa, conflitante. A administração poderia até estar sendo conduzida por um santo, mas não era o céu!

O tempo, porém, não faz senão passar e a vida continuava... E a correria e as viagens também. Final de maio, Padre Vítor foi a Brasília, pernoitando em Goiânia na ida e em Uberlândia na volta. Duas cidades de seu coração. Uma recordava-lhe a então Campinhinhas das Flores e o tempo trabalhoso e feliz de missionário no sertão de Goiás. A outra guardava sob a terra o corpo de sua saudosa mãe. Vítor fora à capital federal com o gerente administrativo reivindicar a concessão de onda de 49 metros para a RA. Nesta empreitada ele contava com um forte intercessor, o sobrinho do Presidente da República, Adroaldo Mesquita.

379

---

[34] Arquivo Padre Vítor, *Pasta Correspondência com Autoridades*. Carta de Padre Vítor Coelho, de nove de abril de 1967. O Padre de Itabapoana seguia orientações do Bispo da Diocese de Campos à qual a cidade pertencia. Era a direita extremada que não aceitava – e jamais aceitou – os documentos do Concílio Vaticano II.

[35] Arquivo Padre Vítor, *Pasta Correspondência com os Confrades*. Carta de Padre Fábio França, de sete de abril de 1967. Realmente, a parceria entre as duas emissoras teve vida curta, ou melhor, não chegou a se efetivar.

Em seu diário, ele anotou no começo de junho: "Elaboração dos estatutos dos departamentos da RA com ajuda de Padre Lelis". Em seguida, festa de *Corpus Christi* em Matão (SP), onde foi o pregador. Na volta, visitou representantes do Clube dos Sócios em Itirapina (SP). Festa, show, visita da imagem de Nossa Senhora a Torrinha (SP). Sem demora, outra viagem para o bairro Engordadouro, com sua forte colônia italiana, em Jundiaí (SP). O vigário implicou com as vestimentas usadas pelos artistas no show da caravana e Padre Vítor teve que defendê-los até mesmo diante do bispo, já que o caso foi parar na cúria episcopal!

Final de junho, Padre Vítor foi a Pindamonhangaba para acertar, no cartório, a obtenção de sua nova carteira de identidade. Ele mesmo anotou, posteriormente, em manuscrito, no documento: "De fato, nasci a 22 de setembro de mil oitocentos e noventa e nove (1899), mas por engano fui registrado com dois anos de antecedência".[36]

No meio do ano, Padre Costa, que conduzia alguns programas na RA, foi nomeado superior da Vice-Província Redentorista de Brasília. Assim, Padre Onofre e Padre Lélis precisaram dividir entre si os programas de Padre Costa. Por sinal, Padre Vítor e Padre Lélis divergiam em várias questões referentes aos rumos da Rádio. Tanto isto era evidente que outro confrade, de outra Província, já observara que havia duas correntes no direcionamento da Rádio, o que acabou por impossibilitar o trabalho conjunto das duas províncias.[37]

O mês de julho encontrou Padre Vítor animadíssimo com o projeto de construção do novo prédio para a RA. Anotou, esperançoso: "Depois de construído o prédio, poderemos pensar em um estúdio de TV..." Sonho que vinha de tempos idos, longamente sonhado, mas que ele não pôde ver realizado. A Rede Aparecida de Televisão foi implantada em 2004, quando fez a primeira transmissão em caráter experimental.[38] Sonho de Vítor, semente finalmente brotada e frutificada na terra da Mãe Aparecida e nos lares de toda a terra brasileira...

Naqueles dias, empreendeu mais uma viagem, dessa vez para participar de um congresso de radialistas do Estado do Paraná, em Guarapuava. Depois foi até Foz do Iguaçu, com o intuito de atravessar a fronteira. Ele se fez acompa-

---

[36] Arquivo Padre Vítor, *Pasta Documentos Pessoais*. Ele anota ainda que o registro fora feito em data posterior a 1942. Depois, do outro lado da folha: "Observação escrita em agosto de 1976". Registro no cartório com assinatura de Antônio Pinheiro.

[37] Arquivo Padre Vítor, Pasta Diário. "Padre Lelis ficou uns três dias em São Paulo tomando parte nas conferências de Padre Häring. Fiquei algum tempo ferido em minha 'susceptibilidade' em razão de Dom Macedo só tratar com Padre Lélis as coisas da Rádio. Ele está sempre na Cúria. Mostra este padre pouco tato relativamente a mim, mas isso não perturbará minha amizade a ele e minha resolução de fazer uso dos carismas (da palavra) que Deus me confiou, mesmo que tenha de passar por sofrimentos e renúncias de qualquer gênero."

[38] A TV Aparecida entrou no ar no dia 7/9/2004, em caráter experimental apenas para a região do Vale do Paraíba. Em 8/9/2005 oficialmente para todo o Brasil.

nhar de seu amigo e gerente administrativo, Seme Jorge, indo até Assunção, no Paraguai, adquirir equipamentos para a Rádio, mas desencantou-se e observou que não havia vantagem em comprar no exterior. Além disso, não deixou passar despercebido que não pôde hospedar-se no convento dos redentoristas no Paraguai, porque a casa estava cheia. Não tivesse ele em sua personalidade um fino e bem característico traço de ironia...

Há também nele um senso pragmático que chama a atenção. Movido justamente por esse sentido de praticidade, ele fez a avaliação do trabalho de um leigo, representante do Clube dos Sócios no Paraná, que passava uns dias em Aparecida. Ele visitava as cidades divulgando o Clube, fazendo a inscrição de novos membros e recebendo a cota estipulada em dinheiro. Alguns padres, no entanto, dificultavam ou impediam qualquer campanha para arrecadar dinheiro dentro de suas paróquias e, às vezes, em toda a cidade. Padre Vítor, franco e prático, não omitia sua opinião.

> Está aqui em Aparecida o senhor Ari, nosso representante visitador em certa região do Paraná. Veio dar contas de sua primeira tentativa de fazer propaganda do Clube, visitando cidades, com credenciais nossas. O Bispo de Londrina não parece favorável. Em Francisco Beltrão há mais esperanças. [...] Eu pessoalmente acho perigoso esse trabalho, visto poder suscitar oposição do clero. Penso que a propaganda por rádio é menos sujeita a tais invejas. Penso que em nosso Brasil há um clero constituído em poder que mais cuida de não deixar outros fazerem do que pessoalmente realizar. Os protestantes e espíritas gozam de enorme liberdade de empreendimento. Por isso conseguem muito mais do que nós, amarrados por autoridades ciumentas e míopes. Há bispos de larga visão e de coração generoso. No campo do rádio tenho encontrado larga compreensão por parte de autoridades para com Aparecida. Já na 9 de Julho fiz experiência bem triste...[39]

O mês de agosto foi surpreendente, pois o Governo Federal acenou positivamente para que a RA entrasse na concorrência pela obtenção da onda de 49 metros. O padrinho de Padre Vítor nesta demanda, Adroaldo Mesquita, era influente e católico. Nos festejos comemorativos do encontro da imagem nas águas do Rio Paraíba, ele fez uma conferência sobre "O Papa, a Eucaristia e o Rosário".[40]

A pequena imagem de terracota de Nossa Senhora, em estilo seiscentista, foi encontrada por três pescadores nas águas do Rio Paraíba em 1717. Para as comemorações e celebrações dos duzentos e cinquenta anos já passados, foi escolhido o dia quinze de agosto – festa da Assunção de Nossa Senhora – dia em que também seria entregue o presente enviado pelo Papa Paulo VI: uma rosa de ouro para ho-

---

[39] Arquivo Padre Vítor, *Pasta Diário*.

[40] Cf. A. M. da Costa, "O Papa, a Eucaristia e o Rosário", in *Jubileu de Ouro e Rosa de Ouro*, Aparecida, 1970, p. 111-121. Dr. Adroaldo Mesquita era Consultor-Geral da República. Quanto ao livro citado, o Cardeal Motta encarregou-se da impressão, além de acrescentar artigos, conferências e uma mensagem pastoral em homenagem aos 50 anos de sacerdócio do Papa Paulo VI.

menagear a padroeira do Brasil. Benzido na Capela Sistina, o precioso presente foi trazido pelo legado pontifício, Cardeal Amleto Giovanni, Secretário de Estado de Paulo VI. À missa solene, esteve presente uma comitiva liderada pelo Presidente da República, Marechal Arthur da Costa e Silva. A RA, que anteriormente fizera ampla divulgação da festa, levou as festividades a todos os brasileiros. Mas o grande momento da celebração aconteceu quando, depois de as autoridades deixarem Aparecida, o povo levou em procissão a imagem de Nossa Senhora para a basílica velha. A praça em frente à igreja mal coube o povo emocionado que rezava e cantava, animados pelos Padres Siqueira e Vítor Coelho.[41]

Padre Vítor tinha um sutil traço de irreverência em sua personalidade que, volta e meia, se manifestava... A missa da qual sempre participava a Irmandade do Santíssimo Sacramento, popularmente chamada de Missa do Santíssimo, há muito era celebrada às 8h da manhã nas quintas-feiras. Essa missa era sempre irradiada e comentada por Padre Vítor Coelho. O pároco de Aparecida, que também era reitor do santuário, cioso de suas responsabilidades e deveres, tomou uma decisão. Consultando apenas a Irmandade, transferiu o horário da missa para às 19h. Padre Vítor, também cônscio de suas responsabilidades e deveres, alegou que, além de não ter sido consultado, naquele horário das19h a RA era obrigada a retransmitir a "Voz do Brasil". Na semana seguinte, tranquilamente, ele transmitiu a missa às costumeiras 8h da manhã, sem a Irmandade do Santíssimo. E anotou jocosamente: "Missa sem cantos e sem os Irmãos do Santíssimo. Já estava marcada há muito tempo. Quem não tem gato, caça com coelho".

Com ânimo de jovem, Padre Vítor seguia em frente com seu apostolado e seus projetos. Com a mudança de Padre Costa para Goiás, surgira a notícia de que Padre Onofre também deixaria os microfones. Padre Faria, que havia renunciado ao reitorado em Araraquara, voltou para Aparecida e foi nomeado vice-diretor da RA, assumindo, ao mesmo tempo, a condução de alguns programas. Mas, em meio ao vai e vem, uma notícia auspiciosa: a aprovação das plantas para a construção do novo prédio para a Rádio! Padre Vítor não pensou duas vezes: feliz e animado, pôs-se a caminho rumo à Alemanha em busca de verbas para a realização do sonho...

Nesse ínterim, seguiram para Roma os superiores e delegados redentoristas para um Capítulo Geral Especial, que teve início em oito de setembro de 1967. Era resposta da Congregação às decisões do Concílio Vaticano II que, no decreto *Perfectae Caritatis*, havia recomendado adequada renovação da vida religiosa.

---

[41] A situação do Brasil era a de coroamento da ditadura implantada em 1964 pelos militares. A presença do Presidente da República causou mal-estar em muitos padres de Aparecida. O cronista não poupou o aparato militar que cercou a basílica afastando o povo do evento religioso. A Igreja entrava em um momento em que tinha de se posicionar, pois o regime cobrava fidelidade daquela que sempre lhe fora fiel. Só que então as coisas tomavam rumos diversos. A CNBB incentivava e patrocinava cursos e seminários por todo o Brasil sobre desenvolvimento social, princípios das encíclicas sociais e implantação das decisões conciliares.

No Capítulo Geral de 1963, ficara estabelecido que o cargo de Superior-Geral deixaria de ser vitalício, passando a ter nove anos de duração. Porém, Padre Guilherme Gaudreau, o então Superior-Geral, havia sido eleito para o cargo no regime anterior a essa mudança, ficando, pois, estabelecido que sua gestão seria a última em caráter vitalício. Assim, quando da promulgação das mudanças e novas normas do Concílio, apenas os jesuítas e redentoristas ainda mantinham seus superiores gerais vitalícios. Porém, tendo em vista as orientações do Concílio, uma das decisões do Capítulo de 1967 foi a aceitação da renúncia de Padre Gaudreau e a eleição de um novo Superior-Geral. Este Capítulo votou também a mudança de nove para seis anos o tempo para o mandato de Superior-Geral.

O candidato mais cotado era o Provincial de São Paulo, Padre José Ribolla. Mas nada o fez aceitar a indicação para o cargo. Sugeriu e trabalhou nos bastidores por Padre Tarcísio Amaral, que fora consultor-geral, secretário-geral e era, naquele momento, procurador-geral da Congregação junto à Santa Sé. Além disso, em 1964, o Papa Paulo VI o nomeara consultor da Comissão Pontifícia Internacional para revisão do Código de Direito Canônico. Basta dizer que, para os redentoristas da Província de São Paulo, Padre Amaral era um "coelhinho", uma vocação despertada pelo trabalho de Padre Vítor na região de Araraquara, no final da década de 1920. Padre Tarcísio Amaral foi eleito.

Enquanto acontecia o Capítulo, Padre Vítor viajava para a Europa. Embora em Roma, Padre Ribolla continuava acompanhando a Província e, naquele mesmo mês, nomeou Padre Orlando Gambi para trabalhar na equipe da Rádio Aparecida. Ao final do Capítulo, o próprio Provincial escreveu a Padre Vítor.

> Caríííííííssimo Padre Coelho,
> A Cidade Eterna lhe manda lembranças e aqui vão elas buscando saudades. Vai também um parabéns pelo seu coelhinho, "peixinho" de Tabatinga/Araraquara que virou "dourado", e dos graúdos, hein? Estou convicto que, dos "candidatos" que havia, foi o mais indicado, e, sua eleição, providencial. Foi uma eleição dura, pois os dois "partidos" (ou mais) estavam "endurecidos" até a manhã do dia sete. A noite de seis foi a pior de minha vida, quando fiquei sabendo que os dois "bandos" tinham pré-elegido esse Zé Mané de Taquaritinga para ser eleito no dia seguinte. Finquei o pé no teimoso – NÃO! Eu estava certo que estava certo mesmo, resistindo a todas as insistências. [...]
> Já prelibávamos a "vitória". No 10º escrutínio, às 11h40, dia sete, Amaral alcançava e passava os 2/3 exigidos. Quando o escrutinador leu o nome "Amaral" pela 66ª vez, estourou uma prolongada salva de palmas de verdadeiro contentamento por termos chegado ao fim da peleia e por ter sido quem o eleito, não há dúvida. O homem estava pálido, gaguejando, quando, como secretário, devia anunciar o resultado oficial do escrutínio. Amém![42]

[42] Copresp A, carta de 11 de novembro de 1967, de Padre José Ribolla para Padre Vítor Coelho de Almeida. No *ARSP*. Quando Padre Ribolla inicia a carta prolongando a palavra caríssimo, fazia uma alusão carinhosa ao já famoso modo de como, todos os dias, às 15h, Padre Vítor iniciava seu programa Consagração a Nossa Senhora. "Caríííííssimos, são três horas, hora da consagração...". Alguns dias depois, Padre Vítor respondeu a Padre Ribolla e brincou com a expressão "coelhinho". "Muito obrigado pela amabilidade de sua carta. É claro que o 'coelho' velho está todo ufano pela boa raça dos 'coelhinhos'. Na

Até o mês de setembro a fonte de muitas informações foram as anotações de Padre Vítor em forma de diário. Infelizmente, após o relato de sua viagem à Europa, ele parou de escrever. Nada mais de suas crônicas pessoais – seus diários – foi encontrado na documentação referente a ele nem no acervo com seus pertences, em Aparecida. Mas, neste último relato, ao escrever sobre sua ida à Europa, ele diz que a viagem surgiu repentinamente e que mal tivera tempo de providenciar seus documentos pessoais. Juntamente com o gerente comercial da RA, Vítor foi a Bonn, na Alemanha, apresentar à *Adveniat* – entidade dos Bispos Católicos alemães – o projeto das novas instalações para a RA e pedir ajuda financeira para concretizá-lo. Além de Bonn, aproveitaram para visitar vários outros lugares, já que a Varig favorecia a compra de passagens aqui no Brasil para se viajar pela Europa. A viagem levou-o, como não podia deixar de ser, ao velho convento em Gars, tão caro a seu coração redentorista...

Partimos do Galeão, ali chegados de São Paulo, no dia quatorze de setembro. Voamos direto para Paris. Dois dias depois voamos para Frankfurt, seguindo imediatamente, de taxi, para Mannheim. Devíamos encontrar Padre Pedro que estava de férias na Alemanha. [...]

Dia 21, voltamos a Frankfurt, efetuamos compras e partimos para Munique. Fomos dormir às duas da madrugada, em nosso convento em Munique. De manhã visitamos Luduwigshirche, Teatinerkirche, Hofgarten e o Museu da Guerra (arrasado pelos bombardeios, mas assim conservado para escarmento dos belicosos). Depois do meio-dia cuidamos de descobrir um vendedor de gravador ampex. Visitamos a catedral e Hofbreuhaus. À noite fomos ao parque (Wiesen) da célebre Oktoberfest, a mais regada e divertida quermesse que jamais vi. Acompanharam-nos três clérigos portugueses que estudam em Munique, o que proporcionou ao Seme ótima prosa em português.

No sábado, partimos para Gars am Inn, de ônibus, na parte da manhã, para ali celebrar. Caridosíssima foi a acolhida por parte de Padre Zetl (Engelbert) substituto do Provincial que está em Roma para o Capítulo. Dos antigos encontrei meu velho professor Remberger (dogmática) muito conservado em seus oitenta e tantos anos e o ilustre colega Padre Schurr (de renome mundial). Padre Zetl pessoalmente levou-me a ver tudo e comparar com a memória do passado. Muito foi reconstruído e muito se conservou nesse convento fundado há doze séculos. Estive na cripta perto dos restos mortais dos amigos Schertl e Schraüder. Admirei os jardins e as cocheiras e a organização da economia. Não pude visitar as escolas profissionais.

À tarde fomos a Ella, fazenda dos parentes do Padre Sebastião Schwarzmeir, nosso velhinho, ali em férias, mas desejando voltar para o Brasil sem saber como fazer. Cuidei de acelerar a sua volta, que em poucos dias já estava encaminhado e voltou. [...]

Em Bonn, fomos recebidos por Dr. Paul Hoffacker e sua secretária de comunicação, que falava espanhol. Apresentamos nossa documentação, recomendação do Cardeal Rossi, Padre Leardini e as informações realtivas à RA e fizemos o pedido de auxílio para a construção do prédio novo da Rádio. Fiz ver que a RA poderia, ela mesma, construir o prédio caso detivesse seu progresso por uns três anos, progresso que não pode ser interrompido sem grave prejuízo para a PASTORAL no Brasil, no campo das comunicações. [...]

Despachamos para Lisboa dois microfones telefunken U67 e dois teleporter com acessórios e baterias. À noite voamos para Zurique, onde passa-

família há bispos, superiores-gerais, doutores... o carisma fez com os 'filhos de português não ficassem analfabetos...'", in Copresp A, carta de 21 de novembro de 1967, de Padre Vítor a Padre Ribolla, no *ARSP*.

mos a manhã seguinte e, à tarde, fomos a Genebra. À tardinha voamos para Roma, onde chegamos à Via Merulana, 31 depois das vinte e uma horas. O Irmão porteiro não nos reconheceu, mas logo dei prova de quem éramos. Havia apenas lugar para mim. Mas resolvi naquela mesma noite ir para a casa da Ação Católica, fora de Roma, onde acontecia o Capítulo Geral. De manhã encontrei-me com os capitulares.

Viajamos para Nápoles, nos lugares de Santo Afonso. Visitamos vários pontos históricos e culturais em Roma. Dia vinte e nove, abertura do Sínodo dos Bispos. Estive perto do Papa com quem tenho a certeza de ter trocado o olhar. Manhã seguinte, partida para Madri. Dia seguinte passeio em Toledo. No outro dia Lisboa. Fomos de táxi a Fátima. Gostei do ambiente tranquilo que cerca Fátima com seus encantos da natureza. Admirável o imenso pátio para quase um milhão de pessoas. Na volta paramos em Batalha.

Em Lisboa, antes da despedida, fomos ao Belém e ao Mosteiro dos Jerônimos. Eu celebrei na igreja de Santo Antônio. Retornamos começo de outubro.[43]

Padre Vítor soube unir o útil ao agradável, uma viagem de "negócios" com a oportunidade de rever seu velho convento em Gars, depois de mais de quarenta anos passados... Ir a Roma, que não conhecia mesmo tendo vivido tanto tempo na Europa como estudante.

A resposta sobre a ajuda financeira vinda da Alemanha, de início, foi negativa. Posteriormente, conseguiu auxílio em outras instituições, o que contribuiu muito para a construção do novo prédio da Rádio Aparecida. Deixou também – minucioso e perfeccionista que era – tudo anotado em relação às despesas com a viagem, desde o preço das passagens a compras e gastos pessoais, em dólares e em cruzeiros velhos.

De volta a Aparecida, em um de seus programas, Padre Vítor contou aos ouvintes sua viagem pela Europa. Quem o estava ouvindo, em Goiânia, era ninguém menos que um de seus antigos colaboradores, Padre Costa. Os dois haviam experimentado algumas contendas no período em que trabalharam juntos, choques de opinião quanto ao andamento da administração. Discordâncias e divergências. Agora, distante de Aparecida, ele ouvia a RA e os programas do diretor-geral. Padre Costa não poderia ter dado melhor e mais consolador presente ao velho colega de trabalho que a carta um dia chegada às mãos de Vítor.

Ouvi hoje a consagração a Nossa Senhora realizada por V. Revma. Gostei imensamente e parece que o senhor estava comovido. Pudera rever a Alemanha, a bela Suíça, Roma... Reconhecer as árvores como a faia, o carvalho, viajar de avião a 10.000 metros de altitude, vale a pena. Ouvi tudo e percebi que o senhor estava comovido e empolgado pelas maravilhas da natureza de Deus. De fato isso tudo nos leva a amar... e o amor desconhece ódio, rancor, desentendimento, carrancas fechadas etc.

---

[43] Arquivo Padre Vítor, *Pasta Diário*. Relato sobre a viagem à Europa. Padre Vítor assistiu, em outubro de 1967, à abertura da I Assembleia Geral Ordinária dos Bispos, em Sínodo. Esta forma de assembleia foi instituída pelo Papa Paulo VI em 1965.

> Vou lhe dizer francamente que desde o ano passado que eu não me sentia bem em Aparecida e menos ainda na RA. Não concordava com muita coisa da sua direção e de suas iniciativas e se estivesse aí ainda não concordaria. Mas tudo passou. Desculpe-me se fui rude com o senhor. De fato a RA é positiva e salva muita gente mesmo.[44]

A carta foi um conforto para o velho confrade, que em seu afã por um apostolado eficaz pelas ondas da Rádio Aparecida, às vezes, inadvertidamente, atropelava uma ou outra opinião... As palavras do antigo companheiro o animavam a continuar sua luta e seu empenho em favor da RA.

Naquele final do mês de outubro, Padre Vítor foi até a cidade de Cascavel, no Paraná, levando a imagem de Nossa Senhora e o show artístico promovido pela RA. Sempre buscando adesões e recursos para o Clube dos Sócios, "a menina de seus olhos", na bela expressão popular.

Na movimentação em torno do Clube dos Sócios, nas campanhas para arregimentar novos associados, os leigos eram os primeiros envolvidos. No final daquele ano, o Prefeito da cidade de Francisco Beltrão, também no Paraná, escreveu a Padre Vítor pedindo a presença dele na cidade, pois ela detinha o maior número de associados na região e julgava justo receber a visita da imagem peregrina e seu missionário. Além disso, aconteceria a primeira festa nacional do feijão a ser comemorada naqueles dias. "Sabemos que por motivo de saúde, talvez não possa comparecer. Pedimos, no entanto, a Vossa Reverendíssima procurar dentro do possível sua vinda, pois seria uma maneira de agradecer a nossa população..."[45]

Já beirando os setenta anos, o ritmo de trabalho de Vítor impressionava até mesmo àqueles que lhe eram mais próximos e sabiam que ele sempre fora muito ativo. Não deixava carta sem resposta, elaborava com cuidado os *scripts* para seus programas religiosos, estava sempre presente aos atos comunitários conventuais, tinha sempre um livro novo nas mãos em busca de alargar o *aggiornamento* pastoral... Não descuidava de seus dias de retiro no início de cada ano, quando voltava a Campos do Jordão para rezar e agradecer a Deus o dom misterioso e belo da vida. Mas o devido retorno regular aos médicos e a constância nos *check-ups* deixavam a desejar.

Contudo, ele continuava firme e animado. Nesse período, Padre Vítor já era um missionário famoso. No sentido mais puro e positivo da expressão, esse "famoso" quer apontar para o coroamento de seu apostolado e para seu zelo missionário junto ao povo. Uma caminhada de longas décadas, longo e fecundo tempo de missão evangelizadora, de anúncio incansável da copiosa redenção. Os primeiros passos como catequista, depois missionário da ativa, colunista e articulista do jornal "O Santuário de Aparecida". E, nos últimos

386

---

[44] Copresp A, carta de Padre José A. da Costa ao Padre Vítor, em 6 de outubro de 1967. NO *ARSP*.

[45] Copresp B, carta de Antônio de Paiva Santelmo, de 21 de novembro de 1967 a Padre Vítor. No *ARSP*.

anos, após a vitória sobre a tuberculose, missionário da comunicação através do rádio e capelão no santuário nacional de Nossa Senhora Aparecida.

Nos intervalos de reuniões, programações e viagens, Padre Vítor ia à basílica velha para a catequese e bênção aos romeiros. Passava um bom tempo na praça, tirando fotografias com os devotos de Nossa Senhora e com os ouvintes da RA. Para a maioria dos romeiros, ir a Aparecida sem ver Padre Vítor era como ir a Roma e não ver o Papa. Ele, verdadeiramente apaixonado pelo povo, correspondia a esse afeto. Ao longo dos anos foi moldando seu jeito de ser. E quem mais conhecia sua maneira de ser eram seus confrades. São inúmeras as histórias, algumas jocosas, outras mais sérias, que revelam Padre Vítor em sua lida apostólica e na rotina da vida cotidiana. Três episódios acontecidos no final de 1967 e relatados por um jovem padre que, na época, iniciava seu ministério são bons exemplos desses momentos.

Eu estava exercendo a função de "vigilante", isto é, dando avisos e bênçãos na Basílica Velha de Aparecida. Padre Vítor, no altar, chegou atrás de mim e disse: "Depressa, menino". Voltei-me para ele e, com o dedo sobre o relógio, respondi: "Tenho ainda dez minutos. Espere na sacristia".

Padre Vítor retirou-se calado. Quando terminei e entrei na sacristia, ele não tocou no assunto e depois, no convento, a vida continuou normal, sem que o fato perturbasse o nosso relacionamento que era bom, tanto assim que me chamar, às vezes, de "menino" fazia parte do trato familiar. Aliás, eu era padre muito jovem ainda.

Bem mais tarde, passados muitos anos, uma freira que me olhou atentamente num retiro espiritual perguntou: "Não foi o senhor que mandou Padre Vítor Coelho para a sacristia?" Foi a minha vez de perguntar surpreso: "Saiu no alto-falante?" Respondeu: "Claro".

Por essa eu não esperava, pois falara eu em voz baixa e voltando-me para o lado, um pouco para trás. Quando contei isso a confrades, um deles disse que estava presente no meio do povo e confirmou que eu fora bem ouvido.

Se Padre Vítor for canonizado, terei a honra de ter mandado o santo para a sacristia e ser obedecido. Mas tem outra interessante.

Ele entendia de música e era leitor assíduo, mas alguma coisa escapava de seu conhecimento. E precisa ser persuasivo no falar com ele, senão ele vencia uma boa discussão.

Na torre da Basílica Velha soava o sinal da hora do "Angelus". Ouvia-se a chamada "Ave-Maria de Gounod". Eu estava conversando com um confrade na biblioteca do convento. Padre Vítor entrou indignado dizendo: "Esse protestante que omitiu o 'Mater Dei'! Deixou fora o 'Mãe de Deus'. Fiz-lhe esta observação: "Gounod não era protestante". "Como não?" – prosseguiu Padre Vítor. "Porque deixou fora o 'Mater Dei'". Informei então: Gounod não fez essa "Ave Maria"; ele fez uma ária para violino e alguém, mais tarde, acrescentou o texto da "Ave-Maria".

Ele ainda estava inconformado e por isso continuei: "Quem fez o Hino Pontifício foi Gounod. Imaginou um protestante fazendo hino do Papa? Gounod era católico de missa e comunhão diária". Apontei a Enciclopédia Católica Vaticana, que estava bem ao nosso lado na biblioteca, e disse: "Confira na Enciclopédia e vai ver que Gounod era um excelente católico".

Ele saiu ainda um tanto indignado, mas não falou, daí para a frente, nada mais contra Gounod.

Outro fato aconteceu também na Basílica Velha. Estando nós na sacristia, ele tocou num assunto delicado de moral. Manifestei o meu parecer que era divergente do dele. Era algo que tinha grande incidência na vida matrimonial. Ele me disse: "Menino, você é ainda muito novo. Ainda vai aprender. Você não está na pele de quem é casado".

Passados poucos dias, uma semana talvez, saiu um documento pontifício que incluía o tema em discussão na nossa conversa. No documento, a opinião de Padre Vítor era reprovada. Eu estava amparado nas aulas de meu ex-professor de moral, Padre Leardini. Passados mais alguns dias, ele me parou no corredor do convento e disse: "É, menino! Eu falei alto com você na sacristia por causa daquele assunto. Agora o Papa falou e tenho que aceitar o que ele disse. Você estava certo".[46]

Tal fato nos recorda Santo Afonso, que, quando indagado sobre sua opinião quanto à decisão do Papa Clemente XIV de suprimir a Companhia de Jesus, apenas respondeu: "Vontade do Papa, vontade de Deus!"

---

[46] Depoimento de Padre João José Ferreira, em agosto de 2012. No arquivo pessoal do autor. Um desses fatos lembra uma outra situação vivida por Vítor na década de 1980. Padre Vítor bateu na porta do quarto de um padre, colega seu de corredor no convento. Queria se confessar. Quando viu que era o jovem Padre José Antônio Dal Bo, foi logo dizendo, "Ah não, você é muito novo!". E continuou sua busca por um confrade mais velho.

Faz discurso aos aparecidenses que lhe fizeram uma homenagem quando completou sessenta anos de sacerdócio

Entrevista com os romeiros

Com sua irmã Mariazinha, em Araxá (MG)

11

O PREGADOR INCANSÁVEL DAS GLÓRIAS DE MARIA

O ano de 1968 foi um marco histórico para a sociedade e para a Igreja sob diversos aspectos. Auge da Guerra Fria, o mundo era visto e entendido como uma realidade dividida entre dois polos: URSS e USA. Quem não fazia parte desse jogo ideológico não era contado entre os países alinhados. Pode-se dizer que aquele ano foi um despertar de incontornáveis sentimentos de frustração e de aspirações sufocadas, ou a explosão dos efeitos colaterais de injustiças sofridas por tantas sociedades no âmbito da política, da economia e da religião.

A ebulição do momento, sacudido pelos clamores longamente reprimidos de populações inteiras, levou alguns analistas e autores a cunharem expressões marcantes sobre aquele período, como a que denominou 1968 como "o ano que não terminou". As manifestações da juventude francesa, o enfrentamento, pelo povo, dos tanques soviéticos na antiga Tchecoslováquia – hoje dois países, República Tcheca e Eslováquia –, no acontecimento que entrou para a história como "primavera de Praga". No Brasil, a Marcha dos Cem Mil, no Rio de Janeiro, com o apoio da Igreja, a sociedade saía de um período letárgico, motivado pela intensificação da censura e da repressão policial, que adiava tomadas de posições fundadas no binômio manifestação-conscientização.

Em abril, sessenta e oito municípios, incluindo todas as capitais, foram transformados em zonas de segurança nacional, com prefeitos nomeados pelo próprio Presidente da República. A tensão política se agravou quando o governo não conseguiu licença do Congresso para processar o deputado fluminense Márcio Moreira Alves (MDB)[1] por ter feito discurso considerado ofensivo às Forças Armadas. Em treze de dezembro, o Presidente Costa e Silva decretou o Ato Institucional número 5 (A-I5), que lhe conferiu poderes para fechar o Congresso, cassar mandatos, suspender direitos políticos e *habeas corpus*. Era a repressão institucionalizada.

391

---

[1] M. M. Alves. *A Igreja e a Política no Brasil*. Livraria Sá da Costa Editora, Lisboa, 1978.

A alta hierarquia da Igreja no Brasil estava dividida entre apoiar ou denunciar o regime ditatorial. Na verdade, desde o início, alguns bispos e muitos padres perceberam o perigo representado pelo governo opressor e arbitrário e sua prática política violadora dos direitos humanos. Promoviam-se cursos e debates sobre documentos da Igreja que apontavam para um novo posicionamento político e social em face das questões do mundo. Em São Paulo, o Cardeal Rossi manifestou-se contrário à prisão de um padre estrangeiro, Padre Joseph Vauthier. Solto, ele se refugiou na casa do Cardeal. A casa foi invadida e o padre deportado. D. Rossi, que fora agraciado com a medalha da Ordem de Mérito Nacional, deveria receber a honraria das mãos do Presidente da República, no Quartel do II Exército. Mas, ele saiu da cidade e não compareceu à cerimônia. Um mês depois, foi impedido de entrar no recinto onde celebraria missa de primeira comunhão de filhos de militares. Foi convidado a se retirar. O episódio é um pequeno retrato das relações entre Igreja e Estado naqueles dias...[2]

Dois acontecimentos marcantes na vida da Igreja em 1968 foram, um, de âmbito global, quando, em julho, Paulo VI lançou a encíclica *Humanae Vitae* sobre o controle da natalidade e outro, no mês seguinte, quando o próprio Paulo VI, na Colômbia, inaugurava os trabalhos da II Assembleia do Conselho Episcopal Latino-Americano – CELAM – em Medellín. Na ocasião ele afirmou: "Inaugura-se hoje um novo período de vida eclesiástica na América Latina". De fato, as conclusões do episcopado reunido em Medellín foram marcos referenciais na caminhada da Igreja no continente latino-americano. Em algumas dioceses, Medellín dividiu em "antes e depois" o jeito de ser Igreja na realidade da América Latina.

Mas as novas posturas trouxeram reflexos sobre a pastoral popular. O santuário de Aparecida ressentiu-se da ausência e desprezo de boa parte de padres e bispos que, imbuídos de nova mentalidade, afastaram-se das romarias e até mesmo do santuário. Apenas na Terceira Assembleia dos Bispos, em Puebla, a religiosidade popular foi reconhecida e apontada como elemento importante e natural para a evangelização. Um dos historiadores do santuário de Aparecida, Padre Julio Brustoloni, fez uma apreciação de como a Igreja e a comunidade redentorista viviam aquele momento.

> Havia choque de ideias, mas isso até ajudava, pois levava a um esforço para adaptação à nova realidade. Começaram haver reuniões nas comunidades nas quais discutiam a revisão de métodos e novos planos. A pastoral antiga continuava, mas sempre questionada, como as conferências de estado para preparar as comunhões coletivas. O vernáculo foi introduzido na liturgia com muito proveito dos peregrinos e paroquianos. Se o clero era menos entusiasta, o povo aumentava consideravelmente como romeiro, em

---

[2] K. Serbin. *Diálogos na Sombra* – Bispos e militares, tortura e justiça social na ditadura. Cia das Letras, São Paulo, 2001.

Aparecida. Houve renovação do sacramento da penitência introduzindo um rito em preparação para a confissão. Exigem-se cursos para a recepção de outros sacramentos. Houve choques entre a cúpula, o Cardeal, o Coadjutor e a Comunidade. Os Bispos segurando e a Comunidade querendo avançar.

No campo social e político, greves e manifestações aconteciam por toda a parte, por comunistas ou ligados a eles. A basílica e Rádio Aparecida apoiaram a Revolução, no entanto militares e políticos aproveitaram da situação desviando os seus objetivos para implantar um regime discricionário de extrema direita. O "aggiornamento" que estava agitando a Igreja deveria ter também seus reflexos na comunidade redentorista. Muitos detalhes da Regra antiga perderam seu rigor e razão de ser diante da nova dimensão de liberdade religiosa que exige corresponsabilidade na vida comunitária. Leis e preceitos perderam a sua força.[3]

Padre Vítor Coelho vivia tudo isso em seu coração e sua vida era tocada por todas as reviravoltas que movimentavam a Igreja. Ele soube fazer esta passagem com serenidade, mas participativo. Às vezes, era até criticado por seus pares que diziam estar ele indo depressa demais, avançando ligeiro em diversos campos da teologia, da moral, da eclesiologia. Um sopro novo perpassava a Igreja, inspirando novas formas de liberdade, de sonho, de mundo... E Vítor, como diretor da RA, preocupava-se em promover o cidadão para sua inserção na sociedade. Em seus programas, falava de promoção social e de direitos humanos, temas candentes que abarcavam a promoção da vida, indo desde participação comunitária e cidadania até as noções básicas para a melhoria da qualidade de vida, como beber água filtrada e ter fossa sanitária no quintal. Se, no primeiro momento, a RA apoiou o golpe, como aponta Padre Brustoloni, ela não permaneceu ao lado dos militares em nenhum momento depois, tendo procurado se firmar e marcar terreno mesmo enfrentando um campo minado como o da censura.

Padre Vítor fez seu retiro anual no começo de ano, como fielmente procurava fazer há tantos e tantos anos. Mas sentia-se cansado. Em abril, decidiu tirar umas férias e foi para um local afastado, no sul de Minas Gerais, às margens da represa de Furnas. Uma semana depois voltava para casa doente e teve que ser internado na Santa Casa de Aparecida. Estava com trombose. Seu tratamento foi demorado e precisou ficar, praticamente, um mês internado. Em maio, nem seus programas na RA ele pôde fazer, nem mesmo gravá-los. Necessitava de repouso absoluto. Um tempo para parar, ainda que a pausa fosse motivada por doença. Segundo os confrades que o visitavam na Santa Casa, ele passava o dia rezando o terço e o breviário, lendo revistas de teologia, ou estudando os documentos do Concílio e documentos pontifícios. Celebrava a eucaristia em seu próprio quarto, ora ajudado por um dos Irmãos que era

393

[3] J. J. Brustoloni, introdução ao Livro de Crônicas de Aparecida. Documenta 7, "Crônica da Comunidade Redentorista de Aparecida", vol. VII, no *ARSP*. Padre Júlio usa a palavra *revolução* referindo-se ao golpe de Estado do dia 31 de março de 1964.

escalado para estar com ele, ora com a presença também de algum doente internado em quarto vizinho.

Nesse meio tempo, os redentoristas de São Paulo haviam realizado seu primeiro Capítulo Provincial. Até então havia reuniões de superiores e conferências missionárias, mas a participação dos confrades deixava a desejar. Com as inovações, o Capítulo passou ser a primeira instância, tanto de auxílio quanto de decisão do governo provincial.[4] Participaram do Capítulo todos os superiores das comunidades e os confrades especialmente eleitos para atuarem na assembleia capitular, os chamados vogais. A pauta a ser discutida era extensa, pois com tantas mudanças à vista, era preciso estabelecer normas elucidativas e decisivas até mesmo sobre pequenas coisas, como por exemplo, se devia ou não usar batina dentro ou fora de casa. Homens formados na mais pura disciplina germânica, segundo a qual a Regra devia ser venerada e seguida sem questionamentos em seus mínimos detalhes, de repente viam o bom senso e a caridade ganharem espaço para o discernimento e uma maior liberdade de ação dentro e fora do convento. Não se propunha, contudo, um desfazimento do passado, todavia os tempos haviam mudado e a adaptação exigia rupturas. Durante o Capítulo, as diversas comunidades prestaram contas de seu movimento financeiro. A Rádio Aparecida foi representada pelo Vice-diretor, Padre Faria, pois Padre Vítor estava acamado. O relatório apresentado por Padre Faria sobre a RA suscitou debates, questionamentos e uma intervenção do ecônomo provincial, Padre José Ferreira.[5]

Nos acalorados debates em plenário que se seguiram à exposição de Padre Faria, os capitulares discutiram, em grupos, o relatório sobre a RA. Surgiram opiniões e comentários os mais diversos: "Setor rádio faz parte de nossa finalidade. Seria bom unir mais imprensa e rádio" ou "Rádio popular não quer dizer rádio para ignorantes. Evitar as críticas dizendo que a RA seja moralizante e conservadora". "Evitar personalismo, pois a RA não pode ser feudo de alguns". "Será que a RA está levando os ouvintes a uma participação na vida de Igreja?" "O diretor devia ficar apenas para a administração, o que poderia ser o ecônomo provincial, deixando Padre Coelho só para programas."

Quando o ecônomo provincial fez seu relatório sobre finanças, citou a RA dizendo:

---

[4] Nesse período, não havia uma legislação precisa para os capítulos nem mesmo para a Congregação como um todo. Em 1967, aconteceu a I sessão do Capítulo Geral. A segunda em 1969, quando o projeto das Constituições foi elaborado, votado e encaminhado para aprovação da Santa Sé. Este capítulo provincial de 1968 pode ser considerado o primeiro, ainda assim *ad experimentum*.

[5] Atas do Capítulo da Província Redentorista de São Paulo, de 12 a 21 de março de 1968, no Alfonsianum, Rod. Raposo Tavares. As Atas foram publicas no Boletim Informativo da Província, "Diálogo", edição especial do número 14. No *ARSP*.

Padre Coelho me chamou diversas vezes para acompanhar a economia da RA. Não o fiz porque o Provincial não me incumbiu disso. Penso que está tudo em dia. Penso que está falho é o diretor executivo não assumir de fato o seu cargo como devia ser assumido e, por isso, toda a engrenagem da direção sofre em seu funcionamento.

Sem delongas, o Capítulo ainda em andamento, Padre Vítor enviou uma carta ao Provincial dizendo-se sabedor das opiniões e desconfianças manifestadas nos debates e que, por conseguinte, colocava seu cargo à disposição. "Padre Provincial, peço que comunique ao Capítulo que é para mim uma grande alegria colocar nas mãos do senhor o meu cargo na RA..."

Mas a questão não seria resolvida assim, de forma tão simples. Um dos colaboradores mais próximos da diretoria, o gerente comercial Seme Jorge, sentiu-se ofendido com o comentário do ecônomo provincial e manifestou-se em apoio a Padre Vítor. "Sou testemunha da inveracidade dessa afirmação e do quanto V. Revma. tem acompanhado em todos os detalhes o surpreendente desenvolvimento da RA. Nada lhe escapa aos olhos. Chega a ser excessivo."[6]

O próprio Padre Vítor escreveu também a Padre Ferreira colocando os pingos nos "is" e, além das explicações dadas, pedia provas. "Para fazer afirmação tão grave e difamatória V. Revma. deve ter provas. Eu o conjuro a que me declare quais são essas provas." Em seguida teceu comentários acerca do andamento da RA, citou os balancetes e demonstrou tino para administrar o capital destinado à construção da nova sede da RA, enquanto não começavam as obras. Demonstrando seus sentimentos feridos termina dizendo: "O fardão de Diretor sem poder, que eu visto, não merece tanto tiroteio da parte dos confrades."[7]

Mas, em meio aos percalços e suas lições, a vida continuou, o trabalho de Padre Vítor continuou... A RA procurava melhorar sua performance administrativa, segundo as orientações capitulares e a colaboração oferecida pelos setores de comunicação da CNBB. Afinal, a responsabilidade de gerir um meio de comunicação, tão direto e tão imediato, exigia um acompanhamento pessoal e diuturno.

Pela natureza mesma de seu trabalho como radialista, Padre Vítor estava diariamente junto de seu público. Sem qualquer conotação de personalismo, apenas um desejo animava seu trabalho: anunciar Jesus Cristo e sua Mãe, a Senhora Aparecida. Era perceptível, porém, que o carisma e o sucesso de Vítor não deixavam de despertar algum infundado ciúme em seus confrades. Mas isso não o afetava nem influía em seu ânimo de comunicador incansável, apai-

395

---

[6] Copresp A, carta de Seme Jorge a Padre Vítor Coelho, de 28 de março de 1968. No *ARSP*. O que deveria ser lido apenas entre os confrades vazou, chegando às mãos de leigos, no Informativo "Diálogo". Padre Vítor tinha total confiança em seu gerente comercial. Chegou a escrever que, se o gerente se demitisse, ele mesmo estaria disposto a deixar a diretoria. Anotações de Padre Vítor, datilografadas, com data de 10-05-1968. No *APV*, Pasta Documentos Pessoais.

[7] Arquivo Padre Vítor, *Pasta correspondência com os confrades*. Carta de 29 de março de 1968, para Padre José Ferreira.

xonado que era pelo que fazia. Como titular de vários programas e há tantos anos na RA, já havia conquistado audiência cativa e admiradores fiéis entre os ouvintes. E esse movimento só crescia, da mesma forma como crescia o Clube dos Sócios – "a menina de seus olhos" – em número de membros e em entradas financeiras para a RA, dando a ela autonomia e consequente expansão.

Ao consultar o médico, depois de uma semana que recebera alta da Santa Casa, ouviu que sua recuperação tinha sido lenta, mas que se encontrava em boas condições físicas. Um dia depois, o cronista registrou que Padre Vítor viajara.

> Hoje pela manhã, Padre Coelho e Padre Gambi partiram para Colatina (ES), onde se realiza um concurso referente ao Clube dos Sócios da RA. Os referidos confrades foram entronizar a imagem de Nossa Senhora Aparecida nas solenidades que nesse lugar se efetuarão.[8]

Em meados do ano, Padre Vítor recebeu, através de amigos comuns que estiveram em Aparecida, notícias de Mariazinha, sua irmã que residia em Araxá (MG). Ela mesma andava silenciosa. Seu irmão José, no Rio de Janeiro, também não mandava notícias. Em meio à correria dos trabalhos na RA, viagens, vida conventual, ele tirou um tempinho e deixou o coração do menino Vitinho vir à boca e falar do carinho e do amor por sua irmã querida e das lembranças ternamente guardadas.

> Mariazinha,
> Salve, Maria!
> Não sei se é telepatia ou nada, mas você sobe do subconsciente aos meus pensamentos tão constantemente que me vejo obrigado a escrever para perguntar se não há nada de novo na fronteira de Araxá. Não sei descrever os sentimentos de amor fraterno, quando penso em você e todo esse mundo de coisas que constituem a pessoa, a vida, a vocação e sorte de Mariazinha.
> Minhas recordações alcançam Sacramento, avolumam-se pelas Pedras Negras, Morro do Itapiru, Santa Teresa, Rua do Bispo, Icaraí, Jurujuba, Piedade, Rua Visconde de Sapucaí, Araguari, Rua Beira do Rego (já em Uberlândia), a casa diante do Seu Almeida, a casa isolada perto dos brejos da Estação, a casa em que mamãe morreu, a casa defronte do Hotel dos Viajantes (donde José seguiu para o Rio), vocês partiram para a Conquista da casa na praça da matriz..., depois vem Conquista e minha ida para Bangu. A visita que me fizeram, indo para Ouro Preto (em Aparecida)... Depois Ibiá e Araxá.
> Em tudo, sinto muita gratidão por ter Deus guiado você com tanta predileção... até hoje. Nossas brigas nascem de muito amor e solicitude e de nossa cabeçudice inata.
> Peço a você que se estiver doente, ou necessitada, que não me esconda nada. Suas cartas diminuíram e seus artigos não vieram mais, desde a minha passagem relâmpago.
> Amo muito em minha vida e sou muito amado, mas a multidão está na razão inversa da profundidade de amizades íntimas muito raras. Meu encanto é o mundo das crianças, dos romeiros e de todo mundo. Padre Faria é um

---

[8] Documenta 07, "Crônica Redentorista de Aparecida", vol. VIII, no ARSP.

amigo íntimo. Você é a maior afeição natural do meu coração, mas vivemos através de lentes de telescópio. Gosto imensamente do Dedé, embora sinta a imensa distância que nos separa e temo que seja eternamente.

Tirei uns lazeres para escrever, mas vou pondo ponto final. Tchau! Abraços, Vitinho.[9]

A memória acesa recorda os lugares da infância, tão longínqua e tão próxima... Por isso assina a carta como era chamado em criança... Doces e escondidos mistérios de um coração aberto, que se deixava encantar pelas crianças e pelos romeiros, mas que conservava, no mais íntimo de sua saudade, os amores que haviam chegado primeiro a sua vida...

Naqueles dias, Padre Vítor recebeu de Padre Ribolla um comunicado notificando-o da substituição dos membros da diretoria da Fundação Nossa Senhora Aparecida, mantenedora da RA. Para os cargos exercidos por Padre Vítor e Padre Pedro Fré na Fundação foram nomeados o provincial e o ecônomo provincial, Padre José Ferreira.[10]

Padre Vítor deve ter estranhado a mudança. Mas respondeu no dia seguinte: "Em tudo felizes por fazermos a Vontade de Deus pela voz dos superiores, em nome da Diretoria da RA, agradecemos a caridade de V. Revma. Sempre unidos em Cristo e em Santo Afonso".[11]

Mas os anos haviam se passado... Padre Vítor e seu companheiro de estudos, Padre Oliveira, celebravam, no dia dois de agosto, o jubileu áureo de consagração religiosa. Momento de recordar os dias e a vida de jovens noviços em Perdões... O mestre, a igreja, a dura disciplina... Cinquenta anos havia se passado. Não houve uma festa como a ocasião pedia. Consta apenas que os dois concelebraram pela manhã e participaram de um almoço festivo ao qual compareceu o Cardeal. Padre Vítor pôde celebrar outras festas e comemorações em sua vida, mas Padre Oliveira, depois de alguns meses, voltava para os braços do Pai Eterno.

Inteiro e profundamente entregue a seu chamado sacerdotal, Padre Vítor, em seu trabalho de vigilante na basílica e em seus programas na RA, continuava a incentivar novas vocações. Seu confrade, Padre Gervásio, recorda, emocionado, o zelo fraterno e compassivo de Vítor, nascido de sua união com Deus, em quem pusera toda a sua vida e toda a sua esperança.

397

---

[9] Arquivo Padre Vítor, *Pasta correspondência com familiares*. Carta para Mariazinha, de 5 de junho de 1968. Nesse período, Mariazinha tinha dificuldades econômicas devido ao minguado salário de professora. Tendo conseguido com o ecônomo um empréstimo para a irmã, Padre Vítor agradeceu ao Provincial dizendo sobre a irmã querida: "Minha irmã tem sessenta e cinco anos de idade. Foi ela quem, por mais de trinta anos, tomou sobre si o dever de sustentar o velho pai, livrando-me desse encargo sagrado. Imaginem se ela tivesse de vergar nos últimos anos de sua própria vida, ao peso de pagamentos de dívidas". Carta de Padre Vítor a Padre Ribolla, em 24 de outubro de 1968. In *Copresp* A, No *ARSP*.

[10] Copresp A, carta de Padre Ribolla a Padre Vítor, de 7 de junho de 1968. No ARSP.

[11] Copresp A, carta de Padre Vítor a Padre Ribolla, de 8 de junho de 1968. No ARSP.

A partir de 1968, fiquei encarregado da Pastoral Vocacional na Província. O Padre Elias Pereira, que me antecedeu, recomendou-me ao me passar este encargo: "Não deixe de pedir orientação e ajuda ao Padre Vítor porque ele entrega generosamente todos os seus programas para a Pastoral quando se faz a semana vocacional pela RA". Realmente, tudo o que pedíamos ele fazia com alegria e pude comprovar isso por sete anos. Ele ainda conduziu várias vocações para o Seminário.

Talvez o momento mais profundo de meu relacionamento com Padre Vítor aconteceu, num certo dia, quando eu saía da capela da comunidade e ele me chamou: "Padre Gervásio, venha aqui um pouquinho". Ele estava fazendo sua meditação sobre Jesus Crucificado e começou a me falar sobre o sofrimento interior de Cristo na cruz. Lembro-me de que também comentei com ele o "abandono e o sentir-se longe de Deus" no momento de sua morte. Ele ouviu-me e me impressionou a feição de seu rosto e de seu olhar. Quando saí da capela fiquei profundamente convicto de sua intimidade com Deus em suas orações. E porque me chamou para esta partilha? É que sempre eu me confessava com ele. Nunca me lembro dele ter comentado algo de minhas faltas ou defeitos. Ele sempre me falava de Deus, de Maria...

Padre Vítor tinha uma característica de personalidade bem marcante e bem perceptível por seus confrades e por todos os que tinham com ele um convívio próximo: o temperamento forte, impetuoso, às vezes impulsivo. Mas era também notável sua luta cotidiana e incessante para discipliná-lo. E como sabia que, às vezes, inadvertidamente, poderia magoar alguém, inquietava-se com esta possibilidade e buscava sempre reparar qualquer falta, por menor que fosse, confessando-se com frequência e aproximando-se dos confrades para pedir perdão, quando havia algum desentendimento ou quando sentia que poderia ter ferido alguém. Como atesta Padre Gervásio: "Uma vez, na sacristia, antes da missa, ele me chamou e disse que precisava desabafar, dizendo que estava triste com um confrade, pois havia falado uma coisa e ele entendido outra".

Por outro lado, era solícito e acolhedor, atendendo com carinho as pessoas que o procuravam. Com prazer, juntava-se aos romeiros que pediam uma fotografia com ele na praça. Poder-se-ia talvez pensar que tal gesto revelasse vaidade ou necessidade de autopromoção. Mas quem viveu a seu lado, como Padre Gervásio, percebia de outra maneira sua solicitude: "Meus pais foram a Aparecida. Padre Vítor os acolheu muito bem e tirou fotografia com eles. Meus pais comentaram que o acolhimento e a atenção de Padre Vítor eram diferentes, até no olhar para eles".[12]

Sempre muito cônscio de sua responsabilidade, a preocupação com a RA continuava. Nos programas, no atendimento aos ouvintes, na busca pela expansão do Clube dos Sócios, na administração. Administração que, por sinal, era tarefa nada fácil. Ainda mais quando o ecônomo provincial, Padre José Ferreira, membro da Fundação mantenedora da RA, decidira por uma espé-

---

[12] Depoimento de Padre Gervásio dos Anjos, em 8 de abril de 2012. No arquivo pessoal do autor.

cie de auditoria na emissora. Tal atitude provocou certa resistência do gerente comercial, com apoio de Padre Vítor. Isso levou Padre Ribolla a escrever uma carta com duras palavras ao diretor geral da RA. O conselho provincial sentira-se ofendido por uma prestação de contas pouco clara feita pelo gerente comercial. E saber que tal prestação de contas tinha o aval de Padre Vítor acirrara ainda mais os ânimos. "Francamente, não posso coadunar tal atitude com a tão insistente e propalada pregação da caridade, à qual, momentos antes, se referia o diretor da RA. Para nós isso foi muito decepcionante, desconcertante..."[13]

Padre Vítor, embora não ignorando o problema mencionado, manteve sua confiança no gerente. Quanto a sua própria posição respondeu: "Como religioso aceito a admoestação relativa à caridade. Não entro em dissertações acerca dos "nossos assuntos", apenas afirmo, *in fides sacerdotis*, que, na questão da exposição, a dificuldade..."[14]

Mas, para o velho e aguerrido Vítor, as dificuldades significavam desafios a serem enfrentados e não motivos para esmorecimento. Continuava empenhadíssimo no trabalho e sempre envolvido e entusiasmado com os muitos projetos para a RA. Para um homem quase septuagenário, ele poderia estar aposentando os planos e buscando acomodar-se. Ao contrário, pela resposta dada à carta de um confrade que se encontrava na Bélgica, ele continuava cheio de sonhos e lutando para realizá-los.

> Caríssimo confrade João Luís Damião, C.Ss.R.
> Salve, Maria!
> Fiquei encantado com sua carta; chegou, porém, num momento de agitação e cuidados que não me permitiram escrever logo. Vieram também os interessantíssimos cadernos relativos à rádio e TV nessas paragens adiantadíssimas e, por isso mesmo, diferentes das nossas. Há muito o que ver, comparar e mesmo aproveitar. Mostro tudo ao Padre Faria e Padre Gambi, e ao Buoéri, diretor artístico.
> Estamos momentaneamente, reestruturando toda a nossa programação. Coisas vivas como os programas não podem ser de cimento armado, mas não podem tomar rumo sem muito estudo, angustiosa preocupação. Tudo é guiado pelo grande rumo da Pastoral, na realidade o mundo de real audiência e de conquista de novos "mundos". [...]
> O rumo pastoral exige aprimoramento no campo do divertimento, sim, e do agrado geral, mas há, no Brasil, um fenômeno singular: nosso povo gosta de programas de instrução religiosa e de formação! São os programas mais ouvidos. Na RA, nenhum programa supera os de instrução religiosa. O das 15 horas, com reprise às 22 horas, é mais do que provavelmente o programa mais ouvido do Brasil, atualmente, com a doutrina minuciosa e em série dos documentos do Vaticano II (já há quase quatro anos consecutivos).
> A sociologia do Padre Gambi, às 13 horas, e o programa do Padre Faria, às 18 horas, com os pronunciamentos do Papa, têm tido a maior receptividade.

---

[13] Copresp A, carta de Padre Ribolla a Padre Vítor, do dia 24 de novembro de 1968. No *ARSP*.

[14] Copresp A, carta de Padre Vítor a Padre Ribolla, do dia 6 de dezembro de 1968. No *ARSP*.

Você não imagina o efeito, em uma população secularmente abandonada nas vastidões do Brasil, quase sem pregação alguma durante o ano inteiro; agora batida diariamente pela mensagem evangélica, admiravelmente concretizada nos documentos do Vaticano II. Também o domingo tomou outra feição, nas incontáveis aldeias, vilas e sítios, destituídos de sacerdotes. A RA levantou campanha da criação de comunidades dominicais para o culto da palavra. Este consiste em usarem-se as missas irradiadas para: reunião dos vizinhos, audição dos textos da missa e da homilia, oração comunitária e oferta da Vítima (em união com os altares do mundo inteiro). Depois de um ano de programas, fiz um teste para obter uma ideia do resultado, pedindo que as comunidades assim constituídas me enviassem cartas. Em pouco mais de um mês, vieram respostas de todos os recantos do Brasil, umas quatro mil cartas. Acrescente os que não escrevem.

Um dos grandes recursos pastorais obtemos por meio de slogans religiosos atirados à guisa de relâmpagos, igualmente culturais. Somos hostilizados pela extrema esquerda e pela extrema direita, visto que não admitimos a histeria iconoclasta e protestatizante e, por outro lado, não admitimos o estacionamento saudosista da direita enferrujada.

Respeitando o divino e imutável de boa parte da liturgia, combatemos por grande, mas controlada, adaptação ao tempo e modos de cada povo. Assim, gostei muito do que você me contou da liturgia aí adotada. [...]

Agora, basta. Trabalhei até alta noite para escrever. Salve! Um abraço aos confrades.[15]

Consoante os novos tempos, a Rádio Aparecida implantou uma novidade: a celebração do culto comunitário. Quantas comunidades nestes rincões brasileiros não eram atendidas por um sacerdote! A RA fez-se presente, conseguiu entrar nas casas e nas capelas e, posteriormente, nos centros comunitários, onde a Palavra era anunciada e explicada aos mais simples fiéis e devotos católicos. Tal como as rádios comunitárias, em parceria com o Movimento de Educação de Base, foram importantes para a construção da cidadania nesses pesados anos de ditadura, assim foi a RA para a evangelização: meio mais eficaz e eficiente de espalhar pelo imenso chão do Brasil a proposta do Reino de Deus trazida por Jesus de Nazaré. Manifestações dos ouvintes, através de cartas com pedidos e sugestões vindas de todas as partes do país, dão-nos as medidas da importância do zelo e do carisma de Padre Vítor em seu ingente e incansável trabalho pastoral por meio da RA.

"Sou congregado mariano em Gastão Vidigal (SP). Introduzimos o "Culto comunitário rural" e a RA ajuda-nos a rezar e a entender o Evangelho".[16] Da cidade de Lavras (MG), um padre pedia que a RA encabeçasse uma campanha para que o MEC reconhecesse os estudos de filosofia e teologia feitos pelos padres, até então, feitos internamente, nas Congregações e Institutos afins. "A RA, prezado Padre Vítor, sem medo de fugir à verdade, tem sido a pioneira,

400

---

15 Copresp A, carta de Padre Vítor Coelho a Padre Damião, residente em Bruxelas, no dia 12 de outubro de 1968. No *ARSP*.

16 Copresp B, carta de Sebastião Dias a Padre Vítor, em 21 de outubro de 1968. No *ARSP*.

o microfone de Deus junto aos nossos patrícios. De norte a sul, o nosso povo, simples ou letrado, a escuta com atenção".[17] O pároco de Paraibuna (SP) reconheceu ser a RA uma missionária pregando Missões diariamente:

> Aos domingos os vicentinos fazem sua conferência tratando das necessidades dos pobres do bairro. Depois reúnem as famílias para ouvir a reprise das 13 horas e a consagração às 15 horas. Todos ficam religiosamente atentos e piedosos.[18]

Da cidade de Piedade do Rio Grande (MG), o pároco também se dizia atento ao valoroso trabalho evangelizador através do rádio. "Antes de tudo, quero dar-lhe os sinceros e sacerdotais parabéns pelo que tem falado sobre liturgia; isto tem ajudado muito os vigários, aqui, da roça".[19] De Irati (PR), o pároco, em nome de um grupo de padres jovens, tecem elogios ao trabalho de Padre Vítor e demais sacerdotes na RA, mas pedem atualização. "Parece-nos que alguns dos programas religiosos ainda se ressentem de um verdadeiro cunho evangelizador atualizado".[20] Da Bahia, o vigário de Candeúba, Tremendal, Peripá, Cordeiros e Presidente Jânio Quadros – um vigário para cem mil habitantes em uma área de sete mil quilômetros quadrados – pediu até mesmo um programa que fosse direcionado aos padres, comentando artigos de teólogos e do Papa. "Nestas paróquias, a RA é uma verdadeira missionária dentro de casa, no dizer do povo. Há lares, a começar pelo do vigário, em que só se sintoniza a RA".[21]

Tantas manifestações de apreço e aprovação, e tantas e tão pertinentes sugestões, tornavam Padre Vítor cada vez mais comprometido com seu apostolado através dos microfones da RA. Cartas de leigos e de comunidades chegavam aos milhares. Motivado, Padre Vítor elaborou um novo documento para a Fundação Nossa Senhora Aparecida, mantenedora da RA, enfatizando as diretrizes orientadoras das ações da emissora. Nele, reafirma ser a Pastoral a fundamental meta da RA. E que, no campo espiritual, toda a orientação era guiada pelos documentos do Vaticano II, documentos pontifícios, conclusões do Celam em Medellín e rumos indicados pelos Bispos do Brasil. Lembra que a RA é uma emissora de âmbito nacional e que, portanto, deve manter uma programação ao alcance do entendimento e demandas de todos os seus ouvintes. Deve dar especial atenção à formação de comunidades de base e à prática do culto da palavra aos domingos. Esclarece ainda que a RA não tem opção por partido político. E encerra o documento de cinco páginas: *Procuramos conseguir grande apoio moral e auxílio de orações e sacrifícios,*

---

[17] Copresp A, carta de Padre Cornélio Korovsky, SCJ, a Padre Vítor, em 6 de novembro de 1968. No *ARSP*.

[18] Copresp A, carta do Cônego Ernesto Arantes a Padre Vítor, em 23 de novembro de 1968. No *ARSP*.

[19] Copresp B, carta de Padre Jair Valle a Padre Vítor, de 04 de dezembro de 1968. No *ARSP*.

[20] Copresp B, carta de Padre Alexandre Troscianczuk a Padre Vítor, de 16 de dezembro de 1968. No *ARSP*.

[21] Copresp B, carta de Padre Homero Meira a Padre Vítor, de 18 de dezembro de 1968. No *ARSP*.

especialmente por meio do Clube dos Sócios. Dois grandes lemas da RA são: OPUS CARITATIS, JUSTITIA" e "QUEM AJUDA A PREGAÇÃO, TEM MÉRITOS DE PREGADOR", este último é como o espírito do Clube dos Sócios.[22]

No finalzinho do ano, véspera do Natal do Senhor Jesus, Padre Vítor, comovido, fez o elogio fúnebre de seu companheiro de curso, Padre Antônio Penteado de Oliveira. Foi um momento difícil para Vítor, pois os dois estavam juntos desde meninos, desde o Seminário Santo Afonso, desde o início do século. Os confrades, com olhos marejados, acompanhavam o caixão que deixava a basílica velha enquanto soavam os carrilhões, como se recordassem a todos que, aquele que partia, os colocara no alto da torre daquela basílica.

A partir de 1969, a ditadura militar que governava o país endureceu ainda mais o regime, dando início aos chamados "anos de chumbo", na designação de estudiosos e historiadores. Em agosto, o Presidente Costa e Silva sofreu um acidente vascular cerebral. Uma junta formada por ministros militares assume o poder, impedindo a posse do vice-presidente Pedro Aleixo, um civil. A alta oficialidade das Forças Armadas indicam então, para a cabisbaixa aprovação do Congresso, o General Emílio Garrastazu Médici, que comandou o período mais cruel da ditadura, com prisões, tortura, exílio, morte e desaparecimento de centenas de pessoas. A censura desceu sombria sobre a imprensa e a repressão violenta caiu sobre os movimentos estudantis, sindicais e de esquerda.

A Igreja sofria perseguições, como a invasão do convento dos Dominicanos em Belo Horizonte, do Colégio Cristo Rei em São Leopoldo (RS), e o assassinato, em Recife, de Padre Antônio Henrique, assistente de Dom Helder na Pastoral da Juventude. A aplicação das resoluções do Concílio Vaticano II e da Assembleia do Celam realizada em Medellín incomodava o governo. Uma Igreja comprometida com a justiça e com a defesa dos mais pobres e abandonados não era aceita pelo regime.

Dia primeiro de janeiro... Ano Novo... Esperança e paz, ainda que os tempos fossem sombrios. Mas "a utopia é irmã da esperança", disse alguém sábio... Ao meio-dia, do primeiro dia do Ano Novo, Padre Vítor vai ao encontro de seus ouvintes. Falar da PAZ que nasce da justiça...

> Caríssiiiiiiimos! Os ponteiros apontam para o Infinito! Boas festas! Felicidades! Abraços e bênçãos a todos! Hoje, o Papa quer que pensemos seriamente na paz! PAZ...! E o Papa nos lembra de que os Direitos do Homem, solenemente proclamados pela ONU, são a base da paz! Se não observarmos, se não respeitarmos os direitos do homem, não haverá paz no mundo. Isso é o que o Papa quer dizer.
> E eu li, dois ou três dias atrás, os "Direitos do Homem", mas não cheguei ao fim. Cheguei até ao artigo dezoito. Hoje eu quero continuar essa leitura, porque falar muito não adianta. O que é preciso é observar. Se os "Direitos do

---

[22] Arquivo Padre Vítor, *Pasta Documentos Rádio Aparecida.*

Homem" forem observados, respeitados, haverá paz. Então, vamos ler mais um pouquinho...[23]

Padre Vítor leu e comentou os artigos dos "Direitos do homem" do número dezoito ao número trinta. E os comentários não foram em nada além do que a clareza do texto dizia. "Os 'Atos Institucionais', por exemplo, foram impostos. Esses atos institucionais, indiscutivelmente, limitam o uso dos direitos em grande parte." "O sindicato, a associação, tudo o que não é pernicioso ao bem comum é direito do homem no tocante à associação, no tocante à reuniões." "E ninguém pode ser cassado injustamente." "Todo cidadão que paga seu imposto, tem direito à segurança. Segurança é direito!" "O bem comum, a sociedade, têm de proteger o indivíduo, para ele não ficar à mercê do mais forte. Os contratos de trabalho precisam ser justos."

> Isso aqui foi aceito pelas nações todas, inclusive o Brasil, hein? Os Direitos do Homem foram proclamados e aceitos pelas nações. Estão vendo? O homem tem direito ao bem-estar, a assegurar a si e à sua família saúde. Não é ganhar uns trocados... Como é que ele vai ter saúde? Saúde, bem-estar, alimentação, vestuário, habitação (para si e para a família), cuidados médicos, serviços sociais indispensáveis. Direito à segurança em caso de desemprego, de doença, de invalidez, de viuvez, de velhice e de outros casos de perda dos meios de subsistência e circunstâncias fora do seu controle.
> Falar de Paz, e não cuidar especificamente dessas coisas, é a mesma coisa que construir navios para os mares da lua. Construir couraçados para um dia defenderem a Pátria nos mares da lua. [...] Um homem não pode ficar na miséria, quando trabalha oito horas por dia.[24]

Esse programa custou-lhe caro. Não somente a ele, mas a toda a equipe da RA. Ele teria que dar explicações às autoridades constituídas e às autoridades da Igreja. No dia seguinte ao programa, a RA foi tirada do ar. Ordens do Contel, acionado pelo CIE (Centro de Investigação do Exército). O Delegado Regional de Lorena foi o executor. O General Fiuza de Castro disse a Padre Faria, que viajara imediatamente ao Rio de Janeiro, que a alocução era altamente subversiva. Passado um dia e meio, no dia quatro de janeiro, o delegado de Aparecida deu novas ordens permitindo que a RA voltasse ao ar. Padre Vítor anotou em seu diário:

> Toda a alocução é completamente inocente e mesmo favorável aos governos que por motivo do bem comum podem e devem cercear direitos do homem. Parece que existe entre os militares um grupo que julga subversivo tudo que expressa o direito do homem.[25]

---

[23] Arquivo Padre Vítor, *Pasta Programas na Rádio Aparecida*.

[24] Arquivo Padre Vítor, *Pasta Diário*. Padre Vítor editou o programa, datilografando o texto lido e o que ele comentara. Enviou cópia ao Governo Provincial, ao Cardeal, ao amigo Dr. Adroaldo Mesquita e deixou uma cópia em seus guardados pessoais.

[25] Arquivo Padre Vítor, *Pasta Diário*.

Ainda que o governo tenha liberado rapidamente a programação, Padre Vítor escreveu ao sobrinho do Presidente da República, Adroaldo Mesquita, justificando seu posicionamento diante dos microfones da RA: queria esclarecer seus ouvintes sobre documento tão importante. E acrescenta que, como diretor, sua recomendação a RA será sempre a de não ofender o regime e cooperar com a autoridade constituída. Pede que não haja má impressão da emissora e de seus coordenadores. "Nossa atuação tem sido tão razoável que, em novembro de 1968, a RA recebeu a 'Condecoração do Mérito' da Aeronáutica, na 'Semana da Asa.'"[26]

Tudo esclarecido e justificado diante do Governo. Sua administração, porém, desgastara-se perante o Cardeal e o governo de sua Província. A situação não lhe era favorável e Padre Vítor sabia que pisava em ovos, no dizer da sábia expressão popular. Seus programas, quando abordavam questões sociais, voltavam-se para orientações sobre cuidados básicos com a saúde. Alertava para a necessidade de água filtrada, de fossa sanitária, de prevenir – e cuidar – a verminose nas crianças. Quando versava sobre eclesiologia, fazia-o em sintonia com os documentos da Igreja. Incentivava a formação de comunidades, tendo sido a RA pioneira em divulgar o culto comunitário, no qual os leigos realizavam a celebração da Palavra. Padre Vítor não defendeu os militares nem os atacou. Não fez panfletagem. Seus programas não enfatizavam a busca da cidadania e não orientavam para a contestação do regime, pois sabia que a RA atingia, em primeiro lugar, os pobres e, de modo especial, os católicos das áreas rurais, populações muito mais voltadas para a labuta de seu dia a dia do que para os rumos políticos do país. O movimento contestatório ao regime nasceu e se desenvolveu nas cidades, notadamente nas capitais. Sua entusiasmada saudação inaugural de Ano Novo foi o único incidente entre ele e o regime. Por fim, todo o episódio foi levado à conta de um mal-entendido e neurose dos vigias de plantão da ditadura...

Em fevereiro aconteceu o lançamento da pedra fundamental do novo prédio que abrigaria a RA. Presentes ao evento, o Cardeal Motta, Dom Macedo, Padre Ribolla, o reitor da basílica Padre Gonçalves, o prefeito municipal e outras autoridades. Era o começo de um sonho há muito acalentado e que as muitas lutas e labutas não haviam esmorecido.

Mas havia solicitações a serem atendidas... Ainda em fevereiro, Padre Vítor fez uma viagem a sua terra querida, a pequena Sacramento. Recebera, feliz, convite para pregar um tríduo preparativo para a inauguração do Seminário do Santíssimo Redentor. Falou sobre a vocação e o ministério sacerdotal, sobre o serviço missionário – temas tão caros a seu coração – e enfatizou a necessidade e a importância de benfeitores para uma casa de formação de sacerdotes.

---

[26] Copresp A, carta de Padre Vítor a Dr. Adroaldo Mesquita, em 10 de janeiro de 1969. No *ARSP*.

A inauguração foi no dia vinte e três de fevereiro. Dom Alexandre Amaral, Arcebispo de Uberaba, Padre Ribolla e mais uma dúzia de padres concelebraram. O povo numeroso não coube na capela e encheu o recinto externo para celebrar aquela conquista, na qual o sacramentano Padre Borges tanto se empenhara. Ao final da missa, tomou a palavra um orador da cidade, José Alberto Bernardes Borges, que, falando em nome do povo, pôs em relevo o que significava, para todos, o Seminário. Padre Vítor levou uma imagem de Nossa Senhora Aparecida que foi colocada no hall de entrada, em local de destaque do novo prédio.[27] Maria – primeira discípula e primeira missionária – era presença inspiradora na nova casa.

Padre Vítor voltou radiante para Aparecida. Sua pequena Sacramento tinha uma das edificações mais bonitas da Província, pronta para receber as vocações do Triângulo Mineiro e de parte da região de Franca (SP). Um de seus "coelhinhos", Padre Antônio Borges, fora o idealizador e o grande batalhador para que fossem realmente levadas a efeito a fundação do Seminário e a construção daquele majestoso prédio nos morros do bairro do Rosário. A cidade de Sacramento, a mais de oitocentos metros de altitude, sabe da carícia do vento que sopra generosamente e ali, onde o Seminário fora plantado, a água corria em abundância. E vocações não faltavam... O Seminário vingou, floresceu, deu frutos e... um dia foi fechado e transferido para a cidade de Santa Bárbara do Oeste, na Diocese de Piracicaba (SP).

Quando maio chegou, a direção da RA foi pega de surpresa. E surpresa desagradável. O Arcebispo Coadjutor, Dom Macedo, em nome do Cardeal, destituiu a diretoria da emissora. Segundo o cronista do convento em Aparecida, um mês antes, ele havia anotado nas crônicas do convento que o Provincial fizera uma reunião com os Padres da RA, e acrescentara: "A coisa está fervendo!"

Dom Macedo promoveu a mudança com a aprovação do Padre Provincial que tinha viajado para Roma para a segunda sessão do Capítulo Geral. Somente quinze dias depois da destituição da diretoria o Cardeal tomaria conhecimento do fato. O mesmo cronista anotou:

> Ontem estourou que o Cardeal tinha feito uma intervenção federal no caso, dando marcha à ré em tudo. Toda a papelada carimbada em três cartórios, sem efeito. Os três padres radialistas estão satisfeitos.[28]

Padre Vítor sentiu-se atingido em cheio. Era ele o primeiro envolvido na questão e particularmente sobre ele recaía o peso da oposição de quem tramara sua destituição. Segundo ele, desde o Capítulo Provincial do ano anterior, as

---

[27] Documenta 103, "Crônica do Seminário do Santíssimo Redentor", vol. I, no *ARSP*.

[28] Documenta 7, "Crônica da Comunidade Redentorista de Aparecida", vol. VII, no *ARSP*.

relações entre ele e as autoridades superiores não eram mais as mesmas devido à interferência do ecônomo da Província na RA, insistindo em que se realizasse uma auditoria na emissora.[29] Padre Vítor não se opunha à participação de um membro do alto escalão do governo provincial em sua administração com a finalidade precípua de conferir a contabilidade da RA, mas para que se chegasse à destituição da diretoria, além do fator contábil, pesou a questão que ele, mais tarde, chamaria de "esquerdismo". Em conversa com o Cardeal Motta, considerando as mudanças acontecidas na Igreja, comentara que a Província, às vezes, pendia para a direita e, bem poucas vezes, para a esquerda. Mas essas observações certamente não teriam sido motivo para uma intervenção, pois conversavam como dois amigos.

> Dom Macedo, presidente da Fundação Nossa Senhora Aparecida, foi quem solenemente veio à Rádio e destituiu a diretoria, substituindo-a por uma nova. Nenhum dos superiores redentoristas estiveram presentes, embora tenha sido arquitetado e promovido por eles.
>
> Os documentos dessa substituição e mudança geral da ordem na RA foram assinados por Dom Macedo, sem que o Cardeal o soubesse, mas em nome dele. [...]
>
> Alguns dias após, Seme Jorge, tendo ido ao Cardeal, recebeu dele ordens a serem executadas como gerente administrativo. Declarou a S. Eminência que não era mais gerente e que a diretoria fora substituída pela autoridade arquidiocesana. Dom Macedo assinara os documentos em nome do Cardeal.
>
> S. Eminência quis ver o documento com a assinatura de Dom Macedo. Ficou muito irritado e, ali mesmo, desautorizou a assinatura e convocou reunião dos membros redentoristas da Fundação e dos antigos diretores da RA. Ordenou ao Cardeal que voltasse tudo imediatamente a "antiga forma" com a antiga diretoria.
>
> Depois houve a convocada reunião, em que S. Eminência deu as razões de sua atitude. Quis afirmar sua autoridade, na Fundação. Declarou que delegara poderes administrativos, sim, mas não poderes de governo. Nada disse de "esquerdismos" como motivos do acontecido.
>
> Depois do acontecido, apresentei-me ao Padre Gonçalves, substituto do Padre Provincial e coloquei-me sob a obediência imediata dos superiores redentoristas. Resolveu-se que eu ficasse na situação em que estava colocado.[30]

[29] Em carta ao Padre Provincial, em janeiro de 1969, Padre Vítor comentou a situação e atuação de Padre Ferreira, o ecônomo provincial. Copresp A, no *ARSP*. "Sempre gostei do Padre Ferreira. Ele se ofendeu comigo porque eu, tendo perdoado as ofensas feitas na publicação do 'Diálogo' a mim, prometera de preparar o ambiente para a vinda de alguém responsável pela auditoria. [...] Todos nós percebemos vivamente as ofensas e mágoas causadas a nós mesmos, mas não sentimos que também nós fizemos os outros sofrer e os ofendemos. No 'Pai-Nosso' a única oração referente ao assunto só fala de perdão. Penso que só este é o caminho da caridade e da paz, que quero buscar. Pe. Ferreira precisa de um bom mês de férias; parece altamente esgotado. Acho que ele deve continuar no cargo."

[30] Arquivo Padre Vítor, *Pasta Diário*. Esta explanação de Padre Vítor é de 6 de maio de 1969, apenas dois dias após a mudança da diretoria. O que se segue, é de outubro de 1969. "Em abril de 1969, alguns dias antes de ter sido deposta a diretoria da RA, estive conversando com S. Emcia. sobre esquerdismos que varreram as Congregações Religiosas. Ressaltei que a Província de São Paulo mostrava-se firme e protegida pela Providência, embora houvesse correntes com abertura para a esquerda ao lado de grande maioria pendendo mais para a direita. Não me passou pela mente que pudesse haver o equívoco de se entender 'esquerdismo' no sentido péssimo de ala comunizante, herética, rebelde contra a autorida-

Mas, todo o episódio e seus desdobramentos desgastaram as relações entre os padres diretamente envolvidos no episódio, muito embora fossem confrades, morassem na mesma casa e compartilhassem o mesmo ideal. Sobre suas conversas com o Cardeal Motta, Padre Vítor explicou que o termo "esquerdismo", no contexto do comentário feito com Dom Motta, não tinha qualquer conotação de posicionamento político, mas dizia respeito apenas a questões referentes à condução da Congregação. Pesava sobre Vítor o boato de que ele comentara que o Padre Provincial pendia para um certo "esquerdismo", talvez no intento de salvar a Província em tempos tão revolucionários...

Depois desse momento turbulento, Padre Vítor continuou sua missão à frente da RA, empenhado em novos planos e novos sonhos para seu crescimento, o que incluía novas estratégias também para o crescimento do Clube dos Sócios. Para tanto, e levando em conta a importância da opinião dos ouvintes, enviou-lhes um questionário, especialmente aos associados do Clube, sobre a atuação da RA. Como consequência, dada a avalanche de respostas, Padre Vítor precisou dedicar muito tempo à leitura e análise das respostas, e ao encaminhamento de mudanças na programação a partir das sugestões vindas de seus fiéis ouvintes.

Para o final de 1969, mudanças à vista... A Província de São Paulo devia, também ela, adaptar-se às decisões do Capítulo Geral. E uma das decisões determinara eleição direta para o cargo de Provincial. Padre Ribolla estava no cargo já há quinze anos. No segundo semestre, alguns nomes já despontavam como candidatos dentro de dois grupos fortes: o dos missionários da ativa, que apostavam em Padre José Oscar Brandão, e o grupo liderado pelos professores e formadores, que tinham em Padre Amador Leardini o nome certo para vencer o pleito. Os dois eram "coelhinhos".

Em um dado momento do processo eletivo, no calor das discussões que se seguiram ao primeiro escrutínio, embora com larga margem de votos, Padre Brandão apresentou sua renúncia. Padre Amador Leardini foi eleito. Um tempo novo se abria para a Província. Alguns anos haviam já se passado desde o Concílio e a Segunda Conferência do Celam, em Medellín, mas a renovação dos quadros, da estrutura e mesmo da mentalidade da Província, ainda estava por acontecer.[31]

O Capítulo Geral de 1969, em sua segunda fase, havia trabalhado textos e esboços para serem votados, dos quais deveria surgir uma nova Regra, agora com o nome de Constituição, a ser adotada por toda a Congregação. Aprovada

---

de eclesiástica. Nossa conversa versava sobre a reforma da observância e tradição na Província, sobre seminários, pastoral... [...] Quando estourou a intervenção do Cardeal desfazendo a assinatura de Dom Macedo que firmara a mudança de diretoria da RA, correu a versão de que o Cardeal o fizera por combate ao 'esquerdismo', visto ter sido 'enchido' por falações. Procurei Dom Macedo e lhe confessei com toda a verdade tudo o que dissera ao Cardeal. Procurei também o reitor que respondia pelo Provincial. [...] O Cardeal repisou que, de modo algum, alguma acusação de esquerdismo teve influencia sobre a decisão. Ele queria era afirmar e defender a sua autoridade".

[31] V. H. S. Lapenta, Amaral e Leardini, líderes da renovação na Congregação e na Província, *Cadernos do Ceresp – 16*, Aparecida, 2002.

em Capítulo, a Santa Sé concedeu-lhe aprovação *ad experimentum* até o próximo Capítulo a ser realizado em 1973. Só então a Congregação do Santíssimo Redentor passaria a ter Constituição e Estatutos Gerais definitivos. Ficou decidido, no entanto, que cada Província fizesse seus estudos e renovação de seus estatutos. Padre Leardini seria o condutor dessas mudanças.

> Eram os anos dos inícios do Concílio Vaticano II. A presença e atuação do Padre Leardini ajudaram decisivamente nesses momentos críticos. Cauteloso e ao mesmo tempo corajoso, era o homem adequado para conduzir as novas experiências. Contavam muito sua dedicação absoluta, presença constante e participativa entre os estudantes, seu exemplo de vida, suas conferências e palestras cheias de sabedoria e ciência.[32]

Durante quinze anos a Província fora dirigida por um mesmo homem, Padre Ribolla, nomeado pela Cúria da Congregação Redentorista. Começar o ano com um Provincial eleito pela Província figurava um tempo novo. Mas o começo de 1970 trazia também transferências, mudanças. A começar pelos conselheiros provinciais, quatro padres escolhidos por votação direta. Os eleitos foram Padres Brandão, Galvão, Angelo Licatti e Francisco Vieira.

Depois de muitas reuniões e consultas, em março saíram as nomeações. Para reitor da basílica, Padre Francisco Batistela. Para diretor da RA, Padre Orlando Gambi, tendo como auxiliares, Padre Faria e o ex- diretor, Padre Vítor Coelho de Almeida. Padre Gambi era também um dos "coelhinhos" de Vítor, vindo de Machado (MG). Padre Vítor estava livre dos encargos burocráticos e do peso da administração. Poderia investir, jogar-se de corpo e alma na tarefa de expansão do Clube dos Sócios. E assim, entre lutas e sonhos, continuar seu zeloso apostolado, tornando-se cada vez mais "o Apóstolo da Rádio Aparecida".

A história da RA até aquele momento não poderia ser dita ou escrita sem a presença de Padre Vítor, dinâmico e incansável em seus vários programas, nas transmissões de eventos, na direção geral, em seu empenho em favor do Clube dos Sócios, através do qual conclamava os ouvintes a participarem da evangelização através das ondas da RA. A máxima que cunhara para o Clube – "quem ajuda a pregação tem méritos de pregador" – caíra como uma luva em tempos de renovação eclesial. Ele falava de tudo e para todos. No mês de janeiro daquele ano, por exemplo, dedicava-se a incentivar os moradores de áreas rurais a construírem fossas higiênicas. Levando mais longe sua atuação, mantinha contato com prefeitos, de várias regiões, a exemplo do Prefeito de Nova Venécia, no Espírito Santo, com quem mantinha correspondência,[33] sempre objetivando algum modo de auxiliar as populações mais carentes. Ao mesmo tempo, com

---

[32] Necrológio da Província de São Paulo, *Eles viveram conosco*, Aparecida, 2012.

[33] *APV*, Pasta Correspondência com Autoridades, carta da cidade de Nova Venécia (ES), assinada por várias autoridades, em 28 de janeiro de 1970.

seu apoio e incentivo, a RA entrou na campanha do governo federal em favor da moralização dos meios de comunicação. Chegou a escrever ao Presidente da República dando-lhe conta do engajamento da RA na campanha.[34] A fé e a vida – inseparáveis.

Tão logo passou a direção da RA para Padre Orlando Gambi, Padre Vítor esteve no Paraguai para levar a imagem de Nossa Senhora e falar do Clube dos Sócios. Os brasileiros que viviam no país vizinho – posteriormente chamados de brasiguaios – eram ouvintes assíduos da RA e devotos de Nossa Senhora. Padre Vítor, emocionado, deixou um belo testemunho do que viu, viveu e rezou com os paraguaios.

> De 23 de abril a primeiro de maio estive no Paraguai, no Departamento de Kanendejú, prelazia de Alto Paraná, onde atuam os Padres do Verbo Divino e vivem cerca de trezentos mil brasileiros imigrados, numa extensão de 40 mil km² com 700 km de comprimento ao longo do rio Paraná. Segundo me informaram, nos últimos cinco anos, ali trabalharam sessenta e sete padres, setenta e cinco religiosas e oito irmãos auxiliados por numerosos leigos em cerca de quatrocentos grupos religiosos. Isso se somarem num todo também a prelazia de Encarnación.
>
> Nossa Senhora é a grande devoção e a RA a grande mensageira dos brasileiros. Levei a imagem fac símile e visitei Guairá, Strosner e Cristo Rey (Piquirí). Muito povo, povão mesmo e muita evangelização. Voei de "Cessna" de Guairá a Strosner, onde descansei. Dali fui de auto a Cristo Rey, em companhia do prelado Dom Agostin van Acken. Fiquei altamente edificado com os missionários do Verbo Divino, principalmente Padre Nicolau Cunha que me pareceu um tipo de santo moderno.
>
> Padre Nicolau da Cunha, svd, tipo de santo moderno, contou-me coisas admiráveis de uma tribo de índios brancos mas de fisionomia malaia, nômades que começam a se fixar, nus e de uma língua completamente diversa de outro idioma conhecido. O nome "achê" se traduziria por "autêntico", e, de fato eles merecem esse título nobre, segundo as informações que Padre Nicolau me transmitiu. Foi pena eu não ter tido tempo de obter melhores informações.
>
> São adoradores de um só Deus. Não falam o nome de Deus pelo motivo de ser ele o Ser Infalível. Toda a tribo levanta-se ao meio da noite para adorar a esse INEFÁVEL. São respeitadores do casamento e do sexo. Dizem que só não devem andar nus os que não sabem honrar o sexo. As gestantes gozam de especiais atenções. Para elas destinam os melhores pedaços da caça. Nenhum moço pode casar sem primeiro ter abatido cerca de setenta caças maiores, como sinal de ser competente para o sustento da tribo. A caça não é propriedade particular mas é comida por toda a tribo. Vi um arco e algumas flechas. Indicam que eles são de muita força muscular para entesar arco e de muita habilidade em lavrar madeiras duríssima. O contato com os "civilizados" mostrou-se sempre pernicioso pelos maus exemplos.[35]

---

[34] Idem, carta de Padre Vítor Coelho ao General Emílio G. Médici, em 6 de fevereiro de 1970.

[35] Arquivo Padre Vítor, *Pasta Diário*.

Um testemunho notável que, com mais detalhes, seria, com toda certeza, assunto a ser explorado pela antropologia. Padre Vítor, mal chegara a Aparecida e, um dia depois, já partia para Brasília, juntamente com Padre Antônio Siqueira. Os dois precisavam estar na capital com alguns dias de antecedência a fim de prepararem as celebrações do VIII Congresso Eucarístico Nacional. Durante o Congresso, Padre Galvão somou-se ao grupo, formando o trio redentorista que animou as celebrações na capital federal.

Na Igreja do Brasil, a hierarquia tomava rumos novos com a eleição de Dom Aloísio Lorscheider para a presidência da CNBB, da qual era, até então, o secretário. Marcando posição, a entidade dos bispos publicou um documento pastoral, manifestando repúdio à violação dos direitos humanos na vida nacional. O Cardeal de São Paulo, Dom Rossi, recebeu um encargo na Cúria Romana e para seu lugar foi nomeado Dom Paulo Evaristo Arns, até então bispo auxiliar. Dom Aloísio e Dom Paulo fizeram grande diferença na postura da Igreja que passou a adotar uma posição severamente crítica ao regime militar.

Afastado da direção da RA, Padre Vítor pôde se dedicar, com mais empenho e gosto, a seu *hobbie* preferido: cuidar das orquídeas, ampliando-lhes o espaço reservado no fundo do velho convento redentorista. Mas não descuidava das viagens com a imagem de Nossa Senhora e não declinava convites para momentos celebrativos, como o jubileu de ouro do vigário de Brazópolis (MG), Mons. Quinzinho. Para Vítor, todos os momentos da vida eram celebrativos. Deus presente, louvado e amado, fosse na beleza das orquídeas, fosse nos pequenos e grandes acontecimentos humanos. Segundo o cronista da comunidade, depois que se desincumbiu dos pesados encargos na RA, até para jogar "buraco", Padre Vítor, mais descontraído, "roubou" a sorte para seu lado. "Hoje houve uma partida inédita: Coelho jogou sozinho, bateu duas vezes em seguida e deixou a dupla adversária com carta na mão".[36]

Todavia, na vida, nem tudo tem a leveza das orquídeas e dos jogos de brincadeira... No convento redentorista, vários jornais católicos chegavam de diversas partes, inclusive do exterior. No jornal "O Lutador", editado em Manhumirim (MG), pelos Missionários Sacramentinos de Nossa Senhora, fundados por Padre Júlio Maria Lombaerde, havia um artigo que chamou a atenção de Padre Vítor: "Todos devem salvar a todos" e, no subtítulo, "O Padre não é um homem sagrado". No corpo do texto, uma citação repetia, entre aspas, a frase de Dom Marcos Noronha, bispo de Itabira (MG): "Não há um homem mais sagrado do que os outros, a não ser que seja melhor, mais evangélico e de mais vida interior que outros". Padre Vítor comentou o artigo em seus programas, refutando tais ideias. Como consequência, recebeu uma série de cartas que o acusavam de faltar com a caridade visto que seus comentários expunham um bispo da Igreja a uma situação vexatória.

---

[36] Documenta 7, "Crônica da Comunidade Redentorista", vol. VII. No *ARSP*. Dia do surpreendente jogo: 17 de setembro de 1970.

Criou-se uma grande celeuma. Padre Vítor respondeu cartas de padres, freiras e leigos afirmando sua posição: "eu disse que, embora de autoria de um bispo, Dom Marcos, de Itabira, essa afirmativa está em oposição à fé católica. A imprensa e a rádio têm o dever de rebater erros tornados públicos pela imprensa".[37]

Dom Marcos Noronha terá por certo levado o fato para discussão no Regional Leste II da CNBB, ao qual pertencem as dioceses de Minas Gerais e Espírito Santo. O certo é que os coordenadores de pastoral do Regional Leste II reportaram à CNBB o episódio, acusando a RA de prejudicar os esforços de renovação pedidos pelo Concílio Vaticano II. Padres Vítor e Faria puseram-se em campo para se defenderem das acusações. Escreveram ao presidente da CNBB apresentando a programação e os objetivos da RA. Listaram vários argumentos na autodefesa: "incondicional e irrestrita fidelidade ao Papa"; "procuramos divulgar, com objetividade possível, a doutrina do Concílio, o Credo do Povo de Deus de Paulo VI e suas alocuções"; "temos como finalidade a catequese do povo com base no Concílio e nos ensinamentos do Magistério".[38]

Depois desse incidente e para esclarecer cabalmente quaisquer dúvidas ou suposições, o próprio Padre Vítor buscou, junto ao episcopado, que se fizesse uma investigação sobre a programação da RA. Segundo ele, os bispos não ouviam a RA, mas davam créditos a denúncias infundadas. Ele ponderou com os superiores a necessidade de divulgação do que se fazia na RA, pois o próprio Núncio Apostólico lhe dissera: "A RA não entre em política, não aceite polêmica e não mude sua linha pastoral".[39]

Final de ano, Padre Vítor viajou para Goiás onde permaneceu alguns dias no convento dos redentoristas, em Goiânia, refazendo as energias. Na volta para Aparecida, fez parada em Araxá para uma visita a sua irmã e participar de um evento da prefeitura municipal que o tocava diretamente. Era uma justa homenagem a seu pai: uma escola do município teria o nome do velho professor Leão. Padre Vítor discursou.

> É motivo para mim da mais profunda emoção, e também do mais profundo reconhecimento para com as Exmas. autoridades do Legislativo e do Executivo de Araxá, o significado desta cerimônia em que se inaugura uma casa de instrução com o nome do meu querido pai. Houvestes, por bem,

---

[37] Arquivo Padre Vítor, *Pasta Correspondência Rádio Aparecida*. No arquivo PVC estão diversas cartas em torno da celeuma sobre o artigo de Dom Marcos, que, por sinal, estivera presente à última sessão do Concílio. Em um tempo de crise e de mudanças na Igreja, era um progressista. Não foi bem entendido nem por seus congêneres naquele tempo. Em novembro de 1970, renunciou ao episcopado. Faleceu em 1988 e, três anos depois, a Editora Vozes publicou um livro: "Dom Marcos Noronha e a Igreja".

[38] Copresp A, carta dos Padres Vítor Coelho e Faria a Dom Aloísio Lorscheider, em 5 de dezembro de 1970. No APV e no ARSP.

[39] Copresp A, carta de Padre Vítor a Padre Ribolla, dezembro de 1970. Padre Ribolla já não era mais o provincial. A carta não tem data, mas tudo leva a supor que ela havia sido escrita antes do episódio envolvendo o bispo de Itabira. Tal episódio fez Padre Vítor julgar de interesse esclarecer e divulgar o trabalho e a linha de pensamento da RA, de modo especial, perante os bispos.

Padre Vítor Coelho de Almeida

Sr. Prefeito e Srs. Vereadores, num gesto de fina delicadeza, buscar o nome desconhecido de um modesto professor da roça para designar uma escola do município. A vossa conduta desinteressada, procurando tão somente o mérito para premiar, mesmo em pessoa destituída de prestígio e de poder nos meios sociais e políticos, bem demonstram a elevação dos sentimentos que vos animaram. É esta escolha, por que não o dizer? – embora me embarace um pouco a minha situação no assunto – esta escolha pareceu-me realmente feliz, porquanto o Prof. Leão foi incontestavelmente um grande desbravador do analfabetismo por todo o Triângulo Mineiro: desde Ituiutaba e Prata até Sacramento e Araxá, Ibiá, num período de mais de quarenta anos, deixou uma sementeira promissora de alfabetização por entre crianças da cidade e, principalmente crianças do meio rural. O seu nome despretensioso fica, portanto, muito bem entre as crianças do campo que ele tanto amou.

Dotado de um coração compassivo e terno, de uma alma de artista marcada pela mais rica sensibilidade, de um bom humor jamais arrefecido pela idade ou pelos dissabores da vida, sabia fazer-se criança entre as crianças e ser adorado por elas como um vovozinho. O teatro infantil, a declamação, as canções, as excursões e passeios, o desenho e os brinquedos enchiam de colorido e de vida o ambiente alegre de sua escola.[40]

De Araxá, chegou até Sacramento, onde ouviu notícias que encheram de festa seu coração. O povo sacramentano, com o apoio do vigário, Mons. Saul, e do prefeito eleito, Dr. José Alberto, queriam que a Paróquia da cidade fosse entregue aos cuidados dos redentoristas. Já tomando providências, escreveram ao Administrador Apostólico da Arquidiocese, Dom José Pedro Costa e ao Provincial Padre Leardini.[41] A notícia encheu de alegria e expectativa enorme o coração do sacramentano ilustre, do missionário d'Aparecida, pleno de carinho por sua terra natal.

Ainda mais surpresa foi saber que o novo prédio do Seminário abrigaria também uma turma de noviciado. Com as mudanças em andamento, de modo especial na formação dos missionários, o ano de 1971 teve duas turmas de noviços. Uma turma era formada pelos jovens que haviam terminado o curso de filosofia no Seminário Santo Afonso, em Aparecida, e uma segunda turma, pelos que haviam terminado apenas o curso médio, antigo colegial, em Sacramento – ao todo, treze noviços vindos de São Paulo e da Vice-Província de Brasília. E ainda mais, para mestre dos noviços foi escolhido um dos "coe-

---

[40] Arquivo Padre Vítor. Manuscrito com o discurso de Padre Vítor na inauguração da Escola Municipal Prof. Leão de Almeida. Não consta a data exata da inauguração. Sabemos, por outras fontes que ele havia parado em Araxá, na volta de Goiás para a inauguração dessa escola. O próprio pai, Sr. Leão havia sugerido que, quando algum dos filhos – José, Vítor e Mariazinha – escrevesse uma carta a outro, que eles fizessem um intercâmbio com as cartas depois de lidas. Assim, em uma carta a José, Vítor conta este evento. José enviou o comentário de Vítor para a Mariazinha, que esteve presente à inauguração...

[41] Copresp A, carta-ofício das autoridades e do povo de sacramento, endereçado ao Arcebispo de Uberaba e ao Provincial Redentorista, em 3 de dezembro de 1970. Assinam o documento: Dr. José Alberto B. Borges (prefeito eleito), Dr. Elvani Pavanelli (vice eleito), Irmã Benigna, Ítalo Cerchi, Ataíde da Silva, Walmor Júlio, José Loyola e Hildeberto Castanheira. No *ARSP*.

lhinhos" de Padre Vítor, Padre Júlio Negrizollo.[42] Para completar a alegria de Padre Vítor – e do povo sacramentano – Padre Alberto Pasquoto foi nomeado diretor do Seminário e, naquele mesmo ano, a Congregação assumiu a Paróquia da cidade, Padre Gil Barreto como pároco.[43] Pároco e diretor eram jovens e dinâmicos, enchendo o povo de esperança por novos rumos na pastoral da paróquia e na formação do seminário. Foi uma revolução para uma cidadezinha interiorana, apegada a mais tradicional religiosidade. Uma revolução e um sucesso, resultantes da acolhida calorosa do povo e do desempenho ardoroso dos redentoristas.

O tempo ia seguindo sua marcha, e a chegada do novo ano trouxe tristeza para Vítor, pois as notícias vindas de Campos do Jordão informavam que o estado de saúde de seu amigo Padre Pedro Henrique era muito grave. E no dia treze de janeiro de 1971 Padre Pedro faleceu. Uma das colunas da Província era abatida pela tuberculose. A missa de sétimo dia, Padre Vítor fez questão de celebrá-la no Sanatório Divina Providência, lugar que tocava fundo seu coração. A velha guarda, o ramo bávaro da Província dava sinais de que o fim estava chegando para muitos dos que haviam deixado a pátria querida para anunciar a Boa Notícia de Jesus Cristo nas distantes terras brasileiras... Restavam poucos padres e irmãos vindos da Baviera. Sejam o tempo, a idade, a doença, em algum lugar do caminho de todo homem espera-o o fim. E, cada ser que morre, que parte, revela-nos que não temos como escapar da finitude! Sendo ela inerente à condição humana, ampara-nos a confiança profunda no Amor que não nos abandona na morte e que, ao final, faz vencer a vida.

413

Politicamente, o Brasil ia seguindo por caminhos sombrios, governado pela linha dura do regime militar. A Igreja, através de alguns bispos, ia tomando posição contrária aos desmandos e ao cerceamento de liberdades e direitos dos cidadãos praticados pela ditadura. Dom Eugênio Sales, primaz do Brasil, critica a falta de autêntica reforma agrária no país. Dom Waldir, em Volta Redonda, emite carta denunciando a tortura de padres e de agentes de pastoral. Em Recife, a polícia vistoria a sede do Regional da CNBB. A Igreja no Ceará bate de frente com o Governo, protestando publicamente nas igrejas. Paulo VI nomeia um claretiano, Dom Pedro Casaldáliga, para a Prelazia de São Félix do Araguaia. Alguns meses após assumir a Prelazia, ele publica uma carta pastoral: "Uma Igreja da Amazônia em conflito com o latifúndio e a marginalização social". Dom Pedro abraça, com amor e coragem de profeta, a causa dos pobres e excluídos. Os redentoristas, embora não estivessem alheios às interpelações sociais e eclesiais, não se envolviam diretamente nelas.

---

[42] Os que se ordenaram e continuaram na C.Ss.R.: Padres Agenor Mathias(† 1992), José Afonso Savassa, Rubens Gomes de Carvalho.

[43] O contrato entre a Arquidiocese de Uberaba e a Província de São Paulo tem data de 14 de abril de 1971 e a posse de Padre Gil Barreto é datada de 6 de junho de 1971. Documentos no *ARSP*.

No cotidiano de Padre Vítor, em 1971, o destaque foi para as viagens. E foram tantas que pareciam reeditar seus bons tempos de missionário da ativa. Mas, não obstante as sucessivas viagens, ele continuava levando ao ar seus programas na RA, e cada vez mais assediado pelos romeiros que iam a Aparecida. Multiplicava seu tempo em avisos e instrução catequética na basílica, comentários de missas, programas ao vivo com os romeiros na RA, posar para fotografias na praça, responder cartas, agendar viagens e cuidar da "menina de seus olhos": o Clube dos Sócios. Sua frase lapidar – "quem ajuda na pregação tem méritos de pregador" – atraía mais e mais participantes. Incentivava os representantes a buscarem novos sócios prometendo que, alcançado determinado número de associados, a imagem de Nossa Senhora Aparecida visitaria a cidade vencedora. Cumprindo o prometido, naquele ano visitou as cidades de Caçador (SC), Colatina (ES), Santo Antônio do Monte (MG), algumas cidades da Bahia, Prelazia de Rubiataba (GO), Governador Valadares (MG), Cianorte e Araruna (PR), Castelo (ES), Goiânia (GO) e Tietê (SP).

Não sendo mais o diretor da RA, não tinha autonomia para levar a equipe de artistas e funcionários do Clube às visitas. Padre Gambi, ao assumir a direção da RA, passou a coordenar este trabalho. Padre Vítor, no entanto, quase que em um trabalho paralelo, mantinha esse apostolado. Acompanhavam-no apenas o motorista e um ou outro funcionário. Contudo, o missionário carismático e o comunicador talentoso cativavam o povo e os devotos. E isso não deixava de causar certo incômodo aos demais confrades. Além disso, sua maneira *sui generis* de ser e de trabalhar levou o diretor, Padre Gambi, a fazer um desabafo com o Provincial, Padre Leardini.

... É muito chato, mas devo falar um pouco sobre o assunto. Padre Vítor inventou uma novidade. Anda dizendo que todo o mundo só quer ver a ele e mais ninguém. Ele propõe que quem arranjar duzentos novos sócios para o Clube ele irá levar a imagem. Cada vez que sai fica fora de uns cinco para mais dias. É um verdadeiro problema para a direção, pois ficamos sem chofer. [...]

Ele inventou ainda de levar um gravador (já tem um no quarto), portanto ele quer mais um, quer serviço de alto-falante, quer mais um rádio, e quer que vá um padre com ele. Veja se é possível, ou antes, se é racional.

Vai haver uma viagem para a Bahia. Já disse que quem for, irá de ônibus, como foi o Padre Faria no ano passado, e foi muito melhor que de carro. Ele acha que é ele que deve ir, e ir de carro. Já conversei com o Reitor para dar um jeito, pois a situação está ficando insuportável, e chegando ao cúmulo.

Eu acredito que ele já está no ponto de nem mesmo trabalhar mais na RA. Todos os seus programas estão em desordem. Sempre chega atrasado para a entrevista com os romeiros, tem que ser lembrado, todos os dias, uns dez minutos antes. Quando sai, grava alguns programas, mas fica fora mais tempo que o combinado. Tem metido a falar de justiça social, e temos gravados alguns programas que poderiam ser perigosos e comprometedores segundo o modo de pensar de nossos controladores (censores da ditadura). [...] Se seus programas não entrarem no ar em tempo, eu mesmo farei os seus programas, pois assim não é mais possível. Devemos, sim, ter caridade para com os velhos e considerar os seus merecimentos, mas... pelo amor de Deus, tanto assim e durante tanto tempo, e um só! Não é que eu esteja a ponto de estourar, não, mas é preciso que alguém me ajude, além de Deus! O senhor tem ajudado muito e demais, mas dê-me mais esta mãozinha.

Certo que Padre Vítor é utilíssimo na RA, mas então que continue sendo utilíssimo, e basta. Eu acho que ele deve apenas fazer mesmo os seus programas e dentro do horário certo. Nem para conselheiro ele está servindo mais, pois sempre volta com casos antigos, seus pedidos que não podemos atender, queixa-se de calúnias contra ele e de repetir mil histórias do passado...[44]

O relacionamento entre os dois deixava a desejar. Contudo, em setembro, quando a RA completou vinte anos, festejados com todas as solenidades e comemorações de direito, houve missa concelebrada na basílica velha e o pregador foi ninguém menos que o próprio Padre Vítor. As reclamações apresentadas por Padre Gambi fariam pensar que o velho Padre Coelho estivesse meio caduco. Mas o velho missionário continuava lúcido e movido sempre pela mesma inarredável paixão: anunciar o Redentor. Como se não bastassem as viagens para cidades de perto e de longe, em novembro, Padre Vítor apresentou-se no programa televisivo de Silvio Santos, no canal 5, no quadro "Cidade contra cidade". Onde quer que fosse, ele estava sempre pronto a falar de Jesus e de Maria e de bem representar a RA.

Já na segunda metade do ano, Padre Vítor, após gravar um de seus programas para o meio-dia, mostrou-o a Padre Gambi antes que fosse ao ar. Padre Gambi não o aprovou. Houve uma desabalada correria para se fazer outro programa, pois o titular, Padre Vítor, só fora avisado de última hora que o programa gravado não era exatamente o que se pudesse chamar de um programa pastoral. Padre Vítor e Padre Gambi chegaram a discutir calorosamente. Alguns dias depois, o próprio Padre Gambi escreveu ao Provincial elogiando o ânimo e o dinamismo de Padre Vítor, que o impressionavam vivamente. E acrescentou: "Mesmo Padre Coelho está mais calmo, embora com suas coisas. Não peço a Deus que ele mude, mas que eu seja mais santo e mais virtuoso!"[45]

No final daquele ano, ele viajou a Goiânia para prestigiar uma ocasião festiva para os redentoristas: a Vice-Província de Brasília comprara, da Arquidiocese de Goiânia, a Rádio Difusora, emissora que é, até os dias de hoje, um baluarte na comunicação e na divulgação da Palavra de Deus. Naquele auspicioso início a emissora recebeu a bênção e o aplauso do maior comunicador redentorista: Padre Vítor Coelho de Almeida. A partir desse período da década de 1970, ele, que ao longo de sua vida, tornara-se o "Missionário d'Aparecida", "o padre da misericórdia", juntou a esses merecidos títulos, o de "Apóstolo da Rádio Aparecida".

415

[44] Copresp A, carta de Padre Orlando Gambi a Padre Leardini, de 13 de junho de 1971. No *ARSP*.

[45] Copresp A, carta de Padre Orlando Gambi a Padre Leardini, em 10 de novembro de 1971. No *ARSP*.

Vítor encerrou o ano, paraninfando uma turma de estudantes ginasiais na cidade de Tietê. Eram seminaristas que viam nele o protótipo do missionário, do pregador, catequista, e comunicador por excelência, reconhecido mesmo fora de seu ambiente eclesial. Aplaudido e querido pelos ouvintes da RA, admirado por seus pares e confrades redentoristas ainda que, de vez em quando, trocassem algumas farpas. Basta ver o que o cronista anotou na Semana Santa daquele ano: "Sábado Santo, às oito horas, comemoração das dores de Nossa Senhora, feita pela 22ª vez pelo Padre Coelho. E que celebração!"

Seus programas, de modo especial o do meio-dia e o das quinze horas, continuavam a bater recordes de audiência e deixavam a RA com altos pontos nesses horários. Vítor falava com unção, com a autoridade de quem punha amor em cada palavra...

> Ser pai é grande vocação, pois, eternamente Deus predestinou este homem para se casar com aquela mulher que será sua esposa e com quem constituirá uma família. Ser pai é participar do poder eterno e infinito que chama à existência uma nova criatura, uma alma imortal, uma "faísca" que nunca mais se apagará, uma personalidade querida de Deus, uma "gotinha" a rebrilhar no arco-íris do Sol Divino. Com amor eterno Deus amou você, pai, e a seu filho, e os atrai para o abismo da infinita Plenitude.
>
> Que responsabilidade... pensar que seu filho existirá eternamente!
>
> Que ventura... sonhar que seu filho será uma "estrela" da eternidade feliz! O poder de gerar não esgota toda a grandeza da dignidade paterna. O pai participa da Providência que cuida dos filhos. A Bíblia conta que, aos passarinhos, Deus dá alimento; aos lírios orna com indumentárias tão maravilhosas que nem mesmo Salomão, em todo o esplendor da realeza, jamais se vestiu como as florzinhas do campo.
>
> O Pai Celeste não vem pessoalmente colocar comidinha na boca dos filhinhos ou calçar sapatinhos nos pés porque encerrou no coração do pai um oceano de amor e solicitude.
>
> Pai, tu és cristão e levaste teu filho à fonte do batismo, crendo fazê-lo nascer da vida divina da graça. [...]
>
> A personalidade, a vivência e as palavras do pai devem ser o sinal visível da presença do Cristo para a alma do filho.
>
> Para a criança, o pai representa algo do "infalível". "Papai disse"... A criança crê na palavra do pai. É por esse canal de "infalibilidade" paterna que o Evangelho (a tradição) da Verdade eterna quer instalar-se e firmar na vida do filho.
>
> Personalidade, palavras e exemplos do pai são o Evangelho vivo. Um moço teria dito: "Nunca falto à missa aos domingos, porque papai nunca faltou. O modelo, que foi meu pai, plasmou a minha vida". Os exemplos de honestidade, sinceridade, dignidade, respeito, amor e justiça são a expressão viva e prática da Palavra de Deus. O pai dever ser um Evangelho vivo![46]

Com simplicidade, beleza e verdade, ele evangelizava consoante a motivação fundamental de sua vida...

---

[46] Arquivo Padre Vítor, *Pasta Programas na Rádio Aparecida* (datilografado, original).

No começo do ano seguinte, já preparado para seu retiro anual em Campos do Jordão, Padre Vítor precisou ser internado na Santa Casa de Aparecida a fim de submeter-se à cirurgia de hérnia e hidrocele. Permaneceu internado cerca de vinte dias. Tudo correu bem. Os confrades preocupavam-se por causa de sua idade mas, como escreveu o cronista: "Ao meio-dia fomos buscar o nosso veterano. Graças sejam dadas a Deus e a Nossa Senhora Aparecida".

Era 1972 e o Cardeal Carlos Motta decretou Ano Marial em Aparecida para comemorar os 150 anos da Independência do Brasil. Era uma forma de homenagear Dom Pedro I, o imperador que consagrou o Império do Brasil a Nossa Senhora Aparecida. Padre Vítor gostou da ideia e assumiu ser um dos divulgadores dos eventos referentes à homenagem.

Desde 1964, a CNBB, a cada ano, lançava um tema importante para ser rezado e refletido em toda a Igreja. Era a Campanha da Fraternidade, iniciada, a cada ano, no tempo da quaresma. Naquele ano, o cartaz trazia o retrato de Jesus usando gravata, com o lema: "Descubra a felicidade de servir". Houve alguns comentários contrários ao cartaz, o que fez Padre Vítor se pronunciar.

> A estampa confeccionada por ordem da CNBB para a promoção da "Campanha da Fraternidade de 1972" foi recebida com aplausos mas, também, com murmúrios de reprovação. Os adversários apupavam: "É falta de respeito apresentar um Cristo de gravata!" Eu mesmo estava com aquela prevenção, escarmentado pelo ambiente poluído de doidices do pós-Concílio. Tive, contudo, o bom senso de argumentar assim: "Se a estampa tem aprovação da CNBB não pode ser coisa má". A CNBB merece todo o nosso acatamento, porque eles são nossos chefes espirituais em nome de Jesus. Quando agora apreciei aquela gravura, fiquei entusiasmado. Os boateiros tinham entendido tudo errado. A estampa apresenta um moço de gravata, sim, com rosto de Jesus, isso é, parecido com a face do Senhor nas tradicionais estampas de devoção. Que simbolismo haveria nisso? Logo percebi: a gravata é para denotar que não se trata de cristo físico ou como vive glorioso no céu. A gravata é para acentuar que ali está representado o cristão. O rosto de outro Cristo, não no sentido de uma fusão substancial de pessoa sacrossanta do Salvador com a pessoa do cristão, mas no sentido da união sobrenatural da nossa individualidade com a Pessoa de Nosso Senhor Jesus Cristo. O corpo poderia ostentar-se de camisa ou de macacão ou de toga ou de roupa simples da roça. Cabeça de Cristo, corpo de homem da roça; cabeça de Cristo e corpo de motorista; cabeça de Cristo e corpo de jovem estudante... a ideia ficaria sempre a mesma: "o cristão é um outro Cristo".
>
> A estampa é bonita: rosto cercado de auréolas que lembram ser Ele o Ser divino, o Filho Eterno que se faz criancinha, operário de Nazaré, pregador messiânico de Cafarnaum, crucificado no calvário; que ressuscitou dos mortos, a segunda, das três Pessoas da Santíssima Trindade, que assumiu corpo e alma para se tornar como que a face da humanidade.[47]

417

---

[47] Arquivo Padre Vítor, *Pasta Programas na RA*. Muitos programas foram transcritos, digitalizados. Cópia também no *ARSP*. Este citado aqui, o original é dele, datilografado. Ele o intitulou: "O Cristo de gravata ou o Cristo nos irmãos".

No mês de março, completamente restabelecido, Padre Vítor continuava firme em seus programas na RA, inclusive com mais motivação e energia depois que recebera algumas críticas desfavoráveis ao avanço teológico de seus programas – desafios acendiam-no ainda mais... Graças à multiplicidade de modos de pensar, discordâncias, na verdade, fazem parte da realidade cotidiana de todas as pessoas... E ainda mais de quem se expõe frequentemente através dos meios de comunicação social. Saúde boa, aproveitou também para ir a Itamonte (MG), presidir uma missa de bodas de uma parente. Acompanhado de Padre Figueiredo, os dois voltaram para casa exaltando em prosa e verso as maravilhas da culinária e das guloseimas do sul de Minas...

Em Aparecida, um professor de Moral e Cívica havia feito, em sala de aula, algumas críticas contrárias à Igreja Católica. O ocorrido chegou aos ouvidos de Padre Vítor que o rebateu em seu programa do meio-dia. O professor foi imediatamente à RA pedir-lhe explicações. Foi mais longe, instaurando inquérito administrativo contra Padre Vítor, que deixou em suas anotações sua postura diante do acontecido.

> Tendo ouvido a queixa, por parte de alunos do senhor professor de moral e cívica, Munir Antônio Jeha, de que ele, em sala de aula, poucos dias antes, tinha ensinado ser realidade histórica a falsa estória de que a Igreja Católica, na eleição de um novo Papa, tem o rito de fazer qualquer candidato assentar-se numa cadeira sem fundo para os eleitores verificarem o sexo do mesmo. Eu, no mencionado programa do dia 16 de março de 1972, levantei protesto contra essa inverdade injuriosa à Igreja e aos católicos. Não proferi nenhuma injúria à pessoa do professor, como se prova a gravação guardada por pessoas que ouviram atentamente o meu programa.[48]

Mas a vida caminhava... Chegara outubro e a festa da Padroeira. Vítor pegara carona no projeto de Padre Galvão que promovia queima de fogos de artifício ao meio-dia em louvor à Nossa Senhora. Naquele ano, contando com o estímulo entusiasmado de Padre Vítor, foi estupendo o barulho do foguetório. À noite, nas elaboradas demonstrações de pirotecnia havia cinco quadros em cores, com diferentes representações que, após o espocar dos fogos, imediatamente faziam aparecer diante dos olhos maravilhados dos expectadores: Nossa Senhora Aparecida, bandeira do Brasil, presidente Médici, Cardeal Motta e – surpresa! – ninguém menos que o próprio Padre Vítor Coelho de Almeida.

---

[48] Arquivo Padre Vítor, *Pasta Correspondência com Autoridades*. Ele foi intimado a comparecer à Delegacia de Polícia, no mês de junho daquele ano, pois o processo se arrastava. Cf. Carta do Delegado Clóvis Arnaldo a Padre Vítor, de 5 de junho de 1972. No ARSP. No seu diário, em folha anexa deixada em seus documentos, com data de 7 de abril de 1972, ele escreveu: "Atendendo ao inquérito administrativo instaurado pela Prefeitura de Aparecida, declaro que, através das ondas da RA, denunciei ao público que o professor Munir Jeha, em aula de moral e cívica, cometeu a falta consistente em apresentar aos alunos [...] Taxei de desonesto, da parte de um professor de moral e cívica, apresentar aos alunos uma estória irreal e gravemente ofensiva à crença católica. Nada mais afirmei que pudesse ofender a prof. Muniz".

Era uma cortesia dos industriários pirotécnicos da cidade de Santo Antônio do Monte (MG) e do pároco daquela cidade ao missionário d'Aparecida.

Apesar da idade e dos inúmeros compromissos em Aparecida, ele continuava viajando para cuidar dos interesses da RA. Mas, as viagens significavam também ir para junto do povo, experiência de encontro próximo com ele, sem a intermediação do microfone. Esses encontros alegravam sua alma missionária. Um fato notável marcou sua viagem a Apucarana no Paraná. O que aconteceu na visita da imagem de Nossa Senhora Aparecida à cidade provocou mais comoção, manchetes e notícias do que o usual. Segundo todos os que estavam presentes à igreja de Nossa Senhora Aparecida para celebrações, aconteceu naquele dia um milagre, conforme relato do próprio Padre Vítor.

> Uma igreja no Paraná afundou. Isso mesmo, teve o assoalho quebrado ao meio. Numa altura de quatro metros abaixo da igreja, funcionavam as festas paroquiais, que naquele momento, felizmente, estava vazio. No momento do desabamento, havia uma multidão de umas seiscentas pessoas. Eu jantava na casa paroquial. As pessoas foram avisadas de que a imagem entraria na igreja carregada por mim, para a celebração da missa. E o povo foi entrando na igreja, ao ponto de que não havia nem espaço no corredor. De repente tudo afunda, pessoas, bancos... foi uma gritaria só. A igreja tem uns vinte e cinco metros de comprimento por uns dez de largura. Um acidente que poderia deixar mortos e feridos. MILAGROSAMENTE não houve nem um único ferimento grave. Não houve nenhuma fratura. Os bancos é que se estragaram. Duas pessoas passaram a noite no hospital, mas sem ferimento grave. O que havia de sandálias e sapatos amontoados depois do desastre! Senhoras idosas e grávidas, nada sofreram. A imprensa sensacionalista e sem escrúpulos lançou o boato de pessoas vitimadas mas não se deu ao trabalho de desmentir a inverdade, depois de averiguada. Quando voltei para Aparecida, cuidei de divulgar pela RA a verdade do fato milagroso que aconteceu.[49]

Missionário redentorista, Padre Vítor dedicou vários de seus programas radiofônicos, no segundo semestre daquele ano, ao santo fundador dos redentoristas, Santo Afonso. Toda a Congregação celebrava o fechamento das festividades em torno do centenário de proclamação do santo como Doutor da Igreja, feita em março de 1871, por Pio IX. O zelo pastoral e a dedicação ao estudo da Moral Cristã conquistaram para Afonso o título de *Doctor Zelantissimus*, missionário do povo por excelência. Padre Vítor procurou ressaltar esses dons e a herança deixada por ele à Igreja.

Ao findar o ano, Padre Vítor empenhava-se na gravação de um disco compacto com uma música de sua autoria, "Salve a Santa Imagem". Ele havia gravado um LP onde reproduzia uma missa do Santíssimo Sacramento, consagração a Nossa Senhora e músicas marianas. Dono de sensível veia poética, ele já deixara sua verve em muitos escritos para o jornal "Santuário de Aparecida" e em

---

[49] Arquivo Padre Vítor, *Pasta Documentos da RA.*

seu livro "Os ponteiros apontam para o infinito". Desta feita, uma música para homenagear Nossa Senhora.

Salve, santa Imagem
Da grande Rainha
Mãe do Redentor
Mãe de Deus e minha!
Mãe Aparecida
Tens do escravo a cor,
Para nos lembrar
O Libertador.
Um preço infinito,
Morrendo na Cruz,
Deu por nossas almas,
Teu Filho, Jesus.
Jesus mereceu-nos
Do Pai o perdão
A vida da graça
Paz e salvação.
Todos que te amam,
Chegam a Jesus;
São predestinados,
São filhos da luz.
Um mar insondável
É teu coração
De esperança e paz
E consolação.
Mãe Aparecida,
Salve nossa Terra
E no manto azul,
Meu Brasil encerra.
Em Deus e na Fé,
Viva a Pátria, unida
Em Cristo e Maria,
Mãe Aparecida![50]

Nos últimos dias do ano, juntamente com Padres Werner e Croon, Padre Vítor viajou até sua querida Sacramento para celebrar os vinte e cinco anos de sacerdócio de Padre Borges. Viagem rápida, mas a presença do velho missionário só fez a festa ficar mais bonita, mais emocionante e muito mais cheia de significados para o "coelhinho" Padre Borges.

O começo de 1973 despontava com um sabor diferente para o Missionário d'Aparecida: seu jubileu áureo de ordenação sacerdotal. Até o mês de agosto – o grande momento – haveria muitos preparativos a fazer, além de uma série de trabalhos e viagens. Uma delas entraria para a história de Vítor. Padre Vítor combinara com o pároco de São José dos Pinhais, vizinha de Curitiba, a ida

[50] A música foi regravada em CD e continua sendo tocada e cantada pelos devotos de Nossa Senhora e admiradores de Padre Vítor.

da imagem de Nossa Senhora com promoções e troféus para os associados do Clube dos Sócios. Avisos foram feitos por meio da RA e a viagem aconteceu na manhã do dia sete de janeiro. A chegada da imagem em Pinhais estava marcada para as dezessete horas do mesmo dia. Mas Padre Vítor não chegou à cidade no horário marcado. E nem mesmo naquela noite.

O cronista da comunidade em Aparecida anotou que, pelas vinte horas, um telefonema vindo da paróquia em São José colocava em alerta o convento, pois Padre Vítor simplesmente não aparecera na cidade. Pensou-se logo em desastre, roubo, sequestro, doença... No dia seguinte, apreensão e contatos com a Polícia Rodoviária, telefonemas entre Aparecida, provincial em São Paulo e São José dos Pinhais. Mas o dia passou sem notícias. Os confrades entraram em pânico.[51] À noite, o provincial, finalmente, conseguiu contato com Padre Vítor. Graças a uma das funcionárias da Rádio Aparecida que se lembrara de que, dias antes, no programa "Entrevista com os romeiros", Vítor mandara recado para a cidade de São José da Boa Vista, cidade ao norte do Paraná, muito distante da referida e programada São José dos Pinhais. Passado o susto, ele chegou em casa na tarde do dia nove de janeiro, tranquilo e feliz, e, como se nada tivesse acontecido, comentou: "Erramos sim, mas seguimos a inspiração da Providência Divina que nos levou para um povo abandonado". Os aliviados confrades só puderam constatar, mais uma vez, que aquele "era o velho missionário Padre Coelho".

O Brasil, sob o comando dos militares, vivia os "anos de chumbo" ou, como Elio Gaspari a denominou, a "ditadura escancarada". Desde a vitória da seleção brasileira de futebol em 1970, o país vivia o paradoxo do ufanismo e o lema imposto que sugeria "Brasil, ame-o ou deixe-o". O crescimento econômico alcançara altos índices, denominado de "milagre econômico". Mas a chegada da crise internacional do petróleo e a alta dos juros freariam a expansão nos anos seguintes.

A crise do petróleo fora desencadeada pelos conflitos no Oriente Médio. No feriado judaico do Yom Kipur, Síria e Egito atacaram as posições israelenses no deserto do Sinai e nas colinas de Golã, iniciando a Guerra do Yom Kipur. A ofensiva era uma tentativa dos egípcios e sírios de recuperar as áreas perdidas para Israel na Guerra dos Seis Dias. Donos de dois terços das reservas de petróleo no mundo, os membros da Organização dos Países Exportadores de Petróleo (OPEP) embargaram o fornecimento aos EUA e às potências europeias, provocando a crise. Uma forma de represália ao apoio dos EUA e Europa à ação israelense no Oriente Médio.

A Igreja do Brasil cada vez mais sentia o peso das arbitrariedades do regime militar. Alguns Bispos seguiam firmes na posição de críticos do arbítrio e da opressão do governo. Dom Aloísio Lorscheider, presidente da CNBB, foi nomeado Arcebispo de Fortaleza, no Ceará e, no Nordeste, bispos e padres provinciais publicaram o documento "Eu ouvi os clamores de meu povo", so-

---

[51] Documenta 7, "Crônica da Comunidade Redentorista de Aparecida", vol. VII. No *ARSP*.

bre os problemas sociais da região. As cúrias diocesanas em Recife e Goiânia foram invadidas. No final do ano, a Rádio 9 de Julho, da Arquidiocese de São Paulo, foi cassada. Tempos difíceis para a evangelização. Padre Vítor Coelho, seguindo ordens do diretor da RA, procurava ter cuidado com o que falava, pois a orientação era não provocar o sistema para continuar sobrevivendo.

Em agosto de 1972, Padre Leardini havia sido reeleito para o cargo de Provincial. No começo de 1973, mudanças nas comunidades com as transferências de vários confrades. Na RA, Padre Orlando continuava como diretor. Padre Vítor fora liberado também para a Rádio. Alguns padres assumiram, voluntariamente, auxiliar na programação religiosa: Artur Bonotti, Flávio Cavalca, Pedro Ávila e Virgínio De Carli. Depois do mês de maio, Flávio e Ávila foram efetivados como radialistas. Para superior da comunidade foi nomeado Padre Ângelo Licatti. Como não podia deixar de ser, Padre Vítor sentiu-se encantado, pois o superior era um de seus "coelhinhos". Tanto se sentia feliz e próximo que, em meados do ano, ele foi com Padre Ângelo a Avaré, sua cidade natal. E, como não perdia uma boa oportunidade, aproveitou a viagem para divulgar o Clube dos Sócios.

A rotina diária a ser cumprida era cheia, e ele trabalhava com prazer. Nas segundas-feiras, às seis horas fazia, pela RA, a "Oração da manhã"; "Entrevista com os romeiros" nas terças, quartas e domingos. Todos os dias, o programa do meio-dia, "Os ponteiros apontam para o infinito", e o das quinze horas, "Consagração a Nossa Senhora". O trabalho era prazeroso, mas era preciso também descansar. Conseguiu passar um mês em Campos do Jordão para rezar e refazer as energias e esteve também internado na Santa Casa, para exames de rotina, quase às vésperas de sua festa, onomástica, solenidade de São Vítor I, Papa, dia vinte e oito de julho. Justamente nesse dia, começavam os festejos de seu jubileu sacerdotal. Ainda assim, ele continuava atendendo a um amplo calendário de viagens. O cronista – algo entediado – apenas anotava: "Padre Coelho saiu para mais um giro com a imagem de Nossa Senhora em favor do Clube da RA". Visitou as cidades de Porciúncula (RJ), Cascavel (PR) e várias outras em Minas Gerais. Essas viagens asseguravam, economicamente, o andamento da RA e, de modo especial, promoviam a ampliação do número de representantes e associados do Clube dos Sócios.

Em seus escritos pessoais, encontramos algumas anotações que não fazem parte de seu "Diário", mas são assentamentos que remontam suas lembranças das muitas decisões tomadas na RA. Com data de abril de 1973, Padre Vítor escreveu sobre como promoveu o melhor aproveitamento dos horários tendo em vista o alcance maior das ondas curtas que levavam a programação aos ouvintes mais distantes. Nos melhores horários, missas irradiadas e culto da palavra. Ele conjugou esses três temas de modo que o ouvinte, mesmo aquele das regiões mais longínquas, pudesse ser alcançado pela palavra de Deus.

> Para os católicos que não podem ir à missa de domingo, a RA irradiava, desde os inícios da onda curta, as missas das 9h e das 18h30.
> Durante a gestão Padre Vítor, foi criada a irradiação, em reprise, às 13h, visto que nesse horário a penetração das ondas de 31 metros é, em duas terças partes, maior que às 9h. Igualmente pelo motivo de que às 13h a população está reunida em casa depois do almoço e antes do futebol.
> Agora foi resolvido que às 13h fosse oferecido o "culto da Palavra". Com muita propaganda, isso foi anunciado. Antes desses acontecimentos eu já vinha, há bastante tempo, fazendo enorme propaganda das "comunidades de base" e da respectiva participação das mesmas no culto dominical. Minha pregação insistente foi sempre que o domingo é o dia pascal; que o culto pascal é a missa; que na falta da missa, o "culto da Palavra" deve referir-se, quanto possível, ao altar (reapresentação do calvário, da Ressurreição e subida ao céu) conforme os documentos oficiais da Igreja.
> Sempre mostrei a diferença entre o culto católico e o protestante, justamente no concernente ao sacerdócio ministerial, a missa e o altar. Já tem mais ou menos uns oito anos que falo intensa e eficiente das comunidades de base e do culto da Palavra. Mudanças que vêm para melhorar, ainda assim, a missa irradiada nesse horário pode ser mais vantajosa.[52]

Na verdade, Padre Vítor aprovava a ideia do culto da Palavra, tendo ele mesmo fomentado esta prática na RA. Mas desejava, prioritariamente, manter a missa irradiada no horário que atingisse maior número de ouvintes. O documento ficou entre seus pertencentes e nunca foi apresentado à diretoria da RA.

A celebração de seu jubileu áureo de vida sacerdotal marcou o ano. Praticamente, foi a maior festa realizada em Aparecida em homenagem a um redentorista. Muitas outras festas já haviam acontecido – jubileu de prata e de ouro da chegada dos redentoristas, celebrações de outros jubileus de ouro de ordenação sacerdotal – mas nenhuma delas alcançou o brilho das festividades em homenagem a Padre Vítor. Até porque, muitos padres, notadamente entre os alemães, não puderam celebrar seu jubileu áureo, já que a morte os apanhara antes da data a ser festejada.

Desde o mês de maio Padre Ávila organizava o esperado momento. Para a comunidade redentorista e para o povo de Aparecida, uma semana inteira em festa. Dizia-se que o jubileu de Padre Vítor tinha que ser festa de mineiro: boa demais da conta. Foram impressos cinco mil programas dos festejos, nos quais constavam as missas que seriam especialmente celebradas, quem seriam os pregadores e as homenagens diversas ao jubilando. O cronista escreveu que era impossível acompanhar tantas solenidades e homenagens, pois o atendimento ao confessionário não o permitia. A programação começava no sábado, com missa e show dos artistas da RA no salão dos romeiros.

E prosseguia alegre e festeira como o homenageado. Domingo, dia 29 de julho: grandiosa romaria do Clube dos Sócios. Missa oficiada por Padre

[52] Arquivo Padre Vítor, *Pasta Escritos Pessoais*. Datilografado, original, com data de 11 de abril de 1973.

Vítor às 9h e, às 18h30 missa festiva sendo o pregador, Padre Licatti, com o tema: "Sacerdócio". Dia 30, homenagem da Escola Profissional São Geraldo e, às 19h30, missa festiva sendo pregador Padre Oscar Brandão, abordando o tema: "As missões redentoristas". Dia 31, homenagem da RA a Padre Vítor e, às 19h30, missa festiva, sendo pregador Padre Júlio Negrizzolo, com o tema: "As vocações sacerdotais". Dia 1º de agosto, homenagem dos poderes Legislativo e Executivo de Aparecida. Às 19h30, missa festiva, sendo pregador Padre José Rodrigues com o tema: "As comunicações sociais". Às 20h30, sessão solene na Câmara Municipal.

Dia 2 de agosto, festa de Santo Afonso. Homenagem do povo de Aparecida e dos romeiros. Às 9h, solene concelebração presidida pelo jubilar, sendo pregador Dom Juvenal Roriz, sobre o tema: "Padre Vítor, esta é a sua vida". Às 19h30, missa festiva com pregação de Padre Faria, com o tema: "Fidelidade ao Papa". Dia 3 de agosto, às 19h30, missa festiva, sendo Padre Santiago o pregador, com o tema: "A promoção humana". Às 20h, homenagem do Seminário Santo Afonso.

Dia 4 de agosto, sábado, missa festiva no Seminário Santo Afonso, sendo pregador, Padre Victor Hugo, com o tema: "A formação sacerdotal". Durante o dia, às 15h, na Praça Nossa Senhora Aparecida, inauguração de uma pilastra com placa de bronze: "Homenagem dos Fotógrafos Profissionais de Aparecida ao Rev. Pe. Vítor Coelho de Almeida por seu jubileu sacerdotal – 5/VIII/73". O cronista acrescentou: "Bem que os fotógrafos reconheceram seu benfeitor, pois, todos os dias, após a entrevista com os romeiros às 10h e a consagração às 15h, ele se deixa fotografar com o romeiro que pagasse a foto". Às 19h30, missa festiva na basílica, sendo pregador Padre Antônio Borges, com o tema: "Nossa Senhora Mãe da Igreja".

Domingo, dia 5, concelebração presidida pelo jubilando que neste dia estará completando 50 anos de sacerdócio. Pregador, Padre Leardini, com o tema: "Gratidão". Paraninfos: Sr. José Borges Ribeiro e Dona Ana Geraldes de Oliveira Costa".[53]

Nessa semana festiva, houve uma série de outras homenagens prestadas por segmentos sociais de Aparecida. Houve até inauguração de um busto em uma praça da cidade. O busto, segundo o cronista do convento, não era nada parecido com o homenageado. Até mesmo a batina da estátua era de monsenhor e não de padre redentorista. Aconteceu ainda a inauguração de uma praça logo após a travessia do córrego da "Ponte Alta", a caminho do Potim, também ostentando um busto sobre uma coluna com placa de bronze e dizeres em homenagem ao velho missionário.

A Prefeitura de Aparecida há mais de um mês trabalhou no local: canalizou o ribeirão da Ponte Alta, aterrou os arredores, fez um belo jardim redondo no centro com calçadas, canteiros, gramas, flores, folhagens e árvores,

---

[53] Programa dos festejos do jubileu áureo sacerdotal de Padre Vítor Coelho. No Arquivo Padre Vítor. Pasta Homenagens Jubilares.

asfaltou as ruas, pérgula com bancos etc., etc. Dizem que oportunamente o busto será substituído por um legítimo retrato do Padre Coelho. A praça também não tem o nome dele por zelo cívico, porque há lei que proíbe dar nomes de vivos aos logradouros públicos.[54]

No final da semana, dia cinco, Padre Vítor já dava demonstração de cansaço depois da movimentada semana de festas. Na última missa, Padre Francisco Vieira, substituindo o Provincial, não se alongou muito, pois percebera a dificuldade do jubilando. Mas os fotógrafos da praça, os romeiros e o povo de Aparecida, ninguém queria saber de cansaço... Chegavam telegramas, ramalhetes, pedidos de fotos, abraços. Foi uma festa do povo, para um missionário do povo.[55]

Na missa do dia vinte e nove de julho, mais de setenta padres concelebraram. Foram mencionados os nomes dos padres que Padre Vítor encaminhara para o Seminário: vinte e um redentoristas e três seculares. Depois de cinquenta anos, o velho missionário voltava no tempo, relembrava a longínqua Forchheim,[56] sua ordenação na distância de parentes e confrades brasileiros... Passados cinquenta anos, seus confrades, uma multidão de amigos, de admiradores, prestavam-lhe homenagens. Ele sabia do momento sublime que vivia. Padre Vítor já tinha quase setenta e quatro anos de vida. Um longo e belo caminho fora percorrido desde seu definitivo "MITTE ME". E em sua gratidão, não há dúvidas de que ele, no mais profundo de seu coração, rezou como o salmista:

Quando vejo o céu, obra de teus dedos,
A lua e as estrelas que fixaste,
O que é o homem um mortal, para dele te lembrares?
O ser humano, para que o visites?
Tu o fizeste pouco menos do que um deus,
E o coroaste de glória e beleza (Sl 8, 4-6).

Quem não pôde comparecer aos festejos, rezou e agradeceu com ele esse momento de ação de graças. Uma das mensagens recebidas se destacava. A carta do Padre-Geral da Congregação do Santíssimo Redentor, um de seus "coelhinhos", Padre Tarcísio Amaral.

---

[54] Documenta 7, "Crônica da Comunidade Redentorista de Aparecida", vol. VII. No *ARSP*. Depois da morte de Padre Vítor, a Praça Kennedy, em Aparecida, passou a se chamar Praça Padre Vítor Coelho de Almeida.

[55] Vítor recebeu homenagens de todos os segmentos da sociedade e da Igreja. No Arquivo Padre Vítor, na pasta contendo as homenagens como telegramas, cartões, cartas, poemas e poesias, todos agradecendo e louvando a Deus pelo ministério fecundo do Missionário do povo.

[56] Infelizmente a comunidade redentorista em Forchheim foi supressa pelo Governo-Geral em janeiro de 2013. Protocolo 0800 260/2012: Domus Kloster St. Anton, incivitate Forchheim, Germania, supprimitur die 18 Januarii 2013.

Querido Padre Coelho,

No dia de sua festa, entre as alegrias todas do Senhor, dos confrades, do povo, só eu tenho uma pequena tristeza: e é a de não poder estar aí com o senhor. Consolo-me, porém, sabendo que o rodeia hoje a gratidão e a presença de tantos beneficiados pela ação de seu sacerdócio fecundo. Queira receber agora, Padre Coelho, vindo de longe, de Roma, o agradecimento do Padre Amaral, e, em seguida, o do Padre-Geral.

Por que agradecer?

Minha vocação para o sacerdócio e para a vida na Congregação Redentorista germinou de uma palavra no longínquo ano de 1930, na então pequena igreja de Santa cruz, de Araraquara. Quando recebi o Cristo pela primeira vez na Eucaristia, para a qual o senhor me havia preparado, minha opção já estava feita! Ser sacerdote redentorista e ser sacerdote de Santo Afonso como eu o via encarnado na sua pessoa. Hoje, agradecendo a Deus pelas graças todas que Ele me fez, quero incluir, com humildade e sinceridade, esta graça: a de me haver suscitado a vocação de sacerdote redentorista.

E agora o agradecimento do Padre-Geral. Não basta que o povo do Brasil agradeça. O que o senhor fez pelo nosso povo em suas empolgantes missões e eu sua atividade na Rádio Aparecida pede uma palavra de mais alto. E esta, pronuncia agora o Padre-Geral, em nome de toda a Congregação do Santíssimo Redentor.

Nós reconhecemos no senhor, Padre Coelho, um religioso esforçado por viver o ideal de Santo Afonso, um redentorista evangelizador de multidões de fiéis, um semeador de vocações fecundas. Por tudo isso eu lhe digo agora: Deus lhe pague em nome de toda a Congregação de Santo Afonso.

Nós não temos presentes ricos para lhe oferecer. De precioso só temos a força de nossa intercessão; e por isso hoje nós todos rezamos. Nossa oração é antes de tudo ação de graças ao Pai de todos os dons que Ele nos deu em sua pessoa. Dons tão ricos e tão vários. Ação de graças pela fecundidade de que fez acompanhar suas iniciativas e trabalhos.

A oração de petição também. Que Nosso Senhor, de quem vem a bênção da saúde e a prova da enfermidade, seja bondoso para com seus confrades e para com o povo sedento de sua palavra de missionário e que o conserve, Padre Coelho, forte e robusto como hoje muitos anos ainda.

Nós queremos que o exemplo de sua vida continue a suscitar vocações para todo o Brasil que nos estende os braços pedindo sacerdotes. Nós queremos que a sua palavra continue a fazer o bem, levada aos quatro ventos de nossa pátria pelas ondas de nossa emissora. Este pedido, nós vamos neste instante, confiá-lo à Virgem Aparecida. Nela confiamos, pois a distribuidora de graças nos anos de sua atividade missionária agora é a Senhora de seus pensamentos e a dedicação de toda a sua vida, a razão de ser de seu apostolado através da RA, procurando que os brasileiros melhor a conheçam para melhor a amarem.

Que ela atenda o nosso pedido! Deus abençoe e guarde, meu caro, caríssimo Padre Coelho![57]

Belíssima foi também a homenagem que o Sanatório da Divina Providência prestou ao jubilando. Na carta, a expressão de gratidão "Nos anos que o senhor aqui viveu, sempre edificou a todos com seu apostolado. Sua perma-

---

[57] Arquivo Padre Vítor, *Pasta Homenagens Jubilares*.

nência nessa casa foi, sem dúvida, um tempo de bênçãos, tal foi seu trabalho apostólico entre todos sem exceção". O ex-Provincial, Padre Ribolla, que estava fora de Aparecida, envolvido com o movimento do Cursilho de Cristandade em outra cidade, também se expressou. Em sua carta ele dizia que Padre Vítor devia ser um padre realizado, pois sempre fora padre-padre, isto é, não ocupara cargos burocráticos ou institucionais.

> O senhor foi, nestes cinquenta anos, padre-padre. Viveu intensamente o sacerdócio missionário. Não teve nenhuma outra preocupação a vida inteira de redentorista. [...] Como Cristo lhe quer bem, Padre Coelho. Como Ele é mesmo seu amigo. Como Ele confiou tudo e confiou-se totalmente ao Vítor Coelho de Almeida... Puxa!... como o senhor é feliz! Não teve que "perder tempo" com nada mais, a não ser, ser padre!

Padre Ribolla, em outra ocasião, comentou que, na resposta de agradecimento, Padre Vítor lembrou-o: "O senhor se esqueceu de que eu fui diretor da Rádio Aparecida". Atentíssimo, o velho jubilando!

Ao final de outubro chegaram alegrias do Paraná para o missionário jubilar. O prefeito da cidade de Planaltina do Paraná dava ciência a Vítor de que uma lei outorgada pelos poderes legislativo e executivo daquele município concedia-lhe o título de cidadão honorário e que um projeto de lei, já aprovado pela Câmara, dava o nome de Padre Vítor a uma quadra onde futuramente seria construída uma praça. O local passou a se denominar: "Largo Padre Vítor Coelho de Almeida". Se as leis não permitiam que se dessem nomes de pessoas vivas a logradouros públicos, as autoridades de Planaltina do Paraná esqueceram-se delas, desejosas que estavam de homenagear Padre Vítor. O prefeito lembrou ainda que a cidade fora honrada duas vezes com a visita do mais novo conterrâneo do povo planaltinense.[58]

Final de ano se avizinhando, o Capítulo Provincial foi adiado para o mês de novembro, pois o provincial, Padre Leardini, viajara para Roma para a eleição do Padre-Geral. Viajara com antecedência, pois fazia parte da comissão preparatória. Em Roma, foi eleito Superior-Geral um dos conselheiros de Padre Amaral, Padre José Pfab, da Província alemã de Munique. Padre Pfab era formado em Direito Canônico e fora professor em Gars por muitos anos. Durante os seis anos que ficara em Roma como consultor adquirira vasta experiência dos meandros da cúria romana e do governo da Congregação.

Em novembro, os capitulares redentoristas de São Paulo, reunidos na casa da Pedrinha, enviaram uma carta a Padre Coelho na qual manifestavam grande apreço por sua atividade missionária. Mas, acompanhando os preitos de apreço e deferência, teciam várias considerações que terminavam em veemente puxão de orelhas. Segundo informações de quem estava neste Capítulo, a intenção dos di-

427

---

[58] Arquivo Padre Vítor, *Pasta Homenagens Jubilares*. A data dos documentos é de 26 de outubro de 1973, assinados pelo Prefeito Municipal Jaci Honório Malaquias.

retores da RA, Padres Orlando e Flávio, era afastar Padre Vítor da programação da emissora. Os capitulares não aceitaram. Aceitaram sim, redigir-lhe uma carta.

Pedrinha, 20 de novembro de 1973.

[...]

Reconhecemos seu carisma especial em explicar, de modo simples, compreensível e evangélico, as verdades profundas da fé; reconhecemos seus méritos incontestes em prol da RA na invenção, organização e promoção do Clube dos Sócios, que é uma das fontes de garantia financeira da RA; reconhecemos seus méritos imensos na propagação e na conscientização de nosso povo, sobre a Igreja, fidelidade ao Papa e Magistério; reconhecemos seu amor e sua dedicação carinhosa em cantar as glórias de nossa Mãe: Mãe de Deus e da Igreja, Nossa Senhora Aparecida; reconhecemos seus méritos no campo da promoção humana e da evangelização integral do homem. [...]

Tudo isso e mais coisas estão presentes a nós neste momento. Para que todo esse bem possa continuar a ser feito por V. Revma. por muitos e muitos anos; considerando a importância e a projeção cada vez maior da RA; considerando que é desejo dos responsáveis pelas Comunicações de massa no Brasil que as Emissoras aprimorem seus programas; considerando que a Província de São Paulo será responsabilizada por aquilo que ela, por seus agentes de pastorais, comunicar ao grande público nacional; e não desejando que uma imagem desfavorável recaia sobre a comunidade "Província de São Paulo", queríamos, caridosa e fraternalmente, chamar sua atenção para os pontos que se seguem:

A RA não poderá ser usada para desabafos pessoais, para queixas e reclamações contra a administração da Emissora, quer se refira a programas, ordens ou administração interna; é contra a ética de uma emissora soltar, pelo microfone, críticas ou reparos contra outros programas da mesma emissora, exemplo, missa X culto da Palavra ou novena X consagração; não é caridoso nem evangélico divulgar pela RA suas críticas ou divergências, com respeito a outros órgãos de pastoral da Província. [...]

Caro Padre Vítor,

Diante de seus méritos, que todos reconhecemos, mas ao mesmo tempo que refletimos nestes deslizes apontados, e que se tornam cada vez mais frequentes, resolvemos escrever-lhe caridosamente esta carta, pedindo que reflita e corrija aquilo que pode estar errado, para que a Província não se veja obrigada a tomar alguma outra decisão mais drástica e mais profunda.

Recomendamos, outrossim, que procure se ater às determinações que serão dadas em tempo oportuno e por quem de direito, para que a Província possa ter a alegria de poder contar ainda, por muitos e muitos anos, com sua valiosa cooperação neste setor tão importante de suas atividades, tal como é a RA.

Nossa intenção não é a de magoá-lo nem de tolher sua liberdade em seu Apostolado, mas de que ele renda mais ainda, com menos empecilhos. Deus guarde Vossa Reverendíssima.[59]

Mas quem entregaria esta carta a ele? Dentro do procedimento convencional das comunidades religiosas, tal encargo caberia ao superior da comunidade. Vítor era um homem que estava vivendo, pleno de alegria e gratidão, a

---

[59] Copresp A, carta dos capitulares de São Paulo a Padre Vítor Coelho, em 20 de novembro de 1973. No *ARSP*.

festa de seu jubileu sacerdotal. Seus cabelos há muito haviam embranquecido. Os confrades, que o conheciam muito bem, sabiam que Padre Vítor era um homem sensível e que, com toda certeza, a carta o magoaria sobremaneira. Esperar o término de suas festas? Ele contava os dias para a viagem a Sacramento onde seus conterrâneos lhe preparavam outra grande homenagem. Aqueles eram dias de reverência, alegria e carinho pelo velho e valente missionário... No final da carta, deixada no Arquivo Provincial, está anotado no rodapé, em manuscrito: "Esta carta não foi enviada a Padre Vítor. Ficou acertado que a comunidade comunicaria o assunto contido nela a ele". Prevaleceu o bom senso dos capitulares, o senso de caridade, de afeto, de respeito e admiração pelo velho missionário que, mesmo imperfeito e sujeito ao erro como todo ser humano, entregara sua vida ao Evangelho e às disposições do Reino com toda a verdade e disponibilidade de seu coração. A caridade e o zelo dos confrades fizeram-nos substituir o distanciamento que pode existir em uma carta pelo encontro e pelo diálogo fraterno e próximo de irmãos.

Lá na calorosa Sacramento, os conterrâneos de Vítor imprimiram um programa dos esperados festejos que foi distribuído a todas as repartições públicas e paroquianos da cidade. Em cada linha, o carinho por Padre Vítor "missionário redentorista", "apóstolo da Rádio Aparecida" e "sacramentano". O prefeito municipal, Hugo Rodrigues, e o vigário, Padre Gil Barreto, assinavam como responsáveis pela homenagem: no dia oito de dezembro, às 8h30, concentração em frente à matriz, onde houve entrega do troféu de mérito pelo Prefeito Municipal; homenagem da Câmara Municipal; manifestação de todas as escolas municipais e estaduais da cidade; banda de música e fanfarra da Escola Cel. José Afonso.

Às 19h, na igreja matriz, solene missa concelebrada por Padre Vítor, com a participação dos sacerdotes presentes e dos Arcebispos de Uberaba, Dom Alexandre Gonçalves do Amaral (pregador) e Dom José Pedro Costa. Dia nove de dezembro, homenagens do Seminário do Santíssimo Redentor. O programa terminava com a frase: "Salve o Apóstolo da Rádio Aparecida, nos seus 50 anos de vida sacerdotal".[60]

O ano de 1973 chegava ao fim... O provincial emitiu uma circular na qual divulgava a criação de uma nova comunidade reunindo os confrades que trabalhavam na paróquia e nas comunicações. Restava saber se Padre Coelho iria para a nova casa. Ele, naquele momento, estava todo voltado para o trabalho de análise de uma tradução da bíblia que acabara de ser impressa e para a qual os responsáveis haviam pedido seu parecer. Isso lhe custaria horas e horas de trabalho e cansaço. Mas o sacerdote de cabelos brancos entregava-se, feliz, à longa e absorvente tarefa. Para ele, seria um mergulho amoroso e profundo na

---

[60] Arquivo Padre Vítor, *Pasta Homenagens Jubilares.*

razão de ser de sua própria vida: a Palavra de Deus, lâmpada para os pés e luz para o caminho do velho pregador (Sl 119, 105).

Padre Vítor em Santa Rita de Caldas (MG), concelebrando com Monsenhor Alderigi Torriani (primeiro à direita)

Em viagem ao Paraná, em 1981, parou em Céu Azul e postou esta foto segurando a imagem de Nossa Senhora Aparecida em um campo de centeio

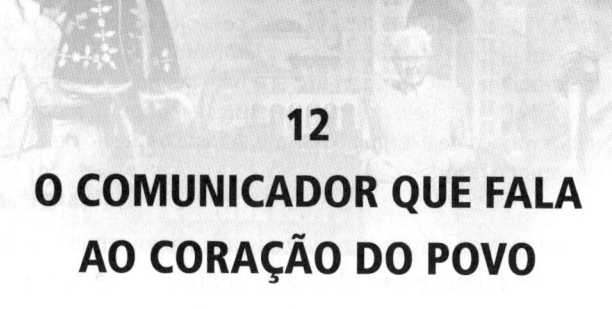

12
O COMUNICADOR QUE FALA
AO CORAÇÃO DO POVO

No final do ano de 1973, foi impressa, em língua portuguesa, uma nova edição da Bíblia. Patrocinada pelas Sociedades Bíblicas Unidas e coordenada pela Sociedade Bíblica do Brasil, veio a lume "A Bíblia na linguagem de hoje". Um dos divulgadores da obra era Padre Antônio Guglielmi, estudioso e exegeta de renome, que, inclusive, atuara como perito no Concílio Vaticano II. Padre Antônio pediu a Padre Vítor que divulgasse a nova versão da Bíblia. Prontamente, antes de dar seu assentimento, Padre Vítor fez a leitura de algumas passagens. Estranhando a linguagem e expondo sua preocupação com a possibilidade de interpretações equivocadas, escreveu, de imediato, ao responsável.

> Recebi solicitação de fazer propaganda, na RA, da versão da Bíblia intitulada "A Bíblia na linguagem de hoje". Examinei somente as passagens em que possa haver atrito entre a hermenêutica católica e outras não católicas. Não examinei todas. Ainda não tive tempo de ler todo o volume.
> Envio meu trabalho, declarando que se essas passagens não puderem ser corrigidas, também não terei ânimo de fazer a solicitada propaganda. Tive impressão de um "entreguismo" da parte católica.[1]
> Anexa ao recadinho, seguia uma lista de citações nas quais apontou o que considerava elementos que não harmonizavam com as traduções católicas. Alguns exemplos citados por Padre Vítor:
> Mt, 16,18 "Tu es Petrus et super..."
> Esta nova versão interpolou a palavra "uma", "tu és uma <u>pedra</u> e sobre..." "Uma" é palavra ambígua, podendo ter o sentido numeral (aqui falso) e o sentido universal (tu és qual rocha). Bem favorece aos negadores dos poderes do Papa, apresentar Pedro como uma das muitas pedras a serem superedificadas sobre a Rocha fundamental. E nada mais. Interpolou também a palavra "fundamental". (E sobre esta pedra fundamental edificarei a minha Igreja).

---

[1] Arquivo Padre Vítor, *Pasta Escritos Pessoais*. As quatro páginas datilografadas estão marcadas, nas margens e no corpo do texto, com várias correções e acréscimos feitos por ele, evidenciando a atenção e a profundidade com que estudou termos e frases traduzidos. Enviou cópia também à CNBB, com data de 21de fevereiro de 1974.

Rm 1,17 "Ex fide in fidem..."

Esta nova versão "é por meio da fé e somente pela fé" (que Deus nos aceita) dá uma versão de sabor luterano "Sola fide" de Lutero.

Lc 1,28 "Xeire Kexaritoméne..."

São Jerônimo traduziu muito bem "kexaritoméne" por "cheia de graça", para denotar um estado permanente do mais alto favoritismo. Os tradutores da "A Bíblia na linguagem de hoje" concordam (segundo Padre Guglielmi) em admitir que a tradução de São Jerônimo esteja de acordo com o sentido legítimo, mas não traduziram por "cheia de graça" pelo motivo de que, em São João 1, 14, "cheio de graça" se expressa por outro modo. Ora, pode haver vários modos de exprimir o mesmo. A triste tradução deles é: "Você recebeu um grande favor!".

Vítor escreveu quatro páginas nas quais apreciava diversas citações, mostrando onde ocorrera falha ou mudança de sentido ao serem traduzidas. Elaborou a refutação e reuniu-se com Padre Guglielmi em Aparecida, acompanhado dos Padres Orlando Gambi e Flávio Cavalca, a fim de discutirem as alterações a serem sugeridas.[2]

A reunião de estudos dos Padres radialistas resultou em propostas de mudanças de alguns termos da tradução a constarem em uma segunda edição. Com a concordância de Padre Antônio, a proposta foi levada aos editores. Talvez tenha sido Padre Vítor o primeiro a levantar questões sobre essa tradução. De fato, sobre ela pesavam críticas que a julgavam nitidamente protestante. Alegava-se que a versão da Bíblia em linguagem atualizada perdera figuras de linguagem e palavras carregadas de significados da tradução original. Seus tradutores defendiam que o importante era apresentar em linguagem atualizada e acessível o acontecimento bíblico, já que a língua, viva e dinâmica, sofria transformações ao longo do tempo. Mas os tradutores foram acusados – por católicos e evangélicos – de deturparem e esvaziarem seu conteúdo e seu significado.

Padre Vítor e Padre Guglielmi trocaram várias cartas sobre o assunto. Cada vez que Vítor encontrava um texto que colocava em dúvida a ortodoxia católica, ele escrevia para alertar, reclamar e sugerir que o termo fosse corrigido. Os dois trocaram vasta correspondência como bons amigos e seu teor revela a amabilidade entre esses estudiosos animados por uma mesma causa: a difusão da Palavra de Deus. Padre Vítor ocupou-se, interessou-se e consultou seus confrades teólogos, conhecedores profundos do assunto. Apoiado em sua boa formação acadêmica, retomou os estudos de hebraico e, notadamente, do grego, para analisar criteriosamente esta nova versão da Bíblia que chegava ao mercado editorial.[3]

---

[2] Reunião realizada no convento dos redentoristas, em Aparecida, no dia 22 de outubro de 1973. Assinam o documento os quatro padres participantes. Original no Arquivo Padre Vítor, *Pasta com Escritos Pessoais*.

[3] Essa tradução da Bíblia teve novas edições revisadas em 1975 e em 1979.

Com a chegada de 1974, tomou posse, em março, como Presidente da República, o General Ernesto Geisel. Seu governo enfrentou dificuldades econômicas, aumento da dívida externa e inflação. O governo Geisel, premido por circunstâncias econômicas e descontentamento social, propôs a abertura política "lenta, gradual e segura".

Mas a perseguição aos setores progressistas da Igreja continuava. Dom Helder, que havia sido proibido de se pronunciar sobre qualquer assunto na mídia, recebeu página de destaque na revista *Time* ao ser-lhe concedido o título de *Doutor Honoris Causa* pela Universidade de Havard, nos Estados Unidos, por sua luta em favor dos direitos humanos. As dioceses que se posicionavam a favor da conscientização da população e pelo envolvimento em questões de justiça estavam sempre na mira do governo. Destacaram-se, nessa luta, com seus bispos, clero e cristãos engajados, as dioceses de São Paulo, Goiás, Olinda e Recife, Acre e Purus, Volta Redonda, para mencionar apenas algumas.

Já, em Aparecida, distanciada das questões políticas, o mês de março foi marcante para os confrades que habitavam o velho convento da praça da basílica. Desde o último Capítulo Provincial, ficara decidido que os redentoristas que trabalhavam diretamente na área de comunicação formariam uma nova comunidade. Os padres da Paróquia Nossa Senhora Aparecida puderam escolher entre ficar no convento da praça ou acompanhar os comunicadores. Foram para a nova comunidade, comunicadores e paroquiais. Padre Ângelo Licatti seria o pároco e, para reitor da basílica, foi nomeado Padre Izidro de Oliveira. A mudança aconteceu em março de 1974 e Padre Leardini, em comunicado à Província, escreveu que a comunidade já estava instalada no antigo Colégio Padroeira. Padre Vítor, embora membro da equipe de comunicação, preferiu ficar no velho convento.

435

> Atendendo desejo manifesto pelo Padre Vítor Coelho, o Governo Provincial o mantém adscrito à comunidade da basílica. O Revmo. Padre Vítor continua pertencendo à equipe das comunicações e deverá tomar parte nas reuniões pastorais dessa equipe para que haja unidade necessária, como é óbvio. Quanto à vida comunitária religiosa, o Padre Vítor integra-se na comunidade basílica.[4]

Estar no convento da praça central da cidade facilitava-lhe, sobretudo, o contato com os romeiros. Na basílica velha, cumpria seus horários de plantonista e, na praça, dedicava alegre e bom tempo a posar para fotografias com os ouvintes da RA. Não havia um só dia em que Vítor estivesse livre desse assédio de ouvintes, romeiros e fãs que queriam vê-lo, conhecê-lo e fazer uma fotografia a seu lado.

---

[4] Circular Provincial 0/104, de 24 de abril de 1974. De Padre Leardini aos confrades da Província de São Paulo. No *ARSP*.

Notícias boas chegavam de Roma onde Paulo VI coordenava mais uma Assembleia Ordinária de Bispos em sínodo, desta vez sobre a evangelização. As decisões eram aguardadas com grande expectativa. Na pastoral, Padre Vítor acompanhava atentamente as mudanças que o novo reitor ia introduzindo. Padre Izidro modificou profundamente a celebração do sacramento da reconciliação. Instituiu o rito penitencial como parte da confissão individual. Houve, no início, resistência de alguns, mas logo a experiência coroou-se de êxito, merecendo comentários positivos até de bispos. As mudanças introduzidas facilitaram enormemente os atendimentos nos confessionários que aumentavam, continuamente, em número.

O povo de Aparecida não se descuidava do carinho por seu missionário querido. Tanto que, no final de março, o busto de Padre Vítor que fora colocado no bairro Ponte Alta, e que estava se desfazendo, reuniu Prefeitura e povo, a fim de trocá-lo por um busto de bronze. E, como não podia deixar de ser, requisitaram sua presença na nova solenidade de inauguração. Ele foi e discursou, saudando o Prefeito de Aparecida, Comendador Vicente de Paulo Penido, o Presidente da Câmara, Dr. Paulo Castro e o povo em geral.

> Meu jubileu áureo sacerdotal provocou verdadeira explosão da imensa bondade, contida na alma do povo aparecidense e dignas autoridades.
> O dinamismo benéfico que o Sacerdote Eterno, Jesus Cristo, derrama através do sacerdócio ministerial, criou e cultivou esta bondade, por meio das três fontes: fonte da palavra, fonte do pastoreio e fonte dos sacramentos.
> Em tal efusão de caridade, porém, Aparecida confundiu as perspectivas, atribuindo ao padre jubilar o que, por justiça, pertence não a ele, propriamente, mas aos grandes pastores diocesanos e à Congregação Redentorista. A estes gigantes do progresso espiritual e material da cidade de Nossa Senhora é que se devem dedicar monumentos perenes.
> Foi em vão que me esforcei para que esta praça e herma comemorassem alguém que, melhor do que eu, fosse o representante do sacerdote e do redentorista. Fiz tudo para que Santo Afonso fosse o detentor da homenagem.
> Resignado, dou largas, por minha vez, ao meu agradecimento e amor aos que me cobrem de carinho e bondade.
> Salve o Povo de Aparecida![5]

Outro fato deixou-o contente. Em consequência de seu trabalho de análise da edição da Bíblia em linguagem de hoje, recebeu uma carta do próprio presidente da CNBB. Padre Vítor havia enviado seus comentários sobre a tradução para a entidade. Em março, recebeu a resposta do Cardeal Aloísio Loscheider.

> Estimado P. Vítor,
> Muito grato pela carta que me enviou, juntamente com as suas observações. Esta me parece ser uma colaboração muito útil. É sempre um trabalho delicado esta certa colaboração com os nossos irmãos separados.

---

[5] Arquivo Padre Vítor, *Pasta Correspondência com Autoridades.*

Fazemo-lo com todo o critério, após consultar pessoas competentes, especialmente exegetas nossos de confiança. Isto, entretanto, não quer dizer que sejamos insensíveis às demais observações que nos vierem. Aliás, para uma nova edição, reservamo-nos o direito de fazer novas observações, se fosse o caso.

Esperamos para o futuro esta sua colaboração. Quanto mais pessoas colaborarem conosco nesta tarefa ou em outras, tanto melhor para nós. Estamos a serviço da Igreja no Brasil e não ao nosso serviço. Queremos que o Reino de Deus progrida, e não queremos pôr empecilhos. Admitimos como legítima a crítica de todos os que são da Igreja, e mesmo os de fora. Achamos que a própria corresponsabilidade cristã pede isso.

Receba o meu abraço fraterno e amigo,

† Aloísio[6]

Essa carta do presidente da CNBB muito o encorajou em sua luta pela clareza e reta tradução da Palavra de Deus. Era o reconhecimento da mais alta autoridade da Igreja no Brasil. Era um conforto para quem havia dedicado horas e horas a conferir, comparar e sugerir linguagem adequada e interpretação correta e fidedigna ao texto bíblico.

Apesar do envolvimento com tarefas tão importantes quanto exigentes, ele não se descuidava de suas viagens e de seus programas na RA. Quando terminava programas sequenciais, como por exemplo, o estudo específico de algum livro bíblico – trabalho cuidadoso, que exigia estudo e pesquisa – ele descansava abrindo as asas de sua imaginação poética e, diante do microfone, como em lírica oração, contemplava os feitos de Deus...

437

Caríiiiiiiissimos...

Deus criou o céu e a terra. Deus criou o mundo dos anjos, Deus criou o homem e a mulher. Deus encheu o universo de maravilhas: o céu estrelado da noite; esses abismos imensos, onde as nebulosas giram tranquilas.

Nessa imensidade do céu, o sol é uma estrelinha pequenina, entre bilhões de estrelas. Mas ele é muito grande: um milhão e seiscentas mil vezes maior que a terra. E ele está colocado exatamente ali na ordem que o criador eterno estabeleceu. Em roda do sol, giram astros e a terra é um pequenino astro.

Nós achamos a terra tão grande, não?

Mas, ela não é quase nada. Se o sol é uma estrelinha, então o que é a nossa pequenina terra? E aqui neste mundo vive o homem.

Deus criou este pequenino mundo, que roda em torno do sol, tão bonito...

A terra é bonita! A atmosfera azul, em torno do globo... O fundo imenso das estrelas, o nascer do sol e as belezas do dia...

Oh, mundo bonito...

A beleza da tarde, a beleza da manhã...

Os ardores do meio dia!

As nuvens que passam voando e as aves que voam com elas...

---

[6] Arquivo Padre Vítor, *Pasta Correspondência com Autoridades*. A carta de Dom Aloísio tem data de 28 de março de 1974. Original datilografado, com sua assinatura. Dom Aloísio, quando Arcebispo de Aparecida, aprovou o início do processo de beatificação de Padre Vítor e a coleta de toda a documentação a ser enviada a Roma.

O mundo das plantinhas, tão bonitas, como a orquídea. E no Brasil tem de duas mil qualidades de orquídeas. Nós podemos descrever tudo o que Deus criou. Criou tudo na mais perfeita ordem, na mais perfeita harmonia. Deus criou o grande reino: o universo. Mas, muito mais importante é o homem, porque o ser humano é espírito, é um eu, é uma pessoa.

As flores morrem, o nosso eu não morre. Nosso corpo perece no cemitério por algum tempo, mas o nosso eu evita a sepultura e vive. O homem terá existência eterna. A sorte do homem é uma sorte que some no infinito. E Deus criou o homem para participar da eternidade de Deus, da imensidade de Deus. Criou-o para estar presente no infinito, para participar do poder de Deus, participar da santidade de Deus...[7]

Era dessa maneira simples, plena de poesia, que ele se expressava diante do microfone ao descrever, para seus ouvintes, as belezas de todas as coisas criadas. Às vezes cometia impropriedades, ao usar expressões pouco adequadas a um programa radiofônico. Mas, seus confrades da diretoria da RA estavam sempre atentos e, quando alguma expressão escapava ao bom senso, ele era avisado. Padre Flávio Cavalca o alertou, por escrito, mais de uma vez. Entre irritado e irônico, Vítor escreveu um comentário em um desses avisos: "Fora do contexto essas expressões tem outro efeito do que no conjunto. Vê-se que a diretoria vive "garimpando" motivos de queixa nos meus programas".[8]

Já o diretor, Padre Gambi, em carta ao Provincial, Padre Leardini, queixa-se de que se via em dificuldades para administrar a RA e que algumas dificuldades diziam respeito justamente a seus colaboradores mais diretos, Padres Flávio Cavalca e Vítor Coelho. "Não posso dispensar a ajuda do Padre Flávio, que tem sido positiva e eficiente... ele já melhorou muito com relação ao Padre Vítor." Outra situação delicada para o diretor dizia respeito às viagens de Padre Vítor, em nome da RA, com a imagem de Nossa Senhora Aparecida. Isso causava alguns transtornos de ordem prática: era preciso destinar carros e conseguir motoristas para a viagem, além do desconforto causado pela dubiedade quanto à destinação de recursos financeiros arrecadados nas cidades visitadas, que muitos doadores imaginavam serem para a construção da basílica, quando, na verdade, se destinavam ao Clube dos Sócios. A complicada situação fazia Padre Gambi, algo desanimado, queixar-se: "Padre Vítor diz que não se mete em campos de trabalhos dos outros e pede que não se metam no seu também".[9] Dificuldades enfrentadas por quem tinha o ofício de coordenar e administrar, além da instituição, a maneira de ser e os egos de seus confrades, irmãos de consagração.

Para tornar ainda mais delicada a situação, completamente envolvido em seus afazeres, Padre Vítor não permanecia um mês inteiro em casa, pois precisava fazer suas viagens em favor do Clube dos Sócios, "a menina de seus olhos".

---

[7] Arquivo Padre Vítor, *Pasta Programas na Rádio Aparecida.*

[8] Copresp A, carta de Padre Flávio Cavalca a Padre Vítor Coelho, em 23 de março de 1974. No *ARSP*.

[9] Arquivo Padre Vítor, *Pasta correspondência com os confrades.*

Por sua vez, os dois padres que dirigiam a emissora passaram a não mais lhe dar conhecimento da agenda nem das decisões relativas à RA. Obviamente, ele se sentia um tanto fora do barco e deixava transparecer seu descontentamento para os confrades mais próximos e em suas anotações. Quando recebia alguma carta de advertência, acrescentava algo do gênero: "Mas eu sou da equipe, só que não sou consultado."

No começo de junho, Padre Vítor recebeu carta do Prefeito da cidade de Pedrinópolis, no Triângulo Mineiro, dando notícia da inauguração de um grupo escolar com o nome de seu velho pai, Professor Leão Coelho. Prefeito e povo da cidade queriam a sua presença na inauguração da escola. Infelizmente, não há registro de seu comparecimento. Apenas notícias de que ele havia solicitado ao Padre Gil Barreto, vigário de Sacramento, que o representasse.

Ainda no mês de junho, Vítor escreveu uma longa exposição historiando sua participação na RA. Ele a intitulou "Contribuição para a História". Começa afirmando ter sido sempre a pastoral a grande finalidade da RA. Que antes e depois do Concílio, a RA procurou sempre se orientar pelo Magistério da Igreja, cartas dos Papas, Concílio Vaticano II, jornal *L'osservatore Romano*, Sínodo dos Bispos, orientações do Celam – como em Medellín –, Plano de Pastoral de Conjunto da CNBB, orientações diocesanas e pelo carisma da Congregação Redentorista. Assinala que a RA observou sempre as orientações das encíclicas sociais de João XXIII e Paulo VI, e que valorizou e buscou suporte também nos ensinamentos e postulados da Sociologia para bem trabalhar junto ao povo... Enfatiza que a RA esteve sempre atenta aos sinais, às demandas e interpelações dos novos tempos buscando aprofundar a compreensão e interpretação dos acontecimentos... Em seguida detém-se, com toda a paixão do comunicador a serviço da Palavra de Deus, em seus programas radiofônicos.

> *"Os ponteiros apontam para o infinito"*, às doze horas. Atualmente revezam-se três temas (intercalados por assuntos exigidos por acontecimentos e sinais dos tempos), a saber:
> Bíblia (leitura comentada).
> Catequese (comentando compêndios atualizados, servem como trilha organizada).
> Promoção Humana (moral e cívica, higiene...).
> *"Consagração a Nossa Senhora Aparecida"*, às quinze horas. Antes do concílio, revezavam-se catequese e atualidades, além da Bíblia.
> Depois do Concílio, diariamente, leitura pormenorizada e comentada em linguagem popular dos mais importantes documentos do Concílio.
> Percorremos a Lumem Gentium cinco vezes (Igreja); a Dei Verbum duas vezes (Revelação); a Sacrosanctum Concilium cinco vezes (liturgia); Apostolicam Actuositatem (apostolado leigo), duas vezes; a Gaudium et Spes em seus pontos mais necessários, várias vezes. Também outros documentos foram tratados esporadicamente como ecumenismo, comunicações...
> *"Entrevista com os romeiros"*, às dez horas. Promoção humana e doutrina nas mais várias formas e conteúdos.
> *"Missas irradiadas"*, às nove horas e às dezoito e trinta. Levamos em conta que a maioria do sexo masculino só nos ouve aos domingos. Levei em

conta que muitíssimas comunidades usavam nossa irradiação para o culto sem padre. A missa das nove foi por muito tempo reprisada às treze horas, por ser perfeita a penetração da RA nesse horário. Com a vinda do Padre Flávio para a RA, a reprise foi substituída pelo programa Culto da Palavra, muito bem composto por ele e executado por artistas da RA; indiscutivelmente mais rico do que uma reprise, mas carecido de ligação com a imprensa ("Deus Conosco") e com os altares da Eucaristia, quando o Concílio e o Sínodo exigem que o Culto Dominical (sem padre) se refira o máximo possível à Eucaristia. Às quintas-feiras, comentários e meditação bíblica como manda a liturgia para as bênçãos do Santíssimo ligadas às missas.

Por muitos anos ocupei o horário de 16h35 às 17h para dar aulas de Bíblia. O programa intitulava-se *"Carrilhões da Eternidade"* e se revezava com o programa de Padre Galvão. Nesse meu programa comentei, traduzindo L. Pirot e A. Clamer, popularizando São Lucas, São João, Atos, Epístolas aos Coríntios, Efésios, I João e Apocalipse.

"Escadinha do céu" tinha a finalidade em promover e fomentar as obras de caridade em todas as paróquias do Brasil. Dividiu-se em dois, um de manhã e outro à noite, "programa festivo de escadinha do céu".[10]

Neste último programa, ele repetia sempre: a caridade é a escada para o céu!

Mas o fato é que as relações de trabalho entre Padre Vítor e Padre Cavalca andavam desgastadas. Uma das razões era o fato de a missa das nove horas não ser reprisada no horário das treze horas – horário de excelente alcance das ondas da RA. Por isso, Vítor defendia com ardor a reprise enquanto Padre Flávio afirmava, inabalável, que missa não podia ser reprisada. Padre Vítor passou a advogar então que o folheto dominical "Deus Conosco", editado pela Editora Santuário, fosse usado nesse horário, na celebração da Palavra. Os dois defendiam, cada um, sua causa. Mas também os ouvintes manifestavam-se sobre a questão. Havia aqueles que, não aceitando as inovações na programação, escreviam reclamando sobre o que ajuizavam ser de seu direito opinar. Foi o caso de Padre Januário Baleeiro.

Padre Baleeiro escreveu a Padre Vítor fazendo críticas ao folheto litúrgico "Deus Conosco", editado pelos missionários redentoristas. Ele comentou que o texto do folheto afirmava: "Senhor, pecado é uma condição não apenas do indivíduo, mas da sociedade em geral e da própria Igreja".

Padre Vítor respondeu gentilmente, considerando que o folheto, ultimamente, deixara de apresentar falhas lamentáveis e apresentava limpidez doutrinal. Faz todo um arrazoado teológico, citando o documento conciliar *Unitatis Redintegratio* e tece outras considerações sobre o exposto por Padre Baleeiro: "Ninguém pode unir-se à "alma" da Igreja, a não ser mediante a união com o "corpo" da mesma", afirmava ele. "Esta analogia de "alma" é muito imprópria por ser susceptível de falsas interpretações", concluiu Vítor.

---

[10] Arquivo Padre Vítor, *Pasta Documentos Pessoais*. É muito clara a intenção de Padre Vítor ao elaborar este histórico de sua participação na RA. Ele busca, ao mesmo tempo, defender-se e proteger-se diante de seus colegas.

Depois de enviar a carta a Padre Baleeiro, Vítor anotou, na segunda via, que Padre Baleeiro argumentara mal. Vítor baseou sua prova na distinção feita por ele entre o corpo e a alma da Igreja.

> A teologia correta não admite essa distinção. A graça santificante no homem e o Espírito Santo na Igreja podem ter semelhanças com o que a alma representa para o corpo. Mas a Igreja não tem alma.[11]

Contudo, depois de fazer a defesa do folheto editado por seus confrades, Padre Vítor comentou, nos microfones da RA, em seu Programa do meio-dia, que o folheto "Deus Conosco" já cometera deslizes doutrinais. Um dos diretores da RA, Padre Cavalca, ouviu o programa e fez-lhe uma severa advertência. Disse-lhe que, quando houvesse algo a ser reclamado ou corrigido, que ele antes procurasse e conversasse, particularmente, com os responsáveis, jamais os expondo em declarações públicas.

> Tem V. Revma. o direito de discordar, mas não o de gritá-lo aos quatro cantos pela rádio. Caso contrário deverá reconhecer também a outros o direito de criticá-lo e a orientação que dá a seus programas, usando para isso também a rádio que não é de nenhum dos encarregados de programa.[12]

Padre Flávio acrescenta ainda que uma cópia da carta estava sendo enviada ao diretor da RA, Padre Gambi. Eram tentativas e tratativas no contexto de trabalho e trabalho mais que exigente, pois era mais que trabalho: era apostolado. E o apóstolo precisa dar testemunho daquilo que anuncia.

Padre Vítor recebeu a carta e escreveu embaixo: "Quem lê esta carta do Padre Flávio fica pensando que eu sou contra 'Deus Conosco'. A verdade é que aquele programa foi todo de propaganda e louvor ao folheto". Depois remeteu, ao próprio autor da carta, suas explicações e justificativas, afirmando que sua intenção era sempre a de fazer propaganda do folheto e não a de combatê-lo. Aliás, recomendava sua assinatura. Seu ponto de vista e sua sugestão era a de que se conjugasse material impresso e rádio, isto é, que as comunidades sem padres rezassem pelo folheto e ouvissem as explicações pelo rádio de modo a facilitar seu entendimento.

> Admitir um defeito público de um programa não é combatê-lo ou arrasá-lo. Assim admitir que o programa das treze horas, muito bom, tem o defeito de não conjugar imprensa e rádio. Isso também falei só de passagem. Não andei, pois, "gritando aos quatro cantos" coisas que provocassem animosidades

---

[11] Arquivo Padre Vítor, *Pasta Correspondência com Autoridades*. Padre Januário Baleeiro havia sido Secretário dos Negócios da Educação e Cultura do Governo do Estado de São Paulo, entre 1960-1962. Fundou a Congregação dos Oblatos de Cristo Sacerdote, cuja casa geral está na cidade de Roseira (SP).

[12] Copresp A, carta de Padre Flávio Cavalca a Padre Vítor Coelho, de 12 de julho de 1974. No *ARSP*.

etc. contra algum folheto ou algum programa. Sou membro responsável pela pastoral nas Comunicações da Província. Não fui ouvido. Parece malévolo o modo como as coisas são apresentadas em sua hábil carta.

Sem mais, abraço-o como confrade a quem quero sinceramente bem.[13]

Apesar de seus bons propósitos e esforços, o velho missionário admitia as dificuldades em lidar com seu próprio temperamento. No segundo semestre, em uma viagem ao Paraná, à cidade de Nova Londrina, depois de todo o trabalho realizado, os organizadores vieram entregar o que fora arrecadado em prol da basílica e do Clube. Padre Vítor disse que preferia levar a quantia em cheque, pois as estradas eram desertas e havia perigo de assalto. Sua assessora, membro do Clube dos Sócios, mostrou-lhe então, por escrito, diante dos organizadores, ordem do diretor da RA para que a quantia fosse levada em espécie. Padre Vítor, exasperado, soltou a frase: "Padre Gambi quer me pisar com essa ordem". A frase ecoou até Aparecida. Ecoou também em seu coração, pois logo pediu desculpas e escreveu um *memorandum* sobre o fato. Explicava toda a situação e fazia uma proposta:

> Que em nossas saídas a moça fique encarregada com os dinheiros da Rádio e os traga na forma que lhe aprouver; os dinheiros da basílica e outros da minha particularidade fiquem ao meu cuidado.

442

Depois de assinar o *memorandum*, escreveu ainda:

> Depois de um dia e meio de trabalho superexaustivo, não se deve admirar que a alguém escape uma frase menos controlada. Só naquele dia tinha celebrado três missas, sendo uma grande concelebração; preguei várias vezes, atendi individualmente à multidão; fiquei largo tempo tirando fotos com o povo; fui ver doente, etc. e etc.[14]

Em setembro, houve comemoração pelos setenta anos de coroação da imagem de Nossa Senhora Aparecida. Padre Vítor pregou para uma multidão na praça diante da igreja velha. Em outubro, dia da festa de Nossa Senhora Aparecida, ao meio-dia, ele misturava sua voz ao estrondoso espocar dos fogos de artifício, louvando e agradecendo a mãe de Deus, pelos alto-falantes e pelas ondas da RA, no dia da Padroeira do Brasil. Ativo, apesar dos muitos anos já vividos, além do trabalho rotineiro, continuava pelas estradas, a todo o vapor, "indo onde o povo estava", sobretudo em andanças pelos Estados do Paraná, Espírito Santo, Minas Gerais e São Paulo.

Antes que terminasse o ano de 1974, o velho missionário recebeu ainda duas cartas do diretor da Rádio Aparecida notificando-o de alguns desacertos. A pri-

[13] Copresp A, carta de Padre Vítor Coelho a Padre Flávio Cavalca. Sem data. No *ARSP*.
[14] Arquivo Padre Vítor, *Pasta Documentos Pessoais*. Assinado em 5 de outubro de 1974.

meira referia-se a uma reclamação sobre seu posicionamento político em um dos programas. Um membro do MDB de Guaratinguetá reclamou da fala de Vítor e o próprio Juiz Eleitoral pediu a gravação para averiguação.[15] A segunda reiterava o pedido já feito para que gravasse seus programas nos estúdios da Rádio, com três horas de antecedência.[16] Ele já os vinha gravando em seu quarto, mas a qualidade da gravação era ruim. O pedido tinha como objetivos não apenas melhorar a qualidade da gravação, mas, sobretudo, possibilitar à direção maior controle sobre o que ele falava. Isso significou uma cruz pesada nos ombros do velho e experimentado radialista que tinha por hábito levar para o estúdio apenas um pequeno e resumido script do que deveria falar, já que gostava de dar asas à imaginação diante dos microfones... Como era de se supor, ele não aceitou tranquilamente a ordem. Fez novamente um *memorandum* à direção da RA no qual explicava suas razões e seu modo de fazer os programas, anunciando, inclusive, ter já um gravador novo, encomendado da Europa.

Em novembro, ele foi condecorado no Umuarama Clube, em Aparecida, pelo Lions Clube Internacional, recebendo o diploma de Mérito Distrital. O presidente do Lions, Eduardo Elache, fez o discurso de apresentação. Tomando a palavra, Padre Vítor agradeceu e disse que a honraria não era dirigida somente a ele, mas aos membros da Congregação à qual pertencia e amava.

Mas, o final do ano chegava e, com ele, chegava uma ponta de melancolia e de saudade... Em uma bela carta conta à irmã Mariazinha as coisas simples e rotineiras, mas tão plenas de significados, que preenchiam seus dias, sua vida.

443

> Mariazinha,
> Salve, Maria!
> Penso muito em você. Imagino sua casa... tudo isso aí. Você na graça de Deus... uma "peça" muito original do Divino Espírito Santo!... nessa solidão e vida intensa, nesse Araxá tão bonito e tão incompreensível como tudo é incompreensível mesmo dentro de nós.
> Só Ele sabe o que há no homem. A gente vai compreendendo, como em novas descobertas, o que Ele é. A infinita bondade e misericórdia... Isso é que torna a vida bonita e cheia de alegria. Mas os homens ficam cada vez mais incompreensíveis. A palavra mais bonita nessa incompreensão é a palavra d'Ele: "tudo que fizerdes a um deles, a mim o tereis feito".
> Você não imagina como as semanas passam vertiginosas quando a gente fica velho. Você não é velha. Durmo bastante. Às madrugadas fico muitas vezes conversando com Deus. Velho, nos salmos, medita de madrugada. Vejo a misericórdia de Deus em minha vida... A virtude da esperança é chamada de virtude árdua. A grande luta do espírito para se manter na esperança... De madrugada os velhos podem meditar muito. Às cinco horas e meia o apito da fábrica me avisa que já é hora. Banho quente e ducha fria... comunidade rezando o breviário... café ruidoso em que as "crianças" barulhentas são uns "machões" alegres e unidos... e toca para o trabalho. Há cinco turnos

---

[15] Copresp A, carta de Padre Orlando Gambi a Padre Vítor, em 31 de outubro de 1974. No *ARSP*.

[16] Ibidem, de 29 de novembro de 1974. No *ARSP*.

de confissões por dia etc. Eu tenho de ruminar meus programas de rádio. A gente não aproveita nem a décima parte do que lê e estuda. Tenho meu mundo de orquídeas e jardim, todo plantado em latas, de mini árvores... e passarinhos: um pintassilgo, uma patativa, um vira e um azulão. Muito mais bonitinhos são os filhinhos dos romeiros. Adoro a criançada e gosto de falar aos pequeninos. Tirar retratos com os romeiros leva muitas voltas dos ponteiros. Não sei se nesse Brasil haverá quem gaste tanta chapa de fotografia.

O grande acontecimento é sempre a missa. Quanto mais velho, mais compreendo o insondável desse acontecimento diário. Não deixo um dia sem a via-sacra, em que você e o Dedé têm lugar especial. Fora do litúrgico temos o dever de fazer oração pelo menos uma hora por dia, tudo por tudo.

Meus passeios são idas à Santa Casa para ver como Deus reserva para o fim as melhores flechas da sua misericórdia. Não há uma ida em que não represente uma colheita que faz sorrir. Viagens grandes são para o Clube e para a Rádio.

Agora chega.

Um abraço do Vitinho.[17]

Com carinho e sensibilidade expressa seus sentimentos mais ternos a sua irmã querida. Apesar das contrariedades enfrentadas na RA, ele não se deixava perturbar. Final de ano à vista, após as festas natalinas, era hora de pensar em Campos do Jordão. Mas só em janeiro do ano seguinte, pois havia ainda muitas questões a serem resolvidas.

Em meados de janeiro, Padre Vítor e Padre Orlando Gambi tiveram uma altercação sobre o modo de agir de Padre Vítor na RA. Um acontecimento há muito anunciado... Coisas de pequena relevância foram ao ar, mas, aos olhos de quem respondia pela instituição, significavam posturas que comprometiam, diante das autoridades, a imagem que a emissora queria, a todo custo, preservar. Ainda mais quando não se desejava tomar uma posição mais clara diante da situação social insegura vivenciada naqueles idos da década de 1970. Depois da discussão, Padre Gambi escreveu a Padre Vítor reiterando a necessidade de ele gravar seus programas nos estúdios da RA e com antecedência. E o pior: suspendia-o de todos os programas por quinze dias. Uma forma de punir o velho missionário que, com o passar dos anos, sentia-se cada vez mais livre em sua maneira de se expressar. O portador da carta foi o companheiro de rádio, Padre Flávio.[18] Padre Gambi escreveu no dia seguinte ao Provincial justificando o porquê de sua decisão. Uma carta insegura, centrada na autodefesa.[19]

Padre Vítor ficou profundamente magoado. Na segunda quinzena de janeiro, escreveu duas cartas a Padre Gambi. Entregou uma cópia da carta, do dia dezoito, ao cronista da casa, com algumas observações. Na carta do dia 20 de janeiro,

444

---

[17] Arquivo Padre Vítor. *Pasta Correspondência com Familiares*. Carta à Mariazinha, de 27 de novembro de 1974.

[18] Copresp A, carta de Padre Orlando Gambi a Padre Vítor Coelho, de 18 de janeiro de 1975. No *ARSP*. Em um dos programas "Entrevista com os romeiros", um entrevistado disse, na ocasião, que tinha dificuldades em ouvir a RA. Que ouvia a Rádio Bandeirantes. Padre Vítor não pestanejou e disse que o fato poderia ser sabotagem de grandes emissoras, como a Bandeirantes, ou das emissoras dos protestantes.

[19] Copresp A, carta de Padre Orlando Gambi a Padre Leardini, de 19 de janeiro de 1975. No *ARSP*.

ressalta que os problemas mencionados por Padre Gambi haviam acontecido por ocasião das eleições e que muito tempo já se passara. Admitiu que usara a palavra sabotagem em relação à Rádio Bandeirantes devido à má recepção dos programas da RA em locais mais distantes. Mas, que a Bandeirantes jamais apresentara qualquer queixa à RA. Só muitos meses depois soubera que uma alegada reforma nas antenas da RA poderia ter atrapalhado a captação de seus programas em regiões longínquas. Finaliza dizendo sentir-se envergonhado pela acalorada discussão com seu diretor, que poderia até ter sido ouvida por alguém mais.[20]

No dia vinte e quatro, Padre Gambi respondeu:

> O senhor foi humilde e eu continuo não querendo que o senhor sofra mais, longe dos microfones da RA. Vamos continuar a luta por Deus, pela Virgem Mãe e pelas almas que tanto precisam de nossa palavra!

Uma longa carta, mas sem retirar a punição. Padre Vítor leu-a e escreveu no verso da página:

> Em vez de me pedir desculpa pela injustiça cometida, esta carta pretende fazer crer que, embora meu amigo, o Padre Gambi se vê, por vezes, na necessidade de me punir! Nunca na história da RA alguém recebeu tão grande suspensão: 15 dias!
> Ass. Pe. Vítor[21]

No dia vinte e oito, Padre Flávio entregou a Padre Vítor a carta de suspensão de sua punição, mas exigiu que os programas fossem gravados em estúdio e não no quarto. Restava-lhe apenas obedecer. Pois além do voto de obediência que fizera como religioso, reconhecia que o diretor tinha a última palavra, como em qualquer outra instituição ou empresa.

Mas o mês de fevereiro trouxe uma alegria incontida para o dolorido coração do missionário: ele viajou para Goiânia, onde participou da ordenação episcopal de um de seus "coelhinhos", Padre José Rodrigues, então Vice-Provincial de Goiás, que fora nomeado bispo da Diocese de Juazeiro, na Bahia. Seu coração se alegrou com Dom José Rodrigues de Souza e com todos os confrades redentoristas. Foi para Vítor um momento de ação de graças, de profundo agradecimento pela vida, por seus "coelhinhos", por si mesmo, pelas escolhas feitas... Momento de celebrar e de agradecer.

Já em casa, ocupou-se em gravar alguns programas nos estúdios da RA – conforme pedira a direção – e partiu para Campos do Jordão: retiro, descanso,

---

[20]Copresp A, cartas de Padre Vítor a Padre Gambi, de 18 e 20 de janeiro de 1975. No *ARSP*. No *memorandum*, ele afirma que, em programas posteriores, elogiará a Rádio Bandeirantes por tratar-se de uma emissora amiga.

[21] Copresp A, carta de Padre Gambi a Padre Vítor, de 24 de janeiro de 1975. No *ARSP*.

férias... Afinal, o velho missionário tivera dias nada fáceis. Agora, poder respirar o ar puro das montanhas, palmilhar os mesmos caminhos por onde, durante sete longos anos, caminhara levando a cruz da doença, caminhos agora transformados em recantos de paz, de repouso do corpo e do espírito.

Nos dias em Campos do Jordão, foi procurado por um padre em profunda crise. O padre viera à cidade para rezar e repensar sua vocação. Padre Vítor, em longas conversas, acolhedor e zeloso, ajudou o padre a retomar seu caminho na vida ministerial. Em seus escritos ele registrou as muitas e demoradas reflexões feitas a dois e a recomendação final feita ao jovem padre:

> ... é preciso "morrer" para vencer. Como o Cristo. A necessidade da oração. Ele me disse que ora. Obedecer apesar do pecado na hierarquia e no povo de Deus. Falei-lhe de Nossa Senhora. Lembrei-lhe da parábola do joio e do trigo. Feliz de quem vence o mal pelo bem.[22]

Mas chegara a hora de fazer as malas e voltar a Aparecida. As tarefas rotineiras e queridas do convento e do apostolado o esperavam. Os responsáveis pela RA, esbaforidos, ocupavam-se da transferência definitiva das instalações da emissora para o novo prédio, deixando a Praça Nossa Senhora, ao lado da igreja velha. A presença de Padre Vítor era imprescindível. "Os sinos bimbalharam longamente, enchendo o Vale do Paraíba de melodias, comemorando o suspirado evento. Por isso, Padre Coelho abalou-se também de Campos do Jordão", anotou o cronista do convento redentorista...

Durante a Semana Santa, Padre Vítor destacou-se nas pregações. Fez o sermão do encontro – que, em Aparecida, se realiza no Domingo de Ramos. Naquele ano, depois de quase trinta anos, não pregou sobre as dores de Maria, no Sábado Santo. Viajou para o Estado do Espírito Santo. Antes ele já tinha ido a Belo Horizonte e Patos de Minas, no seu Estado querido. Sempre a serviço da RA e de seu Clube dos Sócios. Sua idade e seu zelo missionário causavam admiração, mas também comentários não tão condescendentes e elogiosos. Um belo dia, o Cardeal Motta perguntou-lhe, talvez em tom de brincadeira, como andavam seus passeios pelo Brasil. Segundo Padre Vítor, ele estava de saída para a cidade de Penápolis (SP), a serviço do Clube, quando Sua Eminência lhe disse: "Estou muito escandalizado com seus passeios". Foi o quanto bastou para que ele, ofendido, redigisse, de imediato, um *memorandum*, enviando-o ao Cardeal e ao Provincial. Pediu ainda ao cronista do convento que o transcrevesse no livro de crônicas da comunidade.

> Saídas de um padre da Rádio a visitar cidades beneméritas da RA como prêmio dessa benemerência (levando ou não a imagem fac símile). Essencial-

---

[22] Arquivo Padre Vítor, *Pasta Escritos Pessoais*. Original datilografado, constando de cinco itens sobre como direcionou a ajuda ao colega Padre. O item seis está manuscrito. Data de 26 de fevereiro de 1975.

mente não se trata de passeios recreativos, mas legítimos trabalhos apostólicos, muito redentorista. Tríplice finalidade:

Promoção do Clube e da Rádio Aparecida;

Promoção espiritual da cidade visitada e de cidades no caminho;

Promoção material da cidade visitada.

Faz questão de deixar bem claro a seus superiores que os pedidos de visita são tantos que, de início, a cidade que apresentasse quinhentos novos sócios receberia a visita da imagem de Nossa Senhora e do missionário. Mas, acrescenta, devido à quantidade sempre crescente de novos sócios foi preciso subir a exigência para mil novos associados. Explica que procura chegar ao destino, de preferência, em dia de sábado, quando acontece uma recepção festiva com missa solene. No domingo chega a trinar, isto é, celebrar três missas, e passa horas e horas saudando os devotos e fazendo catequese na igreja. Os temas da pregação são sempre aqueles próprios da catequese global, como perdão, importância da comunidade. "Não é um dia de passeio, mas um dia muito exaustivo." Reforçando seus argumentos, acrescenta ainda que, em algumas localidades, os bispos comparecem para participar da movimentação religiosa e para celebrar uma missa, no domingo. "É frequente darmos a absolvição sacramental coletiva depois de intensa preparação, quando a prudência o sugere."

Pondera ainda que, nesses momentos festivos, se bem organizada, a Paróquia aufere enormes benefícios em donativos para atender a suas necessidades. No beijamento da imagem, por exemplo, coloca-se ao lado um cofre e, conforme autorização de Dom Macedo, Padre Vítor dividia em duas partes a oferta: para a paróquia visitada e para as obras da basílica de Aparecida.[23] E para finalizar, reafirma que suas viagens são missionárias, construtivas, buscando a conversão e a salvação do povo amigo que o espera em cada localidade. Com tal enfiada de argumentos, sentiu-se justificado e aliviado diante da superior autoridade eclesiástica, pois ouvir seu trabalho ser taxado de mero passeio deixara-o muito magoado.

Mas nada que perdurasse muito tempo... Em meados de maio, ele era só alegria em um momento de confraternização na comunidade redentorista da basílica. Irmão Wilibaldo completava cinquenta anos de profissão religiosa e, à hora do almoço, o discurso de saudação coube a Padre Vítor. Os dois se conheceram em Gars, na década de 1920, quando o jovem Wilibaldo entrou para o convento decidido a se tornar um dos filhos de Afonso.[24]

A vida e a missão de Vítor continuavam entre a quietude e os deveres do convento, assistência à basílica, onde realizava as instruções e ensinamentos

447

---

[23] Arquivo Padre Vítor, *Pasta Escritos Pessoais*. Original, em três páginas datilografadas, com data de 12 de maio de 1975. Em uma folha anexa detalha as vezes que aproveitou as viagens de trabalho para também fazer um passeio.

[24] Irmão Wilibaldo Manhart faleceu em 1992, sendo o último do grupo de redentoristas alemães que veio para a então vice-província brasileira. Chegou ao Brasil em 1928. Deixou escritos espirituais revelando a profunda mística vivida no longo caminho em busca da santidade.

da catequese básica, programas na RA, além das indefectíveis e incontáveis viagens. Uma vez ou outra levava um puxão de orelhas de seus colegas da RA, para que não criticasse outras emissoras, como a Globo, pois isso só trazia publicidade gratuita para a concorrente. Era alertado também a não falar mal dos protestantes, fazendo-lhes referências pejorativas. Mas, apesar de toda sua implicância com os irmãos de outras denominações, Vítor chamava-os de combativos, reconhecendo-lhes o empenho evangelizador. Extremamente zeloso que era de seus programas, reclamava, no ar, até mesmo das músicas de fundo, quando eram cortadas ou substituídas. Era seu dia a dia de missionário feliz, pleno de cuidado com sua missão, carismático e dotado de um jeito muito próprio de aproximar-se e de pôr-se junto do povo. Apaixonado por gente, apaixonado por sua missão. Paixões indissociáveis....

No mês de agosto, quis muito ir a sua querida Sacramento, mas não foi possível. Era a festa de ordenação de Luiz Carlos de Oliveira, um dos primeiros meninos a se juntar à primeira turma de estudantes do Seminário de Sacramento, que começara a funcionar em 1959. Era a terceira geração de sacramentanos nos passos de Afonso de Ligório como missionários da copiosa redenção. Padre Luiz Carlos fora recebido no Seminário por Padre Borges que, por sua vez, fora vocacionado de Padre Vítor. Muitos anos passados, Padre Luiz Carlos falou sobre Padre Vítor.

O que me impressionava no Padre Vítor era a sua maneira de rezar. Não chegamos a morar na mesma casa, mas sempre nos encontrávamos. Um dia, entrando na capela da comunidade, fora dos horários habituais de oração, lá estava ele rezando, sozinho, no silêncio da capela. E quando ele rezava com o povo, fazia-o como uma oração sua, não como um funcionário do sagrado, o que pode acontecer de vez em quando. Certamente vivia as mesmas dificuldades com a oração, como vivemos. Mas marcou-me ver o seu vulto orante. O santo não se mede a partir de seus defeitos e falhas, que podem ser até maiores que os nossos, mas por sua disposição de ir adiante na resposta a Deus.

Ele tinha uma preocupação particular em explicar o mistério da Santíssima Trindade. Tinha seu modo de falar desse augusto mistério. Uma vez, na inauguração da capela do Seminário do Santíssimo Redentor, em nossa terra, Sacramento, ele pregou. Partiu de uma imagem bonita. Via os vidros azuis da capela, que lançavam uma bela iluminação. Daquele azul passou a falar da Santíssima Trindade. Em dado momento, ficou meio perdido. Mas pude perceber que não se perdeu na explicação, mas no Mistério do qual falava. Ele devia viver muito intensamente esta relação com o Deus Trindade, pois do contrário não teria esse jeito familiar de falar Dela. Era a linguagem de seu coração.

Padre Vítor, por suas características pessoais, mesmo aquelas que chamamos de defeitos, estava sempre em contato com as pessoas, numa tendência à comunhão que expressava nas palavras e atos. Por isso o povo o procurava. Havia uma reciprocidade na relação. Ele estava sempre à mão.[25]

---

[25] Arquivo Padre Vítor, *Pasta Recortes de Jornais*. Matéria no Jornal Santuário de Aparecida, julho de 2006. Padre Luiz Carlos foi ordenado no dia 23 de agosto de 1975. Sua primeira missa na basílica, em Aparecida, numa quinta-feira, missa do Santíssimo Sacramento, foi comentada por Padre Vítor e transmitida pela RA.

Em setembro, Vítor pôde regozijar-se com a inauguração das instalações da RA em novo prédio. Dia cinco de setembro, autoridades do Governo, como o ministro das comunicações Euclides Quandt de Oliveira, Cardeal Motta e o povo em geral festejaram, em solene ação de graças, o feliz acontecimento. Shows no auditório para mil e quinhentas pessoas sentadas e, na Avenida Getúlio Vargas, missa oficiada pelo Cardeal Motta, em latim. Era o coroamento de uma trajetória iniciada bem antes por Padre Vítor e seus colaboradores. A Rádio de Nossa Senhora passava a ter um dos mais imponentes prédios e mais atualizada aparelhagem da época.

Final do mês, eleições na Província de São Paulo. Depois de dois triênios sob a condução de um provincial vindo do grupo de professores, foi eleito um missionário da ativa: Padre José Carlos de Oliveira, popularmente chamado de Padre Carlinhos. Novamente tempo de escolhas, de mudanças, de novos rumos, notadamente para a pastoral desenvolvida pelos missionários nas Missões Populares, na basílica, em algumas paróquias e nos meios de comunicação social.

As cartas dos ouvintes chegavam aos milhares para Padre Vítor. Eram tantas que se tornava impossível para ele ler ou responder a todas elas. Era o carinho e o apreço do povo. Mas ele recebia também cartas portadoras de críticas a sua maneira de evangelizar. Como fez Padre Bakker, Pároco em Alpercatas (MG), ao criticar o intenso foguetório no final da festa de Nossa Senhora Aparecida. Padre Bakker repreendeu-o dizendo que mulheres e crianças se assustavam, pois parecia que a cidade tremia ao meio-dia por causa do estrondo dos foguetes. Além de ser um despropositado desperdício.

> Não sabia que Nossa Senhora Aparecida é padroeira das fábricas de foguetes, porque nesse dia o povo comprou tantos que o comércio deve ter ficado contente. Um povo desenvolvido deve saber que honrar a Mãe de Jesus é "fazendo tudo o que Ele mandar", como nós lemos no Evangelho de ontem. A gente gasta tanto dinheiro, mas nega uma ajuda ao seu irmão pobre. Com o dinheiro de ontem, os pobres de nosso município poderiam comer muito bem um dia inteiro e seria agradável a Nossa Senhora. A influência do senhor é muito grande e, por isso, quero pedir ao senhor que não faça mais propaganda para soltar foguetes que explodem, mas foguetes de amor...[26]

Essa carta foi colocada nas mãos de Padre Vítor. Era preciso responder ao pároco do interior, incomodado com o barulho e os gastos, na concepção dele, totalmente inúteis, além de configurarem uma forma errônea de louvar a mãe de Deus. Padre Vítor respondeu ao padre agradecendo-lhe a delicadeza de se manifestar. Mas não perdeu tempo e, como era de seu estilo, foi diretamente ao assunto.

449

[26] Copresp A, carta de Padre Cleofas Bakker, C.S.Sp a Padre Vítor, em 13 de outubro de 1975. No *ARSP*.

Revmo Padre Cleofas Bakker,

Salve, Maria!

Grato pela delicadeza de sua carta. Não se pode acentuar um ponto de vista e perder e esquecer outros de verdadeiro valor. Sou inimigo dos foguetes no decorrer do ano todo, menos no dia doze de outubro. Disso tenho feito imensa propaganda muito eficiente.

Dia doze de outubro, os foguetes são um sinal impressionante da unidade, exprimindo e pregando a mesma unidade. Cada foguete torna-se um voto em grande plebiscito, no mesmo dia, na mesma hora, em todo o território nacional para proclamar Nossa Senhora como Mãe, e Jesus Cristo como o Homem-Deus Salvador. Procurei, ao máximo, conscientizar o povo desse sentido maravilhoso...

Os lados negativos de perigo e gastos já foram sobejamente ponderados e ruminados por nós. Não são suficientes para vencer o lado positivo. Maiores perigos há em automóveis, praias, alpinismos etc.

Em Betânia, Maria "desperdiçou" com Jesus um perfume de custo superior a trezentos salários diários. Judas lamentou. Também uma grande basílica está "desperdiçando" muitos bilhões. Cem milhões de fumantes, se cada um oferecesse cinco carteiras dos cigarros que fumam, "desperdiçariam" muito mais.

Não se pense que os pobres terão muito mais comida, se seguirmos a filosofia de Judas. Pelo contrário, desses desperdícios resulta, psicológica e moralmente, imensa promoção de bens necessários e sumamente úteis.

O perfume de Maria (em Betânia) embalsamou não só o corpo do Senhor, mas toda a história da humanidade com exemplo de amor que abre o caminho para o Evangelho. Assim, desperdícios e entusiasmos, aparentemente inúteis, criam ambiente para evangelização profunda.

Quando Jesus, a pedido de Nossa Senhora, deu vinho (mais perigoso que fogos e menos necessário que comida dos pobres) queria abrir caminho psicológico para o Evangelho. E os discípulos creram nele. Um abraço do companheiro.

Padre Vítor Coelho de Almeida, C.Ss.R.[27]

Esse era verdadeiramente o Padre Vítor, na melhor expressão de quem com ele conviveu. Mostrando-se sempre pronto a defender aquilo em que acreditava. Sempre inteiro, coerente, sem subterfúgios, sem qualquer pretensão de emoldurar-se com modos de ser e dizer que não fossem os seus... Não deixava pergunta sem resposta nem conversa no meio do caminho. Um controversista, à maneira dos grandes santos da Igreja primitiva, o imperativo para ele era o anúncio do Reino, ainda que, vez por outra, intenções e palavras suscitassem alguns mal-entendidos.

Quase no final de 1975 ele recebeu, com alegria, convite para viajar com o diretor da Rádio Aparecida, Padre Orlando Gambi, para Minas Gerais. O mesmo diretor que o suspendera de seus programas por quinze dias, levava-o para a cidade de Machado, para, juntos, celebrarem os vinte e cinco anos de sacerdócio

---

[27] Copresp A, carta de Padre Vítor a Padre Cleofas, em 31 de outubro de 1975. No *ARSP*. Quem "inventou" os fogos ao meio-dia na festa de Nossa Senhora Aparecida foi Padre Galvão, mas Padre Vítor abraçou a causa e, através da RA, divulgou-a aos quatro cantos. E o povo respondia com fervor e barulho!

de Padre Orlando. Ele era um de seus "coelhinhos", dos tempos em que, com seu trabalho nas Missões Populares, Padre Vítor arrebanhara inúmeros meninos para o Seminário de Aparecida. As divergências de trabalho, embora pudessem causar desgostos, não conseguiam alcançar os sentimentos fraternos dos dois amigos e confrades...

Mas 1975 se despedia. Este ano fora declarado Ano Santo pelo Papa Paulo VI dando continuidade à antiga tradição da Igreja de, a cada vinte e cinco anos, celebrar um ano jubilar. Na exortação apostólica *Gaudete in Domino*, promulgada em maio, o Papa convidava o mundo católico a viver três dimensões naquele Ano Santo da Reconciliação e da Alegria: a alegria, a renovação interior e a reconciliação. E, no final do ano, no dia oito de dezembro, Paulo VI deu a conhecer o resultado do Sínodo sobre a evangelização, com a promulgação da exortação apostólica *Evangelii Nuntiandi*, que marcou profundamente conteúdos e métodos de evangelização na Igreja.

Provavelmente devido à idade já um pouco avançada, volta e meia Padre Vítor falava em mudar de casa a fim de integrar a comunidade das comunicações que morava em outro edifício na cidade de Aparecida. Chegou até a falar com o Provincial e a fazer um comunicado oficial sobre tal mudança. Passavam-se alguns dias e ele desistia da ideia. Mais uma semana e ele estava novamente firme no propósito de se transferir, chegando até a pedir ajuda para arrumar a bagagem. Mas, e as orquídeas? E o povo? O convento velho está plantado no ponto mais central da cidade. Bastava abrir a porta e já estava no meio do povo amado. A praça cheia de romeiros, o burburinho dos devotos que, desde a madrugada, encanta quem quer ver um belo momento de fé. Como faria para subir as ladeiras, posar para fotografias e dar seus plantões na basílica velha se a comunidade das comunicações ficava ao lado da RA, na parte baixa da cidade? Por fim desistiu... Como se não tivesse podido resistir aos apelos do velho convento, das orquídeas, da tagarelice tão longamente conhecida e amada dos romeiros, de seus tímidos e carinhosos pedidos para uma fotografia... Dentro do velho coração, uma voz, silenciosa e calma como uma vela que vai se consumindo aos poucos, por certo sussurrou-lhe: "Deixe ficar assim..." Ele, finalmente, sossegou...

Antes de subir a Campos do Jordão, Padre Vítor foi a Campinas (SP), consultar um especialista em ouvido. Estava surdo. Com ele foi Padre Mário Bonotti que já fazia uso de aparelho para audição. Consulta, exames, remédios, aparelho no ouvido. Padre Vítor não se acostumou. Portanto, não usou...

Suas viagens em prol do Clube dos Sócios eram disputadíssimas e ocasionavam verdadeiras festas, dependendo da cidade e da preparação feita pelos vigários. Às vezes, acontecia de alguém querer tirar proveito pessoal das festividades – como políticos ou autoridades constituídas, católicos por conveniência. Foi o que ocorreu no começo daquele ano de 1976 na cidade de Colatina, no Espírito Santo.

O prefeito daquela cidade mandara construir uma estátua do Cristo Redentor, de grandes proporções, a ser colocada em um ponto alto da cidade. Tudo feito sem as prévias opiniões do pároco, Cônego Maurício, e do Arcebispo de Vitória, pois Colatina ainda não era sede de diocese. Obviamente, o pároco não apoiara o projeto, irritado que ficara por não ter sido consultado... E para aumentar sua irritação, corria pela cidade a notícia de que Padre Vítor estaria presente à inauguração da estátua. Cônego Maurício, o pároco – como não podia deixar de ser –, pede-lhe que não prestigie tal festa. Dois meses depois, insistente, o Cônego escreve-lhe outra carta dando-lhe conta de que as notícias se avolumavam e que a presença do ilustre missionário era tida como certa. Padre Vítor tranquilizou o Cônego. Respondeu-lhe que contactara autoridades em Colatina e que, "mesmo não conhecendo certas razões, acato o juízo de V. Revma. e de S. Excia, o Sr. Arcebispo".[28] Atento e prudente, Padre Vítor não compareceu a Colatina para as festas programadas.

Começo de abril, a equipe da RA estava radiante com a concessão de nova frequência e aumento de potência de sua onda média. No salão nobre da RA houve missa concelebrada, inclusive por Padre Vítor, para agradecer a Deus o progresso da Rádio de Nossa Senhora.

Talvez porque os contatos com o Dedé e a Mariazinha, os dois únicos irmãos, fossem muito espaçados, permanecia em Vítor uma imensa saudade. O Dedé morava no Rio de Janeiro e Mariazinha em Araxá. Vítor escrevia, mandava suas notícias pondo-se, carinhosamente, pertinho de sua querida irmã, como se desejasse fazer, de cada carta, um olhar, um afago, um abraço terno...

> Mariazinha,
> Salve, Maria!
> Preocupo-me com você. Aí, sozinha e ficando idosa com doenças e perigos. Não sei que recursos você tem. Não sei quem cuidaria de você em caso de necessidade. Você é por natureza muito fechada e a gente fica com medo... Seria muito desejável que alguma das nossas amigas ficasse encarregada de me avisar em caso de doença.
> Não sei como você pode sonhar que eu amasse uma orquídea mais do que você. Digo a pura verdade, afirmando que você foi sempre a grande afeição da minha vida. Formei de você uma figura excessivamente ideal, mas muito elevada e verdadeira. A filha bendita da Dindinha e do papai. A professora e catequista, muito instruída e dedicada. A heroica solitária a remar isolada dos queridos, no grande oceano. A apóstola zelosa do reino de Deus...
> Nunca me ofendi com suas críticas a minha atuação na rádio. O que muito me amargurou foi o seu desvio para a esquerda no campo da fé, que me pareceu exagerado e perigoso. Só esta foi a causa das minhas explosões. O receio de ver você entrar pelo caminho de uma "contestação" temerária... O desgosto de não possuir mais integralmente aquele "ideal" com que eu cercara a sua pessoa no quadro de nossa família...

---

[28] Copresp A, cartas de Cônego Maurício de Mattos Pereira a Padre Vítor Coelho, em 19 de fevereiro e 23 de abril de 1976. Resposta de Padre Vítor, em 8 de maio de 1976. No *ARSP*.

Nada está perdido. Só Jesus, o libertador, tem remédio para as nossas deficiências. O que é preciso é colocar-nos bem humildemente como absolutamente necessitados de libertação. Costumo focalizar em Nossa Senhora toda minha oração de confiança na infinita misericórdia do Libertador.

Você e eu devemos imitar Aquele que em sua vida terrena, com grandes brados e lágrimas, ofereceu orações e súplicas a Quem pode libertar da morte. É assim que libertaremos também ao Dedé.

Há motivo sempre de alegria. Verdadeira alegria.

Continue, pois, sozinha, coitada. Saiba que procuro estar pertinho de você todos os dias. Não há um dia em que você não ocupe lugar nas minhas preces. Penso que progredi bastante na prática da união com os parentes pela oração.

Deus é capaz de consertar carros velhos, até para grandes corridas de campeonato. A Dindinha, lá do céu, ficará assistindo à corrida. Ainda podemos fazer muita coisa boa em nossa vida.

Estive no Paraná e, depois irei ao Paraguai. Temos lá grande número de imigrantes brasileiros, sócios do Clube. A cidade de Guaíra, perto do salto e de Guaíra (esta no Brasil). Essas saídas são missõezinhas em miniatura. Aproveito para evangelizar e catequizar. O resultado é ótimo.

Agora tenho de fazer gravações. Tchau!

Vitinho[29]

Interessante é que, na carta, Padre Vítor, ao falar de Jesus Cristo, usa a expressão "libertador". Ele estava lendo, naqueles dias, um livro que, praticamente, inaugurava a Teologia da Libertação no Brasil: Jesus Cristo Libertador, do franciscano Leonardo Boff. Atento às realidades novas e procurando estar *pari passu* com as mudanças eclesiais, ele buscava *aggiornamento* teológico pastoral. Uma necessidade particular e uma exigência do trabalho.

Em uma pasta de scripts, anotações e roteiros de programas para a RA, existe uma série de apostilas usadas em 1976 com reflexões sobre a exortação apostólica pós-sinodal *Evangelii Nuntiandi*, de Paulo VI. Apoiado em um livro publicado pelos Jesuítas no Brasil, "A evangelização no mundo de hoje", ele tece comentários sobre o significado de evangelização em tempos novos. "Os padres sinodais partiam do dado de que a libertação plena do homem é parte integrante da ação evangelizadora da Igreja".

Em seus assentamentos, os autores que orientavam sua reflexão eram, principalmente, Oscar Müller SJ; Leonardo Boff OFM; Karl Rahner SJ; João Batista Libânio SJ, representantes da fina flor do pensar teológico pós-Concílio. Seus confrades admiravam-se do interesse com que ele não apenas lia, mas discutia teologia, cristologia, eclesiologia em abordagens consoante os "ares novos"... Havia sempre algum confrade que o alfinetava, dizendo que estava indo longe demais, que aqueles autores não eram abalizados para tratarem de tais temas...

453

---

[29] Arquivo Padre Vítor, *Pasta Correspondência com Familiares*. Carta a Mariazinha, do dia 3 de abril de 1976. No dia 4 de junho, ele envia um cartão-postal de Foz do Iguaçu, contando que seus superiores acharam por bem enviar a ela uma ajuda financeira para uma consulta com um oculista. E acrescenta: "Mando-lhe todas as águas do Iguaçu para matar a sede que você tem da Eterna Beleza".

Mas Vítor percebia que o pensamento teológico – e a Igreja – caminhavam e ele queria caminhar junto...

Final de maio e começo de junho, Padre Vítor, Padre Gambi e a caravana da RA foram para os Estados do Paraná e Mato Grosso em um giro com a imagem de Nossa Senhora. No final de julho, ele percorreu mais de três mil quilômetros na diocese de Caitité, na Bahia. Novamente, celebrações festivas e sempre muita alegria aonde a imagem da mãe Aparecida chegava levada pelas mãos de Vítor. Centenas de devotos, sob o olhar da mãe Aparecida, compartilhavam e reanimavam sua fé e sua esperança. Isso alegrava sobremaneira o velho missionário, deixando-o sempre pronto e animado para novas empreitadas, novos encontros.

A RA comemorava o jubileu de prata de fundação no começo de setembro. Houve tríduo preparatório na basílica nova de Aparecida. No dia oito, missa festiva e solene como o momento requeria. O Padre diretor, em sua fala, citou os nomes [30] daqueles que tanto haviam feito pela RA, mas não citou o nome de Padre Vítor, um dos concelebrantes naquele momento. O provincial também falou. Sem qualquer comentário sobre o lapso, enviou a Padre Vítor uma carta, parabenizando-o pelo momento vivido.

> Viva Cristo Rei – Salve, Maria
> Prezado colega Pe. Vítor Coelho
> Hoje celebrando os vinte e cinco anos de apostolado de nossa Rádio Aparecida, não podemos deixar de agradecer sua disponibilidade, seu serviço na Emissora de Nossa Senhora.
> Sua doação, anunciando a Boa-Nova do Evangelho, como missionário redentorista, ficará notada no livro de nossa gratidão e no arquivo de nossas lembranças.
> Em nome da Província de São Paulo, nosso sincero agradecimento. Que Maria o abençoe.
> Rezemos uns pelos outros.
> Padre José Carlos de Oliveira, C.Ss.R.[31]

Padre Vítor ficou feliz. Durante alguns dias levou no bolso a carta do Provincial, mostrando-a aos confrades mais próximos e a alguns amigos na praça, quando estava com os romeiros para as fotografias. Recebeu também uma carta de seu querido amigo, Padre Faria, que naquele momento trabalhava na Rádio Difusora de Goiânia. Esta sim, cheia de afeto e de expressão de amizade. Suas palavras são de carinho:

> Velho e saudoso amigo, não sei se ficou sabendo. Ontem e hoje, no meu programa das 5h30, falei do Radialista de Nossa Senhora. São 25 anos de trabalho dedicado. Nossa Senhora quer bem ao velho companheiro.

---

[30] G. Paiva. *Rádio Aparecida – 50 anos de história*. Santuário, 2001. Os cinco redentoristas citados como benfeitores da RA: Padres Andrade, Antão, Marti, Pieroni e Dom Macedo.

[31] Copresp A, carta de Padre Carlinhos a Padre Vítor, de 8 de setembro de 1976. No *ARSP*.

Padre Faria aproveitou para reclamar de que a correspondência entre eles estava falha, pois há muito tempo não recebia cartas do velho companheiro. Depois de tecer outros comentários e elogios, termina dizendo: "Queira receber meu abraço muito amigo e bem fraterno. Este amigo não o esquece e reconhece o amor que tem pela Rádio de Nossa Senhora. Ela irá recompensá-lo".[32]

Viagens, programas na RA, missas, idas aos médicos para o necessário *check-up*, as orquídeas exigindo cuidados, fotografias na praça, tempo de oração comunitária e pessoal, missa diária, plantão na basílica velha, correspondência... Seu tempo era todo ocupado e tomado por estas atividades que, embora pudessem parecer a outros rotineiras e repetitivas, encantavam o velho missionário. Era uma rotina desejada e amada. Era o belo mistério da vida simplesmente acontecendo... Por isso seus programas, ainda que gravados, nunca perderam a teologia poética e amorosa. Em um deles, ele falava sobre a temática da amizade.

> [...]
> Amizade pressupõe amor. Só a troca de bens não é amizade.
> Jesus sabia ser amigo dos seus amigos. Haja vista a amizade dele a Lázaro e às irmãs de Betânia.
> Seus maiores amigos eram os Apóstolos que ele reuniu em torno de Si e aos quais disse: "Não sois meus escravos, mas meus amigos, porque tudo o que vi em meu Pai, eu vos contei". Isso é doação e amor. Tudo o que Jesus era e tinha, Ele abria aos seus. O maior dom é o dom de si.
> Em São Lucas (22,32), Jesus diz a seu amigo Pedro, quase na hora da despedida, na última ceia: "Pedro, eu rezei por ti, para que a tua fé não falhe!" Pedro ia entrar em grande tentação, na noite da prisão do Senhor. Jesus rezou muito pelo amigo.
> A amizade preocupa-se com a felicidade do outro. Jesus usou a poética comparação da galinha que esconde seus pintinhos debaixo da asa. Assim, ele procurava abrigar todos os seus amigos em sua proteção. Jesus orou por Pedro. Todo amigo pensa no bem do outro, torce em favor do outro e sempre está inclinado para o amigo.
> Na geleira, que é montanha de gelo a boiar nos mares nórdicos, o que aparece fora da água é apenas uma terça parte do que fica escondido debaixo das ondas. Assim é o homem. Duas terças partes do nosso ser, da nossa mentalidade, dos nossos pensamentos, do nosso amor, dos nossos sentimentos, estão escondidos no subconsciente. Quando você, no íntimo do ser, é de fato amigo, então você simpatiza e torce a favor. Mas, quando você, no subconsciente, não é amigo, mas invejoso, ciumento, mau, adversário e contra, então o que aparece por fora é apenas uma parcela da realidade má.
> As antipatias, maledicências, calúnias ou perseguições, o mal que alguém faz ao outro em palavras e obras, tudo é manifestação de um subconsciente inimigo. Por fora, a amizade se traduz em doação. Jesus rezava por Pedro porque só tinha pensamentos de amor. O subconsciente de Jesus era todo amor.
> Quem confia, não se fecha. Os amigos confiam um no outro porque sentem a realidade amiga. Jesus se abriu, por exemplo, contando aos Apóstolos

455

---

[32] Copresp A, carta de Padre Maurílio Faria a Padre Vítor, em 10 de setembro de 1976. No *ARSP*.

que Ele subiria a Jerusalém para ser preso e morrer. Os amigos ficaram muito tristes e preocupados, por causa do Senhor.

Quem tem subconsciente amigo, é aberto no trato íntimo. Mas, quando alguém é inimigo, no recôndito do subconsciente, torna-se fechado no falar e agir.

A amizade subconsciente brota sempre em toda parte e em tudo. Vejam em São João (17,19) a atitude de Jesus: Ele deixou-se prender, mas impôs que seus amigos ficassem em liberdade.

Qual é a fonte de onde irrompe a amizade cristã? É o próprio Cristo. Ele, presente em nosso íntimo, pela graça e pela fé, nos faz ver a sua Pessoa em toda criatura humana, especialmente nos amigos.[33]

Só a maturidade, a *vita vissuta* do homem experimentado, pode falar, com tanta propriedade, sobre o sentido da amizade. Embora partindo de um dos maiores filósofos da humanidade – ele havia citado Aristóteles –, Vítor desenvolve a temática da amizade centrada em Jesus Cristo. Apaixonado por Jesus Cristo, Vítor queria levar outros a também se apaixonarem por Ele. Este era seu sonho e sua missão. Por isso deixava o coração falar e rezar ao mesmo tempo, livremente, diante dos microfones. E por esta razão ressentia-se, reclamava e tentava escapar da gravação antecipada de seus programas: gravar tirava-lhe a inspiração. Porque sentia que gravar era um momento solitário. Gostava de falar diretamente com o povo, como quem está no meio do povo e olha para o povo. Como em um encontro...

Estamos no ano de 1977. O povo brasileiro, através dos movimentos sociais e estudantis, amplia e aprofunda o questionamento sobre o regime militar. O Presidente da República põe o Congresso em recesso e baixa o pacote de abril, que alterava as regras eleitorais de modo a beneficiar o partido do governo, a Arena. Instaura a figura do senador biônico e aumenta em um ano o mandato do presidente da república, que passa a ser de seis anos. Em São Paulo, a Polícia Militar invade a Pontifícia Universidade Católica que acolhia os jovens desejosos de reorganizar a UNE. Conforme a profecia do poeta, era preciso fazer a hora, não esperar acontecer...Tempos difíceis, mas que não conseguiram matar os sonhos de participação e democracia sonhados pela oposição, pela Igreja e por vários segmentos da sociedade brasileira.

Em março, Padre Vítor esteve em Maringá, onde reencontrou um amigo da época de Missão em Ribeirão Preto, em 1952, agora bispo, Dom Jaime Luiz Coelho. Quando Maringá foi elevada à Arquidiocese, Dom Jaime continuou como seu pastor por quarenta anos. Padre Vítor levara uma imagem de Nossa Senhora que deveria ficar na catedral durante todo o período da festa para a visita dos fiéis. O bispo queria fazer uma peregrinação com a imagem por toda a diocese, mas sem redentorista.[34] Padre Vítor, porém, achava melhor que a

---

[33] Arquivo Padre Vítor, *Pasta Programas na Rádio Aparecida.*

[34] Na época, não se conseguiu um redentorista para acompanhar a imagem na Arquidiocese. O bispo

imagem fosse acompanhada por um missionário. Claro que ele mesmo, prontamente, estaria à disposição não fosse sua idade e seus programas na RA, que exigiam sua presença em Aparecida. Ele sempre deu provas de que "missionário se cansa justamente quando não caminha..."

No convento, sua convivência com os confrades era tranquila e, até divertida, por conta de seu jeito simples e, às vezes, dado ao humor. Usava sempre uma batina cinza – menos quente – e óculos com armação preta que se destacavam junto dos cabelos totalmente brancos e da pele, também, muito branca devido ao vitiligo. Quando saía à rua, se tinha sol, usava um chapéu de palha para proteger a pele fragilizada. Sandálias simples vestiam seus pés, agora vagarosos sob o peso dos anos.

Todavia, continuava a dificuldade de relacionamento com os confrades companheiros de trabalho na RA. Em abril, Padre Vítor escreveu ao Provincial dizendo que, novamente, fora proibido de fazer programas ao vivo, de modo especial o programa do meio-dia. As ordens eram para que todos fossem gravados. Para ele, era uma imposição descabida que se contrapunha ao verdadeiro sentido dos programas. Alegou que seus programas eram líderes de audiência, e que, se durante a Consagração a Nossa Senhora ouviam-se choro de crianças e buzinas de carro, eram sinais claros e evidentes de que havia vida por perto, de que ali havia povo. "A gravação em estúdio, embora apresente boas vantagens de ordem técnica e pureza de som, prejudica, contudo, gravissimamente, o conteúdo e o assunto do programa." [35]

Como se não bastasse a contenda sobre gravar ou não gravar os programas, ele recebeu outra recomendação do Padre Provincial sobre suas viagens. A pedido dos diretores da RA, o Provincial recomendava-lhe que, a partir de então, as viagens promovidas pelo Clube dos Sócios e as premiações por angariar mais associados ficariam sob a responsabilidade dos diretores da RA. Outras viagens, se ele as quisesse fazer, que as fizesse em concordância com o superior de sua comunidade e não mais em nome do Clube ou da RA. Estaria autorizado a fazer propaganda da emissora, mas não a falar em nome dela. Não poderia aceitar novas inscrições para o Clube nem receber ofertas do povo para a basílica. A alegação era a de que o trabalho que fazia era, praticamente, um trabalho paralelo ao da RA e que escapava a seu controle. "Nosso desejo é que o senhor continue seu apostolado tão fecundo com a Imagem de Nossa Senhora. Mas que seja tão somente de evangelização e conversão."

Alguns dias depois, o Provincial, novamente, proibia-lhe de fazer uma viagem até a cidade de Nova Aurora. O Provincial, porém, não conseguia entender porque tinha que tomar tal decisão. Ele o fazia unicamente por recomendação de Padres Gambi e Cavalca. Aos dois, o Provincial escreveu:

457

---

também não insistiu no fato. Dom Jaime faleceu no dia 5 de agosto de 2013, com 97 anos de idade.

[35] Copresp A, carta de Padre Vítor a Padre José Carlos, de 22 de abril de 1977. No *ARSP*.

> Para mim está difícil compreender o que aconteceu entre o Padre Vítor e Flávio: palavras ofensivas e descaridosas. Nós temos a obrigação de testemunhar a compreensão e o respeito pelo outro; é o que os leigos esperam de nós supondo a nossa formação.[36]

Ainda assim, Padre Vítor tentou contornar a situação e empreender a viagem. Sugeriu a Padre Gambi e a Padre Cavalca que ele fosse apenas para uma missa, antes que começasse o show da equipe da Rádio. Argumentou que ficaria muito estranho, na última hora, ele não comparecer ao compromisso agendado. Mas, acrescentou, "é claro que vou obedecer, com todo o respeito religioso, à proibição do Provincial".[37]

As coisas não estavam mesmo muito fáceis para ele. Já que não podia viajar em nome da RA, ele aproveitava seus programas e anunciava suas viagens. Os vigários pediam, os representantes do Clube dos Sócios organizavam uma verdadeira festa... O povo amava Padre Vítor, amava ouvir sua mensagem, sua maneira de anunciar Jesus e sua mãe Maria. Afinal, aonde ele chegava, o povo, os devotos de Nossa Senhora, ajuntavam-se e faziam uma festa. Embora ele não viajasse mais em nome da RA, tinha autorização para levar uma imagem de Nossa Senhora consigo. E ninguém conseguia segurar a devoção do povo a Maria somada ao zelo e ao carisma do homem que dedicara sua vida a essa devoção e a esse povo. Mas, foi também proibido de anunciar, em seus programas, seu itinerário de peregrino, proibido de avisar o povo das cidades que ele estaria chegando...

Novamente, sua desobediência fez com que Padre Gambi escrevesse uma longa carta ao Provincial contando-lhe que Padre Vítor voltara a fazer propaganda de suas viagens.[38] E como se não bastasse, acrescenta Padre Gambi, ele alega ter autorização do Provincial. Sem mais delongas, o próprio Vítor explica-se com Padre Gambi afirmando que deixara de anunciar suas viagens na RA, mas que, em encontro com o Padre Provincial, em Aparecida, verbalmente ele o autorizara a voltar a falar de suas viagens. "Julguei que tudo estivesse novamente em ordem e fiz novamente a propaganda que levantou reclamação de V. Revma., como se eu estivesse desprezando as ordens recebidas."[39] Padre Vítor pediu então para ter uma conversa fraterna com o diretor da RA sobre esse assunto e disse que aguardaria, por escrito, segundas ordens das autoridades, tanto da RA como do Provincial.

Ainda que acontecessem esses pequenos imprevistos e desentendimentos na equipe da RA, Padre Vítor continuava firme em seus programas. Não conhecia

---

[36] Copresp A, carta de Padre José Carlos aos Padres Orlando Gambi e Flávio Cavalva, de 24 de maio de 1977. No *ARSP*.

[37] Copresp A, carta de Padre Vítor aos Padres Gambi e Cavalca, de 25 de maio de 1977. No *ARSP*.

[38] Copresp A, carta de Padre Gambi a Padre José Carlos, de 26 de julho de 1977. No *ARSP*.

[39] Copresp A, carta de Padre Vítor a Padre Gambi, de 28 de julho de 1977. No *ARSP*.

desânimo. Gravava o programa do meio-dia, e o das três horas ia ao ar ao vivo, diretamente da basílica, diante do povo e da imagem de Nossa Senhora Aparecida. Ele podia até não atender perfeitamente às necessidades técnicas do trabalho, podia não ter acompanhado devidamente as mudanças introduzidas na RA, ser até algo independente, mas a direção sabia que seus programas eram os de maior audiência e que ele, sem dúvida, tinha o povo nas mãos. Mais do que nas mãos, o povo estava em seu coração. Sempre solícito, sempre pronto a atender com simpatia e bondade os romeiros. E, apesar dos muitos anos que pesavam sobre seus ombros, estava sempre pronto a viajar, a ir ao encontro dos fiéis, tal um cavaleiro andante do Evangelho, coração inquieto como o de Paulo: "Ai de mim se não anunciar o Evangelho". Portador da Palavra de Deus, no mês de agosto, ele partiu para mais um giro missionário. Acompanhado de Padre Lino, foram para a Diocese de Livramento de Nossa Senhora, na Bahia. Quase quinze dias fora de casa, revivendo os idos tempos de missionário da ativa...

Essas longas viagens, enfrentando estradas malcuidadas, noites maldormidas e demorado atendimento ao povo, desgastavam até os padres mais jovens. Mas o religioso, de volta para casa, tem na comunidade seu lugar de convívio, de descanso. Sua cela, a capela, a sala para os momentos de encontro comunitário, onde se pode compartilhar uma boa prosa, rir, contar e ouvir os feitos e acontecimentos do dia a dia de cada um... Assim vive o missionário quando está em casa, quando longe da Missão e das viagens...

Desde o distante tempo de estudante na Alemanha, Padre Vítor, aprendera a apreciar uma boa cerveja. Naquele tempo, os redentoristas tinham sua produção própria, no fundo do convento. Em viagem, em público, não se fazia uso de bebida alcoólica. Assim, quando em casa, nada melhor que esses momentos de repouso e descontração para degustar uma boa cerveja. Ainda mais que, só se podia beber uma cervejinha em dia de folga, o chamado dia livre, uma vez por semana. Mas, Padre Vítor, ao fazer uma interpretação livre da norma, acabou levando uma reprimenda do confrade Padre Mário Bonotti, também ele apreciador da cerveja às refeições. Mesmo morando juntos na mesma casa, Padre Bonotti preferiu escrever-lhe uma cartinha. Com jeito e caridosamente, fez lembrar o confrade Padre Vítor que, não podendo, por doença ou por viagem, tomar uma cerveja no dia de folga, simplesmente perdia a oportunidade, devendo esperar pela semana seguinte. "Segundo consta, o senhor se sente no direito de recobrar os dias que esteve fora, os dias em que esteve impedido de fazer uso da bebida no dia de folga. Ninguém interpreta a lei seca desse modo."

Na cartinha, que manteve entre seus pertences, Vítor escreveu logo abaixo da assinatura de Padre Mário: "Não é verdade que 'recobro' os dias em que estive impedido... A verdade é que pedi ao reitor de transferir o meu dia de cerveja. Só isso! Pe. Vítor."

Descansando tranquilo em casa, encontrou em sua correspondência uma carta procedente da cidade mineira de Governador Valadares. Era da fundação João XXIII, da Diocese de Valadares, mantenedora da "Rádio por um mundo melhor".

Dom Hermínio Malzone, bispo diocesano, achou por bem homenagear V. S.a com o Diploma de Amigo da Diocese e da *Rádio Por Um Mundo Melhor*, pelos seus dezessete anos, em reconhecimento aos trabalhos prestados à Diocese e à Emissora.[40]

Tantas homenagens já quase faziam também parte de sua rotina... Quando estava para começar a novena da padroeira, viajou, com Padre Elias Pereira e Padre Albertini, até a cidade mineira de Santa Rita de Caldas. Falecera o vigário da cidade, Monsenhor Alderigi Torriani. Com fama de santidade ainda em vida, era devoto apaixonado de Nossa Senhora e ia sempre a Aparecida. Passava o dia dentro da igreja ajudando em todas as missas. No dia quatro de outubro, uma multidão comprimia-se na praça da cidade para a missa de corpo presente. Padre Vítor era o comentarista. Em certo momento referiu-se a Mons. Alderigi:

> Morreu nosso coroinha. Sabem por quê? A basílica de Aparecida se abre às 5h da manhã e ele ajudava da primeira à última missa, quando ia visitar a imagem da Mãe de Deus. Eu me sinto tão pequenino diante desse gigante de Deus![41]

No final do ano, houve um congresso de vereadores católicos em Aparecida. O palestrante principal do evento era ninguém mais, ninguém menos, que o próprio Padre Vítor. Segundo o cronista da comunidade, Padre Vítor brilhou, pois com "proficiência, abordou temas sociais para os vereadores". Ao final do congresso, presidiu a missa com todos os edis presentes na basílica. Era ouvido por diversas classes sociais, inclusive por políticos, pois foi ele o escolhido para falar no evento que os mesmos organizaram.

Seus programas na RA continuavam plenos de unção e poesia, quer versassem sobre temas de teologia e doutrina quer abordassem questões sociais, sempre em linguagem simples, atualizada e de fácil compreensão para o povo. No mês de junho, momento especial para Vítor e seus confrades quando o Papa Paulo VI canonizou o quarto santo da Congregação Redentorista, João Nepomuceno Neumann. Padre Vítor fez vários programas memorando a vida e as virtudes do santo.

---

[40] Arquivo Padre Vítor, *Pasta Documentos Pessoais*. Documento assinado por Odilon de Aguilar, em 25 de julho de 1977.

[41] F. Alves. *Alderigi – gigante com olhos de criança*. Vozes, 2001. A Arquidiocese de Pouso Alegre já encaminhou processo visando a sua beatificação.

Caríssiiiiiiimos, hoje vamos falar de um santo. São João Nepomuceno Neumann. Ele nasceu em 1811, na região que hoje é a Tchecoslováquia. Seu pai era de origem alemã e sua mãe tcheca. Teve infância normal, no seio de uma família cristã, na companhia de seus pais e cinco irmãos e irmãs. Na escola foi excelente aluno, com pendor especial para o estudo de línguas e das ciências naturais. Ambos esses dons foram muito bem aproveitados por ele quando de sua vida de missionário pelo "far west" e pelas cidades dos Estados Unidos. Além do alemão, sua língua paterna, e as que aprendeu em seus estudos seminarísticos, o latim e o grego, ainda falava muito bem o tcheco, o francês, o italiano, o inglês e o espanhol. Aprendeu também o gaélico, para atender confissões de irlandeses que migravam para os Estados Unidos.

A diocese a qual estava subordinado como seminarista tinha padres demais. Resolveu ser padre em missões no estrangeiro. Escreveu e foi aceito pelo bispo de New York. Já estava com seus estudos prontos. Desembarcou na América em junho de 1836 e, no final do mês, foi ordenado sacerdote. Em 1840 resolve ser redentorista. A Congregação havia fundado casas nos USA em 1832. Era o começo dos redentoristas lá. Em 1847 era o vice-superior de todos os redentoristas nos USA. Em 1849 foi morar em Baltimore cuidando da igreja de Santo Afonso nessa cidade. Padre Neumann passou a ser o confessor do Arcebispo e Delegado Apostólico nos USA. Essa amizade e zelo apostólico fizeram que Roma o nomeasse Bispo de Filadélfia.

A dignidade episcopal não acarretou nenhuma diminuição de seu zelo e simplicidade. Se houve mudança, foi que ambos cresceram ainda mais. Neumann sentia-se mais "em casa" cavalgando sua montaria em visitas às paróquias de sua diocese, então a mais extensa de todo o país, do que sentado na cadeira da chancelaria episcopal. Dentro do verdadeiro estilo de Santo Afonso regeu sua própria diocese, dedicou todas as suas energias a transformar a sua num modelo de vida cristã.

Foi o grande propagador e organizador do sistema de escolas paroquiais que acabou se transformando posteriormente numa rede nacional, que foi a causa principal do crescimento do catolicismo nos USA. Isso facilitou o surgimento de muitas vocações sacerdotais que surgiram naquele país, tanto para as dioceses como para as Congregações. Fundou uma congregação de freiras. Introduziu a devoção das "Quarenta Horas" ao Santíssimo Sacramento.

Uma das maiores alegrias de sua vida foi sua presença em Roma, por ocasião da solene definição do dogma da Imaculada Conceição de Maria em 1854. Assim como Santo Afonso, Neumann nutria uma extraordinária devoção a Nossa Senhora. A mesma viagem lhe trouxe diversas alegrias, como sua entrevista com o Papa Pio IX, a hospitalidade na casa geral dos redentoristas e a visita à sua terra natal e encontrar seu velho pai.

O que mais o lisonjeava em sua diocese, era o título que os pobres de todas as raças e cores dos seus diocesanos lhe haviam dado: o nosso bispo, o bispo dos pobres. Dom Neumann faleceu em 1860, de súbito ataque cardíaco que o acometeu na calçada de uma rua em Filadélfia, perto da catedral a qual estava construindo. Foi o primeiro redentorista na América e o primeiro santo dos USA. Agora Paulo VI o eleva aos altares. É o quarto santo da Congregação. Santo Afonso, São Geraldo, São Clemente e agora São João Neumann.[42]

461

---

[42] Arquivo Padre Vítor. *Pasta Programas na Rádio Aparecida*. Quando o Presidente B. Obama visitou o Papa Bento XVI, em 10 de julho de 2009, presenteou-o com uma estola que esteve sobre o túmulo do

A vida dos santos ilumina também a vida de todos quantos caminham em busca da santidade, na vivência do amor e do serviço. Pois essa é a vocação do cristão: ser santo, apesar de sua imperfeição, de suas limitações. Para Padre Vítor tais testemunhos eram faróis a iluminar sua estrada de missionário pregador da Palavra amorosa de Deus.

E o fim do ano chegou... Natal, festas, missas, a esperança e as expectativas que acompanham a entrada do Ano Novo. E não foi nada fácil, para ele, o começo de 1978.

Em meados do mês de janeiro, a relação entre os padres da RA e Padre Vítor não era muito serena – o que não era novidade... A querela sobre o anúncio de viagens feito através da RA, seguido de proibição e, mais uma vez, de retomada do anúncio, ainda não tinha sido digerida pela direção. Em um encontro na porta da emissora, Padre Vítor ouviu de Padre Gambi que, daquele momento em diante, estaria suspenso do programa "Entrevista com os romeiros". Abatido, em relatório escrito ao Provincial ele expôs o acontecido e, novamente, colocou sobre a diretoria da RA todo o peso dos desentendimentos e do desgaste dentro da equipe.[43] O Padre Provincial viu-se em um beco sem saída. Resolveu escrever às partes beligerantes. Primeiro uma carta a Padre Gambi, em seguida a Padre Vítor.

A Padre Gambi, Padre José Carlos disse estar sentido e preocupado com o sofrimento causado ao velho missionário pela suspensão. Sugere uma conversa entre os três, "como irmãos que somos por amor a Jesus Cristo". Cita o testamento de João XXIII: "Procurai mais aquilo que vos une do que aquilo que vos divide, o que mais vale na vida: Jesus Cristo, seu Evangelho, sua santa Igreja, a verdade e a bondade". Depois lembra o confrade os fundamentos mesmos de suas vidas consagradas.

> Evangelizar é comunicar vida – Deus presente no meio de nós. Onde houver caridade, Deus aí está. Como iremos comunicar o que não vivemos? Como religiosos temos que viver essa vida de esvaziamento de nós mesmos de um modo radical para aceitar o outro, formar fraternidade e testemunhar Deus conosco, vivo. É Ele que torna possível nossa comum-unidade. Se as falhas do Padre Vítor na RA fossem graves, e eu, consultando confrades e o governo provincial, sentisse aí a vontade de Deus, não duvidaria em tirarmos o Padre Vítor da RA... mas isso não acontece. Nós assumimos a RA como um grupo religioso e a Igreja nos aceita assim. Pelos votos religiosos: obediência, amor, pobreza, temos a graça especial para vencermos as barreiras que nos separam uns dos ouros. Sinais e testemunhas que é possível o Amor, porque ele existe entre nós apesar de nossas falhas – essa é a nossa Missão![44]

---

santo redentorista São João Neumann. Encontra-se em português excelente obra sobre o santo *São João Neumann – vida, escritos e espiritualidade*, de Richard Boever, Scala Editora, Goiânia, 2011.

[43] Copresp A, carta de Padre Vítor a Padre José Carlos, de 18 de janeiro de 1978. No *ARSP*.

[44] Copresp A, carta de Padre José Carlos a Padre Gambi, de 5 de fevereiro de 1978. No *ARSP*.

No dia seguinte, Padre José Carlos escreveu a Padre Vítor. Disse-lhe que no dia anterior escrevera também a Padre Gambi e fizera uma reunião com o conselho provincial. Faz para Padre Vítor as mesmas ponderações feitas a outra parte, citando novamente o testamento do Papa João XXIII. Mas, certamente compadecido e cedendo à benevolência, o Provincial foi menos incisivo com o velho, Padre Vítor. "Imagine o senhor desanimar e deixar de fazer o bem imenso que faz só porque existe um impasse: falar ou não falar o nome das cidades aonde o senhor vai?" Por fim, diz-lhe: "Única saída, Pe. Vítor, falo como amigo, confrade e superior provincial, é a caridade".[45]

Padre Vítor, tão logo recebeu a carta, pôs-se a escrever, mais uma vez, um *memorandum*, detalhando sua posição na desagradável questão. Historiciza, contextualiza e justifica seu comportamento. Faz uma alentada autodefesa diante das coibições e restrições impostas a ele pela RA.[46] Em conversas posteriores, a equipe dialogou, ponderou, acordou, decidiu... O próprio Provincial resolveu criar um Conselho das Comunicações Sociais para gerir os trabalhos e os que trabalhavam nesse setor da Província.

Padre Vítor subiu para Campos do Jordão no mês seguinte. Desta vez, com recomendação médica de que, mais do que fazer retiro, era preciso descansar. Quando voltou, entrou de cheio nas celebrações da Semana Santa. O sermão das dores de Maria, no Sábado Santo, coube a ele pregar como já fazia há quase quarenta anos.

Antes da Páscoa, a Arquidiocese de Aparecida viveu momentos de festas e celebrações. Chegava o novo Arcebispo. Desde dezembro do ano anterior, o anúncio fora feito: Dom Geraldo Maria de Morais Penido fora transferido de Juiz de Fora (MG) para Aparecida. Vinha como Arcebispo coadjutor com direito a sucessão. A renúncia de Dom Antônio Macedo fora aceita pelo Papa e ele voltara a morar na comunidade basilical no velho convento da praça. Em consequência, Aparecida passou a ser a residência de três bispos: Dom Macedo, Dom Penido e o Cardeal Motta, já com seus quase noventa anos de idade.

Mas o que realmente impactou a cidade, romeiros e devotos e a todos os católicos brasileiros, foi o atentado à imagem de Nossa Senhora Aparecida, em dezesseis de maio. À noite, durante a celebração da última missa na basílica velha, a proximidade de um temporal provocou uma pane no fornecimento de energia elétrica na cidade. Nesse ínterim, antes que se acendessem novamente as luzes, um rapaz de dezenove anos, residente em São José dos Campos, avançou sobre o nicho da imagem. Conseguiu quebrar o vidro de proteção e derrubou-a no chão, fazendo, da pequena imagem, milhares de pedaços. Susto

---

[45] Copresp A, carta de Padre José Carlos a Padre Vítor, de 6 de fevereiro de 1978. No *ARSP*.

[46] Arquivo Padre Vítor, *Pasta Documentos Pessoais. Memorandum* intitulado "As cassações que sofri na RA". Original, datilografado, com alguns trechos manuscritos. Talvez, por sua idade, após datilografar o texto lembrava-se de algo a ser acrescentado, quando, então, usava a caneta.

e espanto e gritaria. Um sentimento inexplicável tomou conta de quem assistia àquele atentado à veneranda imagem. Pedaços e cacos foram recolhidos e protegidos pelos responsáveis da pastoral do santuário. A notícia espalhou-se como fogo em um rastilho de pólvora.

No dia seguinte, o prefeito da cidade e o provincial dos redentoristas, ainda atônitos, deram entrevistas sobre o acontecido. Logo surgiram ofertas e mais ofertas para o restauro da imagem, vindas até da Inglaterra. O Arcebispo estava em seu sítio em Rio Manso (MG) e foi logo contatado. No nicho, foi colocada uma cópia da imagem feita em bronze. A afluência de romeiros aumentou e, enquanto era decidido onde restaurar a imagem, o povo de Aparecida decidiu fazer um ato de desagravo a Nossa Senhora. Quatro dias depois, a praça da basílica foi pequena para acomodar a multidão reunida para o momento de oração, recolhimento, pedido de perdão e celebração da eucaristia.

Ao final do ato de desagravo, o Padre Provincial teve um gesto comovente: fez com que flores fossem levadas pelas crianças às mãos de Padre Vítor Coelho, o missionário da Senhora Aparecida. Antes de receber as flores, o velho missionário foi até o microfone e diante da multidão pediu perdão por suas faltas... Emocionado, com a voz embargada, ele chorou! As lágrimas escorriam livres e incontidas pelo rosto envelhecido... Conseguindo recobrar a voz ele disse: "Eu que sempre levei a imagem de Nossa Senhora Aparecida pelo Brasil afora... Eu sou o burrico que levou a Virgem Maria para o Egito..." Novamente a voz embargada, o silêncio da praça foi quebrado pelos soluços dos que choravam com o velho Missionário de Aparecida, Padre Vítor Coelho de Almeida!

Em junho, o Arcebispo e o Provincial consultaram os responsáveis pelo Museu do Vaticano sobre a restauração. Dentre as indicações, optou-se pela equipe do Museu de Arte de São Paulo, o Masp. A equipe de Pietro Maria Bardi (diretor do Masp) e Maria Helena Chartuni (restauradora) encarregou-se do delicado trabalho. Enquanto isso, Padre Vítor saía para um giro missionário com a cópia da imagem pelas cidades de Carangola (MG), Novo do Sul (ES) e Sapucaia (RJ). A mãe, em nenhuma circunstância, deserta seus filhos...

No início de agosto, a comunidade redentorista celebrou os sessenta anos de vida consagrada de Padre Vítor. Memória daquele longínquo ano de 1918, na cidade de Perdões, quando fez seu noviciado e sua consagração a Deus. Com ele, estavam Dom Macedo, Padres Artur e Miné celebrando cinquenta anos de sacerdócio. Também Irmão Wilibaldo celebrava os cinquenta anos de sua vinda para a missão no Brasil. A missa festiva foi celebrada na basílica nova e Dom Geraldo Penido foi o pregador. Na circular dirigida a toda a província, Padre José Carlos externou o reconhecimento da Província ao quase decano dos missionários.

60 anos de Vida Religiosa: Padre Vítor Coelho de Almeida! "Se Maomé não vai à montanha, a montanha vai a Maomé!" Incapacitado um dia de continuar suas andanças missionárias em busca de mais corações para Deus, Deus trouxe até ele os corações do povo brasileiro através da Rádio Aparecida.

Quando missionário peregrinante, seus ouvintes eram milhares. Agora missionário edificante, seus ouvintes são milhões, sem contar suas excursões tão saborosas para o povo que o estima.

Ele se chama a si mesmo: jumentinho de Nossa Senhora, por tê-la levado por todos os recantos do Brasil... O jumentinho que levou de uma só vez a preciosa carga – Mãe e Filho – deve estar enciumado do colega pelo recorde de quilometragem... E esse jumentinho levou Nossa Senhora e o menino Jesus somente nas costas, enquanto que o novo carregador tem levado nas mãos, nos lábios, no coração, e através das ondas sonoras, das ondas elétricas, através do Brasil, América do Sul e só Deus sabe de quantos modos, lugares e situações. Ao recordista, inclusive, em vocações trazidas para nossos Seminários, nosso grande abraço.[47]

Era o reconhecimento justo e emocionado de seu superior provincial que expressava também o sentimento dos confrades e do povo de Deus por Padre Vítor. E o mês de agosto não poupou emoções, fazendo o coração de Padre Vítor e os corações dos redentoristas baterem mais acelerados: a imagem de Nossa Senhora voltava a seu nicho, a sua cidade, a sua casa... A restauração terminara no final do mês de julho, mas só em meados de agosto a boa notícia veio a público.

No dia dezoito, dois bispos, Dom Macedo e Dom Penido, acompanhados de dois padres redentoristas foram ao Masp e, juntamente com a diretoria, presidência e restauradores, deram uma entrevista coletiva. Todos os meios de comunicação se fizeram presentes para darem a boa notícia a todos os brasileiros. Depois da entrevista e dos agradecimentos, a imagem foi levada para o segundo piso do museu e exposta em um nicho, também usado para a viagem de volta para casa. Na tarde daquele dia e no dia seguinte, o Masp transformou-se em centro de romaria. O povo fez fila para venerar a querida imagem de Aparecida. Às dez e meia do dia seguinte, em caminhão do corpo de bombeiros, levada pelo Padre Provincial, a imagem deixou a Avenida Paulista, em cortejo festivo rumo à Via Dutra. Padre Pereira Neto na cabine de comando e Padre Lino em carro com alto-falantes, atrás dos batedores da Polícia Militar. A chegada a Aparecida foi apoteótica, com missa e praça lotada. Junto ao altar estavam Pietro Bardi e Maria Helena Chartuni, os responsáveis pela recuperação da pequena imagem. Eles nada cobraram pelo serviço nem pelo material usado durante a restauração. A mãe voltava a seu lar, pronta para o reencontro com seus filhos amados. Ao final, foi rezada a consagração a Nossa Senhora e um pipocar de fogos de artifício, posicionados no alto do Hotel Presidente Wenceslau, fez coro à alegria de todos os corações ali presentes e de todos os que se espalhavam pelos quatro cantos da pátria brasileira.

465

---

[47] Circular Provincial 68/78, de Padre José Carlos de Oliveira, em 15 de julho de 1978. No *ARSP*.

Aquele agosto foi pródigo em grandes emoções para a Província e para toda a Igreja. Na Província, a volta da Mãe Aparecida para sua casa e a reeleição de Padre José Carlos, novamente Provincial. Na Igreja, falecimento de Paulo VI no dia seis de agosto e acolhida a seu sucessor, João Paulo I, o Papa do sorriso, cujo pontificado durou trinta e três dias. O pontificado de Paulo VI deixou marcas profundas na Igreja. Encerrara o Concílio Vaticano II com a difícil missão de colocá-lo em prática na vida eclesial. Tempos conturbados, de reflexão e amadurecimento das instituições eclesiais e sociais.

Em setembro, ainda que através das cartas, momento com a irmã Mariazinha. As lembranças e as saudades ocupavam os espaços do coração do missionário que já se aproximava dos oitenta anos. Recordações e saudades de um coração que já "tem mais passado que futuro"...

> Mariazinha,
> Viva!
> Estou com saudades de cartinhas de você. Faz tempo... que eu também não lhe faço este prazer. Pensar em você, penso e rezo muito, mas a roda viva da vida pega a gente, desde cedo até à noite e... as cartas ficam esperando.
> Ultimamente lembro-me de mamãe muito mais do que de costume. No "dia das mães" fiz ao microfone um "memento" poético daquelas longínquas recordações... Dia vinte e dois, entrarei para o octogésimo ano do meu nascimento. Vou aqui transcrever um pedacinho daquela alocução: "...ontem celebrávamos as mães, festejando aquele coração, aquele olhar... aquela doce voz... Eu me lembro de como mamãe cantava. Ela tinha voz de contralto muito agradável. Sabia várias modinhas. Neste momento, estou rememorando noites no casarão da praia de Charitas (Jurujuba). Mamãe, minhas irmãzinhas e eu, assentados à sacada, esperávamos o papai voltar. Ele trabalhava na cidade (Rio) e, todos os dias, era aquela longa viagem (a pé) pelas ruas, pelas barcas, pelas praias de Niterói, pelo "Morro do Cavalão"... até à "Praia das Charitas". Nós procurávamos no lusco-fusco da tarde que o vulto querido surgisse no branco das areias.
> E, no entanto, esperávamos, mamãe cantava para nós ("Porque sou pobre..." "O lírio da campina" etc. Lembra-se?)... Voz de mãe tem outro timbre do que as outras vozes.
> Você ainda se lembra? Você tinha uns quatro ou cinco anos.
> Depois fomos morar na casa vizinha do casarão. Foi ali que se declarou a doença fatal. Papai nos comunicou a notícia com aquele sentimento do grande coração que você conhece melhor do que ninguém.
> Lá vai um abraço do Vitinho que vai sair correndo porque já é hora de pregar...
> Vitinho.[48]

Outubro chegara e a novena de Nossa Senhora, naquele ano, teve um sabor diferente devido às agruras passadas com o atentado à imagem. O povo rezava com redobrado fervor, pois outro conclave estava prestes a acontecer naqueles dias

---

[48] Arquivo Padre Vítor, *Pasta Correspondência com Familiares.*

em Roma. No dia dezesseis de outubro foi eleito o Papa João Paulo II. A RA, pela primeira vez, enviou um membro de sua equipe – Padre Flávio Cavalca – para a cobertura do conclave e da entronização do Papa na cátedra da Sé Romana.

Embora o Provincial tivesse sido reeleito em agosto, até outubro a Província estava ainda em processo de escolha dos conselheiros. Finalmente, Padre José Carlos escolheu os Padres João Barbosa e Clodoaldo Montoro para o conselho e os confrades elegeram os Padres Noé Sotilo e José Ulisses. Essa seria a equipe a coordenar a Província por mais três anos. Naqueles dias a Província ainda vivia bons tempos vocacionais, com seminários cheios: cerca de trezentos rapazes nos Seminários de Sacramento, Aparecida, Tietê, São João da Boa Vista e São Paulo. Na década de 1950 este alto número era comum, mas no final da década de 1970 os números baixaram, pois gaúchos e goianos não mais vinham para a Província de São Paulo para os estudos de filosofia. Padre Vítor procurava visitar e acompanhar os Seminários. Ele tinha consciência da necessidade e da importância real da Pastoral Vocacional. Sem vocações a Província chegaria ao fim.

O ano estava prestes a findar e, mais uma vez, Padre Vítor recebeu uma grande homenagem. Um ano havia se passado desde que ele fizera uma conferência para os vereadores católicos reunidos em Aparecida. De volta à cidade, eles organizaram a Associação dos Vereadores Católicos do Brasil, elaboraram estatutos, e escolheram, como patrono, o próprio Padre Vítor Coelho, que lhes escreveu uma cartinha plena de gratidão e reconhecimento pela honrosa distinção.

> Tendo sido honrado com o título de Patrono dessa insigne Associação, quero deixar documentado o meu reconhecimento, e expressar o sentido em que acolho tão nobre epíteto; dando-lhe, não o significado que orna os Santos e os grandes vultos, mas, sim, denotando serviço, diaconia.
>
> Assim, como Patrono, sentir-me-ei obrigado a dedicar minha pessoa e os carismas de sacerdote e missionário de Nossa Senhora Aparecida à promoção dessa falange de Vereadores da minha Terra.
>
> Comparando-os à argila de que se confeccionou a veneranda Imagem da Padroeira do Brasil, queremos, os Edis católicos da Terra de Santa Cruz e seu humilde "patrono", erigir ao "Rei dos Reis e Senhor dos Senhores" um monumento espiritual mais duradouro que as pirâmides.[49]

Entregou pessoalmente a carta aos Vereadores. Participou da missa que encerrou o evento, fazendo os comentários para a RA. E, antes que as luzes de 1978 se apagassem, eis que a lista de mudanças para o novo triênio chega às mãos dos confrades, quase às vésperas do Natal. Padre Pedro Fré foi nomeado reitor para a casa de Aparecida. Na direção da RA, continuava Padre Gambi coadjuvado pelo jovem Padre Agostinho Frasson. Padre Vítor continuava a morar no convento velho, mas escalado para a RA.

---

[49] Arquivo Padre Vítor, *Pasta Correspondência com Autoridades.*

Padre Fré, que fora conselheiro do provincial no triênio anterior, era um homem abalizado para o cargo de superior. Com experiência de missionário da ativa, assim que chegou ao convento, diante dos confrades, fez uma pequena alocução. Na capela, às seis horas da manhã, depois da oração comunitária, ele se apresentou. E o que ele falou tocou os corações dos que ouviram, inclusive o de Padre Vítor, que o cumprimentou pelas palavras.

> O papel principal do superior é fomentar o espírito de oração da comunidade, com o seu próprio exemplo e exortações prudentes e criteriosas; é cultivar o espírito de família, de fraternidade e harmonia. Os religiosos, que renunciaram a tantos bens que poderiam ter, devem sentir-se bem, se ajudam e se completam. Todos temos nossas limitações e assim todos precisamos da colaboração de nossos irmãos. Superando todo egoísmo, reconhecemos as boas qualidades de nossos confrades e alegramo-nos com elas, louvando a Deus pelo bem que os irmãos realizam.[50]

Palavras inspiradas que continuam valendo para cada superior em cada comunidade religiosa. Diálogo e fraternidade, eis os grandes desafios, ontem e hoje!

Ano Novo chegando, e a esperança de todos já se renovava diante das possibilidades e expectativas para o próximo triênio na Província. Padre Vítor estava feliz, pois além de seus programas na RA, teria mais dois companheiros de lides radiofônicas: Padre Agostinho Frasson, e, mais tarde, Padre Luiz Ítalo Zompero, que voltava de Goiás para assumir funções na Rádio.

Apesar da idade, Padre Vítor estava sempre animado. Seguia feliz sua rotina. Fosse gravando os programas para o horário do meio-dia e fazendo, ao vivo, a Consagração às quinze horas, fosse com as entrevistas com os romeiros e a missa do Santíssimo, às quintas-feiras. Todos os dias, na praça, tinha encontro marcado com os fotógrafos para que o romeiro pudesse levar para casa o retrato do padre mais querido de Aparecida.

Se por um lado não fosse muito dado a observar normas, em seus programas, ao contrário, ele foi sempre atento à ortodoxia e o que falava estava sempre sob a orientação da Igreja. Palavra escrita, Tradição e magistério da Igreja eram observados com fidelidade, orientando sua fé e sua pregação. Ele queria a Bíblia no coração do povo, não apenas em suas mãos. Insistia para que o povo compreendesse que a Palavra de Deus não era apenas palavra escrita, mas a palavra anunciada pelos apóstolos, pela Igreja e contida também na tradição!.. Quantas horas ele empregou em seus programas para convencer o povo de que a palavra contida nos livros santos e na tradição era toda ela revelação de Deus e que esta só poderia ser bem interpretada conforme o magistério da Igreja.

Consoante o espírito de sua época, muitas vezes deixou de ser ecumênico quando advertia sobre o perigo da interpretação particular das Sagradas

---

[50] Documenta 8, "Crônica da Comunidade Redentorista de Aparecida", vol. VIII, no *ARSP*.

Escrituras. Ainda assim, não católicos também gostavam de ouvi-lo quando falava das Escrituras. Chegou assim a alcançar até novos adeptos para a Igreja Católica, conversões de não católicos. Quando fazia o Culto da Palavra, aos domingos, incentivando e instruindo as Comunidades de Base, chegou a receber mais de três mil cartas em um só mês. Em seus programas, como no do dia doze de outubro daquele ano de 1978, Jesus Cristo é a centralidade da fé e, Maria, a Senhora de Aparecida, é sua mãe e discípula cujo único desejo é que O ouçamos e O sigamos: "Fazei tudo o que ele vos disser" (Jo 2,5).

> Meio-dia! Grande festa de Nossa Senhora Aparecida...!
> Badalam os sinos e milhões de fogos espocam nos céus das cidades e das roças! Cada foguete é como um voto de plebiscito nacional a clamar ufano: "Viva Cristo, Rei!" e "Viva a Senhora Aparecida, Rainha!"
> Salve, Maria, cheia de graça, Bendita entre as mulheres!
> Mãe de Deus, Mãe da Redenção, Mãe da Divina Graça, Mãe da Santa Igreja, nossa Mãe e Mãe da esperança...! Salve, Maria!
> O Brasil rejubila-se festejando a Padroeira, Nossa Senhora Aparecida!
> A imagem da Senhora Aparecida é um sinal expressivo de tudo o que sentimos da Virgem Maria. Com todo entusiasmo.
> Aquela coroa simboliza a realeza, por ser ela a Mãe de Deus, recordando-nos que uma Pessoa divina veio tomar corpo e vida humana no ventre sagrado da Mulher, bendita entre todas as mulheres. E a coroa da Imagem proclama, na voz dos fogos, "Santa Maria, Mãe de Deus! Santa Maria, Mãe de Deus!"
> O manto da Imagem significa a proteção. Como os pintinhos se abrigam debaixo das asas da ave-mãe, nós nos abrigamos sob a proteção da Mãe de Deus, Mãe da Igreja.
> A imagem de Aparecida tem mãozinhas postas em oração para significar que ela pode amparar, rezando... E a oração dela é onipotente, porque Jesus falou que toda oração feita em nome dele será atendida. Mas a oração só se torna em nome de Jesus pela fé, pela confiança, e pelo amor ao Cristo. E o grau da fé, do amor e da confiança no Redentor depende do grau com que o Espírito Santo nos auxilia.
> Ora, Maria foi a "cheia de graça", a altamente favorecida (Lc 1), de quem a Bíblia diz: "Feliz és tu que creste..." Donde resulta ser a sua oração plenamente em nome de Jesus e, por isso, onipotente. [...]
> Imagem preta para nos lembrar: eu, nós, seríamos escravos da serpente infernal se Jesus Cristo, filho de Nossa Senhora, não fosse nosso Libertador.
> Redentor é o homem que compra escravos para libertar. Jesus resgatou-nos perante a Justiça de Deus, não com ouro, não com prata, mas com seu Sangue que tem valor infinito. Redimidos por Jesus, somos agora libertos do pecado. A falta de amor e a falta de justiça causam a escravidão.
> Jesus liberta pela palavra e pela graça! Ele nos liberta para que sejamos possuídos do querer divino. Amando tudo o que Deus ama, amamos os irmãos e os fazemos felizes, já neste mundo, rumo à libertação eterna!
> Nossa Senhora Aparecida, Rainha, Protetora, Mãe de Deus e nossa Mãe, Mãe da Redenção, Mãe da Divina Graça, Mãe da Igreja...
> Nossa Senhora Aparecida, abençoai o Brasil!
> Viva Nossa Senhora Aparecida, Rainha![51]

469

---

[51] Arquivo Padre Vítor, *Pasta Programas na Rádio Aparecida*.

PANIS VIVVS
QVI DE CAELO
DESCENDII

IMPRIMÉ EN BELGIQUE   W 138

Elegi vos e posui vos, ut eatis et fructum afferatis, et fructus vester máneat.
(São João XV, 16)

1923 _____ 1948

5 – AGÔSTO – 5

GRATA RECORDAÇÃO

dos

MEUS VINTE E CINCO ANOS
DE VIDA SACERDOTAL

PADRE VITOR COELHO DE ALMEIDA
Redentorista

Ao Rei dos séculos, único Deus, honra
e glória pelos séculos dos séculos!

Coração Eucarístico de Jesus, modêlo
do coração sacerdotal, tende piedade
de nós!   (300 dias de indulgência)

Causa de nossa alegria, rogai por nós!

Neste meu Jubileu sacerdotal, aos vossos
pés me prostro agradecido, ó Virgem Santíssima, Nossa Mãe do Perpétuo Socorro!

Encontrei num livro velho...
Achei boa a poesia.

P.J.Gomes SP.17-5-99

LEMBRANÇA
DAS BODAS DE PRATA
SACERDOTAIS

DO MISSIONÁRIO REDENTORISTA
Pe. VITOR COELHO de ALMEIDA

1923 _____ 1948

5 ◆ AGÔSTO ◆ 5

PER CRUCEM
AD LUCEM

Vem e Segue-me!

A dor sombria e calma invade a pobre casa.
Oh, ela vai partir, a rainha do lar!...
Tem saudades do Céu... Deus a chamou a si...
Mas... os filhinhos seus? – quisera ainda ficar!...

E o Vitinho, êste mar turbulento e agitado?...
Oh, quem lhe acalmará os impetos?... Oh quem
Lhe traçará no mundo os caminhos da vida,
Mostrando-lhe o ideal que leva ao Sumo Bem?...

A imagem lhe sorri da Virgem Aparecida...
Pende da mão enfêrma a efigie familiar...
E, num gesto de adeus, ao peito lh'a prendendo:
Filhinho, eis tua Mãe, não deixes de a invocar!

Desde então se inclinou a Virgem poderosa,
Com maternal carinho e terna compaixão,
Sôbre a alma feliz dêsse pobre orfãozinho:
Na vida o conduziu, de ascensão em ascensão...

Sacerdote de Cristo! – Além, além dos mares
Numa terra longinqua, onde viça o Edelweis,
Cinco lustros atrás, numa primeira Missa,
Com saudades lembrava os maninhos e os pais!

Sacerdote de Cristo! Evangeliza a paz!
Conduze a grei divina ao redil do Pastor!
Combate o êrro e o mal, ilumina, esclarece!
Prega o reino de Deus, a doutrina do Amor!

Faze amar a Jesus, o doce Pelicano,
O Amor desconhecido, o Deus da Eucaristia!
E à sua e nossa Mãe, a Virgem tão excelsa!
Faze amar a Jesus! Faze amar a Maria!

E, em cada amanhecer, outro Cristo que és,
Ofertando com os teus a Hóstia santa e pacífica,
Alcança de Jesus faça aqui sua Betânia,
E eleva para o Céu nosso grande «Magnificat!»

MARIAZINHA COELHO DE ALMEIDA

«Eu Vos louvarei, Senhor meu Deus, com todo o meu coração, e glorificarei o vosso santo nome eternamente. Porque Vossa misericórdia foi grande para comigo».
(Sl. 85,12-13).

LEMBRANDO
MEUS
50 ANOS DE SACERDÓCIO

1923 — 5 de agosto — 1973

e

MEUS 25 ANOS DE APOSTOLADO
NA BASÍLICA NACIONAL
DE NOSSA SENHORA APARECIDA

1948 — 1973

Pe. Vitor Coelho de Almeida
C. Ss. R.

«Salvai o filho de Vossa Serva». (Sl. 85,16)

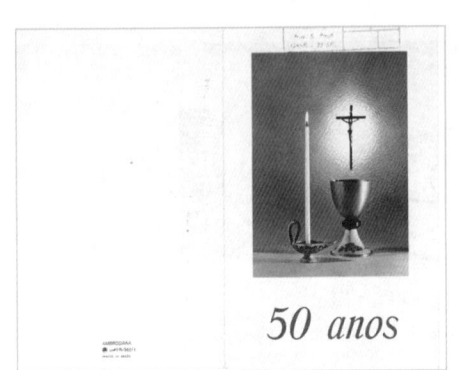

50 anos

Prezado amigo:

Venha, com sua família, unir-se a nós, para juntos agradecermos a Jesus Cristo, Sumo e Eterno Sacerdote, pelos 50 anos de fecunda participação no sacerdócio ministerial de Cristo, de nosso confrade.

Pe. Vítor Coelho de Almeida
C.Ss.R.

As comemorações terão início no dia 28 de julho, festa litúrgica de São Vítor, e aniversário Natalício de Pe. Vítor.

O ponto alto será no dia 2 de agosto, com a Concelebração às 11,00 hs. na Basílica Nova, com a presença de todos os Sacerdotes que o Pe. Vítor encaminhou para o Seminário, e outros sacerdotes amigos de Pe. Vítor, encerrando-se no dia 5 de agosto, 50° aniversário de sua ordenação Sacerdotal.

Para cada dia da semana haverá um programa especial.

Você está convidado.

A Comunidade Redentorista de Aparecida
Aparecida, junho de 1982.

Altehrwürdiges Gnadenbild
U. Lb. Frau von Altötting

Der Schleier ist am Gnadenbild berührt

Altöttinger Bittgebet
zu unserer lieben Frau

Maria breit den Mantel aus,
mach Schirm und Schild für uns daraus,
laß uns darunter sicher stehn,
bis alle Stürm' vorübergehn'!
In Krankheit, Unglück, Traurigkeit,
Maria sei zur Hilf bereit;
bewahre uns vor großer Not,
erhalte uns das täglich Brot!
Schenk unsern Kriegern Wiederkehr,
Maria, Mutter, uns erhör;
Bleib deinem Volke, deinem Land,
der Rettung heilig Unterpfand!
Altötting deinem Gnadenort,
Maria sei ihm treuer Hort,
behüt in dieser schweren Zeit
dein Heiligtum vor jedem Leid!
Mit deiner Gnade bei uns bleib
bewahre uns an Seel und Leib;
voll Huld auf uns herniederschau,
Maria unsre liebe Frau!

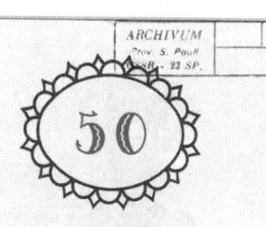

50

ANOS
DE
VIDA RELIGIOSA

NA CONGREGAÇÃO
DO SSMO. REDENTOR

****

«Não fôstes Vós que me escolhestes, mas eu vos escolhi e vos designei, para que vosso fruto permaneça»
(Jo. 15, 16)

OGESA

P. Vitor Coelho   P. Antonio de Oliveira
Missionários Redentoristas

****

2 DE AGÔSTO DE 1918
PROFISSÃO RELIGIOSA
EM BOM JESUS DOS PERDÕES, Est. S. Paulo

2 DE AGÔSTO DE 1968
AÇÃO DE GRAÇAS NA BASÍLICA
DE NOSSA SENHORA APARECIDA

****

Santa Maria, Mãe de Deus!

Confrades e parentes

dos

Jubilares

*convidam V. S. e seus familiares para as
solenidades, que se darão no dia 13 de
agôsto de 1968.*

****

18,30 horas: *Concelebração na
Basílica Nacional.*

20,00 horas: *Carinhosa homenagem no Cine Aparecida.*

****

*O povo de Deus sauda seus Jubilares,
Missionários Redentoristas.*

Verdadeiro retrato de N. Senhora Apparecida

Lembrança

da Iª missa do redemptorista

Victor Coelho de Almeida

em Forchheim na Baviera

a 15 de Agosto de 1923

*

Doce Coração de Maria se minha salvação
(300 dias d'indulg.)

Den Namen Dein preif'
unfer Mund,
Dein Lob mach unfer Wandel kund,
Das Herz verlange ganz allein,
Nach Dir, o liebfter Jefu mein!

M. Lourdes

LEMBRANÇA

da

PRIMEIRA MISSA

do

P. Victor Coelho

C. Ss. R.

Em GARS (Baviera)

12—VIII—23.

«Pedi ao Senhor da seara que mande operarios á sua messe.» — (S Math. IX, 38).

tentinho de A. Vitor
21-7-87.

foge feliz...

P. Victor Coelho de Almeida, C.Ss.R.

Idolatria

ou = *Cfr. Título interno.*

Culto
das Imagens

OFICINAS GRÁFICAS EDITORAS SANTUÁRIO DE APARECIDA, LTDA.

P. Victor Coelho de Almeida, C. SS. R.

IDOLATRIA
E
CULTO DAS IMAGENS

1965

EDIÇÃO DAS

OFICINAS GRAFICAS EDITORAS SANTUÁRIO DE APARECIDA LTDA.

PODE-SE IMPRIMIR:

P. JOSÉ RIBOLLA, C.SS.R.
Superior Provincial.
São Paulo, 14 de dezembro de 1964.

IMPRIMATUR:

D. ANTÔNIO F. DE MACEDO, C.SS.R.
Arcebispo Coadjutor e Vig. Geral.
Aparecida, 28 de dezembro de 1964.

Prólogo

Os livros da Sagrada Bíblia abrem fontes inexauríveis de verdade e de amor. Hipérbole, porém, ingênua, seria classificá-los como "cartas do Pai" aos homens, tão simples e claras, que ninguém achasse dificuldade séria em interpretá-las. Segundo afirmação da própria Escritura Sagrada, as cartas de S. Paulo, por exemplo, contêm "passagens difíceis de entender, cujo sentido espíritos ignorantes ou pouco fortalecidos deturpam, para sua própria ruína, como fazem também com as demais Escrituras" (II Pedro, III, 16). Assim é que, de Bíblia em punho, irmãos separados, presumìvelmente de boa fé, combatem o CULTO DAS IMAGENS DOS SANTOS, aliás, praticado por esmagadora maioria dos cristãos (800 milhões), como se se tratasse de abominável idolatria.

Não há nenhum perigo para a fé, na leitura da Bíblia, para o católico que, de antemão, se lembra da mencionada dificuldade de interpretação do Livro Divino mas, de outro lado, não se esquece de que A IGREJA É ABSOLUTAMENTE SINCERA E INFALÍVEL na transmissão das verdades reveladas por Jesus. Assim, o católico entrega-se delicìosamente às páginas maravilhosas do Livro Santo, tirando imensos proveitos para sua alma mas... quando tropeça em "passagens difíceis", parecendo, à primeira vista, contrárias à doutrina da Santa Igreja, êle não se precipita nem abala, mas reflete mais ou menos no seguinte teor: "A Igreja sempre conheceu perfeitamente êsses tópicos das Escrituras. terei de lhe dar razão, quando eu também chegar ao perfeito

7

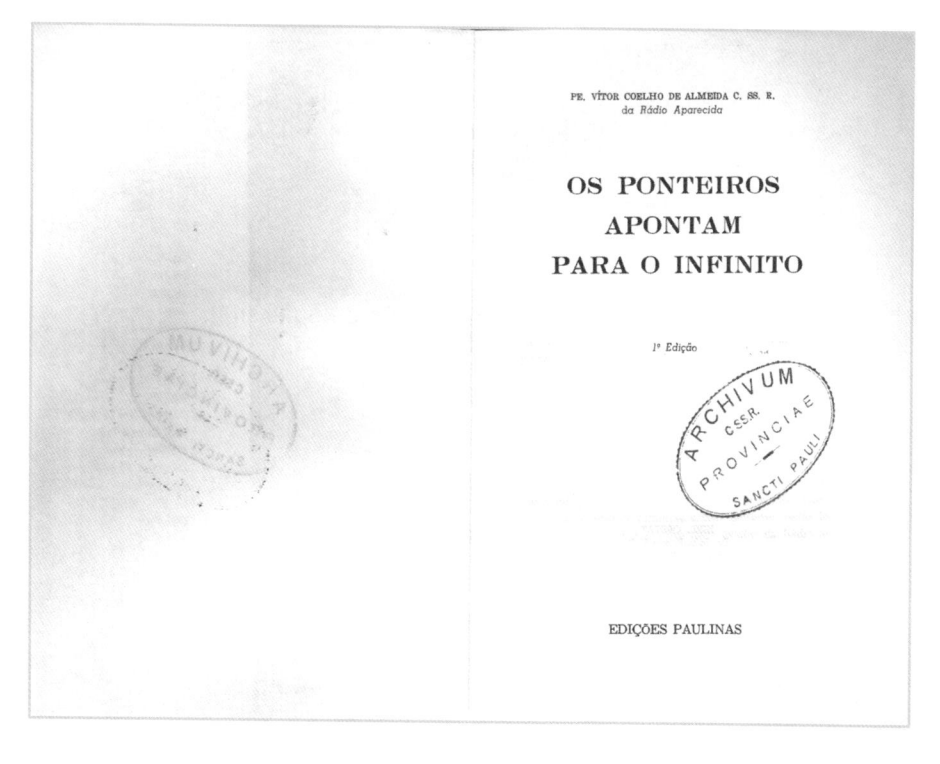

PE. VÍTOR COELHO DE ALMEIDA C. SS. R.
da Rádio Aparecida

OS PONTEIROS
APONTAM
PARA O INFINITO

1ª Edição

EDIÇÕES PAULINAS

L S GRAVAÇÕES **COMPACTO 33** DUPLO

Pe. Vitor
Aos Seus «Caríssimos» Ouvintes do Brasil

CÔRO DA
BASILICA NACIONAL DE
N. S. APARECIDA

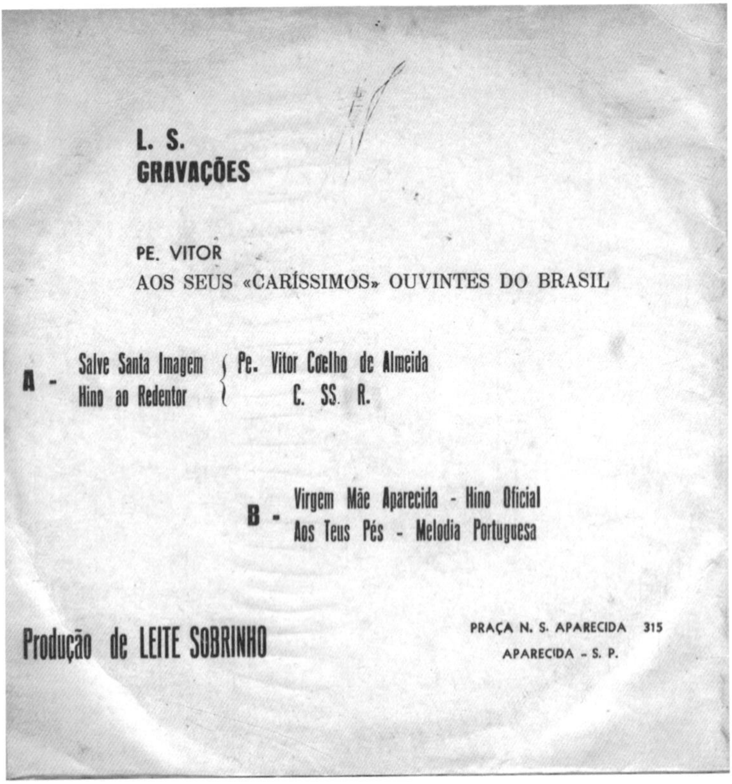

L. S.
GRAVAÇÕES

PE. VITOR
AOS SEUS «CARÍSSIMOS» OUVINTES DO BRASIL

A -
Salve Santa Imagem { Pe. Vitor Coelho de Almeida
Hino ao Redentor { C. SS. R.

B -
Virgem Mãe Aparecida - Hino Oficial
Aos Teus Pés - Melodia Portuguesa

Produção de LEITE SOBRINHO

PRAÇA N. S. APARECIDA 315
APARECIDA - S. P.

GOS : 004

o Padre Vitor Coelho de Almeida

Missionário do povo simples e humilde,
pregador das Missões Populares,
apóstolo da Rádio Aparecida,

comemorando 60 anos de sacerdócio
a serviço da Igreja no Brasil.

Lado A = Testemunho do Pe. Vitor Coelho de Almeida
Participação do Pe. José Oscar Brandão.

Lado B = "Salve, Santa Imagem"
"Hino ao Redentor"   (Letra e música do Pe. Vitor Coelho de Almeida,
missionário redentorista)
= Coro da Basílica Nacional de N. S. Aparecida =

PRODUÇÃO: Olacir Dias e Sérgio Diniz
GRAVADO nos estúdios da Rádio Aparecida - APARECIDA - SP.
TBC-GRAVAÇÃO: Olacir Dias
PHOTO ATELIER KENNEDY
J. SOUZA FILHO
APARECIDA S.P.

13

O MISSIONÁRIO DA SENHORA APARECIDA

Começava mais um ano, sempre tido e desejado como ano novo... *Tempus fugit,* diria alguém conhecedor da língua latina para expressar a ligeireza da vida. Ainda assim, vale a pena recordar o salmista que rezou: "O que é o homem, Senhor, para dele te lembrares com tanto carinho?" Padre Vítor começava o ano em que celebraria seu octogésimo ano de vida. Para alguém, que por duas vezes esteve à beira da morte, chegar aos oitenta anos de vida era mais uma graça de Deus. Ele era sabedor deste dom e o agradecia profundamente.

Naquele ano, o Brasil começava seu processo de abertura política conforme a ideologia do regime: lenta e gradual. Cidadãos engajados no processo democrático e que haviam sido expulsos do país, juntamente com políticos de oposição ao regime, receberam anistia e retornaram a casa. Em março, o General João Batista Figueiredo assumiu a Presidência da República. O Brasil ainda vivenciaria mais cinco anos de ditadura militar.

O grande momento para a Igreja da América Latina foi a Terceira Conferência do Celam em Puebla de los Angeles, no México, no mês de fevereiro. Praticamente todos os países latino-americanos eram governados por regimes de exceção. Setores da hierarquia da Igreja perceberam que o fosso entre ricos e pobres havia aumentado desde a Conferência de Medellín. O contexto revelava aumento da pobreza e opressão por parte dos governos. Ainda que a preparação para a Conferência tivesse revelado momentos conturbados e exposto certa divisão entre os coordenadores, em Puebla a Igreja foi capaz de declarar que fazia uma opção clara e preferencial pelos pobres. O documento foi muito feliz ao identificar o rosto de Cristo no rosto de cada pobre sofredor do continente.

O Papa João Paulo II, em sua primeira viagem internacional, foi ao México para a abertura da Conferência. O Arcebispo Coadjutor de Aparecida também participou. Assim que as conclusões assumidas pelos bispos em Puebla foram publicadas em forma de documento, Padre Vítor passou a comentá-las na RA e a clarear alguns pontos para seus ouvintes. Entre seus pertences, anotações sobre o documento e um resumo planejado em dez itens testemunham seu zelo. Datilografado e corrigido manualmente, o documento, no entanto, vai apenas até o quinto item, não se sabendo se os outros cinco se perderam ou se ele não chegou a escrevê-los. O certo é que seu cuidado de pastor não deixou seus ouvintes alheios aos acontecimentos e resoluções de Puebla.

Naturalmente, vocês já ouviram falar muito de Puebla. Puebla é uma cidade do México onde se reuniram mais de trezentos bispos de todas as nações da América Latina e do Caribe. Sim, os bispos católicos se reuniram com o Papa pessoalmente, para estudarem a religião: como tem sido praticada na América Latina. Reuniram-se para verificar se o catecismo, o Evangelho de Cristo, a verdade e a graça de Cristo continuam a ter influência nos povos da América Latina; se ela vive de fato a mensagem de Cristo, a mensagem de sua Igreja.

O documento de Puebla nos mostra que a Igreja, para fazer viver o Evangelho na América Latina, precisa fazer com que todos enxerguemos a nossa realidade. Como está a vida cristã nesses países? O *método de trabalho* dos bispos nos mostra que é preciso não só ver, mas julgar tudo segundo a Palavra de Jesus, segundo a sua doutrina. É preciso ver, julgar e tomar providências para que a América Latina seja libertada de tudo o que está errado e aceitar o que seja certo. Ver, julgar e tomar medidas corajosas para que o Evangelho seja a essência da nossa vida na América Latina.

A religião precisa entrar na vida prática da sociedade, não pode ficar escondida nos corações ou na sacristia. Ela precisa ser o fermento da sociedade, pois a Lei de Deus precisa atingir o homem no seu meio, na família e na sociedade. A religião aponta para um *compromisso social e político enquanto cristãos*.

A situação em que vivemos, disseram os bispos, infelizmente, é de pecado. Há na América Latina o grande pecado social. A Igreja deve agir dentro da sociedade, condenando tudo o que vai contra a dignidade do homem que é a imagem e semelhança do Cristo, porque o Verbo Divino se fez homem para dignificar o homem. [...]

Os bispos acentuaram a *defesa e promoção da dignidade da pessoa humana*, especialmente dos pobres, apontando para Cristo. A preferência dada aos pobres, é porque são eles que costumam ser injustiçados, perseguidos e marginalizados.

Puebla fala da *opção preferencial pelos pobres*. Os bispos disseram que há necessidade de conversão de toda a Igreja, para uma opção pelos pobres, visando a sua integral libertação. Essa preferência pelos pobres poderia chamar de preferência pela justiça ou pelos injustiçados. Os bispos explicaram que, depois de dez anos, os fatos constatados em Medellín, como a pobreza, em vez de diminuírem, aumentaram, chegando à miséria. As riquezas vão ficando cada vez mais nas mãos de menor número de pessoas, e as massas vão ficando cada vez mais pobres. Em favor dessas massas injustiçadas é que a Igreja deve levantar a sua voz. [...]

Evangelizar significa pregar o Evangelho, dar Cristo ao povo para que Cristo liberte espiritual e materialmente. Liberte do mal espiritual, mas também dos males deste mundo, por exemplo, a fome e a pobreza. A libertação consiste, pois, em tirar o homem do pecado, tanto na vida pública como na vida particular. Pecado quer dizer: injustiça, impiedade, falta de amor. Amor e justiça é que libertam; amor e justiça vêm de Deus, por Cristo.

A libertação não fica só dentro da sacristia. É preciso que haja libertação na vida: ser justo com Deus e, portanto, ser justo com o próximo; amar a Deus e, portanto, amar ao próximo. A libertação atinge os ricos e os pobres. Todos devem aceitar o Cristo porque o Cristo é Pessoa divino-humana. É na responsabilidade perante o Cristo é que nos libertamos do pecado: a nós mesmos, a família, a sociedade, todos em conjunto; não por métodos pecaminosos, mas por métodos corretos, enérgicos, às vezes, para estabelecer a justiça. *A evangelização visa a libertação integral dos povos na América Latina.*[1]

Esse era seu jeito de passar a seus ouvintes, de maneira simples e didática, mensagens sobre temas complexos que exigiam análises mais aprofundadas. Assim ele abordou a Bíblia, as decisões do Concílio Vaticano II, as conclusões das Conferências de Medellín e de Puebla. Aliás, à época da Conferência de Medellín, Vítor enfrentou dificuldades para expor as proposições dos bispos devido ao gerenciamento da censura governamental sobre setores da Igreja.

A Conferência de Puebla marcou época na Igreja do Brasil, de modo especial nas pastorais sociais das grandes cidades. Chegando aos seminários, notadamente àqueles pertencentes às ordens e congregações religiosas, refletiu fortemente também na formação do clero. Puebla confirmou uma prática pastoral que, há dez anos, vinha sendo praticada, com maior ênfase, nas periferias das cidades. Para os redentoristas, o documento era uma confirmação daquilo que fora a vontade e o sonho do fundador e a própria razão de ser de sua Congregação: anunciar Jesus Cristo no meio dos pobres. Cristo no centro da vida e das ações. Mas o Cristo que, para Afonso, não é uma evasão da realidade. Ao contrário, a realidade é Cristo e o sacramento de Cristo são os pobres. Padre Vítor, à maneira de uma catequese, tentava passar essa mensagem ao povo mais desprovido de bens e recursos, àquela parte imensa da população mais desamparada pela sociedade e pelo poder político.

Os três primeiros meses do ano, Padre Vítor passou parte deles em Campos do Jordão. Esteve uma semana na casa da Pedrinha, onde os membros da Província se encontravam para estudos e reciclagem pastoral. Padre Vítor estava dispensado pelo superior, devido a sua idade, de participar desses cursos. Mas não abria mão do *aggiornamento* pastoral através de livros, conferências e cursos que estivessem a seu alcance. Era o testemunho de um homem zeloso e estudioso.

Em março, ele recebeu um bilhetinho de seu irmão José, que morava no Rio, comentando que o dia cinco de março seria o aniversário do Prof. Leão, pai deles. Vítor escreveu que já havia telefonado para ele, pois estava em Campos do Jordão. Dias depois, Padre Vítor precisou viajar até o Rio de Janeiro, pois seu irmão havia sofrido um acidente automobilístico. Feita a visita ao irmão, comunicou a Mariazinha a situação de Dedé. Os três, naquela altura da

---

[1] Arquivo Padre Vítor, *Pasta Programas na Rádio Aparecida*. Original datilografado. São, ao todo, sete páginas nas quais ele enumera cinco pontos do documento de Puebla. Várias correções foram feitas à mão no corpo do texto.

vida, comunicavam-se com mais frequência, especialmente através de telefo-nemas. José – o Dedé – no Rio de Janeiro, aposentado e viúvo. Seu casamen-to não fora bem sucedido. Também não teve filhos. Mariazinha, em Araxá, professora aposentada, escritora e catequista, nunca se casou. Padre Vítor, em Aparecida, envolvido na vida conventual e em seu trabalho apostólico, nota-damente, em seus programas de rádio e muitas viagens. Os três rebentos do Sr. Leão procuravam, cada um a seu modo, compartilhar o carinho permitido por todas as distâncias – nem sempre medidas em quilômetros – impostas pela vida e pelas circunstâncias.

Metido nos afazeres e compromissos do dia a dia, lá pelo final de março, Padre Vítor deu-se conta de que uma carta que havia escrito ao Arcebispo Dom Geraldo Penido não lhe chegara às mãos. Procurou em seus pertences e encontrou-a, pois realmente não a enviara. Datilografou-a novamente em papel timbrado do Secretariado de Pastoral do Santuário Nacional, com data de 12 de outubro de 1978.

> Sinto-me impelido a escrever a V. Exª. para pedir o apoio do seu prestí-gio, para seguinte proposta:
>
> Visto que o ano 2000 só convencionalmente se diz a data do segundo milênio do nascimento do Senhor Jesus, sendo a própria data de vinte e cin-co de dezembro também convencional, sugiro que:
>
> Convencionalmente se admita a idade de vinte primaveras para a ma-ternidade da Virgem Maria, (ou melhor, vinte anos).
>
> Convencionalmente se declare o ano de 1980 com o respectivo dia oito de setembro como datas do ano 2000 de Nossa Senhora.
>
> Visto ser ela a "Imaculada Conceição", o jubileu deveria começar nove meses antes, isto é, a oito de dezembro de 1979.
>
> Nesse "ano jubilar", inaugurar a grande e monumental "Basílica" de Apa-recida, como monumento do ano 2000 de Nossa Senhora.
>
> Propor ao Papa a declaração de um ano jubilar universal.
>
> Sem mais, peço que a ideia seja proposta por pessoas autorizadas, como V. Exª. e Emª. Sr. Cardeal Dom Carlos Motta.
>
> Do servo e amigo,
> Padre Vítor Coelho.[2]

Em seus programas, particularmente no programa das 15h, ele mencionou várias vezes esse assunto, que não foi levado adiante como ele desejava. Sua proposta, não obstante, foi mais uma prova de seu amor por Nossa Senhora e da importância que ela sempre teve em sua vida. Sua profunda espiritualidade mariana levava-o a desejar ainda mais manifestações de amor e devoção à San-ta Mãe. Verdadeiramente, Padre Vítor foi o missionário da Senhora Aparecida,

---

[2] Arquivo Padre Vítor, *Pasta Correspondência com Autoridades*. Junto da carta datilografada está o origi-nal. No original ele acrescentou, manuscrito: "P. E. Peço desculpas das falhas datilográficas, explicáveis por ter sido esta carta escrita depois das 23 horas do dia 12 de outubro. Achei melhor mandar assim mesmo, visto ter eu o desejo de que não se perca a data de 12 de outubro para a minha proposta".

anunciador de suas glórias, viageiro incansável por todo o Brasil, a falar da ação de Deus pela ação de Maria em sua e na vida de todos quantos o escutavam.

No começo de abril, Padre Vítor recebeu no convento redentorista o prefeito municipal de Aparecida e um dos vereadores da Câmara local. O encontro visava dissuadi-lo do pedido feito, por carta, aos poderes legislativo e executivo do município. Ao completar cinquenta anos de vida sacerdotal, em 1973, dentre as muitas homenagens que lhe foram prestadas, a municipalidade mandara erguer em praça pública um busto do homenageado. Passados cinco anos, a inesperada confissão:

> Tenho feito várias e insistentes súplicas aos bons e poderosos amigos, do atual e do antigo governo de Aparecida, para que seja retirada ou substituída por outra herma, como a de Santo Afonso.

Na carta, ele diz "de joelhos, rogar que me concedam, sem ônus aos cofres públicos, trocar a minha efígie... Essa realidade me acabrunha e entristece constantemente, ao ponto de me tirar o sono". Tão grande é seu arrependimento que afirma ainda ter, na ocasião, ao permitir tal homenagem, cometido uma falta grave. Não se lembrava bem, mas acreditava ter dado, com relutância, sua aprovação. Por que não pensara em pedir – lamenta ele – que a homenagem fosse para todos os redentoristas que trabalham em Aparecida?[3]

Movido pela mesma preocupação, escrevera também ao Prefeito de quem se dizia amigo. Novamente ele se diz constrangido, mas agora é explícito dizer que, na época, não queria estátua sua, mas de Santo Afonso. Faz elogios ao Prefeito e à amizade que os une, esperando que, em vista disso, será atendido.

> Caro amigo Vicente de Paulo Penido,
> Salve, Maria!
> [...] O amigo sabe que eu pedira, encarecidamente, que não se colocasse, como lembrança das minhas bodas sacerdotais, não estátua minha, mas uma herma ou estátua de Santo Afonso, simbolizando os sacerdotes que benemeritamente trabalharam em Aparecida. No ato da inauguração, compareci para declarar que só aceitava a herma como um sinal de gratidão aos mencionados sacerdotes "muitos dos quais mais merecedores do que eu". Foi assim que, arrastado pela onda de amizade, aceitei a homenagem não merecida.
> Confesso ao amigo que, desde então, senti-me envergonhado perante a sociedade e perturbado em minha vida de oração. Como sabe, desde então tenho envidado esforços para reparar o erro, pedindo aos amigos e poderes competentes a retirada ou substituição do monumento por uma estátua de Santo Afonso, meu pai espiritual e digno símbolo do sacerdote.[4]

485

---

[3] Arquivo Padre Vítor, *Pasta Correspondência com Autoridades*. Carta de fevereiro de 1979 aos poderes Legislativo e Executivo de Aparecida.

[4] Arquivo Padre Vítor, *Pasta Correspondência com Autoridades*. Carta de fevereiro de 1979 ao Prefeito Vicente de Paulo Penido.

Por que só depois de passados os anos ele se preocupou em retirar da praça a justa homenagem do povo de Aparecida ao ilustre filho que a cidade adotara? Teria surgido crítica de algum confrade ou de algum órgão da imprensa? O certo é que, passado o ímpeto de desfazer o que para ele poderia denotar vaidade ou culto à personalidade, Padre Vítor logo se ocupou com outro assunto. No final de março, extasiava-se com a leitura da primeira encíclica de João Paulo II, *Redemptor Hominis*, na qual o Papa abordava a relação entre o mistério do Cristo Redentor e a dignidade do homem, "primeiro e fundamental caminho da Igreja", para o qual ela deve dirigir todo seu cuidado, zelo e compaixão.

Mês de abril e as celebrações da Semana Santa. Mais uma vez, quase pela quadragésima vez, o sermão das dores de Nossa Senhora, no Sábado Santo, foi pregado por ele. O cronista comentou que "com um dinamismo de jovem, nosso quase octogenário Padre Coelho pregou durante uma hora. O Arcebispo assistiu a tudo, no altar".

No mês seguinte, iniciou uma série de viagens para levar a imagem de Nossa Senhora Aparecida aos devotos. A viagem que mereceu dele especial destaque – e causou-lhe muito medo – foi a de avião de Guaratinguetá para Goiânia, com o tempo ruim e nublado a sugerir cancelamento do voo. Mas, apesar das más condições do tempo e dos "suores frios", a viagem foi feita. Padre Vítor fora convidado para dirigir uma concentração no estádio Serra Dourada, em Goiânia, organizada pelos Padres do Coração de Maria em homenagem ao Ano Mariano. O ano Jubilar Mariano fora decidido pelo Arcebispo de Aparecida e estabelecido entre setembro de 1979 e agosto de 1980. Abrilhantaram, sobremaneira a festa, a imagem de Nossa Senhora Aparecida e a pregação inflamada do missionário d'Aparecida.

Incansável, em uma jornada de quinze dias, visitou Itabirito (MG), e, em seguida, as cidades paulistas de São Manoel e Lençóis Paulista. Em julho, visitou Anta (RJ), Limeira do Oeste e Aracitaba, em Minas Gerais. Em agosto rezou novena na Paróquia Sagrado Coração de Maria, na cidade litorânea de Santos (SP) e viajou para Cândido Mota (SP), Jesuítas e Sertanópolis, no Paraná. A cidade mineira de Campo Belo o aguardava ainda em agosto, mas foi substituído por Padre Agostinho Frasson e equipe da RA. Em setembro, mais uma semana viajando por Pedralva e Argilite, em Minas Gerais, e Castelo, no Espírito Santo. No final do mês, ainda foi a Itapira (SP). O cronista do convento, com admiração, chegou a anotar: "Voltou Padre Coelho muito contente de sua última viagem. Admirável resistência do velho missionário". Apesar da idade, seu ânimo não se arrefecia e Padre Coelho ainda percorreria muito chão por este Brasil.

Uma carta de instrução ao vigário de Itabirito – cidade que visitara em maio – revela que o velho missionário, aos oitenta anos, conservava-se zeloso, atento aos mínimos detalhes que pudessem facilitar e abrilhantar o sucesso do trabalho apostólico.

Revmo. Sr. Padre Adelino Ferreira da Silva
DD. Vigário de Itabirito
Salve Maria!

Fica combinada minha ida com a imagem fac símile nas datas de dois, três e quatro de junho de 1979.

Tínhamos combinado de V. Revma. tratar com os respectivos párocos de duas paróquias de Belo Horizonte, a pousada festiva, tanto na ida (uma) como na volta (a outra). V. Revma. não me escreveu nada neste sentido. Está ficando tarde. A pousada de ida será de primeiro para dois de junho; a da volta de quatro para cinco. Nova Lima e Sabará seriam também interessantes.

Se V. Revma. não tivesse tomado sobre si a tarefa desses dois convites, eu mesmo já teria tomado a iniciativa. Basta que o respectivo pároco me anuncie que aceita e eu mandarei as restantes informações.

Para Itabirito indico o seguinte:

Nada de cortejos de carros para receber na estrada. O enorme desfile de carros é muito vistoso, mas prejudica enormemente a parte espiritual de evangelização, dispersando o povo.

Tudo em grande praça com palanque iluminado e ótimos alto-falantes. Qualquer falha dos alto-falantes tira o melhor da festa.

Nada de discursos, coroações e jograis etc., na chegada da Imagem e na grande liturgia da chegada.

Discursos, coroações etc., ficam para a noite de Vigília (de sábado para domingo), que começa depois da grande liturgia da chegada.

O foguetório deve cessar, assim que a Imagem subir para o palanque. Ninguém deve soltar fogos para o lado do povo.

Na matriz esteja o altar do beijamento com entrada e saída organizadas.

Em toda parte, o povo costuma aproveitar para cumprir promessas no beijamento da Imagem, economizando viagem a Aparecida. Acho isso correto e tem sido permitido. É muito justo que uma parte das esmolas fiquem para a paróquia.

Viajarei em carro próprio (da basílica de Aparecida) com motorista próprio. Acompanha-me, por vezes, uma representante do Clube dos Sócios da RA para respectiva propaganda.

Domingo, em grande missa pela manhã e grande missa da tarde ou noite, tudo se fará no palanque.

Os três objetivos principais da Evangelização são: conversão, comunidade e o Dia do Senhor (domingo).

Sem mais, o meu abraço...[5]

487

A carta traduz o lado prático e o desvelo do missionário que há tantos anos exercia, em tantas e repetidas viagens, o apostolado de levar a imagem peregrina de Nossa Senhora em visitas pelo país afora. Pois, para ele, nenhuma visita de Nossa Senhora a qualquer cidade era fato rotineiro. Sempre entusiasmado, cada nova oportunidade tinha o sabor de uma nova festa de encontro da mãe com seus filhos.

Se antes houvera dificuldades com a direção da RA no tocante a suas viagens com a imagem em nome do Clube dos Sócios, as divergências há muito haviam cessado e o incansável Vítor seguia tranquilo em suas jornadas

[5] Arquivo Padre Vítor, *Pasta Correspondência com Autoridades*. Carta de Padre Vítor a Padre Adelino Ferreira da Silva, em maio de 1979.

apostólico-marianas. A chegada da imagem a qualquer cidade era uma festa. Mas, missionário experiente e cheio de cuidados, ele bem sabia do perigo de dispersão, de que tudo se resumisse apenas ao lado festivo do evento, sem eficácia na evangelização. Por isso, cuidava dos detalhes que facilitariam e resguardariam o trabalho missionário, protegendo-o da mera exterioridade.

Fato marcante aconteceu no início de julho. Padre Vítor fazia a Consagração a Nossa Senhora na basílica, quando, ao lado, estacionou um ônibus trazendo os jogadores do Santos Futebol Clube. Todos os jogadores, mais o técnico Chico Formiga, foram agradecer a Nossa Senhora o título de campeão paulista de 1978. O ônibus chegou escoltado por batedores da polícia e em companhia do Prefeito de Aparecida. Padre Vítor aproveitou o momento e, de improviso, exaltou o papel do esporte na vida social. Conversou com os jogadores, brincou e deu uma bênção especial a todos. Diplomático, elogiou o time, ainda que ele mesmo fosse um bom corintiano. Mas, naquele momento alegre, ele era apenas torcedor de Jesus Cristo e de seu sonho de que todos fôssemos um único time, jogando o jogo limpo, fraterno e solidário da vida...

Setembro de 1979 chegando... Em nosso hemisfério sul a primavera começa no dia vinte e três de setembro. Um dia antes do início da primavera de 1899, nasceu Padre Vítor Coelho de Almeida. O bravo missionário completava oitenta anos... Menino crescido em uma família mal-estruturada, carente de orientação e segurança, ele sofreu muito nas andanças familiares à procura de melhores condições de vida. Deixado no seminário redentorista em Aparecida, lá encontrou seu caminho e sua missão. Duas vezes a tuberculose colocara em risco sua vida. Certamente ele podia rezar como o salmista rezou um dia, meditando sobre a fragilidade humana que se ampara na infinita e incondicional misericórdia de Deus.

Senhor, foste para nós um refúgio de geração em geração.
Antes que os montes tivessem nascido
e fossem gerados a terra e o mundo,
desde sempre e para sempre tu és Deus.
Mil anos são aos teus olhos
Como o dia de ontem que passou,
Uma vigília dentro da noite!
Tu os inundas com sono,
Eles são como erva que brota de manhã:
De manhã ela germina e brota,
De tarde ela murcha e seca.
Nossos dias todos passam sob a tua cólera,
Como um suspiro consumimos nossos anos.
Setenta anos é o tempo da nossa vida,
Oitenta anos, se ela for vigorosa...
Ensina-nos a contar nossos dias,
Para que venhamos a ter um coração sábio (Sl 90).

No dia exato de seu aniversário – 22 de setembro – havia um congresso de sindonologia em Aparecida e toda a atenção estava voltada para o evento. Era um sábado e Padre Vítor concelebrou em altar montado em frente à basílica velha. Ao final, houve o tradicional "parabéns pra você" comandado pelos cadetes da Academia Militar de Agulhas Negras, que haviam conduzido todo o canto da missa. No domingo, dia vinte e três, missa pela manhã na basílica nova. Padre Vítor presidiu e Padre Pedro Ávila fez a homilia. Segundo o cronista, Padre Ávila "canonizou" Padre Vítor em vida e, arrematando suas palavras, disse que a Rádio Aparecida, depois de Nossa Senhora, tinha no trabalho de Padre Vítor a razão de seu sucesso. Mais tarde Padre Vítor comentou: "Eu sou apenas o carteiro, o estafeta que entrega as cartas, as mensagens. Quem as pronuncia é o Espírito Santo".

À noite, no convento da praça, os confrades se reuniram para festejar e cortar o bolo celebrativo do octogenário. Uma faixa colocada no refeitório rezava o versículo do salmo 90: "A vida do homem sobre a terra vai até aos setenta... Os mais fortes até aos oitenta". Uma foto grande do aniversariante cercado de orquídeas embelezava e significava o ambiente e a festa. O Padre Provincial, que se encontrava em Roma para o Capítulo Geral, enviou uma carta. Ao escrevê-la, ele conjetura que, se Padre Vítor não fosse redentorista, teria sido um homem de sucesso e muito rico fora da Igreja. Ao que ele retrucou veementemente, interrompendo a leitura: "Deus me livre! O peixe não pode viver fora d'água; assim eu não poderia viver fora da minha Congregação, não poderia viver fora do convívio e da caridade de meus confrades".

Momento perpassado pela gratidão de Padre Vítor, de toda a Congregação e de toda a Igreja. Em 1980, a expectativa de vida do homem brasileiro era de sessenta e quatro anos. Padre Vítor já escalara muito mais e chegara a um patamar muito mais elevado. Passados mais de trinta anos, em 2013, a expectativa de vida do homem no sudeste é de setenta e cinco anos. Até em idade, fora longe o menino arteiro de Sacramento!.. E repetindo, sempre agradecido: "Sou filho da misericórdia!!!"

Foram-lhe prestadas inúmeras homenagens por meio de flores, presentes, telegramas e cartas. Ficou contente que, de Roma, o Padre-Geral Josef Pfab lhe tivesse escrito uma carta e entrado para o grupo daqueles que o homenagearam. A carta era a expressão, na lembrança e nas palavras de Padre Pfab, da gratidão de todos os missionários redentoristas.

> Prezado Pe. Vítor Coelho,
> Com muita satisfação quero unir-me a seus confrades das comunidades de Aparecida e de toda a Província de São Paulo para cumprimentá-lo pela passagem de seu 80º aniversário natalício, a se celebrar no próximo dia vinte e dois. Não se trata apenas de uma formalidade, mas desejaria que o senhor visse nesse meu cumprimento a admiração que sinto por toda uma vida vivida para a Congregação, como um exemplo constante de ardoroso zelo apostólico e missionário.

Com efeito, depois que a enfermidade o obrigou a abandonar o campo das Missões Populares, em que o senhor se dedicou com tanto carinho, colocando ao serviço do Reino de Deus o ardor de sua juventude e a criatividade com que o bom Deus o dotou, um outro campo, ainda mais vasto, abriu-se a sua incontida vontade de doar-se inteiramente ao bem da Igreja, da Congregação e do povo mais necessitado de quem lhe distribuísse o pão da Palavra divina. Refiro-me ao seu trabalho como radialista.

Se como missionário popular o senhor se tornou conhecido e estimado em muitas cidades do Brasil, hoje, acredito que em bem poucas cidades haja alguém que não tenha ouvido sua voz através das ondas da Rádio Aparecida. É um grande apostolado, exercido dia a dia, no afã de levar o conhecimento de Deus e de sua Mãe Santíssima a tantas e tantas pessoas, que talvez, sem o rádio, teriam pouca oportunidade de se instruir e de confirmar sua fé. Um apostolado junto aos mais simples, aos pobres e aos famintos da palavra de Deus. Por tudo isso, Padre Vítor, quero dizer-lhe o meu muito obrigado. Obrigado por tudo o que o senhor fez como redentorista; obrigado por ter tornado a Mãe de Deus tão conhecida e estimada em terras brasileiras, obrigado pelo exemplo de seu zelo missionário, enfim, por todo o bem que o senhor vem fazendo para a Igreja e para a Congregação. Que o Senhor o abençoe e lhe dê ainda forças por muitos anos.

Cordialmente o saúda, o Superior-Geral,
Padre Josef G. Pfab, C.Ss.R.[6]

Todas e tantas manifestações de alegria e apreço eram o reconhecimento da graça e do dom que Padre Vítor recebera do alto: levar Deus aos homens e os homens a Deus. Sonho e missão do evangelizador, abraçados por ele com amor e esperança. Como homem consagrado e como sacerdote, ele falou do amor de Deus com o testemunho de sua vida e de suas palavras. Com linguagem simples ele soube ir ao encontro do povo e trazer o povo para o centro de sua vida. Fez das ondas da Rádio Aparecida e de seu amado microfone um imenso púlpito de onde anunciava a Palavra de Deus e seu convite amoroso para sermos seus filhos. Através do rádio, tornou-se um missionário popular e com fama de santidade entre seus ouvintes. Em suas mãos carregou pelo país afora a imagem peregrina de Nossa Senhora, anunciando a misericórdia de Deus e sua ação através do *sim* de Maria Santíssima. Soube testemunhar em sua vida o ideal de santidade proposto a todo batizado: fazer a vontade de Deus, viver sua proposta e seu desejo de que sigamos o amor! Agora, aos oitenta anos de vida, ele continuava se entregando confiante nas mãos de Deus "como o barro nas mãos do oleiro", continuava buscando, com piedade e fidelidade, as disposições do Espírito para que sua pregação ecoasse consoante o falar e agir de Jesus de Nazaré.

A revista interna da Província Redentorista de São Paulo, "Informativo", trazia em sua edição de setembro a foto de Padre Vítor na capa como mais uma forma de homenageá-lo. O redator, ao parabenizar o aniversariante, ci-

490

[6] Copresp A, carta de Padre Josef Pfab a Padre Vítor, de 12 de setembro de 1979. No *ARSP*. Padre Pfab era membro da Província Redentorista de Munique, Província Mãe da Província de São Paulo.

tou uma frase que Vítor dissera através da RA: "Pregar a Palavra de Deus, essa é a minha missão no mundo!" Prova disso é que, incansável, no final daquele ano, ainda fez alguns giros com a imagem de Nossa Senhora. Em novembro, esteve em São Pedro (SP), Engenheiro Beltrão (PR) e Gália (SP). Em dezembro, foi a Campo Largo (PR), Garça e Álvaro de Carvalho (SP). Se andara semeando em tantos campos, ao voltar para casa, empenhou-se em ajudar na colheita das uvas do parreiral que mantinha no pequeno espaço do pátio do convento velho.

No segundo semestre de 1979, os missionários redentoristas realizaram mais um Capítulo Geral, em Roma, de vinte e nove de agosto a cinco de outubro. Os capitulares votaram pela aprovação das Constituições da Congregação, que vigiam em caráter experimental há dez anos, e reelegeram Padre Josef Pfab para o cargo de Padre-Geral. As Constituições, após votadas e aprovadas, deviam ainda ser enviadas à Santa Sé e examinadas pela Congregação dos Religiosos para a aprovação final, o que aconteceu em fevereiro de 1982.

Embora o Capítulo tenha dedicado muito tempo às questões de ordem jurídica, uma de suas resoluções chamava a atenção para o cuidado pastoral. "O Governo-Geral promova em toda a Congregação, durante o próximo sexênio, a proclamação explícita da Palavra de Deus, especialmente sua proclamação extraordinária." Tal resolução seria quase como chover no molhado, pensaria com espanto alguém menos informado. Mas ela significava, na verdade, tentativa de resgatar o ideal deixado pelo fundador: a pregação explícita da Palavra de Deus. Padre Vítor encantou-se com essa determinação, afinal de contas, toda sua vida fora gasta naquilo que os capitulares, naquele momento, recomendavam: pregação da Palavra!!!

No dia quinze de outubro o Vice-Provincial, Padre José Ulysses, comunicava a toda a Província que o Provincial, Padre José Carlos de Oliveira, fora nomeado bispo da Prelazia de Rubiataba-Mozarlândia, em Goiás. A sede da Prelazia estava vacante com a nomeação de Dom Juvenal Roriz para a Arquidiocese de Juiz de Fora (MG). Padre José Ulysses cumprimentava o novo bispo e afirmava a necessidade de nova eleição para o cargo de Provincial.[7] No terceiro escrutínio, em dezembro de 1979, o próprio Padre José Ulysses da Silva tornava-se o novo Provincial dos redentoristas.

Dom Carlinhos, como era conhecido o ex-Provincial no meio de seus confrades, escreveu agradecendo o tempo especial em que servira em São Paulo.

> Agora, convocado para outro campo, minha alegria é que lá vou encontrar uma ação pastoral própria nossa, vou conviver com colegas marcados por uma formação igual a que recebi. Minha tristeza é deixar a Província sem saber como agradecer, sem pagar, incapaz de explicar minha saída... Vou

---

[7] Carta circular de Padre José Ulysses da Silva, em 15 de outubro de 1979. No *ARSP*.

> para outro campo, mas carrego os valores recebidos e uma gratidão profunda, principalmente para com meus educadores, gratidão para com os superiores que souberam compreender e respeitar meu crescimento, gratidão para com os colegas que me apoiaram e confiaram tanto em minha pessoa.
> Deus lhes pague...
> Minha última Eucaristia quero celebrá-la diante da imagem simples, morena e pequena de Nossa Senhora Aparecida. Ela representa, para nós, nosso modo de ser e a certeza de que Maria estará sempre em nosso meio, animadora, perpétuo socorro.[8]

Dom Carlinhos levava consigo o acarinhado e profundo amor a Maria que lhe fora ensinado pelos velhos mestres redentoristas. Legado do fundador, Santo Afonso. Seus seguidores, em uníssono, continuaram a louvar e a agradecer a presença de Maria na obra redentora. Fato é que, numa assembleia dos redentoristas em Aparecida, em abril de 1980, o organizador terminou uma sessão rezando a oração do Pai-nosso. Padre Vítor sussurrou-lhe: "Acrescente a Ave-Maria". Quase uma marca, a devoção mariana é parte inarredável da espiritualidade redentorista, como bem o testemunhou Padre Vítor.

No começo do ano, Padre Vítor foi até o Seminário Santo Afonso onde acontecia o estágio vocacional. Era uma semana durante a qual adolescentes e jovens faziam uma experiência de convivência e reflexão tendo em vista a possibilidade de ingresso nos Seminários da Província. Vítor deu aos jovens candidatos seu testemunho acerca da vida consagrada e do sacerdócio e, posteriormente, alegrou-se com as boas notícias enviadas a ele sobre os novos seminaristas. No ano de 1980, a Província contaria com trezentos e vinte e sete seminaristas, distribuídos entre os diversos seminários: Santo Afonso, em Aparecida: 95; Santa Teresinha, em Tietê: 35; Santíssimo Redentor, em Sacramento: 38; São Geraldo, em Potim: 43; São Clemente, em Campinas; 80; noviciado, em São João da Boa Vista: 9; Alfonsianum, em São Paulo: 27. Eram tempos de fartas colheitas...

Padre Vítor passou pouco mais de um mês em Campos do Jordão, no início do novo ano. Ritual obrigatório e agradável, ainda mais se considerada a beleza ondulada das serras que apontam para o céu e convidam à meditação...

No mês de abril retomou suas andanças missionárias que o levaram, ao longo do ano, a visitar nada mais nada menos que trinta cidades. Algumas visitas eram mais rápidas, às vezes de um ou dois dias.[9] Sempre com a mesma

---

[8] Carta circular de Padre José Carlos de Oliveira, em 6 de novembro de 1979. No *ARSP*.

[9] Documenta 8, "Crônica da Comunidade Redentorista de Aparecida", vol. VIII, no *ARSP*. Ainda que sem entrar em detalhes, o cronista enumera as cidades visitadas. Abril: Cristina, Viçosa, Raul Soares e Carvalhos, em MG; maio: Pederneiras (SP), Bandeirantes (PR), Jafa (SP), Lapa (PR), Santa Isabel do Oeste (PR) e Araucária (PR); junho: Sacramento, Ibiá, Varginha, Monsenhor Paulo, Barbacena em MG. Neves Paulista, José Bonifácio, Riolândia e Nova Granada, em SP; julho: Espírito Santo do Pinhal (SP) e São Sebastião do Paraíso (MG); agosto, algumas cidades do Sul de Minas e Pouso Alto (MG); setembro: Garça (SP); outubro: Pains e Patos de Minas, (MG). Pedregulho, (SP); novembro: Ouro Fino (MG) e Santa Rita (MG) [o cronista não especifica se de Caldas ou do Sapucaí. O certo é que Vítor esteve mais de uma vez, em ambas].

disposição de pregar, de rezar até três missas aos domingos, ministrar bênçãos e catequese básica em momentos marianos especialmente programados. Enfrentava com disposição e alegria as longas viagens em carros nada confortáveis, como os fuscas, as brasílias ou as kombis, modelos de carro largamente usados na época. Em uma das cidades visitadas – Garça (SP) – o prefeito ofereceu-lhe o título de Hóspede Oficial da Cidade, pois celebrava seu aniversário natalício em pleno trabalho missionário.

Além das viagens com a imagem de Nossa Senhora, os dois programas na RA, "Os ponteiros apontam para o infinito" e "Consagração a Nossa Senhora", que sempre mereceram dele toda a atenção, continuavam sendo feitos, ao vivo ou gravados. O trabalho da RA, por sua vez, ganhara um novo dinamismo mediante a atuação de Padre Luiz Ítalo Zômpero, que passou a integrar a equipe em tempo integral. O clima ameno e o bom entrosamento entre os membros do grupo favoreciam o desenvolvimento do trabalho. Até mesmo o diretor, Padre Gambi, entre esperançoso e galhofeiro, enviara a Padre Zômpero uma mensagem, de Colônia, na Alemanha, onde fora em busca de ajuda financeira. "Espero em Deus que alguma coisa há de sair para a RA – e então, o senhor e Padre Vítor e Cia. poderão falar longe o dia todo."

Em meados do ano, alvoroço na comunidade redentorista e na cidade de Aparecida. Na programação da visita do Papa ao Brasil, fora incluída a cidade de Aparecida. João Paulo II desembarcou em Brasília no dia trinta de junho e, no mesmo dia, o Presidente da República decretou o dia doze de outubro feriado nacional, publicado no Diário Oficial do dia primeiro de julho de 1980.

> Faço saber que o Congresso Nacional decreta e eu sanciono a seguinte lei:
> Art. 1º - é declarado feriado nacional o dia 12 de outubro, para culto público e oficial a Nossa Senhora Aparecida, Padroeira do Brasil. Art. 2º - Esta lei entrará em vigor da data de sua publicação.
> Brasília, em 30 de junho de 1980.
> 159º da Independência e 92º da República
> João Figueiredo.

Dois motivos, portanto, de alegria para a comunidade redentorista: o feriado nacional e a visita do Papa a Aparecida. Padre Vítor vibrou com a criação do feriado mariano e participou ativamente do inesquecível dia em que João Paulo II chegou à casa da Mãe Aparecida. Ele chegou à cidade no dia quatro de julho. Animando o povo, revezavam-se no microfone os Padres Ávila e Siqueira, com a eventual ajuda de Padre Vítor. Presentes bispos e padres, o governador do Estado e várias comitivas, tanto de autoridades como de devotos. O público presente foi estimado em trezentas mil pessoas na esplanada do pátio do santuário.

Em missa campal João Paulo II inaugurou e dedicou a nova igreja de Nossa Senhora Aparecida. O altar da nova igreja foi ungido, incensado e iluminado segundo o ritual romano, após as preces da comunidade. Depois da comunhão, o Papa fez uma bela consagração a Nossa Senhora e abençoou o povo com a imagem da Virgem Maria. Em seguida, para surpresa de todos, João Paulo II conferiu à nova igreja o privilégio e o título de basílica menor.

No almoço com o Papa no Seminário Bom Jesus houve um momento inesperado e emocionante, o que é chamado pelos jornalistas de furo de reportagem. Padre Gambi havia elaborado um texto para uma bênção especial do Papa à RA e ao Clube dos Sócios. Com a ajuda de autoridades, o texto foi apresentado ao Papa, que em seguida à leitura, ultrapassando o que fora programado e ainda no ar, deu uma bênção especial também aos ouvintes da RA. Gestos assim, espontâneos e afetuosos de João Paulo II, conquistaram o país. Era a primeira vez que um Papa visitava o Brasil. A primeira vez que um Papa visitava Aparecida. Momento guardado na memória dos católicos brasileiros.

No ano seguinte, depois da costumeira e necessária estada em Campos do Jordão, Padre Vítor retomou suas atividades, cuidando com especial desvelo de seus programas religiosos, cada vez mais ouvidos enquanto ele se mostrava cada vez mais inspirado. Belas páginas exemplificam a forma simples e cativante com que falava das realidades divinas a seus ouvintes. Preocupado com a necessidade da colaboração dos leigos na Igreja, ele deixa a memória viajar nas recordações de quando as desobrigas o levavam para os ermos do interior de Goiás, e poetiza o mistério insondável de Deus presente na vida humana.

494

> Caríssiiiiimos,
> Quando nós andamos pelo Brasil a fora, fazendo longa viagem, temos saudades daqui, de Aparecida, do santuário de Nossa Senhora, lugar único no mundo...
> Em toda parte sentimos a presença de Deus. Ele está na cidade de arranha-céus que a estrada intérmina alcançou. Deus está na casa pequenina, à beira da rodovia, fugindo, quando o auto a devora a cem quilômetros por hora. O Imenso e Eterno preside aos planaltos e cerrados, onde crescem os pequis e amadurecem as frutinhas gostosas do caju, da gabiroba, da mangabeira e dos marolos perfumosos, lá onde as emas correm velozes e a primavera veste de vestidos novos as caraíbas, e muricis, o pau-terra, a quina e o vinhático, o bate-couro, o capitão, o óleo de copaíba...
> Os buritis formam procissões ao longo das cabeceiras dos grandes rios. Sentimos a mão dadivosa da Providência nos rincões de basalto fecundo e terra roxa, pontilhados de fazendas de sítios.
> Foi assim que tornei a ver as plagas de Goiânia. Quando eu lá vivera, ainda não existia a bela capital, mas as perdizes piavam onde está o palácio do governo. Campininhas de Goiânia tinha oitocentos habitantes, perto do velho convento, donde os redentoristas saíam, para excursões missionárias, ficando meses fora de casa, pousando noites em couro de boi, passando de fazenda em fazenda, de sertão em sertão. Em 1930 apareceram os primeiros automóveis, fordinhos apropriados às estradas primitivas.
> Voltei agora e não conheci mais o rosto transfigurado daquelas plagas. Perdera-se a poesia da viagem antiga de quem andava a cavalo, parando

para conhecer moradores, aprendendo o nome de todo mundo, de todas as árvores, dos bichos e das flores do chapadão. Não havia afobamento. "Tá com pressa, posa!", dizia o provérbio popular.

Quem hoje viaja de avião, não fica sabendo nada. Passa como alma do outro mundo ou como um satélite, vendo tão somente maquetes e miniaturas distantes, nas vastidões. Hoje há as estradas de asfalto em que os caminhões roncam, na ânsia de ganhar horizontes. A poeira e o cheiro de gasolina estragaram o ar agradável. Aviões substituíram os bandos de araras! Mas em toda parte encontramos ainda o mesmo Deus, no coração da Pátria.

Nos sertões, não falta Jesus, não falta Nossa Senhora, não falta o coração brasileiro. A RA entra cantando e louvando nas cidades e nas roças. Ouvi perfeitamente a nossa Rádio em Brasília, em Goiânia, Uberlândia e Araxá. Acompanhei a consagração das quinze horas, sentindo a união do Brasil com Deus, naqueles chapadões de muito céu e naqueles corações imensos.

Nunca percebemos tão clara a falta de sacerdotes para o Brasil. Se tudo multiplica, porque também com os padres não se dá o mesmo?! Venham os diáconos! Venham para tomar conta dos municípios, distritos e aldeias onde não residem sacerdotes. O diácono poderá pregar, dar doutrina, conservar na capela do Santíssimo Sacramento, dar comunhão e bênçãos, organizar o culto dominical e muitos serviços indispensáveis à vida religiosa.

Em regiões da África há catequistas e leigos que substituem o padre em lugares distantes. O sertão clama pelo céu e o coração brasileiro por Cristo. Falta quem parta o Pão!!! Os protestantes reúnem-se, todos os domingos, em plena roça, nas cidades. Não haverá quem reúna os católicos para o culto dominical? Não podendo ir à missa, distante, estariam os católicos dispensados de prestar um culto coletivo a Deus, no dia do Senhor? Não !!! Então reúnam-se em comunidades sem padre! Vamos rezar para que o Eterno abençoe a nossa Terra e não nos falte o Pão celestial![10]

Assim, juntando sentimentos e cuidado pastoral, teologia e poesia – companheiras inseparáveis –, Padre Vítor apresentava seus programas como se estivesse conversando com o ouvinte. Linguagem acessível, explicativa, comparativa e poética para chegar à mensagem a ser transmitida.

Entre as viagens e seus programas – ora gravados ora ao vivo –, Padre Vítor levava seus dias e sua vida missionária como sacerdote redentorista. Sua popularidade, sempre em ritmo crescente, nunca esteve tão alta como quando seus anos de velhice chegaram, quando já cruzava a linha dos oitenta anos de vida. Popularidade centrada na verdade de sua vida, vista e sentida por seus ouvintes na RA, tanto nos programas como no contato mais próximo quando os encontrava nas cidades que visitava levando a imagem de Nossa Senhora. Durante seu programa das quinze horas, o da Consagração, ele pedia aos ouvintes que colocassem um copo de água ao lado do rádio. Ele dava uma benção e quem o escutava tomava da água benta. Havia neste gesto simples o desejo de estar próximo, de tocar o coração do povo, levando-o a se lembrar, na labuta da vida diária, da presença e da bondade de Deus.

---

[10] Arquivo Padre Vítor, *Pasta Programas na Rádio Aparecida.*

Mas, embora o ardor e o zelo missionário falassem mais alto, sua ação ia sendo limitada pelo peso da idade que exigia mais repouso. E o tempo do repouso abria as portas das lembranças para o velho coração. No começo de 1981, de Campos do Jordão, ele escreveu à irmã Mariazinha.

> Mariazinha,
> Salve Maria!
> Cheguei a Campos do Jordão, quarta-feira, fugindo do calorão de Aparecida e porque estou bastante precisado de repouso. Aqui é um retirão! Estou sozinho até semana que vem, embora cinco padres argentinos morem em casa aqui próxima. Trouxe gravador para enviar programas para as 12h. Maria Alice ainda é a caseira. Há hóspedes leigos na casa. Tenho muito tempo para rezar e estudar.
> Dedé escreveu várias vezes acerca do centenário da mamãe. Tenho conseguido evocar a fisionomia dela, forçando a memória dos últimos dias vividos pela mãezinha em Uberlândia. Ela morreu no quartos dos fundos. Nós dormíamos no quarto, em frente da rua. O Padre Pio Dantas sacramentou-a na última noite. Fomos levados para a última despedida ali pelas vinte horas. Ela faleceu pouco depois das vinte e quatro, dia dezessete de junho. Foi vestida com vestidos do tempo de casamento. Ficou muito bonita no caixão. José e eu fomos levados com papai para a chácara do Augusto César. De longe ouvi (às 17h) o planger dos sinos. Pouco depois nós nos mudávamos para a casa perto da estação e, logo em breve, para esquina, em frente do Hotel dos Viajantes, donde Dedé partiu para a Itália, digo Bangu. Só aos vinte e quatro anos de idade eu tornaria a encontrá-lo no Rio, onde ele morava com Padre Victor, voltando eu da Europa. Quando mamãe morreu, eu estava no oitavo ano de vida.
> Não tenho o endereço de alguns amigos, que ficaram sem o costumeiro cartão de natal, visto que o caderno foi desastrado.
> Um abraço do Vitinho.[11]

É interessante como Padre Vítor, na velhice, deixa seu coração falar livremente e como as recordações da infância vêm à tona de forma tão viva. Menos atividades, mais retirado, rezando mais... Com tempo livre, a memória se volta para o tempo vivido com a mãe, para as lembranças de sua morte, para a evocação de nomes e lugares por onde andou e viveu. Bela e misteriosa condição humana... Ao fim da existência, quando o espaço do passado se torna maior que o espaço do futuro, o viver esta retrospectiva parece ser um movimento natural do coração... Esta volta da memória para tudo o que foi amado... Alguns meses depois, ele escrevia a irmã lembrando que D. Mariquinha vivera apenas vinte e oito anos. "O Espírito Santo não

---

[11] Arquivo Padre Vítor, *Pasta Correspondência com Familiares*. Carta a Mariazinha, de 5 de fevereiro de 1981. No dia 21 de maio do mesmo ano, ele escreveu novamente a sua irmã uma carta um pouco mais longa, mas recordando os mesmos fatos, as mesmas lembranças, os mesmos nomes e lugares de sua infância. Lembra que viviam pobremente, quase em pobreza extrema, e que, quando havia um pouco de carne, era reservado para a mãe, devido a sua fraqueza. E que, mesmo estando sua mãe tão doente, jamais o pai e a mãe separaram o leito, apesar de a doença da mãe ser contagiosa.

precisa de muito tempo para realizar a obra de misericórdia e amor. Mamãe foi uma criatura simples e amorosa. Os dois nos deixaram a imagem de amor e sofrimento."

Em meados do ano, no mês de maio, ele empreendeu uma viagem ao Estado do Paraná. Foi da região metropolitana de Curitiba até a divisa com a Argentina, às cidades de Campo Largo, Teixeira Soares e Realeza. Sempre levando a imagem de Nossa Senhora, sempre animado e sempre fazendo acontecer uma festa quando chegava. Suas celebrações continuavam concorridíssimas, levando o povo piedoso à oração e a celebrar o amor de Deus no encontro com a Senhora Aparecida... E depois, com muito agrado, atender com carinho aos pedidos para fotografias ao lado dos devotos.

Junho já findava, e lá se foi ele em visita às cidades mineiras de Cachoeira da Prata e Carandaí. Voltou feliz da vida, mas com um forte resfriado. Por ser um homem idoso e por duas vezes ter sofrido tuberculose, inspirou preocupação ao superior e aos confrades. Depois de uma semana, foi necessária a internação na Santa Casa de Aparecida onde ficou cerca de quinze dias. O cronista registrou que no mesmo dia da alta hospitalar, Padre Vítor, pressuroso, foi para a igreja fazer a Consagração a Nossa Senhora.

No final de agosto, alguns confrades mostraram-se desejosos de saber dele quando ele começara, na basílica velha, a fazer as missõezinhas, uma instrução semelhante a uma catequese, na qual explicava o evangelho de modo bem simples aos romeiros. Ele escreveu um histórico desse apostolado e deixou uma cópia com o cronista da comunidade. Como era de seu costume, denominou-o *memorandum*.

497

> Houve, desde 1948 até cerca de 1966, quatro missõezinhas por dia. Não sei se constam nas crônicas da casa. Desde cerca de quinze anos, no recinto da basílica velha, às 8h30, às 10h, às 11h30 e às13h, o Padre Vítor Coelho aproveitou a grande afluência de romeiros, aos domingos, para a grande evangelização missionária. Os assuntos foram: conversão, vida comunitária e especialmente a necessidade de guardar o domingo. Cada uma com mais ou menos uma hora de duração.
>
> Padre Izidro, no começo de sua gestão, oficializou esse trabalho, colocando-o, assim, sob a égide da obediência. Infelizmente, nada foi documentado a respeito, por escrito. Nunca as estatísticas oficiais se lembraram deste trabalho oficializado.
>
> Desde 1980 (começos), Padre Coelho ressentiu-se do excesso de locuções tanto na RA como nas saídas com a Imagem e com as locuções na basílica, pelo que reduziu as quatro missõezinhas da basílica velha, passando a fazer só uma ou duas por domingo, ou reduzindo grandemente o tempo de cada locução.
>
> Sobre as missõezinhas às 15h15 e outra às 19h cotidianamente, menos sábados e domingos, há observações. Normalmente foram feitas por mim, Padre Coelho; mas quando viajava, substituído por outro confrade. Parece que estes dois horários não constam nas estatísticas oficiais, embora sejam oficializadas pela obediência.[12]

---

[12] Arquivo Padre Vítor, *Pasta Documentos Pessoais*. "Memorandum". No início do documento, ele anotou a data com sendo no final de agosto. No término do *memorandum* a data é de junho de 1981.

Ainda no mês de agosto, ele esteve com a imagem da Senhora Aparecida em Santo Antônio da Platina, no Paraná e depois em Aiuruoca, em Minas Gerais.

Principiando setembro, Padre José Ulysses, provincial recém-eleito da Província de São Paulo, em circular aos confrades, agradecia sua recondução ao provincialado por mais um triênio e lembrava que, pelo estatuto provincial, ele poderia escolher dois confrades como seus conselheiros. A escolha recaiu sobre Padre Carlos da Silva, vindo do grupo de formadores e Padre Hélio Libardi, que embora também do grupo de formadores, na ocasião atuava nas Missões Populares. A Província, através dos votos dos confrades, escolheu os outros dois conselheiros: Padre Jadir Teixeira e, o ex- provincial, Padre José Ribolla. Uma mistura bem dosada de quem se iniciava no serviço de liderança e de quem já era *expert* no assunto.

Como não podia deixar de ser, ainda no início de setembro, Padre Vítor envolveu-se nas comemorações dos trinta anos de fundação da Rádio Aparecida, com missas e programação especial. No dia vinte e dois, seu aniversário natalício, momento de ação de graças a Deus. Celebrou na basílica missa transmitida pela RA e depois recebeu os confrades para o almoço festivo no convento velho da praça da basílica. Alguns dias depois, um pouco mais velho, viajou para as cidades mineiras de Argirita e Leopoldina.

Mas setembro despediu-se de maneira dolorosa. A caminho de Jandáia do Sul, no Paraná, ele soube da morte, em acidente automobilístico, do confrade e membro da equipe de comunicação da RA, Padre Luiz Ítalo Zômpero. Ele gravou um programa que foi ao ar alguns dias depois. Quando voltou para Aparecida, fez a homilia durante a missa de sétimo dia. Eis o programa.

Caríssiiiimos,

Neste momento em que escutais minha gravação, eu estou profundamente emocionado, rodando pelas estradas rumo ao sul do Paraná, onde o dever me chama, impedindo-me de ficar onde o meu coração desejaria: em Aparecida, para assistir aos funerais de um grande amigo.

É ele o confrade que Deus, de repente, levou, o Padre Luiz Zômpero, aquele da entrevista com os romeiros, aquele padre que o povo amava tanto, na Rádio Aparecida e na Rádio Difusora de Goiânia.

Luiz Zômpero, sacerdote de Deus, religioso redentorista, querido amigo, a ele, nosso adeus! Não posso assistir aos seus funerais, mas de longe estou rezando e me sinto unido ao amigo que Deus já levou para o céu.

Vou fazer uma rápida recapitulação da vida do Padre Zômpero. Ele nasceu em Pederneiras (SP) e foi encaminhado para o Seminário pelo Padre Montezuma, que tinha sido sacerdote redentorista.

Foi sempre querido por seu caráter alegre. Homem bom, produto de uma educação perfeita, deixou que a graça de Deus fizesse dele uma criatura verdadeiramente amável. Foi professor no Seminário, depois missionário dos romeiros de Aparecida. Em seguida, partiu para as Missões pelos rincões do Brasil, onde trabalhou muito pelo Reino de Deus. [...]

Aqui Padre Zômpero me encontrou e eu encontrei um amigo. Ele foi trabalhar na RA, onde eu trabalhava, além de trabalhar com os romeiros. E todo mundo sabe como ele conquistou o povo. Fazia entrevista com os romeiros e, sempre alegre, evangelizava no horário das treze horas. Fez frequentes viagens com a Imagem de Nossa Senhora Aparecida, para a evangelização.

Amava a RA e morreu trabalhando por ela quando, agora, viajava para Santa Catarina, em companhia de Olacir e Maria Rosa, em favor do Clube dos Sócios da Rádio Aparecida.

Deus o chamou. Ele abandonou o seu trabalho aqui, para, do alto, sorrir e abençoar.

Adeus, Padre Zômpero!

Você está muito perto de mim, em Cristo.

Eu já estou com oitenta e dois anos. Daqui a pouco eu também vou.

Agora, estamos unidos nesta caridade na qual você mergulhou para sempre. Em Deus, você me acompanha e eu acompanho você.

Abençoe, Padre Zômpero, lá do céu, todo este mundo, o Brasil, as Missões, a Igreja que luta nesta pobre terra. Sorria lá de cima, Padre Zômpero, e abençoa seu amigo que lhe dá o último adeus.[13]

Ver partir um amigo faz doer o coração humano. Mesmo o coração de quem crê no Deus da vida que vence a morte. Padre Vítor, há pouco tempo – em maio –, fizera a homília na missa de corpo presente de Padre Alexandre Miné. Padre Miné havia sofrido longos anos com a doença que o vitimou e fora cuidado e confortado por Irmão Estanislau, que esteve sempre vigilante a seu lado qual um anjo da guarda. Padre Vítor, quando se referiu a esse fato, comoveu-se até as lágrimas e fez chorar muitos dos que estavam na igreja. Se os anos o fizeram um homem experimentado, também o tornaram ainda mais sensível à dor do outro. Ele se emocionava e chorava facilmente quando experienciava momentos de sofrimento de seus confrades, familiares e amigos. Naqueles dias, em um de seus programas na RA ele falou sobre a morte.

499

Caríssiiiiiiiimosss,

O dia da morte não é dia de morte; é um dia de nascimento, em que partiremos deste mundo de cemitérios para o céu, onde não há mais lágrimas, e luto e dores; onde Deus faz tudo novo; onde viveremos na contemplação da beleza infinita e beberemos do coração de Deus, a alegria.

Nós somos do céu.

"Quem invocar o nome de Jesus será salvo." Mas corremos o risco de não invocarmos. Há perigo de não aceitarmos a Palavra, não vermos a luz do Evangelho e não vivermos a vida de amor: amor de Deus e amor do próximo. Há o risco de não fazermos oração! Santo Afonso disse: "Quem reza, salva-se; quem não reza, está perdido."

No Sanatório Divina Providência, em Campos do Jordão, vi morrer mais de cem pessoas. Mortes tão bonitas! Os católicos morrem de morte abençoada, quando são católicos como aquelas criaturinhas que comungavam bem. A morte é bela quando a gente morre como cristão. Nós iremos para Deus e para a Pátria. Nós iremos para a Luz. Somos do céu. Este consolo no meio das tristezas, das angústias, das doenças, das privações, das perseguições, dos desesperos... Tudo nós vencemos, olhando para o céu.[14]

---

[13] Arquivo Padre Vítor, *Pasta Programas na Rádio Aparecida*.

[14] Arquivo Padre Vítor, *Pasta Programas na Rádio Aparecida*.

Antes da festa da Senhora Aparecida, ele ainda foi à cidade de Alfenas levar a imagem, pregar e rezar durante um final de semana. E já terminando o mês, mais uma viagem ao Paraná. Na volta, mal refez a mala e rumou para sua cidade de Sacramento para a inauguração da emissora de rádio da cidade. Ela era fruto da perseverança de um de seus "coelhinhos", Padre Júlio Negrizzolo, que trabalhara com afinco para conseguir a concessão e instalação da emissora na cidade. A inauguração aconteceu no dia trinta e um de outubro de 1981.

A chegada de dezembro trouxe mudanças e trocas na Província. Padre Vítor, porém, permaneceu na equipe dos missionários da basílica, que continuaria tendo Padre Pedro Fré como reitor. Para a equipe da Rádio Aparecida, novo diretor, Padre César Moreira, coadjuvado pelos Padres Oscar Brandão e Ronoaldo Pelaquim. No comunicado, o provincial pedia que até o dia quinze de dezembro todos já estivessem em seus novos postos. Na roda do tempo, iniciava-se mais um triênio na Província. Como as mudanças não interferiam na vida de Padre Vítor, ele continuava, apesar da idade avançada, feliz e dedicado a suas tarefas.

As cartas continuavam chegando aos milhares, mesmo não tendo ele condições de respondê-las, já que a vista não mais o deixava datilografar como antes. Dentre elas, uma o confortou sobremaneira. O vigário da cidade de Argirita, em Minas Gerais, escreveu-lhe agradecendo sua visita com a imagem de Nossa Senhora àquela cidade.

> O povo está completamente no caminho a Jesus e Nossa Senhora. O que o senhor nos fez, só Deus pode recompensar. Eu rezo pelo senhor todos os dias e peço ao senhor não me esquecer, pois está sempre junto de Nossa Senhora Aparecida. Esperamos que no ano que vem tenhamos outra vez a graça da visita de Nossa Senhora Aparecida.
> Pedindo sua bênção, sou
> Padre Juliano Lauer.[15]

As viagens ao Paraná repetiam-se com frequência. Uma delas, no final de outubro, ficou particularmente marcada na memória de Padre Vítor. Como não estivesse bem de saúde, acompanhou-o nesta viagem seu confrade Padre Geraldo Rodrigues. Ao se aproximarem da cidade de Céu Azul, cerca de vinte e cinco quilômetros de Foz do Iguaçu, eis que avistam uma linda lavoura de centeio. Os frutos em maturação, o amarelado esplendoroso...Tocado pela beleza, Padre Geraldo sugeriu a Padre Vítor que fosse ao meio do campo com a imagem de Nossa Senhora nas mãos. Ele, que tinha tanto gosto em fazer fotos com os romeiros, prontamente se postou. A fotografia ficou eternizada: o missionário com a imagem da Senhora Aparecida no campo regado com o suor

---

de alguém que, por crer nos frutos, trabalhara a terra e lançara a semente.[16] A messe sazonada abraçava o trabalhador de outra messe... metáfora e sonho...

Ano novo... 1982! A comunidade redentorista da basílica, ao dar início a seus trabalhos e reuniões, decidiu que, nas ausências de Padre Coelho, os padres da comunidade das comunicações assumissem seus programas. O que Padre Vítor Coelho aceitou de bom grado, já intercedendo pelos pedidos de novas visitas que só aumentavam, dia a dia. E, diplomático e esperançoso, sugeria que, se pudesse, gostaria de atender a todos.

Paraná e Espírito Santo, ainda que mais distantes de Aparecida, continuavam, depois do sul de Minas Gerais, a liderar a lista de pedidos. Era o período áureo de penetração da programação da RA e, com ela, da voz inconfundível do comunicador e missionário da Senhora Aparecida. O cronista anotou: "Apesar de suas oitenta e duas primaveras, Padre Coelho continua firme com seus programas na RA e viajando com a imagem de Nossa Senhora".

Antes de subir para suas férias em Campos do Jordão, no começo de fevereiro, ele levou a imagem até Catanduva (SP). Aí participou da abertura da Semana Vocacional em preparação para a ordenação sacerdotal do missionário redentorista José Roberto, popularmente chamado de Padre Coutinho. A cidade havia crescido muito desde os tempos em que por lá havia pregado Missões. Recordou, rezou, pregou... E voltou contente para Aparecida, ainda mais porque, no dia seguinte, seria ordenado mais um sacerdote redentorista.

Cumpridos seus compromissos em Campos do Jordão – férias e retiro espiritual – ele empreendeu uma viagem a Santa Catarina. No mês seguinte, a São Carlos (SP) e em junho a Prudentópolis, no Paraná. Alquebrado fisicamente, era movido por seu ânimo de evangelizador. Quando em casa, seguia gravando seus programas ou fazendo-os ao vivo, do altar da basílica. Em um deles, no final de maio de 1982, ele falou da santidade de um padre redentorista holandês, Pedro Donders, beatificado pelo Papa João Paulo II poucos dias antes. Padre Donders entregara-se, sem divisa entre vida e missão, à causa do Evangelho de Jesus Cristo.

> Hoje vou falar de um homem santo. Um missionário holandês que gastou a sua vida no Suriname. O Papa o declarou Beato. Um homem que viveu no meio do povo, dos pobres e dos que sofriam a doença da lepra. Um redentorista. Em nossa Província nós perdemos Padres e Irmãos com esta doença. Os doentes eram afastados, excluídos. Sofriam a marginalização. No Suriname havia muitos doentes e foram recolhidos em uma espécie de colônia, afastados. E o padre foi morar e cuidar deles. Um modelo de santidade a ser seguido. Deixou tudo por amor a Jesus Cristo. Morreu no meio do povo, evangelizando, curando os doentes. O nome dele é Pedro Donders. Ele nasceu na cidade de Tilburg, na Holanda, em 1809.

---

[16] Depoimento de Padre Geraldo Rodrigues, no arquivo do autor. Um mês depois Padre Vítor voltou ao Paraná e a algumas cidades de São Paulo, com a imagem, as cidades de Astorga, Torrinha, Pinheirinho e Duartina (SP).

Ele também ficou órfão de mãe, como eu. Ele ficou órfão com seis anos. Desde essa época ele já manifestava o desejo de ser padre. Mas como era pobre, teve dificuldade em entrar para o seminário. Conseguiu entrar como ajudante e no tempo livre estudava. Perto de completar trinta anos iniciou os estudos de teologia. Ordenou-se padre em 1841 e no ano seguinte foi ser missionário no Suriname.

Na capital, Paramaribo, ele passou quatorze anos como vigário e confessor. Depois foi nomeado para uma região chamada Batávia, onde havia centenas de leprosos. Havia escravidão no país, aliás, o país não era independente ainda. Ali entre os leprosos ele passou vinte e sete anos. Em 1865, a Missão Católica do Suriname foi entregue aos redentoristas. Os padres seculares podiam escolher: voltar para a Holanda ou entrar para a Congregação Redentorista. Padre Pedro escolheu a Congregação e professou os votos religiosos em 1867. E foi nomeado para continuar o seu trabalho junto aos leprosos. Viveu vinte anos como redentorista. Morreu santamente no leprosário que ele serviu como anjo da guarda.

Mais um redentorista recebendo a honra dos altares. Modelo de santidade para todos nós. Que o Beato Pedro Donders interceda por todos nós.[17]

Padre Donders viveu, radicalmente, sua consagração. Viveu no meio dos escravos, dos leprosos, dos mais abandonados. Deixou sua terra e seu povo e se fez missionário. Para a Congregação Redentorista esse momento era muito significativo. Dos quatro santos da Congregação, os três primeiros viveram praticamente na mesma época. Os dois primeiros se conheceram. Santo Afonso morreu em 1787 e São Geraldo em 1755 e viveram no sul da Itália. São Clemente morreu em 1820, em Viena, e quando entrou para a Congregação do Santíssimo Redentor, Santo Afonso ainda vivia. Já São João Neumann, mudou-se para a América do Norte e lá se fez redentorista, em 1842. O Beato Donders tornou-se redentorista em 1841 e fez-se missionário no atual Suriname, ex-colônia holandesa na América do Sul. Trilhou o caminho da santidade na vivência da pobreza e do amor radical no seguimento de Jesus Cristo.

A Congregação missionária do Santíssimo Redentor celebrava seus duzentos e cinquenta anos de fundação com uma galeria de homens que tinham reconhecida, oficialmente pela Igreja, a santidade de suas vidas e de seu apostolado. Junto deles, silenciosamente, na dor e na alegria, a multidão de outros que entregaram suas vidas em prol da redenção... Entre eles, Padre Vítor, "o filho da misericórdia", o missionário da Senhora Aparecida....

O santuário nacional, parte integrante e motor da vida da cidade de Aparecida, via-se, às vezes, envolvido em questões não propriamente referentes à fé... Como aconteceu quando a Secretaria de Cultura do Estado de São Paulo decretou o tombamento da basílica velha como patrimônio histórico. Gesto digno de louvor por tratar-se de uma bela construção do século XIX e coração do mais importante centro de peregrinação do país. Mas a medida foi tomada

---

[17] Arquivo Padre Vítor, *Pasta Programas na Rádio Aparecida.*

sem a participação do clero e contemplava interesses alheios à história, muito particularmente os interesses de um grupo de comerciantes do centro antigo, que pensavam ter no tombamento da igreja a garantia de que a imagem não poderia sair de lá para a basílica nova. Tal objetivo, porém, não foi alcançado, pois a mudança se fazia necessária.

Outro motivo de comemoração foi a chegada de documentos de Roma, nos quais o Papa João Paulo II confirmava e oficializava a dedicação da nova basílica e o título de "Basílica Menor", conforme fora anunciado em julho de 1980, quando de sua visita a Aparecida.

Um acontecimento triste, porém, marcou o mês de setembro. No dia dezoito faleceu o primeiro Arcebispo de Aparecida, Dom Carlos Carmelo de Vasconcelos Motta, aos noventa e dois anos de idade. Seus funerais foram solenes e contaram com as presenças de altas autoridades da sociedade e da hierarquia católica.

Mudança para os missionários basilicais que no dia primeiro de outubro passavam a habitar um novo convento, construído ao lado da basílica nova. Padre Vítor morava no velho convento desde 1948, desde seu retorno de Campos do Jordão. O cronista da comunidade, emocionado, anotou no livro de crônicas o momento de deixar a velha casa.

> Sexta-feira. Fato histórico. A nossa comunidade transfere-se, hoje, para a nova casa, ao lado da Nova Basílica. Deixamos esta casa, onde já moraram tantos redentoristas, vivos e já falecidos, alemães e brasileiros, pecadores e santos, grandes missionários e diretores de almas, heróis do confessionário e ilustres oradores sacros, todos já se foram como vão também os dias e os anos. Foi no dia quinze de dezembro de 1912, que foi inaugurada esta casa, construída no lugar onde estavam as antigas casas dos romeiros. E a festa foi solene... O construtor do convento foi o Padre Lisboa Fischhaber. Agora ele vai ser reformado e, provavelmente, será ocupado pela comunidade dos que trabalham diretamente nas comunicações, a RA e Editora Santuário.
>
> A nossa mudança foi assim. Concelebramos a santa missa na igreja velha, às 19h30. Éramos uns trinta concelebrantes. O Arcebispo Dom Geraldo presidiu. O reitor, Padre Fré pregou. Após a missa fomos em procissão para a nova casa. Dom Geraldo benzeu-a e fizemos uma confraternização no refeitório. Lá pernoitamos, inaugurando o novo convento.
>
> Este convento é da Basílica e foi construído com dinheiro da Basílica e no terreno da Basílica. O construtor foi o Padre Leone Ceva, que se esmerou em fazer uma casa bonita, sóbria e funcional. O administrador, Padre Noé Sotilo, fez questão de mobiliar a casa completamente, de modo que aqui tudo é novo.
>
> A casa tem quatro apartamentos grandes e sessenta menores. Sala para reuniões grande, capela arejada, dois elevadores... Dom Macedo, nosso velho confrade de oitenta anos veio morar conosco. Ele fazia companhia ao velho Cardeal que morreu há uns quinze dias.[18]

---

[18] Documenta 9, "Crônica da Comunidade Redentorista de Aparecida", vol. IX, no *ARSP*.

Logo após a mudança da comunidade para o novo convento no dia primeiro de outubro, outra mudança histórica no dia três, um domingo. A imagem original de Nossa Senhora Aparecida – aquela encontrada nas águas do Rio Paraíba pelos pescadores – também mudou para o novo santuário. Foi celebrada missa, uma procissão solene acompanhou-a pela cidade e a imagem foi colocada em seu nicho, em lugar de destaque na Basílica.

Padre Vítor viveu essas alegrias em sua vida e na vida dos confrades. Muitas vezes, entre saudoso e feliz, ele relembrava a quem com ele estivesse, quando o convento fora inaugurado em 1912, pouco mais de um ano após sua entrada para o Seminário Santo Afonso. Ele estivera presente às bênçãos inaugurais do novo convento naquele ano e, setenta anos depois, lá estava ele e sua comunidade religiosa revivendo a alegria de ir para uma casa nova, levando na mudança lembranças e esperanças. Para completar sua alegria, em meados de dezembro ele festejou a mudança de seu orquidário para o espaço especialmente preparado no convento novo para suas amadas orquídeas.

Embora a mudança para a nova residência fosse necessária para prover melhor acomodação e bem-estar aos missionários, ela não deixou de causar impacto no contato que havia entre os missionários, o povo de Aparecida e os romeiros. Antes, da manhã até a noite, a comunidade estava no meio do povo, imersa na efervescente movimentação do centro histórico da cidade. Havia sempre um redentorista de plantão na igreja ou na portaria do convento facilitando o encontro e o bom atendimento ao romeiro. Passados mais de trinta anos, o grande e contínuo aumento de romeiros e a consequente necessidade de um número maior de confrades tornaram inviável a permanência dos missionários no aconchego do velho convento exclusivamente para a pastoral com os romeiros.

Nos últimos dias do ano, Padre Vítor foi internado na Santa Casa de Aparecida. Havia necessidade de um *check up* e de tratar uma inflamação na bexiga. Foi muito bem cuidado e, nos horários permitidos, havia um sem número de pessoas, aparecidenses e romeiros, para lhe fazer uma visita. Em seu tempo livre, em momentos de oração, ele compôs um poema no qual evoca a presença de Maria, sua e nossa Mãe Aparecida, na hora da morte.

> Quando eu soltar o meu último suspiro,
> Quando o meu corpo se tornar gelado,
> E o meu olhar se apresentar vidrado,
> E quiserdes saber se ainda respiro,
> Eis o melhor processo que eu sugiro:
> Não coloqueis um espelho decantado
> Em frente ao meu nariz, nem mesmo encostado...
> Porque não falha a prova que eu prefiro.
> Fazei assim: por cima do meu peito, do lado esquerdo
> Colocai a mão e procedei seguro, desse jeito:

> Gritai: "MARIA", bem alto, ao pé do meu ouvido...
> E, se o meu coração não palpitar,
> Então... penso eu que terei morrido.[19]

Em todos os momentos, em quaisquer circunstâncias, ele invocava e louvava Maria, tanto era seu amor, sua devoção e dedicação a ela... Praticamente todos os dias de sua vida missionária, fosse nas Missões Populares ou na RA, ele falou das maravilhas de Deus operadas na vida de Maria Santíssima. Sua concepção mariológica era bem fundamentada. Ele falava de Maria presença de Mãe silenciosa e amorosamente seguidora, auxílio e ânimo preciosos para os que buscam caminhar com Jesus e "fazer tudo que Ele disser." Vítor amava profundamente a Maria, mas sem perder de vista o centro, o fundamental, Jesus, o homem de Nazaré, o Cristo da fé que ele soube tão bem anunciar. Mais de uma vez, ao iniciar seu programa das quinze horas, a Consagração a Nossa Senhora, ele afirmava:

> Vamos fazer a consagração a ela, a Maria Santíssima, que foi a fonte da Vida Divina que veio ao mundo. Por Maria, o Verbo Divino entrou no mundo. Vamos consagrar-nos a Nossa Senhora. Quem se consagra à Virgem e aos Santos, está se consagrando a Jesus, porque Nossa Senhora e os Santos são apenas participação desta vida infinita que brotou da eternidade.

Vítor desejava que a mensagem alcançasse o coração do povo. Falava com verdade, falava do que vivia intensa e profundamente. A pausa das quinze horas para ligar o rádio e ouvir Padre Vítor tornou-se um ritual para milhares de famílias católicas espalhadas por este imenso Brasil. Ele explicava de forma simples a teologia da consagração. Deus já nos consagrou com seu amor infinito, gratuito e incondicional, dando-nos a vida. Em nosso batismo, damos nosso "sim" ao amor de Deus, "sim" a seu convite para sermos seus filhos. Nosso batismo é sinal – sacramento – da adesão diária e profunda de nosso coração de filhos ao amor do Pai, a Jesus Cristo nosso irmão, e ao Espírito Santo, amor que a todos une. Quando rezamos a consagração a Nossa Senhora, estamos, através de Maria, renovando nosso amor filial a Deus.

Outro tema que sempre tocou profundamente este homem pregador do Evangelho foi a misericórdia. Ao ser deixado no Seminário Santo Afonso, sentindo-se inseguro e desnorteado, encontra, maravilhado, o Deus que ama e acolhe. Caminho e sentido se abrem para sua vida. A palavra misericórdia vai, aos poucos, revestindo-se de significado. Ele encontra o coração de Deus, que ama para além de nossas imperfeições, de nossas limitações... Encontra e confia. E, confiante, entrega- se ao Deus que é misericórdia. Ele se reconhece como filho da misericórdia. Sua mística traduz-se então em intenso zelo apostólico, no desejo profundo de anunciar essa misericórdia a todos que possam ouvi-lo.

505

---

[19] Arquivo Padre Vítor, *Pasta Escritos Pessoais*.

É interessante notar que sua formação teológica feita na Alemanha, muito antes da renovação eclesial proposta pelo Concílio Vaticano II, não o impediu de caminhar e de se atualizar. A missionariedade vivida cotidianamente no ordinário da vida fez dele um missionário extraordinário. Pois é próprio do místico ter os pés fincados na contemplação e na realidade que geram ação e transformação no dia a dia de quem reza, prega, anuncia os dons de Deus. Espiritualidade encarnada, na qual o amor de Deus fala à vida concreta dos homens envolvidos em suas labutas cotidianas. Quantas vezes, em seus programas ele dizia, "Eu sou filho da misericórdia!" Misericórdia que ele, durante toda sua vida, procurou testemunhar para que outros também a conhecessem e experimentassem.

Em decorrência disto ele não entendia a moral apenas como um feixe de preceitos. Havia lido e estudado os livros de seu confrade Padre Bernardo Häring, "Livres e fiéis em Cristo". E antes mesmo que a obra fosse traduzida para a língua portuguesa, ele já lera e conversara com Padre Häring sobre algumas questões propostas no livro. Sem falar que era assíduo estudioso da moral elaborada por Santo Afonso. Uma moral que visava à prática pastoral encarnada na vida, interpretando de modo compassivo o sofrimento humano, de modo especial o do homem arrependido que, pecador, se entrega confiante à misericórdia de Deus. Nem rigorismo, nem laxismo, mas benignidade pastoral. Como comentou em seus programas.

> Moral não é somente questão do sexto mandamento e do nono; não pecar contra a castidade e cobiçar a mulher do próximo. Isso não é toda a moral e sim um pedaço da moral. A justiça social também é moral, e a Igreja, então, vendo que o mundo estava esquecendo isso e só olhava para sexo, mulher, dança, moda, chamou a atenção e disse: a moral não é só o que se refere ao sexo, moral é o que refere também à justiça e principalmente a caridade.[20]

Misericórdia, moral, benignidade pastoral foram temas candentes em sua pregação e em sua ação pastoral. Resulta daí a preocupação e cuidado ao abordar o sacramento da reconciliação cuja importância ele estava sempre realçando. Esse sacramento, antes denominado penitência e confissão, é prática antiga na Igreja quer sob a forma de confissão auricular quer como confissão comunitária, esta resgatada pelo Concílio Vaticano II para a pastoral da Igreja. Mais propriamente uma absolvição comunitária, a confissão comunitária é autorizada em momentos de urgência pastoral, tendo em vista que o número de padres no Brasil nunca foi suficiente para atender à demanda dos fiéis e conseguir cumprir a exigência de ouvir a todos em confissão individual, especialmente em ocasiões de grandes festas litúrgicas. Em muitas dioceses brasileiras, porém, tornou-se comum, após uma cuidadosa preparação, ministrar-se a absolvição geral.

---

[20] Arquivo Padre Vítor, *Pasta Programas na Rádio Aparecida*.

Certa feita, Padre Vítor Coelho, estudioso da teologia e da moral cristã, com quase sessenta anos de ministério sacerdotal, viu-se de repente constrangido pela denúncia de que estaria infringindo leis canônicas ao ministrar sacramento da reconciliação em celebrações que fazia quando em visitas com a imagem da Senhora Aparecida. Mas Padre Vítor, sempre cuidadoso, antes dessas visitas enviava uma carta ao pároco da cidade explicando que, conforme a necessidade, ele mesmo faria uma preparação mediante o rito penitencial, cabendo ao pároco dar a absolvição geral. E ainda alertava: que o pároco desse conhecimento da celebração ao bispo diocesano para que nada fosse feito sem o consentimento do pastor local.

Assim foi na cidade de Boa Esperança (PR). Ele orientara previamente o pároco sobre como proceder diante da necessidade de se fazer absolvição coletiva. Lembra que o Direito Canônico enfatizava boa instrução e preparação do povo para aquele momento. Lembrava ainda a necessidade de se conscientizar o penitente para o fato de que, perdoado de culpa grave em confissão coletiva, ficaria, no entanto, obrigado à lei da confissão individual anual, quando deveria confessar tal culpa. "Seria, pois, inválida a absolvição coletiva para a pessoa que, no momento, não tivesse o propósito de cumprir esse dever."

Ele era sempre muito claro, quando fazia referência à autorização do bispo. "Acatarei com muita alegria as decisões do Exmo. Sr. Bispo Diocesano no tocante à concessão ou não concessão da absolvição coletiva, na visita de Nossa Senhora Aparecida". Completava dizendo que ele mesmo prepararia o povo, mas que a absolvição seria dada pelo pároco, em sinal de aprovação e unidade no exercício do ministério sacerdotal dos dois ministros que oficiavam o sacramento. "Nunca se dá absolvição coletiva à 'massa amorfa' da multidão. O gesto de levantar o braço tem sido o sinal que separa os que estão confessando e os que não querem participar."[21]

Todas essas disposições foram acatadas quando ele foi, em julho de 1982, à cidade de Boa Esperança, no Paraná, levando a imagem de Nossa Senhora. Houve boa preparação do povo e absolvição geral dada pelo pároco. No entanto, alguns dias depois Padre Vítor recebeu uma carta do pároco dizendo ter recebido muitas acusações à atitude pastoral adotada por Padre Vítor, durante aqueles dias da visita da imagem. Padre Vítor também recebeu, ele mesmo, uma reclamação que, imediatamente, reportou ao pároco da cidade. Em resposta, Padre Müller afirmou-lhe que em conversa com o bispo, a incômoda situação fora esclarecida. O pároco, um jesuíta, ainda sem entender como fora criada tal confusão, pede desculpas a Padre Vítor pela celeuma criada.

507

---

[21] Arquivo Padre Vítor, *Pasta Correspondência com Autoridades*. Da pasta, consta a segunda via de carta enviada a um padre não nominado, apenas a data de junho de 1982. Isso leva a acreditar que tal orientação tenha sido enviada a Padre Müller, de Boa Esperança.

[...] Realmente não posso saber de onde partiram acusações. Pessoalmente também estou inclinado a dar a absolvição coletiva e a dei em algumas ocasiões. Ao bispo de Campo Mourão apenas falei ao perguntar se ele estava de acordo, ele perguntou porque eu queria saber. Respondi porque o Padre Vítor, que vem visitar a paróquia, geralmente dá a absolvição geral, depois de bem esclarecido o povo. Ele perguntou se eu achava que o povo estava suficientemente preparado para este tipo de absolvição e se não há quem abuse. [...]

Padre Vítor, conheço perfeitamente as condições de uma absolvição coletiva, orientações que me enviou na carta, muito obrigado. Nunca teria imaginado após tanta caridade recebido de V. Revma., ser o causador de tantos dissabores, pode crer Padre Vítor, que de modo algum foi esta minha intenção de magoar tão profundamente um tão grande amigo e benfeitor, pois peço desculpas por esta falha minha, pois deve ter havido algum engano.

Padre Vítor, se tudo der certo na terça-feira, dia vinte, estarei aí para pedir perdão pessoalmente por este lamentável acontecimento. Estamos organizando uma romaria. Consolou-me a última frase e conto com a amizade de V. Revma. e de coração agradeço as explicações que me mandou.

Servo em Cristo,

Padre Vendelino Müller, SJ.[22]

Se não bastassem a explicação e as desculpas do pároco pelo constrangimento, Padre Vítor recebeu também uma carta do próprio bispo de Campo Mourão, diocese à qual pertencia a cidade de Boa Esperança. Era sinal de que a questão envolvia certa gravidade e que Padre Vítor merecia um posicionamento do clero e do Bispo, que deixasse bem claro estar sua atitude em conformidade com o bispo da referida diocese. Padre Vítor, zeloso como era, jamais se descuidaria ou iria contra normas eclesiásticas.

Caríssimo Padre Vítor,

Paz!

Padre Vítor: lamento muito o que aconteceu em Boa Esperança por ocasião da ida de V. Revma. àquela cidade. Houve certamente um grande equívoco.

Sim. O Padre Vendelino tinha conversado comigo sobre a chegada da imagem de Nossa Senhora Aparecida, mas falara por cima a respeito de "confissão coletiva". Conversando comigo sobre isso, notei que ele não era muito a favor dessa "confissão coletiva" nem me tinha dito nada a respeito daquela folha de informações. Disse-lhe, então, se não houvesse necessidade também não haveria motivo de realizá-la. Todavia, surgiram motivos mais que suficientes para a aplicação da mencionada "confissão coletiva". V. Revma. tão conhecido e tão querido pelo povo brasileiro, fez com que acorresse àquela evangelização uma grande multidão de fiéis. Bendito seja Deus! Mas o que nós lamentamos é que essa multidão tenha ficado sem receber os sacramentos devido a um erro de cálculo. Naquele dia eu me encontrava em Ubiratã, bem pertinho daí, e bastaria um telefonema para que eu com toda satisfação haveria de permitir aquela absolvição.

---

[22] Copresp A, carta de Padre Müller, SJ, a Padre Vítor, em 12 de julho de 1982. No *ARSP*. Na carta ele afirma ser favorável à absolvição comunitária e que acertara tudo com o bispo.

> V. Revma. está perfeitamente certo em tudo que diz na folha de orientações. Pode-se, sem dúvida alguma, aplicar em tais casos a "confissão coletiva" e no caso existiam mais do que razões suficientes para isso. Outrossim, acho providencial o que aconteceu, pois doravante vou eu mesmo aconselhar aos padres que, havendo necessidade, apliquem essa confissão.
>
> Da minha parte, peço desculpas a V. Revma. pelo ocorrido e ao mesmo tempo dou-lhe para o futuro essa Faculdade, bem como outras Faculdades que se façam necessárias para o bem do povo de Deus. Tem todas as licenças possíveis "in quantum possum et tu indiges". É que tenho por V. Revma. não só uma grande estima, mas uma verdadeira veneração pelo bem imenso que vem fazendo de há muito em prol do povo brasileiro.
>
> Renovando meus agradecimentos, despede-se, cordialmente, no Senhor,
>
> † Virgílio de Pauli[23]

Pastoralista que era, Padre Vítor sabia da importância dessa prática sacramental em ocasiões extraordinárias como sempre o era a ocasião da visita da imagem de Nossa Senhora a qualquer cidade. Esmerava-se nos cuidados. Ciente de sua própria responsabilidade, o bispo pondera e pede ao velho missionário desculpas pelo equívoco.

Já no final de 1983, Padre Vítor recebeu uma carta de advertência de seu confrade, Padre Leone Ceva, justamente por causa da aplicação da absolvição coletiva. Padre Leone justifica-se dizendo que, se não o advertisse, ele mesmo se sentiria culpado pelo erro do confrade. Ao fazê-lo, desonerava-se de um peso que esmagava sua consciência, em suas próprias palavras. E é firme ao dizer a Padre Vítor:

> Vai ser irreparável o dano causado às almas por sua doutrinação e por sua atitude quanto à absolvição sem a confissão explícita dos pecados. Toda a doutrina dos Papas e dos Concílios e todo o empenho do Santo Padre são contraditados pelo que o senhor fala e faz neste tempo.[24]

Padre Leone, embora uma pessoa discreta, deixou escapar seu posicionamento diante de um assunto que deveria ser tratado reservadamente. Outros confrades souberam da carta, o que alimentou conversas e discussões no convento. Alguns a viam como um puxão de orelhas. Padre Leone era mais novo que Vítor em idade e em tempo de ministério sacerdotal. Fizera os estudos superiores na Europa e havia se destacado como estudante. Mas tinha dificuldade em aceitar as decisões do Concílio Vaticano II. Com o advento das inovações e mudanças, entrincheirou-se naquilo em que acreditava piamente: nas interpretações e posturas do passado. Não aceitava, de modo especial, o que o

509

---

[23] Copresp A, carta de Dom Vírgilio de Pauli, bispo de Campo Mourão, a Padre Vítor Coelho, em 14 de julho de 1982. No *ARSP*. O bispo sugere que Padre Müller não era tão convicto a respeito da absolvição comunitária como afirmara em carta. O bispo acredita ainda que a absolvição comunitária não tenha acontecido, pois lamenta que a multidão tenha ficado sem sacramentos.

[24] Copresp A, carta de Padre W. Leone Ceva a Padre Vítor, em 8 de dezembro de 1983. No *ARSP*.

Concílio proclamara: a Igreja como povo de Deus, na comunhão e na participação, Igreja que não existe para si mesma, mas para ser serviço ao mundo a ser salvo, reconhecendo no homem sua razão primeira e sua meta.

Padre Vítor, por outro lado, procurava viver as decisões do Concílio e, repetidas vezes, ensinou a renovação proposta por ele em seus programas na RA. Certa vez comentou com seus confrades ter ouvido do próprio Padre Häring o contexto e a detalhada interpretação de um dos textos mais bonitos aprovados no Concílio. Padre Bernhard Häring, redentorista da Província de Munique, morava no convento de Gars e foi um destacado perito durante o Concílio Vaticano II. Ele praticamente redigiu o texto de número dezesseis da Constituição Pastoral *Gaudium et Spes*. Isso animava e apoiava Padre Vítor em seus aconselhamentos e orientações pastorais.

> Na intimidade da consciência, o homem descobre uma lei. Ele não a dá a si mesmo. Mas a ela deve obedecer. Chamando-o sempre a amar e fazer o bem e a evitar o mal, no momento oportuno a voz desta lei lhe soa nos ouvidos do coração: faz isto, evita aquilo. De fato o homem tem uma lei escrita por Deus em seu coração. Obedecer a ela é a própria dignidade do homem, que será julgado de acordo com esta lei. A consciência é o núcleo secretíssimo e o sacrário do homem onde ele está sozinho com Deus e onde ressoa sua voz. Pela consciência se descobre, de modo admirável, aquela lei que se cumpre no amor a Deus e do próximo.[25]

O texto acima é uma luz a clarear todos aqueles que se dispõem a formar consciências cristãs e formar opinião. Para uma pastoral libertadora nada mais lúcido e ético do que seguir esta indicação. Ainda assim, tendo em mente o texto em questão, Padre Vítor não deixou Padre Leone sem uma resposta que pudesse aliviar seu coração inquieto, beirando o rigorismo. O original está afixado junto à carta de Padre Leone.

> Agradeço ao Padre Leone a caridade e a lealdade de sua correção fraterna!
> Mal informado em relação à prática da "confissão coletiva" tanto na minha doutrinação quanto na minha atitude, procurei seguir as normas emanadas na Sagrada Congregação para a Doutrina da Fé e do Novo Credo ou Rito da Penitência promulgado por decreto da Sagrada Congregação para o Culto Divino (2 de dezembro de 1973). Isso, até o advento do Novo Código de Direito Canônico, que procuro seguir rigorosamente.
> Não me lembro de que eu tenha (no rádio) feito propaganda ou ensinamento de confissão coletiva, salvo, na última semana, agora quando dei a doutrina do Direito Canônico sobre o assunto.
> Nas saídas com a Imagem, tenho feito a confissão comunitária onde o bispo autoriza. Deixo ao pároco o encargo de recorrer ao bispo. Na carta aos vigários pus expressamente que só me responsabilizava pela preparação do povo

---

[25] Compêndio do Vaticano II, Vozes, Petrópolis, 1968. Padre Häring, depois do Concílio Vaticano II passou um mês no Brasil onde fez uma série de conferências. Passou alguns dias em Aparecida. Cf. entrevista à revista brasileira "Vida Pastoral", maio-junho de 1991, Paulus, São Paulo.

para o ato, deixando ao bispo e ao pároco toda outra responsabilidade pela confissão coletiva. Procurei seguir as normas da Igreja, antes e depois do Direito Canônico, mas houve falhas na compreensão no começo. Recebi muitas cartas, dos vigários, noticiando que depois da passagem da Imagem as confissões auriculares aumentaram notoriamente por motivo da minha pregação.

Quem lê a carta de Padre Leone tem a impressão de que andei doutrinando sobre confissão coletiva. Não o fiz arbitrariamente. Procurei seguir as normas da Igreja, antes e depois do Novo Direito Canônico. Na carta prévia aos párocos eu exigia a licença do bispo, sem a qual nada se podia fazer. Insisti, quase exageradamente, no tocante à obrigação de procurar-se a confissão individual em consequência da confissão coletiva.

Assino Padre Vítor Coelho de Almeida[26]

Não se tem informação, seja de quem conviveu com ele seja de documentos nos arquivos da Província Redentorista de São Paulo, de qualquer manifesto que desabonasse sua maneira de evangelizar. Conhecedor da doutrina, estudioso da Palavra de Deus, divulgador dos documentos eclesiais e em sintonia com a renovação proposta pelo Concílio, ele foi fiel ao Evangelho e ao Magistério da Igreja. Discordância como a de Padre Leone foi caso raro e isolado. Infelizmente Padre Leone não conseguiu dar os passos necessários para seguir os tempos novos da Igreja pós-conciliar.

O dia doze de outubro de 1982, festa de Nossa Senhora Aparecida, era, como sempre, um dia especial para aquele que muito fez e mais divulgou sua devoção pelo Brasil afora como missionário redentorista. Nesse dia especial ele parecia particularmente feliz e inspirado. Não gravou seu programa do meio-dia, preferindo ir à basílica e, de lá, falar para o Brasil, através das ondas da RA. O microfone que lhe era tão familiar, a devoção que lhe era tão particular e tão amada, seu jeito de comunicar enchiam de vida cada palavra. Simples, profundo, com emoção...

> Caríiiiissimos,
> Isto aqui está parecendo o céu. Rádio-ouvintes, se vocês estivessem aqui na cabine da RA, dentro da basílica! De onde descortina um panorama maravilhoso. Os pavilhões repletos de pessoas devotas, piedosas; no centro, o sacerdote celebrando a santa missa. Piedade. Por cima as arcadas grandiosas da maior igreja de Nossa Senhora no mundo inteiro. Tudo isso em Aparecida, que é como o coração mariano do Brasil. Aparecida, hoje, toda iluminada de sol. Estive olhando, estive vendo o casaredo, os arranha-céus de Aparecida, a basílica velha, o Vale do Paraíba... Além, a grandiosa Mantiqueira que, como o Itatiaia, aponta para o infinito; e, as Serras do Mar, do Guararema, o grande Vale do Paraíba. Tudo regurgitando de vida, sorrindo de amor. Dia doze de outubro de 1982, Nossa Senhora saúda o povo brasileiro.

---

[26] Esta carta está junto à carta de Padre Leone, no *Arquivo Provincial*. Não há data. Seguramente Padre Vítor a escreveu como autodefesa. Não se sabe se as cartas foram enviadas por ele ao Arquivo ou, se depois de sua morte, foram recolhidas com seus documentos. Alguém anotou após a assinatura de Padre Vítor: "Ultraconservador e inconformado com os novos rumos da igreja e da C.Ss.R., Padre Leone abandonou a Congregação".

Caríííiissimos, qual o sentido de toda esta festa? Qual é a razão dos brasileiros terem feito esta igreja monumental? Por que é que hoje todo o Brasil estará aqui representado pelas multidões felizes? Por quê? É por causa de uma palavra só: Maria. Mas quem é Maria? "A mulher bendita", responde a Bíblia. A cheia de graça. Por quê? "Porque Deus olhou para a baixeza da sua serva – diz Ela – e por isso me chamarão Bem-Aventurada todas as gerações". A razão, escute filho, a razão de Maria e da devoção a Nossa Senhora é Jesus. Jesus é a razão do mundo. Porque eternamente existiu, existe e existirá eternamente aquele que é, era e há de ser. O Eterno. O imenso. O Todo-Poderoso. Deus. O infinitamente santo, justo, misericordioso, maravilhoso. Nunca os olhos humanos, aqui da terra, viram a Deus. Nunca nossos ouvidos ouviram o louvor infinito de Deus. Nunca o nosso coração sonha, ou pode sonhar, com a beleza infinita de Deus. [...] Desde a eternidade ele determinou criar o mundo. Criar o universo; esses céus imensos que vão, vão. E a luz, caminhando dez bilhões de anos na velocidade de trezentos e trinta e três mil quilômetros, a luz percorre apenas um pedacinho do imenso universo, onde acabará esse céu azul que Deus criou, os espaços. Ele, o Infinito, Deus, criou o céu e a terra. E este pequenino mundo. Ele encheu de maravilhas. Por quê? Agora vem a palavra. Desde a eternidade Deus predestinou que ele mesmo, na pessoa do Filho... porque Deus tem três pessoas: o Pai, a primeira pessoa. É Pai porque dele nasce a ideia genial, infinita, que criou o céu e a terra. [...] O Pai, a ideia [...] e o Filho que é um outro eu, a segunda pessoa. E o Espírito Santo que é o amor. Pois bem, desde a eternidade Deus predestinou a criação do universo colocando no mundo alguém. Um homem. Como o sol de tudo. Como centro de tudo. Como razão de tudo. Um homem que se chama Jesus. Esse homem que nasceu de uma mulher que se chama Virgem Maria. Esse homem é o verbo Eterno [...] que veio ao mundo para ser irmão dos homens. Para ser sacerdote que adora em nome de toda criatura angélica, criatura humana, os animais, os vegetais, os minérios... Todo o universo adora através de um homem: Jesus. O filho eterno de Deus que estava predestinado a vir se fazer filho de Nossa Senhora. E nós sabemos que o anjo anunciou a Virgem que ela ia ser mãe de Deus, e ela aceitou. E pelo poder do Espírito Santo ficou grávida desse filho, que é o próprio Deus. Verbo.[...],que se fez homem para morar entre nós. Este é o grande mistério eterno. Que nós na missa: "Eis o mistério da fé". É este homem que é Deus. O homem que adora, que agradece, que pede. [...] O verbo Divino se fez filho de Nossa Senhora e morou no meio de nós. Por isso a festa de hoje. Esta festa de hoje é para Nossa Senhora, sim. Por quê? Porque ela é mãe de Jesus. Jesus, sim, Jesus é Deus.

Nossa Senhora é aquela que se ocupa em adorar a Deus. Com os anjos, com os homens, a Virgem Maria passa sua eternidade agora. Ela só existe há dois mil anos, a Virgem Maria. Passa a sua eternidade adorando, agradecendo. Ela que reza pelo mundo. Ela que nos ajuda a nos libertar-nos do pecado. Grandiosa esta mulher por ser Mãe de Jesus. Grandioso Jesus porque é Deus. De certo que a festa de hoje é mais de Jesus do que de Nossa Senhora. Porque é Jesus que oferece ao Pai esse louvor: da Virgem, dos anjos e o nosso louvor. Hoje, aqui no altar, as multidões, o Brasil subirão ao céu para, em Cristo, com Cristo e por Cristo, dar honra e glória a Deus pelos séculos dos séculos.

A razão do dia doze de outubro é Maria. A razão de Maria é Jesus. E razão de haver um Homem-Deus é a misericórdia infinita do Pai, do Filho e do Espírito Santo. Adoradores de Deus, em espírito e verdade, unidos em grande multidão. Espiritualmente Nossa Senhora em nós; os anjos e santos em nós; e nós neles por Cristo. No dia de hoje louvamos a Deus, cantando o louvor da mulher que Deus escolheu para ser a sua mãe. Para nascer da

Virgem Maria. Para viver ao lado dela e torná-la Mãe da Redenção, Mãe da Divina Graça, Mãe da Esperança, Senhora de Aparecida. Agora vocês entenderam a razão de todo o festejo, quando hoje, agora, ao meio-dia, ao espocar de fogos, o Brasil inteiro se ligou à voz desses fogos. As aldeias, as cidades, as metrópoles, todo o Brasil, ao meio-dia, na voz dos foguetes, fez um grande plebiscito, proclamando na voz de cada foguete, um voto: que Jesus Cristo é filho eterno de Deus, que se fez homem no ventre sagrado de uma mulher. Essa mulher é cheia de graça e bendita. É a Mãe de Deus. É Nossa Senhora!

No finalzinho de dezembro de 1982, Padre Vítor esteve internado na Santa Casa de Aparecida. Agradecido por mais uma recuperação da saúde, voltou para o convento novo, sua nova residência. Aos poucos, sem demandar muito fôlego, foi retomando seus programas na Rádio Aparecida. Fazia questão de ir para a praça, ao lado da igreja velha, para o momento de fotografias com os romeiros. Mas o velho missionário já não era mais o mesmo... Cansado, vista fraca, dificuldades para ouvir, passos vagarosos. Porém, a voz embargada e rouca, inconfundível, continuava firme anunciando as maravilhas de Deus. Seus programas, abordando temas diversos, eram uma catequese. Encantava--o a vida, dom de Deus, e seu amor misericordioso e incondicional, sempre pronto para o paternal e amoroso abraço...

513

O cristão que perdeu a amizade de Deus pelo pecado mortal, ainda pode esperar o perdão, porque Deus é misericordioso. Jesus ensina na parábola do filho pródigo.

O pecador é como aquele filho que disse ao pai: "O senhor me entregue o que é meu, não quero ficar em sua companhia, vou sair desta casa!" Pegou a herança e partiu. Deixou magoado o coração paterno. Esbanjou a fortuna longe do pai. Empobreceu, a ponto de se tornar mísero guarda de suínos, faminto e maltrapilho. Só então, caindo em si, lembrou-se de que na casa paterna havia amor e pão. Resolveu voltar para o pai, cuja lembrança o atraía. Eis a história do pecador arrependido, do filho que voltou e confessou a sua culpa.

O Pai celeste perdoou-lhe tudo. Vestiu-o novamente com a graça santificante, colocou-lhe no dedo o anel de salvação e calçou-lhe os pés, para andarem nos caminhos do bem. Houve um banquete de alegria, porque o filho que estava perdido foi encontrado. "Mais se alegra o céu por um pecador que faça penitência do que por noventa e nove justos, que não precisam de perdão."

Jesus contou esta história para mostrar como Deus é bom. O regresso para o Pai se concretiza no sacramento da penitência. Fazem parte essencial do sacramento da penitência os atos do penitente: atos de fé, de arrependimento, de bom propósito, de amor inicial, de confiança em Cristo, de confissão ao sacerdote e de reparação expiatória. No sacramento da penitência, o padre pratica os atos próprios do sacerdócio ministerial, mas o penitente pratica atos do sacerdócio comum.

Na primeira epístola de São João, lemos: "Se dissermos que não temos pecado, enganamos a nós mesmos e a verdade não está em nós. Mas, se confessarmos os nossos pecados, Ele (Jesus) é fiel e justo para perdoar os nossos pecados e purificar-nos de toda a iniquidade. Quem confessa arrependido é perdoado. Confessar as culpas e reconhecer-se pecador, com humildade, é crer na infinita misericórdia de Deus.

Em nome de Cristo e da Igreja, o padre é o homem autorizado para perdoar e ele perdoa dizendo: "eu te absolvo em nome do Pai, do Filho e do Espírito Santo". Sabemos que, principal e primariamente, não é o padre quem, então, fala, mas sim o Cristo, pela boca do padre. Depois de absolvido, o penitente deve, ainda, praticar obras expiatórias, em união com Cristo, por que Jesus já descontou na cruz, mas você deve depois de perdoado, fazer atos de reparação, principalmente atos de amor "para completar em si a paixão do Senhor".

Para o padre perdoar, ou reter, é preciso que ele conheça os pecados. Por isso a Igreja exige a confissão dos pecados grandes, que chamamos de "mortais". Ela é a intérprete infalível das Escrituras e da Tradição. Cumpre confessar a "qualidade" do pecado (digo "qualidade" na linguagem do povo), isso é, a espécie de pecado.

É preciso dar o número dos pecados graves. Se a gente errar o número não faz mal. Esconder, mentirosamente, pecado "grande" torna sacrílega a confissão e é inválida.

A confissão comunitária atinge todos os pecados e se tão cedo não houver ocasião para confissão individual, então, impõe-se a confissão comunitária para quem estiver também em pecado grave.

A confissão comunitária, em que a multidão seja coletivamente confessada e perdoada, vale tanto quanto a confissão particular. Mas, quem ficou perdoado, pela confissão comunitária, de pecado "grande", está perdoado, sim, mas "fica obrigado" a procurar um padre o quanto antes, dentro de um ano, para confessar este pecado. Não é perdão sob condição, mas confiança no penitente que, depois, irá completar, caso haja necessidade, com a confissão individual.

Fica a obrigação para que em ocasião oportuna, o penitente confesse o pecado grave, ainda que tenha sido perdoado. O que absolutamente, não pode faltar é a fé, o arrependimento sincero com a vontade séria de não mais pecar e a confiança no perdão, pelos merecimentos de Jesus Redentor.

Só o Espírito Santo pode dar a fé, a confiança e o amor, para que o pecador se arrependa e se resolva confessar convertido. O arrependimento é o grande passo para o perdão.[27]

Assim Padre Vítor exercia, dia a dia, seu ministério: buscando que todos os homens e mulheres, livres e amorosos, reconhecessem-se, tal como ele, filhos e filhas da misericórdia do Deus que nos amou primeiro...

---

[27] Arquivo Padre Vítor, *Pasta Programas na Rádio Aparecida.*

CIC

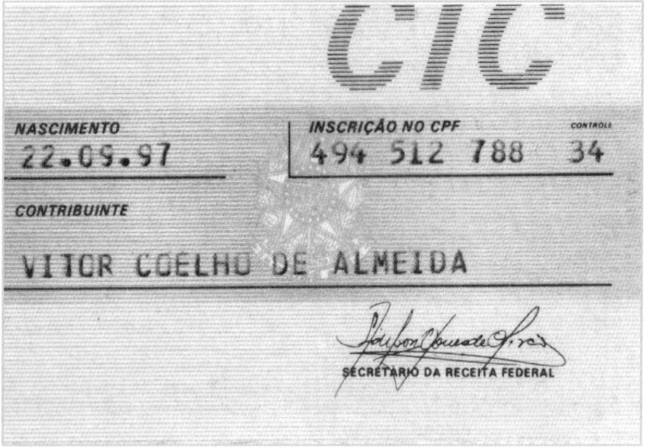

NASCIMENTO
22.09.97

INSCRIÇÃO NO CPF
494 512 788

CONTROLE
34

CONTRIBUINTE
VITOR COELHO DE ALMEIDA

SECRETÁRIO DA RECEITA FEDERAL

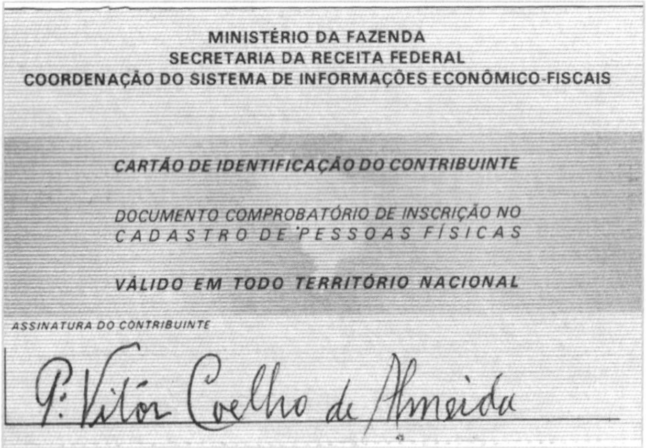

MINISTÉRIO DA FAZENDA
SECRETARIA DA RECEITA FEDERAL
COORDENAÇÃO DO SISTEMA DE INFORMAÇÕES ECONÔMICO-FISCAIS

CARTÃO DE IDENTIFICAÇÃO DO CONTRIBUINTE

DOCUMENTO COMPROBATÓRIO DE INSCRIÇÃO NO
CADASTRO DE PESSOAS FÍSICAS

VÁLIDO EM TODO TERRITÓRIO NACIONAL

ASSINATURA DO CONTRIBUINTE

P. Vitor Coelho de Almeida

REALTUP

REPÚBLICA DOS
ESTADOS UNIDOS DO BRASIL
RÉPUBLIQUE DES
ÉTATS UNIS DU BRÉSIL

Roga-se às Autoridades estrangeiras e determina-se às Autoridades brasileiras que prestem ao titular dêste passaporte auxílio e assistência em caso de necessidade.

Les Autorités des États étrangers sont priées et les Autorités brésiliennes sont requises de bien vouloir prêter au porteur de ce passeport aide et assistance au besion.

Enderêço do portador no Brasil:
Adresse du porteur au Brésil:

Enderêço do portador no exterior:
Adresse du porteur à l'étranger:

Em caso de acidente, notifique-se às seguintes pessoas:
En cas d'accident, veuillez notifier les personnes suivantes:

Modêlo SE 107 NOVO

— I —

Êste passaporte contém
32 páginas numeradas

Ce passeport contient
32 pages numérotées

No. 631770

PASSAPORTE
PASSEPORT

República dos
Estados Unidos do Brasil

République des
États-Unis du Brésil

Nome do portador *Victor Coelho*
Nom du porteur *de Almeida*

Acompanhado de sua espôsa
Accompagné de sa femme

e de ┐ filhos
et de ┘ enfants

Nacionalidade Brasileira
Nationalité Brésilienne

— 2 —

SINAIS PESSOAIS—SIGNALEMENT

Espôsa—Femme

	Portador—Porteur	Espôsa—Femme
Profissão / Profession	*Religioso*	
Estado civil / État civil	*Solteiro*	
Lugar e data do nascimento / Lieu et date de naissance	*Sacramento - M. Gerais 22-9-1897*	
Domicílio / Domicile	*São Paulo*	
Rosto / Visage	*Oval*	
Côr dos olhos / Couleur des yeux	*Castanho*	
Côr do cabelo / Couleur des cheveux	*Grisalhos*	
Sinais particulares / Signos particuliers		

FILHOS—ENFANTS

Nome—Nom	Idade—Age	Sexo—Sexe

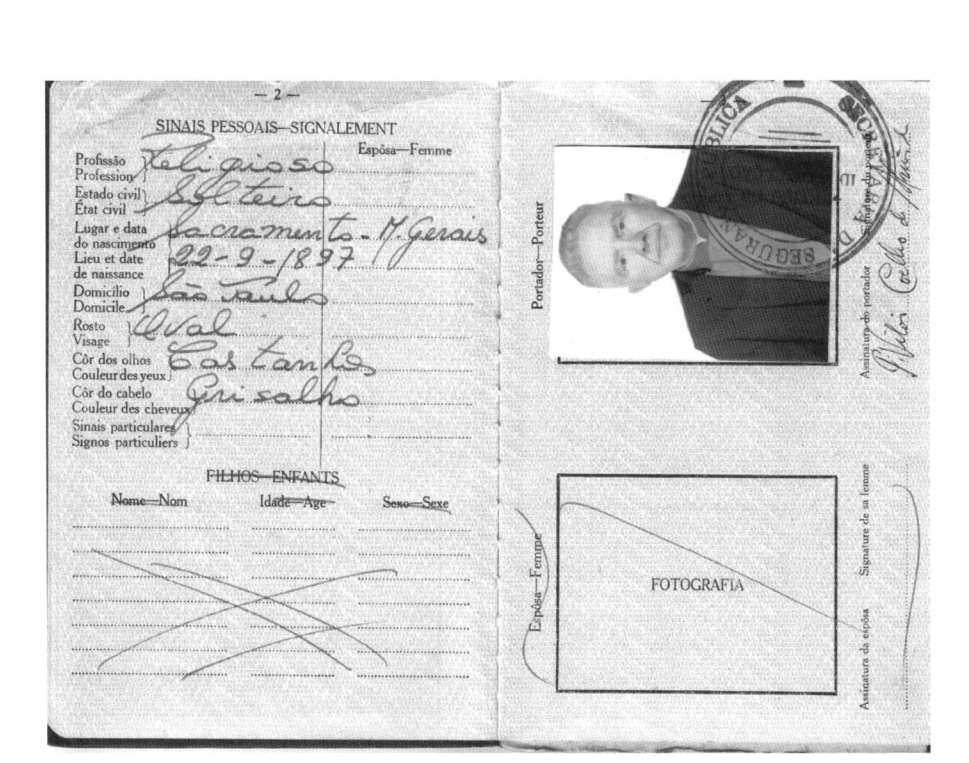

Portador—Porteur

Assinatura do portador *Victor Coelho de Almeida*

Espôsa—Femme

FOTOGRAFIA

Assinatura da espôsa

Signature de sa femme

14

O AMANHÃ DA VIDA...
E A TARDE DE SUA MORTE

O final de 1982 movimentou-se com as eleições para o Congresso Nacional e Governadores em novembro, e o começo de 1983 com a posse dos eleitos. Em Minas Gerais, Tancredo Neves e em São Paulo Franco Montoro elegeram-se governadores pelo novo partido de oposição – PMDB – criado após a reforma partidária que extinguiu o MDB. A esperança de abertura e redemocratização se renovava... Mas ainda havia um longo caminho a percorrer.

Também na Província Redentorista de São Paulo houve mudanças e transferências, mas apenas para ajustar o quadro de pessoal a fim de propiciar melhor andamento dos trabalhos apostólicos. Não era final de triênio, portanto a mudança era mínima. Padre Vítor continuava a pertencer à comunidade basilical. Não era o confrade mais velho, mas o que estava há mais tempo na comunidade, desde 1948, quando retornou de Campos do Jordão após o longo internamento. E, este novo ano era, para ele, motivo de, novamente, render graças a Deus, pois celebraria sessenta anos de sacerdócio.

Em um tempo não muito distante, mas ainda sem a marca e a rapidez da internet, as notícias trazidas pelas cartas dormiam nas distâncias e nas entregas do correio. A notícia de que Padre Ulisses, o Provincial, havia escrito a primeira circular do ano chegara antes mesmo da própria carta. Padre Vítor dedicou-se a sua leitura que o inspirou a rezar e a refletir em seus programas na RA. Aquele ano foi instituído pelo Papa como Ano Santo da Redenção, de março de 1983 a abril de 1984. A Igreja celebraria os 1950 anos de presença do mistério salvífico de Deus, manifestado em Jesus Cristo, para a redenção da humanidade. A CNBB, por sua vez, havia instituído o mesmo ano como Ano Vocacional, dedicado de modo particular à oração e ao fomento de vocações para a vida consagrada e sacerdotal. Tema profundamente caro a Padre Vítor que, mais que qualquer outro redentorista, dedicou-se a arrebanhar vocações para a vida missionária. A Congregação Redentorista acabara de celebrar, em novembro de 1982, 250 anos de fundação.

Iniciamos o ano de 1983 revitalizados pela Graça do nosso Jubileu, que reviveu em todos nós o sentimento de alegria, de fraternidade e de doação à missão apostólica como redentorista.

Continuamos em frente, procurando, como "memórias vivas" do Cristo Senhor, encarnar-nos na história deste novo ano, para que nossa presença seja sempre redentora das situações de pecado. Alguns fatos devem ser levados em conta de modo particular, em nossa atuação apostólica:

O Papa João Paulo II deseja que 1983 seja um Ano Santo. Contudo, o tempo não se torna santo, se as pessoas que o vivenciam não se santificam. Devemos, por isso, interpretar a declaração de Ano Santo como um apelo para um tempo forte de Evangelização transformadora do íntimo das pessoas e dos esquemas da sociedade atual. Ao mesmo tempo, nós próprios devemos também continuar nos abrindo e nos dispondo para uma profunda renovação da nossa capacidade de compreensão e das nossas atitudes de relacionamento com o Senhor e com todas as pessoas.

Para o nosso povão, sabemos que a vida não lhe será nada fácil e as perspectivas deste ano são de desemprego, de penúria e de desesperança. Para que a nossa pregação não se torne um momento de alienação da vida, é preciso que ela vise provocar maior solidariedade para com todas as vítimas da situação político-econômica de nosso país, estimulando os ouvintes a gestos de partilha e a compromissos mais conscientes pela renovação redentora da sociedade.

Finalmente, este ano será também um Ano Vocacional. Gostaria que cada confrade, sacerdote, irmão, estudante e até mesmo os nossos seminaristas, reassumissem de verdade a missão de ser o primeiro e mais importante agente das vocações religiosas e ministeriais, em favor da Igreja e, especificamente, em favor de nossa Congregação. Comparativamente, é uma questão de não ser estéril e de suscitar descendência dentro de uma família religiosa que, celebrando os seus 250 anos, sentiu toda a validade da sua existência e o imenso espaço que lhe resta cobrir dentro da sua missão atual e futura da Igreja. Ninguém deve permitir-se ser substituído pelo Secretariado de Promoção Vocacional. O convite vocacional explícito deve brotar da vida e dos lábios de cada confrade. O primeiro discernimento sobre motivação vocacional de qualquer jovem, através de um diálogo direto ou mesmo de uma visita familiar, é algo que todos somos capazes de fazer, se o quisermos. [...]

O valor da própria vocação revela-se pela sua força de atração. Que outros possam trilhar os mesmos passos do caminho que nós abraçamos porque sentimos que nos realizam e nos conduzem ao verdadeiro projeto de felicidade, que desejamos anunciar e ver participado por todos os homens.[1]

Como sempre, janeiro em Campos do Jordão estava na agenda como seu mês de descanso, retiro e férias. Antes porém, ele empreendeu duas viagens missionárias, uma para a cidade de Itapeva (SP) e a outra ao norte do Paraná. Só então foi recobrar forças respirando o ar puro da Serra da Mantiqueira. Para maior tranquilidade deixou gravada uma série de programas na RA. Ele continuava firme ao meio-dia e às quinze horas e, sempre que podia, fazia, ao vivo, o programa das quinze horas, diretamente da basílica, assistido de perto

---

[1] Circular Provincial de Padre José Ulisses da Silva, em 26 de janeiro de 1983. No ARSP, Pasta Circulares Provinciais.

pelos romeiros presentes. Fazia também ao vivo a entrevista com os romeiros, pois gostava do contato direto com o povo.

O diretor da RA desde 1982, Padre César Moreira, o incentivava e apoiava, pois sabia de seu zelo e amor pela comunicação e mais do que isso, sabia o quanto ele era querido e ouvido pelo Brasil afora. Padre César admirava seu velho confrade e companheiro de trabalho.

> Sempre admirei no Padre Vítor duas coisas essenciais ao comunicador: ter o que falar (conteúdos) e saber como falar (fazer-se entender). Ele estudava muito e se preparava para fazer os programas; lia, tomava notas, consultava fontes. O estudo que apresentou sobre os documentos do Concílio Vaticano II é uma preciosidade. Outra vantagem do Padre Vítor era o tipo de voz que o marcava e o tornava único. Era identificado não pela voz bonita e sonora do Padre Galvão ou pelo timbre grave do Padre Faria. Mas pela sua voz meio rouquenha que o tornava único. Além disso, ele dominava a arte de fazer comparações, de dar exemplos, de usar figuras literárias e de simplificar o que poderia ser inacessível ao ouvinte. É indubitável que o Padre Vítor era um "senhor" comunicador. Dominava a arte de falar e de se fazer entendido. E era ouvido porque tinha autoridade (credibilidade) no que falava e porque era entendido e respeitado.
>
> Quando cheguei à RA para trabalhar, Padre Vítor tinha uma participação reduzida, pois a idade já não lhe permitia. A princípio, ia todos os dias ao prédio da emissora para fazer o programa "entrevista com os romeiros", o que acontecia depois da missa das nove horas, no salão do Clube dos Sócios. Havia um fotógrafo encarregado de levá-lo, ao mesmo tempo usufruía do direito de tirar as fotos que os romeiros queriam e aos quais vendia. Não havia essa festa de máquinas de foto como agora.
>
> A duração do programa dependia do número de romeiros que aparecia para a entrevista. Ele organizava duas filas. Uma para quem tinha alguma graça alcançada e queria contar. Ele fazia uma saudação abordando algum tema do dia, ouvia as pessoas, dava bênção e, no microfone, as pessoas diziam o nome, a cidade e enviava abraços. Às vezes, ele se zangava se algo não saía do jeito que ele queria, mas nada mais grave.
>
> De vez em quando, ele aparecia na emissora, de modo especial em momentos festivos, de encontro com representantes do Clube dos Sócios. Ia também, pessoalmente, levar as fitas com as gravações de seus programas do meio-dia, que gravava em seu próprio quarto e conversava com a equipe técnica ou com quem o atendia. Mas continuava a escutar a RA o dia todo e comentava as mudanças que iam sendo feitas. Esteve na minha sala algumas vezes, em geral, quando havia alguma questão pendente a ser resolvida (como as suas viagens) ou quando eu o convidava para alguma participação especial em entrevistas. Deixou um legado incomensurável à RA![2]

521

Carinhoso e fiel retrato de Padre Vítor, na lembrança de um dos missionários que, por longos anos, dirigiu a RA e, depois, a Rede de Comunicação Aparecida, incluindo a TV, que foi ao ar em 2004 para a região de Aparecida e, no ano seguinte, com programação para todo o Brasil.

---

[2] Depoimento de Padre César Moreira, em junho de 2013. Ele foi diretor da RA por longos anos. Arquivo pessoal do autor.

Muitos confrades falaram e escreveram sobre Padre Vítor, sobre sua marca pessoal no trato sempre brincalhão com os confrades e, em matéria de fé e costumes, sempre um apologista da reta doutrina. No dia a dia, chegava, muitas vezes, a ser um controversista, pois não dispensava uma boa prosa nem uma boa discussão quando se tratava de temas que defendia com convicção, como a devoção a Nossa Senhora. Para isso pregava, discutia, escrevia – chegou a publicar um livro explicitando a diferença entre adoração e veneração de imagens. Os confrades, ao longo dos anos e da convivência, aprenderam a respeitá-lo e era, com todas as suas singularidades, admirado por todos. Já distantes os anos em que dirigiu a RA e já longínquos os atritos quanto à maneira de administrar a emissora, agora ele curtia a serenidade de uma ditosa velhice. Ainda assim, mantinha-se sempre estudioso e atento aos fatos, não somente àqueles que eram notícias e manchetes, mas atento também aos detalhes dos acontecimentos do dia a dia. Sobre teologia, certa vez declarou na RA.

> Teologia sempre foi meu gosto maior. De todas as ciências que eu estudei, a que mais me agradou foi a Teologia, porque além de ser ciência, é vida. A gente aprende sobre Deus e as suas coisas. Para mim o estudo de Teologia (quando clérigo) foi apenas iniciação, depois é que eu estudei muito. Aqueles quatro anos não dariam para nada, mas a vida inteira eu estudei muito Teologia, coisas bem modernas. Depois, quando veio o Concílio Vaticano II, eu ainda não me quis deixar atrasar, não. Depois de velho continuei estudando e até agora estudo muito. Quando chego no meu quarto, fico sempre lendo, isto quando não estou gravando. E depois, pela vida, lendo e vivendo é que o homem pode se tornar teólogo.[3]

Na Semana Santa daquele ano de 1983, Padre Vítor não pregou o sermão das dores de Maria no Sábado Santo como o fizera por mais de trinta anos em Aparecida. Mas permaneceu na igreja quase todo o dia em oração e conversando com os romeiros. Chegado maio, sentindo-se fraco, foi acudido pelos confrades e levado para a Santa Casa de Misericórdia, onde ficou internado por cerca de dez dias. Era o peso da idade...

Em seus programas, continuava a percorrer os mais diversos assuntos. Gostava de comentar livros que lia, especialmente se abordassem temas atuais. Partilhava com os ouvintes suas reflexões de maneira bem detalhada, facilitando-lhes a compreensão.

Homem de fé e esperança, Vítor entregava-se à oração com a inteira confiança de quem falava ao Deus que ouve. "Eu ouvi o clamor do meu povo..." (Êx 3,7). A oração era o alimento de sua vida, de seu apostolado. Na oração buscava "dilatar a alma", como dizia Santo Agostinho de Hipona, para o diálogo amoroso com Aquele que ouve e responde. Em um de seus programas, nessa época, ele falou sobre culto particular.

---

[3] Arquivo Padre Vítor, *Pasta Homenagens Jubilares*. Parte de uma entrevista na RA, em 1983, quando completava 60 anos de sacerdócio.

Caríiiiiissimos... são três horas, hora da consagração. Hoje quero falar do culto particular. Nós mostramos amor a Deus, adorando, agradecendo, pedindo e reparando, pelo culto público da Liturgia (com os sacramentos, principalmente a missa), mas também o fazemos pela devoção particular e orações individuais.

Neste culto particular, destaca-se a oração mental, em que se lê um pedacinho da Palavra de Deus, depois se recorda o que foi lido e passa a fazer considerações sobre as verdades focalizadas. Fazem-se atos de fé, adoração, agradecimentos, súplicas e deriva-se para resoluções práticas de amor a Deus e ao próximo. Mas, todo esse nosso esforço é como o bater de asas da avezinha ainda implume.

Só o Espírito Santo torna possível a verdadeira oração. Ele coloca "penas nas asas implumes". Sem Ele não sabemos orar. Quem pratica a meditação, lendo, pensando, produzindo afetos e desejos, buscando Deus, querendo amor, querendo o bem, experimentará que Deus acaba tornando a iniciativa para si e nos faz orar efetivamente. É Deus quem, então, faz tudo: Ele ensina, atrai e conforta. O Espírito Santo na alma ensina a rezar. De fato lemos na Bíblia que nós não sabemos rezar, mas o Espírito reza em nós. Isso quer dizer que Deus vem e suscita em nossa alma uma oração que nós nunca produziríamos, mas que Ele produz em nós.

Mística, na teologia, quer dizer a união de oração íntima com Deus para a união de amor e vida com Ele. A pessoa reza bem, para ter a graça de viver bem e subir, subir cada vez mais, unida a Deus, cada vez mais abençoada. Tal é o culto divino particular da meditação.

Muitas pessoas praticam o exame de consciência, frequentemente, para a conversão renovada. Examinam as culpas e, cheios de confiança e amor, pedem perdão a Deus, prometendo corrigir-se e confessar-se ao sacerdote.

Há muitas outras práticas de devoção particular, associadas à recepção dos sacramentos, que favorecem muito a devoção. A visita ao Santíssimo Sacramento, as devoções à Nossa Senhora e aos Santos podem nos ajudar a nos unirmos com Deus.

Entre as práticas de devoção a Nossa Senhora, contam-se as três Ave-Marias de manhã, ao meio-dia e à tarde. A participação nas celebrações das festas de Nossa Senhora e durante o mês de maio e a visita aos santuários. A reza do terço...

A reza do terço é mistura de meditação com oração vocal, visto que se rezam o Pai-nosso, as dez Ave-Marias e Glória ao Pai, mas, ao mesmo tempo, meditam-se os quinze mistérios mais destacados da religião. A prática é muito recomendada pelos Papas da atualidade.

Aos que pensam que o terço "já era", respondemos que o terço "é". João XXIII recomendou-o. Paulo VI também. João Paulo II é devotíssimo de Nossa Senhora. Lá na roça, quando você vai com a enxada nas costas para o trabalho, aproveite para rezar o terço. Assim, há muitas devoções particulares, além da devoção litúrgica, isto é, da devoção oficial da Santa Igreja. O amor se manifesta na oração. Quem ama, procura... e há "mil modos de achar Deus".[4]

---

[4] Arquivo Padre Vítor, *pasta programas na Rádio Aparecida*. Naquele tempo, a recitação do rosário constava de três terços, que incluíam a contemplação de quinze momentos bíblicos da vida de Jesus, os quinze mistérios. João Paulo II acrescentou ao rosário mais cinco mistérios. Atualmente acontece na Igreja um movimento típico masculino: "o terço dos homens". Pelo Brasil afora, eles se reúnem às segundas-feiras e rezam e cantam. Padre Vítor, se vivo fosse, e se ainda tivesse os microfones da RA em suas mãos, seria, por certo, um grande incentivador dessa prática.

Quando começava a ler um livro e achava-o interessante, logo o brindava com grande propaganda. Mesmo já tão idoso, encomendava as novidades ou pedia que lhe comprassem algo que o interessava. Um livrinho simples impresso um ano antes, com o intuito de comemorar os 250 anos de fundação da Congregação Redentorista, deleitava-o. Fora traduzida e editada a crônica de viagem dos pioneiros alemães quando vieram para o Brasil fundar as primeiras casas da Congregação em Goiás e Aparecida.

Os autores, Padre Lourenço Gahar e Padre Gebardo Wiggermann, faziam parte da primeira turma de bávaros que vieram para o Brasil em 1894. O original, em língua alemã e em manuscrito gótico, ficou guardado por quase cem anos no Arquivo da Província Redentorista de Munique, de onde vieram os pioneiros. A tradução foi feita por Padre Braz Gomes, que havia estudado na Alemanha e era conhecedor da língua germânica e da forma manuscrita. O trabalho salvou a memória da fundação bávara em terras brasileiras.[5]

É fascinante o relato da viagem que os missionários empreenderam para Goiás. Viajaram de trem de São Paulo até Uberaba e, de lá, a cavalo, até a Vila de Campininhas das Flores, a atual Goiânia. Padre Gebardo descreveu a topografia, o povo e as festas religiosas vividas naqueles primeiros meses em Goiás. Padre Vítor lia deleitado enquanto o pensamento levava-o de volta a suas próprias jornadas missionárias pelo extenso e belo estado de Goiás na década de 1930.

Padre Júlio Brustoloni, ao organizar a edição e publicação dessas crônicas, comentou que elas, escritas com simplicidade afonsiana, transportam mente e coração àquele tempo de tanta labuta e de tanta esperança. Sugere deixar o carro, o ônibus ou o avião e viajar com os pioneiros em suas agruras: "fome e sede, vento e chuva, sol e calor, mosquitos e febres, galopes e assaduras, zombarias e boas-vindas, solidão e esperança de sertão..." Era o começo da fundação que, passados mais de cem anos, hoje atrai milhões de devotos para celebrar a devoção ao Divino Pai Eterno no antigo arraial do Barro Preto, que se tornou a cidade de Trindade. Ah, como seria bom se os pioneiros pudessem contemplar o crescimento do antigo vilarejo e a multidão de devotos que para lá acorrem todos os anos, desde aquele sofrido começo em fins do século XIX...

Com a chegada do inverno, o frio acrescentava dificuldades para o bravo Padre Vítor, como, por exemplo, a de tomar banho frio de madrugada. Esse costume preocupava até mesmo sua irmã Mariazinha. Em junho, ela lhe escreveu, reclamando que as cartas estavam escasseando e que não podiam, de modo algum, descuidar da comunicação e do envio de notícias. Ela agradeceu o cartão enviado por Vitinho em seu aniversário de oitenta anos de vida. "...o que não acho é motivo de parabéns a gente fazer oito décadas... Só por Deus

---

[5] G. Wiggermann e L. Gahar. "Crônica da fundação da Missão Redentorista em São Paulo e Goiás – 1894-1898", Aparecida, 1982.

vai-se aguentando este vale de trevas, de calamidades, de enchentes, terremotos, guerras e pecados..." Ao final acrescenta: "E tenha cuidado com a saúde, não faça extravagância, lembre-se da vulnerabilidade de seus pulmões: pode aparecer uma situação mais grave, como enfisema ou mesmo a volta da tuberculose e, então, você terá que ficar 'preso' mais tempo, coisa de que você não gosta, certamente..."[6]

O finalzinho de julho foi a data marcada pelos redentoristas para a celebração dos sessenta anos de sacerdócio do missionário d'Aparecida. Era tempo de agradecer, recordar a juventude e a alegria da ordenação em Gars, em 1923. Eram passados sessenta anos de labor missionário e apostólico na vinha do Senhor. A celebração foi realizada na basílica, em missa concelebrada, presidida por Padre Vítor e pregação feita pelo bispo de Limeira (SP), Dom Tarcísio Amaral, seu vocacionado, que celebrava quarenta anos de sacerdócio. Outro "coelhinho", não podendo estar presente, enviou suas felicitações lá do distante sertão da Bahia.

> [...]
> Venho trazer-lhe, então, meus parabéns e minhas preces pela sua felicidade. O seu "peixinho" ainda se recorda do Padre Vítor, lá em Serra Azul, em 1938, de cabelos pretos, que falava e tinia. Foi aquela figura de missionário, de batina preta e colarinho branco, que atraiu o sacristãozinho que partiu para o Seminário Santo Afonso. Confesso-lhe grande admiração e amizade que sempre lhe dediquei! Aquele ideal de "evangelizar os mais pobres" não arrefeceu dentro de mim.
> Estou convencido de que, se Santo Afonso fosse Bispo de Juazeiro, ele faria melhor do que eu, mas não faria diferente! Os cabreiros de Santa Maria dos Montes se multiplicam nos vaqueiros das caatingas e nos vinte milhões de flagelados da seca de cinco anos que aflige o Nordeste. Quero agradecer, hoje, seu exemplo, sua perseverança, sua alegria de ser missionário redentorista nas Missões e na Rádio Aparecida. Que Deus o recompense largamente e que a Mãe Aparecida o abençoe!
> Com minhas felicitações, um grande abraço,
> † José Rodrigues, C.Ss.R.[7]

Que alegria para Vítor receber a carta carinhosa e cheia de gratidão! Além de Dom Tarcísio, que fez a homilia da missa solene, concelebrou com os jubilares os Arcebispos de Aparecida, Dom Geraldo Penido e Dom Juvenal Roriz, de Juiz de Fora (MG). Comemorando vinte e cinco anos de sacerdócio, padres da Vice-Província de Brasília, da Província do Rio de Janeiro e, de Santiago do Chile, um padre que estudara em Tietê.[8] Ao final da celebração, Padre Vítor

---

[6] Arquivo Padre Vítor, Correspondência com Familiares. Carta de Mariazinha, de 12 de junho de 1983.

[7] Copresp A, Carta de Dom José Rodrigues, Bispo de Juazeiro (BA), a Padre Vítor Coelho, em 25 de julho de 1983. No ARSP.

[8] Eram os jubilares: 60 anos, Padre Vítor Coelho; 40 anos, Dom Tarcísio Amaral; 25 anos, os Padres Jesus Flores, Carlos da Silva, Elias Pereira, Antônio Pinto, José Augusto da Silva, Gaspar de Almeida e Armando Jara.

rezou a consagração a Nossa Senhora Aparecida, segurando em suas mãos a pequena imagem da santa. Emocionado, com sua voz rouca meio embargada, a multidão aplaudiu quando ele terminou aclamando: "Viva Cristo Rei! Viva a Senhora Aparecida, Rainha!"

No sábado, dia 30 de julho, ainda dentro dos festejos de seu jubileu, o diretor da RA entrevistou-o. No programa "Gente Pequena", o entrevistado falou de sua vocação, de sua infância, do tempo de seminário... A memória viva e acesa, como bem o revelam os trechos da entrevista concedida a Padre César Moreira.

> Eu nasci numa cidade bonitinha, bonitinha, a beira do rio Borá, numas terras férteis, no Triângulo Mineiro. Terras que produzem muito. Sacramento, cidade antiga. Ali passavam as boiadas que vinham de Goiás para São Paulo. Lá havia diamantes também. Hoje é uma cidade como um presépio, onde nasceu, não o Menino Jesus, mas o Padre Vítor.
>
> Meus pais... Papai era um homem alto, bonito. Como eu sou bonito também [risos]. Dizem que eu me pareço com ele. Ele era de mãe francesa e pai de família portuguesa. Aprendeu artes decorativas. Desenhava que era uma beleza nos cadernos. Ele ficou professor a vida inteira. Minha família era de professores. Era um homem espirituoso e, quando queria, fazia-nos rir muito. Ele foi muito caridoso e cuidou por muito tempo de um leproso. Passava horas com esse homem e não pegou a doença. Morreu com quase noventa anos. Ele parecia São Nicolau e morreu no dia de São Nicolau, o amigo das crianças. Ele gostava da natureza, dos passarinhos e meu irmão pôs apelido nele de São Francisco de bigodes.
>
> Mamãe morreu muito moça, coitadinha. Era muito terna. Tinha uma voz muito bonita. Cantava tanto pra gente. Mamãe morreu cedo, sofreu muito. Não aguentou o peso da vida, porque a sua saúde não era boa. Morreu com vinte e oito anos e deixou cinco filhos.
>
> Éramos cinco irmãos. Um morreu pequeno, era o Leãzinho. Minha irmã mais nova chegou só aos vinte e um anos, foi freira. Consagrou-se a Deus. Era muito boazinha. Morreu santinha. Ela se ofereceu como vítima. Vocês não entendem bem isso, por enquanto, que é se oferecer a Deus e sofrer no lugar de outra pessoa. Ela se ofereceu, sofreu, mas a pessoa se converteu. Ela se chamava Veriana, nome esquisito, não é. Os outros dois são professores. Meu irmão José foi professor no Colégio Pedro II, esse famoso colégio no Rio de Janeiro. Era formado em farmácia. Escreveu livros... Ele pertence à Academia de Letras, de Vitória (ES). Agora está velhinho. Tem dois anos mais do que eu. Eu vou vê-lo de vez em quando no Rio de Janeiro. Outra irmã é professora aposentada, em Araxá (MG). Fez oitenta anos. É muito querida porque formou aquelas gerações todas. Foi professora em Ibiá, depois foi trabalhar e morar em Araxá.[9]

Depois Padre Vítor recordou o tempo de criança, as brincadeiras, a escola sem recursos e um tempo em que a Igreja não era bem-vista pelo governo durante a República Velha. Contou como chegou ao Seminário Santo Afonso e lá, sem qualquer aviso ou explicação, foi deixado por seu primo padre. Feliz-

---

[9] Arquivo Padre Vítor, *Pasta Programas na Rádio Aparecida*. A gravação dessa entrevista foi transcrita e divulgada depois de sua morte.

mente, a acolhida e a formação recebidas ajudaram-no a se firmar nas coisas de Deus e a fazer desabrochar a vocação sacerdotal. E terminou dizendo: "No dia de sua morte, quando você tiver sessenta anos de padre, como eu, você olha para trás e diz: valeu a pena porque eu tive Deus".

Para tornar ainda mais festiva a ocasião, na manhã do dia seguinte, um domingo, no Seminário Santo Afonso, quatro clérigos que terminavam os estudos de teologia fizeram sua profissão perpétua na Congregação do Santíssimo Redentor. Em menos de um mês seriam ordenados diáconos, reforçando o trabalho missionário na Província.[10] Estes momentos eram celebrados com especial carinho por Vítor, ele que sempre buscara e incentivara, por onde andou e pregou, as vocações sacerdotais e religiosas.

O sacerdócio e o apostolado de Padre Vítor Coelho eram uma grande graça para a Província de São Paulo que a celebrava com o coração agradecido. Ele era, incontestavelmente, o Missionário mais popular nos quase cem anos de atividade apostólica redentorista no Brasil. Para quem sofrera severamente com a tuberculose que o acometera por duas vezes, tendo apenas um dos pulmões, chegar a tal idade em plena e profícua atividade pastoral, tanto na RA como nas viagens, era graça admirável! A Província estava cônscia do grande dom e agradecida por ele. Como bem o atestam as palavras do Provincial em carta aos confrades.

527

> O dia trinta e um de julho reuniu, em Aparecida, alguns de nossos mais caros jubilares: Padre Vítor Coelho de Almeida, com sessenta anos de sacerdócio. Ele é um símbolo do missionário redentorista plantado na história da nossa Província. Se os Bispos do Brasil, em sua vigésima primeira Assembleia Geral em abril deste ano, no Documento sobre a Catequese Renovada, recordam "agradecidos o papel de Nossa Senhora sob o título de Aparecida – a grande Catequista que sustenta a fé e a esperança do povo brasileiro" (página 139), certamente Padre Vítor tem sido a voz emprestada à Mãe de Jesus durante tantos anos, como Missionário popular e como Comunicador, através da Rádio Aparecida. E vale a pena lembrar a sua ação fecunda também como Agente Vocacional, através do convite direto a tantos vocacionados, que hoje integram a nossa família redentorista. Obrigado Padre Vítor! Que a sua recompensa seja ouvir de Deus o mesmo "Caríiiissimo" que o senhor diz diariamente a tantos ouvintes. Que Ele o recompense em graça de santificação tantos anos de fidelidade, de busca de renovação e de eficácia evangelizadora.[11]

No dia cinco de agosto, data de sua ordenação sacerdotal acontecida no longínquo 1923, ele recebeu uma homenagem da equipe da RA – direção e funcionários. Padre Antônio Braz de Figueiredo estava presente e encarregou-se da animação, cantando vivas e bênçãos no momento de partir o bolo. "Pa-

---

[10] Fizeram a profissão perpétua os Fráteres: Ferdinando Mancilio, José Inácio, Sebastião Marques e Vicente André.

[11] Circular Provincial de Padre José Ulisses da Silva, em 8 de agosto de 1983. No ARSP, Pasta Circulares Provinciais.

dre Vítor, santo Padre Vítor que sonhou com a rádio e agora sonha com uma TV de Nossa Senhora... Viva o Padre Vítor!!!"

Ele tinha consciência de ser um missionário que tentava dedicar-se com fidelidade à pregação da Palavra de Deus. A essa missão entregara sua vida. A primeira carta de São Pedro exorta cada um a viver conforme o dom recebido de Deus; Padre Vítor recebera o dom da comunicação. Falar com simplicidade, clareza e fé, de modo a ser facilmente entendido por todos os que o ouvissem para que a fecunda semente da Palavra, assim entendida, caísse nos corações e florescesse e frutificasse. Aonde fosse chamado a servir – catequista, missões populares, peregrinante da Mãe Aparecida, radialista –, ele era sempre o missionário a serviço da Palavra, anunciando, ardorosa e incansavelmente, a copiosa Redenção. "Todos vós, conforme o dom que cada um recebeu, consagrai-vos ao serviço uns dos outros, como bons dispenseiros da multiforme graça de Deus. Se alguém fala, faça-o como se pronunciasse palavras de Deus" (1Pd 4,10-11a). Vítor punha seu dom a serviço do Reino, a serviço da justiça e da misericórdia como ensinadas e vividas por Jesus de Nazaré.

Ao final da comemoração, diante do grupo de amigos da RA, ele, emocionado, disse algumas palavras de agradecimento. Nelas ficava nítida a verdade de que sua vida e seu sacerdócio misturavam-se à história do Clube dos Sócios e à história da RA. Seu testemunho atestava que ele, mesmo que não se desse conta disso, unira, irremediavelmente, sua vida e sua missão à comunicação falada.

528

> A cidade de Aparecida irradiava luz, mas não irradiava som. Era preciso criar uma estação de Rádio. Eu me vi envolvido desde a primeira hora. O amor... todas as obras que não são vestidas de som são estátuas mortas sem nenhum valor. Eu queria dizer que a melhor escada para o céu é o amor. Uma escadinha viva, não escadinha morta. Caridade... e nós fundamos aquele Clube para fazer propaganda no Brasil da justiça e da caridade. Deus ajuda com certeza quem tem um bom coração. Bom coração é aquele que é possuído pelo Divino Espírito.
>
> Essa é a razão da rádio. Essa é a alma da rádio. A Rádio Aparecida seria uma estátua inerme se lhe faltasse esse amor divino.[12]

Naquele mês de agosto, ainda muito frio em Aparecida, Padre Vítor não fez nenhuma viagem. Todos os dias chegavam cartas e mais cartas cumprimentando-o pelo jubileu de sessenta anos de sacerdócio. Nos finais de semana, a quantidade de romeiros que o procurava para uma fotografia aumentava cada vez mais. O povo via e sentia, na presença dele, um santo. E além de fotografia, os romeiros pediam benção, queriam tocá-lo e apresentavam as crianças para serem abençoadas por suas mãos. Era o missionário do povo, rodeado e amado pelo povo.

---

[12] Testemunho tirado do documentário "O missionário d'Aparecida", preparado para a Primeira Romaria Padre Vítor a Aparecida, em fevereiro de 2011. O documentário teve a direção de Rômulo Barros.

As homenagens chegavam com palavras de admiração e reconhecimento pela vida dedicada ao Evangelho e à devoção à Senhora Aparecida. Como a mensagem vinda da cidade paulista de Itapira, onde a Câmara Municipal, já antes, havia prestado uma homenagem ao jubilando.

> Padre Vítor, através da Rádio Aparecida, difunde a fé e o amor à Padroeira do Brasil, Nossa Senhora Aparecida, enviando mensagens de fé e esperança a todos os brasileiros. Queremos expressar, numa demonstração de afeto, carinho e entusiasmo para com este verdadeiro apóstolo dos nossos tempos, que a todos acolhe na cidade de Aparecida...[13]

Também da mineira Araxá recebia não apenas a homenagem da Câmara, mas a outorga de título de cidadão honorário em reconhecimento pelos benefícios prestados àquela cidade.[14] Sempre que podia, corria até lá a fim de rever a irmã Mariazinha.

Entre seus pertences e guardados, uma pasta conserva telegramas, homenagens e convites de várias cidades para receber outorga de títulos e homenagens diversas. Cartas dos ouvintes da RA e de antigos fiéis que participaram de Missão pregada por ele, ainda antes da década de 1940. De um confrade, recebeu um soneto que exaltava seu ministério sacerdotal.

> Eu te bendigo, sacerdote santo,
> Sexagenário nas hostes de Deus,
> Tu és o emblema de vitórias tantas,
> Por tantas almas que guiaste aos céus.
> Subiste ao cume da montanha santa,
> E, diariamente, entre os dedos teus,
> Cristo, holocausto, para os céus levantas
> Bênção perene para os filhos seus.
> Quando te escuto, na tua voz cansada,
> Eco sonoro da eterna verdade,
> És o profeta que jamais se cansa,
> És o farol a iluminar estradas,
> A voz de Deus que aponta a eternidade,
> E o arco-íris de uma eterna aliança.[15]

529

Na Igreja o mês de agosto é dedicado às vocações missionárias e religiosas. O testemunho vivo de Vítor tornava-se incentivo para muitos jovens que sonhavam seguir a mesma estrada. Naqueles dias, ele foi ao Seminário Redentorista Santo Afonso e falou para os seminaristas. Instado pelo diretor, Padre Antonio Carlos Vanin, ele concedeu também uma entrevista, depois publicada

---

[13] Arquivo Padre Vítor, *Pasta Homenagens Jubilares II.*

[14] Arquivo Padre Vítor, *Pasta Homenagens Jubilares II.*

[15] Arquivo Padre Vítor, *Pasta Homenagens Jubilares II.* Soneto composto por Padre Américo Stringhini para comemorar o 60º ano de sacerdócio de Padre Vítor.

na revista do Seminário enfatizando o sentido e o compromisso do ministério sacerdotal.[16]

Mas, em meio a dias de tanta festa, sobreveio a dolorosa surpresa: seu amigo e colega na RA, Padre Maurílio Correa de Faria, sofreu um derrame cerebral, vindo a falecer às vésperas da Assunção de Maria, dia quatorze de agosto. Padre Vítor sentiu profundamente a morte desse confrade com quem dividira tanto trabalho e tantas lutas na Rádio de Nossa Senhora...

Entrou setembro e a boa-nova da primavera se espalhou pelos campos e cidades... Padre Vítor completava oitenta e quatro anos. A Câmara de Vereadores de Aparecida enviou-lhe cumprimentos pela passagem do aniversário natalício: "Considerando que este evento é de grande importância para nós, pois o Padre Vítor, cidadão aparecidense, é, há muitos anos, o Apóstolo contemporâneo que anuncia através da Rádio Aparecida as glórias de Nossa Senhora Aparecida".[17]

O aniversário foi celebrado com simplicidade. O "filho da misericórdia", mesmo tendo superado galhardamente tantas batalhas pela vida afora, sentia-se frágil. Agradecia sempre o milagre da longa vida e o estar lúcido e trabalhando. Como o salmista, ele rezava: "Eu te agradeço de todo o coração, meu Deus, vou dar glória ao teu nome para sempre, pois é grande o teu amor para comigo: tu me tiraste das profundezas da morte" (Sl 86,12-13).

O mês de outubro tinha significado especial: festa de Nossa Senhora Aparecida. Padre Vítor envolvia-se inteiramente nas celebrações, a começar pela novena preparatória. Mas não descuidava de seus programas na RA e das idas à praça para as fotografias e para abençoar os romeiros. No final do mês, a comunidade redentorista dedicou um tempo especial às Constituições da Congregação que chegaram devidamente aprovadas de Roma. Padre Vítor lia e comentava com os confrades a beleza e a profundidade que elas continham. Tecia comparações e realçava as diferenças entre os novos e os antigos textos, referindo-se aos textos estudados – e observados – em seu tempo de noviciado e às Regras que estiveram em vigor desde 1749 até o Concílio Vaticano II, que pediu uma reforma nas Ordens e Congregações. Novos ares...

De todo o conjunto das "Constituições e Estatutos da Congregação do Santíssimo Redentor", Padre Vítor comentou, com especial vivacidade, o item número dez. Era como se ele tivesse, com a sua própria vida, redigido este parágrafo da magna norma dos redentoristas.

> O testemunho de vida e de caridade conduz ao testemunho da palavra (Rm, 10,17), conforme a possibilidade concreta e a capacidade pessoal. Os redentoristas têm na Igreja, como sua principal missão, a proclamação explícita da palavra de Deus para a conversão fundamental.

---

[16] "Cartinha", ano XXX, n. 185, Aparecida, outubro de 1983. No ARSP.

[17] Arquivo Padre Vítor, Pasta Homenagens Jubilares II. O requerimento da Câmara é assinado pelo vereador João Batista de Carvalho, em 4 de outubro de 1983.

Quando chegar a hora e o Senhor lhes abrir a porta da palavra (Cl, 4,3), os redentoristas, sempre prontos a dar testemunho da esperança que neles existe (1Pd3,15), completando o testemunho tácito da presença fraterna com o testemunho da Palavra, anunciam confiantes e constantes o Mistério de Cristo (At 4,13.29.31)

Para que possam cooperar sempre mais plenamente na realização do mistério da redenção de Cristo, incansavelmente rogarão ao Espírito Santo, que é Senhor dos acontecimentos e é quem dá a palavra adequada e abre os corações.[18]

Nos últimos meses do ano, Padre Vítor empreendeu duas viagens missionárias, uma a Lima Duarte e outra a Carmo de Minas, ambas no Estado de Minas Gerais. O Natal e o Ano Novo, passou-os tranquilamente com seus confrades, em comunidade. Médicos e superiores não descuidavam de tentar convencê-lo – nem sempre com sucesso – de que precisava ficar mais tempo em casa, repousar mais, cuidar das orquídeas e viver com tranquilidade a velhice que havia chegado...

Com janeiro, chegaram o calor e as chuvas de verão. O inquieto Padre Vítor aproveitou seu bom estado de saúde e, sempre muito animado, foi à cidade de Formiga levando a imagem de Nossa Senhora Aparecida para uma visita. Chegada festiva, missa campal e uma multidão querendo ver e tocar o missionário de Nossa Senhora. Ele pregou com ardor, falou com firmeza defendendo a vida contra o aborto. Passou o final de semana na cidade e voltou realizado para casa. Alguns meses depois, um dos padres de Formiga escreveu-lhe tecendo comentários sobre a visita. Padre Vítor passou então a enviar aos párocos, depois de cada visita, um pedido de avaliação de seu trabalho na cidade. O vigário de Formiga, em nome do pároco, escreveu-lhe dando conta dos resultados positivos que a visita missionária proporcionara ao povo.

> [...]
> As confissões individuais aumentaram sensivelmente, principalmente como complemento daquela "confissão comunitária". Temos impressão de que a frequência ao culto dominical aumentou um pouco também. Os efeitos da visita foram muito grandes, especialmente quanto ao aumento da participação nos sacramentos da penitência e eucaristia.[19]

Esse era justamente o desejo e o objetivo de Padre Vítor em suas visitas com a imagem de Nossa Senhora: fortalecer a comunidade cristã e a frequência aos sacramentos. A avaliação feita respondia positivamente a seu esforço e zelo em favor do povo. O pároco de Siqueira Campos (PR), do mesmo modo, alegrou-se com os benefícios resultantes da visita missionária e ainda acrescentou: "Deus lhe dê, Padre Vítor, a graça de orientar e santificar este povo de Deus por muitos anos, ainda".[20]

---

[18] Constituições e Estatutos Gerais da Congregação do Santíssimo Redentor, Aparecida, 1984.

[19] Copresp A, carta de Padre José Stolfi a Padre Vítor Coelho, em 9 de maio de 1984. No *ARSP*.

[20] Copresp A, carta de Padre Ivo Lazzarotto a Padre Vítor Coelho, em 5 de abril de 1984. No *ARSP*.

Vítor continuou a receber torrentes de agradecimentos e pedidos, como o que acabara de chegar a suas mãos do pároco de Pedralva (MG), Padre Geraldo Vicente da Costa, pedindo uma visita dele com a imagem à cidadezinha de Dom Viçoso (MG).[21] E chegava de Santa Amélia (PR) a programação já feita da visita, dando detalhes da chegada da imagem e horários das missas.[22] Incansável Padre Vítor!!!

As cartas chegavam às centenas. As cartas enviadas por ele diminuíam dia a dia. A vista fraca já não lhe permitia usar a máquina de escrever como fizera toda sua vida. Ainda assim, para a irmã Mariazinha, não deixava romper o elo tão caro que os unia: a correspondência. No final de maio, uma cartinha plena de carinho e afeto. Era aniversário de Mariazinha. Na ocasião, Padre Vítor estava triste pela morte de seu amigo e amigo de muitos confrades, o Comendador e Deputado Federal Vicente Penido. Quando prefeito de Aparecida, tornara-se amigo de Padre Vítor.

532

Mariazinha,
Salve!
Você, como São Paulo, gostaria mais de ir para o céu, mas Deus com sabedoria e amor, acha que melhor é, ainda, ficar ao pé da Cruz e aproveitar as graças que só no tempo se concedem. Por isso, dou-lhe parabéns pelos oitenta e um anos de misericórdias e favores divinos. Sua barca, sozinha, continuará singrando. Por quanto tempo? Fé e amor são a estrela da tarde, nesse velejar vespertino. Deus a enriqueceu com os dons do alto. A recordação do papai, de quem você foi o anjo benfazejo, faz parte das nuvens douradas desse entardecer. Sei que você sofre, mas vejo que você é muito feliz. Um abraço e felicitações!
Ontem, chorei junto ao féretro de um amigo, de quem se deveria dizer que foi pena ele ter vivido tão pouco (cinquenta e pouco anos) quando Deus lhe dera um coração rico, ao lado de grande fortuna que o fazia benfeitor e consolador de muitos. Foi pranteado, sinceramente, por muitos. Os pensamentos de Deus não são os nossos. Como o céu está "acima" da terra, assim as tramas da Providência superam as nossas cogitações.
Ainda estou forte e trabalhando intensamente. Sinto, contudo, os efeitos do envelhecimento. O coração não é mais coração de "leãzinho".
Se, dia três, seus amigos a festejarem, aproveite a ocasião para lhes dizer que, em minhas orações, procuro suprir a falta de correspondência epistolar, mas que recomendo muito a Deus toda a roda de amigos.
Dedé manda sempre seus cartões em que eles colocam um pedacinho do coração.
Deus vos abençoe!
Um abraço do Vitinho.[23]

21 Copresp A, carta de Padre Geraldo Vicente da Costa a Padre Vítor, em 31 de janeiro de 1984. No *ARSP*.

22 Copresp A, carta de Padre João Lutostarishi a Padre Vítor, em 19 de abril de 1984. No *ARSP*.

23 Arquivo Padre Vítor. Carta à irmã Mariazinha, de 31 de maio de 1984. *Pasta Correspondência com Familiares.*

Até o meio do ano, além da viagem à cidade de Formiga (MG), Padre Vítor foi apenas ao Paraná. Decidiu ficar mais tempo em casa, cuidando de repousar um pouco mais, embora, como ele mesmo disse à irmã: "trabalhando intensamente". Lia e se preparava para os programas na RA. Em viagens curtas, aproveitava oportunidades para um pulo rápido a Campos do Jordão, um ou dois dias em Caraguatatuba, onde gostava de caminhar descalço nas areias da praia. Mas estava sempre presente às missas e eventos em Aparecida.

Em meados de junho, aos confrades, reunidos no refeitório da comunidade, o reitor perguntou se alguém se interessava em ir até Campanha (MG), onde Dom Tarcísio tomaria posse como bispo. Como todos imaginavam, sem pensar duas vezes, o velho Coelho levantou a mão. Dom Tarcísio Amaral, devido à saúde delicada, pedira renúncia como bispo de Limeira (SP). O núncio apostólico ofereceu-lhe então uma diocese mais tranquila, no sossego do sul de Minas Gerais. Dom Tarcísio era um "coelhinho" de Padre Vítor e fora Superior-Geral da Congregação em tempos difíceis de mudanças pós-Concílio. Para Vítor a festa era imperdível...

Até o final do ano, Padre Vítor visitou apenas duas cidades: Casa Branca (SP), com a imagem, e a cidade de Serra Negra (SP). Nesta última, um dos redentoristas da Província, teólogo renomado, Padre João Rezende, passava uma temporada de repouso depois de uma grave cirurgia no coração. Padre Rezende era tradutor, professor e um estudioso na área de cristologia – não faltavam para os dois, nem tempo, nem vontade, nem temas para longas conversas... O teólogo e o pastoralista se entrosavam e um ajudava o outro!..

A correspondência com Mariazinha revela, toda ela, o homem atencioso e o irmão solícito, acompanhando, ainda que de longe, os passos da irmã querida. As lembranças paternas voltam sempre ao coração e sempre com gratidão. O pai, o professor Leão, homem bom e caridoso, é carinhosamente lembrado como o São Francisco de Bigodes, como a ele se referia o filho Dedé, numa alusão a seu modo desprendido e generoso de ser na vida. A conversão tornou o Senhor Leão, nos últimos trinta anos de vida, um homem de oração e comunhão frequentes. E, mesmo tendo vivido uma infância atribulada, Vítor recorda, agradecido, que recebeu do pai o ensinamento de nunca se deitar ou levantar-se sem rezar o Pai-Nosso ou a Ave-Maria.

> [...]
> Lembro-me de muitas outras facetas da vida de papai, que bem mereciam ser glorificadas, principalmente o heroísmo de fidelidade à família e ao emprego. Haja vista, quando morávamos na Jurujuba e ele, todos os dias, fazia o grande percurso, a pé, ida e volta, da Laranjeiras às barcas e de São Domingos, em Niterói, a Jurujuba...
> Ele não foi um andarilho só dos sertões, mas de todas as nossas diversas moradias até o emprego, longe e sempre a pé.
> Lembro-me do carinho com que carregou mamãe com criança, em bom trecho da mudança para a Rua Marquês de Sapucaí. Sempre bom para ela...

Um dia, um mau companheiro, em Uberlândia, aconselhou-o que nos abandonasse para gozar a vida... Nada o demoveu do sagrado dever para com os filhos. Este papel daria para escrever muito e não faltaria assunto, em recordações, mas agora tenho de cuidar de outros deveres.

Um abraço do Vitinho.[24]

Em dezembro, Padre Vítor recebeu representantes do legislativo do Estado do Espírito Santo que desejavam acertar sua ida a Vitória, a fim de receber o título de cidadão capixaba. A ideia entusiasmou-o e fê-lo grato pela generosidade dos representantes do povo. Ele já recebera o título de cidadão honorário da cidade capixaba de Muniz Freire, em 1981.[25] A nova honraria o tornaria cidadão do Estado do Espírito Santo. Mas, consultados o superior da comunidade e os médicos, foi-lhe aconselhado não empreender a viagem. Restou-lhe escrever agradecendo a honraria. Ao Governador do Estado, Gérson Camata, expôs a impossibilidade de comparecer. E pediu: "Seria favor se me fosse enviado o documento, até que, no futuro, me seja dado ir até lá".

Ao Presidente da Assembleia Legislativa do Espírito Santo, Dylton Lyrio, escreveu agradecendo e justificando a ausência.

> Tanto me foi grande a euforia experimentada pelo convite de nobilitar-me com o título de "Cidadão Espírito-Santense", quanto amarga a contrariedade de não poder apresentar-me à nobre Assembleia Legislativa do Estado, na data prefixada para tão feliz evento.
>
> A essa brilhante Edilidade dirijo efusivos agradecimentos bem como um abraço fraternal ao meu, agora, muito meu, Povo Capixaba, tão garbosamente conduzido por S. Excia., o Governador Gérson Camata.
>
> Visto que o bem derramado, por meu intermédio, sobre esse Povo, deve-se, primordialmente, a Nossa Senhora Aparecida e sua Rádio, coloco aos seus pés toda esta preciosa homenagem.
>
> Padre Vítor Coelho de Almeida, C.Ss.R.[26]

Mais um ano chegava ao fim. Finitude... Condição inexorável da existência humana! Padre Vítor sentia o peso dos anos e muitas vezes brincava sobre a velhice. Sabia que o momento da passagem deste mundo para a casa do Pai

534

---

[24] Arquivo Padre Vítor, *Pasta Correspondência com os Familiares*. Carta à irmã Mariazinha, de 18 de outubro de 1984.

[25] Arquivo Padre Vítor, *Pasta Homenagens Jubilares II*. Dois anos depois ele esteve na cidade, de 7 a 9 de maio de 1983. Segundo carta enviada aos redentoristas após a morte de Padre Vítor, naquela ocasião mais de trinta mil pessoas acorreram à praça e igreja para acolherem a imagem de Nossa Senhora e Padre Vítor. A cidade cresceu na prática de boas obras depois da visita. Carta de Jordão R. Pereira, no *APV*, Pasta Cartas Pós-Morte.

[26] Copresp A, carta de Padre Vítor Coelho ao Governador Gérson Camata, em 4 de dezembro de 1984 e a Dylton Lyrio, em 3 de dezembro de 1984. No *ARSP*. O Presidente da Assembleia acusa o recebimento da carta de Padre Vítor em resposta escrita em 19 de dezembro, afirmando que uma nova data seria marcada para a entrega do documento. No entanto, nos arquivos nenhum documento foi encontrado com o assento de uma nova data. Os originais das cartas estão no Arquivo Padre Vítor. Pasta Correspondência com Autoridades.

não estava longe. A fé fazia-o sereno. E, por certo, o sentimento de vida e de missão cumpridas preenchia todo o seu ser.

A vida cristã é um convite permanente a cada batizado a que caminhe em direção à santidade. É a experiência da vida proposta pelo Pai por meio de Jesus Cristo. Vida de comunhão com Deus e com o próximo, na união oferecida pelo Espírito, visto que o amor a Deus e ao próximo são inseparáveis. Essa vivência é a santidade a que todos são chamados. O convite é feito a cada um de nós em nossa trajetória humana. Pois a santidade não é algo que se alcança após a morte, mas na prática do amor vivido na concretude do dia a dia da vida, com todas as suas demandas, suas possibilidades e dificuldades. É resposta viva ao apelo de Jesus de Nazaré: "Se vos amardes uns aos outros todos saberão que sois meus discípulos"(Jo 13,35). Quantos homens e mulheres, anônimos e esquecidos, fizeram de suas vidas uma oblação, tornaram-se uma luz no meio do mundo com a verdadeira entrega de suas vidas à causa do Reino de Deus em suas casas, seus empregos, experimentando alegrias e tristezas, cada qual de acordo com sua vocação, seu chamado!.. Em primeiro lugar a Virgem Maria, a mãe de Jesus, imaculada e santa, primeira discípula, silenciosa e seguidora. Assim também os Apóstolos e mártires, vivendo a fé e a esperança a que foram chamados.

Na história da Igreja, ao longo de seus dois mil anos, uma multidão de santos e santas nos apontam o caminho para o encontro com Deus. Alguns, a Igreja os colocou sobre os altares e são apontados e celebrados como exemplos e modelos para todos os que, ao longo dos séculos, se apaixonaram pelo jeito de ser e viver anunciado por Jesus Cristo. Outros tantos ficaram na obscuridade e no anonimato – mas não menos santos. Padre Vítor Coelho conseguiu, através de seu carisma e devoção a Nossa Senhora, entrar no coração do povo justamente porque vivia e anunciava com verdadeira paixão o Reino anunciado e vivido por Jesus Cristo. Pois o Reino começa dentro de cada homem e de cada mulher. Vítor testemunhava esta verdade. Por isso o povo atribuía-lhe santidade. Porém, os romeiros de Nossa Senhora não pretendiam ser "romeiros do Padre Vítor", mas viam nele o homem santo, animador da fé e da esperança de cada romeiro e devoto, pregador por excelência da Palavra Divina.

Antes de trabalhar na Rádio Aparecida, e, de modo especial, antes da segunda manifestação da doença, Padre Vítor já se destacava em seu ministério sacerdotal. Catequista, pregador, inovador das Missões, poeta, compositor... Um homem de muitos dons. Mas foi sua atuação na Rádio Aparecida e seu amor, devoção e divulgação do culto à Mãe de Deus que fez dele um homem extraordinário. A santidade reconhecida em vida por pessoas que ouviam e conviviam com ele é a confirmação desta extraordinariedade. E Padre Vítor o era!

O povo se sentia confortado e animado em sua fé ao beber da fonte de suas palavras inspiradas através da RA. O povo que o procurava tinha fome de ouvir a Palavra de Deus que ele sabia anunciar e interpretar tão sabiamente. Até mesmo as dificuldades impostas pela velhice avançada, que dificultavam inclusive o caminhar, iam somando valores e expressões que, para o povo, eram sinais de uma vida sacralizada e santa. Voz rouca e cansada, passos lentos e curtos, olhar embaçado, dificuldades em ouvir, saúde sempre exigindo médicos e um tempo mais de repouso... A cabeleira branca como algodão ao vento, e lá vinha o velho missionário em sua batina cinza, sandálias surradas e óculos de aros pretos... O inconfundível e admirável santo do povo, dos romeiros, dos devotos de Nossa Senhora Aparecida.

Mesmo que tenha sido citado, é bom recordar que, aonde quer que ele fosse, em qualquer cidade visitada, o povo parava para acolher a imagem de Nossa Senhora e também para acolhê-lo. Amável, ficava horas e horas na praça em Aparecida fotografando com os romeiros e devotos. Os sermões instrutivos, catequéticos e teológicos, sempre em linguagem fácil e acessível. Jamais esquecia os pequenos, os pobres, os moradores da roça, seus ouvintes e prediletos de sua ação missionária.

Os confrades conheciam bem seu trabalho ao longo de todos os muitos anos de apostolado. Viam nele um homem de profunda fé e profunda vocação missionária. Seu testemunho e zelo inspiravam a muitos, por vezes incomodavam a outros. Mas todos tinham consciência de que conviviam com um homem extraordinário. Seu jeito de lidar com as crianças e seu empenho pelas vocações sacerdotais e religiosas fizeram dele o redentorista que mais arrebanhou meninos e jovens para o Seminário Santo Afonso. Outra particularidade que chamava a atenção de seus confrades e causava-lhes admiração era o fato de que ele, formado na velha escola germânica de disciplina e moral rígidas, sabia ser um homem de seu tempo, inovador e agiornado. Causava admiração aos confrades seu amor por Nossa Senhora e sua vontade de estar sempre perto do povo, principalmente dos mais simples. Nossa Senhora Aparecida e os fiéis: conjugadas essas duas realidades, vemos o retrato missionário de Padre Vítor Coelho de Almeida.

Em uma de suas datas comemorativas, entrevistado pela RA, foi-lhe feita a pergunta: "Como é que o senhor se sente quando alguém pensa que o senhor é santo?" Com tranquilidade ele respondeu:

> Eu acho uma bobagem, porque eu me conheço e sei que não sou santo. Santos somos nós que estamos na graça de Deus. Todos. Quem está na graça de Deus é santo. Mas eu, uma santidade extraordinária não tenho. Eu tenho é pecado, isso sim, e deles tenho muita vergonha.
>
> Peço a Deus que me ajude a não ser nem ponta direita, nem ponta esquerda, mas ficar no meio, quer dizer, no centro em que está a melhor parte. Eu quero, se Deus me ajudar, nunca ser extremista da direita, enferrujado, nem ser ponta de lança espevitada, maluca e sem rumo. Deus me ajude a fiar nesse centro equilibrado.[27]

---

[27] Arquivo Padre Vítor, *Pasta Homenagens Jubilares.*

Mas, na verdade, incomodava-o pensar que poderia ser reputado santo... Por outro lado, alguns diziam que havia vaidade em sua maneira de agir, que ele gostava de ficar em evidência, que o ímpeto de viajar com tanta frequência era busca de fama e sucesso. Se houve períodos em que ele se destacou como apologista ferrenho da reta doutrina católica, defensor ardoroso da Igreja, zelador da instrução cristã, já fazia muitos anos que o velho Coelho estava mais para carneiro que para leão, nomes herdados da família. Vivia sereno e, no dizer de seus confrades, "uma longa e ditosa velhice". Ainda assim, sabedor de que seus dias se tornavam breves, ele deixou quase um testamento sobre sua vida missionária. E ele o fez como sinal da humildade e da humanidade de que era portador. Ele o escreveu, datilografou e assinou.

> AOS CARÍSSIMOS CONFRADES DE APARECIDA
> Eu, Padre Vítor Coelho de Almeida C.Ss.R., na data de I,XI,84, escrevo, para gravar e deixar como nota testamentária, os seguintes PROTESTOS referentes a minha atuação na Rádio Aparecida e Vida Missionária nos últimos trinta anos: com muito entusiasmo recebi e exerci o CARISMA de profeta e pregador, nas Missões e na rádio. O bom povo não sabe distinguir entre carisma e santidade. Indebitamente fui sendo nimbado com aureola de santo. Mais de uma vez publiquei que todos os que me conhecem de perto e por trás das cortinas, sabem que sou muito indigno e pecador, embora procure, sinceramente, corresponder a tão alta vocação de profeta de Nossa Senhora Aparecida. Atemoriza-me a passagem do Evangelho em que Jesus amaldiçoa os profetas indignos. Mas... ai de mim se não exercer a profecia e a pregação!
> A consciência me obriga a continuar pregando... fazendo propaganda... deixando-me fotografar com o povo... recomendando que as fotografias sejam lembrete e exortação do Clube dos Sócios e da Guarda do Dia do Senhor...
> Hoje me veio a inspiração de deixar gravada uma advertência que deve ser repetida no rádio, depois de minha morte, que já deve estar perto. Eis a advertência: "Eu, Padre Vítor, depois de minha morte, se Deus me der a salvação, pedirei a Nosso Senhor que castigue salutar as pessoas que, ignorantes e supersticiosas, se meterem a me venerar como santo. Rogo, porém, a todos que rezem muito por meu descanso eterno".[28]

Vítor era sabedor da fragilidade da condição humana. Era profundamente agradecido à bondade e ao amor de Deus que o chamara para o serviço da messe. Em uma entrevista, em 1986, reproduzida no Informativo da Província de São Paulo, ele afirmara:

> Penso que sou filho da misericórdia de Deus. Ele me escolheu para me tirar, como diz a Bíblia, do lodo, lá embaixo e me colocar lá em cima, como Davi foi tirado do pastoreio do gado para se tornar rei.[29]

537

---

[28] Arquivo Padre Vítor, *Pasta Documentos Pessoais*. Original datilografado e assinado, dezembro de 1984.

[29] Informativo 23 SP – Órgão da Província Redentorista de São Paulo, 104/setembro de 1987, página 87.

Com o ano terminando, o assunto entre os redentoristas era a lista de transferências que estava prestes a chegar. Desde setembro a Província tinha novo provincial vindo da área de formação e estudos, Padre Carlos da Silva. Ele já fazia parte do governo provincial que terminava, por isso todos esperavam uma gestão de continuidade. Ele escolheu para seus conselheiros Padres Domingos Sávio e Moacir Chagas. Para completar o quadro de dirigentes, os membros da Província elegeram Padres Antônio Carlos e Carlos Artur. Para reitor do Santuário o escolhido foi Padre Rodolfo Croon. Padre Vítor continuaria membro da comunidade da basílica e trabalhando na RA. A vida continuava...

Depois da forte movimentação popular pela participação política através da eleição direta para presidente da República, em 1984, o Congresso Nacional, indiretamente, escolheu um civil para a presidência. A eleição ocorreu em janeiro de 1985, mas o Presidente escolhido pelo Congresso, Tancredo Neves, não tomou posse. Internado um dia antes em Brasília e submetido a uma cirurgia de urgência, veio a falecer. José Sarney, o Vice, assumiu. A candidatura de ambos resultava de um acordo denominado Aliança Democrática, formada pelo PMDB, partido de Tancredo, e o PFL, que indicara Sarney como vice para a composição da chapa. Com isso, seguiram-se seis anos de governo exercido por um político ligado aos militares que saiam. Sarney era autêntico representante da velha política de coronéis vinda do Maranhão.

Padre Vítor acompanhava atentamente toda a movimentação política do país, visto ter sido um cidadão sempre interessado em tais questões. Em outros tempos, tomava partido e defendia "seus" candidatos, mas o tempo passara, e seu interesse limitava-se a olhar e, às vezes, arriscar emitir alguma opinião que não pesasse a favor de qualquer candidato. Diga-se de passagem, que nos meios de comunicação, tentou ser o mais discreto possível, não favorecendo nenhum candidato.

Durante a Semana Santa, estando em Aparecida, foi convidado para pregar o sermão da paixão do Senhor, na celebração da tarde. Convite imediatamente aceito. E ele o fez muito bem, apesar da idade e da vista cansada. Pois sempre que era encarregado de algo assim especial, ele se preparava com antecedência, lendo, anotando e elaborando um pequeno script para o sermão. Mas Vítor, apoiado em seu know how e longa experiência, saía-se muito bem. Em anos anteriores, inspirado no mistério da vida, paixão e morte de Jesus de Nazaré, compusera um hino ao Redentor. Pregou então partindo da música de sua autoria.

> Ó Cristo, Rei do eterno reino
> De amor, justiça e doce paz,
> De graça, luz, perene vida,
> Que Deus e o mundo unidos faz.
> Estribilho:
> Reinai, Jesus, no mundo inteiro!
> A vós, louvor e adoração!
> Fazei jorrar as águas vivas

Do altar, sacrário e comunhão!
Por nós na cruz venceu a morte;
No altar, nos dá morrer na cruz,
Para que, mortos ao pecado,
Viva somente em nós, Jesus!
Ó Sacramento da piedade!
Sinal augusto da Unidade:
Um corpo somos nós em Cristo.
Ó comunhão da caridade!
Loiros trigais, num pão se unem,
Mil rubras uvas, numa taça:
Dois mil anos, nascidos do batismo,
O Pão sustenta a diva raça.
De vinho e pão, só aparências...
A Santa Missa é o Senhor:
Reapresenta a sua morte
E alimenta o nosso amor.[30]

O hino ao Redentor, composto por ele, não medita apenas sobre a mensagem da Paixão e morte do Senhor, mas indica um caminho de vida cristã: a Eucaristia. Poesia e teologia juntas exaltam o mistério que nos convida, a cada comunhão, a nos identificarmos com o Cristo. Com Ele, por Ele, e nele nos é revelada nossa verdadeira identidade: somos filhos amados de Deus.

Os convites para que ele fosse às cidades e paróquias levando a imagem de Nossa Senhora continuavam chegando. Parece que quanto mais velho ele ficava, mais popular ele se tornava entre os fiéis e devotos de Nossa Senhora. Mas suas constantes viagens causavam preocupação aos confrades. A idade avançada e a saúde a requerer mais cuidados impunham limitações, mas nada que arrefecesse sua disposição missionária. O seu zelo missionário, mesmo depois de tantos e tantos anos, continuava ecoando vivo e forte em seu coração. O cronista da comunidade redentorista escreveu:

> Padre Coelho saiu para mais uma de suas contestadas excursões apostólicas. Digo contestadas porque tanto o governo provincial como nossa comunidade em peso já procuraram por termo a estas saídas, mas não conseguiram convencer o velho missionário a parar com isto. Desta vez ele foi a Cosmópolis, na Diocese de Limeira (SP).[31]

Em maio foi à cidade de Carlópolis (PR) e ao final de junho voltou a Barbacena (MG) com Padre Ávila. Em agosto, novamente voltou ao Paraná e em setembro a Brazópolis (MG). Anteriormente, em junho, o Clube dos Sócios surpreendera-o e o deixara feliz ao fazer um cartão, no qual foi impressa sua

---

[30] Arquivo Padre Vítor, Compacto Duplo, da LS Gravações, no qual constam duas músicas de Padre Vítor, o "hino ao Redentor" e "Salve Santa Imagem", reproduzida no capítulo onze.

[31] "Documenta 9", "Crônica Redentorista de Aparecida", vol. IX, no *ARSP*.

539

famosa fotografia segurando a imagem de Nossa Senhora em meio ao campo de centeio. Na foto, o campo de centeio se assemelha a um belo campo de trigo, e é justamente ao trigo que faz referência ao escrever a Mariazinha e enviar-lhe um dos cartões.

> Mariazinha,
> Salve Maria!
> No trigal da vida sacerdotal, com Maria!
> Como é grande a minha responsabilidade! Só a misericórdia infinita dá alento para se ter coragem de celebrar todos os dias o "Mistério da Fé".
> Por minhas mãos, Nossa Senhora tem derramado, no mundo, caudais de graças eficazes. Espero que Ela me salve a mim também...
> Mando-lhe um feixinho de "trigo"!
> Vitinho.[32]

No mês de julho, toda a cidade e a comunidade redentorista de Aparecida vivenciaram uma experiência bonita de eclesialidade. Um encontro reuniu o povo de Deus, o mais alto escalão da hierarquia da Igreja e da sociedade civil: o XI Congresso Eucarístico Nacional.

Toda a preparação para a realização do Congresso foi confiada aos redentoristas. Aspectos práticos, estratégias, organização, tudo foi minuciosamente pensado pelos responsáveis pela logística do congresso.

Inicialmente houve uma Missão Popular na Arquidiocese preparando o povo para o momento bonito que seria celebrado. Foi uma semana de oração, palestras e missas na esplanada do Santuário com a participação de milhares de pessoas. Do encerramento, no domingo, dia vinte e um de julho, além do Legado Pontifício, Dom Sebastião Baggio, participou o Presidente da República, José Sarney. Entre os mais de duzentos padres participantes, lá estava Padre Vítor Coelho, atento aos sermões, às celebrações e, de modo especial, reafirmando seu amor por Jesus sacramentado.

Na Congregação do Santíssimo redentor, a cada seis anos, os coordenadores de todo o mundo se encontram para a realização do Capítulo Geral que, em 1985, aconteceu em Roma, no segundo semestre. De São Paulo, além do Provincial, Padre Carlos da Silva, esteve presente Padre Ulisses da Silva, que foi eleito Conselheiro-Geral para o próximo sexênio. Resoluções direcionadas ao mundo dos empobrecidos marcaram os debates. Ao término, os capitulares decidiram acentuar o anúncio explícito, profético e libertador do Evangelho aos pobres, deixando-se interpelar por eles. O texto final do XX Capítulo Geral seria estudado e rezado pelos redentoristas nos próximos seis anos com o tema: *Evangelizare pauperibus et a pauperibus evangelizari!*

---

[32] Arquivo Padre Vítor, *Pasta Correspondência com Familiares*. Carta a Mariazinha, em 21 de junho de 1985.

No ano seguinte, dando continuidade a esta temática, o Governo-Geral da C.Ss.R. emitiu uma carta circular, denominada *Comunicanda 4*, de trinta de março de 1986. Padre Flávio Cavalca, em várias conferências aos confrades – entre eles Padre Vítor Coelho –, falou do Capítulo e da Comunicanda. A Congregação empenhava-se em caminhar nos caminhos novos da Igreja.

> Diz o Governo-Geral que no período de 1963 a 1979, em que fizemos a revisão de nossas Constituições e de nossos Estatutos, não se cuidou suficientemente de precisar os destinatários de nosso apostolado. A Congregação nesse tempo ficou mais preocupada com estabelecer regras para a sua vida interna e com tomar decisões claras quanto ao anúncio explícito do Evangelho. É bom salientar isso, porque possivelmente o Capítulo Geral de 1985 acabe sendo um marco decisivo em nossa história redentorista. E mais, levando em conta as orientações do Concílio Vaticano II, que entre outras coisas exige volta à inspiração original, não podemos apelar para opções de um passado mais recente como pretexto para evitar mudanças atuais recentes em nossas opções. Como disse Padre I. Dekkers, temos de parar um momento e perguntar: o que Deus quer de nós hoje no tocante aos destinatários de nosso apostolado?[33]

O confrade Padre Ribolla, juntando admiração e bom humor, uma vez disse que Padre Coelho havia escrito um poema no qual dizia que quando chegasse para ele a irmã morte, se desejassem confirmar se ele estava realmente morto, bastaria gritar perto dele o nome de Nossa Senhora. Se ele não se movesse, estaria mesmo morto. Mas Padre Ribolla afirmava que, com toda certeza, o melhor meio para saber se o velho Coelho estava vivo ou não, era aproximar dele um microfone. Tanto ele gostava de falar, de pregar a Palavra, de cantar as glórias de Maria! Gostava tanto de um microfone que, mesmo em missa presidida por bispo, se lhe fosse oferecido o microfone, sem pestanejar ele aceitava.

541

No dia de seu aniversário, quando completava oitenta e seis anos, concelebrou de manhã com o Arcebispo. Dom Geraldo presidiu, mas Vítor fez a homilia e agradeceu a Deus pelo dom de sua vida, longa vida, como Missionário da Palavra de Deus. À tarde, em seu programa das quinze horas – a Consagração –, aos pés de Nossa Senhora, ele falou de seu aniversário, do caminhar da vida tal qual a estações do ano ou o giro do sol no transcorrer do dia. E, com reverência, fala de sua finitude. Padre Vítor, sereno, rezava a liturgia do entardecer...

> Caríííííssimos,
> A gente fica comovido diante da realidade. A primavera começou. A vida começou. Aquele que nunca começou, que é a fonte infinita de todas as fontes, é o eterno, o imenso, o Todo-Poderoso. Infinitamente santo, justo

---

[33] Cf. Encarte do Informativo 23 SP/105, outubro de 1987. Texto de Padre Flávio Cavalca. No *ARSP*.

e misericordioso: Deus Princípio que não teve princípio. O Pai, a ideia eterna do amor: Deus. Primavera é um louvor de Deus. Como todas as fontes são louvor de Deus; como toda origem. Nasci de minha mãe. Recebi vida humana. Ela vem de Deus. A vida das plantas, dos animais, dos seres humanos, do homem, que é um composto de espírito e matéria. Também a vida dos anjos; o mundo dos espíritos criados, os anjos. Tudo isso tem uma única e eterna fonte: é o próprio Deus. O Pai que gera eternamente, a ideia infinita donde procede eternamente o amor. E todas as fontes cantam, barulhando alegres, porque a fonte é sempre alegre. Cantam barulhando a fonte eterna: Deus. Isso o que nós queremos fazer hoje, celebrando os meus oitenta e seis anos de vida, fonte, Deus. Um rio longo, longo... a fonte está longe. Celebrando minha origem, agora no começo da primavera em que o mundo sorri, porque é fonte de vida, eu me ajoelho perante o eterno para adorar, para agradecer, para suplicar e para fazer penitência e bater no peito, dizendo: minha culpa, minha tão grande culpa. Todas as faltas contra a vida, essas faltas se chamam pecado. Que Deus, Todo-Poderoso, tenha compaixão de nós, perdoe os nossos pecados e nos dê a vida eterna, para que nós fiquemos livres da vida que morre, para viver eternamente a vida imortal. A vida eterna.

Deus me ajude, se Ele quiser ainda falar um pouco antes de me calar, porque estou no fim do tempo de falar. Quem é que chega aos oitenta? A Bíblia diz: "Os dias dos homens são de setenta anos, os mais fortes chegam aos oitenta". E agora, passar dos oitenta, isso nem a Bíblia fala. Quer dizer que estou no fim. Está chegando a hora do silêncio.

Eu gostaria que a tarde fosse tão bonita como a manhã. Há um encanto tão lindo na tarde. Quando as sombras se alongam. Quando as coisas da terra se apagam. Quando se acendem as coisas do céu. A linda e serena tarde em que brilham as estrelas aos poucos, aos poucos; e a linda estrela da tarde nos anuncia aquele sol Eterno, que nunca mais terá ocaso. É hora de calar. Silêncio, a noite vem caindo. Vamos, então, rezar, pedir a Deus. Adorar, agradecer, pedir, desfazer as culpas para que Ele tenha compaixão de nós e nos receba na vida eterna.

Abençoar é próprio dos velhos, e, assim, eu quero abençoar a Rádio Aparecida e todas as fontes luminosas que vão brotando. Abençoar para que elas sejam fonte do bem, do amor e da felicidade. Assim, agradeço a grande homenagem, imerecida, que hoje me fizeram. Assim agradeço a bondade infinita de Deus. E, assim, abençoo, para que todos sejam fonte feliz, primavera feliz, que caminhem para o oceano eterno; onde não haverá mais fim. Vamos fazer a consagração a ela, a Maria Santíssima, que foi a fonte da Vida Divina que veio ao mundo. Por Maria, o Verbo Divino entrou no mundo. Vamos consagrar-nos a Nossa Senhora. Quem se consagra à Virgem e aos Santos está se consagrando a Jesus, porque Nossa Senhora e os Santos são apenas participação. Esta vida infinita que brotou na eternidade...[34]

No final do ano uma de suas alegrias eram as cartas que chegavam. Os ouvintes escreviam para tecer comentários ou pedir-lhe orações. Elas chegavam aos milhares. Algumas, os funcionários separavam para que ele pudesse enviar uma benção através da RA. Carinhosos e agradecidos, os ouvintes diziam: "Ao senhor, que tem sido para nós o poeta de Deus nas horas alegres ou sombrias,

---

[34] Arquivo Padre Vítor, *Pasta Programas Rádio Aparecida*.

o nosso abraço".[35] "Ouvimos as celebrações que foram transmitidas, do Congresso Eucarístico, e suas pregações nos ajudaram. Em novembro haverá Missões em Piracicaba, o senhor não vem?"[36] "Quando eu morava na roça, sempre ouvia a Rádio Aparecida. Continuo ouvindo na cidade. Qual o endereço do senhor, para que possamos nos corresponder?"[37]

> Acabo de ouvir, pela RA, seu programa de evangelização, às quinze horas. Creia-me que me animou muito e muito me entusiasmou em ver a Palavra de Deus, proclamada e explicada. Temos tanta necessidade disso nos nossos dias, hoje e sempre. Isso é uma necessidade urgente, pelo seguinte: hoje em dia o povo procura muito a Palavra de Deus, principalmente no povo humilde e simples. Mas, nesses prédios, onde há tanta gente sem paz, sem sossego na vida, um programa desse penetra no coração das pessoas. Principalmente porque a sociedade e muitos outros meios obscurecem o verdadeiro sentido da Palavra. Há necessidade de uma explicação. E a sua explicação é precisa, é clara, é ao alcance de todos.
>
> Conheci muito o trabalho junto ao povo da zona rural. Nesse meio, então, os seus programas de evangelização são ouvidos com muita avidez. Todos conhecem o Padre Vítor da Rádio Aparecida. Comunidades se reúnem para ouvir o culto do meio-dia, para ouvir os ponteiros, para ouvir a consagração. E o resultado é o crescimento da sabedoria de Deus no coração desse povo, povo simples, aberto e ávido da Palavra.
>
> Padre Vítor, o senhor certamente desconhece todo o bem que faz para o Reino de Deus com seus programas. Falar na rádio é sempre um risco. Nunca se tem a certeza de ser ouvido e ter resultado. Mas, a RA é a grande força de evangelização. Como diz o caipira, "benza Deus". Vale a pena conclamar a Palavra![38]

543

Era o reconhecimento mais uma vez expresso por seus ouvintes da cidade e do campo. A procedência das cartas confirmava que ele era ouvido no Brasil inteiro. Um comunicador extraordinário. E, mais ainda, um homem zeloso, missionário fervoroso e considerado por todos um homem santo. Estar assim tão próximo do povo – também por meio das cartas – reconfortava-o e reafirmava em seu coração seu chamado missionário.

Começo de 1986, Campos do Jordão à vista. O descanso e o retiro espiritual. Por quase quarenta anos, duas cidades – cada uma a seu modo – eram partes inseparáveis de sua vida. Aparecida, na planície, local do combate e da lida diária ao longo dos anos. Campos do Jordão, na montanha, lugar de "estar com o Senhor". A exemplo dos personagens bíblicos, lugar de recarregar as forças para descer à planície da missão. Ambas, a um só tempo, concretas e metafóricas...

---

[35] Arquivo Padre Vítor, *Pasta Correspondência RA*. Carta de Eunice Ribeiro, outubro de 1985, de Bom Sucesso (MG).

[36] Idem, carta de Esther Schoba, outubro de 1985, de Piracicaba (SP).

[37] Idem, carta de Maria Inês Navas, novembro de 1985, de Sorocaba (SP).

[38] Idem, carta de Geraldina Nardin, novembro de 1985, de São Paulo (SP).

Antes de viajar ele, poeticamente, fez um programa na RA, intitulando-o de "Saudação de Aparecida a Campos do Jordão". Campos do Jordão fora seu bálsamo em momento de dor, quando precisou viver lá por quase oito anos a fim de recuperar-se da tuberculose. Aparecida era a sua cidade. Não de nascimento, mas cidadão honorário. A cidade o escolhera como filho. Lá vivera quase toda sua vida de seminarista e de missionário. Seu coração a elegera. Por isso poetizou: "Duas cidades montanhesas: Aparecida e Campos do Jordão".

> Aparecida, cidade da montanha espiritual, de Maria, portanto, de Jesus e por isso "cidade de Deus". Aqui acorrem multidões a se banharem na luz da Palavra, nas fontes dos sacramentos, no júbilo e na paz do Senhor.
>
> Aparecida aponta para o alto qual a mãe dos Macabeus, na Bíblia, clamando: "Filhos, olhai para o céu!"
>
> Hoje essa voz reboa carinhosamente rumo aos corifeus altaneiros da serra, saudando a outra cidade da montanha: Campos do Jordão!, rica de formosura natural, reino encantado que bem relembra o paraíso perdido. Campos do Jordão!
>
> Maravilha incomparável! Clima, o mais adorável do mundo! Saudamos mil lombas floridas que os pinheirais circundam! Saudamos o silêncio augusto das solidões, o insólito dos abismos e os píncaros audazes que rasgam nuvens.
>
> Saudamos aquele povo dinâmico e alegre qual regato límpido que despenha d'alta serra, serpeando nos pinhais, a brincar com a begônia e a samambaia do grotão!
>
> Saudamos os turistas que ali desfrutam da natureza exuberante, a se refazerem para as lutas da vida. Saudamos o clima e os enfermos, bem simbolizados no pinheiro, cálice erguido das alturas para o infinito.
>
> Saudamos as mil outras grandezas que Campos do Jordão representa para São Paulo, para o Brasil e para o mundo inteiro.
>
> Aparecida, da montanha sagrada, neste momento, abre os braços para estreitar carinhosamente Campos do Jordão, lá no alto, na montanha da beleza e da saúde.[39]

Uma forma singela de homenagear a cidade que ele tanto amava e onde se sentia "em casa". Voltando de Campos do Jordão, ele empreendeu uma viagem missionária com a imagem de Nossa Senhora: foi a Andirá (PR). Em meados de fevereiro, Padre Vítor e Dom Macedo foram a São Paulo visitar um confrade muito querido na Província de São Paulo, Padre João Betting, que há muito tempo se encontrava paralisado em uma cadeira de rodas pelo mal de Parkison. Padre João havia sido professor renomado no estudantado de Tietê e muito requisitado pelo povo que o estimava como um santo. Foi o último dos padres redentoristas alemães a vir para o Brasil, em 1936. Padre João faleceu uma semana depois da visita de Padre Vítor.

Dois dias após a viagem a São Paulo ele se sentiu mal e precisou ser internado em Guaratinguetá. Os médicos decidiram que ele deveria ser transferido para São Paulo. Assim foi feito. Padre Croon, superior da comunidade, e o Ir. Lucas levaram-no para o Hospital Sírio Libanês. Durante o dia ocorreram sucessivas alterações

---

[39] Arquivo Padre Vítor, *Pasta Programas na Rádio Aparecida*.

de pressão arterial. No dia seguinte foi submetido a um cateterismo. Foi necessário fazer uma pequena intervenção no coração devido a obstruções em algumas artérias. Após quinze dias de internação foi levado para a casa dos redentoristas, no bairro do Jardim Paulistano. No dia onze de março voltou para Aparecida. O cronista anotou: "Voltou hoje, depois da operação em São Paulo, Padre Coelho, bem mais magro, mas se sentindo bem e recuperado". Uma semana depois, o mesmo cronista, em tom de espanto, escreveu: "Na missa do Santíssimo, Padre Coelho pregou pela primeira vez depois de operado. O homem é incorrigível!"

No mês de julho, mais uma semana internado no Hospital Frei Galvão, em Guaratinguetá. Ele se sentia muito fraco e os cuidados com a saúde eram cada vez mais exigentes. Sentira-se mal enquanto fazia o programa "Entrevista com os romeiros". No mesmo dia em que voltou do hospital, para surpresa de todos, meia hora antes do horário, lá estava ele na basílica para rezar a Consagração a Nossa Senhora, ao vivo, pela RA.

O peso da idade e os mal-estares próprios de uma pessoa octogenária faziam dele um homem ainda mais próximo de Deus pela oração e pela experiência que vivia. Homem que pregava e rezava a Palavra de Deus cotidianamente, ele se sentia como o Apóstolo Paulo quando escrevia aos colossenses. Na prisão, Paulo sentia o peso de anunciar o Evangelho, mas tinha presentes os sofrimentos de Jesus de Nazaré por anunciar e testemunhar o Reino de Deus. Todos os que continuam sua obra devem compartilhar seus sofrimentos. Paulo, certamente, nada pretendia ajuntar ao valor propriamente redentor da cruz, a qual nada poderia faltar. Mas, como em um ofertório, ele associava às tribulações de Jesus a suas próprias tribulações de apóstolo. Padre Vítor comentava com seus confrades mais próximos os versículos escritos por Paulo.

> Agora eu me regozijo nos meus sofrimentos por vós, e completo, na minha carne, o que falta das tribulações de Cristo, pelo seu Corpo, que é a Igreja. Dela eu me tornei ministro, por encargo divino a mim confiado a vosso respeito, para levar a bom termo o anúncio da Palavra de Deus... (Cl 1,24-25).

Em outubro de 1986, ele recebeu novo comunicado da Assembleia Legislativa do Estado do Espírito Santo convidando-o para receber, na capital, a honraria de cidadão capixaba. Novamente ele pede desculpas alegando que as circunstâncias – idade e saúde delicada – o impedem de viajar. E acrescenta, reconhecendo que nenhum mérito é só seu: "Sem Nossa Senhora Aparecida, sua Rádio e a equipe de redentoristas, eu nada teria realizado".[40]

No final do ano, novamente Padre Vítor vai para o hospital. Uma queda no corredor do convento deixou-o mancando. Aproveitou a internação para descansar e se fortalecer com os suplementos alimentares acrescidos ao soro que

545

---

[40] Copresp A, carta de Hugo Borges a Padre Vítor, em 20 de outubro de 1986, e resposta em 29 de outubro de 1986. No *ARSP*.

lhe era aplicado. Ele pressentia que o fim estava próximo. Em seu programa das quinze horas, ele refletiu sobre a morte.

> O dia da morte não é o dia de morte; é um dia de nascimento, em que partiremos deste mundo de cemitérios para o céu, onde não há mais lágrimas, e luto e dores; onde Deus faz tudo novo; onde viveremos na contemplação da beleza infinita e beberemos do coração de Deus, a alegria.
> Nós somos do céu.
> Quem invocar o nome de Jesus será salvo. Mas corremos o risco de não o invocarmos. Há perigo de não aceitarmos a Palavra, não vermos a luz do Evangelho e não vivermos a vida de amor: amor de Deus e amor do próximo. Há o risco de não fazermos oração! Santo Afonso disse: "Quem reza, salva-se; quem não reza, está perdido".
> No Sanatório Divina Providência, em Campos do Jordão, vi morrer mais de cem pessoas. Mortes tão bonitas! Os católicos morrem de morte abençoada, quando são católicos como aquelas criaturas que comungavam bem. A morte é bela quando a gente morre como cristão. Nós iremos para Deus e para a Pátria. Nós iremos para a Luz. Somos do céu. Este é o consolo no meio das tristezas, das angústias, das doenças, das privações, das perseguições, dos desesperos... Tudo nós vencemos, olhando para o céu.[41]

Em 1986, a correspondência com a irmã ficou mais reduzida. Mas ele tinha uma preocupação: Mariazinha! A irmã era solteira, recebia salário parco de professora aposentada. Vítor conseguiu "juntar uns cruzeiros", em suas próprias palavras, com a intenção de abrir uma caderneta de poupança, em conta conjunta – ele e Mariazinha. O saldo em poupança só seria usado por um deles quando o outro morresse. E o voto de pobreza? Para que seu nome constasse de conta bancária ao lado do nome da irmã, ele escreveu ao Provincial pedindo autorização. De imediato Padre Carlos da Silva o tranquilizou e autorizou-o a fazer o que pedia.

> Quanto ao senhor, pode ficar tranquilo quanto ao voto de pobreza. Sendo que esse dinheiro só passaria para o senhor em caso de morte dela. [...] Aproveito a oportunidade para lhe pedir que reze pela Província, já que precisamos de muita oração.[42]

No dia primeiro de fevereiro do ano de 1987 foi instalada a Assembleia Constituinte. Os deputados e senadores, eleitos em novembro do ano anterior, foram incumbidos de elaborar a Sétima Constituição republicana – promulgada em cinco de outubro de 1988. Padre Vítor, mais de uma vez, falou aos ouvintes da RA sobre a importância daquele momento histórico para o país.

> Viva Cristo Rei e viva Nossa Senhora Rainha! Estamos em período de elaboração de novas leis para o país. Quero falar da promoção e defesa dos direitos dos mais abandonados: os doentes, os aflitos, os sofredores. Nossas

---

[41] Arquivo Padre Vítor, *Pasta Programas na Rádio Aparecida*.

[42] Copresp A, carta de Padre Carlos da Silva a Padre Vítor Coelho, de 17 de novembro de 1986. No *ARSP*.

leis deverão olhar muito para as misérias humanas e remediar estas misérias; o prêmio será a liberdade. A lei humana deve criar critérios seguros para a defesa do cidadão necessitado, do desprotegido, dos que sofrem. Jesus quer que tudo seja justiça, que tudo seja sinceridade, mas ele também quer que seja misericórdia. Ele disse: "Amai-vos uns aos outros".

Nossa legislação deve estar aberta para esse socorro, para esses levantamentos da necessidade humana. [...] Nós queremos deputados e senadores que olhem para a instrução, para as crianças, para essa multidão de crianças abandonadas, desvalidas. Há tantos brasileiros que ficam na ignorância porque não têm escolas. Que vergonha para o Brasil, o que nós temos dado aos nossos professores!

Agora na Constituinte, queremos homens que verdadeiramente não pensem só nos ricos, nas empresas, nas fortunas, nas aventuras, nos sonhos de fada. Nós queremos homens que olhem para o povo, como ele é, que olhem o povo necessitado. Como nós pedimos a Nossa Senhora: "estes Vossos olhos misericordiosos a nós volvei". Oitenta por cento do povo brasileiro, é a estatística que temos, são necessitados e alguns muito necessitados, até miseráveis.[43]

Naquele domingo, dia primeiro de fevereiro, na basílica de Aparecida, diversos redentoristas celebravam jubileu de prata e ouro de consagração religiosa. Houve também a primeira profissão dos noviços que haviam terminado o ano de noviciado na cidade de Tietê (SP), mas foram a Aparecida para a cerimônia religiosa. Padre Vítor concelebrou, de manhã e à tarde, nesses dois momentos festivos da Província de São Paulo.[44]

Como de costume, ainda nos inícios de 1987, Padre Vítor foi a Campos do Jordão, mas por pouco tempo – apenas uma semana. Ele tinha consultas marcadas e os cuidados de que necessitava exigiam que não ficasse distante de seus médicos. E precisava de ajuda para tomar a medicação, visto que se esquecia de tomá-la nos horários preestabelecidos. Mas, com fidelidade, continuava a gravar seu programa do meio-dia e a fazer, ao vivo, o das quinze horas, diretamente da basílica. Mais uma vez, ele voltou ao tema da morte no mês de março. No script deixado entre seus pertences, o título desse programa: "Vida, Morte... e Vida!"

547

Os beija-flores não duram para sempre. São efêmeras as orquídeas maravilhosas. Do ipê florido caem mortas as douradas flores. O verde das árvores envelhece e o vento frio de junho lhes carregará as folhas mortas.

Vi um pinheiro velho, muito velho, caindo aos pedaços... Luzem bilhões de galáxias, por bilhões de anos, mas também elas morrem. Estrelas avermelhadas são sóis cansados de viver. A terra e a lua foram de fogo como o sol. A lua já morreu e a terra vai morrendo. No espaço imenso não vagam somente cidades vivas de astros vivos, mas cemitérios gélidos de mundos extintos,

---

[43] Arquivo Padre Vítor, *Pasta Programas na Rádio Aparecida*.

[44] Dos dez que professaram, sete eram mineiros. O autor desta obra ficou encarregado de convidar para a celebração da missa, às 10h30, na Basílica, o Padre Vítor Coelho. Os mineiros, em especial, faziam questão da presença dele, visto que seus familiares, ao saber que viajariam a Aparecida para a missa, queriam ver de perto Padre Vítor. Ele aceitou prontamente o pedido e compareceu garbosamente.

onde muita vida terá vivido. Há lágrimas de júbilo no universo, mas também de saudade... [...]

Sim. É justamente isto: acendem-se as coisas do céu. Nossa alma irá da morte para a Luz. Haverá ressurreição no crepúsculo dos séculos. Cessarão o luto, as lágrimas e a dor. O Eterno fará tudo eterno. "Haverá um novo céu e uma nova terra" (Ap 21,1ss).

Quando e como?

Não o sabemos, mas a fé assegura que a morte será vencida pela Vida.

Compreendemos São Paulo, quando diz não haver comparação entre os sofrimentos presentes e a glória que nos espera.

Só o Cristo, que nos recuperou para a vida, torna-se, em nosso íntimo, uma fonte jubilosa que jorra cantarolando para a eternidade.[45]

Durante a Semana Santa, Padre Vítor participou de todas as celebrações e concelebrou as missas principais, conforme a liturgia própria. No Sábado Santo, na celebração das Dores de Maria, ele não pregou como de costume. O tema foi distribuído entre vários pregadores e, às quinze horas, ele as rezou. Ano após ano ele se dedicara a falar de Nossa Senhora na solidão do Sábado Santo. Seus ouvintes cativos eram milhões pelo Brasil afora. Dentre eles, sua irmã Mariazinha. Se em seus programas Padre Vítor falava sobre velhice, morte, eternidade, também ela pensava e refletia sobre os mesmos temas. Como se ambos se amparassem mutuamente... Ela divide com o irmão a mesma sensação e sentimento experimentados nesta estação da vida: a estação da partida.

Meu caro Titinho (Vitinho)

Não sei se recebeu a carta que lhe enviei na Páscoa. Tenho sempre ouvido a sua voz. Dedé telefona com frequência. Diz que vai tudo bem...

"O velho não é um mortal que termina, mas um imortal que começa". Gosto deste pensamento que li em qualquer parte. Preparamo-nos assim, realizando a vontade de Deus. Uma nova vida nos aguarda, não uma reencarnação, mas uma feliz ressurreição, prometida por Cristo, o nosso Primogênito Ressuscitado. Já, nesse sentido, escrevi ao Dedé: nossos olhos se apagam, mas contemplarão em breve as belezas eternas; nossos ouvidos endurecem, mas ouvirão as harmonias do universo; nossos pés se tornam trôpegos, mas teremos asas para voar ao infinito. Ele acreditou? Não sei, coitadinho.

Por enquanto, vamos suportando o peso da cruz – se torna leve, unida à Cruz de Cristo. E quando ela pesa mais, é bom a gente se lembrar dos que sofrem mais do que nós, não é? Vemos então como Deus tem sido condescendente conosco: sofremos tão pouco, comparados a muitos.

Rezo quase todo o dia e ofereço a Deus constantemente a minha vida: "No teu altar, Senhor, coloco a minha vida em oração".[46]

---

[45] Arquivo Padre Vítor, *Pasta Programas na Rádio Aparecida*.

[46] Arquivo Padre Vítor, *Pasta Correspondência com Familiares*. Das cartas escritas por Mariazinha em 1987, a primeira é de 21 de maio e a segunda de 27 de maio. Nas duas, ela o chama de Titinho, com certeza recordando o jeito de falar de quando eram crianças, no pouco tempo em que puderam conviver. Dedé, o irmão mais velho, continuava residindo no Rio de Janeiro e voltara ao convívio da Igreja, ele que por um tempo vivera afastado e incrédulo.

Uma semana depois, ela voltou a escrever ao irmão recomendando-lhe que não seria bom que ele empreendesse viagem até Araxá. Argumentou que ele estava fraco e podia passar mal em sua casa, e, que ela, por sua vez, não teria forças para cuidar dele. Aconselhou-o a ficar quietinho no convento, que ela ficaria quietinha na casa dela. "Rezemos um pelo outro e esperemos com paciência o dia do nosso abraço no céu com os queridos que lá esperam ou que irão depois de nós".

O ritmo de trabalho do valente missionário ia diminuindo... Às vezes, aparecia na RA para gravar ou fazer uma visita, ainda que em seu próprio quarto, no convento, ele pudesse gravar os programas cotidianos. Cartas continuavam chegando, sempre para contar uma graça alcançada por intercessão de Nossa Senhora e falar sobre seus programas. Algumas cartas eram comentadas ao microfone da RA, mas ele já não conseguia acompanhar a correspondência e os pedidos de orações e bênçãos. Nos arquivos, entre tantos papéis e anotações, aquela que pode ter sido sua última carta escrita, dedução feita a partir da data em que a enviou a Mariazinha. A irmã guardou praticamente toda a correspondência com ele. A cartinha cumprimentava com carinho a irmã por seu aniversário.

> Mariazinha,
> Está chegando o dia três de junho. Quero que esta cartinha chegue a tempo com meu abraço carinhoso. Bendita seja mamãe que deu à luz a Mariazinha. Eu me lembro de quando fecharam as janelas do quarto para você nascer. Eu tinha quatro anos. Dona Ludovina era a parteira da família, que nos fez nascer. Bendito seja o papai que foi tão carinhoso com Mariazinha. Lembro as lágrimas tão bonitas da Dindinha em nossos aniversários. Recordemos o amoroso Dedé em tantos aniversários de você... as florzinhas e "ra-ra-rachins"... Veriana com seus grandes olhos azuis (da vovó)!
> Vou celebrar a missa em sua intenção, provavelmente às nove horas da manhã, dia três.
> Vou parar por aqui para despachar esta carta a tempo.
> Vitinho.[47]

E os dias de julho iam se sucedendo no ritmo despreocupado do tempo: férias escolares e o crescente número de romeiros em Aparecida. No dia dezenove, um domingo frio em Aparecida, com a presença de quase cinquenta mil peregrinos, os redentoristas celebravam a festa do Santíssimo Redentor. Por ser uma festa específica da Congregação, e por estarem os missionários a serviço da

549

---

[47] Arquivo Padre Vítor, carta de Padre Vítor a Mariazinha, de 29 de maio de 1987. Mariazinha responde alguns dias depois e agradece a carta e o telefonema que ele lhe havia feito. Pergunta se não está cansado de falar na RA. Recorda o aniversário da mãe, que se fosse viva, estaria completando 107 anos. Depois fala deles mesmos: "E quando iremos nós para a Casa do Pai? Como tarda esse dia feliz! Estamos na mão de Deus, não é?". Cf. carta de Mariazinha a Padre Vítor, em 18 de junho de 1987. Padre Vítor conserva duas cartas ou bilhetes de seu irmão José Cousin, o Dedé, com datas de 25 de junho de 1987 e outro de junho-julho de 1987. Continham informações rápidas sobre Mariazinha e informava que ele, Dedé, estava bem.

pastoral do Santuário Nacional, a celebração foi transferida para a segunda-feira, dia vinte de julho. Padre Vítor, em programas anteriores, já havia falado dessa festa tão cara aos redentoristas.

> Caríiissimos,
> Vamos falar de Jesus Redentor. Redenção! Meditemos sobre este grande mistério: Jesus Redentor, Jesus nos redimiu!
> A redenção é um resgate, uma compra, uma requisição. Deus adquiriu o mundo para si. Criando, o Pai Eterno com infinita caridade chamou à existência todas as criaturas que existem; as espirituais, anjos e as outras criaturas, os homens, os animais, as plantas, os minerais. Todo esse universo maravilhoso pertence a Deus, Ele é o dono de tudo. E Deus criou tudo por amor, porque Deus é amor.
> Seu Filho havia de entrar no mundo para ser o centro do amor de todas as criaturas. Mesmo que não houvesse pecado, o Filho de Deus se faria homem para ser centro de amor de todas as criaturas. Esta é a predestinação eterna: estava predestinado que o Filho de Deus se tornasse homem, que uma mulher fosse sua mãe.
> A ideia de Redenção está ligada à ideia de pecado, porque os homens pecaram. Se os homens não tivessem pecado, Deus não criaria a morte, Deus não criaria nenhum desses sofrimentos. [...]
> A ideia de Redenção está ligada ao amor. Veja como São João fala da Redenção: o mistério redentor é essencialmente mistério de amor. Foi por amor que Deus criou. Redenção é uma questão de Vida Divina: Deus é amor. Redenção é o amor imenso que o Pai tem ao mundo, a ponto de nos dar Seu Filho. O Filho de Deus se faz nosso Irmão. Ele tomou nossa carne de pecado, assumiu para si a nossa sorte, para viver a nossa vida, a fim de que todos aqueles que O aceitarem, que se unirem a Cristo, pela fé, também transformem dor e morte em amor. Assim, se destrua o não, para todo mundo aprender a dizer sim, vivendo com Jesus, morrendo com Ele, sofrendo unido a Cristo, no amor.[48]

Para o redentorista, é lei fundamental o anúncio explícito da copiosa Redenção, lema da Congregação. Todos os redentoristas procuram, em suas vidas, testemunhar este dom: "Porque no Senhor está a misericórdia e com ele há copiosa redenção!" (Sl 129,7). Padre Vítor foi a voz e a expressão viva desse amor misericordioso ao longo de sua vida apostólica.

Na tarde do dia vinte, em missa na basílica de Nossa Senhora, celebrando o Santíssimo Redentor, os redentoristas renovaram os votos religiosos. Padre Vítor e seus confrades celebraram esse momento feliz de vida missionária em comunidade. Dentro de pouco mais de um ano, ele completaria setenta anos de profissão religiosa. O coração já começava a recordar, feliz e talvez algo saudoso, o tempo de noviciado na cidade de Perdões, no longínquo 1917...

---

[48] Arquivo Padre Vítor, *Pasta Programas na Rádio Aparecida*. Alguns programas, como esse, foram impressos em 1987, com o título: "Lembranças do Padre Vítor na Rádio Aparecida", de Padre César Moreira, pela Editora Santuário.

Por sinal, seu valente coração, desde a intervenção cirúrgica feita em 1986, era acompanhado por Dr. Luiz Oliveira Júnior, em consultas periódicas. A última consulta acontecera no finalzinho de junho. O doutor já afirmara que a situação do paciente era delicada, mas que estava sob controle. O retorno foi marcado para daí a três meses. Mas, alertou para a possibilidade de haver surpresas.

Na segunda feira, dia vinte de julho, Padre Vítor gravou o programa "Os ponteiros apontam para o infinito", apresentado sempre ao meio-dia. Por mais de trinta anos ele falou nesse horário percorrendo três temas: Bíblia, Promoção Humana e Catequese. Ele iniciava o programa com o fundo musical "Salve Santa Imagem", escrito e musicado por ele em homenagem a Nossa Senhora Aparecida. O programa gravado na segunda-feira – o último feito por ele – deveria ir ao ar na terça-feira, dia vinte e um. Mas nesse dia, a RA se ocuparia em homenagear, já com tristeza e saudade, o valoroso missionário que a ela tanto se dedicara: Padre Vítor Coelho de Almeida. A voz amada por todo o Brasil silenciara. Padre Vítor estava morto. O programa gravado na véspera foi ao ar no dia vinte e dois, uma quarta-feira triste, já cheia de saudade.

> Caríiiiiissimos,
> Hoje, instrução catequese-bíblia. Últimas exortações de Davi. Chegado ao termo de sua vida, quis dar instrução real ao seu filho Salomão – ainda muito novo, de dezoito anos. Depois, convocando os príncipes e nobres do reino, disse-lhes: "Guardai os mandamentos do Senhor. E tu, meu filho, Salomão, por tua parte serve a Deus de boa vontade. Pois o Senhor perscruta os corações e penetra os corações de cada alma. Se procurardes, Ele te dará bens em abundância. Ele te condenará para sempre, se tu o abandonares. Eu tinha a intenção de edificar uma casa para Deus. Um grande templo. O Senhor, porém, não quis. Preparei tudo o que era necessário. O Senhor disse: "Tu, não; não me edificarás um templo, porque foste um homem de guerra. E derramaste muito sangue nas batalhas. Teu filho me edificará o meu grande templo. Teu filho é que escolhi para isto. Ele será meu filho, e eu serei para ele um pai. Se meu filho perseverar no meu amor, nos meus mandamentos, eu lhe concederei a realeza para sempre". Entregou, pois, a Salomão, uma planta do futuro templo, dizendo assim: "A empresa é grande, o templo do Senhor, pois não se trata de preparar a casa de um rei, mas a casa do próprio Deus. Encheis as mãos com dádivas, dádivas para o templo do Senhor". E todos ofereceram, generosamente, objetos de muito valor. Davi alegrou-se e louvou a Deus em união com toda a assembleia. Davi faleceu. Reinou quarenta anos e foi sepultado em Jerusalém, a cidade de Davi. Salomão ocupou o trono com apenas dezoito anos. [...]
> Nós por hoje vamos terminar aqui a nossa leitura.
> Viva Cristo Rei! E viva a Senhora Aparecida, Rainha![49]

---

[49] Arquivo Padre Vítor, *Pasta Programas Rádio Aparecida*. Último programa *Os ponteiros apontam para o infinito*, gravado em 20 de julho de 1987. Posteriormente, algumas entrevistas e programas foram disponibilizados em CD e postos à venda para a divulgação da causa de beatificação de Padre Vítor Coelho.

A voz cansada e inconfundível falou a seus ouvintes da sabedoria de Salomão. Disse que Salomão amava ao Senhor Deus e que seguiu docilmente as instruções de Deus dadas através de Davi, seu pai. E como fora dotado de grande sabedoria. Assim eram seus programas. Após apresentar o fato bíblico, fazia a exegese e a hermenêutica a partir da luz teológica de modo que todos entendessem a Palavra de Deus e, guiados por ela, caminhassem pela vida. Assim, com simplicidade e verdadeiro amor, ele conseguiu entrar no coração do povo de Deus.

No dia vinte e um de julho, uma terça-feira, a surpresa mencionada por seu médico veio bater à porta de Padre Vítor. O confrade Padre Geraldo Bonotti testemunhou o aflitivo momento. Ajudou Padre Vítor, ouviu-o em confissão e o acompanhou até o hospital. Mais tarde fez um relato sobre o acontecimento.

A surpresa aconteceu no dia vinte e um de julho, às 5h50. Eu estava preparando-me para concelebrar a santa missa com Dom Macedo, às 6h, como de costume. Apareceu o Padre Sotilo, já um tanto nervoso, dizendo que o Padre Vítor estava passando mal.

O Padre Vítor fizera, sem dúvida, um grande esforço levantando-se para chamar alguém. Corri e, um tanto perplexo, notei que se tratava mesmo de um caso grave. Padre Vítor estava inclinado no lado direito respirando ofegante: "Estou mal, é o pulmão. Quero receber a Unção (dos enfermos).

Procurei acalmá-lo um pouco e corri para avisar o Padre Superior, Padre Croon. Imediatamente telefonamos para o médico que pediu para levá-lo para o Hospital Frei Galvão, em Guaratinguetá, pois ele já estava indo para lá.

Voltando ao quarto do Padre Vítor, Padre Croon disse-lhe que o médico já estava avisado e seria levado para o Hospital. Padre Vítor reagiu: "Não quero separar-me dos confrades. Quero morrer aqui". Insistiu novamente: "Quero a Unção!"

O Padre Superior procurou convencê-lo da necessidade de ser internado a fim de procurar os recursos adequados. Padre Vítor insistiu no seu desejo, mas quando reconheceu ser uma ordem do Superior, cedeu humildemente.

Enquanto isso acontecia, o Irmão Antônio Santana, que viera, como de costume, participar da missa de Dom Macedo, colocou-se a nossa disposição e tratou de arrumar o carro, colocando-o na portaria do convento. Voltou para auxiliar o Padre Superior e o Padre Jadir, a transportar, numa poltrona, o Padre Vítor. Este ainda pediu que outros se retirassem, pois queria ficar a sós com o confessor.

Entrementes, Padre Croon mandou-me buscar os Santos Óleos para uma emergência. Poucos instantes depois partíamos com ele, Irmão Santana e eu, velozes ao Hospital Frei Galvão.

Padre Vítor estava calmo, resignado, lúcido e, embora ofegante, repetia: "Vamos rezar, é hora de rezar!" E nos acompanhou na oração.

Os seis quilômetros passaram rápidos e logo o carro estava na rampa do Pronto Socorro. Padre Vítor ainda estava com o braço direito levantado segurando a alça do teto do carro e a cabeça na posição normal.

Irmão Santana e eu saltamos do carro. O Irmão tocou a campainha duas vezes, embora o hospital já estivesse avisado. Voltou para abrir a porta do carro e viu como o Padre Vítor abaixara o braço e fechara os olhos.

O Irmão chamou minha atenção: "Morreu!" Embora angustiado e perplexo consegui reagir administrando-lhe os Santos Óleos que levara comigo.

Apagara-se aquela vida luminosa que, com grande carisma de Apóstolo da palavra, irradiara a luz da fé e inflamara nos corações o Amor a Deus e a Nossa Senhora, convertendo multidões!

Levado o corpo para o Posto de enfermagem, o médico de plantão confirmou o falecimento. O Padre Superior da Comunidade Redentorista da Basílica Nacional foi avisado imediatamente.

O médico de Padre Vítor, Dr. Luiz Oliveira Júnior, redigiu o atestado de óbito confirmando tratar-se de EMBOLIA PULMONAR.

A notícia correu logo pelo hospital e arredores.

A Rádio Aparecida fez-se presente de imediato assim que, durante o percurso de Guaratinguetá a Aparecida, já havia muitas pessoas esperando passar o carro fúnebre.

Na divisa do Município fizemos uma parada. Estavam aguardando o carro fúnebre, os Batedores da Polícia Militar e as autoridades civis e militares.

Prosseguiu o cortejo, já com grande número de carros, percorrendo o seguinte trajeto: Avenida Colombano Teixeira, Avenida Monumental, Avenida Júlio Prestes, rumo à Rádio Aparecida, onde houve uma homenagem dos funcionários.

Continuou o cortejo dirigindo-se para a Praça Nossa Senhora Aparecida e retornando à Avenida Monumental para alcançar a Avenida Getúlio Vargas até o portão da grande praça da Basílica Nacional.

A urna foi colocada na nave sul da Basílica, perto do altar de Nossa Senhora, onde todos os dias Padre Vítor fazia a consagração a Nossa Senhora Aparecida, com aparelhos de rádios sintonizados em todo o Brasil.

Começou o velório com o desfile de devotos a noite inteira, que se prolongou até a hora da missa de despedida no dia seguinte.

Foram celebradas e concelebradas missas de hora em hora, até às 9h do dia seguinte, dia vinte e dois de julho, uma quarta-feira, quando se realizou a solene concelebração com o Arcebispo de Aparecida, com os bispos de Lorena (SP), Dom João Hipólito e de Rubiataba-Mozarlândia (GO), Dom José Carlos e cento e vinte sacerdotes.[50]

O cronista, ouvindo Padre Geraldo e o Irmão Santana, foi fiel em seu relato deixado no Livro de Crônicas. Disse ter sido exatamente às 6h35, o momento da morte de Padre Vítor. Com a informação transmitida pela RA, o povo de Aparecida foi para as ruas e formou-se um cortejo de carros que acompanhou o carro fúnebre. O corpo chegou à Basílica um pouco antes das 10h. Em seguida formou-se uma fila que não terminou mais, até a hora do sepultamento, feito na quarta-feira, conforme o cronista da comunidade, Padre Maurílio Fernandes.

Continuam as missas celebradas diante do caixão mortuário de Padre Vítor. Ao clarear do novo dia vão aumentando sempre mais as levas de pessoas que chegam ao templo. Vão chegando aqueles que vêm de mais longe e a igreja vai ficando cada vez mais cheia até culminar com a missa solene de corpo presente, às 9h da manhã. A missa foi no altar central da Catedral-Basílica. A igreja estava lotada por todos os lados. O silêncio era impressionante. Entram os concelebrantes para a missa: três bispos e cento e vinte e

553

---

50 Relato escrito por Padre Geraldo Bonotti, em 23 de julho de 1987. No ARSP. Padre Geraldo Bonotti faleceu em Aparecida, em 2002.

um sacerdotes. Ficou completa a circunferência do altar e mais alguns que ficaram mais embaixo. Os concelebrantes redentoristas vieram de todas as casas da Província e de outras unidades da Congregação. Eram também muito numerosos os padres do clero diocesano e religioso, daqui de perto e de outros estados. Uma missa com cento e vinte e quatro concelebrantes não é fácil de acontecer, não, só mesmo quando morre um padre com tal projeção nacional como o Padre Vítor Coelho de Almeida.

Fazia quase quarenta anos que ele morava em Aparecida e trinta e seis anos que ele falava pelas ondas da RA. Presidiu à cerimônia Dom Geraldo. O sermão foi proferido por Dom José Carlos. No fim falou o Prefeito de Aparecida, Márcio Siqueira e o Provincial Padre Carlos da Silva. Em seguida, o caixão mortuário foi transportado pelos confrades do Padre Vítor pelas galerias da Basílica, enquanto o coro e o povo cantavam aquele canto a Nossa Senhora Aparecida que foi composto por ele e que se ouvia cada dia pela RA antes de seu programa "Os ponteiros apontam para o infinito". Padre Vítor foi sepultado na Capela do Santíssimo, no lado oposto ao Cardeal Motta. Durante a cerimônia de sepultamento, não foi permitido ao povo entrar na Capela. Somente depois que estava tudo terminado é que o povo pode entrar, e, então, foi muita gente que veio ver o túmulo e rezar por ele.

A RA teve uma programação muito bonita durante estes dois dias, falando sobre Padre Vítor e apresentando gravações dele. Ele morreu, mas sua voz continua ressoando pelas ondas da Rádio Aparecida.[51]

Segundo o cronista, o fluxo de romeiros aumentou naquela semana, todos procurando o túmulo de Padre Vítor. Jornais da região publicaram páginas inteiras sobre a morte e sobre a missão de Padre Vítor. Fotos eram estampadas nos jornais, nas quais ele aparecia na urna funerária, coberto pelas bandeiras das cidades de Sacramento (MG) e Aparecida (SP). Era imensa a quantidade de telegramas portadores de condolências recebidos pela RA e pelo convento redentorista. Autoridades, prefeitos, deputados, congregações religiosas, bispos, ouvintes da RA, pessoas que se recordavam dele ainda nos tempos de missionário da ativa...

O Deputado Constituinte, Jorge Arbage, do PDS do Pará, ocupou a tribuna em Brasília para falar da morte de Padre Vítor, no dia de seu sepultamento. Da cidade de São Carlos (SP), o Vereador Samuel Amaral enviou condolências em nome da Câmara. O Vereador José Pinto, de São José dos Campos (SP), registrou a morte do Padre Vítor e encaminhou pedido para que seu nome fosse dado a uma via pública da cidade. O presidente da Câmara de Cachoeira Paulista, Dilson José, decretou luto oficial de três dias na cidade em memória do grande missionário. Dessa forma os representantes do povo prestavam homenagens ao Missionário d'Aparecida que partira para a casa do Pai. Autoridades políticas de outras cidades também lhe prestaram homenagens: Pirassununga (SP), Mariluz (PR), Sacramento (MG), Muniz

---

[51] Documenta 9, "Crônica da Comunidade Redentorista de Aparecida", vol. IX. No *ARSP*. Padre Maurílio Fernandes, o cronista, faleceu em Trindade (GO), em 1995.

Freire (ES), Nova Venécia (ES) e muitos outros represes do Legislativo e Executivo de várias localidades.

Manifestações vieram também dos confrades Padres e Bispos redentoristas. Inúmeras cartas e telegramas chegaram de todo o Brasil. De Roma, o Superior--Geral enviou telegrama. Os padres que estudavam na Cidade Eterna também manifestaram seu pesar pela perda do companheiro. Padre Carlos da Silva, Provincial, em circular aos confrades, lembrou os feitos do grande missionário. Destacou seu amor por Nossa Senhora Aparecida e pela Congregação Redentorista. O trabalho de grande incentivador vocacional e batalhador para manter o Seminário Santo Afonso, em Aparecida. A visão e sensibilidade do pregador que soube adaptar o método missionário ao jeito do povo brasileiro, o comunicador incansável e teólogo atualizado da RA. Lembrou também que ele tinha seus defeitos como toda criatura humana, e que os confrades os conheciam bem.

> Mas era caridoso, humilde, obediente e homem de oração. Zeloso pela salvação dos irmãos e lutador pelos direitos dos pobres e oprimidos. Um sacerdote e um redentorista segundo o coração de Deus! Servo bom e fiel.[52]

Em tempos idos, quando Padre Vítor passou a direção da RA para Padre Orlando Gambi, houve momentos tensos quanto ao encaminhamento da programação e quanto às viagens de Padre Vítor com a imagem. Como irmão de fé e de consagração, Padre Orlando expressou seu pesar e seus sentimentos sobre o antecessor que deixava grande lacuna com sua morte.

> O Padre Vítor foi, sem dúvida, um homem muito especial, sobretudo no que tange à prontidão, zelo e capacidade em anunciar a Palavra de Deus.
> Dificilmente haverá alguém que possa substituí-lo em todas as modalidades. Pregou a milhões de brasileiros durante mais de trinta anos. Só Deus sabe o bem que fez a todos os seus ouvintes, de todos os graus de cultura. Sua pregação era impregnada de unção e tinha sempre a característica de quem vivencia intensamente a mensagem. Tinha o dom da palavra não só no sentido de ser-lhe fácil a palavra, mas, sobretudo, no sentido de tornar fácil a compreensão da mensagem evangélica. Por isso os ouvintes o admiravam, presos e extasiados o veneravam, como se nele o Espírito falasse mais convincentemente do que a sua voz.
> Fora do microfone era difícil manter qualquer diálogo com ele, sobre qualquer assunto. No microfone, ninguém acertava mais do que ele, em todas as formas de comunicação.
> Mais estupendo é saber que a sua palavra tinha sempre um retorno imediato de aceitação e de conversão para Deus. "Ele tem um jeito incrível de falar dos mistérios de Deus, na simplicidade e na alegria de quem crê firmemente!"
> Fica bem dizer dele o que as multidões outrora diziam de Cristo: "Ele nos falou tão bem!"

555

---

[52] Circular Provincial de 1º de agosto de 1987. No *ARSP*. Na década de 1930, alguns padres alemães cogitaram transferir o Seminário Santo Afonso para o Rio Grande do Sul, na esperança de mais vocações, de modo especial entre os filhos dos imigrantes.

Padre Vítor morreu de morte invejável, na paz do Senhor e na segurança dos justos. Sua morte certamente foi como a do grão de trigo que, caindo na terra e morrendo, produz mais frutos, na abundância.

Sua vida de quase noventa anos foi uma bênção, sobretudo, para a Rádio Aparecida, e a lembrança de seu zelo há de ser sempre para confrades e ouvintes uma luz que ilumina os caminhos e uma esperança que anima os que caminham na ansiedade do Encontro!

Deus o tenha na glória e o faça mais um intercessor nosso junto da Virgem Maria.[53]

Da hierarquia da Igreja, diversos bispos se pronunciaram e enviaram mensagens. Inclusive o Arcebispo de Aparecida, Dom Geraldo Penido, enviada ao Provincial, reconhecendo a importância de Padre Vítor para a Igreja particular de Aparecida.

Venho depositar em nome da Arquidiocese de Aparecida, de seu clero e de seu povo, aos pés do cadáver venerando do Padre Vítor Coelho de Almeida, todo o testemunho de nossa gratidão por tudo o que ele fez por esta Arquidiocese.

Para Aparecida foi sempre fecunda a presença do Padre Vítor, e mais fecunda ainda a sua ação evangelizadora. Padre Vítor ajudou a construir o edifício místico da Arquidiocese de Aparecida, e por ela manifestou sempre o máximo interesse.

Agradecemos ao Padre Vítor tudo aquilo que ele foi como padre, como religioso, como missionário e, especialmente, como comunicador.

Dom Geraldo Maria de Morais Penido
Arcebispo Metropolitano de Aparecida.[54]

O povo de Deus, ouvintes da RA e romeiros de Nossa Senhora Aparecida, os prediletos e amados de Padre Vítor, também se fizeram presentes em seus funerais, no momento de despedir. Compareceram cerca de vinte mil pessoas. Mas havia uma legião de devotos que rezava e acompanhava, de todos os cantos do Brasil, as informações transmitidas pela RA sobre sua vida e sua ação missionária. Cartas e poesias foram escritas para honrar o nome do saudoso missionário. E já era voz corrente: Padre Vítor é um santo. Santo do povo, escolhido e canonizado pelo povo. Mas o santo do povo devia ser reconhecido também oficialmente pela Igreja. Antes da missa de sétimo dia já se falava em abertura de processo canônico para pedir a beatificação do santo do povo.[55]

---

[53] Arquivo Padre Vítor, *Pasta Homenagem Póstuma*. Carta de Padre Orlando Gambi. Cópia também no ARSP.

[54] Arquivo Padre Vítor, *pasta Homenagem Póstuma*. A referência das citações acima também se encontram nas pastas com cartas, telegramas e outras homenagens a Padre Vítor.

[55] No Jornal do Vale, de São José dos Campos, de 10 de novembro de 1987, uma matéria dizia: "Vaticano quer iniciar a beatificação de Pe. Vítor". A matéria é curta e faltam elementos que sustentem a tese defendida na manchete. Não apresenta entrevistas de padre ou bispo nem cita quaisquer fontes ao referir-se ao Vaticano. Mas é indício de que o desejo do povo vinha expresso em um meio de comunicação do laicato, sinalizando o caminho futuro: a beatificação de Padre Vítor.

A repercussão da morte de Padre Vítor foi enorme. Morte vista como ressurreição. Esta era justamente a manchete de um dos inúmeros jornais que noticiou o fato: "O céu em festa – ressuscitou Padre Vítor!"[56]

Tal repercussão confirmava o carinho do povo e a certeza que tinha da santidade do homem que, durante os longos anos de sua vida, lhe falara de Deus e tocara seu coração com uma mensagem cheia de simplicidade e esperança. Um mês depois de sua morte, a cidade de Aparecida, através do Legislativo e do Executivo, instituiu e aprovou a "Semana Padre Vítor", durante a qual o legado cultural e religioso de Padre Vítor é lembrado anualmente. Na mesma ocasião, um projeto de lei mudou o nome da Praça Kennedy para Praça Padre Vítor Coelho. Também em Sacramento, além de outras cidades, seu nome foi dado a ruas e escolas como expressão de carinho e reconhecimento aos méritos de grande evangelizador.

Depois de quatro meses, em novembro, a Rádio Aparecida prestava-lhe mais uma homenagem, colocando um busto seu na entrada do Clube dos Sócios, confeccionado em poliéster e *fiber-glass* pela escultora Maria Helena Chartuni, do Museu de Artes de São Paulo. As mãos da artista que restaurara a imagem de Nossa Senhora Aparecida, em 1978, esculpia o busto daquele que levou a devoção e a imagem da mãe do Redentor por este país afora... Na cerimônia de inauguração, Maria Helena foi a voz de milhares de brasileiros ao afirmar:

557

> Nunca acreditei muito em monumento de bronze. Eu queria fazer o Padre Vítor em espírito, vivo, uma pessoa que sempre usou a palavra, sendo um canal de Deus. Para isso era preciso usar um material completamente novo. Assim, usei o poliéster transparente no rosto e o "fiber-glass" na batina, para dar a ideia de espírito, porque acho que ele é um espírito iluminado.[57]

Um homem deixara o convívio humano. Um padre missionário deixara o campo do apostolado e da evangelização. A Igreja e o povo de Deus ganharam um intercessor no céu. O missionário d'Aparecida, o filho da misericórdia, o Vitinho tinha, para sempre, a posse plena da vida...

---

[56] Arquivo Padre Vítor. Uma série de jornais, recortes informativos e revistas noticiaram a morte de Padre Vítor. A frase é do jornal RCJ, de Rio Casca (MG). Outros órgãos de informação: Jornal do Vale, de São José dos Campos (SP); O imparcial, de Araraquara (SP); Jornal da cidade, de Bauru (SP); O eco, de Guaratinguetá (SP); Tribuna Formiguense, de Formiga (MG); Revista VIP, de São José dos Campos (SP); Revista Veja, circulação nacional; Folha de São Paulo (SP); Jornal O Estado de São Paulo (SP); Jornal de Piracicaba (SP); Jornal Folha da Semana, de Artur Nogueira (SP); Jornal de Iracemápolis (SP); Jornal Expressão, de Belo Horizonte (MG); A voz de Bragança, de Bragança Paulista (SP); Jornal da Associação das Emissoras de Rádio e Televisão do Estado de São Paulo, São Paulo (SP); O Aparecida, de Aparecida (SP); vários jornais católicos e, especialmente, cobertura completa do Jornal Santuário de Aparecida e o Jornal da cidade de Sacramento (MG), O Estado do Triângulo, em mais de uma edição. Gazeta de Sacramento, de Sacramento (MG), com encarte especial, em que cita entrevista de Padre Vítor realizada oito anos antes e na qual ele falava da cidade: "Quando vejo as torres da igrejinha do Rosário. Quando ali, do alto do Seminário, vejo Sacramento como um presepiozinho, amorável, maravilhoso. Todos amam sua terra e, é claro, que eu também ame a minha terra..."

[57] "Jornal Santuário de Aparecida", de 6 de dezembro de 1987. No *ARSP*.

Uma das últimas fotografias de Padre Vítor na porta do convento redentorista, em 1987

Velório em 22 de julho de 1987, na Basílica Nova

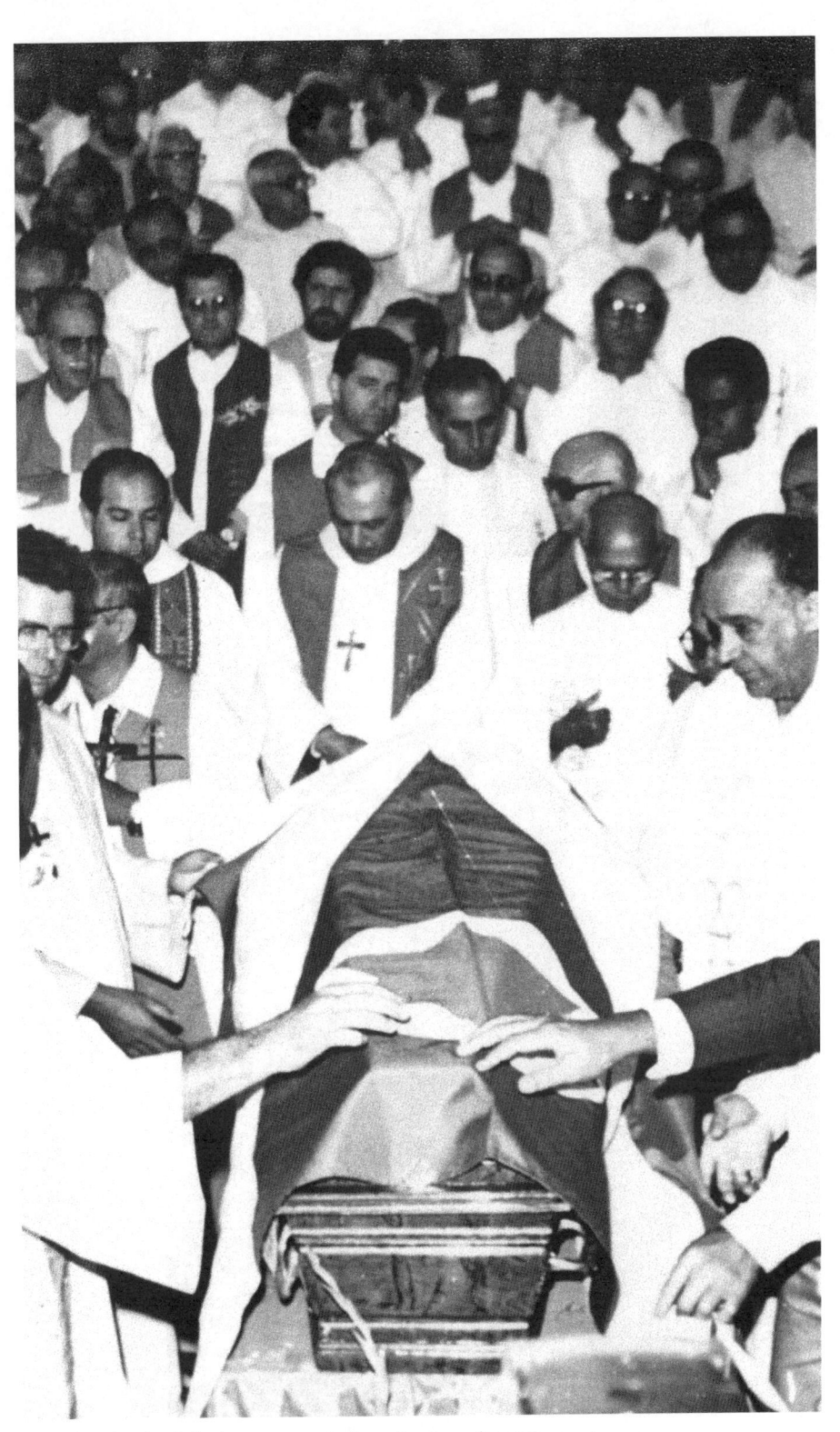

Corpo de Padre Vítor, ladeado por seus confrades, antes de sepultamento

Memorial Redentorista

Capela do Memorial Redentorista

Túmulo do Padre Vítor

Estátua do Padre Vítor, localizada no Memorial Redentorista

Centro de Eventos Pe. Vítor Coelho de Almeida, C.Ss.R.

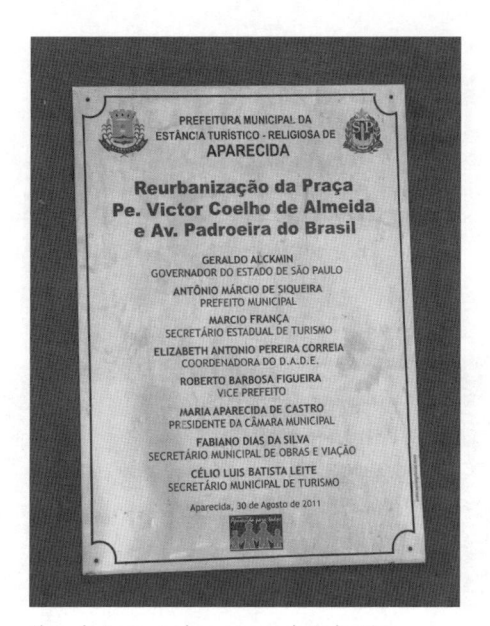

Placa da Praça que leva o nome do Padre Vítor

Vista atual do Prédio da Rede Aparecida

Santuário Nacional

Matriz Basílica de Nossa
Senhora Aparecida
(Basílica Velha)

CONCLUSÃO

Ao longo do livro, a proposta foi que o biografado pudesse falar o máximo possível. Falar através de seus programas de rádio, de seus escritos em livros e artigos, de seu diário, de suas cartas. Esses continuam os testemunhos diretos sobre ele mesmo – a pessoa do missionário popular com fama de santidade. Fonte inédita e fidedigna, muito bem preservada e conservada.

Reconstruir a trajetória de um homem que viveu quase oitenta e oito anos não foi uma tarefa fácil. Reconstrui-la foi uma tentativa de resgatar o dom de sua vida e de sua ação evangelizadora na Igreja. Tivemos grande respeito e cuidado para não cair na tentação de manipular ou fazer uma interpretação que fugisse à realidade de sua história ou ao contexto em que ele viveu. A distância histórica que nos separa é muito pequena. Além dele próprio, temos testemunhos diretos, que mesmo pouco consultados, passaram-nos preciosas informações. O que nos orientou, do começo ao fim, foi a necessidade de fazer ver, aos confrades e ao povo em geral, a graça divina infundida nesse homem e por ele acolhida já que, mesmo em meio a suas imperfeições, procurou responder a ela com fidelidade, tornando-se um baluarte da Igreja em prol do Reino de Deus.

A ação evangelizadora de Padre Vítor abarcou variados temas e assuntos, notadamente em seus programas radiofônicos, pois a Boa-nova de Jesus de Nazaré alcança todas as realidades humanas. A questão social ocupava lugar de relevância em suas preocupações. Assim, ele procurou conscientizar seus ouvintes sobre as várias realidades sofridamente vividas pelos pobres da cidade e do campo. No período em que o governo autoritário impedia a liberdade de expressão, Padre Vítor soube driblar o cerceamento e falar da libertação resgatadora da pessoa humana em toda a sua dignidade. Falou de promoção humana, de higiene, fossas sanitárias nos campos, salário justo, reforma agrária. A doutrina social da Igreja esteve presente em seu zelo evangelizador e em suas reflexões com seus ouvintes. Execrou o salário de fome e a falta de carteira assinada que excluía milhares de trabalhadores dos benefícios da Previdência Social.

Defendeu o pequeno produtor rural contra os especuladores e incentivava a formação de cooperativas. Posicionou-se ao lado do professorado – tão imprescindível ao país e tão sacrificado –, cujas agruras conhecia de perto já que sua irmã Mariazinha, professora aposentada em Minas Gerais, recebia uma tutameia do Estado. Para o cristão Vítor "o que dizia respeito à vida, dizia respeito à fé".

Mas Padre Vítor Coelho morreu. O sentimento de gratidão a Deus por aquele homem teve expressão em diversos segmentos da sociedade, tanto no ofício das exéquias como nas manifestações posteriores expressas por meio de cartas, telegramas, reportagens e artigos em jornais e revistas, homenagens diversas. Todos registrados e conservados no acervo sobre Vítor. A morte de Padre Vítor deixava uma grande lacuna onde ele vivia e atuava.[1] A Congregação Redentorista sabia que perdia um membro aqui, mas ganhava um intercessor no céu. Quase um mês após sua morte, Padre Juan Lasso, Superior-Geral, escreveu sobre o carismático confrade cuja partida comovia a todos.

> A morte do nosso caro Padre Vítor não deixa de comover, mesmo que sua idade não permitisse ilusões. Padre Vítor é o nosso redentorista símbolo. Proximidade do povo simples, zelo missionário, amor à Nossa Senhora, carinho pela nossa Província que ele ajudou a criar e fazer crescer. Jeito comunicativo, capaz de entrelaçar dogmas, Vaticano II e conselhos corriqueiros de higiene. Enfim, conseguiu fazer que a sua própria pessoa já fosse uma mensagem de Aparecida. Oitenta e sete anos de fidelidade certamente significam uma força de heroicidade. Sem dúvida, ficam para nós uma recordação e um exemplo. E espero que tenham conseguido recolher muitas das inúmeras lembranças do velho Vítor, principalmente aquelas que ajudaram a construir a Província de São Paulo.[2]

566

Recolher lembranças, fazer memória... Depois de um ano do falecimento de Padre Vítor, a RA e alguns jornais noticiavam: "Um ano sem o Padre Vítor". Padre César Moreira escreveu: "Não há como fugir da perseguição do tempo. Ele é inexorável em atingir a todos, e basta estar pelo meio da vida para se perceber a realidade de que o tempo é breve e a vida uma rápida passagem"... Padre Vítor dizia, com sabedoria, que o tempo de vida vale não pelos números de anos que se tem e sim pela qualidade da vida que se vive, e qualidade significava graça de Deus, amor de Deus.

Depois de morto, seu nome poderia ir caindo devagar no esquecimento, mas, ao contrário, sua popularidade e fama de santo foram crescendo. Cartas e mais cartas chegavam a Aparecida, algumas dando conta de graças alcançadas por intercessão de Padre Vítor Coelho. Seu nome dado à escola, rua, rádio comunitária ia confirmando a popularidade do Missionário d'Aparecida.

---

[1] Com data da morte e do enterro, dias 21 e 22 de julho, foram organizados em pastas 709 telegramas e 101 cartas de condolências pela morte de Padre Vítor Coelho, enviados pelos ouvintes da RA, padres, bispos, religiosas, autoridades civis, militares. Foram recebidos 32 Ofícios de Câmaras Municipais de várias cidades, incluindo Sorocaba, São José dos Campos e São Carlos, no Estado de São Paulo.

[2] Copresp A, carta de Padre Juan M. Lasso a Padre Carlos da Silva, em 15 de agosto de 1987. No *ARSP*.

A cidade de Aparecida, através das autoridades e organizações educacionais, promovia exposições e momentos culturais dedicados ao ilustre missionário. Passados dez anos, o jornal "O Aparecida" trouxe página inteira com o título: "Há exatamente dez anos, Aparecida e o Brasil choravam a perda do 'santo' Padre Vítor Coelho de Almeida".

Seu irmão, José de Almeida Cousin, faleceu em 1991 e sua irmã Mariazinha, em 1997. Vivendo sozinha em Araxá, ela foi contatada por Irmã Otília Libardi, irmã do redentorista Hélio Libardi, provincial dos redentoristas de 1990 a 1996. Mariazinha conhecia Padre Libardi de quem, em 1992, recebera uma carta pedindo-lhe uma entrevista. Ela se recusou a gravar qualquer depoimento e escreveu-lhe em resposta: "Meu irmão foi um bom e simples sacerdote, como muitos outros – graças a Deus! Nada de notabilidade, a não ser o carisma especial que Deus lhe concedeu de atrair as multidões".[3]

Em 1997, portanto, Padre Hélio Libardi, Padre Ronival Benedito dos Reis e Irmã Otília fizeram uma visita a Mariazinha. Ela estava com noventa e quatro anos e, naquele mesmo ano, veio a falecer. Conversando com ela, perguntaram sobre a família e sobre Padre Vítor. Ela, não percebendo que a conversa estava sendo gravada, do quanto conseguiu se lembrar, relatou momentos da infância e da trajetória da família. Relembrou quando o irmão Vitinho recebeu a medalhinha de Nossa Senhora Aparecida das mãos de sua mãe – fato aparentemente tão simples, mas que a memória guardou. Dona Maria Sebastiana – a dona Mariquinha – sabendo da gravidade de sua doença e temerosa de que a morte estivesse próxima, disse a Vítor ao entregar-lhe a medalhinha: "Você meu filho, é muito sem juízo, essa vai ser sua mãe, Nossa Senhora Aparecida".

Quando perguntada sobre a santidade de Padre Vítor e o que ela pensava sobre um processo para sua canonização, Mariazinha respondeu tranquilamente:

> – Eu não sei se ele é santo. Está nas mãos de Deus. Já pediram para eu escrever. Eu disse aos padres que não conheço direito o meu irmão, pois ele largou a família muito cedo; era mais um aluno do colégio do que um irmão meu. Sobre canonizar isto está nas mãos de Deus. Se Deus quiser, está bem, se não quiser, amém. Agora ser santo é obrigação de nós todos. Nós temos a obrigação de ser santo, procurar ser santo. A minha irmã também tinha fama de santinha, a que estudou e foi freira do Bom Pastor.
>
> Padre Vítor era o papai direitinho. Admirável de ver a semelhança dos dois. Eram bonitos. Vítor fez muitas Missões. O povo se transformava em outro povo, ficava cheio de contrição e se convertia. Eu soube da morte dele pela Rádio Aparecida. Recebi telegramas e mensagens. Mas não fui ao enterro. Professora não tem dinheiro para andar de lá pra cá. Mas Deus permita que ele seja santo.[4]

---

[3] Arquivo Padre Vítor, *Pasta Correspondência com Familiares*. Carta de Mariazinha, em 30 de dezembro de 1992, a Padre Hélio Libardi.

[4] Arquivo Padre Vítor, *Pasta Correspondência com Familiares*. A entrevista foi gravada em fita K7 e depois datilografada. Foi realizada em 22 de abril de 1997.

Em 1998, a coordenação dos redentoristas iniciou uma reforma no velho convento da praça em Aparecida. O Capítulo Provincial havia pedido que se fizesse uma capela para colocar os restos mortais de padres e irmãos, que já passavam de cem. Os fundos do convento foi o local escolhido. O Capítulo também aprovou que se desse início a causa de beatificação de Padre Vítor Coelho.

Uma capela foi então construída para guardar os restos mortais dos confrades falecidos e um espaço para receber os restos mortais de Padre Vítor Coelho que, até então, estavam na capela do Santíssimo, na basílica nova. Em outubro daquele ano, o espaço-memória, denominado Memorial Redentorista, foi inaugurado. O povo em geral e os romeiros em particular acolheram com simpatia a ideia. A frequência ao túmulo de Padre Vítor crescia, fazendo crescer o fluxo de devotos a Aparecida.[5]

Com incentivo da postulação geral da Congregação Redentorista, em Roma, a Província Redentorista aprovou a iniciativa e começou a preparar o processo de beatificação de Padre Vítor Coelho.[6] O dia marcado para a abertura oficial do processo e o comunicado ao povo de Deus não poderiam ter sido outro que o dia doze de outubro de 1998, dia de festa de Nossa Senhora Aparecida. Logo após a missa solene, com a presença do Superior-Geral dos redentoristas, foi lida a carta vinda de Roma que trazia o apoio da Congregação à abertura do processo canônico para a investigação da vida e virtudes de Padre Vítor Coelho de Almeida.[7]

Para postulador da Causa de Beatificação junto à Congregação para a Causa dos Santos foi confirmado o Padre Antonio Marrazzo. Para vice-postulador, Padre Júlio Brustoloni, que já trabalhava no recolhimento e organização de documentos referentes a Padre Vítor.

Segundo o Direito Canônico, beatificação é o ato solene em que o Papa declara que um Servo de Deus poderá ser chamado de Beato e que sua festa pode ser celebrada por determinados grupos de fiéis. Para se abrir um processo de beatificação e canonização é preciso que alguém seja responsável pela introdução da causa. Nesse caso, a responsável pelo pedido de abertura era a Congregação do Santíssimo Redentor, à qual Vítor pertencia.

Feito o estudo inicial, Padre Marrazzo apresentou seu parecer a Dom Aloísio Lorscheider, cardeal arcebispo de Aparecida, que, por sua vez, propôs aos bispos do Regional Sul I da CNBB a abertura do processo, em seguida aprovada pelo Regional. O Cardeal enviou então a documentação para a Congregação da Causa dos Santos, em Roma, pedindo o *nihil obstat* (nada impede) para

---

[5] Documenta 132, "Crônica da Comunidade Redentorista das Comunicações", vol. II. No *ARSP*.

[6] Em carta dirigida aos confrades, o Provincial consultou-os sobre o início da causa de beatificação. A decisão já fora tomada em Capítulo. Poucas foram as respostas à consulta. Apenas um confrade se manifestou contrário.

[7] Documenta 134, "Memorial Redentorista – 1998-2003", no *ARSP*. Documentação recolhida sobre a abertura do processo de beatificação no Capítulo Provincial de 1998 e encaminhamentos sobre o Memorial Redentorista.

o início da investigação. Só depois de percorrido este itinerário e concedida pelo Vaticano, a autorização foi anunciada, como já exposto, em carta lida no final da missa do dia doze de outubro de 1998, na festa da Padroeira. Os meios de comunicação, tanto da Igreja como a mídia nacional, deram destaque ao fato.[8] Na ocasião, o Cardeal Lorscheider concedeu uma entrevista na qual falou da causa iniciada e da provável agilidade do processo.

> Eu não duvido, principalmente por causa da reação do povo, que tem uma estima muito grande por ele. Acho que o melhor sinal de santidade não é o milagre, mas a admiração do povo. O Padre Vítor não era assim tão calmo e tranquilo, às vezes, gritava com o povo, mas o povo o compreendia muito bem. Então, eu acho que ele, apesar do nervosismo, foi sempre visto pelo povo como um homem santo. Uma prova disso é que seus restos mortais, que estão aqui no Memorial Redentorista, têm sido visitados com uma frequência espantosa. É sinal de que esse processo vai andar e que em breve o Padre Vítor será beatificado.[9]

Em 1999, quando Padre Vítor completaria cem anos de vida, a cidade de Aparecida, juntamente com a Congregação Redentorista, esmeraram-se em celebrar a data. Foi elaborado até um hino a Padre Vítor.

> O menino querendo ser padre, pra estudar ingressou no seminário.
> Pregador da palavra divina, quantas horas na rádio a falar.
> Jovem forte, bonito, prendado já de Cristo o futuro soldado,
> A Trindade de Deus explicando e as glórias de Maria a cantar.
> Padre Vítor na glória celeste, Santo Afonso irá vos abraçar
> E a Virgem Maria muito em breve filho santo vos irá coroar.[10]

Também em sua cidade natal, Sacramento (MG), foi criada uma comissão, liderada pelo Vereador Ronaldo Bizinoto, para organizar os festejos comemorativos do centenário de seu nascimento. Foi aberto, na capela de Nossa Senhora Aparecida, na igreja matriz da cidade, um espaço dedicado a Padre Vítor. Fotos, pertences e a lembrança viva de um dos filhos ilustres da cidade. Uma maneira de cultuar a história do homem de Deus que levou o nome de sua terra ao Brasil inteiro.[11]

O Memorial Redentorista, em Aparecida, registrou mais de setenta mil visitas em um ano de funcionamento. No livro de presença, mais de trinta

---

[8] A notícia da abertura do processo de beatificação circulou na mídia televisiva dos grandes canais do Brasil. Estações de rádio deram ampla cobertura. Jornais regionais a estamparam em primeira página. Os dois maiores jornais de São Paulo também noticiaram o evento: Folha de São Paulo, no dia 11 de outubro de 1998, e O Estado de São Paulo, no dia 13 de outubro de 1998. No Arquivo Padre Vítor.

[9] Entrevista de Dom Aloísio Lorscheider ao Jornal Santuário de Aparecida, em 13 de outubro de 1998. No *ARSP*.

[10] Hino a Padre Vítor, letra de Helena Lellis de Andrade e música de Celso Lellis de Andrade, Aparecida, 1999.

[11] Jornal O Estado do Triângulo, setembro de 1999. No *ARSP*.

mil assinaturas.Cartas recebidas relatando graças alcançadas foram sendo organizadas, transcritas e guardadas de modo a facilitar futuras consultas. Atualmente, em 2014, o número de devotos que já passaram pelo Memorial, desde a sua abertura, aproxima-se de dois milhões de pessoas.

Os esforços pela causa de beatificação de Vítor continuam. Padre Brustoloni, quando ainda Vice-Postulador, organizou um CD com gravações de programas de Padre Vítor Coelho. Foi lançado um livro popular com sua biografia, que teve mais de duzentos mil exemplares vendidos. Criou-se ainda um Boletim para informar o andamento do processo e noticiar graças alcançadas por intercessão de Padre Vítor.

O tempo caminhou, mas Padre Vítor jamais foi esquecido. O povo continua a visitar seu túmulo no Memorial Redentorista. Os meios de comunicação continuam a dar atenção e cobertura ao processo de beatificação. "O santo de Aparecida"[12] continua a atrair para Deus homens e mulheres que buscam nele um conforto, um modelo de correspondência do amor de Deus e um intercessor junto do Pai. Ser santo consiste em estar em união com Cristo, viver a proposta por Ele anunciada e vivida, seguir seu Evangelho. O Apóstolo Paulo chamava de santos todos os batizados que abraçavam a fé em Jesus Cristo, conforme seu compromisso batismal. A santidade vai do ser ao agir, isto é, do plano ontológico ao plano moral e aparece em sua verdadeira riqueza como realidade vivida deliberadamente, que penetra a existência do ser que, com a espontaneidade de sua livre vontade, se une a Deus, entregando-se a Ele com o calor do amor.

A conclusão do processo de beatificação, também denominado clausura, deu-se no último dia de agosto de 2006. O ato solene, sob responsabilidade da Arquidiocese de Aparecida, aconteceu nas dependências da Basílica. Assinaram os documentos: o Arcebispo de Aparecida Dom Raymundo Damasceno Assis, o promotor de justiça eclesial Dom Moacir Silva, bispo de São José dos Campos, e o delegado eclesial Cônego Pedro Lopes, vigário geral emérito da diocese de Taubaté. Os documentos foram encaminhados à Congregação da Causa dos Santos sob a responsabilidade da Postulação da Congregação Redentorista.[13]

De outubro de 1998 até agosto de 2006, foram realizadas mais de cento e vinte sessões de trabalhos e coleta de depoimentos. Foram ouvidas quase cem pessoas, entre elas leigos, padres e bispos que testemunharam a favor da beatificação. O documento final contém mais de mil páginas e está sendo examinado por Roma. São inúmeros os casos de graças alcançadas e milagres operados por intercessão de Padre Vítor. Foram elaboradas uma oração e uma novena que é rezada pela beatificação do Servo de Deus. Uma missa, todos os sábados, em Aparecida, na matriz basílica, faz recordar sua vida e sua missão de Apóstolo da comunicação e Missionário de Nossa Senhora Aparecida.

---

[12] Revista Diário Popular, Guaratinguetá, de janeiro de 2000. No Arquivo Padre Vítor.

[13] Jornal Arquidiocesano – Informativo da Arquidiocese de Aparecida, outubro de 2006. No Arquivo Padre Vítor.

Na área do santuário, um grande centro de eventos foi construído. Ali, a Conferência dos Bispos do Brasil realiza sua assembleia anual. Shows, reuniões e conferências ali realizados estão sob o nome e a proteção do Servo de Deus: "Centro de eventos Padre Vítor Coelho de Almeida". Dentre seus vocacionados – os "coelhinhos" – um foi Superior-Geral da Congregação e alguns se tornaram Bispos. Dois padres, que ele encaminhou quando ainda meninos para o Seminário, morreram com fama de santidade e cogita-se começar o processo de suas beatificações: Padre Júlio Negrizzolo e Padre Antônio Borges, falecidos em 2009 e 2011, respectivamente.

Enquanto isso, o povo de Deus aguarda com expectativa o dia em que Padre Vítor será declarado Beato e apto a receber culto próprio e veneração pública. Vítor, o homem e o missionário em sintonia com seu tempo, e em certos momentos, à frente de seu tempo. Apoiado no Evangelho e na Doutrina Social da Igreja, a exemplo do fundador de sua Congregação, olhou e falou aos pobres. Muito antes de a Igreja na América Latina, nas Conferências de Medellín e Puebla, apontar uma nova direção e método para evangelizar, Padre Vítor já falava de temas que passaram a ser referência nesse período.

Vítor vivenciou profundamente uma mística que o ajudou em seus momentos de dor, como nas duas vezes em que a tuberculose o tirou do convívio de sua comunidade e de seu trabalho apostólico. Na segunda vez em que a doença o alcançou, ele estava no auge de seu apostolado, arrebanhando multidões com sua pregação vigorosa. Cristão e sacerdote que entendia e buscava respirar os novos ares da Igreja. Espiritualidade embasada na Eucaristia, teologia centrada na cristologia e um amor sem igual a Nossa Senhora Aparecida. Com zelo ardente, fiel a seu "mitte me", construiu uma trajetória fecunda, desde o catequista com pedagogia inovadora, passando pelo pregador e orador inflamado, até o amadurecido comunicador por excelência... Nem a doença, nem o peso da idade o abateram. Sempre pronto a responder "sim" às decisões do Reino e consagrado a suas tarefas, Vítor sabia em quem punha sua esperança...

O Papa Francisco é devoto de Maria. Prometeu voltar a Aparecida em 2017, quando serão celebrados os trezentos anos do encontro da imagem de Nossa Senhora nas águas do Rio Paraíba.[14] Como o Papa Francisco – o Francisco que "veio de longe" –, Padre Vítor também tinha apenas um pulmão. Ainda assim, foi um homem de fôlego invejável, de uma têmpera que poucos têm ou tiveram, um apologista – em certos momentos, um controversista – ferrenho na defesa da fé, de seu povo e da Igreja. No reencontro com Papa Francisco no Brasil e com uma Igreja que olha com renovado carinho para o povo de Deus, seria uma alegria para os devotos brasileiros se Vítor fosse declarado Beato da Igreja. Ele, Vítor, um verdadeiro Missionário d'Aparecida, da Senhora de Aparecida, e Nossa!

---

[14] O ano do tricentenário do encontro da Imagem, em 2007, foi celebrado com alegria e gratidão, mas o Papa Francisco não pôde vir ao Brasil.

A marca FSC® é a garantia de que a madeira utilizada na fabricação do papel deste livro provém de florestas que foram gerenciadas de maneira ambientalmente correta, socialmente justa e economicamente viável.

Este livro foi composto com as famílias tipográficas Frutiger, Gill Sans Light, Minion Pro, Myriad Pro e Times New Roman e impresso em papel Offset 63g/m² pela **Gráfica Santuário.**